江苏省精品年鉴
Excellent Yearbook in Jiangsu Province

南京市

2023

栖霞年鑑

NANJING QIXIA YEARBOOK

南京市栖霞区地方志编纂委员会办公室 编

方志出版社
Publishing House of Local Records

图书在版编目(CIP)数据

南京市栖霞年鉴. 2023/ 南京市栖霞区地方志编纂委员会办公室编. ——北京：方志出版社 2023.12
ISBN 978-7-5144-5999-9

Ⅰ. ①南… Ⅱ. ①南… Ⅲ. ①区（城市）—南京—2023—年鉴 Ⅳ. ①Z525.34

中国国家版本馆CIP数据核字（2023）第253053号

责任编辑：徐宏
责任校对：张玉霞
责任印刷：梅中英
装帧设计：新志坊南京文化发展有限公司
出 版 者：方志出版社
地　　址：北京市朝阳区潘家园东里 9 号（国家方志馆 4 层）
邮　　编：100021
网　　址：http://www.zgfzcb.cn
发　　行：方志出版社图书经销中心（010）67110500
印　　刷：南京凯德印刷有限公司
开　　本：889 毫米 ×1194 毫米　1/16
印　　张：23.25
字　　数：773 千字
版　　次：2023 年 12 月第 1 版
印　　次：2023 年 12 月第 1 次印刷
定　　价：200.00 元

南京市栖霞区地方志编纂委员会

主　　任　王承江

副 主 任　储　纲　卢　静

委员单位　区委办　区政府办　区人大办　区政协办　区纪委
区法院　区检察院　区人武部　区委组织部　党史办
宣传部　统战部　区委政法委　区委研究室　区委编办
区委机关工委　区委老干部局　区委党校　区档案馆
区发改委　区教育局　区科技局　区工信局　区民政局
区司法局　区财政局　区人社局　区住建局　区交通局
区水务局　区城管局　区农业农村局　区商务局
区文旅局　区卫健委　区退役军人事务局　区应急管理局
区审计局　区行政审批局　区市场监督管理局　区统计局
区信访局　区国动办　区金融监管局　区生态环境局
区医保分局　区规资局　区总工会　团区委　区妇联
区税务局　区公安分局　栖霞高新区　栖霞山管委会
栖霞山管理处　迈皋桥街道　燕子矶街道　马群街道
尧化街道　仙林街道　栖霞街道　西岗街道　龙潭街道
八卦洲街道

《栖霞年鉴》编辑部

主　　编　任秋娴

副 主 编　冯宗雷

执行主编　王旭东

编　　辑　陈美萍　唐　恺　张双全　赵建华　张文龙

主审人员名单

（按姓氏笔画顺序排列）

王红雨	王　杨	王　磊	方　玲	石　韡	叶方林
付晓平	冯　欣	成集军	朱高明	伍奇宇	邬高萍
刘明祥	许小秋	阮延霖	阮德奇	孙维昊	苏　扬
李绍杰	李炳辉	李　敏	李智勇	杨　纯	吴建海
何　娟	余　卫	沈　燕	张　旭	张培卿	张福俊
张福勇	陈玉进	陈良琪	陈　洁	陈晓芳	林晓明
金正星	周　岚	周根宝	周　峰	周　鹏	郑和平
胡吉东	胡春香	胡婷婷	柳云娇	钟漫江	聂　峥
徐兴东	陶　骏	黄小军	彭中华	蒋苏闽	韩　晗
焦　瑜	詹　阳	瞿朝阳	潘　婷	戴舒凡	魏仕兰

编辑说明

一、《南京市栖霞年鉴》是南京市栖霞区地方志编纂委员会办公室编纂的年度资料性文献。创刊于2003年，每年出版一卷，本卷为第21卷。

二、《南京市栖霞年鉴》以马克思列宁主义、毛泽东思想、邓小平理论、"三个代表"重要思想、科学发展观、习近平新时代中国特色社会主义思想为指导，坚持辩证唯物主义和历史唯物主义的立场、观点和方法，旨在准确、科学、权威、系统地记载栖霞区自然、政治、经济、文化、社会和生态建设等方面情况，为各级领导决策提供参考和依据，为社会各界提供资讯，是了解栖霞、研究栖霞的重要窗口，也为续修区志积累史料。

三、《南京市栖霞年鉴(2023)》记载2022年度栖霞区经济社会发展基本情况以及大事要事。部分条目在记述时涉及2022年以前的情况，为方便查阅和了解事物的完整性，仍予简略记述。书中涉及的"省"指"江苏省"，"市"指"南京市"。

四、《南京市栖霞年鉴(2023)》记述的地域范围以2022年栖霞区为界，即栖霞行政区、和仙林大学城的区域。

五、与上年年鉴相比，本卷新增开放合作、数字经济、都市农业、制造业、金融业、旅游业、房地产业、交通建设、城乡融合发展、科创高地建设、就业与社会保障等类目；将党政·群团类目拆分为中共南京市栖霞区委员会、栖霞区人民代表大会、栖霞区人民政府、政协栖霞区委员会等7个类目；增设法治政府建设、国有资产监督管理、信用体系建设、融入江苏自贸区南京片区、龙潭跨境贸易电子商务片区等50多个分目。

六、全书以记述文为主，采用类目体编辑法，主体内容设类目、分目、条目3个层次，以条目为基本记述单元，部分分目下设副分目。《南京市栖霞年鉴(2023)》设专记、大事记、区情概览、中共南京市栖霞区委员会、栖霞区人民代表大会、栖霞区人民政府、政协栖霞区委员会、中共栖霞区纪委·监委、民主党派·工商联、群众团体、法治·军事、经济管理、开放合作、数字经济、都市农业、制造业、商贸服务业、金融业、旅游业、房地产业、交通建设、城乡融合发展、生态环境、科创高地建设、教育、文化、卫生健康、体育、就业与社会保障、社会事务、公共安全、街道、人物·荣誉录、附录34个类目及有关图照。

七、"人物·荣誉录"类目中，"新闻人物"收录在区内外有一定影响、具有时代特征的人物。

八、《南京市栖霞年鉴》采用的稿件均由各街道、各部门、各直属单位和驻区有关单位专人撰写，并经领导审阅，文中所用统计数据均经供稿单位审核，撰稿人随文署名，以示尊重其劳动成果并自负文责。"统计资料"由区统计局提供，凡因统计口径、方法、时间不同造成与条目中数据不一致时，均以区统计局资料为准。数据采用法定计量单位，个别遵从习惯。

九、为便于读者查阅，卷首有目录，卷末有索引，全书信息资料可通过目录、索引2个检索渠道查找。

栖霞区地图

瓜埠客运站
瓜埠山
六合区
沿江高等级公路
八卦洲长江大桥（北汉桥）
八卦洲
外沙
中桥
上坝
下坝
新闸
八卦洲医院
八卦花园
八卦洲
东江
七里
上坝夹江大桥
洲头公园
洲头鱼嘴广场
燕子矶长江隧道
栖霞山长江大桥
乌龙山风景区
栖霞山风景区
栖霞山
南京经济技术开发区
尧化
栖霞区医院
幕府山－燕子矶风景区
燕子矶
幕府山
绕城公路
柳塘科技园
南京长江大桥
南京理工大学（紫金学院）
南京师范大学（仙林校区）
南京邮电大学（仙林校区）
南京财经大学（仙林校区）
南京大学（仙林校区）
南京中医药大学
南京体育学院（仙林校区）
栖霞区
仙林
羊山公园
灵山
马群
钟山风景区
紫金山
中山陵
明孝陵
灵谷寺
玄武湖公园
南京火车站
南京汽车客运站
鼓楼区
省政府
市政府
玄武区
秦淮区
南京博物院
明故宫
孝陵卫
麒麟
沪宁城际铁路
京沪铁路
沪宁高速公路
绕城高速公路
宁杭公路
宁铜铁路
光华路
应天大街
双桥门立交
高桥门立交
五百户立交
龙王山
青龙山

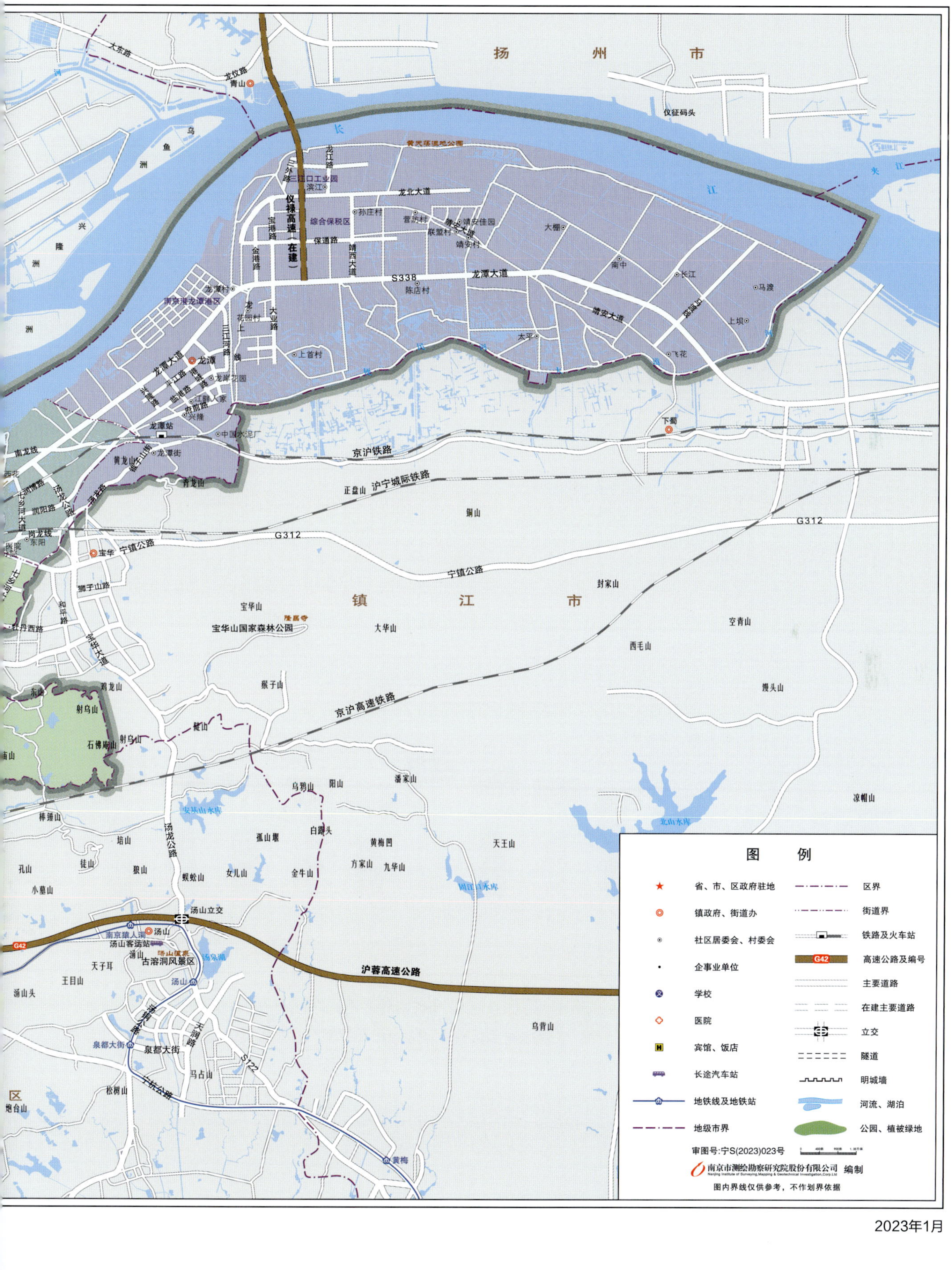
扬 州 市
镇 江 市
长江
夹江
仪征码头
青山
龙仪路
大东路
乌鱼洲
兴隆洲
黄天荡湿地公园
龙江路
三江口工业园
滨江
仪禄高速（在建）
龙北大道
综合保税区
孙庄村
营防村
靖安佳园
联盟村
靖安村
宝港路
保通路
靖西大道
金港路
S338
龙潭大道
陈店村
大棚
南中
长江
马渡
上坝
靖安大道
太平
飞花
龙潭村
南京港龙潭港区
龙花村
大业路
上首村
三江河路
龙潭大道
龙潭
龙岸花园
江畔人家
府前路
兴隆
龙潭站
中国水泥厂
龙潭街
黄龙山
青龙山
下蜀
京沪铁路
正盘山
沪宁城际铁路
铜山
G312
宝华
宁镇公路
东阳
狮子山路
和平路
牡丹西路
宝华大道
宝华山
隆昌寺
宝华山国家森林公园
大华山
封家山
空青山
西毛山
猴子山
馒头山
京沪高速铁路
鸡龙山
射乌山
石佛庵山
乌鸦山
阳山
潘家山
凉帽山
棒锤山
安基山水库
北山水库
汤龙公路
白鹿头
孤山聚
黄梅凹
天王山
培山
孔山
徒山
狼山
蜈蚣山
女儿山
金牛山
方家山
九华山
小墓山
汤山立交
汤山
南京猿人洞
汤山客运站
汤山温泉
古溶洞风景区
汤泉湖
G42
天子耳
王目山
沪蓉高速公路
汤山头
泉都大街
天润路
S122
马占山
乌背山
松树山
宁杭公路
炮台山
黄梅
图 例
省、市、区政府驻地
镇政府、街道办
社区居委会、村委会
企事业单位
学校
医院
宾馆、饭店
长途汽车站
地铁线及地铁站
地级市界
区界
街道界
铁路及火车站
高速公路及编号
主要道路
在建主要道路
立交
隧道
明城墙
河流、湖泊
公园、植被绿地
审图号：宁S(2023)023号
南京市测绘勘察研究院股份有限公司 编制
图内界线仅供参考，不作划界依据

2023年1月

2013—2022年栖霞区地区生产总值

计量单位：%

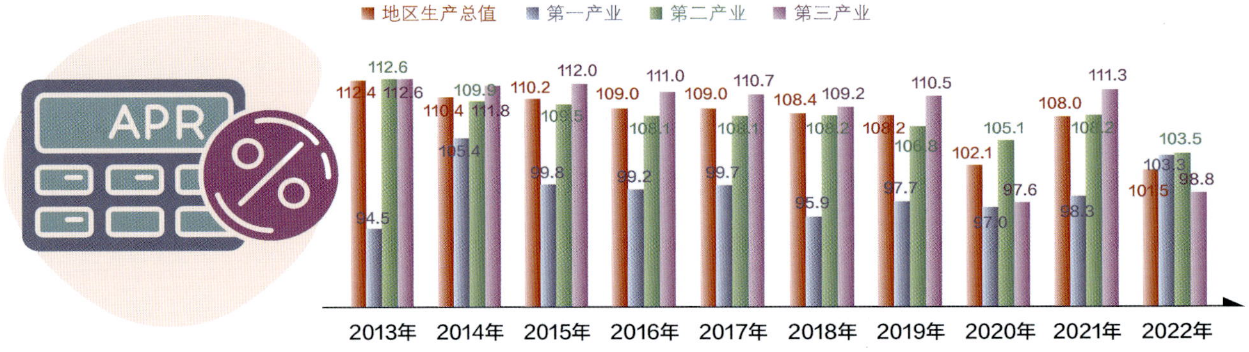

2013—2022年栖霞区固定资产投资情况

计量单位：万元

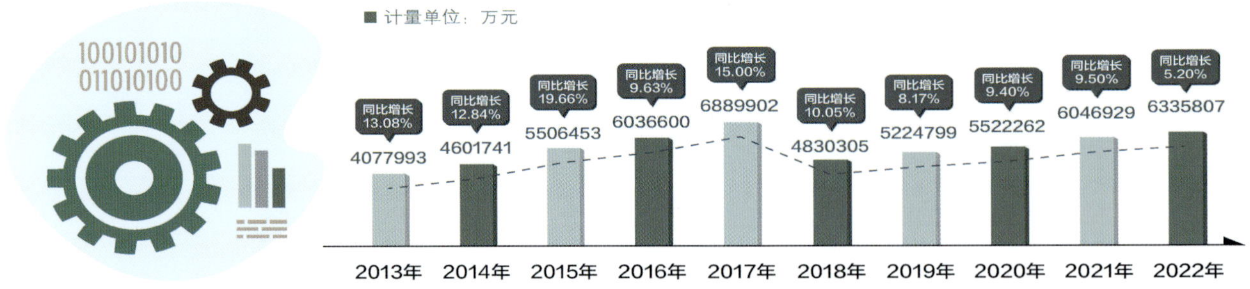

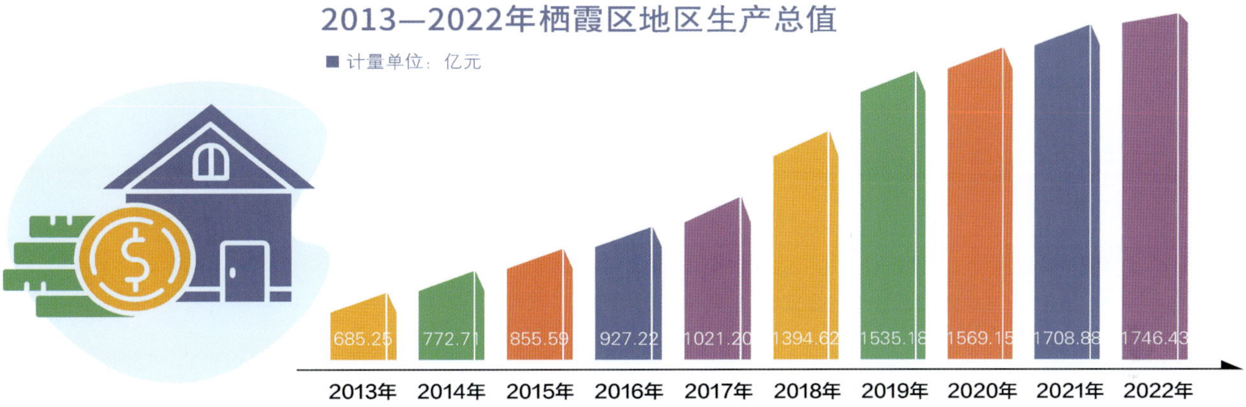
2013—2022年栖霞区地区生产总值
计量单位：亿元
685.25
772.71
855.59
927.22
1021.20
1394.62
1535.18
1569.15
1708.88
1746.43
2013年
2014年
2015年
2016年
2017年
2018年
2019年
2020年
2021年
2022年

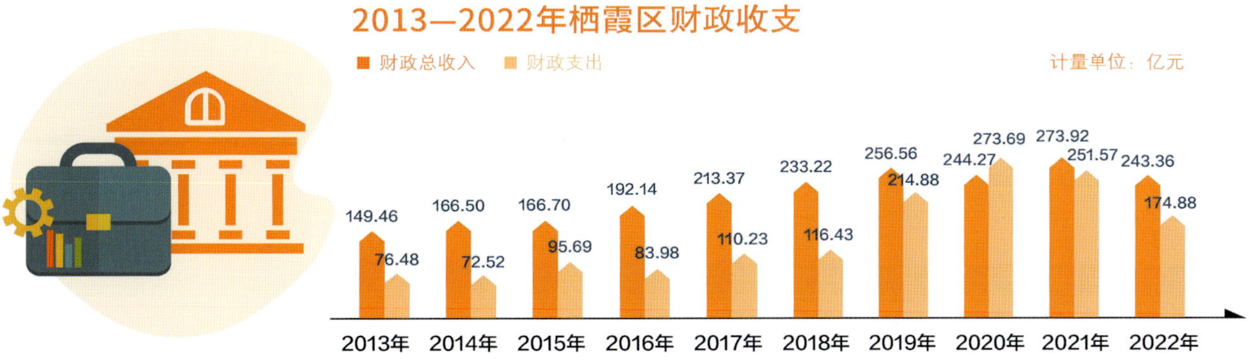
2013—2022年栖霞区财政收支
财政总收入
财政支出
计量单位：亿元
149.46
76.48
166.50
72.52
166.70
95.69
192.14
83.98
213.37
110.23
233.22
116.43
256.56
214.88
244.27
273.69
273.92
251.57
243.36
174.88
2013年
2014年
2015年
2016年
2017年
2018年
2019年
2020年
2021年
2022年

马群环陵路

区委宣传部　供图

燕子矶招商花园城夜景

区委宣传部　供图

迈皋桥地区夜景

区委宣传部　供图

白金汉爵大酒店夜景

尧化街道　供图

万谷·慧生活广场　　区委宣传部　供图

2022年7月6日，金马路换乘中心商业综合体建成　　区委宣传部　供图

金港科技园 区委宣传部 供图

马群科技园 区委宣传部 供图

2013年5月16日，南京长江第四大桥（栖霞山大桥）贯通　　区交通局　供图

2022年4月20日，建设中的仙新路过江通道　　傅绍同　摄

浦仪公路上坝夹江大桥　　区交通局　供图

南京龙潭港

区委宣传部　供图

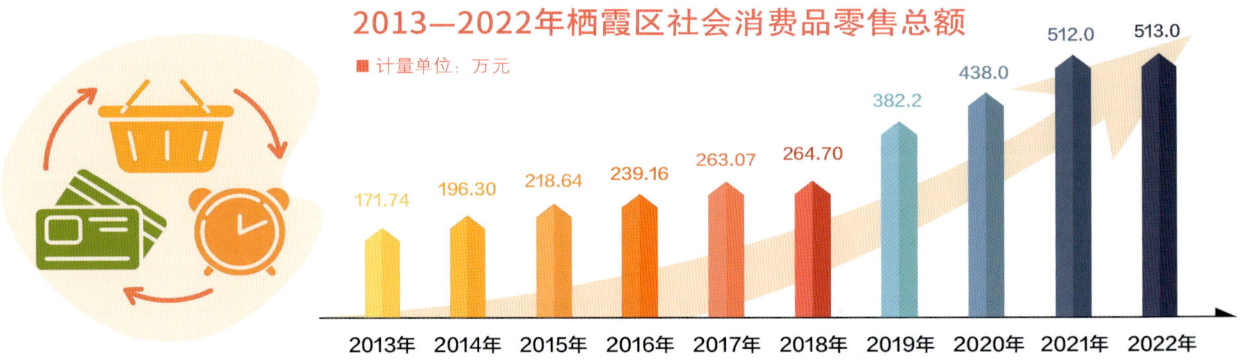
2013—2022年栖霞区社会消费品零售总额
计量单位：万元
171.74
196.30
218.64
239.16
263.07
264.70
382.2
438.0
512.0
513.0
2013年
2014年
2015年
2016年
2017年
2018年
2019年
2020年
2021年
2022年

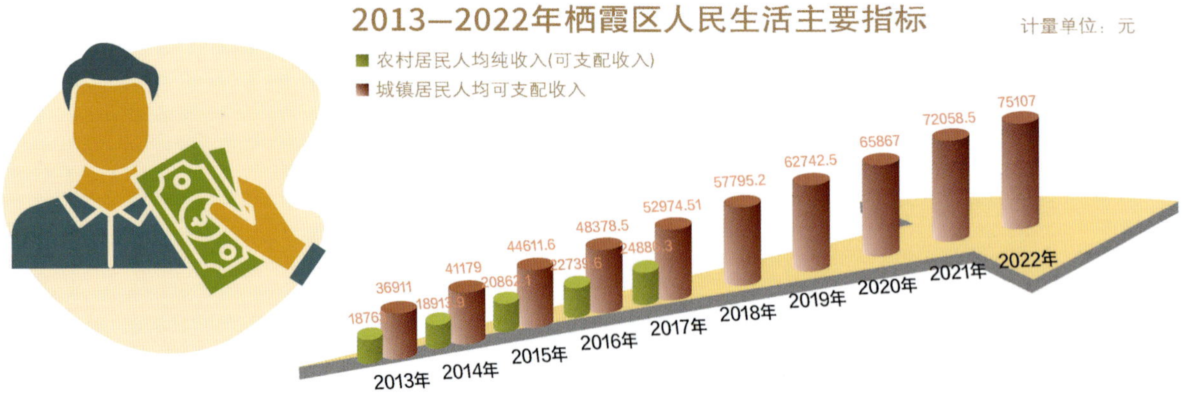
2013—2022年栖霞区人民生活主要指标
计量单位：元
农村居民人均纯收入(可支配收入)
城镇居民人均可支配收入
36911
18913.9
41179
20862.1
44611.6
22739.6
48378.5
24880.3
52974.51
57795.2
62742.5
65867
72058.5
75107
2013年
2014年
2015年
2016年
2017年
2018年
2019年
2020年
2021年
2022年

南湾营片区保障房　　区委宣传部　供图

2019年9月18日，中国农民丰收节暨第十五届中国南京农业嘉年华开幕式　　区政府办　供图

6月2日，第七届栖霞区美食节暨第三届八卦洲乡土地标美食大赛在陌上花渡园区开幕　　八卦洲街道　供图

2022年，马群招商花园城“七夕”情人节活动　　马群街道　供图

2021年11月15日，蓝鲸音乐节在南京欢乐谷举办　　区文旅局　供图

龙潭水稻丰收　　区委宣传部　供图

栖霞山春景

区委宣传部 供图

燕子矶

区委宣传部 供图

八卦洲陌上花渡

杨慧宝　摄

龙潭“水一方”

区委宣传部　供图

姚坊门文体公园　　尧化街道　供图

桦墅村一隅　　区委宣传部　供图

2018年10月11日,“美丽新栖霞　放歌新时代”栖霞区庆祝改革开放40周年暨第19届“金秋栖霞”艺术节开幕式在马群街道举行

马群街道　供图

栖阅时光　城市书房

区委宣传部　供图

桦墅学堂　　　　区委宣传部　供图

晓庄小学　　　　晓庄小学　供图

栖霞中学　　栖霞中学　供图

燕子矶中学　　燕子矶中学　供图

南京特殊教育师范学院　　南京特殊教育师范学院　供图

金陵科技学院　　　　金陵科技学院　供图

钟山职业技术学院　　　　钟山职业技术学院　供图

仙林石碑

林琨　摄

仙林大学城

2008年仙林大学城　　汤重育　摄

仙林大学城管委会　供图

2009年仙林大学城

仙林大学城管委会　供图

交通便捷的仙林大学城

仙林大学城管委会　供图

南京大学

仙林大学城管委会　供图

南京师范大学

仙林大学城管委会　供图

南京财经大学

南京财经大学　供图

南京邮电大学　　刘晶　摄

南京中医药大学　　南京中医药大学　供图

南京审计大学金审学院图书馆　　仙林大学城管委会　供图

南京森林警察学院　　郭鹏　摄

南京理工大学紫金学院

南京信息职业技术学院

南京理工大学紫金学院　供图

仙林大学城管委会　供图

南京工业职业技术大学

南京工业职业技术大学　供图

羊山公园

仙林大学城管委会　供图

羊山公园　　蔡峥嵘　摄

仙林湖的黑天鹅　　李阳　摄

仙林萧宏石刻公园　　钱女士　供图

2022年7月25日，邓廷桢文化公园建成开放　　仙林街道　供图

日落仙林湖　　仙林大学城管委会　供图

金鹰湖滨天地　　仙林大学城管委会　供图

南京万达茂　　仙林大学城管委会　供图

2019年6月15日，仙林音乐节在羊山公园举办　　仙林大学城管委会　供图

2018年4月6日，南京仙林半程马拉松开跑　　仙林大学城管委会　供图

假期，孩子们在金鹰玩陶艺　　阮忠　摄

2019年9月，“盛夏光年”仙林空间艺术嘉年华活动走进高校　　仙林大学城管委会　供图

南大科学园

仙林大学城管委会　供图

2016年南大生命科技园

仙林大学城管委会 供图

中科电28所仙林新所区　　　　仙林大学城管委会　供图

中国（南京）智谷　　　　仙林大学城管委会　供图

南京大学国家双创示范基地　　仙林大学城管委会　供图

南京经开区　　南京经开区　供图

南京经济技术开发区规划图

1993年南京经开区规划图　　　　南京经开区　供图

2002年南京经开区管委会大楼 南京经开区 供图

2011年南京经开区东区办公楼 南京经开区 供图

2007年新生圩港

2012年南京经济技术开发区东区龙潭港保税物流中心

南京经开区　供图

张晓宇　摄

2020年南京综合保税区

南京经开区　供图

南京经开区　　南京经开区　供图

2020年南京经开区街景　　南京经开区　供图

2020年南京经开区管委会大楼 南京经开区 供图

2002年9月20日，南京新华日液晶显示技术有限公司定础仪式举行　　南京经开区　供图

2005年9月8日，栖霞区金秋招商项目发照仪式暨润泽华针纺织项目开工典礼　　南京经开区　供图

2016年5月18日，紫江炉业第二期新建综合楼工程开工　　紫江炉业南京有限公司　供图

2019年一季度全市重大产业项目集中开工现场会，栖霞区、南京经开区、仙林大学城分会场　　南京经开区　供图

2021年7月16日，栖霞板块重大项目竣工投产暨天加热能基地成功启用仪式举行　　南京经开区　供图

2021年9月15日，LG新能源电池八工厂项目开工仪式举行　　南京经开区　供图

2004年9月6日，江苏省电子信息产业基地奠基仪式举行　　南京经开区　供图

龙港科技园　　南京经开区　供图

兴智科技园　　南京经开区　供图

汇智科技园　　南京经开区　供图

红枫科技园　　　　南京经开区　供图

2010年LG平板显示屏生产线　　樊晓世　摄

2022年7月6日，第九届海峡两岸(南京)新型显示产业高峰论坛在南京召开　　南京经开区　供图

蔚然（南京）动力科技有限公司　　　　南京经开区　供图

新百药业 南京经开区 供图

"2018全球(南京)人工智能应用大赛" 颁奖典礼　　南京经开区　供图

"南京新一代人工智能研究院" 揭牌仪式　　南京经开区　供图

2019中国人工智能峰会“人工智能示范园区”颁奖仪式　　南京经开区　供图

2020年6月15日，重点人工智能项目集中签约仪式举行　　南京经开区　供图

2021年11月15日，南京诺唯赞生物科技股份有限公司成功登陆上交所科创板　　南京经开区　供图

2022年6月21日，江苏源驶科技有限公司智慧交通项目仪式举行　　南京经开区　供图

目　录

专　记

大事记

区情概览

中共南京市栖霞区委员会

栖霞区人民代表大会

栖霞区人民政府

政协栖霞区委员会

中共栖霞区纪委·监委

民主党派·工商联

群众团体

法治·军事

经济管理

开放合作

数字经济

都市农业

制造业

商贸服务业

金融业

旅游业

房地产业

交通建设

城乡融合发展

生态环境

科创高地建设

教　育

文　化

卫生健康

体　育

就业与社会保障

社会事务

公共安全

街　道

人物·荣誉录

附　录

索　引

仙林街道以网格化党建引领城市基层治理 打造新时代“枫桥经验”城市版

习近平总书记强调，要夯实社会治理基层基础，推动社会治理重心下移，构建党组织领导的共建共治共享的城乡基层治理格局。在新时代，如何以党建工作引领基层社会治理，提升人民群众获得感和幸福感，是基层工作重要的课题。自2010年开始，仙林街道以党建引领网格化服务为重点，积极探索基层社会治理新模式，区域治理效能得到明显提升。街道连续13年保持进京赴省到市来区“四个零”上访，先后获全国先进基层党组织等20项国家级荣誉，《人民日报》头版、中央电视台《新闻联播》《朝闻天下》节目、《光明日报》《新华每日电讯》《中国组织人事报》等多家媒体多次进行报道，被誉为新时代“枫桥经验”城市版。

仙林街道由仙林农牧场改制拆迁而来，成立于2004年，是栖霞区委、区政府所在地、仙林大学城核心区。辖区面积32.67平方千米，有高校12所、居民小区40个、驻街道单位2668个，常住人口28万人，“一个街道就是一座城”。由于改制拆迁遗留大量矛盾，“压缩饼干”式发展带来错综复杂的社会问题。新老矛盾交织、资源先天不足。2010年以来，仙林街道积极适应城市发展新形势、基层治理新任务、居民群众新需求，聚焦党员干部懒散、居民群众松散、社会资源分散等难题，解放思想、真抓实干、不断创新，探索形成以“网格连心、服务为先、多元联动、协同发展”为主要内容的网格化党建引领基层社会治理的“仙林经验”，实现“小事不出网格、大事不出社区、突发事件不出街道，矛盾不上交”，得到中央有关领导同志肯定。2017年7月19日和2022年9月27日，在中共中央组织部召开的全国党建引领城市基层治理工作会上，仙林街道先后两次作为全国唯一街道代表交流发言。

坚持到边到底，变条块分治为网格集成。网格沉边到底。街道把10个社区划分为90个综合网格、195个专属网格，2668个大大小小驻街单位全部纳入网格，实现社会治理纵向“精准到点”。在此基础上，把小区、商业街区、农贸市场、高校、建筑工地、企业、河道等十大类别“合并同类项”，成立439个网格一家亲“同心圆”，实现同类服务横向“串珠成链”。仙林区域网格治理纵横交错、深度融合，牢牢兜住基层治理的基本面。机构职能整合重构。在不增加编制、不改变职级的基础上，把29个内设科室整合为“七部一局一中心”，分别与社区责任捆绑、工作共担，双向沟通协调、双向共同发力，实现推动各项工作“一盘棋”。285

名街道社区工作人员全部担任网格负责人，把“五个建设”梳理归纳为区域党建联动、群众工作联做、平安法治联创等网格“十联”工作，全部落实到网格中，党员干部也由“条线专才”变成了“网格通才”。组织设置嵌入网格。全面发挥街道党工委治理“龙头”作用，构建“街道党工委—社区党委—网格党支部—楼栋党小组—党员中心户”五级组织链条，加强党的全面领导、审批服务一窗口、综合执法一队伍、基层治理一网格、指挥调度一中心“1+4”治理模式，以严密的组织体系支撑基层治理体系。

突出源头管控，变被动应对为主动作为。“四万走访”真情服务。街道社区网格人员身穿“黄马甲”、党员佩戴党员徽章，连续13年常态开展“进万家门、访万家情，送万家暖、结万家亲”活动，动态掌握需求，跟踪提供服务，最大限度帮助解决了12000多个问题，居民群众可以随时随地找到党的组织、看到党的形象、听到党的声音。“四步法”化解矛盾。通过广开渠道收集信息、就地就快处理问题、定期回访跟踪管理、健全完善工作机制等环环相扣的流程，做到“小事不出网格、大事不出社区、突发问题不出街道、矛盾不上交”。严格落实首问负责制，对苗头性问题发现在早、处置在先，连续13年保持进京赴省到市来区“四个零”上访。“多形式”群众自治。采取“三下三上”共同约定方式，在小区普遍订立“居民公约”，制订基层群众自治组织依法履行职责事项和协助政府工作事项“两份清单”，畅通居民参与治理的渠道，引导居民自我管理、自我监督。发挥社区、网格、志愿者、民警、业主、业委会、物业公司、驻街单位的作用，搭建“八方议事”平台，真正让群众的事情群众办，众人的事情由众人商量着办。

坚决转变作风，变服务缺位为克难攻坚。推行“网格吹哨、部门报到”。围绕城建城管、市场管理、应急处置等领域难题，网格第一时间收集诉求，吹响“集结哨”，推动职能部门下沉一线、现场办公，让“看得见的”和“管得了的”汇聚在网格，共同解决顽瘴痼疾。全面发挥党员先锋模范作用。常态化开展党员亮身份、亮承诺、亮行动、亮服务、亮成效“五亮”活动，推广“党员承诺上墙、党建文化入格”等工作。2020年以来，56支党员先锋队在疫情防控一线守卡口、保物资、保运转，唱响“我是党员我先上”的主旋律。办好基层治理“年度大事”。每年围绕居民最关心的难题列清单、强攻坚，做一件成一件，积小胜为大胜。2016—2017年，完成仙林新村1056间地下室整治；2018年，彻底消除辖区内劣V类水体；2019—2020年，完成餐饮油烟综合整治；2021年，争取5家电力电信公司支持帮助，实现仙林新村北区管线下地，彻底清掉“缆线蜘蛛网”。2021—2022年，6个工作组13个月连轴转，完成大成名店商业综合体整治，“乱窝子”旧貌换新颜，93户店家没要一分钱补偿、没有一个人上访。

推进共治共享，变政府独奏为社会合唱。有效整合各方资源。建立由辖区内南京大学等12所高校和银行等较大单位参加的党建联席会议机制，成立网格“一家亲”协会，56个单位出资650万元，连续11年评选“仙林最美奖”，已有7303名党员群众、1147个驻街单位获得奖励，把驻街单位拧成了一股绳。街道全面推进社区、物业工作人员“双向进入、交叉任职”，每月对辖区38家物业企业开展“星级评比”，举办服务项目观摩赛，评比结果纳入信用等级评价。培育发展社会组织。成立社会治理创新促进中心，同步建立联合党支部。引进和培育17个社会组织，常态化开展助老、助小、助残、助困等各类服务，推动12所驻区高校350个社团融入社区服务，每年开展网格文化年、网格“家乐汇”和“五大幸福”系列活动一千余场。广泛动员志愿者力量。通过积极分子主动担当一批、“四万走访”发动一批、群众宣传群众影响一批，组建“万家欢”“搭把手”等56支志愿者服务队，6000多名志愿者常年活跃在大街小巷，一个黄马甲就是一个流动的服务站。选聘优秀党员志愿者组建“盯得紧”督导考核队，全程参与监督党员干部的网格工作。

13年来，通过充分发挥街道社区党组织领导作用，以党建引领网格化管理打通基层治理"最后一百米"，有效调动起居民主人翁意识，凝聚起社会各方资源力量，着力解决群众关心的民生诉求、社会矛盾和发展难题，使街道社区成为党群连心、邻里和谐、守望相助的温馨家园，真正做到"网格零距离、党群一家亲"。

夯实了基层基础，党的声音"一传到底"。通过网格化，街道党工委进一步把工作重心转移到基层党组织建设和公共服务管理上来；党员干部全天候活跃在网格中，基层党组织功能显著增强。例如，仙林新村经济适用房小区投入使用初期，地下室均被居民抢占用于自住、出租、经营，环境十分脏乱，安全隐患突出。面对这一"烫手山芋"，街道党员干部分片包干、挂图作战，群众由刚开始的怀疑、抵触，变成了理解、认可和参与，街道很快啃下了这个"硬骨头"。

提升了服务效能，党的领导"一呼百应"。网格化打破了以往街道科室的职能界限，改变了传统层级分工关系，街道社区干部每人负责一个网格，解决以往科室2—3名干部负责条线工作管不细、管不住的问题，形成"我为大家干、大家帮我干"的良好氛围。街道实行网格化管理后第二个月，城市管理工作就由原来的全市月度考核第23名跃升至第2名，之后连续62个月蝉联第一。

实现了多元共治，党的工作"一网揽尽"。以网格为平台，将街道社区、驻街单位等有效凝聚起来，真正把党的领导和制度优势转化为社会治理效能。近年来，"社区是我家、建设靠大家"理念深入人心。例如，仙林街道区域内共有12条河道，水环境治理任务繁重。驻街高校、单位、街道党员干部齐心协力，挂表作战，最短时间内高质量完成水环境治理任务。例如，通过党建联盟、党建联席会、群团共建等，整合辖区内、外单位力量，南京大学、南京师范大学、南京森林警察学院等高校、国网江苏电力、长江都市设计院、中建八局轨道公司、金鹰天地等单位，帮助解决了居民就业、雨污分流、餐饮油烟整治、安全隐患整改、瓶改电等一系列居民群众关心的"老大难"问题30个，实现在融合中共赢、在共赢中发展的良性循环。

促进了区域和谐，党群关系"一网情深"。通过打造党群服务"一站式"阵地，建好用好街道和社区党群服务中心，常态化提供居家养老、未成年人活动、残疾人康复、法律咨询等20多类服务，每天服务近3000人次，成为聚人气、更聚民心的"红色灯塔"。街道常态化开展小区、家庭等30项文明示范系列创建活动，每年评选表彰20项"仙林最美奖"，持续组织开展千家家训晒一晒、千家初心面对面、千家团圆幸福宴等系列活动，密切了党群干群关系，推进了情感融合。

街道处于行政"末梢"、基层"顶端"，在城市管理中承上启下，是政府治理与居民自治有机衔接的重要环节，是党建引领城市基层治理的关键节点，是践行新时代"枫桥经验"的责任主体。13年来，仙林街道从"摸着石头过河"趟着走，发展到"落实新思想"阔步走；从简单推行网格化把各项工作任务落下去，发展到以网格为枢纽把各类治理资源统起来；从党员干部冲在一线带头干，发展到党群联手一起干；从被动解决遗留矛盾，发展到每年主动排查攻坚"硬骨头"，总结提炼了"一线工作法""四万走访""六化融合""十联齐发""四皮精神"等工作方法，形成一套"小事不出网格、大事不出社区、突发事件不出街道"的运行机制，展现了新时代"枫桥经验"城市版的生动实践。2016年12月12日，时任中共中央政治局委员、中组部部长赵乐际到仙林调研考察，称赞仙林模式是"群众路线在新形势下社会管理中间的一种集中的、典型的体现"。2021年12月，江苏省委办公厅专门发文推广党建引领城市基层治理仙林经验。2022年2月到3月，中组部在仙林进行为期两周的蹲点调研后，在调研报告里写道："仙林街道新时代'枫桥经验'城市版是一个在解决问题中不断优化完善的地方样本，是一个自然生产出来的全国典型。"

（区委改革办、仙林街道）

弘扬长江文化　打造文旅名片

长江是中华民族的代表性符号和中华文明的标志性象征，造就了从巴山蜀水到江南水乡的千年文脉。2020年11月，习近平总书记在南京主持召开全面推动长江经济带发展座谈会时指出："要把长江文化保护好、传承好、弘扬好，延续历史文脉，坚定文化自信。"栖霞作为长江岸线最长的区县级行政单位之一，拥有80.19千米长江岸线。栖霞区积极融入长江国家文化公园建设，深入研究长江文化，促进长江的历史文化、山水文化与社会经济融合发展，不断拓展区域文旅内涵，推动优秀传统文化创造性转化、创新性发展。

优化机制，部门联动，聚力打造长江文旅名片

统一思想认识，深挖长江文化内涵。南京是长江沿岸历史悠久的大型港口城市，滨江岸线和水上资源丰富，长江文化底蕴深厚。栖霞的长江岸线约占全市三分之一，沿江散布着大量文物古迹、自然景观、工业遗存、非遗项目等文化资源，古金陵48景中，有永济江流、燕矶夕照、达摩古洞等7景位于栖霞境内。近年来，全区上下坚定践行习近平生态文明思想，积极弘扬传承长江文化，不断强化区域"要素集聚、品牌打造、融合发展"，快速融入长江国家文化公园建设。

细化责任分工，形成工作合力。栖霞围绕"一江碧水、两岸青山"，各相关部门依照职责分工，分头推进污染企业整治，加快河道整治、水源地保护，净化土壤、空气，做好岸线复绿、景观提升等，努力把文旅生态资源优势转化为经济社会发展优势。在此基础上，积极响应《长江经济带南京段长江文化旅游融合发展概念规划》，是南京市首批完成文旅资源普查的试点区之一；同时结合自身特点，打造一批长江岸线特色旅游项目，让长江文化焕发新的生机，为区域经济发展注入新的活力。

保护为主，合理利用，高标准做好文化遗产传承

加强文物保护工作。习近平总书记强调，文物和文化遗产承载着中华民族的基因和血脉，是不可再生、不可替代的中华优秀文明资源。栖霞坚持"保护为主、抢救第一、合理利用、加强管理"的文物工作方针，层层落实区、街道、文物保护单位三级文物安全管理责任，出台《文物保护单位安全应急处置方案》《栖霞区文物巡查检查工作制度》等，确保文物保护有据有效。推进"智慧文保"建设，实现区级以上文物保护单位54处107个点位实时监控全覆盖、无死角开发"不可移动文物安全管理平台"App，使文物巡查监控工作更加高效、精准。

推动文物合理利用。推进幕燕风光带文化遗产保护工程实施，最大限度保护燕子矶及头台洞、二台洞、三台洞文物本体和环境，燕子矶御碑抢险加固保护工程被评为文物保护修缮优秀案例。启动实施"永济江流""燕子矶老镇、栖霞古镇"项目，完成关帝庙遗址修复及寒桥公园项目，江南水泥厂旧址民国建筑修缮工程入围南京市优秀古迹遗址保护项目。配合南京"博物馆之城"建设，积极推进长江沿线官窑山博物馆和砖窑考古遗址公园项目，加快推进栖霞山六朝博物馆和栖霞寺博物馆建设，让市民游客感受到栖霞传统文化的无限魅力。

推进非遗文化传承。推动文化遗产在"活态保护"中持续焕发活力，栖霞区拥有国家级非遗项目金箔锻制技艺，省级非遗项目金陵折扇、南京真金线制作技艺、栖霞龙舞，市级非遗项目千佛崖"石像成佛"故事。2020年，在原有6个区级非遗项目基础上组织增选12个区级非遗项目。助推龙潭金箔博物馆搬迁及新址选址工作，积极筹划非遗博物馆建设，精细打造金鹰湖滨天地非遗集市，有效有力保护、传承和弘扬非遗传统项目。

整合资源，突出重点，不断提速文旅产业发展

滨江文旅产业快速发展。以长江经济带为“一带”，栖霞山为“一核”，仙林大学城为“一城”，加快构建全区文旅产业发展格局。近三年，栖霞区引进大型文旅项目10余个，投资总额超560亿元，涵盖文化教育、自然景区、主题乐园、酒店餐饮、商贸配套等领域。加快建设重点消费载体，建设华润万象天地及德基艺术商业区、地中海俱乐部等一批重大文旅项目，深入推动金鹰湖滨天地购物中心、幕燕达摩景区等打造成为文旅夜间消费经济体，助力南京打造消费中心城市。

重点文旅项目稳步推进。栖霞山休闲旅游度假区入选全国全域旅游十大品牌目的地，获省政府批准为省级旅游度假区。华侨城欢乐谷刷新全市文旅地标，欢乐谷第三个重点项目——森海世界建成开放。幕燕滨江风貌区不断提档升级，重新焕发出历史人文与山水城林、大江风貌交相辉映的独特魅力，形成水陆空三位一体的城市滨江休闲、游乐、消费新空间。

乡村旅游特色逐步彰显。围绕江中丽岛——八卦洲生态旅游做发展，以陌上花渡园区为核心，带动周边村庄、农户、农业企业整体提升。将“南京农业嘉年华”打造成农旅文体融合的节庆活动。开发水上游船线路、打造民宿集聚区、建设青年桥文旅消费街区。围绕龙潭荷花资源做加法，在水一方荷花观赏基础上建设荷趣乐园，创新打造游船赏荷、荷塘小火车、荷塘月舍船民宿等项目。围绕桦墅都市桃源做提升，在保存原乡风貌基础上，打造“一院一品”特色乡村民宿，2021年4月，全市民宿现场会在桦墅村召开。弘扬乡风文明，与凤凰集团合作建设桦墅凤凰云书屋，打造书香四溢的江南村落。

做优服务，完善配套，持续提升文旅产业品质

做优精品旅游线路。结合“栖霞幕燕，大山大江”定位，从亲子嗨玩之旅、山水田园之旅、访古探今之旅等多个角度，策划十余条旅游线路。基于南朝石刻资源，推出“行走六朝之栖霞国宝”石刻旅游专线，并成功上线省文旅厅“苏心游”平台，2021年获“水韵江苏·苏心产品创新大赛”文旅产品二等奖。

完善旅游公共配套。坚持岸线高质量发展，完善基础设施

八卦洲陌上花渡　　八卦洲街道　供图

建设，完成区内新（改）建旅游厕所47座，累计获省、市旅游厕所建设奖励资金504万元。推进紫金山东站二级旅游集散中心建设，强化旅游集散功能。持续提升“智慧旅游”水平，“指游栖霞”功能微信端上线，区全域旅游信息化项目通过专家验收。创立“栖游纪”文创品牌，推出各类文创产品600余种，通过线上、线下品牌推广，营业收入超3000万元，栖霞旅游品牌效应不断放大。

强化文旅宣传推广。精心设计制作《栖霞雅集》《栖霞区域旅游地图》《手绘旅游地图》《遇见栖霞》杂志等纸媒宣传品，在全区重要文旅场所投放。拍摄制作栖霞旅游宣传片，在新街口国金中心、禄口机场、南京南站等人流集中区域投放。联合中央电视台《美丽中华行》栏目制作《一城江山风雅栖霞》专题片，在香港卫视同步播出。联合南京电视台推出“云”游栖霞活动，通过直播手段“带货”栖霞旅游。

力推精品，体现特色，大力激发滨江文化活力

推进滨江文化空间建设。区图书馆、文化馆均建成国家一级馆，基层（社区、村）综合文化服务中心实现100%全覆盖。全区人均公共文化设施0.28平方米，列主城区第2位。率先实现区属公共文化场馆朝九晚九12小时免费开放服务，“艺栖夜课”典型创新做法获人民日报客户端、《中国文化报》报道。建成“栖阅时光”城市书房2处、区图书馆分馆17140家、栖图驿站40余处、24小时自助借阅室2处。马群街道“吾在书舍”、西岗街道“桦墅学堂”被评为江苏省“最美公共文化空间”。2021年，南京市公共文化服务现场推进会在栖霞召开。

聚焦长江文艺精品创作。大力创作弘扬长江精神、讲好栖霞故事的文艺作品。区文化馆原创舞蹈《枫红大江边水映栖霞情》、歌曲《一路高歌》被多家大型媒体平台转播，成为“网红”作品。2019年，栖霞区原创舞蹈、第13届省“五星工程奖”获奖作品《这么近那么远》作为江苏唯一选送舞蹈作品，进入第18届全国群星奖决赛，获入围作品奖；2020年原创相声《我师父》获第14届省“五星工程奖”；2022年，原创小品《社区那点事》、舞蹈《青春的逆行》获第15届“五星工程奖”，成绩列全市第一、全省前茅。

打造“长江四季”节庆活动。围绕长江沿岸特色，积极打造四季文旅品牌活动，春季在栖霞山举办“山·寺·桃花”节、仙林半程马拉松；夏季举办龙舟赛和水一方荷花节、承办中国田径街头巡回赛（南京站）；秋季举办农业嘉年华、栖霞山红枫节、幕燕登高节等传统特色活动；冬季则以栖霞美食节及跨年祈福迎新活动为代表，做到沿江处处有亮点、栖霞时时有特色。连续22年举办“金秋栖霞”艺术节系列活动，被评为南京市文化惠民品牌项目、获南京市优秀群众文化活动品牌二等奖。（区政府办）

责任编辑　王旭东

栖霞山红枫节——龙舞表演　　耿展春　摄

大事记

1月

3日 南京康尼机电股份有限公司被工信部评为“轨道交通门系统智能制造示范工厂”。

4日 南京经开区5个项目入选江苏省人工智能融合创新产品和应用解决方案。

5—7日 中国人民政治协商会议南京市栖霞区第十届委员会第一次会议召开。

6—8日 南京市栖霞区第十九届人民代表大会第一次会议召开。

10日 栖霞区文化企业座谈会暨文化产业发展专项资金发放仪式举行。

11日 国内首部家庭与学校题材原创公益话剧《燕矶曦照》在南京保利大剧院上演，由南京市燕子矶中学和南京创维塔文化发展有限公司联合出品。

13日 丁家庄二期保障房A28地块获“第十九届中国土木工程詹天佑奖”。

△ 龙潭长江大桥完成北塔封顶。

14日 《贞石——南京栖霞地区历代碑刻集成》入选江苏省市县地方志特色创新项目。

△ 国内首个“医教研养康”五位一体的医养综合体泰康大健康体验中心在泰康仙林国际医养园开业，建筑面积43万平方米，总投资100亿元。

15日 龙蟠科技股份有限公司发布绿色能源与绿色化学品牌战略，宣布与中国科学院大连化学物理研究所共同启动PEM电解水制氢催化剂研发项目。

17日 栖霞板块党史学习教育总结会议回顾总结党史学习教育成效和经验，对巩固拓展党史学习教育成果进行安排部署。

△ 本区龙潭街道龙岸花园智慧安防社区云平台上线运行。

18日 南京进口消费品集散中心暨八卦洲跨境电商产业园开仓启动仪式在八卦洲街道大同生态产业园举行。

20日 2022年“梦想小屋”启动仪式在迈皋桥中心小学举行。

△ 南京英田光学工程股份有限公司的“星地链路高速激光数传装备的关键技术研究”项目入选南京市重大科技专项立项名单，获批资金1000万元。

△ 栖霞区开展有奖春联征集活动，收到101名作者的265副春联，经江苏省、南京市楹联协会专家评审，30副春联分获一、二、三等奖和优秀奖。

21日 《人民日报》的“新春走基层”栏目，以“昔日造船洲 如今生态岛”为题，介绍八卦洲街道。

22日 栖霞区建成、开放9个少儿阅读空间，利用周末、节假日时间，开展阅读分享、朗诵比赛、故事会等形式的阅读推广活动。

25日 栖霞区在龙潭街道大棚村开展“新春赠志书 英雄载史册”暨方志文化“六进”活动。

26日 栖霞区被省农业农村厅、省应急管理厅评为“平安农机示范市、县”。

27日 《燕子矶老街一般历史地段保护图则》向公众征询意见。

28日 720路公交线路开通，往返“灵山地铁站—地铁仙林中心站”。连通仙林仙鹤和麒麟东流2个片区，连接地铁2号线和4号线，使两个片区地铁公交无缝换乘。

△　栖霞区开展走访慰问活动，深入基层看望困难群众、老党员等19类40671户。

2月

1日　《区域全面经济伙伴关系协定》（RCEP）对韩国生效实施，爱尔集新能源（南京）有限公司办理两票RCEP项韩国电池原料进口手续，享受比最惠国税率分别低1%和0.6%的协定税率，为全省“首单”。

7日　非遗传承人张堡程“金陵纸鸢”作品、六米长的“大老虎”风筝在南京市民俗博物馆展出。

10日　八卦洲街道外沙村洲尚外婆的作品“洲尚外婆手工产品——手工皂”获南京美丽乡村（乡村民宿）产品大赛铜奖，区农业农村局获组织奖。

14日　栖霞公证处聚焦小微企业需求，推出“专属管家”服务。

△　迈皋桥街道春晓园社区书屋，以“阅多精彩 悦享未来”为主题，举办2022年共享阅读空间系列活动，为百姓带来新阅读体验。

20日　中央电视台《新闻直播间》点赞区高水平打造“质量小站”，为企业提供一站式质量综合服务。

21日　以“明秀栖霞 筑梦远航”为题，举办栖霞板块2022年土地招商推介会，推出25幅地块，共计96.67万平方米。

22日　南京爱朝晨文化发展有限公司参与制作的《风起洛阳》，入选《中国影视蓝皮书》2021年度中国十大影响力影视剧，被《人民日报》（海外版）点评为“讲述历史深处的生动故事”。

△　栖霞区民政局邀请“全国最美家庭”许玉梅为新人结婚登记颁证，并进行“幸福婚姻课堂”辅导培训。

△　江苏省中医院紫东院区全面启用，总床位800张，重点打造名医堂中医高级诊疗、中西医结合肿瘤、急危重症、妇产生殖、网络医院等多学科联合（MDT）诊疗中心。

23日　扬子江药业集团南京海陵药业有限公司被评为“江苏省信用管理示范企业”。

△　南京大学“走进栖霞”专场产学研对接会在金陵石化公司举办。

28日　陶行知纪念馆等18处历史建筑入选南京市第四批历史建筑保护名录。

△　中共南京市委第三巡察组对栖霞区化解民生诉求突出问题进行专项巡察。

3月

2日　华电新村、青田雅居、翠林山庄列入2022年南京市城镇老旧小区改造项目清单。

7日　博世华域转向系统有限公司南京分公司被评为“江苏省优秀劳动关系和谐企业”。

8日　栖霞区开展“情暖栖霞 关爱兵妈妈”主题志愿服务活动，并举行“军属之家”揭牌仪式。

△　青海湟中非遗文化名片——“八瓣莲花”工艺品公益展销活动在金鹰湖滨天地举行。

△　“百合教授”滕年军团队和南京农大科技开发有限责任公司用“南京农业大学八卦洲百合产业化中试基地”自主育成的新品种，研制出“南农印象——遇见百合”护肤产品。

△　马群街道芝嘉花园社区5号网格专职网格员王万乐被评为“江苏最美网格员”。

9日　栖霞区“宁聚英才 共赢未来”2022年高校毕业生首场校园招聘会在南师大举办，参会企业28家，提供人才岗位800余个。

11日　南京诺唯赞医疗科技有限公司自主研发的新型冠状病毒（2019-ncov）抗原检测试剂盒（胶体金法）被国家药监局批准上市。

12日　栖霞区委宣传部携手南京广电集团音频产品部，推出“有言在仙”大家通识课&文化沙龙活动。

21日　江苏省人民政府批复，同意将南京栖霞山文化休闲旅游度假区设立为省级旅游度假区，并命名为“江苏省南京栖霞山旅游度假区”。

23日　中国（南京）智谷入选省级“5G+工业互联网”融合应用先导区培育对象。

4月

13日　栖霞区17家建筑企业244名援沪志愿者，分批次返宁。

15日　南京康尼机电股份有限公司、江苏美思德化学股份有限公司、南京正大天晴制药有限公司、南京先欧仪器制造有限公司发明的4项专利获中国专利奖优秀奖。

△　龙蟠科技股份有限公司开发的新型黑科技磷酸铁锂材料获5项国家专利，提高磷酸铁锂电池正极材料在低温环境下的性能，显著提高充电速率，并与国内部分电池厂实现产品配套。

21日　栖霞区选送的舞蹈《青春的逆行》、相声《收藏》、小品《社区那点事》入围"江苏省五星工程奖"，入围数量列全市第一。

23日　第27个"世界读书日"，央视综合频道推出文化专题类节目《品读中国·南京》，讲述南京中医药大学叶泓霆的文学之路。

27日　中英国际产业合作研讨会在南京经开区召开，中英两国的专家学者、科研院所、产业园区和企业代表采取线上、线下形式参会，超16万人次关注。

△　南京栖霞高新区本土培育的企业奥斯汀在美国纳斯达克正式挂牌上市，是2022年南京市第一家在美上市的企业，全国第二家成功登陆纳斯达克的中概股。

5月

9日　江苏省总工会转发区《探索建立栖霞区党建、工建、产改一体化推进机制的实施意见》，并在全省推广。2月江苏省总工会下发《关于2022年度深化工会改革重点机制项目建设工作的通知》，确定全省年度深化工会改革重点机制建设项目和单位，"党建、工建、产改一体化推进机制"项目在栖霞开展。

13日　栖霞区第三十二次全国助残日活动在紫东国际创意园举办，区残联与北京自立自强网络科技有限公司签订《战略合作框架协议》，标志着区残疾人数字化就业创业基地正式启动，开启"线下基地培训就业+线上居家云就业"相结合的残疾人数字化就业模式。

16日　栖霞区举办"智汇栖霞 载梦启航"中国（南京）智谷·2022青年大学生创新创业大赛。

△　栖霞区举办江苏省异地商会会长座谈会暨"名企栖霞行"活动。

18日　太龙路环境综合整治完工。

19日　"宁聚英才 共赢未来"高校公益招聘会在南京信息职业技术学院举办，参会企业50家，提供岗位1200个。

20日　五马渡汽车后备厢文化市集暨达摩长江夜公园开园仪式在达摩古洞景区启动。

△　南京大学举行建校120周年校庆。

23日　后摩智能科技有限公司自主研发出存算一体大算力AI芯片。

27日　国务院第二督查组到南京经开区，督查稳增长稳市场主体保就业工作。

28日　华中科技大学首届全球校友创新创业大赛启动仪式在南京栖霞高新区举办。

29日　中央电视台《新闻联播》"党旗在基层一线高高飘扬"栏目，以"仙林街道：'小网格'绘就'同心圆'"为题，报道仙林街道"网格化"党建工作。

30日　栖霞区举办"'科创江苏'试点区"建设启动仪式暨首届青年科技工作者发展论坛，科创中国"栖霞科技工作者之家"正式揭牌。

31日　南京经开区通过"国家知识产权试点园区"验收。

6月

17日　南京经开区举行重点科技项目签约仪式，签约项目10个，总投资超50亿元，涉及金融、人工智能、高端制造等多个领域。

26日　栖霞区印发《加快中国（南京）智谷人工智能产业集聚发展的若干指导意见（试行）》，整合三区资源、统一政策体系，加快推进中国（南京）智谷建设。

△　"安全生产 青年当先"主题演讲比赛颁奖仪式暨南京共青团"文明有我 号队出列"出征仪式在南京大学国际会议中心举办。

△　栖霞区与镇江句容市、扬州仪征市携手开展"跨江沿江互通互融"宁镇扬核心区长江文化保护与传承主题活动。

△　高通骁龙电竞先锋全民挑战赛S1赛季决赛在红枫科技园举行。

29日　地铁1号线北延工

程燕子矶站顺利封顶。

△ 由省文明办、省农业农村厅、省住建厅、省文旅厅、省广电总台共同主办的“行走新时代 鱼米之乡”融媒体新闻行动启动仪式在西岗街道桦墅村举行。

30日 江苏省科学技术厅公布2022年度省级工程技术研究中心（企业类）绩效考评结果，南京经开区7家企业考评优秀，参评18家企业考评全部合格，涉及电子信息、生物医药、能源环保等领域。

7月

4日 一列装载着100个标准集装箱的中欧班列从尧化门站驶出。

△ 南京市规划和自然资源局会同区政府组织开展《燕子矶老街一般历史地段保护图则》及相关控制性详细规划管理单元图则修改与城市设计优化工作。

7日 《人民日报》（社会版）“关注困难群体生活保障”专栏，对区精准服务困难群众做法进行报道。

8日 南京经开区与南京林业大学开展访企拓岗促就业校地对接座谈会。

13日 “南京—太仓—海防—胡志明市”东南亚集装箱外贸航线正式开通。

17日 中央电视台《朝闻天下》栏目，“字解半年经济”专题报道区稳住百姓“菜篮子”工作举措。

△ 栖霞区举办“倚江蝶变看栖霞”优秀文艺作品征集活动。

△ 在2022年俄勒冈田径世锦赛男子跳远决赛中，毕业于栖霞中学的王嘉男以8米36的成绩逆转夺冠，是中国选手在该项目中首次获得世锦赛冠军，也是中国代表团本届世锦赛的首枚金牌。

18日 新华社客户端以“医者仁心 守护生命——医生张月玲的援青故事”为题，报道栖霞医生的援青故事。

△ 栖霞区“爱在益栖”社会实践暑期托管班开班暨“梦想小屋”集中交付仪式在仙林可一书店举行，累计改造完成梦想小屋42间，总改造面积约650平方米。

20日 《人民日报》刊登《基层党建 凝心聚力》，聚焦仙林街道基层党建。

△ 中共栖霞区委区级机关工委举行主题党日活动暨“一社区一案例”重点项目发布会。

21日 《人民日报》刊发文章《旧貌换新颜 美丽又宜居》，介绍尧化街道问计于民、共商共建情况。

24日 栖霞区被评为“全省示范性居家社区养老服务网络建设基地”。

25日 邓廷桢文化公园建成开放。

26日 南京地区最高桥梁塔——仙新路过江通道南北主塔主体完工，标志跨江桥梁主塔主体结构施工圆满收官。

27日 南京经开区5家企业获南京市优秀专利奖，数量位居全市前列。

30日 栖霞区在仙林金鹰开展“有凤来栖 霞满天下”非遗集市活动。

8月

1日 栖霞区连续十年获“江苏省双拥模范区”称号。

2日 中石化南京工程有限公司、南京诺唯赞医疗科技有限公司等7家企业入选“南京市工程研究中心”。

3日 栖霞区举办境外驻南京商务机构栖霞行活动，欧盟、韩国等13家境外驻南京商务机构代表及生物医药、跨境电商等6家企业代表进行洽谈交流。

4日 栖霞区18家企业入选南京市培育独角兽企业，32家企业入选“瞪羚”企业，均位于全市前列。

△ 江苏省生态环境厅、江苏省工商联合会发布“2022年度绿色发展领军企业”名单，A.O.史密斯（中国）热水器有限公司入选。

5日 南京先端机器人技术研究院有限公司的“云平台多模式智能上肢康复系统”项目，入围全国智能康复理疗产品“潜力单位”。

△ 《师之魂——陶行知在南京栖霞》《栖霞山志》分别入选2022年度江苏省重点史志作品编纂出版“资助项目”和“培育项目”。

8日 《人民日报》报道区“春风化雨”助力小微企业发展。

△ 南京公交集团开通175路公交线路，自尧佳路东，途经尧红路快速路，直达南京站和幕府西路。

11日 《中国文化报》刊登《南京栖霞打造“艺栖夜课”，推动群众文化高质量发展》文章，聚焦区“艺栖夜课”创新品牌。

12日 在2022南京市文化产业资源共享会暨数字文化精品路演活动上，紫金智谷总部园项目完成现场签约，南京禾素时代科技创意产业园、陌上花渡·勇敢者营地、春雨线上书城、鸿美传媒项目、可重构的电源网络管理模组芯片项目完成线上签约。

△ 南京经开区12家企业入围2022年省级企业技术中心拟认定名单。

13日 中共南京市栖霞区委第十一届六次全会召开。

20日 栖霞区“梦天计划”青少年社会实践暑期科技研学营成果汇报暨“栖居护苗”公益项目发布会在国防科教基地南京理工大学继续教育学院举行，28名小营员全部来自丁家庄、花岗保障房片区的困境儿童和留守儿童。

△ “因荷而来 在水一方”2022龙潭荷花季暨新消费促进月在“水一方”景区落下帷幕，共接待游客30万人次，营收800万元，创历史新高。

23日 栖霞区文化馆《社区那点事》《青春的逆行》获第十五届江苏省“五星工程奖”，是全省唯一一家获得两个以上奖项的单位。

24日 南京经开区获“国家级知识产权强国建设试点园区”，成为首批入选试点园区。

26日 南京栖霞高新区生物医药产业链“以商引商”企业恳谈会在紫东生态会议中心召开。

△ 江苏省艺术基金资助项目，原创儿童音乐剧《蒲公英的种子》在南京小红花艺术中心首演。

△ “等你来路演”年度决赛在新港高新园举行，瞬态光谱成像焊接质量监控系统、微显示检测方案项目、基于肿瘤的精准医疗早筛产品分别获冠、亚、季军。

29日 “极美湿地公园·梦想候鸟家园”国际友城摄影作品大赛颁奖仪式在紫东生态会议中心举行。

△ 全市首个宾馆节水产品类合同节水项目在南炼宾馆落地。

30日 水利部河湖司负责人一行到栖霞区调研河长制工作。

31日 中华全国总工会到区调研党建带工建、工建服务党建工作。

△ 侵华日军南京大屠杀遇难同胞纪念馆向区档案馆捐赠一批反映南京大屠杀史的研究和文献系列丛书。

9月

1日 栖霞区6所中小学、幼儿园投入使用，保障学位供给。

4日 “青春e行”南京青年电商实训营（第五期）结业典礼暨栖霞区大学生志愿服务“乡村振兴计划”出征仪式在八卦洲街道举行。

△ 紫金智谷总部园开园，建筑面积6.8万平方米，总投资5.6亿元。

7日 栖霞区举办“数智赋能 共赢未来”2022中国南京金秋经贸洽谈会栖霞区重大项目签约仪式暨数智化转型发展大会。

△ 商业航天企业起源太空（南京）科技有限公司总部启用仪式在南京经开区红枫科技园举行，是全国最大的商业太空望远镜生产基地。

9日 江苏通行宝智慧交通科技股份有限公司在深圳证券交易所创业板上市（通行宝301339.SZ），成为全国ETC发行服务行业首家上市企业。

14日 南京地铁1号线北延线项目通过工程验收委员会验收。

17日 孟北保障房片区B地块22栋封顶，百水保障房片区封顶43栋，其中19栋（2896套）完成竣工备案。

19日 南京市规划资源局就羊山文化艺术中心设计方案进行批前公示。

20日 省第五安全生产巡查组到区开展一个月的安全生产巡查。

△ 金陵药业股份有限公司、南京京达生物技术有限公司、南京优科制药有限公司、中铁宝桥（南京）有限公司、南京京东方显示技术有限公司、南京捷希科技有限公司获批“省级工

程技术研究中心建设项目”。

21日　南医大二附院迈皋桥院区新大楼门急诊开始试运行，建筑面积6.9万平方米，地面6层，地下3层，整体设计简约时尚。

23日　和燕路过江通道命名为“南京燕子矶长江隧道”，仙新路过江通道命名为“南京新生圩长江大桥”。

△　江苏省智慧低碳环境工程研究中心、江苏省多肽激素及活性多肽药物工程研究中心入选2022年江苏省工程研究中心，南京经开区有11家企业入选。

27日　地铁7号线首次亮相，迎接试乘观摩，是省内首条全自动驾驶轨道。

29日　仙新路过江通道先导索从南主塔牵引至北主塔，南、北主塔实现“隔江牵手”。

10月

8日　中共江苏省委第三巡视组到区开展为期70天常规巡视，12月16日结束。

△　南京首个电竞主题商业街区——红枫科技园艾枫天地商业中心开业。

9日　紫金山天文台首席研制的中国综合性太阳探测专用卫星“夸父一号”发射升空。

11日　《中国文化报》刊登《弘扬长江文化 打造文旅名片》文章，聚焦区融入长江国家文化公园建设、推动文旅产业发展过程中的实践和探索。

19日　《光明日报》“代表之声”栏目《将党建工作融入万家灯火》，刊发党的二十大代表、仙林街道党工委书记孙金娣的专访。

20日　《人民日报》头版刊登《党的二十大代表热议——新时代十年伟大变革具有里程碑意义》文章，介绍党的二十大代表、仙林街道党工委书记孙金娣。

23日　江苏省社科院首家地方研究基地落户栖霞。

11月

9日　在南京市举办“讲理想 比贡献”活动中，南京经开区有1家企业被评为先进集体，1人被评为先进个人，3个项目被评为优秀项目。

16日　中共江苏省委组织部、中共南京市委组织部联合制作中共二十大江苏代表风采《做群众贴心人》短片，介绍仙林街道党工委书记孙金娣。

18日　A.O.史密斯（中国）热水器有限公司、南京诺唯赞生物科技股份有限公司、中建五洲工程装备有限公司入选2022年第一批“江苏精品”认证获证企业。

19—20日　江苏省第二十九届高校“校长杯”乒乓球比赛在仙林大学城举行，127支代表队参加比赛。经过激烈角逐，宿迁学院等8所本科院校、无锡职业技术学院等8所专科院校分获甲、乙组前八名，20名参赛选手获得“优秀运动员”称号。

20日　南邮大举行“南邮星”命名仪式，编号420612的小行星正式被命名为“南邮星”。

23日　南京经开区被评为2022年度江苏省“互联网+先进制造业”特色产业基地。

25日　芯原生物获2022年“赢在南京”海外人才创业大赛一等奖。

12月

8日　中共南京市栖霞区委十一届七次全会召开。

9日　出门问问创新科技有限公司入选江苏省“独角兽”企业，南京高光半导体材料有限公司等4家企业入选江苏省潜在“独角兽”企业，南京晶升能源设备有限公司等12家企业入选江苏省“瞪羚”企业。

14日　区文化企业座谈会暨文化产业发展专项资金发放仪式在紫东国际创意园举行。

21日　《人民日报》17版（国际版）刊发“共护一江碧水，同享发展机遇”专题文章，介绍南京经开区开展长江岸线常态化治理修复，建设绿色园区、绿色工厂。

26日　《科技日报》刊发《激发人才“引擎”让高新产业越跑越顺》，聚焦南京经开区从“工厂化”到“创新化”，从“工业园区”到“创新之城”。

责任编辑　王旭东

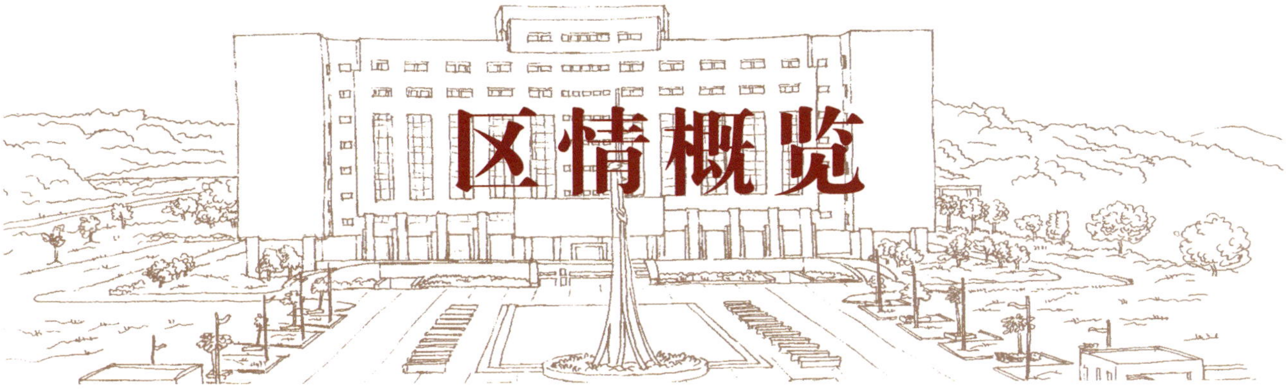

区情概览

自然理理

【地理位置】 栖霞区位于北纬32° 02′ 50″—32° 14′ 41″，东经118° 45′ 42″—119° 14′ 50″，地处南京市东北郊。东，北起龙潭街道马渡村东长江中心航道，与镇江市丹徒区、句容市接界；自马渡村沿便民河至龙潭街道，经东阳至漳桥一线，与句容市接界；再绕西岗果牧场南端，以灵山与南京市江宁区接界。南，以仙林街道、马群街道，与南京市江宁区、玄武区接壤。西，以迈皋桥街道十字街起、至燕子矶街道与南京市鼓楼区毗邻。北，从燕子矶街道渡师石起，绕八卦洲街道北，经栖霞街道，至龙潭街道马渡村，以长江中心线为界，与南京市六合区及仪征市隔江相望。全区总面积395.44平方千米（含长江水面）。

【地形地貌】 栖霞区地质构造属宁镇褶皱带，是地质学上二叠系下统栖霞组命名地。地势起伏大，地貌类型多，低山、丘陵、岗地、平原、洲地交错分布。地貌类型，大致可分为低山丘陵、山岗地区和平原（含洲地）三种。栖霞区地形大致为南高北低。南部丘陵、岗地连绵起伏，海拔多在50—300米之间，栖霞山雄峙江左，海拔284.7米。北部沿江平原及江中洲地，地势低平，海拔在10米以下，水面、滩涂资源丰富。长江横贯东西，有长江岸线80多千米（含八卦洲环江岸线）。

【气候特征】 栖霞区地处中纬度，近地面层受季风交替影响，故季风气候明显，并形成冬寒、夏热、春温、秋暖四季变化明显的气候特征。春季，大致于3月下旬开始，至5月下旬结束，平均历时60天左右。天气特点为：气温逐渐升高，天气寒暖、晴雨多变，常受北方强冷空气影响，出现“倒春寒”。夏季，大致从5月下旬到9月中旬，平均历时120天左右，明显分为初夏时的梅雨天气和盛夏时的伏旱天气。秋季，大致从9月中旬到11月中旬，历时60天左右。天气特色为：天高云淡，秋高气爽，风和日丽，温湿宜人。冬季，大致从11月中旬到翌年3月下旬，历时120天左右。气候特点是寒冷干燥。栖霞区常年气温平均为15.3℃。一年中，日最低气温≤-10℃的日数平均为1天，日最高气温≥30℃的日数平均75天，日最高气温≥35℃的日数平均16天。全年日照时数约为2100小时，年日照率在47%左右，无霜期为7个月，在江苏省处于中等偏少的水平。全区年降水量1000毫米左右，降水日数年平均在110天左右，以降液态的雨水为主，占全年降水的90%以上，间有少量的雪、冰雹等固态水降落。2022年，栖霞区平均气温偏高、降水量偏少、日照时数偏多。全年平均气温17.6℃，较常年偏高1.2℃，与2021年并列历史第一；年降水量819.8毫米，较常年减少28%；年日照总时数2138.6小时，较常年增长11%。梅雨期为6月23日—7月11日，入梅偏晚，出梅正常，梅雨期18天，较常年偏短，梅雨量137.6毫米，比常年减少28%。

【自然资源】 南京市栖霞区金属、非金属、土地、水、动植物等自然资源丰富。矿产资源状况：非金属矿主要有白云石矿、石灰石矿、石膏矿、黏土矿、脉石矿、煤矿等；金属矿分布广泛，主要有铅锌矿、银矿、金矿、锰矿等。土地资源有岗地丘陵、平原洲地、水域等。水资源主要为地表水域和地下水，其中地下水含水厚度为25—30米。区内植物区系属泛北极植物区中国—日本森林植物亚区的华东地区和华北地区，具有起源古老、植物种类丰富、南北成分兼有、亚热带植被性质显著的特点。野生植物资源丰富，主要有纤维植物、淀粉植物、油脂植物、芳香植物、树脂树胶植物、保健植物等。区内动物属东部丘陵、平原亚区区系，系亚热带林灌、草地—农田动物群。野生动物主要有中华鲟、鲥鱼、刀鱼等鱼类动物18种，龟、鳖、扬子鳄等爬行类动物13种，狐、獐、兔等哺乳类动物14种，由于人类生产活动的影响，自然界虎、狼等大型野生动物已经绝迹。

历史人文

【建置沿革】 秦始皇三十七年（前210），秦始皇“废分封而设郡县”，在其第五次东巡时，首置江乘县，此为栖霞地区历史上最早的独立行政建制，治所在江乘村，即今西岗街道摄山星城。后至隋开皇九年（589），江乘县“被裁分，并入江宁、丹徒、句容三县”，前后历时近800年。其间，东晋元帝司马睿于大兴三年（320），在当时的江乘县境内寄设侨郡、侨县，以“安顿随其南渡之北方流民”，使之“流寓江左，庶有旋返之期，故许其挟注本郡”，皆取与北方原籍相同的名字，分别称为南琅琊、南东海、南兰陵、南东平等郡以及临沂、怀德、即丘、丹都、开阳等县。侨立郡县，起于东晋，定型于刘宋，齐梁稍有变更，至陈亡隋兴方告消亡，前后历时248年。唐上元二年（761），江宁县更为上元县，栖霞地区属之。五代十国，世事纷乱，天祐十四年（917），上元县析为江宁、上元两县，栖霞地区分属江宁、上元、句容三县，至宋、元、明、清，大体如旧。

中华民国元年（1912），废江宁、上元县，设南京府；民国2年（1913），重置江宁县，栖霞地区均属之。民国23年（1934），划江宁县燕子矶和孝陵卫两个地区归南京市，成立燕子矶和孝陵卫两个乡区。民国31年（1942），汪伪政府将燕子矶区改为乡区自治实验区。民国34年（1945），国民政府还都南京，废汪伪建置，改燕子矶乡区自治实验区为第九区，孝陵卫区为第十区。1949年1月，一度将八卦洲单设为第十四区，旋于当年6月废止。

中华人民共和国成立后，栖霞地区先后成立燕子矶、中山陵园、栖霞3区，鼎足而处。20世纪50年代至60年代初，成立南京市“大郊区”后，3区建制一度撤销，栖霞地区复又呈“朝分夕合，领属多变，治所无定”的分治局面，其间，江宁县、原六合县、原下关区、玄武区、鼓楼区等均分别管辖过栖霞地区。1963年4月，燕子矶、中山陵园、栖霞区建制恢复，1965年5月，合并成立栖霞区，三区鼎立局面终结。1970年1月，栖霞区又裂而为二，分设为栖霞区和钟山区，至1975年4月，钟山区撤销并入后，栖霞区最终“定型”，并延而至今。

1992年6月，中共南京市委、市政府决定在栖霞区沿江新生圩成立南京新港工业区管理委员会，属正局级市政府直属机构。1995年5月，更名为南京经济技术开发区。1996年1月14日，南京市市长办公会议专题研究加快南京经济技术开发区发展问题，确定从“实际出发，建立开发区与栖霞区联合开发的运行机制”。同年3月28日，开发区与栖霞区正式实施“区区联动、优势互补、共同发展”。

2001年11月30日，江苏省人民政府及南京市人民政府报经国务院批准，决定在栖霞区境内启动仙林大学城建设，成立仙林大学城建设领导小组，由省政府分管副省长任组长，并以栖霞区为主组建仙林大学城管理委员会，由区委书记任主任。

2010年1月20日，为进一步整合南京经开区、仙林大学城资源，实现栖霞区与南京经开区、仙林大学城优势互补、互利共赢，中共南京市委决定对栖霞区、南京经开区、仙林大学城实施三区融合一体化管理，实行“一个领导核心、一个利益主体、一张规划蓝图”的体制构架。2012年7月，受中共南京市委、市政府委托，区委、区政府管理南京经开区。

至2022年末，栖霞地区仍延续栖霞行政区、南京经开区和仙林大学城“三区相互依存、互为一体”的建制格局。

【历史文化】7000年前，栖霞地区已有先民从事渔猎活动，并创造了农业文明。公元前20世纪至前17世纪，栖霞境内开始出现两大原始聚落，一为玄武湖聚落，一为东北沿江聚落。春秋战国时期，“周武王有天下，封周章于其地”，栖霞地区先属吴，继属越，再属楚。秦始皇三十七年（前210），秦始皇第五次东巡经此北归，并设置江乘县。时江乘县境域广阔，西起南京石头城、白石垒沿江而东至句容市下蜀镇，再南折至江宁区淳化街道，连同今南京市鼓楼区、建邺区、秦淮区、雨花台区统在其领属之下。至南朝齐武帝永明七年［489年，一说永明元年（483）］，山东高士明僧绍，史称明徵君，在摄山（今栖霞山）结庐隐居，后舍宅为寺，名为“栖霞精舍”，即今栖霞寺，栖霞始得以冠名至今。

栖霞区历史悠久，人文荟萃，文化积淀丰厚，文化遗存众多，向为旅游胜地。这里山川形胜，栖霞山氤氲缭绕，燕子矶惊涛拍岸，南京长江第二大桥、第四大桥长虹卧波；经济和社会事业蒸蒸日上，国家级开发区南京经济技术开发区强势发展，南京市仙林大学城（仙林新市区）悄然崛起；俊杰满目，从秦始皇到清康熙乾隆皇帝，从处士明僧绍到诗仙李白，从过海大师鉴真到无尽意翁赵朴初，从北洋政府总理颜惠庆到民族实业家姚锡舟，从意大利航海家马可·波罗到人民教育家陶行知，特别是近现代有革命先行者孙中山、中华人民共和国缔造者毛泽东等，古往今来，无数风流人物均曾在此驻足流连，指点江山，吟诗抒怀，建功立业。

“一座栖霞山，半部金陵史”，成为南京史学界的定见和共识。栖霞区在南京市的历史发展变迁和实施沿江开发战略过程中具有独特的地位和作用，令世人瞩目。

【行政区划】1999年末，栖霞区辖马群、尧化、摄山、栖霞、龙潭、燕子矶、迈皋桥7个镇以及长江、营防、八卦洲3个乡。2000年5月30日，撤销迈皋桥、燕子矶、尧化和马群4镇，分别改为街道。撤销摄山镇，并入栖霞镇，组建新栖霞镇；撤销长江乡、营防乡，合并后组建靖安镇。2001年12月14日，撤销栖霞镇，设立栖霞街道；撤销八卦洲乡，设立八卦洲镇。栖霞区乡的建制消亡。2002年3月26日，经市政府批准，原属南京市奶业集团的南京仙林农牧场改列为栖霞区政府直属单位，更名为“南京市栖霞区仙林农牧场”。2002年12月11日，市政府批复同意撤销龙潭镇，以其原辖区域设立龙潭街道，下辖5个居委会、7个村委会。2004年2月6日，市政府批复同意，在仙林新市区规划范围内成立仙林街道，下辖1个社区委员会。2005年5月16日，经省政府批准，撤销八卦洲镇和靖安镇，分别设立街道，至此栖霞区镇的建制消亡。2009年7月30日，经南京市政府批准，设立西岗街道，下辖4个社区居委会。2011年5月4日，桦墅村和孟北村从江宁区汤山街道划入西岗街道。2012年7月2日，撤销靖安街道，将其整建制划入龙潭街道。2013年8月21日，栖霞街道栖霞街社区并入栖霞村，改名栖霞社区；迈皋桥街道增设春晓园、汇虹园、景和园、山水园4个社区。至2022年末，栖霞区辖尧化、龙潭、西岗、栖霞、马群、仙林、迈皋桥、燕子矶、八卦洲9个街道，共117个居（村）委会。

【人口民族】2022年，全区户籍总户数21.10万户，户籍人口57.68万人。其中乡村人口7.5万人。常住人口100.58万人（含仙林大学城在校学生）。出生4321人，死亡3278人。全区有回族、满族、蒙古族、壮族、仫佬族、羌族和朝鲜族等少数民族28个，人口约7443人。其中，回族5061人，约占全区少数民族总人口的68%。

表1　2022年栖霞区社区居委会、村委会统计表

单位：个

街镇	社区个数	经济适用房	纯居	村居合一	厂居	村委会个数	村委会名称
迈皋桥街道	19	奋斗社区、春晓园社区、汇虹园社区、景和园社区、山水园社区、秋韵园社区、瑞丰园社区、馨合园社区（8）	长营、十字街、东井村、迈皋桥街、晓庄、万寿村、兴卫村、合班村、南塑、金宁新村（10）		华电（1）	0	
燕子矶街道	13	幕府山庄、燕华花园、祥和雅苑、下庙、柳塘（5）	太平村、燕子矶、晓庄村（3）		化纤新村、电瓷新村、石化村、南化新村、吉祥庵（5个）	0	
马群街道	17	百水芊城、芝嘉花园、百水家园、宁康苑、润康苑、文康苑、馨康苑、南湾营、金陵驿社区、花岗社区、蛇盘社区、向上社区（12）	果场、青马、马群、石坝、紫金社区（5）			0	
尧化街道	13	尧新、尧辰、金尧花园、尧林仙居、青田雅居、翠林山庄、吴边、王子楼（8）	尧胜、尧化（2）		尧石二村、尧安新村、尧化新村（3）	0	
仙林街道	10	仙林新村（1）	仙鹤、杉湖路、亚东、和园、汇通、文澜、咏梅、羊山湖、仙龙湾（9）			0	
龙潭街道	5	江畔人家、靖安佳园、龙岸花园（3）	龙潭街（1）		中国水泥厂（1个）	17	花园村 上首村 兴隆村 龙潭村 靖安村 联盟村 营防村 孙庄村 滨江村 陈店村 太平村 大棚村 南中村 飞花村 上坝村 长江村 马渡村
栖霞街道	13	五福家园（1）	甘家巷、石埠桥（2）	东阳 西花 栖霞 红梅（4）	南炼新村、滨江、栖化新村、银矿地质、江南水泥厂、南水新村（6）	3	摄山村 石埠桥村 新合村
西岗街道	7	闻兰、观梅、听竹、齐民路（4）	仙林湖社区、广志路社区（2）		西岗（1）	2	桦墅村 孟北村
八卦洲街道	1		八卦花园（1）			7	上坝村 七里村 新闸村 东江村 下坝村 外沙村 中桥村
合计(个)	98	42	35	4	17	29	

经济社会发展

【概况】 2022年，面对复杂严峻的外部环境、多重超预期的困难挑战，栖霞区委、区政府坚持以习近平新时代中国特色社会主义思想为指导，以迎接党的二十大、学习宣传贯彻党的二十大精神为主线，在市委、市政府的正确领导下，落实"疫情要防住、经济要稳住、发展要安全"的重大要求，统筹疫情防控和经济社会发展，统筹发展和安全，克服疫情影响，对冲下行压力，稳住经济大盘，持续改善民生，保持社会大局稳定，较好完成十九届人大一次会议确定的主要任务。栖霞区全年实现地区生产总值1746.43亿元，比上年增长1.5%；全社会固定资产投资比上年增长5.2%；城镇居民人均可支配收入7.51万元，比上年增长4.2%；一般公共预算收入140.79亿元；社会消费品零售总额513.04亿元。

【三次产业】 坚持先进制造业与现代服务业"双轮驱动"，产业质效稳步提升。光电显示、智能制造、生物医药等产业加速壮大，新增"四上企业"201家，完成规模以上工业总产值3716.96亿元，比上年增长10.28%。加快产业数字化转型，实施"智改数转"项目109个，入选全国工业互联网推动数字化创新领先区，被评为江苏省"互联网+制造业"特色产业基地。重大项目加快推进，完成123个省、市、区重大项目投资320.9亿元，天加空气洁净设备等58个新项目全面开工，紫金城市广场、LG新能源电池工厂等38个项目竣工运营。深入实施乡村振兴，编制行政村村庄规划11个，完成三产融合用地项目入库15个、10万平方米，新建农村公路21条，布局农村物流末端节点21个，新增美丽宜居乡村23个。大力推进农业稳产增效，优良水稻覆盖率达95%以上，粮食种植面积和总产量比上一年增长5.5%和3%；建成百合、菊花、芦蒿、多肉植物等特色基地200万平方米，周冲水库创成省级水利风景区。

【综合改革】 深化商事登记便利化改革，推行"精准代办"和"全生命周期"服务，新登记法人企业1.06万家、市场主体2.53万户。全面落实稳经济一揽子政策，开展"百企走访服务"系列活动，累计提供助企纾困资金3.36亿元，减税降费及退税缓税29.51亿元，减免房屋租金2.09亿元，惠及市场主体11.45万户次。办好央企"云签约"、"金洽会"等系列招商活动，签约亿元以上项目110个，签约项目投资总额1500.6亿元。诺唯赞生产基地、首投海外人工智能产业园等29个工业项目拿地落户。打造欢乐谷鲸灵潮玩节、五马渡后备厢文化市集等新消费场景107处，引进品牌首店55家。获批全市首份RCEP协定原产地证书，中欧班列与荷兰实现双向对开，龙潭港至越南外贸航线正式开通，"进博会"签约额超1.5亿美元、比上一年增长34%，实际使用外资6.96亿美元，外贸进出口保持千亿元以上规模。

【科技创新】 实施创新驱动发展战略，推进创新链产业链"双链"融合，全面融入引领性国家创新型城市建设。科技型企业梯度培育成效明显，入库科技型中小企业2034家，新认定独角兽、培育独角兽、瞪羚企业50家，集聚高新技术企业921家，稳居苏南26郊（区）县十强。引导企业走"专精特新"发展道路，入选国家级制造业单项冠军企业1家，培育国家级专精特新"小巨人"企业9家、省级30家。57家新型研发机构及孵化引进企业当年营业收入超70亿元。深化创新圈、孵化圈、产业圈"三圈融合"，技术创新与成果转化更加活跃，驻区高校院所、企业获江苏省科学技术奖33项，达成产学研合作项目150项，技术合同成交额超60亿元。新认定省级工程技术研究中心13家，创历史新高。有效发明专利拥有量突破1.2万件，获中国专利优秀奖4项，入选国家知识产权强县建设示范县。出台新"科创22条"，兑现政策资金约1.78亿元，为451家企业争取科技贷款32.92亿元。新增省级以上孵化器3家、省级以上众创空间6家，"孵化器孵育"获江苏省督查激励表彰，中国（南京）智谷入选省级"5G+工业互联网"融合应用先导区培育对象。实施紫金山英才计划，打造海智基地，集聚海外留学人才973人，新入选国家级人才计划4人、省“双创博士”20人，形成“引留用育”智慧人才生态圈，获评全市唯一“科创江苏”试点区。

【城乡建设】 坚持规划引领、交通带动、均衡发展，5大类180个城建计划项目顺利实施。有序推进国土空间总体规划编制工作，完成“三区三线”划定，开展新尧新城、栖霞古镇等20个片区控规调整。青龙新片区路网、水系、配套等框架全面启动，燕子矶新城万象天地、体育公园等地标项目加速建设，栖霞山旅游度假区创成省级旅游度假区。全年使用新增建设用地86万平方米，实施低效用地再开发项目41宗，盘活存量土地135万平方米。地铁1号线北延、地铁7号线北段建成运营，轨道交通里程大幅提升。燕子矶长江隧道、红山路—和燕路快速化改造项目建成通车，312国道（七乡河至宁镇界段）快速化改造、宁扬城际铁路等项目启动建设，“一横六纵”过江通道体系和“四横三纵”快速路骨架加快成型。天佑路下穿京沪铁路工程实现贯通，城市“微循环”进一步畅通。完成23个片区雨污管网清疏修缮，建成姚坊门人防工程，衡阳净水站正式通水，区级餐厨垃圾处理厂投入运营，新建5G基站1259个。完成44个精细化建管项目，有序实施智谷大道、栖霞大道综合环境整治，完成尧和西路等15条背街小巷治理，打造栖霞老街等2条精品街巷，新增社区公园、游园、“梧桐语”小型城市客厅6处。完成翠林山庄等3个老旧小区改造，实施南水社区城中村等2个棚户区改造项目，为既有住宅加装电梯12部。优化新增公交线路9条，打造“P+R”地铁换乘停车场4座，累计开放共享车位1.15万个。

【生态文明】 完成中央环保督察迎检工作，整改落实信访件62件和具体事项2个，燕子矶片区滨江风光带入选“中央环保督察整改看成效”正面典型案例。开展长江经济带生态环境警示片披露问题举一反三排查整治专项行动，完成2018年以来45个岸线整治问题“回头看”。实施大气“首季争优”、臭氧帮扶集中攻坚等专项行动，推进VOCs治理项目93个，PM2.5年均浓度下降4%，空气优良率保持稳定。完成北十里长沟东支下段等生态清淤项目2个，完成污水提质增效达标区建设27个。推进铁合金货场等5个项目土壤治理修复，完成长江入河排口整治419个，建立环八卦洲长江禁渔智慧岸线，在全市率先启动公益护渔岗。建成幸福河湖13条，国省考断面7个、4个饮用水水源地水质100%达标，九乡河河口闸站工程被全市唯一推荐参评中国水利工程优质（大禹）奖。率先推动能耗预算管理，实施华能燃机、联安石化等工业企业排放改造，规模以上工业增加值能耗降幅达4.5%。开展公共机构光伏应用试点，新建新能源充电桩项目23个。完成湿地修复、绿化造林等170万平方米，新增造林面积全市第一。

【民生保障】 完成区十九届人大一次会议确定的29项民生实事，推动省委巡视关注的142项民生领域群众“急难愁盼”问题立行立改。全面落实就业优先政策，累计筹集就业岗位2.8万个，新增城镇就业2.2万人、自主创业9850人。全面加强兜底保障，及时足额向困难群众发放救助资金超6000万元，为困难人员代缴养老保险费1602名。失能人员照护保险惠及3164人，为残疾人提供免费体检和个性化康复服务6116名，被评为“全国社会救助工作先进单位”。新开工保障房20万平方米，竣工126万平方米，筹集保障性租赁住房6939套。新开工中小学、幼儿园8所，建成及投入使用9所，与南京师范大学共建“国家级基础教育高品质发展示范区”；南医大二附院迈皋桥院区投入使用，龙潭社区卫生服务中心创成省级社区医院，综合医改成效获国家卫健委高度肯定。统筹解决“一老一幼”问题，为老年人提供分层分类服务11.3万人次，尧林仙居社区创成“国家示范性老年友好型社区”，栖霞区入选“江苏省示范性居家社区养老服务网络建设基地”；新增托育托位264个。举办公共文化、体育服务等活动1300余场，马群“吾在书屋”、西岗“桦墅学堂”入选“江苏省最美公共文化空间”，出版发行全省重点史志作品资助项目《师之魂——陶行知在南京栖霞》。

（姜宗秀）

责任编辑　王旭东

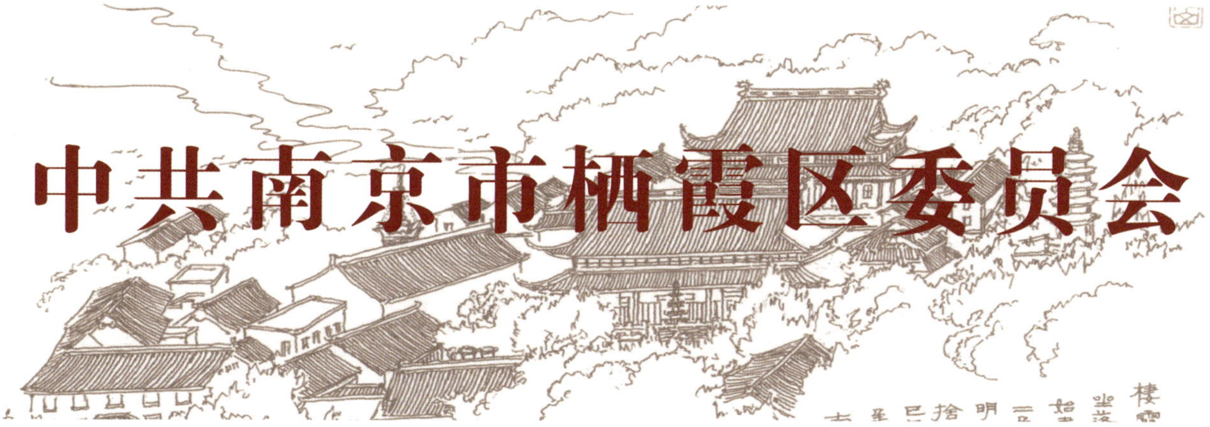

中共南京市栖霞区委员会

综　　述

2022年，中共栖霞区委深入学习贯彻党的二十大精神，紧扣党的中心任务和二十大作出的战略部署，在新征程上全面推进中国式现代化栖霞新实践，引导全区以百年党史奋斗精神为引领，重点部署未来五年发展任务和重大举措。全面实施“五大战略部署”，全面对标党的二十大精神，结合栖霞实际，完善工作部署，更好地“扛起新使命、谱写新篇章”，更高水平展示中国式现代化栖霞图景。深入推进新时代栖霞区党建“五大任务”：加强政治建设，严明政治纪律和政治规矩，落实全面从严治党党委主体责任、纪委监督责任；强化理论武装，开展主题教育，传承红色基因，赓续红色血脉，引导广大党员干部不断学史明理、学史增信、学史崇德、学史力行；锻造过硬队伍，不断提升“八种本领”“七种能力”；夯实基层基础，深入实施“五聚焦五落实”深化提升行动，统筹推进农村、城市、机关、国企、非公等各领域党建工作，建立健全基层党建“一突出四联动”机制，深化“三个一线”行动；强化正风肃纪，锲而不舍落实中央八项规定精神，持续深化纠治“四风”，坚决破除特权思想和特权行为，从体制机制上铲除腐败滋生土壤。全区广大党员干部坚持以习近平新时代中国特色社会主义思想为指引，各项工作呈现良好发展态势。

决策部署

【区委十一届六次全会】 8月13日召开。全会以习近平新时代中国特色社会主义思想为指导，深入学习贯彻习近平总书记在省部级主要领导干部专题研讨班上的重要讲话精神，总结工作，部署任务，动员全区上下担起“勇挑大梁”的重大责任，尽最大努力完成全年目标任务，以实际行动迎接党的二十大胜利召开。会议强调：持续抓好常态化疫情防控，巩固好来之不易的防控成果；全力稳住经济发展基本盘，为全市“勇挑大梁”多做贡献；充分释放科技创新原动力，要培育壮大创新主体、加快中国（南京）智谷建设、打造人才发展高地，助推引领性国家创新型城市建设；加快建设品质宜居新栖霞，实现区域协调发展新突破；着力推动生态环境再提升，持续抓好长江大保护，进一步优化生态环境质量；不断增强人民群众幸福感，要推进就业扩容提质、兜牢民生保障底线，以更实举措办好民生实事；全力打好安全稳定主动仗，守牢安全生产底线、攻坚化解社会矛盾，营造和谐稳定的社会环境。

【区委十一届七次全会】 12月8日召开。全会以习近平新时代中国特色社会主义思想为指导，深入学习宣传贯彻党的二十大精神，认真落实省委、市委全会部署。总结2022年工作，部署2023年任务。书面审议《中共南京市栖霞区委常委会2022年度落实全面从严治党主体责任情况的报告》，审议通过《中共南京市栖霞区委员会关于深入学习贯彻党的二十大精神在新征程上全面推进中国式现代化栖霞新实践的决定》和全体会议决议。会议指出：以实际行动迎接党的二十大胜利召开，迅速兴起学习宣传贯彻党的二十大精神热潮；坚定落实“疫情要防住”的要求，全力守护群众生命健康；全力筑牢“经济要稳住”的基础，经济运行稳中向好；始终秉承“区域要融合”的理念，城市面貌持续改善；持续增强“实事惠民生”的力度，幸福指数不断攀升；坚决守住“发展要安全”的底线，社会大局和谐稳定；时刻保持“永远在路上”的清醒，党的建设坚强有力。会议强调：未来五年建设“现代化产业强区、国际化创新高地、一体化发展典范、绿色化幸福家园、法治化文明样板”，抓好“八项重点工作”，做好九个方面工作，更高水平展示中国式现代化栖霞图景。

【区委常委会会议】 全年召开会议27次，摘录其中15次。

表2　2022年中共南京市栖霞区委常委会会议一览表

时间	主　要　内　容
1月14日	关于党的二十大代表候选人推荐人选建议名单酝酿推荐情况说明
1月19日	研究区委、区委常委会、区委书记专题会议工作规则及“三重一大”事项决策和监管的意见
1月24日	区委书记传达近期中央、省、市重要会议精神，区委宣传部部长传达全国和省、市委宣传部部长会议精神
1月29日	听取2021年度全区工作创新奖评选情况汇报
2月15日	传达全国拓展新时代文明实践中心建设工作电视电话会议精神，听取2021年全区新时代文明实践工作开展情况汇报
2月25日	听取市委第三巡察组对栖霞区开展化解民生诉求突出问题专项巡察基本情况及准备情况汇报
3月10日	听取2021年度巡察工作与巡察整改落实专项检查情况的汇报，研究区委巡察工作五年规划、2022年度区委巡察工作计划及十一届区委第二轮巡察工作方案
4月28日	审议《2022年栖霞区打好污染防治攻坚战目标责任分解方案（讨论稿）》，听取中央环保督察工作开展情况汇报
5月21日	听取2022年栖霞区义务教育招生工作汇报，研究关于新建学校建设、装备投入以及部分老校加固消险改造事宜
6月2日	审议《关于做好2022年全面推进乡村振兴重点工作的实施意见（讨论稿）》《栖霞区“十四五”进一步改善农村人居环境推进生态宜居美丽乡村建设行动方案（讨论稿）》
8月11日	听取2022年上半年区纪委监委工作情况汇报（同时作为区落实党风廉政责任制暨惩治和预防腐败体系建设工作领导小组会议议题）
9月29日	传达贯彻市委办公厅、市政府办公厅《关于做好2022年国庆期间有关工作的通知》、市委办公厅《关于从严落实值班工作要求的提醒函》精神
10月11日	学习习近平总书记关于安全生产重要论述及解读当前安全生产重点工作
10月15日	研究省委巡视组巡视栖霞区党委汇报会汇报材料
12月12日	研究2022年度选聘优秀社区（村）党组织书记纳入事业编制人员管理综合评分

【重要活动】 区委常委组织开展各种活动20次，摘录其中15次。

表3　2022年中共南京市栖霞区委常委重要活动一览表

时　间	主　要　内　容
1月25日	区委书记一行到迈皋桥街道，走访慰问困难群众和老党员，送上党和政府的关怀与温暖，并向走访对象致以新春问候和美好祝福

续表3

时　间	主　要　内　容
3月4日	区委书记带头开展统筹发展和安全"大走访、大排查、大攻坚"行动，到迈皋桥街道南京瑞霞明州康复医院、好邻里社区中心、万象天地项目工地，实地了解民生项目发展情况，察看工地安全、扬尘管控和疫情防控相关工作
3月4日	区新时代文明实践中心、区新时代文明实践志愿服务总队联合迈皋桥街道新时代文明实践所、迈皋桥街道新时代文明实践志愿服务支队，在丁家庄好邻里生活中心开展"传承雷锋精神、共创美好家园"主题志愿服务集中行动。区委书记、区新时代文明实践中心主任、区新时代文明实践志愿服务总队长为"山水·梨园春"文艺志愿服务队、连心"2+2"志愿服务队、红哨兵志愿服务队三支志愿服务特色品牌队伍授旗
3月30日	区委书记先后到地中海俱乐部南京度假村（CLUB MED）、江苏广电仙林·荔枝文化创意园等项目现场，实地了解项目推进情况，细致查看工地疫情防控措施
4月21日	南京市举办"以'云'为媒、以'网'为桥"重大招商项目暨央企区域总部项目视频签约活动，栖霞区分会场活动同步举办
5月14日	学习贯彻习近平总书记在庆祝中国共产主义青年团成立100周年大会上的重要讲话精神座谈会在区委党校举行
6月2日	"文明有'宁'携手同行"栖霞区市民行为规范宣讲宣传系列活动在仙林金鹰湖滨天地广场举办，区委书记等出席
6月13日	省总工会、市总工会、区总工会在仙林金鹰湖滨天地，联合举办苏工暖"新"行动"8+X"综合服务集市活动启动仪式
6月24日	栖霞区民营经济人士之家揭牌仪式在十月科创园举行。区委书记出席。区委统战部部长主持活动
6月29日	江苏台策划的"行走新时代鱼米之乡"融媒体新闻行动启动仪式在栖霞区桦墅村举行，区委书记等相关领导参加
7月1日	召开庆祝中国共产党成立101周年座谈会
7月6日	召开区人武部党委第一书记任职大会
7月20日	区委区级机关工委主题党日活动暨"一社区一案例"重点项目发布会在区委党校召开。区委书记等出席活动
12月28日	燕子矶长江隧道、和燕路快速化改造（主线）、地铁1号线北延、地铁7号线北段四大交通工程集中通车。市委书记、市长现场检查

巡察工作

【概况】 2022年，区委巡察坚持"上下联动""贯通融合"工作思路，推进新一届区委巡察工作，出台巡察工作五年规划和年度计划，规范巡察工作流程，突出被巡察单位职能职责，个性化制订每轮巡察监督重点。巡察中突出对"一把手"和领导班子政治监督。编印《巡察整改工作清单（试行）》文件，建立巡察整改提醒约谈机制。印发《关于深入推进巡察与其他监督贯通融合 增强监督合力的实施意见（试行）》《关于进一步增强巡察与组织工作合力 着力推动巡察工作高质量发展的意见（试行）》。区委巡察机构两轮政治巡察辖区部门12个、街道2个、社区17个、园区平台1个。查找问题432个，提出意见建议56条。

【意识形态巡察】 制订《关于在巡察中开展意识形态工作责任制落实情况专项检查的实施意见（试行）》，继续与宣传部门开展"意识形态专项检查"。每轮巡察中，区委宣传部同步成立2个意识形态专项检查组，检查被巡察党组织落实意识形态工作责任制情况。

【政治巡察】 5月12日、9月2日，分别进行2轮巡察。十一届区委第二轮巡察分4个组，用两个月时间常规巡察区委区级机关工委、区工业和信息化局、区民政局、区司法局、区交通运输局、区文化和旅游局（区体育局）、区退役军人事务局、区市场监督管理局（区知识产权局）8家单位。十一届区委第三轮巡察分4个组，用两个月时间常规巡察八卦洲街道党工委、南京八卦洲现代产业园管委会（鹂岛农业发展有限公司）、马群街道及社区、区发改委（区大数据管理局）、区人社局、区地方金融监督管理局、区总工会。

（李　玮）

组织工作

【概况】 2022年，区委下设直属党（工）委25个，各党（工）委下属基层党组织1355个，全区有党组34个。党员33754人。其中，女性11262人，占比33.36%；35岁以下（含35岁）7073人，占比20.95%；高中以上文化程度（含高中）26998人，占比79.98%。

【基层党组织建设】 区委组织部印发全区基层党组织学习宣传贯彻党的二十大精神实施方案，发放学习宣传党的二十大精神相关材料8000余册，举办“庆七一”系列活动。发布区级基层党建“书记项目”121项，细化任务600余件。开展“村村到、户户进、人人访”集中走访，走访社区（村）党组织127个。获党建引领物业管理服务工作省级示范点社区2个。

【“两新”组织党建】 制订“两新”党建“三领一提”（统筹发挥区域统领、行业引领、龙头带领的关键作用，强化系统建设、精准施策，推动全区“两新”组织党建工作整体提升）三年行动计划（2022—2024），开展年度“两新”组织党务工作者资格认证并发放“红领津贴”。新业态新就业群体党建“百人万里行”调研成果获市一等奖。

【党员教育管理】 建成投用“宁小蜂”驿站57个，选聘党务工作者16人、选派党建指导员22人充实一线专职力量，对党组织书记定级管理33人。入选全国党员教育作品观摩交流活动5部，获一等奖、五佳策划奖各1项。

【干部选用】 配强12个重点部门“一把手”，优化调整8个街道党政主要负责人。晋升二级调研员11人、三级调研员21人、四级调研员14人。首次选聘区级兼职干部考察员25人。举办年轻科级干部培训班，连续第5年评选“攻坚担当”“改革创新”之星。联合区纪委监委、宣传、公安、审计等16个单位部门，完成区人大代表、政协委员候选人考察工作。

【人才工作】 制订《中共南京市栖霞区委人才工作领导小组工作规则》《中共南京市栖霞区委人才工作领导小组办公室工作细则》《中共南京市栖霞区委联系服务专家工作方案》《区委人才工作领导小组2022年工作要点》。新增入选国家级人才4人、省“双创博士”20人，自主培育国家级人才实现零突破，兑现各级各类人才项目资金4548.96万元。开展紫金山英才计划项目申报，新评定区级高层次人才项目30个。累计走访企业278家，收集引才用才需求45项，推动“高校+企业+园区”联合引才。吸引982名海外人才入驻。制作发放

7月9日，“栖”迹之旅——“海智湾”人才乡村振兴之旅举办

区委组织部　供图

2022年栖霞人才小秘书，审核通过人才英才卡463张。区组织部门重点关注入驻海智湾人才，扩大招募渠道，有效增加申报海智湾入湾人数，签约入湾人员228人。优化人才街区服务功能，深化“栖待宁来”“栖创未来”“‘栖’迹之旅”系列活动，组织线上线下各类研习活动38场次；开通微信公众号人才就业线上服务模块，推送3000多个岗位招聘信息。加强入湾人才政治引领，举办学习党的二十大精神专题讲座，学习习近平总书记给南大留学归国青年学者的回信精神，并组织交流座谈，开展入湾人才乡村振兴之旅等活动。全年接待各级领导考察、调研15次。

【区属党（工）委书记述职】 1月11日举行。听取区属党（工）委书记抓基层党建工作述职，考核区党建工作。区委书记主持会议并讲话，市考核组组长到会指导并做点评。各街道党工委、栖霞高新区党工委、区委区级机关工委、区委教育工委围绕“打造特色党建品牌 扎实开展党史教育”、深入践行“两在两同”建新功行动等进行述职。其他党（工）委书记做书面述职。区委书记代表区委常委会逐一点评，肯定成绩、指出问题，并对进一步做好党建工作提出要求。

【“创栖霞”创新创业大赛】 5月28日，华中科技大学首届全球校友创新创业大赛启动仪式在栖霞高新区举办，通过线上线下项目路演，34个创业项目经过层层选拔，获优秀项目15个，获晋级卡项目19个。6月8日，第四届江苏省青年创新创业大赛颁奖典礼在栖霞高新区举行，进入决赛项目14个。9月下旬，举办2022中国（南京）智谷·“创栖霞”创新创业大赛暨仙林科技城发展联盟人工智能创新挑战赛，先后开展项目初评和路演决赛，确定一等奖1人、二等奖3人、三等奖6人。

【入党暨发展对象示范培训班】 6月20—22日举办，101人参加。采用专家学者专题授课、线上观看专题讲座、党员先锋专题分享等方式，学习党史知识、法律法规、党性修养等方面内容；组织学员参观仙林新村社区，现场感受“地下室整治”“仙林新村北区杆线下地项目”等民生实事的推进情况；沉浸式体验栖霞高新区党群人才服务中心首创的智慧化、一站式党群服务总站，感受高新技术手段和基层党建工作的有机融合。

【党员专业志愿者服务基层活动】 6月27日，市委组织部、区委组织部联合举办“喜迎二十大 志愿建新功 我为企业解难题”南京党员专业志愿者服务基层行栖霞高新区专场活动，开展政策指导、法律保障等综合性志愿服务。区委常委兼组织部部长致辞。启动仪式上，为党员专业志愿者服务相关单位授牌。100余人参加启动仪式。

【竞岗比选】 6月27日—8月11日，区委组织部组织开展团区委副书记竞岗比选工作。经个人报名、组织推荐、征求意见、资格审核等程序，于7月14日，筛选产生现场竞岗年轻干部10人。现场竞岗分竞岗演讲和无领导小组讨论两个环节，邀请市、区相关领导作为评委，区委党的建设工作领导小组成员单位负责人、各街道专职副书记、团区委委员列席会议并参与民主推荐。区委组织部分析人选实绩、组织考察，报区委常委会研究同意后，产生团区委副书记最终人选。

【庆祝中共成立101周年纪念座谈会】 7月1日召开。会议动员激励全区广大党员干部，牢记初心使命、砥砺奋进前行，奋力谱写“强富美高”新栖霞现代化建设新篇章。区委书记强调，要从实处发力、用奋斗发声，以实际行动迎接党的二十大胜利召开。区委副书记出席并主持会议。仙林大学城工委委员、管委会副主任，龙潭街道党工委书记，栖霞生态环境局局长兼党组书记，西岗街道党工委副书记兼办事处主任，燕子矶街道幕府山庄社区党委书记在会上发言交流。区属各党（工）委主要负责人、2022年全区攻坚担当之星、改革创新之星、全区最美共产党员代表、区相关部门负责人及各领域党组织书记代表参加座谈会。

【社区（村）“两委”正职培训】 8月30日，区委组织部、区委党校在区委党校联合举办全区社区（村）“两委”正职培训班，进一步提升社区（村）“两委”正职的政治理论素养和履职能力，发挥“头雁”引领作用，全区9个街道的社区（村）“两委”正职参加培训。区委常委兼组织部部长出席开班仪式并做开班动员讲话。围绕“切实增强贯彻落实男女平等基本国策的政治责任”授课，全面讲解如何共同扛起“十四五”保障和维护妇女合法权益的责任，开设“多用心多用情多用力做好群众工作”专题讲座；开设“社区建设的南京样本”“美丽乡村建设”等专项课程，组织社区（村）“两委”正职分别到雨花台区、浦口区参观学习。

【新业态新就业群体党建工作】9月5日，全区新业态新就业群体党建工作推进会暨联席会季度例会召开，为新业态新就业群体代表赠送暖“新”礼包，区交通运输行业党委等相关负责人分别围绕新业态新就业群体党建工作发言交流。区委常委、组织部部长提出做好下一步新业态新就业群体党建工作意见。新业态新就业群体党建“百人万里行”调研成果获市一等奖，中央、省市各类媒体报道40篇。全区投用“宁小蜂”驿站57个，服务新就业群体及其子女1.2万余人次，解决各类问题100余个。

【党员骨干暨发展对象示范培训】12月5—7日举办，全区机关、社区（村）、事业单位、非公有制企业、社会组织等领域党员骨干代表及年度发展对象代表100人参加，“85后”比例超过60%。专家学者围绕党的二十大精神、正确认识党员权利及义务、不断推进马克思主义中国化和时代化等主题进行专题授课，观看《晓庄1930》《领航》等优秀党员教育电教片。学员分4组，逐一交流如何在今后工作中贯彻落实好党的二十大精神，推动理论学习融会贯通，并进行应知应会测试。

8月30日，栖霞区社区（村）“两委”正职培训班举办
区委组织部　供图

【“一支部一特色”品牌建设】区级机关党工委收集整理第三届机关基层党组织党建服务项目实施情况，组织第四届党建创新项目申报，形成一批“一支部一特色”优秀支部工作典型案例成果。完成市级党建创新项目课题“完善机关党建考核评价制度机制探索实践”，深挖机关党建品牌创新资源。开展“我们的节日”“机关女干部看栖霞”“宝藏栖霞之探秘六朝石刻”亲子研学、文体培训班等活动，彰显“红韵机关”党建品牌凝聚力。

【“一社区一案例”行动】区级机关党工委深化“我为群众办实事”实践活动，协调区级机关部门与挂钩联系社区（村）对接，开展“共学攻坚·一社区一案例”行动，建立案例项目135个，成功申报市级重点案例4个，增补并系统更新重点项目4个。举办区委区级机关工委主题党日活动暨“一社区一案例”重点项目发布会，开启“一网统管大课堂”，链接部门资源优势，助力基层社会治理。

（伍其宇）

宣传工作

【概况】2022年，栖霞区制订《全区党（工）委、党组理论学习中心组专题学习计划》《区属党工委中心组学习巡学旁听工作安排表》等，组织专题学习21场，开展交流研讨10次。《在保护传承中彰显长江文化魅力》被《南京日报》头版刊登,《以思想铸魂谱写文化繁荣新篇章——长江经济带文化产业发展的栖霞实践》被《江苏省政府调查研究报告期刊》选用。获第三批南京市百名优秀文化人才5人,优选区文化企业家、非遗传承人21人,联合新浪江苏,设计出刊《霞客风云》专辑。向区委、区政府报送“近期舆情”69篇次,累计处理各类舆情线索8400余条。编发问题通报15期,整改问题500余条。

【新闻宣传】 在《人民日报》、中央电视台等中央媒体发布栖霞区相关报道近350篇,《新华日报》《南京日报》等省市媒体刊发栖霞区相关稿件4000余篇。制播电视新闻近2400条,制播栏目180余期。

【新媒体宣传】 “栖霞视点”微信公众号发布信息1000余篇,累计阅读量超1638万次,“粉丝”数净增8万余人;“栖霞视点”微博发布资讯近9000条,累计阅读量4667万次,转评赞总量超100万次;“栖霞视点”今日头条号发布资讯超500条,累计展现量超1600万次;“栖霞视点”抖音及视频号发布视频300余条,累计播放量超400万次;紫金山新闻栖霞频道累计发稿800余条,阅读超100万次;《今日栖霞报》共刊发47期。发布新冠疫苗接种安排等信息,累计阅读量超1000万次。“非凡十年,未来可‘栖’”微博互动量近10万次,“高质量发展看栖霞”微博话题阅读量超百万次。承办2022南京网友节暨“行走极美南京”网络文明健步走活动,《“健走”南京“最美江岸线”》专题报道单篇微信阅读量超10万人次。设计原创动态海报、长图、H5等新媒体产品近500件,拍摄短视频155条。《人世间》栖霞抗疫特别版全网传播量突破500万次,被央媒转载;《风雨严守!栖霞把牢交通关》《无人机“喊话”!防疫“声”入人心》被新华网客户端等转载,全网传播量突破500万次;《桦墅村的美丽“丰”景》在线传播量40余万次。“栖霞视点”微博、微信被南京市委网信办授予2022年度优秀政务新媒体账号荣誉称号。

【文化产业】 组织12家文化企业参加南京都市圈文化人才专场招聘会,向51家文化企业拨付文化产业发展扶持和奖励资金811万元,1家企业获省现代服务业发展扶持资金100万元,获市“瞪羚”文化企业4家,获市“独角兽”文化企业1家。在4个都市小剧场举办各类戏剧演出119场,完成公益电影放映450场,组织阅读活动1100余场,其中举办各类送温暖阅读活动33场。对话剧《Hello,茶餐厅!》、舞蹈《无畏》等16个项目拨付扶持资金138.1万元,重点扶持的南京大学艺术硕士剧团在宁演出27场,原创剧目《人间童话》作为特邀剧目参加乌镇戏剧节。

【新闻出版管理】 开展新闻出版(电影)安全生产大检查、校园周边出版物市场专项清查整治等专项治理行动8次,开展联合检查行动7次,先后对38家印刷企业、99家出版物经营场所和12家影院开展安全检查350家次。完成出版物零售单位设立审批46家、变更审批8家、注销审批3家,审批通过版权申报单位20家。发现并及时整改网络安全风险隐患88起。专项检查16家单位,检查意识形态工作情况72家,开展谈心谈话206人,问卷调查1296份,发现并整改共性问题5类11个。

【基层党员冬训】 开辟“枫语同论”理论学习栏目,刊发《大家谈》系列宣教短视频,将冬训课堂延伸至“疫情防控”一线。在2021—2022年度省、市基层党员冬训工作评优活动中,栖霞区《“三多”体系打造“奔跑中”的新冬训》获市级冬训工作创新项目,八卦洲街道获全省基层党员冬训工作示范街道,迈皋桥街道《伟大建党精神铸就中国共产党人价值观》获全市“冬训优秀主讲人”视频。

【二十大精神宣讲】 区宣传部门组成75人的区委宣讲团,宣讲党的二十大精神159场。与南京师范大学马克思主义学院“红旗宣讲团”、中共南邮理学院信息与计算科学系支部合作,深入机关、企业、学校,开展学习贯彻党的二十大精神专题宣讲300场,实现辖区各系统党工委、社区（村）全覆盖、党员全覆盖。

【理论宣讲】 组织开展“学习达人”挑战赛，成立“枫语同论”理论宣讲团，组建理论宣讲品牌矩阵，开展专题宣讲600余场。开展群众性主题宣传教育活动500余场、青少年主题宣教活动200余场。

【扫黄打非】 区“扫黄打非”工作领导小组办公室组织印刷企业42家和出版物销售经营单位152家，开展“扫黄打非”政策法规培训会2次。协同市文化市场综合执法总队三支队等单位，出动执法检查人员580余人次，开展各类专项治理行动9次。配合省、市“扫黄打非”办公室联合执法检查6次，完成市“扫黄打非”办转交的“涉嫌寄递违禁出版物入境人员信息核查”5件。协助市文化市场综合执法总队三支队办理新闻出版类违法违规案件（行政处罚类）7起。在区级以上媒体平台发布“扫黄打非”工作信息报道120余篇。区“扫黄打非”工作领导小组办公室、迈皋桥街道、龙潭街道和市公安局栖霞分局治安警察大队获2022年南京市“扫黄打非”先进集体。

【文明典范城市创建】 制订《栖霞区2022年全国文明典范城市创建工作方案》。组织城管局、区市场管理局、区住建局等7个专班部门，选取126个视频点位对重点区域定期巡查、测评反馈，每月对各街道进行考核，发现和督促整改问题3000余条。运用无人机系统对商贸综合体、建筑工地等区域400余个点位进行补充“云上”督查79次，发现并督促整改问题2130余个。开展“文明有‘宁’携手同行”宣传宣讲活动，营造“我参与、我知晓、我奉献”浓厚氛围。

6月2日，“文明有‘宁’携手同行”宣传宣讲系列活动在仙林金鹰举办
区委宣传部　供图

【志愿服务】 组建各类志愿服务队伍604支，开展志愿服务活动7347场。开展CPR+AED（心肺复苏术+自动体外除颤仪）急救知识、文明创建等培训活动7次，组织志愿服务展示交流活动4次。成立“空中飞侠”文明实践志愿服务队、江苏永衡法律志愿服务队、常春藤老年服务志愿服务队3支专业志愿服务队，开展文明督导、法律援助、养老服务等专业服务156场。

【区新时代文明实践中心建设】 挂牌成立区志愿服务促进中心，对区新时代文明实践中心内部环境进行提档升级。提升所、站阵地建设水平，加强对各街道所、站的调研指导。推进全区实践阵地外延建设，挂牌建立文明实践基地6个，含爱国主义教育基地、宁小蜂驿站、劳动实践基地、小剧场等，将文明实践活动从中心（所、站）拓展至新时代文明实践基地，提供爱国主义教育、未成年人劳动实践教育等。文明实践基地开展各类志愿服务活动80余场。在全区征集20个新时代文明实践品牌项目。建设乡村“复兴少年宫”32个，组织活动超过600场次，吸引7180人次参与。

【先进典型选树】 栖霞区入选“江苏好人”1人，入选“南京好市民”13人，入选“南京市新时代好少年”8人，被评为“南京市优秀志愿服务者”1人、市级新时代好少年4人。区融媒体中心被评为“南京市学雷锋活动示范点”，南炼新村社区被评为“南京市优秀志愿服务社区”，区城管局“垃圾分类银辉宣讲行动”被评为“南京市优秀志愿服务项目”。被评为省级“最美家庭”4户、市级“最美家庭”8户，被评为2022年“南京市文明职工”1人。选树区级文明家庭60户、区级文明职工20人。

【全区宣传思想工作会议】 3月1日召开，110人参会。会议传达全国和省市宣传部长会议精神，公布2021年度全区宣传信息、社会舆情、互联网舆情工作优胜单位、优秀个人名单及“十佳政务微博”“十佳政务微信”名单。区委宣传部部长动员部署做好2022年度全区宣传思想工作，明确全年各项目标任务，努力开创宣传思想工作新局面。

（胡紫薇）

统战工作

【概况】 2022年，栖霞区全面加强党对统战工作的领导。完善统战工作领导小组议事规则、小组办公室工作规则、部务会议事规则，建立栖霞句容宗教工作协作机制。区委常委会研究统战民宗工作5次、中心组学习7次，召开三区统战民宗工作会议1次，召开统战工作领导小组会议7次、民宗工作领导小组会议5次，对台、海外、民营经济、新阶层协调机制会议5次、校地统战民宗联席会议各3次。制订教育培训5年规划。组织学习相关统战工作条例1500余人次，主体班宣讲统战民宗理论课4次，对接苏统云、宁统云，栖统云平台精准服务代表人士4200名。举办培训班17场1446人次、主题教育7场416人次。捐款捐物共计800余万元，对口扶贫30余万元。立项统战调研课题省级1个、市级2个，完成实践创新项目省级2个、市级1个，市级以上宣传用稿260余篇、中国统一战线杂志3篇、中央统一战线网站18篇，上报信息106篇、省市两会专报14篇，获省委统战部演讲三等奖。搭建“智汇栖霞”平台，提交建议提案400余件。栖霞区获省第一批民族团结进步示范区，申报14个省级“红石榴家园”。区民宗局获市“扫黄打非”工作先进集体。区工商联获全国五好标杆县级工商联和省先进集体，创建1个全国、3个省级四好商会。“自在枫桦”被南京市委统战部评为南京市第四批新的社会阶层人士统战工作实践创新示范基地。

【党外代表人士队伍建设】 召开党派组织建设会议4次，建成党派之家5个，政治交接主题教育15次。新增区政协党外委员8人、无党派人士登记28人，选拔任用党外干部3人。举办党外干部培训班，配备党外干部3人。

【宗教管理】 制订风险隐患防范化解方案，建立宗教工作“三级网络、两级责任制”巡查清单，行政处罚事项赋权街道。宗教场所日常检查22次、专项检查9次，完成9处消险整改。反邪教教育16场。

【统一战线服务】 出台服务民企“20条”，办理意见50余条。组织校园招聘会4场提供岗位1000余个。组织27家企业参加上市辅导；举办财税讲座10期，参加人数1.5万人次；帮助民企上市1家。成立中共栖霞总商会党委、区级民营经济人士之家、栖霞颍上商会等。完成高新区商会换届。承办省异地商会栖霞行活动。新增商会会员50人、新联会会员15人、欧美同学会会员5人。组织港澳台学生趣味运动会、“宁台慧眼看栖霞”摄影大赛、宁台行知教育论坛。校街、校企共建项目10个，落地注册项目2个。

【市知联会第一次会长办公会】 3月12日在桦墅村召开。市知联会班子成员及秘书处人员、市委统战部相关负责人出席会议。市知联会会长、南京工业大学校长分享参加全国政协会议的情况与体会，并简要说明其提交的“双碳目标”实现、高校双一流建设、居家养老、促进大学生就业等提案。会议商讨2022年度市知联会工作，研究2022年无党派人士重点调研课题。南京眼科医院院长、金陵科技学院副校长、中国市政华北设计研究总院江苏分院院长3位副会长分别阐述调研课题设想。

【统战工作会议】 6月21日召开。会议传达全国、全省、全市统战部长会议及上级对台工作会议精神，部署全区统战、对台工作；传达全省宗教工作会议、民宗局长会议及市委民族工作会议、全市宗教工作会议精神，部署全区民族宗教工作。会议通报表扬2021年度全区统一战线（工作）优秀集体和优秀个人。仙林街道、西岗街道、区委网信办、栖霞高新区4家单位分别发言交流。

【党外干部培训班】 11月23—25日，中共栖霞区委统战部在栖霞区委党校举办党外干部培训班。大学以上学历党外科级干部38人参加培训。培训班采取区内与区外、理论与实践、集中授课与交流研讨"三结合"模式，丰富培训内容，确保培训实效。培训班邀请江苏省社会主义学院教研室主任做"促进海内外中华儿女团结奋斗 为中华民族伟大复兴汇聚伟力——学习中央统战工作会议和'中国共产党统一战线工作条例'精神"、《党外代表人士的职责使命与能力建设》专题授课，邀请南京特殊教育师范学院校长讲授"中国政党制度与中国特色的政治发展道路"、市委党校教授讲授"真理之光照亮复兴之路——学习贯彻党的二十大精神""加强阵地建设和管理提升意识形态工作能力"等课程。学员还参观爱国主义教育基地溧水区白马镇的"红色李巷"。

【宣讲二十大精神】 12月12日举行。区委统战部围绕"迎接党的二十大、学习宣传贯彻党的二十大精神及统战政策提出一百周年"主线，开展统一战线群众性主题宣传教育。在组织集中学习、分组研讨交流的基础上，邀请南京市委统战部副部长兼市社会主义学院党组书记做"学习贯彻《统战工作条例》做好新时代统一战线工作"专题培训，区委宣讲团成员、区委常委兼统战部部长主持培训，并做学习宣传贯彻党的二十大精神统战系统专场宣讲。

（朱小乐）

机构编制管理

【概况】 2022年，栖霞区委编办保障教育人才队伍建设，运用大数据严控机构编制，保障机构编制管理决策落实落细。在管住机构编制总量的前提下，加强动态调整，挖掘机构编制资源，做到编尽其用。科学核定卫健系统事业单位2022年人员招聘计划。《栖霞区企业开办"5+N"服务 助推审批服务便民化》等相关信息内容，被南京机构编制网刊用12篇。

【管理体制机制调整】 区委编办先后修订完善区市场监督管理局、区文化和旅游局、区教育局"三定"方案，优化调整交通运输领域原有事业单位，制订并印发交通综合行政执法大队"三定"规定。3月7日，将南京市广播电视大学栖霞区分校更名为栖霞开放大学。8月11日，设立南京市栖霞区文物保护管理中心。12月7日，区民政事务服务中心增挂区未成年人救助保护中心牌子。12月29日获批成立区城市数字治理中心。

【街道集成改革】 区委编办对街道考核侧重于改革运行的效果。运用信息技术手段探索"互联网+监管"新模式，建立审批、监管数据反馈、协同联动机制。尧化街道被评为全省推进基层整合审批服务执法力量工作先进单位，先进成果得到12家中央、省、市媒体集中宣传报道。1月29日，印发《关于公布南京市栖霞区第二批相对集中行政处罚权目录的通知》，向9个街道集中下放第二批民族宗教领域行政处罚权12项。

【权责清单管理】 区委编办采用"编办初筛+街道认领+司法审查"三方确认模式，制订《栖霞区街道权力事项清单》。1月30日，《区政府办公室印发栖霞区街道权力事项清单的通知》，强化清单动态调整，明确现有权力事项清单93项，完善全区行政权力清单管理体系。5月7日，区委编办发布《关于做好区级行政权力事项认领工作的通知》，开展各部门行政权力事项认领工作，截至年底，完成事项认领工作。

【事业单位管理】 区委编办开展全区事业单位网上登记管理工

作，完成2021年度事业单位法人年度报告公示工作及2021年度事业单位信用等级评价工作，涉评事业单位评价等级均为A级。11月，按照全市统一部署安排，开展“双随机、一公开”（在监管过程中随机抽取检查对象，随机选派执法检查人员，抽查情况及查处结果及时向社会公开）工作，辖区内被抽查事业单位9家，规范相关事业单位住所、联系人等事项的变更和维护。

【综合行政执法改革】 2月，区委编办优化调整交通运输领域原有事业单位，将原区公路管理站更名为南京市栖霞区公路事业发展中心，撤销区交通运输综合管理所，整建制将其划入区交通运输综合行政执法大队。制订并印发交通综合行政执法大队“三定”规定，按照“先立后破、不立不破”“先转隶，再‘三定’”原则，妥善处理人员转隶工作。8月11日，设立区应急管理综合行政执法大队，明确规格为副处级单位，核定大队长（副处级）领导职数，原安全生产监察大队整建制划入区应急管理综合行政执法大队。

【教育编制调整】 3月1日，市委编办批复同意辖区燕子矶中学升格为正处级单位，并核定处级领导职数。6月17日，市委编办下达市级周转空编，完成栖霞区中小学教职工编制达标工作。8月11日，建立中小学校党组织领导的校长负责制，对区属中小学校（含中等职业学校）领导职数和党组织书记职数按标准进行核定。先后批复教育系统招聘高层次人才、校园招聘计划，并批复同意设立中小学及幼儿园4所。

【医疗单位编制核定】 3月7日，区委编办核增区卫生监督所、区妇幼保健所科级领导职数。会同区卫健委、区人社局实地调研辖区社区卫生服务中心，核定卫健系统事业单位2022年人员招聘计划。6月24日，批复同意卫健系统招聘事业编制卫技人员和编外人员。12月26日，批复定向招聘新冠肺炎疫情防控一线编制外医务人员。

【机构编制机制建设】 6月24日，区委编办制订《中共南京市栖霞区委机构编制委员会工作规则》和《中共南京市栖霞区委机构编制委员会办公室工作细则》，明确区委编委议事决策机制、审批管理流程、“一支笔”审批制度；制订《栖霞区党政机关跨部门职责分工协调办法（试行）》，明确职责分工、职责关系。7月8日，制订出台《栖霞区机关事业单位人员调动办理流程》，明确区机关事业单位人员调动工作流程。

（钱　琳）

对台事务

【概况】 2022年，栖霞区对台工作在区委、区政府领导和南京市台办支持下，贯彻落实中央对台工作大政方针和省委、市委、区委的决策部署，坚持把服务对台工作大局与中心工作相结合，以推动对台交流为重点，夯实工作基础，搭建交流平台，完善保障机制，实现对台工作平稳发展。

【台港澳青年端午趣味运动会】 5月31日，“粽香两岸”栖霞区第三届台港澳青年端午趣味运动会在西岗街道桦墅村举办。区委统战部部长，南京市台办相关部门负责人，南京大学、南京邮电大学、南京中医药大学、区相关部门负责人，驻区高校台港澳青年学生代表，西岗街道新联会代表，“海智湾”青年人才代表90余人参加活动。传承传统文化，吸引台港澳青年扎根栖霞。

【“服务台商台胞进基层”活动】 8月10日，南京市台办开展“服务台商台胞进基层”栖霞专场活动，活动邀请区应急管理局围绕台资企业安全生产做专题辅导，法德东恒律师事务所、南京明基医院及联通栖霞分公司3家单位进行专场服务宣传推介，重点服务台企台胞发展。全区台商台胞代表近50人参加。

【宁台行知教育论坛】 8月23日，第八届“宁台行知教育论坛”暨第十届南京行知·中小学校长论坛在南京晓庄学院晓庄校区（行知园）举办。论坛采取线上线下方式进行，在南京、哈尔滨、台湾彰化县花坛乡花坛小学设分会场，专家、校长、骨干教师代表

200余人参加。论坛围绕“人工智能时代的创新教育与教育创新”主题，开展教育现代化、创造能力、培养自主学习、人工智能教育等专题沙龙研讨活动。

（唐红卫）

老干部工作

【概况】 2022年，栖霞区有离休干部27人。其中，抗日战争时期参加革命工作的离休干部2人，解放战争时期参加革命工作的离休干部25人；男性18人，女性9人；年龄最大102周岁，年龄最小89周岁。被市委、市政府评为2021年度机关作风和行业作风建设先进个人1人。区委老干部局被省委组织部、省委老干部局、省人力资源社会保障厅评为“全省老干部工作先进集体”，仙林街道仙林新村社区常青树党支部被评为全省“六好”离退休干部示范党支部，尧化街道“老党员工作室”经验做法被省委老干部局列入“赓续四十载荣光·江苏老干部工作40年”宣传项目。

【离退休干部党建工作】 全年新增离退休干部党支部18个。推荐离退休党支部书记4人、离退休干部党建业务骨干3人，参加江苏省委老干部局和南京市委老干部局组织的党建业务培训。5月，全市离退休干部“六好”党支部示范创建研讨培训班到区考察离退休干部党建工作。组织线上离退休干部专题报告会14场，网络推送专题学习报告30余篇，征集书画及摄影作品196幅，印制《银发初心歌百年》诗歌集、《关于加强新时代离退休干部党的建设工作的意见》及党建材料汇编等1000余册。组建“紫金银辉”心理健康讲师团，开展心理健康进校园活动。栖霞军休所“金阳光”老党员工作室开展“义诊进社区”活动12次。截至年底，全区注册登记专业“银发人才”97人，组建“紫金银辉”老党员工作站26个、社区志愿服务小队84支，参与志愿服务的老党员有2645人。

【老干部服务工作】 区委老干部局走访慰问离退休干部覆盖率达100%。为70周岁、80周岁、90周岁离退休干部祝寿，为4名离休干部补助自付医疗费共计1.98万元。制订“一人一策”服务方案，申请、发放“紫金银辉”服务卡124人。为辖区内老干部订阅《银潮》等报纸杂志300余份。探望生病住院的老干部16人次，协助6名去世老干部家属妥善处理善后事宜。1月1日，区老干部局与江苏安康通有限公司签订合同，为辖区内南京市户籍且常住本区的离休干部86人提供紧急呼叫服务和每人每月8小时的免费生活照护服务，每月上门服务不少于4次。1月19日，发放区离休干部2021年度特需费，每人每年300元；健康休养费，副厅及以上每人每年300元，处级及以下每人每年200元。9月27日—10月7日，举办“喜迎二十大 奋进新征程”离退休干部书画摄影作品VR展。

（张　春）

党校工作

【概况】 2022年，区委党校联合区委研究室，制订《关于建立调查研究工作制度的实施意见》，提出“区领导联系重点调研课题机制”“校地联盟导师指导服务机制”等调研工作制度。走访联盟成员单位，完成29个重点调研课题的高校导师选聘工作。区委党校先后获全市党校系统第二届教学管理优秀奖、全市党校（行政学院）系统第二届教学管理优秀奖，是区委党校第二次获得该项荣誉。“吾讲你评大家谈”集体读书会获市“优秀阅读组织”称号。

【干部培训】 区委党校牵头举办全区干部教育培训工作会议，举办社区（村）新录用公务员培训班、全区党员骨干暨发展对象示范培训班等12场，培训学员837人次。服务全区“援藏援疆”及与驻区高校合作交流共建工作，举办“外培班”15场，共培训学员2000余人次。牵头与省社科院举办学习宣传党的二十大精神研讨会，在《新华日报》理论专刊发表专题文章。到社区、街道、机关、企事业单位开展“礼赞新时代，追梦复兴路”等专题宣讲62场，听众达3000余人次。开发党的二十大精神、党性教育、社会建设等主题理论课程12门，新打造江南水泥厂、晓庄十英烈等一批现场教学点。

【课题调研】 区委党校申报立项2022年度江苏省社科应用研究精品工程课题1项，完成区领导联系重点调研课题1项、全区重点调研课题3项，发表文章7篇。其中，《探索新时代“枫桥经验”》在《学习时报》理论版刊发，《共同富裕的三重维度》在《新华日报》刊发，《回顾与思考——毛主席视察十月村给我们的启示》在《江苏党校报》发表，在《金陵瞭望》发表4篇。获区领导批示文章2篇。《栖霞区政务服务“一件事”改革的实践与思考》获2021年度“江苏省社科应用研究精品工程优秀成果”二等奖。《南京健全以企业为主体的关键核心技术协同攻关机制对策研究》入选第二届南京都市圈发展论坛征文，《以“党建链”赋能“产业链” 激活发展新动能》《关于进一步激活党史资源价值的思考》入选省委党校系统第十一届江苏党的建设高层论坛征文。

【校地党校工作联盟】 7月29日举行。介绍重点调研课题导师制相关工作、导师选聘情况。南大商学院、南师大人工智能学院等高校导师代表交流发言；有关领导分别对做好校地党校工作联盟及课题调研工作提出意见。

【省社科院地方研究基地】 10月23日，江苏省习近平新时代中国特色社会主义思想研究中心江苏省社科院基地与区委、区政府联合举办“奋进新征程 谱写新篇章——学习党的二十大精神研讨会”。省委宣传部副部长，省社科院党委书记兼院长等省社科院领导班子成员，人民日报社江苏分社社长，新华日报社党委书记、社长兼新华报业传媒集团董事长，省委党校原常务副校长、省政府参事，江苏省战略与发展研究中心主任、省信息中心主任，区四套班子主要领导出席研讨会。江苏省社会科学院栖霞研究基地在区委党校挂牌成立，研究基地是省社科院设立的首家地方研究基地。

【年轻科级干部培训班】 11月24—30日，栖霞区举办年轻科级干部培训班，各街道、部门科级干部参加培训46人。培训班以学习贯彻党的二十大精神为主线，设置专题党课、科技创新、基层治理、生态文明、政德建设、意识形态、公共卫生等多个专题课程，邀请市委、区委党校教师和领导，对学员进行全面系统辅导，提升学员理论水平。培训班还围绕新时代年轻干部能力提升，采取理论与实践相结合方式，开设“研讨式教学”“新闻发布会”“情景剧模拟”“岗位微分享”等实践课课程，让学员们在实践中不断找差距、强弱项、补短板。

（于昕炜）

责任编辑 张双全

10月23日，江苏省社会科学院栖霞研究基地成立 区委党校 供图

栖霞区人民代表大会

综　述

【人大工作】 2022年，区人大常委会组织召开人民代表大会会议、常委会会议、常委会主任会议19次。开展执法检查4次、专题询问1次，组织专题考察、专题政情通报会和专题调研18次，听取和审议专项工作报告31项，做出决议、决定7项，依法任免国家机关工作人员113人次、人民陪审员30人次。

【人大代表构成】 栖霞区十九届人民代表大会代表289人。其中，男性188人；中共党员213人；大专以上文化程度282人，占总数的97.57%。

【自身建设】 全年组织各类培训30余场，参训代表380余人次。组织150余名新任代表赴省人大培训中心开展培训。定期向代表通报区人大常委会和“一府一委两院”工作情况，在全市率先组建企业专业代表小组；持续完善《栖霞区人民代表大会常务委员会关于密切联系人大代表和人民群众的实施意见》《栖霞区人大代表履职考核办法》等制度。主动适应、履职《组织法》新规定及人大工作新情况，研究修订人大常委会议事规则等制度；着眼人大工作“信息化、智能化、便捷化”改革，探索推进“数字人大”建设；密切与上级人大常委会的联系，加强对街道人大工委、开发区人大联络办的指导。

重要会议

【概况】 2022年，举行区人民代表大会会议1次、常委会会议7次、人大常委会主任会议11次，分别听取、审议区人大常委会工作报告1个、区政府工作报告14个和法检“两院”工作报告3个，作出决议、决定7个。政情通报会1次，听取和审议专项工作报告31项。

【十九届人大一次会议】 1月6—8日，在区机关大礼堂召开。应到代表294人，实到代表284人。会议听取和审议区政府工作报告；审查和批准栖霞区2021年度国民经济和社会发展计划执行情况、2022年度国民经济和社会发展计划草案的报告，批准2022年度国民经济和社会发展计划；审查和批准2021年度财政预算执行情况与2022年度财政预算草案的报告，批准2022年财政预算；听取和审议区人大常委会、区法院、区检察院工作报告。就上述报告作出决议7个。会议选举栖霞区第十九届人民代表大会常务委员会主任、副主任、委员，栖霞区人民政府区长、副区长，区监察委员会主任，区人民法院院长，区人民检察院检察长。票决产生民生实事项目10个。

【区十九届人大常委会会议】 栖霞区十九届人大常委会召开常委会7次，审议通过全区重大事项、人事任免等。

表4　2022年栖霞区十九届人大常委会主要会议一览表

时　间	会　议	会　议　内　容
2月21日	第一次会议	审议通过区人大常委会2022年工作议题安排（草案），并通过相应人事任免事项。区人大常委会主任主持会议，区人大常委会党组副书记兼副主任、副主任及常委会委员34人出席会议
4月27日	第二次会议	听取和审议《关于栖霞区“双减”工作推进情况的报告》《关于2021年度环境状况和环境保护目标完成情况及〈中华人民共和国环境保护法〉执行情况的报告》《关于商事审判工作情况的报告》《关于全区安全生产行业部门监管责任落实情况的报告》，通过相关人事任免事项。区人大常委会主任主持会议，区人大常委会副主任及常委会委员26人出席会议
6月27日	第三次会议	听取和审议区政府《关于全区休闲农业发展情况的报告》、区人大常委会执法检查组《关于〈南京市养老服务条例〉贯彻落实情况的执法检查报告》，听取和审议部分市人大代表、区政府部分部门主要负责人、区法检两院部分法官检察官关于履职情况的报告，通过相关人事任免事项。区人大常委会主任主持会议，区人大常委会副主任及常委会委员29人出席会议
8月25日	第四次会议	听取并审议《关于栖霞区2021年度本级预算执行和其他财政收支情况的审计工作报告》《关于栖霞区2021年度财政决算（草案）的报告》《关于栖霞区2022年度上半年国民经济和社会发展计划执行情况的报告》《关于栖霞区2022年度上半年财政预算执行情况的报告》和《关于栖霞区2021年度行政事业性国有资产管理情况的专项报告》，书面审议《关于栖霞区2021年度国有资产管理情况的综合报告》。会议审查批准栖霞区2021年度财政决算和栖霞区2022年度省转贷新增地方政府债券安排及区本级财政预算调整方案，并通过相关人事任免。区人大常委会党组书记兼主任主持会议，区人大常委会副主任及常委会委员28人出席会议
9月28日	第五次会议	听取和审议《关于检查〈中华人民共和国长江保护法〉〈江苏省长江水污染防治条例〉实施情况的报告》《关于全区法律援助工作情况的报告》，并通过相关人事任免事项。区人大常委会主任主持会议，区人大常委会副主任及常委会委员25人出席会议
11月28日	第六次会议	听取和审议《关于2021年度区本级预算执行和其他财政收支审计整改情况的报告》《关于开展廉政教育工作情况的报告》《区政府部分部门主要负责人关于履职情况的报告》；审查和批准栖霞区2022年度财政预算调整方案，审议通过《南京市栖霞区人民代表大会常务委员会议事规则（修订草案）》《关于召开栖霞区第十九届人民代表大会第二次会议的决定（草案）》，并通过相关人事任免事项。区人大常委会主任主持会议，区人大常委会副主任及常委会委员28人出席会议
12月30日	第七次会议	听取和审议《区政府2022年经济建设和社会建设工作目标完成情况及2023年计划（草案）的报告》《区政府2022年财政预算执行情况及2023年财政预算（草案）的报告》《区政府关于2022年民生实事项目实施情况》《2023年民生实事候选项目的报告》，并对民生实事项目实施情况进行满意度测评。听取《区十九届人大二次会议筹备工作情况的报告》，讨论区十九届人大二次会议有关材料和事项

【区十九届人大常委会主任会议】 栖霞区十九届人大常委会每月召开主任会议，听取阶段工作汇报及重大事项落实情况，摘录其中10次会议。

表5　2022年栖霞区十九届人大常委会主任会议一览表

时　间	会　议　内　容
4月14日	听取关于全区“放管服”改革推进情况、全区河道生态治理情况以及区十九届人大一次会议代表建议受理情况的报告
4月21日	听取关于全区外事工作情况的报告

续表5

时　间	会　议　内　容
5月25日	听取关于栖霞区金融行业发展现状的报告、关于全区城市更新工作情况的报告
6月22日	听取关于栖霞区长江文化与旅游发展情况的报告
7月26日	听取关于未成年人检察工作情况的报告
8月23日	听取关于全区退役军人服务体系建设情况的报告
9月23日	听取关于栖霞区国企改革三年行动实施情况的报告
10月27日	听取关于全区拆迁扫尾攻坚情况的报告、关于栖霞高新技术企业集聚发展情况的报告
11月24日	听取关于区十九届人大一次会议代表建议办理情况的报告
12月29日	听取人代会筹备处关于人代会筹备工作情况的报告

人大监督

【概况】 2022年，区人大常委会聚焦中心工作、聚情民生关切、聚合代表力量，主动躬身入局，依法履职尽责。全面推行街道代表议政会制度，加强基层立法联系点建设，发挥立法“民意直通车”作用；完善“人大代表走进云社区”履职载体，拓展察民情、解民忧线上渠道。组织开展民生实事项目监督活动4场，组织市、区人大代表活动40余场，协助重点督办事项15件。

【法律监督】 协助市人大常委会高质量完成《南京市长江岸线保护》《南京市国土空间规划条例》等地方性法规、条例征求意见工作；监督调研新形势下未成年人保护工作，推动筑牢司法保护屏障；开展法官、检察官履职评议工作，完善人大代表旁听评议庭审工作机制。把握备案审查工作面临的新形势、新要求，建立区人大常委会规范性文件备案审查专家库；跟进了解全区监察体制改革和《监察法》贯彻实施情况，首次听取和审议区监察委关于开展廉政教育工作情况的报告；严格执行任前法律知识考试、拟任职发言、宪法宣誓等制度。全年共受理群众来信来访21件。针对群众信访集中领域问题，召开专题督办会。围绕全区贯彻落实《信访工作条例》情况深入调研，推动《宪法》《民法典》《家庭教育促进法》等法律法规的普法宣传。

【全程监督】 对全区经济和社会建设工作计划执行及目标完成情况跟踪监督，全过程监督财政预决算执行及审计工作；紧盯金融服务区域经济新亮点，听取关于全区金融业发展现状的报告；加强国有资产监督，为管好用好国有资产加上“安全门”。围绕优化营商政务环境、信用环境、法治环境等方面深入监督，审议关于全区安全生产行业部门监管责任落实情况。开展为期半年的《中华人民共和国长江保护法》《江苏省长江水污染防治条例》贯彻实施情况执法检查；聚焦污染防治攻坚，调研全区碳达峰工作情况、都市型农村人居环境长效自主管护机制建立情况，视察全区生态河道治理情况，并听取专项工作报告。

【“一法一条例”执法检查】 区人大常委会“一法一条例”（即《中华人民共和国长江保护法》《江苏省长江水污染防治条例》，以下简称“一法一条例”）执法检查组，分别在5月17日、5月26日、6月14日、6月21日，对全区“一法一条例”贯彻实施情况开展执法检查4次。

【民生实事项目督查】 区人大常委会聚焦民生实事，关注老旧小区改造，推进美丽乡村建设，考察、督查实施情况，摘录其中19次。

表6　2022年栖霞区人大考察督查民生实事重点项目一览表

时　间	考　察　督　查　内　容
6月8日	专题考察老旧小区改造和保障房项目推进落实情况
6月14日	民生实事项目第六代表监督组专题考察庐山路下穿尧兴铁路（小岗下道口平改立）工程项目推进落实情况
6月16日	民生实事项目第十代表监督组专题考察全区残疾人免费体检、个性化精准康复、托养服务及辅助性就业创业项目落实情况
6月23日	民生实事项目第八代表监督组专题考察全区美丽乡村及宜居村建设情况
6月24日	民生实事项目第五代表监督组开展民生实事项目专题考察活动
7月5日	民生实事项目第九代表监督组就“促进教育优质均衡发展”民生实事项目部分内容开展专题考察活动
7月8日	民生实事项目第四代表监督组开展民生实事项目专题考察活动
7月11日	民生实事项目第三代表监督组围绕区民生实事项目“提升医疗保障水平”推进情况开展专题考察活动
7月22日	民生实事项目第一代表监督组围绕区民生实事项目“促进重点群体就业”推进情况开展专题考察活动
11月16日	区人大常委会环资城建委和栖霞街道人大工委共同组织民生实事项目第二监督组开展质效评估活动
11月16日	民生实事项目第八代表监督组评估“完成寅春路边沟、紫东路2个积淹水片区改造项目”“完成北十里长沟东支下游生态清淤工程”“建成18个美丽宜居乡村”三项民生实事项目质效评估活动
11月16日	民生实事项目第十代表监督组开展民生实事项目专题考察活动
11月17日	民生实事项目第四代表监督组评估“建设智慧停车共享管理平台”“新建城镇公厕”民生实事项目质效
11月17日	民生实事项目第五代表监督组评估“组建‘栖霞律师讲师团’，开展园区企业法律服务活动”“建设法律援助服务站、劳动者‘爱心驿站’”“改造‘梦想小屋’”三项民生实事项目质效
11月17日	民生实事项目第七代表监督组开展质效评估活动，围绕区民政局承担的“养老服务设施建设民生实事项目”开展情况进行总结评价
11月18日	民生实事项目第三代表监督组开展质效评估活动，总结评估区卫健委承担的民生实事项目实施情况
11月18日	民生实事项目第六代表监督组专题考察龙潭街道8.5千米农村公路建设及养护项目完成情况
11月18日	民生实事项目第九代表监督组评估“促进教育优质均衡发展”民生实事项目质效
11月18日	民生实事项目第一代表监督组总结评估区人社局承担的民生实事项目实施情况

代表工作

【概况】 完善多层次督办机制，构建“预交办—承诺办—重点办—督促办—回头看”工作流程；综合采取“聚焦热点重点督办、提升质量联合督办、代表参与全程督办”的办理模式。区十九届人大一次会议以来代表提出的279件建议全部办结，已解决和基本解决273件，占建议总数的97.8%。其中，区人大常委会确定的重点建议15件，办结率、满意率、办成率均达100%。组织市人大代表1人、区政府部门负责人6人，向区人大常委会述职并接受测评。

【专题视察】 听取和审议关于全区“双减”工作推进情况的报告并开展专题询问；专题视察全区中医药服务体系建设情况、构建“医康教”融合服务体系推进情况，关注全区失能人员照护险工作推进情况；视察调研优化教育资源配置、推动高质量就业创业、缓解停车难等民生“关键小事”。听取关于全区城市更新、拆迁扫尾工作情况的报告，专题视察重点基础设施建设情况，专题调研交通运输执法改革情况。专题调研全域旅游发展工作，建议区政府加快完善全域旅游规划、强化核心资源引领、完善基础设施配套；专题视察乡村旅游民宿业发展情况，督促区政府强化政策保障、创树地域特色、注重富民效益。

【代表作用发挥】 区人大常委会印发《栖霞区人民代表大会常务委员会关于密切联系人大代表和人民群众的实施意见》《栖霞区人大代表履职考核办法》。制订常委会领导联系常委会委员、人大代表一览表，协助常委会领导走访市、区人大代表，面对面听取代表意见，及时回应、交办。结合议题内容，邀请代表列席区人大常委会会议，参与执法检查和专题调研，进一步扩大代表对常委会工作的参与。定期组织市、区人大代表在“人大代表联系点”接待群众，广泛听取群众的意见与建议，摸实情、办实事、解难题，充分发挥人大代表调研员、监督员、宣传员、信息员的作用。

【履职平台建设】 完善“互联网+家站点”履职平台，组织市、区人大代表240余人深入“家站点”“人大代表走进云社区”履职平台；出台《中共南京市栖霞区人大常委会党组关于建立街道议政代表会制度的实施意见》，全区9个街道均成立议政代表会。全年，440名议政代表共收集群众反映的问题120余件，帮助解决60余件。

表7　2022年栖霞区十九届人大一次会议期间代表提出的重点建议一览表

序号	建议人	重点建议	承办单位
1	窦立华	关于保障房配套设施建设的建议	燕子矶新城开发建设指挥部
2	唐拥军	关于南湾营片区老旧小区路灯亮化工程的建议	马群街道 区住房和建设局
3	张仲山	关于在扬尘治理中推广固尘修复技术的建议	南京市栖霞生态环境局
4	周　明	关于加大电动自行车管理的建议	区住房和建设局
5	高丽琴	关于加强万寿地区机动车辆违停现象治理的建议	南京市公安局交管局第七大队
6	赵海斌	关于加强政策支持、构建人才高地的建议	区委组织部
7	腾　龙	关于进一步加大金融支持小微民营企业力度的建议	区地方金融监督管理局
8	韩顺霞	关于加大知识产权保护力度、建立知识产权保护平台的建议	区市场监督管理局（知识产权局）
9	胡雪琳	关于给予征地农民慰问关心帮助的建议	区民政局
10	郭　雷	关于支持职业教育发展、深化产教融合、校企合作，大力培养技术技能人才的建议	区人力资源和社会保障局
11	周　诚	关于推动科研院所、高校、企业科研力量优化配置和资源共享，提高科技成果本地转化率的建议	区农业农村局
12	鲍善仁	关于增建栖霞区基层医疗机构发热哨点诊室工作的建议	区卫生健康委员会
13	孙紫阳	关于全面落实“双减”政策、加强师资队伍建设、扩大优质教育资源覆盖面的建议	区教育局
14	黄　健	关于落实生物医药产品全周期管理激励扶持政策、切实推动栖霞生物医药产业高质量发展的建议	区科学技术局
15	欧立祥	关于对“南朝石刻”进行保护性开发的建议	区文化和旅游局（体育局）

（李　强）

责任编辑　张双全

栖霞区人民政府

综　　述

【经济运行】 2022年，栖霞区人民政府坚持以习近平新时代中国特色社会主义思想为指导，以迎接党的二十大、学习宣传贯彻党的二十大精神为主线，在市委、市政府和区委的正确领导下，落实“疫情要防住、经济要稳住、发展要安全”的重大要求，统筹疫情防控和经济社会发展，统筹发展和安全，克服疫情影响，对冲下行压力，稳住经济大盘，持续改善民生，保持社会大局稳定，较好完成十九届人大一次会议确定的主要任务。经济发展稳中有进，创新动能加速释放；城乡建设统筹推进，生态环境提质增优；民生福祉持续增进，社会大局安定和谐。栖霞区实现地区生产总值1746.43亿元，比上年增长1.5%；全社会固定资产投资638亿元，比上年增长5.2%；城镇居民人均可支配收入7.51万元，比上年增长4.2%；一般公共预算收入140.79亿元，社会消费品零售总额513亿元。栖霞区获评江苏省“互联网+制造业”特色产业基地，获评全市唯一的“科创江苏”试点区。

【经济发展】 全区规模以上工业企业实现总产值3716.96亿元，比上年增长10.28%；建筑业179.28亿元，比上年增长4.4%；文化产业营业收入542亿元，产业增加值占GDP比重超6%；人工智能产业核心收入近80亿元，比上年增长约30%。入选全国工业互联网推动数字化创新领先区。入库科技型中小企业2034家，培育“独角兽”“瞪羚”企业50家，集聚高新技术企业921家，稳居苏南26郊（区）县十强；新增“四上企业”201家，奥斯汀光电、通行宝成功上市。新登记法人企业1.06万家、市场主体2.53万户。累计提供助企纾困资金3.36亿元，减税降费及退税缓税29.51亿元。实施省、市、区重大项目123个，完成投资320.9亿元；签约亿元以上项目110个，投资总额1500.6亿元；工业项目拿地落户29个，实际利用内资270.1亿元。获批全市首份RCEP（《区域全面经济伙伴关系协定》）原产地证书，实际使用外资7亿美元，外贸进出口保持千亿元以上规模。达成产学研合作项目150项，技术合同成交额超60亿元。引进品牌首店55家，实现限额以上贸易额1100亿元。

重要会议

【常务会议】 全年栖霞区人民政府召开常务会议20次，涉及议题107个。

表8 2022年栖霞区人民政府常务会议一览表

时 间	会议名称	会 议 内 容
1月22日	第132次常务会议	听取全区疫情防控工作情况汇报、2021年全区12345热线工单办理工作情况汇报，研究2022年春节期间走访慰问困难群体、八卦洲街道2022年春节期间烟花爆竹燃放保障工作相关事宜
2月26日	第133次常务会议	听取栖霞区2022年经济社会发展重大项目计划编制情况、全区疫情防控工作情况的汇报，审议《栖霞区建设管理精细化 城市品质再提升三年行动计划（送审稿）》《2022年栖霞区城乡建设计划（送审稿）》，研究南京新尧新城开发建设有限公司处置更新公务用车事宜
4月16日	第134次常务会议	听取全区“放管服”改革推进情况汇报、中央生态环保督查迎检工作情况汇报、全区公共文化建设情况汇报、全区疫情防控工作情况汇报，审议《2022年栖霞区打好污染防治攻坚战目标责任分解方案（送审稿）》
5月4日	第135次常务会议	听取联珠菜场消险改造项目、“一网统管”有关工作情况的汇报，审议《关于做好2022年全面推进乡村振兴重点工作的实施意见（送审稿）》，研究2021年区产学研合作及科技成果转化项目、重点研发及技术创新项目申报评审事宜
5月23日	第136次常务会议	审议《栖霞区“十四五”进一步改善农村人居环境 推进生态宜居美丽乡村建设行动方案（送审稿）》《南京市栖霞区制造业智能化改造和数字化转型实施方案（2022—2024年）（送审稿）》，研究全区水务工程（雨水管网清疏排查）有关事宜，听取区安委会全体会议、东西部协作工作情况汇报以及2022年东西部协作工作要点编制情况
5月28日	第137次常务会议	听取全区信访重点工作情况的汇报、全区防汛抗旱工作情况的汇报，审议《栖霞区2022年优化营商环境实施方案（审议稿）》《关于进一步加强和改进全区消防工作的实施意见（审议稿）》，研究红枫片区保障性住房一期项目HG地块违章罚款相关事宜
6月11日	第138次常务会议	审议《南京市栖霞区法治政府建设实方案（2021—2025年）（送审稿）》《栖霞区2022年法治政府建设工作计划（送审稿）》《2022年度栖霞区质量强区工作目标分解方案（送审稿）》，听取区“双减”工作推进情况报告、全区疫苗接种工作情况汇报，研究区委宣传部处置、更新公务用车事项
6月25日	第139次常务会议	听取栖霞区长江文化与旅游发展情况汇报、区政府与南京市儿童医院合作事宜情况汇报，研究区城乡低保等社会救助标准提标事宜，审议《栖霞区促进产业用地高质量利用土地供应管理操作细则（送审稿）》《关于做好住户调查大样本轮换及常规住户类调查工作的通知（送审稿）》
7月11日	第140次常务会议	审议《栖霞区大规模奥密克戎疫情应对处置实施方案（送审稿）》《南京市栖霞区户外广告设施设置控制性详细规划（送审稿）》《栖霞区知识产权专项资金使用管理办法（送审稿）》，听取全区政府性债务管理工作情况的汇报、栖霞区2019—2021年度政府隐性债务化解情况的汇报，研究龙潭办事处、区商务局处置、更新公务用车等事宜
7月25日	第141次常务会议	听取区食品安全委员会会议、区质量工作会议、近期全区文明创建工作推进情况汇报
8月2日	第142次常务会议	听取全区信访工作情况汇报和市委巡察发现化解民生诉求工作中形式主义、官僚主义问题专项治理工作推进情况汇报，研究栖霞区全面推行农村公路“路长制”实施方案、栖霞高新区投资成立合资公司事宜、南京栖霞科技产业发展有限公司2022年非公开发行公司债券注册发行及担保相关事宜，审议《栖霞区“15分钟医保服务圈”全覆盖行动实施方案（送审稿）》

续表8

时　间	会议名称	会　议　内　容
8月20日	第143次常务会议	听取栖霞区2022年度上半年国民经济和社会发展计划执行情况的报告、关于全区退役军人服务体系建设情况的报告、区财政局2021年度行政事业性国有资产管理情况的报告和2021年度国有资产管理情况的综合报告、栖霞区2021年度本级预算执行和其他财政收支情况审计工作的汇报、第五次全国经济普查筹备工作情况的汇报，听取和审议区政府2021年度财政决算报告、区政府2022年度上半年财政预算执行情况报告、区政府2022年度省转贷新增地方政府债券安排及区本级预算调整方案报告，审议《栖霞区防范和化解拖欠中小企业账款专项行动实施方案（送审稿）》，研究区国资公司资金拆借管理办法和国资公司发行10亿元中期票据及注册50亿元融资工具相关工作、关于成立项目公司接手栖霞云玺华庭项目相关事宜
8月27日	第144次常务会议	审议《栖霞区防范和化解拖欠中小企业账款专项行动实施方案（送审稿）》，听取第五次全国经济普查筹备工作情况的汇报，研究南京师范大学与南京市栖霞区人民政府共建“国家级基础教育高品质发展示范区”相关事宜、区国资公司资金拆借管理办法、区国资公司发行10亿元中期票据、注册50亿元融资工具相关工作
9月16日	第145次常务会议	审议《栖霞区生态文明建设规划（2021—2025年）（送审稿）》《栖霞区建立群众诉求联通联办机制实施方案（送审稿）》，听取全区法律援助工作汇报，研究栖霞高新区投资成立合资公司相关事宜
9月30日	第146次常务会议	听取全区安全生产工作情况汇报、全区疫情防控工作情况的汇报、区国资办关于栖霞区国企改革三年行动实施情况的报告，审议《栖霞区深入推进引领性国家创新型城市建设的若干政策措施（送审稿）》，研究栖霞山管委会关于申请预拨往来款及支持公司市场化经营相关事宜，审议关于区十九届人大一次会议代表建议、区政协十届一次会议委员提案办理情况的报告
10月22日	第147次常务会议	听取栖霞区高新技术企业集聚发展情况汇报、全区违法用地整改情况汇报、2020年以来全区拆迁扫尾工作情况的汇报、2022年度文化产业发展专项资金和文艺创作扶持资金评审工作情况汇报，研究区法院购置公务用车事宜
11月21日	第148次常务会议	听取全区疫情防控工作情况汇报，审议《关于公布栖霞区行政许可事项清单的通知（送审稿）》《栖霞区全面加强药品监管能力建设的若干措施（送审稿）》《栖霞区农村住房条件改善专项行动实施方案（送审稿）》《栖霞区使用集体建设用地审批工作实施细则（试行）（送审稿）》，研究续签仙林商务中心办公用房租赁合同有关事宜、区水务局关于处置更新公务用车事宜
12月8日	第149次常务会议	听取近期消防重点工作情况汇报、第二轮中央生态环境保护督察交办问题整改工作情况的进展、2021年度区本级预算执行和其他财政收支审计整改情况的报告、栖霞区2022年度财政预算调整方案（草案）的报告，审议《栖霞区使用集体建设用地审批工作实施细则（试行）（送审稿）》，研究栖霞山管委会下属公司隐性债务到期置换的事宜、区交通局关于处置更新公务用车事宜、续签仙林商务中心办公用房租赁合同有关事宜
12月17日	第150次常务会议	听取近期消防重点工作开展情况汇报、2021年度区本级预算执行和其他财政收支审计整改情况的报告、栖霞区2022年度财政预算调整方案（草案）及关于全区全口径债务管理工作情况的汇报，审议《栖霞区临时救助办法（试行）（送审稿）》，研究区水务局关于处置更新公务用车事宜、续签仙林商务中心办公用房租赁合同有关事宜
12月24日	第151次常务会议	审议《关于栖霞区 2022年度国民经济和社会发展计划执行情况与2023年度国民经济和社会发展计划（草案）的报告（送审稿）》《2023年栖霞区政府投资计划（送审稿）》《关于栖霞区2022年度财政预算执行情况及 2023年度财政预算（草案）的报告（送审稿）》，听取2023年政府工作报告起草情况的汇报、2022年全区民生实事推进情况及2023年民生实事项目编制情况的汇报

【重要工作动员部署会】 全年，区政府组织召开动员部署会议84次，摘录其中17次。

表9 2022年南京市栖霞区人民政府重要会议选录

时 间	会议名称	会 议 内 容
2月8日	冲刺一季度“开门红”调度会议	区委书记兼南京经济技术开发区工委书记、仙林大学城工委书记主持会议，区委副书记兼区长出席会议并提出四点工作要求，三区（栖霞行政区、大学城、南京经济技术开发区）分管领导参加
2月9日	经营性用地出让工作推进会	部署优化营商环境、盘活发展资源工作。区委书记主持会议，区长出席会议并讲话，三区分管领导参加
2月14日	招商引资工作调度会	动员全区上下立即行动，跑出新一轮招商引资“加速度”。区委常委兼副区长主持，副区长参加
2月28日	全区打好污染防治攻坚战指挥部会议	安排部署一季度污染防治工作
3月2日	2022年安全生产工作会议	全面总结2021年安全生产工作，具体部署2022年各项重点任务。区委书记出席会议并讲话，区长主持会议，南京市安全生产第四督导（巡查）组组长、市应急管理局局长到会指导
3月5日	城建城管工作动员大会	部署全年全区城建城管工作和建设管理精细化、城市品质再提升三年行动计划
3月9日	冲刺一季度经济“开门红”部署会	总结分析当前经济运行情况，研究部署具体措施。区委书记主持会议，区长出席会议并讲话，三区分管领导参加
4月7日	疫情防控指挥部工作会议	区长主持，区卫健委汇报核酸检测组、集中隔离医学观察组情况，各单位补充发言
4月14日	中央环保督察信访交办件办理推进会议	区长组织召开，区生态环境局汇报全区督察信访交办件总体办理情况，各单位补充发言。副区长主持会议
4月22日	安全生产大检查工作部署暨重点隐患攻坚行动推进会议	区长组织召开，区应急管理局通报全区安全生产大排查大整治工作情况，各单位补充发言，区委常委、常务副区长主持会议
6月6日	全区防汛抗旱工作会议	区长提出3点工作要求，强调要聚焦重点难点，织密防汛抗旱安全防线，部署2022年全区防汛抗旱工作
6月22日	栖霞—湟中东西部协作高层联席会议	栖霞区、湟中区分别介绍两区经济社会发展情况及东西部协作工作开展情况。区长出席会议并讲话，相关副区长参加会议
8月22日	招商引资工作推进会	区商务局通报1—7月招商引资工作推进情况，各单位补充发言。区长出席并提出3点工作意见，强调要认清形势、统一思想，切实增强项目招引紧迫感。副区长主持会议
9月6日	空气质量提升工作会议	区长主持，要求全区清醒地认识到当前空气质量尤其是优良率下滑的不利局面，并就开展好空气质量提升工作明确四点要求，副区长出席会议
10月12日	生态环境质量“提质增优”暨突出环境问题整治百日攻坚推进会	栖霞区委书记兼南京经济技术开发区工委书记、仙林大学城工委书记主持会议，区长出席会议并讲话。三区分管领导参加
11月12日	经济运行分析暨重大项目、市对区综合考核工作推进会	各单位逐一分析各项指标进展情况、短板弱项、推进举措。区长出席并提出4点工作，要求各单位强化指标调度、项目攻坚，确保争先进位，扩大有效投资
12月15日	城建城管专题会议暨经济指标调度会	区长主持召开，各部门逐一汇报指标完成情况及下一步的工作打算。区长提出6点意见，要求各单位主动对接协调，争取各项目标圆满完成，力争取得最后结果、走在全市前列

【区政府全体（扩大）会议】 4月27日召开。会议要求全区上下要以高质量发展统揽全局，把稳增长放到更加突出的位置，着重做好稳政策、稳企业、稳民生、稳预期，推动经济在质的提升中实现量的持续增长。会议强调，要在市委、市政府和区委的坚强领导下，拿出昂扬的斗志、更加过硬的举措，勠力同心、实干拼搏、赓续荣光，实现“最强增长极、最美新栖霞”。

【上半年目标奋战动员部署会】 5月31日召开。会议提出：紧扣“疫情要防住 经济要稳住 发展要安全”，聚焦三季度，锚定目标、剖析问题、明确举措，全力打好这场稳经济的攻坚战，以实际行动迎接党的二十大胜利召开。会议强调，栖霞是南京经济发展的主阵地，是主要的工业区，要从讲政治的高度做好经济工作，稳住存量、做优增量，发挥好工业增长“压舱石”作用，实现“确保上半年经济增速达到省、市平均水平”这一目标。各部门、各街道要对照主要目标，全力以赴稳住三季度经济、稳定社会大局，把落下的进度补回来，为下半年发展打下良好基础；盯指标、盯任务，抢项目、抢进度，稳企业、稳运行，保安全、保底线。

【文明典范城市创建动员大会】 6月8日，以视频形式召开。会议传达全市精神文明建设指导委员会会议暨全国文明典范城市创建部署会议精神，具体部署全国文明典范城市创建工作。会议强调，全区上下必须牢固树立“一盘棋”思想，坚持高规格组织推进、高水平对标落实、高质量网上申报、高频次督查考核，确保各项创建工作高质高效推进。区住建局、区市场监管局、迈皋桥街道、八卦洲街道做交流发言。

民生实事

【概况】 2022年，栖霞区推进民生工程，筹集就业岗位2.8万个，发放各类就业创业补贴1.01亿元，新增城镇就业2.2万人，自主创业9850人。全区发放救助资金超6000万元，获全国社会救助工作先进单位。

【“一业一证”改革】 栖霞区将相关改革措施延伸至街道，旨在深化、扩大“一业一证”改革（即优化行业准入业务流程，将一个行业准入涉及的多张许可证整合为一张“行业综合许可证”）便民力度。区城管局、区水务局、区消防大队等五部门，对涉企经营“一件事”全链条经营许可、备案等事项进行流程再造，集中对业务办理涉及的6个环节、40多份申请材料，逐项梳理、整合，办理时间由120个工作日压缩至10～15个工作日。5月，首次实践“一业一证”改革区街联动，在栖霞街道为民服务中心发放营业执照和配套材料。在9个街道为民服务中心设立“一业一证”代办综合窗口，推出帮办、代办订制化服务，利用内部信息流转，提高审批效率，实现区、街两级“一业一证”综合窗口办理全覆盖，全年办理“一业一证”31件。

【东西部对口协作】 栖霞区深化中西部对口协作，做好资金扶持。区、街两级完成资金拨付1500万元，累计帮助销售、采购对口地区农产品近5000万元；加强人才劳务协作，出台《2022年度栖霞区东西部就业协作补贴办法》，选派到青海省西宁市湟中区、陕西省商洛市商州区支农、支医、支教等各类专业技术人才36人，点对点推送发布空岗信息1200余个。推进辖区工商部门与湟中区对接，资助当地贫困学生、慰问部分贫困群众13万元。8月14—18日，区工商联组织2批企业家到湟中区和商州区结对共建，捐资捐物价值共30余万元。在西宁市湟中区群加藏族乡民族学校，举行“点亮微心愿，播种新希望”微心愿认领活动，区青年企业家协会骨干成员26人主动认领湟中区群加藏族乡中心学校贫困家庭学生50人的微心愿，捐赠微心愿物品价值2.5万元。共青团栖霞区委向西部地区乡村学校赠送图书2000余册。

政务服务

【概况】 2022年，栖霞区推进行政审批制度改革，提升一体化政务服务能力。区政务服务中心共办理各类许可和公共服务事项58万余件，综合满意率99.8%。新增各类市场主体2.53万余户。其中，新增企业1.06万余户，比上年增长15.67%。新增代办项目13个，激活法人空间52家，完成全流程代办“企业一站式开户”8854家，帮助省、市级重大项目落地投产16个，总投资额468.88亿元。办理12345工单25.3万件，综合满意率95.9%。强化综合执法，巡查并处置工单76.58万件，完成批、管同步检查任务6.64万件。推进企业开办“5+N”服务，拓展至银行开户、公共场所卫生许可、道路货物运输代理经营许可等21项许可事项服务，完成服务7906件。接待全国各地政务服务系统参观学习团21批次205人次。区行政审批局被市委、市政府授予2021年南京市扛起“争当表率、争做示范、走在前列”三大使命先进集体称号。

【“放管服”改革】 印发《栖霞区政府推进政府职能转变和“放管服”改革协调小组工作细则》，编制栖霞区行政许可事项清单和公共服务事项清单。深化商事登记便利化改革，全面放宽经营范围、经营场所登记限制，放宽高校、产业园区、街道招商平台等集中经营场所的市场主体注册登记条件，推行商事主体住所（经营场所）信息申报承诺制。全区通过确认制完成市场主体登记568件。推进证照分离改革，区协调办针对中央层面和江苏省设定的涉企经营许可事项改革事项134件，梳理本级“证照分离”改革具体事项76件。审批改为备案方式办理1492件，实行告知承诺方式办理541件，优化审批服务方式办理7276件。

【“一件事”审批服务改革】 深化“一件事”审批服务改革，规范“一件事”办理流程，整合区政务服务中心、街道便民服务中心“一件事”专窗，按照市级标准完善23个“一件事”办事指南，并在南京市一体化政务服务平台上线；推进军人退役“一件事”信息化改革，建成集手机录入、专线审批、终端报到于一体的军人退役“一件事”一网通系统。在全区各级政务服务中心推行综合窗口服务，以深化“全科政务”改革为切入点，完善“一站式”实现服务模式，推动政务服务从“一门式”向“一窗式”、从“分类受理”到“综合受理”的转变。区政务服务中心开设综合窗口90个，辖区9个街道为民服务中心开设综合窗口77个，全区综合窗口覆盖率95%以上。

【“无感审批”服务】 区行政审批部门推进全区“无感审批——免申通”服务改革，按照“一窗受理，一窗通办”“依次推进，逐步扩大”的原则，为市场主体提供行政许可、备案等涉企许可事项“无感审批”服务。8月，区行政审批局联合区人社局，全面梳理整合事项办理的设定依据、所需材料、受理标准、审批条件、办理流程、办理时限等要素，实现企业法人营业执照和社保同步变更。全区“无感审批——免申通”服务拓展至5部门9个事项，完成案例4763件。该项改革被评为2021年南京市优化营商环境优秀案例，作为《南京市2022年优化营商环境实施方案》首项重点任务在全市推广。10月，围绕便利市场主体退出，试点开展企业“1+N”注销套餐服务改革。

【重大项目代办服务】 栖霞区完善《栖霞区项目投资服务指南》。做好燕子矶老镇、燕子矶新城医院、科默医药科研总部、马家园东侧地块商办项目等重大项目代办工作，运用“互联网+”方式对项目跟踪服务。4月，帮助南京滨江铂尔曼酒店项目提前3个工作日拿到建设工程规划许可证。

（罗素素）

人事管理

【概况】 2022年，栖霞区深化人事制度改革，完成事业单位岗位设置方案审批、备案等工作。加强任职调动管理机制，规范行文及档案材料。考核事业单位人员6945人。其中，优秀等次1255人，合格等次5297人。开具进人计划卡246人次，办理事业单位工作人员聘用合同鉴证1503人。办理调动33人，办理任职20人。对全区155家事业单位基本情况及工作人员增减、分类、职称、处分等情况进行年度统计。

【专业技术评审】 区人社局根据市职称评审工作安排，主动加强与各单位沟通协调，组织开展评审申报工作，及时通报评审申报事项，审核并发文公示具备初级专业技术资格1018人。

【教师职称评定】 12月10日，区人社局召开中小学、幼儿园一级和二级教师专业技术资格评审会，通报评审结果。申报评审中小学、幼儿园一级专业技术资格414人，二级教师专业技术资格2人。评审表决通过369人。其中，一级教师367人，二级教师2人。

【事业单位招聘】 坚持做到招聘简章报上级管理部门备案，招聘信息、过程、结果“三公开”，增强事业单位公开招聘工作透明度。区人社局会同区教育、卫生部门，公开招聘新教师136人、高层次骨干教师9人、卫生系统专业技术人员139人。为相关单位核准公开招聘编制外人员简章复函20家。

【薪资调整】 按照国家统一规定，调资范围为事业单位2021年9月30日在册的正式工作人员和离休人员，从2021年10月1日起执行，在职人员基本工资平均增加300元，离休人员离休费平均增加400—500元。完成上半年义务教育学校课后服务补助专项绩效工资总量增核工作，29家义务教育学校增核绩效工资总量2221.1万元。

【政策性安置】 区人社局落实政策性安置任务，主要涉及随军家属安置、大学生退役士兵安置、东部战区随军家属安置、退役士官安置以及随军家属调动等。通过梳理事业单位岗位需求及岗位空缺情况，完成定向招聘驻宁部队随军家属7人。其中，事业编制2人，公益岗位5人。

【专家工作室申报】 区人社局委托江苏省科技评估中心，进行区级企业专家工作室项目评审。通过审查、技术评估、实地考察、综合答辩等程序，认定2022年度栖霞区企业专家工作室4个，分别是江苏星宇芯联电子科技有限公司、南京佰麦生物技术有限公司、中建安装集团有限公司、南京一粹信息科技有限公司。

【人才认定】 完成南京市人才安居计划E、F类人才认定工作，审核E、F类人才补贴申请5600人次。完成相当于E类人才、取得博士、硕士学位人才和取得本科学历人才购房证明申请中的人才认定工作，审核各类人才购房证明840人次。

【人才项目申报】 南京图德科技有限公司和南京栖木智能技术研究院有限公司2个项目入选南京市留学人员科技创新项目择优资助，南大科技园入选市级留学人员创业园，南京萨特科技发展有限公司、南京才华科技集团有限公司入选南京市博士后创新实践基地，南京锦绣盛世云锦织造有限公司戴健工作室入选南京市乡土人才大师工作室。

【表彰奖励】 推荐2021年南京市“争当表率、争做示范、走在前列”三大光荣使命先进集体和先进个人，仙林街道工委等10家单位被评为先进集体，周华山等8人被评为先进个人。开展2022年度栖霞区打造“最强增长极 最美新栖霞”先进集体、先进个人表彰活动，表彰先进集体100个、先进个人200人，专项奖励1264人。其中，嘉奖1193人，记功71人。

（冯雪婷）

外事工作

【概况】 2022年，栖霞区外事工作以中德建交50周年为契机，加强与南京市友城哥廷根市的互动交流，区政府主要领导与哥廷根新任市长互致信函，佩特拉·布罗斯特（Petra Broistedt）市长受邀为2022南京国际友城交流周开幕式录制致辞视频并在线出席活动。韩国驻沪总领馆总领事金胜镐、首席领事崔康熙、领事金慧美等一行5人考察栖霞山。

【NexStar2022墨尔本—南京冲刺周】 4月21—29日，区政府承办的“NexStar2022墨尔本—南京冲刺周”采用线上+线下方式举行，该活动是南京市与墨尔本市结好20周年庆祝活动的重要组成部分。两地共同招募企业和高校大学生进行创业研讨训练，帮助南京企业"走出去"，吸引更多澳洲项目落户南京，为两地学生提供了解两地经济、文化和商业运作的机会。南大13名学生参与活动，南大工商管理系教授、博士生导师宋哲担任创业导师及评委。

【友好学校交流】 5月11日，南京—美澳中小学校长"云端"交流会举行，南京金陵小学做"扎根大地 对话自然"主旨发言。6月21日，南京市金陵小学与阿根廷新太阳中西英三语学校举行友好学校"云签约"仪式，双方达成共同提升办学理念、开拓师生视野、推进开放办学的共识。

【"微笑天使"守护江豚活动】 6月30日，栖霞区举办"相遇'微笑天使'共享和谐自然"守护江豚主题航行日暨极美长江岸线体验活动，来自英国、德国、意大利、韩国等国家的家庭与中国家庭共同感受长江保护的成果，并为小志愿者颁发"中外文化交流传播'微笑天使'暨守护江豚志愿者"聘书。

【国际友城摄影作品大赛】 8月29日，由南京市外事办公室、墨尔本市驻天津代表处、栖霞区区政府共同主办的"极美湿地公园·梦想候鸟家园"国际友城摄影作品大赛颁奖仪式在紫东生态会议中心举行。澳大利亚南京总商会、澳中科学家创业协会负责人，材料学科学家Lloyd Townley、南京诺际商务咨询有限公司外籍总监 Laurrence Grenville Harris等在南京澳籍人士，南京市摄影家协会、栖霞区摄影家协会、摄影大赛获奖代表等50余人参加活动。

港澳事务

【专题调研】 5月24日，区政协港澳台侨外事委员开展"走进企业 共商营商环境提升"专题议政活动，调研江苏量为石科技股份有限公司、图灵人工智能研究院等企业。9月26日，开展"优化公共交通线路 打通园区出行最后一公里"基层协商议事活动，调研马群科技园公共交通建设情况，并在金马智汇"有事好商量"协商议事室进行协商讨论。12月12日，到溧水区晶桥镇里佳山参观新四军十六旅军械厂、被服厂及粟裕纪念馆等，沉浸式体验音乐党课。

【港澳台青年创新创业基地成立】 12月16日，市委统战部在英达热再生有限公司、南京红杉生物科技有限公司成立南京市港澳台青年创新创业基地，并举行挂牌仪式。基地为港澳青年搭建创新创业服务平台，吸引更多港澳青年到栖霞创新创业。

侨　　务

【概况】 2022年，栖霞区强化各街道、园区、教育系统侨联组织建设，提升基层侨联组织活力，实现基层侨联全覆盖。加强与其他组织联系，开展各类活动5场次。

【侨联共建合作】 5月25日，市侨联、南大侨联以"心系'国家事'肩扛'国家责'""再创佳绩 争做表率"为主题，举办共建联席会暨战略合作协议签约仪式，60人参加。市侨联、南大侨联、区侨联、南大和园社区侨联分别进行交流发言。

【侨联开展义诊】 6月2日，市侨联联合南大侨联在南大和园社区组织开展"中医惠侨"义诊活动。活动现场开展健康义诊、中医讲座、登山采药等中医惠侨活动，向侨胞提供中医药服务，宣传中医药文化。江苏省中医院、南京市中医院、秦淮区中医院的医护人员为归侨侨眷和社区居民提供心内科、眼科、针灸科、肛肠科、老年科、肿瘤科6项健康咨询服务，并讲解日常保健及疾病预防的相关知识；博子岛智能研究院的工作人员介绍冥想、饮茶等有助于改善失眠、调理身体的健康生活方式。现场还设置侨务政策咨询点，为归侨侨眷提供侨务咨询。服务归侨侨眷200人次。

【欧美同学会开展科教活动】 10月10日，中外专家联合工作坊优秀作品汇报展暨南京栖霞欧美同学会科教专项活动在南信院举行。活动由南信院、南京栖霞欧美同学会联合澳大利亚查尔斯·达尔文大学主办，70多人参加。参加人员调研南信院国家级网络与通讯工程实训基地，详细了解南信院人才培养、混编师资团队、高水平专业群发展及实训基地建设模式；参观南信院国防教育馆，通过AI人脸交互、VR体感交互等智能操作系统，了解国防知识，接受爱国主义教育；观看中外专家联合工作坊优秀作品，交流运用艺术设计和数字技术，为服务栖霞区创新创业和数字创意企业提供支持。

信访工作

【概况】 2022年，栖霞区约访、接待信访群众155批次，化解信访事项115件，化解率74.2%。区信访局接待到访群众933批次、2413人次，其中集访98批1369人次。转送交办网上投诉1847件次、领导信箱1435件次、人民来信157件次，办理信访事项复查60件，群众满意率为97.29%；转送交办人民网“领导留言”441件次，办理满意率为86.49%。区被评为江苏省“治理重复信访、化解信访积案专项工作”先进单位、南京市信访工作先进区，区信访局被评为人民网网上群众工作民心汇聚单位、全市信访系统先进集体。

【信访案件办理】 受理区信访局重复信访化解案件第一批次98件，化解、报结76件，化解报结率为77.55%；第二批次8件，化解、报结8件，化解报结率为100%；重复信访督办9件，报结9件。收到“春风化雨”信访积案涉及征收信访73件，化解23件。办理12345工单1698件。其中，退回工单（含不予受理）840件，办结工单858件，解决率83.60%，满意率92.48%。在多级法院应诉的同时，履行协助法院执行7件，涉及金额481.51万元；到法院、市征收指导中心协调案件8次，申请司法强制执行12户，法院做出准予强制执行裁定书14份。

【专项巡察整改】 2月28日—4月20日，南京市委第三巡察组专项巡察全区化解民生诉求突出问题，5月31日反馈巡察意见。7月8日，区信访局召开专项巡察整改专题民主生活会，对牵头整改的问题细化工作措施，明确整改时限。制订《栖霞区初信初访“三见面”实施办法》等10项制度，推动化解民生突出问题20件。区信访局接收巡察组移交的信访投诉123件，全部办结，其中化解52件。3月和9月，区委办、区政府办、区纪委监委、区委政法委、区公安分局、区信访局6部门成立联合督查组，对9个街道开展信访工作专项督查，听取包案领导逐案汇报、查阅个案卷宗资料等，督促街道压紧压实信访工作责任，做好矛盾化解等工作。

【《信访工作条例》宣传】 5月28日、6月2日，区政府常务会、区委常委会会议分别集中学习《信访工作条例》。区信访局为区机关各部门、街道发放《信访工作条例》单行本1300本、《信访工作条例辅导读本》27本。区、街道人民来访接待中心通过电子大屏、宣传手册等方式，扩大宣传覆盖面。各社区、村利用法制宣传日、信访工作宣传月、村务公开、发放一封信等多种形式宣传，引导群众依法、逐级、有序信访。

（潘　辰）

责任编辑　张双全

政协栖霞区委员会

综　　述

【政协工作】 2022年，区政协内设专门委员会5个，全区有市、区两级政协委员307人。区政协组织召开政协全体会议和常委会会议5次，举办委员学习培训活动12余场，开展“有事好商量”协商议事和重要议政活动24场，参加近1200人次，收集、编写建议260余条。督促落实、正在落实和列入落实的提案276件。视察调研形成的报告、成果、建议和信息86篇。报送高质量议政报告38篇，获省、市领导指示19次。《新业态灵活就业人员权利保障问题亟须关注解决》等130篇信息被上级政协采用。其中，被全国政协采用6篇，获市领导批示19篇。获全市社情民意信息工作优秀集体一等奖。

【政协委员构成】 区政协有委员286人。其中，男性189人，占66.08%；女性97人，占33.92%；中共党员115人，占40.21%；非中共党员171人，占57.79%。常委45人。其中，女性17人，占37.18%；男性28人，占62.22%。

【机制建设】 完成《政协栖霞区委员会协商议事规则》，出台《区政协常委会关于加强自身建设的意见》，制订《区政协委员履职考核办法（试行）》，加强专委会“标准化”建设；建立协同联动机制，持续深化市区政协上下联动、专委会和街道协同的履职机制。走访工商联界、医卫界委员128人，收集意见建设74条，全部回应落实。

重要会议

【概况】 2022年，区政协召开全体会议1次、常委会会议4次、主席会议11次。审议通过相关提案、议案、落实重点工作，协商议政，建言献策。

【区政协十届一次会议】 1月5—7日召开。应到委员286人，实到委员261人。会议听取和讨论区委书记讲话，审议通过区政协主席所作的工作报告和区政协副主席所作的关于提案工作情况的报告；全体委员列席区十九届人大一次会议，听取并讨论区长所作的政府工作报告；通过《政协南京市栖霞区第十届委员会第一次会议选举办法》，选举产生政协南京市栖霞区第十届委员会主席、副主席、秘书长和常务委员。通过《中国人民政治协商会议南京市栖霞区第十届委员会第一次会议决议》。会议期间收到委员提案304件。

【区政协常委会会议】 2月17日，区政协召开十届一次常委会会议，审议通过区政协2022年工作要点、区政协十届一次会议以来提案审查及重点提案遴选情况报告、《区政协常委会关于加强自身建设的意见》《区政协委员履职考核办法》及政协相关人事安排。6月22日，区政协召开十届二次常委会会议，听取区金融业高质量发展情况通报，围绕“加快金融业高质量发展”进行协商议政。9月8日，区政协召开十届三次常委会会议暨2022年度三区领导领衔督办重点提案办理协商座谈会，围绕“加快产城联动 推动产城融合”主题进行协商议政，听取重点提案办理情况通报。12月28日，区政协召开十届四次常委会会议，审议通过《关于召开区政协十届二次会议的决定》《区政协常务委员会工作报告》《区政协十届一次会议以来提案工作情况的报告》，听取十届二次会议筹备情况汇报，研究召开区政协十届二次会议相关事宜。

【区政协主席会议】 全年，区政协主席会议召开11次，摘录其中9次会议。

表10 2022年栖霞区政协主席会议一览表

时间	会议名称	会议内容	责任部门
2月	第一次主席会议	协商讨论区政协2022年工作要点，审议通过区政协2022年常委会会议、主席会议议题、民主监督议题、重点调研计划、专委会（街道政协工委）专题考察、基层协商及重点调研计划，协商讨论关于区政协十届一次会议以来提案审查及重点提案遴选情况的报告、《区政协常委会关于加强自身建设的意见》《区政协委员履职考核办法》，审议通过区政协主席、副主席等工作分工和区政协领导联系专委会（街道政协工委）安排，协商讨论相关人事安排	区政协办
3月	第二次主席会议	传达学习全国“两会”精神，考察全区公共文化建设情况，围绕“高质量推进全区公共文化建设”主题协商议政	区文旅局
4月	第三次主席会议	考察全区幸福河湖建设情况，围绕“落实《三年行动计划》，推动幸福河湖建设”主题协商议政，通过区政协2022年专项民主监督活动实施方案，部署市区联动专项民主监督活动	区水务局
5月	第四次主席会议	考察老旧小区改造情况，围绕“加快老旧小区改造，推动城市面貌更新”主题协商议政	区住建局
7月	第六次主席会议	考察区域低碳绿色发展情况，围绕“加快推进资源再生利用，推动区域低碳绿色发展”主题协商议政	仙林大学城管委会办公室
8月	第七次主席会议	考察全区公益诉讼工作开展情况，围绕“发挥公益诉讼作用，助力法治社会建设”主题协商议政	区委政法委 区检察院
10月	第八次主席会议	考察全区重大项目建设和招大引强推进情况，围绕“重大项目建设和招大引强”主题协商议政	区商务局 区发改委
11月	第九次主席会议	考察全区重点提案办理情况，围绕“2022年政协提案办理”主题协商议政	区政府办
12月	第十次主席会议	通过《关于召开区政协十届二次会议的决定（草案）》、会议议程（讨论稿）和会议日程（草案），协商讨论《区政协常务委员会工作报告（讨论稿）》和《区政协十届一次会议以来提案工作情况的报告（讨论稿）》，听取区政协十届二次会议筹备情况汇报并研究召开十届二次会议的相关事宜	区政协办

民主监督

【概况】 2022年，区政协注重引导委员提案选题要“准”，分析要“透”，建议要“实”，打造一批高质量的监督性提案；落实提案办理督办“1+22+9”工作机制，邀请市政协领导、三区领导领衔督办重点提案。收到提案304件，立案274件，提案办复率、满意率均实现100%。

【协商监督】 区政协通过提出意见、批评、建议的方式协商监督，实现协商民主优势与民主监督特点的有机融合。围绕长江生态保护、道路方面建设、人居环境改善等议题，开展一系列民主监督活动。围绕现代农业及农文旅融合、天然气管道安全隐患排查整治、南朝石刻周边环境提升等专题，开展监督性视察，走进保障房建设现场开展协商式监督，提出加快建设速度、常态长效管理等建议。

【助推式监督】 区政协启动实施“市区联动幸福河湖建设民主监督三年行动计划”，成立9个监督小组，开展助推式监督，相关做法得到市领导充分肯定。协助南十里长沟二支、牛王庙沟、羊山湖等12条河湖建设通过市级验收。区政协社会法制委、尧化街道政协围绕幸福河湖建设开展座谈交流，促进柳塘沟实现“健康河—生态河—幸福河”的三次提升。区政协教卫文体委二组、栖霞街道政协围绕十月沟河道前期工程建设，提出“文化赋能”等建议，被行政部门采纳，《人民政协报》以《“污彩河”变身网红五彩河》为题专题报道。

协商议政

【概况】 2022年，区政协发挥协商式监督的特色优势，着力改进方式，拓宽渠道、提高成效，推动民主监督不断创新发展。建好用好“委员之家”“有事好商量”协商议事室，开展协商议事活动24场，推动落实问题18件。市政协领导出席“优化马群科技园区公交线路”协商活动，并给予高度肯定，相关成果入选市政协《协商议事典型事例选编》。

【专题议政】 围绕“重大项目建设和招大引强”议题，提出把握发展机遇、优化共商环境等11个方面29条意见建议；围绕“金融业高质量发展”组织专题协调，提出加强政策支持、提升服务能力等4个方面12条意见建议；围绕“南京经开区产城融合发展”专题开展议政，达成以产兴城、以业聚人等共识；围绕“推进区域绿色低碳发展”专题开展议政，形成突出科技引领、做强绿色产业等意见；围绕“发挥公益诉讼作用”议题，提出坚持法治原则、聚焦重点工作、注重多措并举等意见建议，为营造栖霞良好法治环境发挥作用。紧盯基层治理开展专题协商议政，形成《疫情防控下基层社会治理探索》报告。

【协商议事】 5月19日，区政协教卫文体委员会二组（区政协栖霞街道工委）全体委员开展“有事好商量”协商议事活动，围绕“幸福河湖（十月沟）建设”开展专项民主监督。6月8日，市政协到桦墅村，调研美丽乡村建设、街道政协委员之家、桦墅村“有事好商量”协商议事室（书香政协委员读书点），听取村居建设、乡村振兴、村内政协工作开展情况汇报。6月10日，区政协教卫文体委员会一组（区政协仙林街道工委）到仙林街道，调研“有事好商量”协商议事室工作情况，并就委员履职考核情况进行培训。8月1日，区政协教卫文体委员会一组围绕仙林街道大成名店商业中心地下一层小吃街“气改电”项目，开展“有事好商量”民主协商议事。9月10日，区政协城乡建设委组织社区联系点的区政协委员开展现场调研，就闻兰苑、齐东苑小区路灯更换问题召开“有事好商量”民生专题协商议事会，推动小区内280盏路灯月底完成更换。9月16日，区政协经济委员会二组（区政协龙潭街道工委）到龙潭街道水玲珑街区，就“江畔南路与府前路交界处红绿灯装设问题”开展协商议事活动，商讨解决居民强烈反映的道路交通安全问题。9月21日，区政协科技委（政协燕子矶街道工委）围绕“推进幕府山庄小区东大门复建工作”，开展基层协商议事活动。9月下旬，区政协城乡建设委全体委员考察八卦洲街道新市镇保障房、外沙村外婆湾民宿建设情况，就“共商民宿发展 助力乡村振兴”开展协商活动。11月16日，区政协教卫文体委员会一组（区政协仙林街道工委）到八卦洲街道，就“现代农业以及农文旅融合”开展协商议政活动。区政协港澳台侨委、区政协马群街道工委就马群科技园区公交线路优化开展协商活动，促成南京市公交310线路延伸到园区，打通出行“最后一公里”，相关办结成果入选南京市政协《协商议事典型案例选编》。

【专题调研】 围绕“义务教育减负”“基层卫生服务”等群众关心关注问题开展调研，报送《加强对住宅小区物业行业监管的建议案》，其中有9条建议得到行业主管部门采纳落实，推动全区物业管理水平提升。区政协委员开展“八卦洲乡村振兴之路探讨，助推乡村振兴”、企业发展等专题调研，解决乡村振兴、河道环境提升、企业发展等难题12个。督促出台《水务长效管护管理细则》《下坝村主任长效管护考核细则》等长效管理机制5个，明确河道承包户责任与义务，形成各部门齐抓共管局面。9月16日，区政协社会法制委员会到尧化街道，专题调研老旧小区改造问题，并邀请江苏省无障碍环境建设专家、尧化街道相关部门负责人、青田雅居社区和尧新社区部分群众代表参加座谈，围绕“关注老旧小区改造 提升无障碍建设水平”进行专题研讨。

委员工作

【概况】 区政协十届一次会议以来，共收到委员提案274件。其中，集体提案18件，个人提案256件。278名委员全部提出了提案。按提案内容分，涉及经济方面59件，占21.4%；城建城管交通方面57件，占20.1%；科教文卫方面98件，占35.9%；社会事务方面57件，占21.1%；其他方面的4件，占1.5%。栖霞行政区承办提案244件、南京经开区承办提案17件、仙林大学城承办13件。从办理结果看，解决和基本解决件267件，占98%；被采纳、列入计划逐步解决5件，因条件限制而作说明解释5件。建议提案办结率、满意率均为100%。

【专题视察】 5月22日，区政协提案委组织开展“围绕民营企业创新转型发展”专题视察，考察江苏中创供应链服务有限公司。委员们实地了解跨境电商零售进口及跨境供应链服务，以及从供应链端到渠道端的全流程服务，就企业的技术创新、产品研发、运营管理、人才引进等情况进行交流和探讨，听取产业转型升级的经验做法及存在的困难和问题。7月16日，委员开展“幸福河湖建设”专题视察，到丁家庄沟、南十里长沟二支、迈皋桥长园廊桥等处，现场考察河道建设、水质、周边环境治理情况，并在迈皋桥街道就“幸福河湖建设”情况进行座谈。

【重点提案督办】 7月21日，区政协教卫文体二组委员围绕“关于在‘双减’背景下加强小学生口腔健康教育的建议”，召开重点提案督办协调会。7月22日，区政协教卫文体委二组部分委员围绕“南朝石刻周边环境提升”开展专题督办，村民代表、政协委员就南朝石刻保护工作、周边环境如何提升及提升后管理问题提出意见和建议，并达成提升方案。11月24日，区政协教卫文体委二组全体委员到栖霞山，开展“关于栖霞山景区旅游产业开发建议”督办，听取栖霞古镇的项目建设、文化传承、规划设计、基础设施建设等情况汇报，并就科学制订规划、深入挖掘利用特色文化旅游资源等方面进行交流。9月20日，区政协社会法制委全体委员围绕“加强燃气管道安全隐患排查整治”重点提案开展督办。

（魏宇奇）

责任编辑 张双全

中共栖霞区纪委·监委

综　　述

【案件质量提升】 2022年，区纪委、监委开展“案件质量提升年”系列活动，举行案件质量自查培训会，通过组织各办案单位自查、分组集中互查等方式，逐案进行全流程“扫描”、全要素“体检”，以迎查促规范、以检查促整改。在南京市纪委监委抽查的10起案件中，被评为高质量案件2件、优秀案件6件、优秀审理文书1篇，案件办理质量整体水平位于全市第一方阵。制发纪检监察建议12份，以案促改取得新成效。撰写各类工作信息、案例分析、调研文章13篇，多篇文稿被市有关刊物登载；编报“能上能下”典型案例被南京市纪委监委采用刊发2件。

（黎志刚）

【纪检监察队伍建设】 区纪委、监委始终扛牢纪检监察干部队伍管理主体责任，模范带领全区纪检监察组织严格执行江苏纪检监察干部禁令要求，时刻以“打铁必须自身硬”的要求抓班子、带队伍。全力配合十四届江苏省委第二轮巡视和南京市委联动巡察，自觉接受“政治体检”。发挥党员战斗堡垒作用，疫情期间组织9批次158人次党员干部增援防疫一线。分层次、分类别开展全员培训，提升干部队伍业务本领和履职能力。组织全区纪检监察干部进行新一轮廉政档案填报，常态化开展谈心谈话和干部家访，发送《致全区纪检监察干部家属的一封信》，推动纪检监察干部家教家风建设。妥善处置涉及纪检监察干部信访举报和问题线索。

（王　琼）

【廉洁文化建设】 区纪委、监委以自办殡葬领域留置案件为素材，拍摄警示教育片《小官巨贪——一名出纳的“算计”》；协助区委召开栖霞板块警示教育大会，组织区领导、区机关部门负责人及各街道中层以上干部、政法系统干部，集中观看南京市纪委监委拍摄的警示教育片。组织全区9000余名党员干部、公职人员参加《中华人民共和国监察法实施条例》线上答题活动。栖霞区党的纪律建设教育馆全年接待113批次3400余人次参观。与南京市纪委监委宣传部联合摄制以“南京金箔”为主题的微视频《非遗里的清廉——一片冰心在箔中》，在“南京发布”微信视频号宣传。以陶行知师德教育馆为基地，自制原创视频纪实日志“（Vlog）打卡廉洁文化教育基地”，被中央纪委国家监委网站转发。坚持做到廉政短信每周和重要节庆日必提醒，全年向全区党员干部推送廉政短信50期14万余条次。结合查办案例深入基层开展纪法宣讲25场、廉政警示教育活动85场，覆盖党员干部4220余人次。涵养廉洁家风，开展“我的家风家教微故事”主题征文活动，联合区委组织部、区妇联举办“益‘栖’传家风”廉政主题教育活动，共建廉洁家风教育基地，汇聚清廉正能量。

（王文韬）

【向区人大常委会报告专项工作】 3月，向南京市纪委监委、栖霞区委报送《栖霞区监委向区人大常委会报告专项工作实施方案》，明确辖区报告专项工作选题和提纲、时间和程序安排，经市纪委监委、区委批复同意后组织实施。在报告稿征求意见期间，邀请区人大常委会开展专题调研活动。11月28日，区监委向区十九届人大常委会六次会议做关于开展廉政教育工作情况的专项工作报告，区人大常委会书面反馈对专项工作报告的审议意见。

（胡　蓉）

重要会议

【区纪委十一届二次全会】 1月29日，中共南京市栖霞区第十一届纪律检查委员会第二次全体会议召开。会议主题为“发挥监督保障执行、促进完善发展作用，以优异成绩迎接党的二十大胜利召开”。听取区纪委常委会工作报告，学习习近平总书记重要讲话和中央、省、市纪委会议精神。总结工作，分析形势，部署栖霞区全面从严治党、党风廉政建设和反腐败工作。会议强调，2022年，紧跟大局大势高站位发挥保障作用、紧贴民生需求高质量履行监督首责、紧扣综合施治高水平贯通“三不”（不敢腐、不能腐、不想腐）机制、紧抓守正创新高层次拓展改革成果、紧盯自身建设高标准锻造干部队伍。全会通过区纪委常委会工作报告和区纪委十二届二次全会决议。

（王文韬）

【市委第三巡查组专项巡查】 2月28日，市委第三巡察组对栖霞区化解民生诉求突出问题专项巡察工作动员会在栖霞区委党校召开。会议由区委常委、区纪委书记、区监委主任、区委巡察工作领导小组组长主持，市委第三巡察组组长部署专项巡察工作，区委常委、区委政法委书记作表态发言。5月31日，市委化解民生诉求突出问题专项巡察情况反馈会议在栖霞区委党校召开。市委第三巡察组组长向区相关部门和单位反馈巡察情况，区委常委、区纪委书记、区监委主任、区委巡察工作领导小组组长主持会议，区委常委、区委政法委书记作表态发言。

【第三巡视组巡视汇报会】 10月19日，中共江苏省委第三巡视组巡视南京市栖霞区纪委监委工作汇报会在区纪委监委机关会议室召开。省委第三巡视组组长主持会议并讲话，栖霞区委常委、区纪委、区监委主要领导向大会汇报区纪委监委工作情况。省委第三巡视组、市委第一联动巡察组相关负责人及区纪委监委领导班子成员出席会议。

监督执纪

【概况】 2022年，区纪委、监委共审结各类案件149件。其中，职务犯罪案件8件，审结率100%。受理信访举报112件，转立案75件，按期办结率95.3%。处置问题线索481件，立案187件，线索成案率38.9%。挽回经济损失6000余万元。从处置方式来看，谈话函询302件次，初步核实178件次，办结313件次，组织处理291人。从线索来源看，监督检查中发现301件，信访举报78件，巡察中发现27件，上级交办3件，审查调查中发现25件，移送公检法机关25件，审计发现13件。结案117件，给予党纪政务处分56人，立案后采取组织措施15人。其中，违反廉洁纪律52人，违反工作纪律14人，违反生活纪律3人，有职务违法犯罪行为或其他违法犯罪行为123人。制发纪检监察建议12份，为28名受错告干部澄清正名。

【政治监督】 区纪委、监委紧跟区属部门、街道党政“一把手”换届调整关键节点，为11家单位新任领导干部量身定制《给主要负责同志的一封信》，提出风险研判意见和廉政工作建议，推动履职履责，该做法被《江苏纪检监察信息》《南京日报》等刊载。对长江经济带上级交办问题整改工作进行跟进监督，开展现场联合检查3次，推动5家责任单位落实21条整改措施，列出“回头看”清单6类19条，跟踪督办小滆江区域污染问题，查处区、街两级监管责任缺位问题2件。开展安全生产专项整治三年行动，对35家单位开展专项检查，形成专题报告4份，发现问题清单26条，提出整改建议18条。紧盯安全责任事故中失职失责情况，立案5件，有关做法被南京市纪委编印的《安全生产专项整治监督检查工作动态》登载。

（林　勇）

【监督执纪“四种形态”运用】 全区纪检监察组织运用监督执纪“四种形态”428件次。其中，运用第一种形态谈话函询、提醒批评326人次，占比76.2%；运用第二种形态给予轻处分、组织调整82人次，占比19.2%；运用第三种形态给予重处分、职务调整3人次，占比0.7%；运用第四种形态处理违纪违法问题17人次，占比3.97%。立案查处违纪违法案件中，政务立案82件、主动投案20人；自办件147件，占立案总数的78.6%。职务犯罪立案18人，留置12人，移送司法8人。区属9个街道纪工委、3个监察员办公室立案107件，占立案总数的57.2%；7个派驻纪检监察组立案44件，占立案总数的23.5%。

（潘淑娴）

【违法建设执法专项监督】 区纪委、监委派驻第一纪检监察组开展违法建设执法专项监督。聚焦群众身边的、影响群众利益的、被反复举报仍未根治的违法建设，围绕12345举报办理，重点核查糊弄、应付群众的问题；围绕执法程序，重点核查应执法未执法、拖延执法等问题；围绕工作作风，重点核查设置障碍、吃拿卡要等谋取不正当利益的问题。发现违纪违法问题12条，立案审查调查3人，运用相关廉政准则和党纪处分条例处置9人。

（陈奇峰）

【规范营商环境专项监督】 区纪委、监委派驻第七纪检监察组牵头成立规范惠企资金、优化营商环境专项监督专班。到区工信局专题调研并召开惠企专项资金发放工作座谈会，了解惠企政策落地、专项资金发放等推进情况。厘清近三年区工信局惠企资金发放明细，核实区工信局在2019—2021年根据市工信局惠企资金计划安排，发放惠企资金31批次，发放惠企资金共9033.6万元。经逐笔核对，直接发放到36家企业4871.1万元；拨付到辖区街道、园区发放3362.5万元，惠及企业167家；拨付到区智谷办800万元。组建专班查找助企纾困政策落实、资金规范拨付使用等方面存在的违纪违法问题。排查梳理涉及营商环境问题线索9件，立案查处6人，制发监察建议1份，推动完善制度1项。

（李延芳）

【信访件受理】 区纪委、监委出台《栖霞区纪委、监委领导干部接访工作方案》，明确区纪委、监委领导班子成员定期接访目标任务、时间安排、工作要求，接待群众来访127批127人。开展接访约访15次。加强对拟提拔和评先评优人员廉洁情况的信访审核，配合做好47批985人次的党员干部廉政意见回复。办理专项巡察移交的信访件229件、省委巡视组移交的信访件59件。扎实推进中央纪委小微权力“监督一点通”平台在栖霞上线，平台总访问量达13.5万余次，接到群众投诉457件，结案446件，满意度达94.28%。

（尹　晴）

党风廉政建设

【概况】 2022年，区纪委、监委编发各类督查简报、专报、快报，推动问题整改、立案查处。压紧压实“两个责任”，督促各级党组织制订个性化主体责任、监督责任清单，针对履职不力、失职失责行为，严厉问责。突出群众急难愁盼问题，紧盯民生领域群众反映强烈问题，开展特殊困难群体救助帮扶、公共停车收费、殡葬领域、违建执法等民生领域专项监督17个，处置群众身边腐败和作风问题43件44人。聚焦违规吃喝、违规收送礼品礼金、违规发放津补贴、违规公款旅游、私车公养等突出问题，深入商超、食堂、饭店等200余个重点场所明察暗访，查处违反中央八项规定精神问题47件51人，通报曝光典型案例25批31人。

（张倩岑）

【“两个责任”落实】 区纪委、监委协助区委制订《栖霞区2022年度落实全面从严治党党委主体责任、纪委监督责任清单》，督促区属各党（工）委、党组、纪（工）委、派驻纪检监察组制订落实全面从严治党“两个责任”清单，要求对照清单履责。严格执行全面从严治党主体责任和监督责任“双报告”制度，收到主体责任落实情况报告108份，监督责任落实情况报告34份。组织各区属党（工）委、党组开展述责述廉工作，进行班子“两个责任”和班子成员“一岗双责”民主测评。编印发放《2022年度落实“两个责任”履责纪实手册》800份。加大“一案双查”力度，问责党组织3个、领导干部27人。

（林　勇）

【殡葬领域专项监督】 区纪委、监委制订《栖霞区殡葬领域专项监督实施方案》。对7个街道的6个公益性公墓和1座纪念林开展专项监督，查找殡葬领域建设、经营、管理中存在的违规违纪违法问题。发现存疑问题124条，移交重点线索28条，立案审查调查15人。其中，留置3人、移送司法机关2人，追缴涉案财物2700余万元，向有关责任单位发出纪检监察建议、提醒函或整改函9份。监督推动龙潭、栖霞、尧化、马群、八卦洲街道围绕殡葬服务、公墓建设、销售运营、财务管理等方面，研究制订各类管理制度7项，相关工作成效被江苏省、南京市纪委监委内部工作网站、纪检监察信息专刊专版登载。

姚坊门居家养老服务中心　　尧化街道　供图

【特殊困难群体救助帮扶监督】 区纪委、监委选定特困供养金、城乡低保等监督“小切口”，聚焦特殊困难群体救助帮扶专项排查干部作风问题。走访特困人员家庭及福利院、救助站等场所118个，收集并反馈问题25个，向街道或有关职能部门提出建议18条。调取比对全区经济困难学生名册、家长信息等数据3000余条，发现可疑问题16条。针对上级审计移交问题线索，深挖细查背后履职不力等问题，立案6件，做出党纪政纪处理6人，诫勉处理1人，问责1人，督促追回多发低保补助资金7.85万元，纳入困难儿童救助保障对象4人，清退不符合条件的低保或特困供养补助人员11人。全年发现问题线索25条，立案11件，运用第一种形态处理9人，做出党纪政务处分8人，问责3人。

（张倩岑）

【自管小区临时停车费收缴监督】 5月，迈皋桥街道纪工委联合区监委继续开展自管小区临时停车费收缴专项监督，监督检查2016—2020年迈皋桥物业管理服务有限公司管辖小区项目部临时停车费收缴情况。街道纪工委成立专项监督工作组，由街道财政所财务人员1人、物业公司财务人员1人、纪工委纪检干事1人、监察员办公室兼职监察员1人组成。全年政务立案7人。

（李　蓉）

责任编辑　张双全

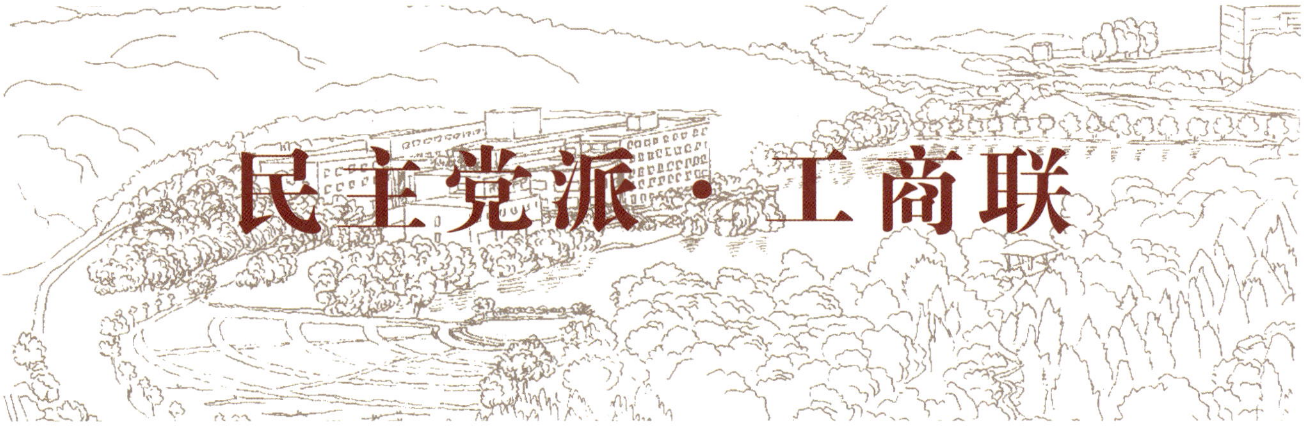

民主党派·工商联

民主党派

【概况】 2022年，栖霞区有中国国民党革命委员会（民革）、中国民主同盟（民盟）、中国民主建国会（民建）、中国民主促进会（民进）、中国农工民主党（农工党）、中国致公党（致公党）、九三学社基层民主党派组织7个，成员577人。其中，民革总支1个，支部5个，成员125人；民盟基层委员会1个，支部6个，成员112人；民建基层委员会1个，支部5个，成员120人；民进总支1个，支部3个，成员98人；农工党总支1个，支部3个，成员56人；致公党综合支部1个，成员17人；九三学社支社1个，成员49人。

【政治思想专题教育】 4月30日，栖霞区委统战部线上品牌活动“栖居云课堂”开设“铭记‘五一口号’牢记初心使命”主题讲座，纪念中共“五一口号”发布74周年。九三学社栖霞区支社社员、区新联会副会长侯印国主讲，区各民主党派骨干成员及驻区高校师生100余人在“云端”参加活动。“栖居云课堂”是栖霞区委统战部打造的线上学习交流平台，邀请统战成员开展人文历史、艺术美学、栖霞风情等系列专题直播。

【“中山博爱之家”揭牌】 5月16日，民革栖霞区总支“中山博爱之家”揭牌仪式在南京恒晟科技园有限公司举行。民革党员代表40余人参加活动。中共南京市委统战部、民革南京市委、栖霞区委统战部领导共同揭牌。“中山博爱之家”位于栖霞区尧化街道姚坊门公园4号楼，面积约540平方米，由南京古建筑专家设计，民革党员胡懿赍出资赞助，2021年8月15日竣工。设有民革党史展厅、中山书屋、中山报告厅。

【社会服务】 5月24日，南京栖霞长江公益护渔岗暨首次长江公益护渔活动启动仪式在南京幕燕滨江风貌区五马渡广场举行。栖霞区委统战部、区人民检察院分管负责人，民主党派成员、“益心为公”检察云平台志愿者等40余人参加。市检察院第七检察部、农工党南京市委会组织处、区农业农村局、燕子矶街道负责人共同为“南京栖霞公益护渔岗”揭牌。活动采用线上线下、室内室外、品牌结合等不同形式，开展长江生态环境保护活动。推荐民主党派成员为“益心为公”检察云平台志愿者和南京市人民检察院听证员，组成公益护渔岗，形成区域长江保护“检察监督+民主监督”新格局。

【区统战主题书画展】 9月26日，由民革南京市委会和中共栖霞区委统战部主办，栖霞区民宗局、民革栖霞区总支、民革南京市中山书画院联合承办的“大美栖霞 翰墨同心——栖霞区统一战线喜迎‘二十大’暨第三届‘心聚栖霞’书画展”在“中山博爱之家”开幕。民革江苏省委副主委兼民革市委会主委、南财校长，中共南京市委统战部副部长、栖霞区政协主席、民革南京市委会专职副主委、中共栖霞区委统战部部长、辖地民主党派基层组织负责人、民革南京市中山书画院画家代表等参加活动。参展作品51幅。书法作品有真草隶篆行书体，绘画作品有山水、花鸟、人物画等，题材广泛。

（周　军）

栖霞区工商业联合会

【概况】 2022年，栖霞区工商业联合会把握“两个健康”（非公有制经济健康发展、非公有制经济人士健康成长）主题，扎实做好民营经济统战工作。开展“名企栖霞行”“税务服务进商会”“校企对接会”“银企对接会”等活动，为企业做好服务工作。迈皋桥街道商会被评为全国“四好”（政治引领好、队伍建设好、服务发展好、自律规范好）商会，龙潭街道商会、栖霞街道商会、西岗街道商会被评为省“四好”商会，马群街道商会被评为市“四好”商会。组织2批企业家赴青海西宁市湟中区和陕西商洛市商州区结对共建，捐资捐物合计13万余元。栖霞区工商业联合会被评为全国“五好”（领导班子好、会员发展好、商会建设好、作用发挥好、工作保障好）标杆县级工商联，被《中国工商时报》评为“构筑民营经济舆论阵地”先进单位。

【非公经济人士思想政治工作】 1月19日，区工商联组织全区民营经济代表人士5人，到区委党校参加党的十九届六中全会精神宣讲会。9月27日，指导区青企会组织开展“青年企业家喜迎二十大，永远跟党走”活动，到宿迁参观红色教育基地。10月16日，组织各基层商会和民营企业家集中收看中国共产党第二十次全国代表大会开幕会。11月22—24日，组织区民营经济代表开展理想信念教育培训，基层商会民营企业家25人参加。

【“名企栖霞行”活动】 5月16日，江苏省异地商会会长座谈会暨“名企栖霞行”活动在栖霞区紫东国际创意园举办。活动采取线上线下联动形式。企业家代表围绕企业发展和切身感受，为栖霞营商环境“代言”。各异地商会会长为民营企业健康发展、企业家成长提意见、出点子、献良策。省委统战部部长、省自然资源厅厅长、省工商联党组书记、省工商联主席、市工商联书记、市委统战部副部长、区委书记出席。

【财税专题讲座】 5月19日，区工商联举办财税专题讲座，邀请南京鼎账房企业管理有限公司创始人闫红梅解读最新税收政策，并就如何做好税收筹划、规避税务风险、降低税务成本等做专题讲座。区委统战部、区工商联、区企业家代表40余人参加活动。

【南中医专场招聘活动】 6月13日，区工商联组织南中医专场招聘活动，栖霞区和泰州中国医药城的40家企业参加招聘，提供工作岗位500多个。南中医600多名应届博士、硕士、本科毕业生现场应聘。南中医党委宣传部、组织部、统战部相关负责人，栖霞区委统战部、区工商联党组等负责人参加活动。

（管　冠）

责任编辑　张双全

群众团体

栖霞区总工会

【概况】 2022年，全区有工会组织954家，工会会员88364人。其中，新建立工会组织51个，新发展工会会员4711人。开展夏季安康“三送”活动，投入走访慰问新就业形态劳动者近10万元；实施“工会进万家·新就业形态劳动者温暖行动”，慰问支出19.5万元。向新就业形态劳动者提供体检、保险等互助保障210人，参加“新就业形态劳动者交通安全警示教育基地”组织的警示教育5批次。区总工会获得南京市总工会经费审查工作规范化建设考核特等奖，被评为区机关作风建设先进单位、区党委信息报送工作优秀单位，区职工服务中心获江苏省工会“职工书屋示范点”称号。获江苏省“五一劳动奖状”“工人先锋号”等荣誉称号3项，获南京市“五一劳动奖状”“工人先锋号”等荣誉称号6项。获市“模范职工之家”5个、“模范职工小家”6个、“优秀工会工作者”2人。

【职工帮扶慰问】 区总工会做好职工帮扶慰问工作，新建立区级困难职工档案10份，发放生活补贴、慰问金12.98万元；为家庭困难职工24人申请爱心救助资金18万元。1月25日，区总工会启动2022年度“工会常伴·贴心送暖”春节走访慰问温暖行动，为7类群体900人发放慰问物资、春节慰问金合计41.8万元，为130余名生活困难、患有大病的工会互助互济会员送帮扶慰问金，为困难职工家庭实现“微心愿”102个。为12名建档困难职工发放生活补贴、相关节日慰问金。

【劳模关爱服务】 区总工会为全区劳模、困难劳模206人发放慰问金、帮扶金、补助金38.5万元，为生病劳模16人办理保险理赔10万余元。为全国、省、市三级劳模260人发放春节慰问金，为新评选的各级劳模23人发放一次性劳模奖金，走访困难劳模10人，赠送春节大礼包。

【“寻找栖霞最美劳动者”活动】 2月20日，区总工会联合区文明办，启动第五届“寻找栖霞最美劳动者”活动，经基层推荐、群众投票、专家评审、网络公示等程序，金陵石化建筑安装有限公司吴伟等10人被评为第五届“栖霞最美劳动者”，南京银茂杭云辉等10人被评为第五届“栖霞优秀劳动者”。该项活动历时2个月，网上参与投票超过9万人。

【维权服务】 区总工会建立信息员队伍，构建线上线下双投诉维权渠道，组织工会干部参与仲裁案件旁听，培养专门的工会劳动法律专家，开展法律体检活动，建设法制宣传、法律咨询、法律监督、协商调解、劳动仲裁“一站式”法律服务平台。实施“工会服务进万家”专项行动，建设户外劳动者“爱心驿站”14家、交通安全警示教育基地1家。第6期《江苏省总工会简报》以“南京市栖霞区总工会创新服务举措在维护劳动关系和谐稳定中展现工会新作为”为题，向全省工会推介栖霞工会维权服务做法。

【职工志愿服务工作】 5月19日，区总工会在区职工服务中心，召开2022年区职工公益服务品牌、优秀职工志愿服务队评审暨展示交流会，全区25个志愿服务队代表近60人参加。经现场评审及网络投票，命名南京中电建物业管理有限公司“红色能量”等4个公益服务品牌为栖霞区“职工公益服务品牌”，授予南京源恒环境研究所志愿服务队等11支职工服务队为栖霞区“优秀职工志愿服务队”，授予江苏典则咨询管理有限公司咨询顾问林国兴等11名志愿者为栖霞区“优秀职工志愿者”。

【苏工暖“新”行动】 6月13日，由江苏省总工会主办、南京市总工会协办、栖霞区总工会承办的苏工暖“新”行动“8+X”综合服务集市活动启动仪式暨首场活动在栖霞仙林金鹰湖滨天地举行。新就业形态劳动者代表200多人参加活动。现场为栖霞区新就业形态劳动者交通安全警示教育基地揭牌，向新就业形态劳动者赠送暖“新”安康包，并提供体检、心理疏导、法律咨询、技能学习等咨询服务。

【新业态劳动者子女夏令营】 6月28日，区总工会、区教育工会联合会共同举办“传承红色基因 体验劳动之美”夏令营，新业态劳动者子女近50人参加活动。营员先到行知园聆听红色故事，接受爱国主义教育；之后到南京缘派蔬菜专业合作社，参加义务劳动，接受劳动教育。

【产业工人队伍建设见成效】 7月25日，中共南京市委全面深化改革委员会办公室主办的《南京改革》以“栖霞区扎实推动新时代产业工人队伍建设改革见实效”为题，刊载栖霞区产业工人队伍建设改革经验做法，并上报江苏省委改革办、江苏省总工会。该文从四个方面（聚焦思想引领，着力培养有理想守信念的产业工人队伍；聚焦技能提升，着力培养“懂技术会创新”的产业工人队伍；聚焦建功立业，着力培养“敢担当讲奉献”的产业工人队伍；聚焦产业工人维权服务，努力让劳动者实现体面劳动），介绍栖霞区产业工人队伍建设改革做法。

【省总工会专项行动走进栖霞】 11月16日，江苏省总工会“工会进万家 · 新就业形态劳动者温暖行动”走进栖霞，省总工会一级巡视员、省总工会机关党委书记代表省工会向10名新就业形态劳动者代表捐赠爱心大礼包和慰问金2000元，向区总工会捐赠新就业形态劳动者温暖行动专项资金4万元和恶性肿瘤健康保险专项经费3万元。

（赵长山）

6月13日，苏工暖“新”行动“8+X”综合服务集市活动启动仪式在仙林金鹰湖滨天地举办　　栖霞区总工会　供图

共青团栖霞区委员会

【概况】 2022年，栖霞区有基层团组织2289个，团员18950人。发展团员632人，新增社会领域团组织110家。组织团干部、青马工程社会组织班学员、大学生辅导员等参加各类培训4场，培训人数超120人次。“栖霞青年”团新媒体平台发布“学习向未来”主题团课80余期，参加学习2.8万人次。团区委组织开展2022年“十大青年先锋 百名身

边榜样 最美青年集体”评选活动，选树创业创新、疫情防控、乡村振兴等方面青年榜样120余人和榜样集体5个。打造栖霞区“行知之路”主题青年学习社线路，获江苏省省级“青年学习社”线路。团区委被团中央评为全国青少年维权岗，被中国关心下一代工作委员会等五部门评为全国青少年普法教育先进集体，被评为省共青团工作先进单位、市共青团工作先进单位。栖霞区被团省委确定为青年发展型城市（县域）省级试点（南京市3家），作为全省唯一代表在团中央城市基层组织改革试点工作动员部署会上发言交流，仙林街道仙林新村社区被团中央确定为共青团城市基层组织改革国家级试点（江苏省2家）。团省委、澳门青年会等先后到区开展调研，肯定栖霞区共青团工作。

【青年志愿服务】 区共青团组织“统一行动日”志愿服务228场，清扫社区主干道400余条，参与相关活动的青年志愿者2862人次。团区委实施2022年大学生志愿服务乡村振兴计划，面向高校集中选拔优秀志愿者22人，在涉农街道开展为期一年的志愿服务。组织开展直播助农活动5场。招募青年志愿者2268人，发动青年突击队42支、组建78名志愿者招募和工作群参与疫情防控工作。发动全区高校大学生、社区青年、企业青年、社会组织青年2500余人参与助力“文明典范城市创建”（以下简称“创文”）志愿服务，清扫社区主干道140余条，发放“创文”宣传手册6.8万余份。组建由78名大学生组成的“青年助力创文‘啄木鸟’观察员”队伍，在辖区14个商业超市和26所高校、中小学周边开展为期20余天的“啄木鸟”行动。开展“栖霞城市小管家”“夏日送清凉”等活动310场，为户外一线劳动者3200人送去“清凉”关爱。在商圈、学校等重点创建点位组建“青年观察员”志愿队12支，帮助、发现解决问题100余个。定期组织“保护母亲河”净滩打卡行动等，累计980人次参与。

【“爱在益栖”关爱行动】 1月20日，团区委在迈皋桥街道中心小学举办2022年栖霞区“梦想小屋”启动仪式暨暖冬集中走访慰问活动。活动现场发布2022年“爱在益栖”关爱行动倡议，并启动2022年“梦想改造+”项目。25家爱心单位、区街社三级团干部共同对全区困境青少年开展暖冬集中走访慰问活动，帮助困境青少年实现新年“微心愿”171份。“爱在益栖”困境青少年关爱行动包括“小小心愿环游记”“梦想改造+”“西部手牵手”等“爱在益栖”系列品牌活动。辖区建成“梦想小屋”12间，帮助全区442人和西部地区困境青少年100余人实现新年“微心愿”，并向西部地区乡村学校赠送图书2000余册。举办“爱在益栖”社会实践公益暑期托管班14期，困境青少年、快递从业人员子女、抗疫一线人员子女等380人参加。

【奋进新征程活动仪式】 3月5日，“青春奋进新征程 助力美丽新江苏”青年志愿服务主题日暨南京青年志愿服务工作展示交流活动在南京市栖霞区尧化街道王子楼社区举行，并启动主题月活动仪式。活动中，表彰2021年度省十佳青年志愿者、十佳青年志愿服务项目团队及市优秀青年志愿团队和志愿者。其中，获市优秀青年志愿者4人，获市优秀青年志愿服务集体2个。活动现场设置便民志愿服务站点，为居民提供水电维修、法律援助、中医义诊、手机贴膜、家庭常用急救技能科普培训等志愿服务，15支青年志愿队100余人参加。

【青春助力乡村振兴】 4月至11月，团区委实施2022年大学生志愿服务乡村振兴计划，在八卦洲建设“青春助力乡村振兴工作站”。建立乡村振兴理事团并开展服务10余次，青年人才进乡村建言献策20余条，建设“青年之家”主阵地1个，建设“新农菁英”带货平台并开展直播活动10余场，改造乡村“梦想小屋”8间，建设圆梦教室1间，开展乡村困境青少年常态化关爱行动。组织青年志愿者参与乡村环境整治、直播带货等各项乡村产业发展和社会治理工作300余人次。

【宁青驿站】 6月19日，宁青驿站·栖霞区青年人才驿站开站。

首批布局东南青年汇主站点，并开设分站点，为青年人才提供不超过14天的“拎包入住”免费过渡性住宿，提供“青引领”“青创业”“青服务”“青建功”“青志愿”等助力青年成长成才的“一站式”综合服务。开站以来，驿站已有北京大学、中国人民大学、复旦大学、浙江大学等全国多所高校毕业生入住，留在南京工作20余人。在2023年全国硕士研究生招生考试期间，推出“异地借考”便利政策，为12名“异地借考”考生提供考试期间3—5天免费住宿。“宁青驿站”建设工作得到共青团南京市委领导肯定。

【“双百”共建】 6月19日，团区委联动区人社局、南京东南公寓管理有限公司，共同举办南京共青团“双百”共建（全市范围内组织一百个街道团组织同一百个高校院系团组织结对共建）工程栖霞校地合作工作项目启动暨栖霞青年人才驿站开站仪式，同时举办“双百共建”岗位直通车专场就业招聘活动，16家企业为大学生提供就业岗位452个。

【区律师行业团工委成立】 6月28日，共青团南京市栖霞区律师行业团工作委员会成立大会在马群街道金陵驿社区举行。栖霞区律师行业团工委发布“社区公益普法志愿服务”“民法典普法志愿服务”“未成年人权益保护志愿服务”“随迁老人社区融合志愿服务”“社会福利院普法志愿服务”五大志愿服务项目。会后，青年律师团员在马群街道金陵驿社区“驿万家”志愿服务驿站，开展首场“助力文明典范城市创建法律进社区”主题志愿服务活动，为当地居民提供免费法律咨询援助。

【实训营结业暨志愿服务出征】 8月31日，“青春e行”南京青年电商实训营（第五期）结业典礼暨栖霞区大学生志愿服务“乡村振兴计划”出征仪式在八卦洲街道“青春助力乡村振兴工作站”举办。活动现场举行“青年电商实训营”参训优秀学员和优秀团队颁奖仪式、万名大学生电商赋能乡村振兴签约仪式、“双百”共建结对签约仪式、“助农菁英贷”签约仪式，为2022年栖霞区大学生志愿服务“乡村振兴计划”志愿者授旗、颁发“青禾”志愿服务队聘书、启动大学生“青眼看乡村”栖霞区选拔赛。电商实训营开展直播助农活动5场。

【青年“菁英·创享吧”活动】 9月30日，栖霞团区委举行“菁英·创享吧”活动，并开设栖霞青年工作讲习所，组织优秀青年，围绕行业发展、职业规划、城市建设等热点主题进行交流分享，帮助青年赋能提升，更好地助力“强富美高”新栖霞建设。“菁英·创享吧”活动每月开展2次。“栖霞青年工作讲习所”平台让更多青年企业家、行业青年关心关注青年工作，加强青年团员工作。

栖霞区妇女联合会

【概况】 2022年，全区有各类妇联组织254个。其中，区级1个，街道级9个，村级29个，社区级98个，其他117个。区妇联在全市成立首家村（社区）女书记联盟，开展党史学习教育进家庭、“学习强国进家庭”系列活动。举办“乘风破浪看巾帼 笃行筑梦在栖霞”“3·8”主题活动。联合区红十字会发起并建立栖霞区困境妇女儿童帮扶援助关爱金，实施栖霞区妇女免费进行“两癌”（子宫颈癌、乳腺癌）筛查项目，免费服务妇女17312人，帮助“两癌”妇女申报省妇儿基金会“我助妇儿康·女性‘两癌’救助”项目20人。组织开展“9·9”公益日慈善捐助活动，组建爱心战队27支，募集善款3.47万元。全年投入15万元，走访慰问贫困妇女和儿童家庭150户。新成立“四新”（新领域、新业态、新阶层、新群体）领域妇联8个，妇女微家9个。区妇联获第四届江苏女性融媒体创意大赛优秀组织奖、市“七五”普法工作先进单位。《“巾帼宣讲云接力 头雁课堂云展现”栖霞区村（社区）女书记联盟今天我来读活动》《用声音传递思想 用阅读启迪心灵》分别获2022年度全省优秀妇联融媒体工作案例、第四届江苏女性融媒体创意大赛优秀作品奖。

【巾帼典型选树】 区妇联开展区级巾帼示范典型选树工作。俞华等25人被评为2021年度栖霞区“三八”红旗手，高新区党群工作部等20家单位被评为2021年度栖霞区“三八”红旗集体。联合区文明办以“凝聚家力量、建功新时代”为主题开展寻找“最美家庭”系列活动，授予毛春红等60个家庭2022年栖霞区“最美家庭”称号，庞大姐等22个妇女微家获栖霞区最美妇女微家。联合区农业农村局命名八卦洲街道东江村陈阿东家庭等55户家庭为栖霞区美丽庭院示范户。区妇联向上级妇联组织推荐先进个人37人、先进集体47个。

【社区家政服务工作站建设】 区妇联在社区、园区、物业小区等嵌入式新建工作站1个或2个。引入家政领域专业社会组织参与，为就业技能缺乏但有上岗意愿的城乡妇女提供技能培训，帮助就业。区妇联组织走访调研40余次，线上线下培训600余人，对接成功就业89人，提供公益服务94人次，开展各类宣传、公益活动36次。徐慧等2人被南京市妇联评为“宁姐月嫂”家政服务明星，山水园社区“宁姐月嫂”家政服务工作站被南京市妇联评为家政服务星级站点。

【维权和反家暴】 3月，区妇联在微信公众号开设“普法宣传”栏目，每月推送一期“在线说法”“以案释法”，普及宣传《中华人民共和国反家庭暴力法》等法律法规。开展“爱Ta护家 共建共治共享美好社会”主题家庭学法线上竞赛活动。出台《栖霞区关于推进社区（村）益“栖”美丽——“家事关护站”建设的意见》，建成标准化社区家事调解室10个。会同区检察院出台《关于建立共同推动妇女儿童权益十项机制的意见》，实施“益‘栖’美丽家教”指导服务项目，推进“一站式未成年人保护中心”建设。8月29日，举办“我助妇儿康·妇儿权益维护与安全守护课堂”项目启动仪式。11月25日，区妇联、区法院召开反家庭暴力“人身安全保护令”案件审理情况新闻发布会，普法维权警示家庭暴力。

【女企业家协会活动】 3月9日，栖霞区女企业家协会举行2021年总结及庆“三八”国际劳动妇女节大会。听取2021年度区女企业家协会工作汇报，为2021年新入会16家会员单位授牌。区女企业家协会会长做“为了您的微笑”主题演讲，南师大教授做“当前形势解读与中小企业解惑”讲座。9月6日，区妇联组织区女企业家协会会员单位开展“相约天加 慧创未来——服务女企业家面对面”活动，邀请区人社局、区税务局、区工业公司、区残联等部门领导与女企业家面对面交流答疑。9月28日，区妇联与雨花台区妇联组织两区女企业家50人，走进中国（南京）软件谷润和软件园，开展“时光回眸 预见未来”女企业家协会联动活动。

【家庭公益服务】 3月22日，区妇联线上召开2021年度栖霞区妇女儿童和家庭公益项目中期评估会。6月28日，出台《栖霞区妇女儿童和家庭公益社工服务项目资金管理办法（试行）》，规范使用妇女儿童公益项目专项经费。区妇女儿童和家庭公益社工服务项目内容包括巾帼头雁领航、妇女微家赋能、巾帼志愿服务、“宁姐月嫂”社区家政服务、女性创业就业、家庭教育指导服务、儿童友好社区建设七大类，16个项目申报。7月28日，召开该项目终期评估会。6个项目开展活动267场次，受益4090人次。根据专家评审打分、现场点评、组织审核，确定公益实施续力巾帼共成长——益“栖”美丽巾帼志愿联盟服务项目、益“栖”美丽栖霞区社区（村）女书记联盟平台运营项目、“花苗共育，和谐港湾”栖霞区儿童友好社区建设项目、“爱满栖霞，步栖而遇”栖霞区三全示范社区家庭教育指导服务项目、“益‘栖’美丽 闪耀金陵”巾帼创业项目、“有温度·慧生活”项目、“宁姐月嫂”家政进社区平台项目、“微+”妇女赋能计划项目8个。项目实施周期为2022年9月至2023年3月。

【家庭教育】 区妇联在栖霞妇联微信公众号设置“家长学校”

模块，开设宁姐课堂、家庭教育与“三全”（社区全域，父母全程、家庭全类型）家庭专栏，定期发布省网上家长学校、市宁姐137空中课堂等家教内容，组织妇女儿童权益问卷调查等。在辖区内9个省级试点社区，重点围绕“三全”社区家教特色亲子活动等方面，引入专业社会组织参与，为0—18岁的孩子及家庭提供线上线下相结合的科学化、专业化的家教服务。全年开展家教活动98场，梳理汇编优秀家教案例36篇。开展机关干部家庭教育知识讲座、“把爱带回家——送法到家 让孩子健康成长”2022年新春慰问活动，举行栖霞区公益性家庭心理健康服务中心揭牌仪式。5月28日，在西岗街道桦墅村举办南京·栖霞家庭文化月暨首届桦墅公益露天电影周启动仪式，从5月底到6月中旬，放映《我和我的父辈》等家庭教育主题公益露天电影8场。

（何旭明）

栖霞区科学技术协会

【概况】 2022年，区科协开展各级各类科普宣传、培训活动350场，其中“科技周”“全国科普日”开展科普活动150余场。围绕“双减工作”（即有效减轻义务教育阶段学生过重作业负担和校外培训负担），邀请紫金山天文台教授季江徽和葛永良、中山植物园首席科普传播专家李梅、东南大学教授任祖平等13位专家，到辖区中小学举办涵盖天文、化学、植物、青少年创新等主题的讲座。开展农业技术及新农民培训10余场，开展院士专家科普乡村行活动，为八卦洲街道种植大户授课。组织辖区企事业单位申报南京市科协“金桥工程”重点项目6项，获立项5项，配套奖补3.5万元，获优秀项目3项、先进个人1人；申报南京市科协“讲理想、比贡献”活动20项，获表彰2项，被评为先进个人1人，获项目奖励1万元；在国家、省、市科普比赛中获奖11项；栖霞区申报并通过考核，成为江苏科创试点区。

【全国科普日活动】 区科协以“喜迎二十大 科技向未来”为主题，组织开展全国科普日活动，开放辖区内各类科普馆、科普教育示范基地20余个，接待参观学习交流1000余人次，举办各类科普活动50余场。组织群众参与公民科学素质知识竞赛，线上答题人数5万余人次。线下代表队参加现场比赛，获得2022年第五届南京市公民科学素质知识竞赛三等奖，区科协获优秀组织单位；实施智慧助老行动，马群街道成立全市第一支老年人科普志愿服务队，开展老年人智能机科普培训，通过培训参赛的老年人获得南京市老年人智能手机操作大赛二等奖1人。组织发动学校和社区（村）发展科普中国App科普信息员，截至年底，全区注册人数17807人，传播总量85万余次。“喜迎二十大 科普向未来”共享南大科学之光、做新时代文明少年活动，“喜迎二十大 科技向未来”南京地铁一日研学活动获中国科学技术协会“全国科普日”优秀活动。

【科技活动】 4月，区科协组织开展“云赏樱”“云游栖霞山”“云游百合岛”等线上科普游活动3场。5月22日，全国科技活动周暨栖霞区第34届科普宣传周活动以“走近科学，你我同行”为主题，展出9个街道的科技科普工作、特色亮点活动。5月30日，举行“科创江苏”试点区建设启动仪式暨首届青年科技工作者发展论坛。在“全国科技者工作日”期间，录制栖霞区“创新争先 自立自强”主题视频，并在“科普江苏”公众号、江苏教育频道的《今日科学》栏目、南京电视台微信视频号、栖霞融媒视频号播出。7月、8月，组织“七彩夏日”科普夏令营活动2场。9月15日，开展“喜迎二十大 科普向未来”主题科普云游活动，邀请吴培亨、赵淳生、陈洪渊3名中国科学院院士参与录制“院士科普日寄语”，开通科学探索科普研学游、科技赋能科普体验游、乡村振兴科普生态游3条科普云游线路。组织青少年到古生物博物馆、中山植物园、江豚科教中心，开展南京科普游——栖霞区专场活动7场；组织“走进科技 你我同行”主题科普活动50余场。

栖霞区残疾人联合会

【概况】 2022年，全区有持证残疾人11062人。用人单位按比例安排残疾人就业年审225家，通过区地税部门征收残疾人保障金5028万元。发放困难残疾人生活补贴2574人，2233.58万元；发放重度残疾人护理补贴3863人，671.8万元；为残疾人购买城镇居民基本养老保险1190人，购买城乡居民医疗保险1954人，合计资金237.58万元；为持证残疾人购买公共交通意外伤害险，实现残疾人保险全覆盖。为262名残疾人发放机动车燃油补贴6.80万元。走访慰问全区重度及贫困残疾人2319人，慰问金额174.05万元；“六一”儿童节慰问残疾儿童及困难残疾家庭儿童458人，发放慰问金和慰问品约9.99万元。投入资金579万元，为324名残疾儿童实施康复救助，完成辅具适配295人、低视力康复74人、假肢适配18人、家庭无障碍改造10户。栖霞区残疾人联合会（区残联）被南京市残联评为“2022年全市残联工作突出贡献单位”。举办大学生创新创业大赛、首届“七七·自立自强杯”残疾人职业技能竞赛。

【残疾人就业】 建成区残疾人数字化就业创业基地，培训残疾人100余人，帮助黑龙江等11个省残疾人居家灵活就业60余人，帮扶东西部协作对口单位商洛市商州区、西宁市湟中区就业困难残疾人开展线上数字化就业培训20余人。基地孵化的“彩虹之光”有声主播公益培训，成为省残联就业服务签约项目，帮助5名视力残疾人员在有声读物网络平台实现就业。“依托5G时代数字经济带动重度残疾人高质量充分就业”助残项目，获全省残联系统2022年度创新创优示范项目。优化升级区级残疾人辅助性就业项目调配中心（简称中心），对接挖掘辅助性就业项目20余种，帮助全区251名残疾人实现辅助性就业。中心开发的“栖栖”折扇、“栖栖”中药香囊等具有栖霞特色的残疾人文创产品，被南京市外事办公室采购用作外事礼品。

【残疾人托养服务平台建设】 区残联制订《栖霞区“残疾人之家”绩效考评办法》《栖霞区“残疾人之家”提升三年行动方案》，有效开展“残疾人之家”行动。全区建成并运营“残疾人之家”25个。其中，区级1个，街道级9个，社区（村）级15个。全年托养残疾人450人。

【特需儿童“医康教”融合服务】 区残联推进特需儿童“医康教”融合工作，出台《栖霞区“医康教”融合孤独症儿童全面筛查工作实施方案》。6月23日，召开栖霞区“医康教”融合孤独症儿童全面筛查工作布置会。通过宣传与培训、校园自行筛查、机构入校筛查等途径，对辖区内178所托育机构、幼儿园、中小学9万余名在校（园）儿童开展底数摸排，摸清孤独症儿童的数量和需求，发现有疑似指征的儿童95人。区残联、区卫健委、区教育局和区妇联共同研究制订特需儿童的“医康教”融合服务方案。

【残疾人文体活动】 4月23日，区、街残联通过线上+线下形式，组织残疾人参与第27个世界读书日活动。6月18日，在南京旅游集团聚宝山公园引力汽摩基地，举办首届卡丁车爱心挑战赛，60名听障选手参加比赛。9月3日，区肢残人协会、仙林街道残联、龙潭街道残联与恒丰银行南京栖霞支行联合举办“恒丰杯”栖霞区第二届肢体残疾人中国象棋比赛，40余名象棋爱好者参加比赛。比赛产生一等奖1人、二等奖2人、三等奖3人、鼓励奖6人。9月7—8日，在江苏省第十一届残疾人运动会中，栖霞区残疾人乒乓球运动员获TT7级单打冠军和站立公开级团体冠军，残疾人羽毛球运动员获得男子双打、单打项目双项冠军。

【家庭医生暨康复协调员培训班】 7月21日，区残联举办2022年栖霞区残疾人家庭医生暨社区康复协调员培训班，各社区卫生服务中心家庭医生签约团队医生代表、各康复室（站）、各街道残疾人专职委员参加培训。培训课程包括社区孤独症儿童筛查、孤独症儿童早期干预、残疾人健康管理、社区精准康复等，以集中授课、学员互动、满意度测评等形式展开。

（孙晓波）

栖霞区红十字会

【概况】 2022年，区红十字会在辖区博爱家园社区开展生活照料、康复保健、精神慰藉、安全援助、文体娱乐等养老照护服务。成立区红十字无偿献血志愿者服务队，注册志愿者22人，开展活动10次；组织辖区市民关注“南京献血”微信公众号，加入无偿献血志愿者3495人。区红十字会获2022年度南京市红十字工作优秀单位，被评为救护培训、博爱家园、组织建设、宣传、志愿服务、艾滋病预防教育单项工作先进单位。

【救护培训】 区红十字会走进机关、企事业单位、社区（村）、学校，开展救护培训22748人。其中，普及培训10738人，CPR+AED救护员培训10526人，持证救护员培训1484人。在公共场所配置心脏自动除颤器62台。举办第三届“爱心满校园，‘救’在你身边”中小学校园应急救护技能比赛。组队参加2022年度南京市职工职业（行业）技能大赛应急救护技能竞赛，获团体特等奖，覃思雪和张坤获个人三等奖。参加江苏省红十字应急救护职业技能竞赛，获应急救护能手称号2人；在心肺复苏操作个人单项比赛中，成绩排名第一位1人，并获个人单项一等奖，另获个人单项三等奖10人；在创伤救护操作竞赛中，获个人单项三等奖2人。

【无偿捐献】 成立造血干细胞捐献者志愿服务队，开展宣传、再动员等服务工作。5月8—9日，在南京中医药大学接受献血采样宣传558人；5月30日、6月1日，在南京信息职业技术学院接受献血采样宣传1187人；9月30日，栖霞区机关接受集中采样宣传71人；11月16日，在南京特教学院接受献血采样宣传200人；11月16—17日，在南京师范大学接受献血采样宣传130人。全年接受宣传普及造血干细胞捐献知识2146人。完成685名造血干细胞捐献志愿者信息入库工作，配型成功志愿者完成高分辨采血4人，成功实现造血干细胞捐献2例，二次捐献淋巴细胞1例，人体器官捐献1例。新增“志友”189人，实现遗体捐献21人。截至2022年底，全区登记捐献遗体、器官志愿者1645人，实现遗体捐献233人。南京市“志友”协会栖霞区分会在辖区9个街道开展志友“两献”（即造血干细胞捐献与遗体器官捐献）宣传活动20场。

【备灾救助】 “博爱送万家”活动发放款物210.43万元（含省市下拨3.69万元）。其中，区红会和街道配套206.74万元，受益家庭3028户，受益6642人。与湟中区红十字会、商州区红十字会对接，确定援助项目，落实援助资金。“5·8红十字人道公益日”期间，网络筹资6.23万元，完成筹资目标，发动捐赠2882人次，在全市各区红十字会中位居前列。“9·9”公益日项目筹资9.23万元。“金陵宝宝博爱资金”项目线上筹款2901.94元。组织9个街道的红十字会分别参加市红会发起的共募AED项目，募得资金6.78万元，9个小区完成众筹一台AED的目标。

【志愿服务】 全区注册志愿者登记人数3930人（含造血干细胞志愿者、“志友”、救护师资等），占比达到当地常住人口0.1%。新增燕子矶社区卫生服务中心红十字健康志愿服务队，新增栖霞区燕子矶社区卫生服务中心红十字会。组织栖霞区红十字医院开展“博爱送健康”志愿服务活动26次，受益约2450人。在“中国红十字志愿者”平台登记泰康仙林鼓楼医院红十字志愿队。5月28日，联合江苏省人民医院等单位，开展“健康服务大篷车”义诊服务、健康防病知识普及、国民体质健康监测活动，服务居民百余人。9月3日，组织9个街道11个博爱家园社区参加省红会“博爱送健康”公益云课堂活动，南京中医药大学余琅当选中国红十字会“会员之星”。

（李正勇）

责任编辑　张双全

法治·军事

政法委及综治

【概况】 2022年，区委政法委推进全区平安建设、创新社会治理模式、建设高素质政法队伍，构建安全稳定的社会环境、公平正义的法治环境、优质高效的服务环境。开展统筹发展及系列专项行动，召开专题会议，规范国家安全重点领域的安全保障体系建设。开展“4·15”全民国家安全日宣传教育活动，筑牢依法维护国家安全的人民防线。印发《2022年平安护民举措》，制订十项平安护民具体措施，开展社会治安专项整治，建成“平安守望点”43个。牵头开展特殊困难群体救助帮扶和妇女儿童权益保障问题专项排查整治行动，开展打击整治养老诈骗专项行动，规范养老服务广告、涉老食品、保健品等行业监管。成立路地协作办公室，解决各类涉铁矛盾，开展护路联防活动，维护铁路周边安全。巩固政法队伍教育整顿成果，推进从严管党治警，促进维护社会公平正义。全区群众安全感测评达99.23%。完成全区9个街道网格化服务管理中心和为民服务中心（“两中心”）一体化融合。推进“精网微格”工程，全区划分微网格3764个，精细网格化管理，促进基层社会治理资源精细调配。开展市域社会治理现代化试点工作，牵头38个成员单位推进试点任务，总结提炼市域社会治理类案例14个。其中，“党建引领下的‘网格+’系列社会治理模式”“掌上云社区：城市基层大数据治理创新”2个案例入选市社会治理案例库。9月15日，作为区县代表参加“奋进新南京、建功新时代”系列主题新闻发布会——社会治理专场，宣介栖霞区社会治理成果。

【扫黑除恶常态化】 宣传贯彻《中华人民共和国反有组织犯罪法》，常态化开展扫黑除恶斗争。打掉涉恶犯罪团伙15个，抓获团伙成员203人。办理最高检和公安部挂牌督办的“3·12”走私毒品案及利用境外社交软件走私、贩卖、运输精神麻醉药品案。依法审结南京市首例农民工“劳务碰瓷”恶势力犯罪集团等一批案件。

【“宁稳通”风险管控平台】 成立区联合指挥部，依托“宁稳通”风险管控平台和区公安分局指挥中心平台，形成统一指挥调度体系。组织9个街道和14个重点领域牵头部门对全区风险隐患开展“拉网式”滚动排查，将排查出来的风险隐患更新录入“宁稳通”风险管控平台，按照风险级别实行分级分类管理，逐一落实责任单位，落实管控措施。依据信访、公安等动态信息，综合分析研判矛盾纠纷成因、现状、走势，通报情况，督促第一时间处置、疏导、反馈。

【案件第三方评查机制】 聘任32名法学专家组建专家库，完善案件第三方评查机制。组织10名专家对重要案件审核评查，为推进矛盾化解提供法律依据。9月起，组织对全区29件涉法涉诉信访重点案件开展评查，评查结果均合格。审核、实施司法救助62件65人次，发放司法救助金53万余元。

【法学沙龙】 组织区法学会会员参与省、市组织的各类法学研究活动。结题《以无讼村（社区）创建探索基层诉源治理》等3项南京市法学会2021年度课题。申报南京市法学会法学研究重点课题2项、一般课题2项。组织“学习民法典、长江保护法法制论文征文比赛”评比，评出优秀论文25篇。8月11日，举办“互联网金融法律疑难问题”法学沙龙，探讨互联网金融在发展过程中遇到的各类法律风险和突出问题，并对栖霞区互联网金融类案件疑难复杂问题提出意见和建议。南师大法学院、河海大学法学院、南财法学院的专家学者等20人参加沙龙活动。

（张航航）

法治政府建设

【概况】 2022年，栖霞区印发《南京市栖霞区法治政府建设实施方案（2021—2025）》，制订区委依法治区工作要点和法治政府建设工作计划，发布法治栖霞建设10件实事。细化法治建设监测评价10类19项指标，明确责任单位和工作要求。开展各街道法治建设满意度第三方测评。依法作出征收决定1件、征收补偿决定5件，申请法院强制执行18件。开展疑难法律事项合法性审查并提出意见或建议200余件，组织政府法律顾问参与政府合同审查10余件，服务和推进燕子矶酒店项目等重点项目落地。开展村（社区）法律顾问优秀案例评选，在“法润栖霞”“TODAY马群”等微信公众号开设村（社区）“以案说法”栏目。建立行政机关负责人出庭应诉工作联络报备和通报考核机制，汇总分析城建征收领域内的行政败诉案件，提出规范征收相关行政行为意见、建议。

【行政执法监督】 推进基层综合执法规范化建设专项行动，印发《2022年度对街道综合执法月度考核办法》。探索证明事项告知承诺制“网上办理”。牵头街道成立重大行政执法决定法制审核机构，完成人员备案100%；印发《栖霞区街道综合执法重大处罚事项法制审核目录清单》，分三类计24项，指导街道依法依规开展重大处罚案件法制审核。全区60个村（社区）被评为省级法治示范村（社区），占比47.2%。规范“法律明白人”持证上岗，配齐“证、徽、服、书”四件套，新增“法律明白人”753人，全区实现村（社区）至少2名“法律明白人”。

【行政争议实质性化解】 发挥行政复议化解行政争议主渠道作用，坚持“调解优先、逢案必调”，行政争议化解贯穿行政复议案件办理全过程。受理行政复议申请85件，比上年增长46.6%，结案72件。化解行政争议33件。落实立案前协调机制，将行政争议化解关口前移。完善审理阶段调解机制，在案件审理过程中，实行听证制度，听取双方意见，促使双方在法律规定范围内达成和解协议。分类调解，对事实清楚、程序合法的案件，选取同类案例开展明理释法。对事实不清、程序违法的案件，联系行政机关督促其主动纠错，维护复议申请人的合法权益。对疑难复杂案件，通过内部集体会商、部门联合会商研判等方式降低复议后败诉率。

【政府购买服务协议专项清理】 全区行政执法部门和街道开展政府购买协议专项清理2次。委托事权、集中事权部门和司法所组织法律顾问协同街道梳理执法相关协议、政府购买技术服务协议9项。区司法局会同相关部门开展街道综合执法规范化月度量化考核，每月检查各街道政府购买服务协议情况，实行动态清理。

【赋权事项专项评估】 印发《栖霞区街道综合执法自由裁量权基准》。开展移权事项清单合法性审查，经区政府常务会研究决定，由区政府向社会公示，并报省、市备案后组织实施。指导民宗部门向街道赋权12项，对66项赋权事项进行专项评估，梳理处罚权赋权现状、困难和建议，形成各街道赋权事项实施评估报告。

【执法人员资格管理】 组织行政执法人员参加执法培训1054人，通过统一考试1028人，申请办理全国统一行政执法证件965人。印发《栖霞区辅助执法人员管理办法》。统一全区辅助执法人员工作证件，组织辅助执法人员证件申领培训，通过考核373人。区住建局、区档案局等业务部门编制以案释法材料、城管部门录制办案实操视频教材、区律工委录制新《行政处罚法》培训资料等，提高执法人员业务能力。西岗街道等开展行政执法和执法辅助人员军事化集训，规范执法行为。执法信息平台每月推送一法。深化行政执法监督管理平台应用，落实执法人员每人每年完成不少于40学时的专业知识学习和20学时的法律法规培训，培养“一岗多能”复合型执法人员。

【法律顾问优秀典型案例评选】组织村（社区）法律顾问优秀典型案例征集评选活动，收到案例32篇。涉及婚姻家庭、劳动争议、债权债务、合同履行、财产继承、村务公开、宅基地确权等法律问题。邀请市、区法律专家从办理案件专业水平、新颖程度、法律效果、社会影响及指导意义等方面评审，兼顾个案特点，评出一等奖2个、二等奖3个、三等奖5个、优秀奖10个，对获奖的村（社区）法律顾问进行表彰奖励。

（张应亮）

公　安

【概况】2022年，区公安分局完成党的二十大安保维稳、节假日及中高考等重大活动安保工作。构建“1+2+5”专业化打击体系，提升破案攻坚能力。严打涉企犯罪，挽回损失2000余万元。区公安分局被江苏省公安厅评为南京市首家科技强警示范公安局，获南京市文明单位，获上级表彰集体27个、民警133人。

【刑事犯罪案件侦查】区公安分局破获各类刑事案件1548件，抓获各类犯罪嫌疑人1048人；捣毁100人团伙1个、50人团伙2个、20人团伙6个。办理省公安厅督办“2·3”扫黑除恶专案，抓获嫌疑人54人。侦办“6·13”聚众斗殴专案，查清该团伙13起违法犯罪事实。涉案人员11人，关联警情153起，涉恶线索25条。侦破“7·6”养老诈骗专案、“8·16”招嫖诈骗专案、迈皋桥遗弃新生儿案、城管宿舍复仇杀人案等重大案件。

【社会面治安防控】完善社会治安防控体系，建立情报融合、指令顺畅、指导精准的指挥中枢，形成研判、预警、化解、处置全流程闭环。推进专业化打击改革，完善刑警大队牵头统筹、侦查情报指挥中心和反诈中心专业支撑、5个责任区侦查队全力攻坚的工作机制。栖霞分局运用立体化、智能化、精准化的社会治安体系，破获“5·27”“6·14”等大要敏感案件，受到公安部、江苏省公安厅、南京市公安局等领导批示肯定。根据警情和案件数量，优化警务站布局和接处警机制，巡区面积扩大47%，派出所日均承接警情量下降50%。

【出入境管理】推进外籍人员网格化治理新模式，协调妥善处置涉外纠纷221起；破获全省首例“提供伪造变造的出入境证件案”。查处出入境案件100件、非法居留案件33件、非法就业案件34件、非法聘用外籍人员11件、违反外籍人员住宿登记规定案件1件、其他案件21件。行政处罚外籍人员78人，遣送出境15人。

【反诈防诈宣传】坚持宣传反制，以精准劝阻为抓手，优化反诈专班配置，完成“四色”预警34.68万条，成功劝阻、拦截群众受骗转移资金500余万元。开展反诈宣传进校园活动，开设网上反诈直播课堂；与江苏广播电台共同打造“金陵之声—栖霞警音”栏目，扩大宣传受众。加强警民联动、政企（校）联动、社区网格联动，开展宣传“四进”工作。全区电诈警情接警量比上年下降12.2%，电诈类刑事案件发案量比上年下降10.1%。

【“医托”诈骗专案侦破】对全区医院和诊所日常警情开展梳理，搭建以医托诈骗前科人员、重点高危地区人员为基础的数据库，对碰撞交易记录、出行记录、同行人员、医院场所码、人像比对等数据进行分析研判，梳理出涉嫌医托诈骗犯罪嫌疑人10人，作案场所涉及全市多家知名三甲医院。利用交易记录逆向寻找受害人50余人，涉案金额超过100万元。专案组对抓获的10名嫌疑人进行扩线梳理，破获在玄武、雨花以及镇江丹阳的多个医托团伙，涉案50余人。10月底，出动警力30余人，捣毁医托诈骗团伙3个，抓获涉案人员41人。

【电信网络诈骗侦破】 全年侦破电诈案件558件，抓获电诈犯罪嫌疑人296人。侦办“5·12”专案，抓获涉案人员50余人。组织警力在四省七市统一行动，捣毁犯罪窝点5个，抓获犯罪嫌疑人110人，采取强制措施31人，查封服务器63台。

（石金加）

检　　察

【概况】 2022年，区检察院提前介入重大、疑难复杂案件引导侦查37件次，提出引导侦查意见107条；应当立案而未立案、不应当立案而立案的，监督立案和撤案55件93人；认为确有错误的刑事裁判提出抗诉2件，1件获改判；纠正侦查、审判活动中违法行为50件，纠正漏捕漏诉27人。监督收监罪犯8人，发出书面纠正监管违法通知书28份，比上年分别上升14%、210%；监督财产刑执行50件。办理消防领域公益诉讼案件16件，保障安全生产工作经验被江苏省人民检察院转发推广。推进全区158名中小学及幼儿园负责人、部分酒店负责人签署强制报告承诺书，制发社会治理检察建议16份。区检察院受理有效信访件99件。综合运用检察听证、专家论证、司法救助等方式，化解信访矛盾187件。入选全国未成年人检察业务标兵、全省十佳公诉人等22人次，区检察院获江苏省文明单位，“枫红检韵”获江苏省优秀检察文化品牌。

【刑事检察】 依法打击各类刑事犯罪，审查逮捕102件145人，审查起诉721件1045人。办理“3·12”走私毒品案、“2·3”组织卖淫案、“劳务碰瓷”恶势力犯罪集团等一批重大敏感案件。落实“少捕慎诉慎押”刑事司法政策和认罪认罚从宽制度，对社会危险性小、犯罪情节轻微的201名犯罪嫌疑人依法不批捕、不起诉，对23人提出变更强制措施或予以释放建议，审前羁押率由上年的30.16%降至18.76%；对自愿认罪认罚的796人依法提出从轻或减轻处罚量刑建议，认罪服判率99.1%。通过检察训诫、创设长江公益护渔岗、交通安全执勤公益服务岗，引导8名非法捕捞、45名醉驾被不起诉人自愿参加公益护渔和交通安全执勤。

【民事检察】 依法办理涉案金额10亿元的非法吸收公众存款、骗取2000余万元出口退税等大要案。追诉涉及“紫金财富”非法吸收公众存款案的60名业务员和团队经理，挽回经济损失800余万元。成功追诉洗钱犯罪2件。推进整治养老诈骗专项工作，惩治保健品类养老诈骗4件20人，提前介入假借养老投资名义诈骗百余名老人案，提出引导侦查意见16条。组织“检察官宣讲团”深入社区开展主题宣讲，守护百姓“钱袋子”。

【公益诉讼检察】 区检察院办理公益诉讼案件111件，引导侵权人自愿缴纳生态损害修复金100余万元。全部案件均在诉前实现

8月11日，市、区两级检察院在区检察院联合举办未成年人刑事案件社会调查规范化研讨会
区检察院　供图

公益损害修复赔偿，3件案件获省、市生态赔偿典型案例，公益诉讼相关做法被上级检察机关推广，被《人民日报》、央视新闻、新华网等媒体报道。

【未成年人司法检察】 建成未成年人司法保护中心，成立家庭教育指导服务中心，开展矫治帮教、检察训诫、社会调查、心理疏导等活动50余次。对监护严重失职、不当教育家庭，发出督促监护令、家庭教育指导令等15份。监督办理侵害未成年人权益案件23件24人，依法对21名涉罪未成年人不起诉，帮助16人复学、就业回归社会。

【营商环境营造】 严惩侵害企业权益犯罪，批捕、起诉16件49人。对涉案的企业人员依法不批捕、不起诉、建议缓刑及变更强制措施36人。开展涉企案件“挂案”专项清理，依法监督撤案9件32人。建立涉案企业合规第三方监督评估机制，联合区司法局、财政局等9个职能部门会签《关于建立涉案企业合规第三方监督评估机制的实施细则》。对3家涉案民企开展异地合规指导。对小微企业开展“简式”合规，降低合规成本。对整改到位的合规企业依法作出不起诉决定。与南京铁路运输检察院建立知识产权保护协作机制。办理非法买卖危险物质案，及时制发风险提示函，督促企业开展专项整治，消除安全隐患，被最高人民检察院评为典型案例。

【民事行政诉讼监督】 开展失信名单专项清理，从“黑名单”中删除破产企业负责人19人。立案查处涉虚假诉讼案件9件，移送公安机关立案查处7人，其中唐某欣等41人虚假诉讼系列案获全省检察机关参考性案例。综合运用公开听证、检察建议、司法救助、磋商调解等措施，办理行政监督案件25件，发出检察建议22件，实质化解行政争议案件23件。办理马某某户口被注销案，解决当事人生活、社会保障等困难，使该起历经38年纠纷、6年行政诉讼的行政争议得以实质化解，该案被评为江苏省检察机关维护民生民利典型案例。

3月10日，南京市栖霞区家庭教育指导服务中心揭牌仪式举行
区检察院　供图

【惩治职务犯罪】 印发《司法工作人员职务犯罪案件线索收集管理办法》。移送职务犯罪线索5件，审查起诉监察委移送职务犯罪案件8件8人，量刑建议均被法院采纳。办理涉案金额2300万元的某华侨公墓贪腐窝案、液晶显示科技公司财务人员挪用619万元公款案。

【刑事和解】 依法支持起诉农民工讨薪、支付未成年人抚养费等案件47件。联合区司法局建立刑事和解、司法救助与人民调解衔接机制，促成案件达成和解23件。救助因案致困60人，涉案金额48.8万元。追回劳动报酬102万元、抚养费5万余元。

法　　院

【概况】 2022年，区法院新收案件19117件，办结案件18416件，比上年分别增长18.41%和23.55%。推进“不见面”办案模式，新建互联网法庭8个。开展“百名法官进百校”活动，14所学校聘请法官担任法制副校长。举办《民法典》宣讲、法制第一课、《家庭教育促进法》宣讲等活动32次，受众超1.1万人次。区法院立案庭被南京市中级人民法院记“集体三等功”，区法院政治部被南京市中级人民法院评为“巾帼文明岗”，被江苏省高级人民法院评为“政治先进工作个人”1人，被南京市中级人民法院记个人三等功2人，被评为“市优秀法官”3人、“市优秀工作者”3人，被授予“院领导个人嘉奖”1人、“巾帼文明明星”1人，被共青团南京市委评为“南京市优秀团员”1人。

【刑事审判】 区法院新收刑事案件503件，办结464件，判处罪犯722人。审结侵犯人身权犯罪案件31件、侵犯财产权犯罪案件119件、涉枪涉爆犯罪案件3件。全链条精准打击“杀猪盘”“兼职刷单”等电信网络诈骗犯罪，铲除为电信诈骗“输血供粮”的周边黑灰产业，审结侵犯公民个人信息案、掩饰隐瞒犯罪所得案和帮助信息网络犯罪活动案46件91人。审理贪污贿赂犯罪案件7件8人，其中4人被判处5年以上有期徒刑，追缴违法所得2930万元。维护金融安全和市场秩序，依法审理非法吸收公众存款案件32件74人，追赃挽损1300余万元。审结公安部、最高检挂牌督办的利用境外社交软件走私、贩卖、运输精神麻醉药品案件，被判处刑罚61人。开展打击养老诈骗专项行动，发布普法宣传、典型案例81期，办理以销售“养老产品”为名的诈骗案件2件。严惩侵害未成年人犯罪，办结涉青少年刑事案件17件。

【民事审判】 新收民事案件14280件，办结13780件。深化家事审判改革，办结婚姻、继承纠纷案件855件。筑牢反家暴“隔离墙”，召开新闻发布会，向社会通报近3年“人身安全保护令”案件审理情况。落实特殊困难群体权益保障，与区妇联建立保护妇女儿童权益十项工作机制，聘任家事“四员”16人参与案件审理58件，依法为5名当事人申请司法救助金16.9万元。妥善办理“T3出行”等企业群体性纠纷，审结劳动争议案件993件。审结涉房屋买卖、物业服务等案件1344件。审结丈夫婚内向第三者转移大额财产案，支持妻子追回共同财产，登上微博热搜榜单，点击率1.2亿次。审结培训机构隐瞒教师无资质案，判决构成消费欺诈，入选南京市法院年度消费者权益保护十大典型案件。审结的房屋中介阴阳合同被判赔偿案等4起案件在中央电视台《今日说法》播出。

【商事审判】 开展“民营企业服务月”“百名法官进企业”“百名企业家进法院”系列活动，走访企业百余家，邀请40余名企业家座谈，提供司法服务。拓展商事解纷平台，发挥金融纠纷调解工作室作用，与南京市金融消费纠纷人民调解委员会共同化解金融纠纷案件。与区工商联共建商事调解中心，完善组织架构，实行双向衔接和“三定三诊”工作机制，高效化解涉企纠纷，相关工作经验在全市推广。

【案件执行】 坚持常态化执行攻坚，开展涉民生、涉金融、涉中小微企业等专项执行行动。新收执行类案件3961件，办结3761件。拘传132人次，搜查115件次，拘留16人。加大财产处置力度，上线拍品232件，案拍比例比上年上升112.39%。运用失信联合惩戒机制，纳入失信被执行人名单1904人次，限制高消费2683人次。对暂无财产可执行的案件，不放弃，定期查询被执行财产，恢复执行675件，执行到位金额1.09亿元。建立执行、移送破产直通机制，立案、审判、执行协调配合，执行转破产无缝衔接，一揽子处置执行积案279件，涉及企业23家，化解企业债务2.23亿元，此“执转破”相关经验做法获南京基层法院十大工作创新奖。

【“涉诉信访化解年”行动】 开展“涉诉信访突出问题攻坚化解年”行动，排查出重点信访案件30件，办结率100%。依法审结重大责任事故案件3件3人。通过司法程序依法推进征收拆迁工作，疏导化解南京摩擦材料总厂遗留问题，促成最后4户搬迁，为停滞数年的市重点拆迁项目扫除障碍。推动建立征收工作府院联动机制，畅通快立快审快执“绿色通道”，裁定准予强制执行19件。

【基层案件审理】 创新“多元调解+代表人诉讼”工作法，联合区司法局、街道社区共同推进群体性纠纷化解，办结涉及复地御钟山住宅区2000多户业主的排除妨害纠纷案。组织政法网格员参与社区网格服务，帮助社区化解民生纠纷，1起案件入选全市政法网格员工作“年度十佳案例”。“心宁栖和”诉调对接工作站全域覆盖，通过“一庭一站一室”实体化运作，成功化解各类纠纷1675件。发挥法庭前沿阵地作用，打造诉源治理“同心圆”品牌，巡回审判59场。

【案件分流改革】 坚持“简案快审、繁案精审、繁出精品、简出效率”，分别组建速裁和精审团队，推进“分调裁审”无缝衔接。优化审判流程，倡导要素式审判，一审简易程序适用率86.79%。简易案件平均审理天数54.12天，比上年减少10.93天；服判息诉率、判决改判发回重审率等指标持续优化；员额法官人均办案数达到449件，比上年上升22.34%。

【监督机制改革】 坚持放权与监督结合，不断完善司法监督制约体系。推行“审管体检”工作法，严格审限变更程序，定期分析研判审判运行态势，发出审管通报17期，审限变更合规率100%。完善案件质量评查机制，对二审改判、发回重审、法律监督、涉诉信访等案件重点评查，促进规范司法。健全统一法律适用机制，法官类案检索初步过滤、专业法官会议研究咨询、审判委员会讨论决定，形成递进式法律适用问题解决体系，规制法官自由裁量权。对“六类案件”逐案剖析把关，监督全程留痕。开展办案竞赛，压降长期未结案件，定期召开清案推进会，逐案审查、一案一策。12个月以上未结案件20件，比上年减少28.57%。

（陈　洁　柳俐慷）

司法行政

【概况】 2022年，印发《法治服务小微企业九条举措》，将“援法议事”工作写入法治栖霞建设“十四五”规划。深化公共法律服务进园区，融合法律诊所、“栖事宁”个人调解工作室联盟等现有法律服务资源，联合区财政局、栖霞高新区在紫东国际创意园企业服务中心设立一站式服务窗口，打造法企直通服务驿站。

【法制宣传】 运用“法润栖霞”微信公众号、“栖霞司法行政”微博、区电视台法律诊所专栏开展各类专题普法宣传，法制宣传信息520余篇，被省级以上媒体或网站刊登录用60余篇。“南京市栖霞区‘四化’民主法治示范村（社区）建设工作案例”被司法部案例库录用。举办全区法制专题征文活动。在八卦洲中桥中学建成青少年法制宣传教育基地。利用“3·15”消费者权益保护日等节点和《长江保护法》《劳动法》宣传月等时段，开展普法宣传活动70余场次，接受群众咨询2300余人次，发放宣传资料（传单）8500余份，悬挂横幅260余条。

【法律援助】 打通民政、工会、残联、退役军人事务局等部门与法律援助之间的“数据壁垒”，推动六类困难群众信息共享。做好军人军属法律援助工作，依法维护国防利益和军人军属合法权益，分别在条件比较成熟的区退役军人事务局、驻区某部队设立法律援助工作站，确保现役和退役军人军属享受到及时便捷的法律援助服务。

【社区矫正】 印发《南京市栖霞区社区矫正委员会工作责任清单》。设置区级社区矫正管理局，并赋予独立机构代码，负责全区社区矫正工作的具体实施。依法委托9个街道的司法所承担社区矫正相关职责并招聘专职社工协助开展工作。严格日汇报、周研判和月分析制度，每日通过蓝信App与矫正对象“视频见面”，每周针对矫正情况变化专题研判，每月分析社区矫正工作总体情况。社区建立专业的心理辅导团队，为矫正对象提供个性化心理咨询服务。举办多种形式的家庭活动，帮助矫正对象修复家庭关系。组织矫正对象参与社区服务，参加就业技能培训，以便融入社会。

【公证办理】 全年办理公证3295件，“12345”满意率99%以上，无有效投诉。派出公证员进驻西岗街道公证驿站，为拆迁当事人办理遗产继承公证30余件。坚持周六公证值班制度，为工作日不方便办理公证的当事群众提供服务。全年周六值班时间现场接待当事人557人次，电话解答公证咨询252件，办理远程视频公证事项5件。全省首家探索办理赔偿保证金提存公证，通过“检察+公证”融合创新方式，化解轻微刑事案件处理中的难题。

【知识产权援助中心平台】 推动知识产权维权援助网点全覆盖。联合市场监管、公安、街道等单位，引导与促进民营企业对知识产权的运用和保护，依法严厉查处侵犯他人商标权、专利权、著作权及冒用他人企业名称或姓名、伪造产地等不正当竞争行为。优选律师服务团队成员，深入民营企业，围绕产品销售、劳资纠纷和经营管理等领域的法律风险，研发法律服务产品，开展“法治体检”。

【“乡村法律”诊所】 乡村法律诊所8家，推进“五诊式”服务，及时快捷化解村民涉法涉诉问题。每月确定3天，律师在指定场所“坐诊”，以小纠纷、小求助、小申诉为主，围绕婚姻家庭纠纷、邻里纠纷、土地承包纠纷等，为居民提供纠纷调解、代写法律文书、法律咨询、法律援助等服务。以案释法，解决群众身边的“烦心事、琐碎事”。针对专业性、行业性较强的法律问题，由村民申请、村委会预约，由对口专业律师“把脉”，提供“一对一”“面对面”法律服务。针对重大群体性事件，“法律诊所”共同商讨解决方案。指导村（居）开展民主决策、民主管理、民主监督、居务公开、财务公开等事务。

【“法律+财政”服务模式】 全年受理企业咨询113次，走访企业15家，处理电商平台案件16件，参与知识产权案件线上调解63件。宣传落实小微企业增值税期末留抵退税政策，小微企业原政策增值税留抵退税2136万元，小微企业新政策增值税留抵退税2.25亿元。定期安排律师在“法企直通·服务驿站”开展现场免费法律事务、财税政策等咨询服务，提供知识产权保护、商事纠纷解答、法律援助一站式法律服务。依托创意产业园区线上平台，开通专门服务企业的法治频道，提供普法宣传、案例推送、法律援引、产权保护、公证管家、政策解读、服务热线、站点公布等法治服务项目。

【“援法议事”】 印发《栖霞区“援法议事”范例汇编》。开展“援法议事”示范点评选活动，在西岗街道桦墅村打造“援法议事”示范点，作为经验交流学习之地。对5家“援法议事”工作成绩突出的村（居）通报表彰。八卦洲街道东江村建立“1+4+N”“援法议事”机制，西岗街道齐民路社区打造“齐商共议来漫谈”社区治理新模式，马群街道芝嘉花园社区开展“积善芝嘉”积分制志愿服务等。

【妇女儿童法律援助】 全区实现村（居）家事纠纷调解室“全覆盖”，建成区级婚姻家事调解委员会1个、省级标准化家事纠纷调解室1个，调处涉及妇女儿童类纠纷301件，办理该类法援案件156件，帮助500余名妇女儿童解决“急难愁盼”问题。在各街道成立专职家事纠纷调解员，聘请街道妇联干事担任兼职调解员。将排查婚姻家庭纠纷纳入政法网格员职责，排查婚姻家庭矛盾隐患，重点走访单亲家庭、婚姻状况异常、子女亲情不和的家庭，对排查出的纠纷隐患，第一时间介入、化解、援助。设置女性农民工讨薪专门法律服务窗口，编写家事纠纷调解案例。

【景区调解工作室】 区司法局组建一支由法援律师、基层法律服务工作者、政法网格员、法律明白人等构成的旅游法律服务团，在龙潭“水一方”景区值班，在“水一方”景区建立景区调解工作室。将法制宣传、法律援助、人民调解、律师咨询等服务引入景区调解工作室，实现“一窗受理”“一站服务”。对景区养殖、餐饮、销售等企业、经营者开展“法治体检”，引导经营者尊法、学法、守法、护法，对旅游纠纷“即时受理、现场调解、高效解决”。

【“1371”矛盾调解】 对民营企业实行“1371”矛盾调解机制。在生产经营中遇到的劳动争议、合同履行、损害赔偿等纠纷，“小矛盾1天解决，一般纠纷3天办结，疑难纠纷7天化解，重大纠纷100%'面对面'调解"。邀请民营企业负责人参与评价调解全过程，评价数据及时流转至区矛盾调解中心，对调解效果监督考评。由民营企业选择公证员担任其"专属管家"，提供线上法律咨询、线上办证、预约上门服务，做到公证服务靠前延伸。

（张应亮）

仲　　裁

【概况】 2022年，栖霞区劳动人事争议仲裁委员会受理劳动仲裁申请935件，立案775件，当期审结775件，涉及劳动者775人，为劳动者追回各类经济损失1300余万元。当期审结案件中，调解结案549件，裁决结案216件，其他方式结案10件，结案率100%。工会派出庭依法审结案件81件，结案率100%，为职工挽回各项经济损失160余万元。整合"人社+工会"资源，建立劳动人事争议工会仲裁庭、调解工作室、三方协调办公室、仲裁员工作室"一庭三室"维权服务体系。

【仲裁普法宣传】 开展劳动仲裁专项宣传活动10场，组织劳动法规政策培训6场，受众600余人。向企业职工发放《中华人民共和国劳动合同法》《中华人民共和国劳动争议调解仲裁法》《企业劳动争议协商调解规定》等宣传材料1000余册，与职工面对面讲解劳动争议调解仲裁的规章制度、劳动合同订立、履行和变更、解除和终止、劳务派遣等基本知识。深入企业指导完善规章制度，提高企业和劳动者的法律意识，从源头上预防和减少矛盾纠纷的发生。

【基层调解组织建设】 推进"一站式服务"，构建"1+5+10+N"多元化案前调解工作模式。以区劳动人事争议调解中心为阵地，在区仲裁机构组建5个调解小组，建立专业化劳动争议调解组织10个，专兼职调解员50余人。调解组织调处案件2102件，涉及金额1533.42万元。

【工伤认定】 受理工伤认定申报案件1344件。其中，用人单位申报1218件，受伤人申报82件；行政复议8件、诉讼案件7件。协调个人转单位申报工伤案件59件，协调用人单位为未购买工伤保险个人落实工伤待遇案件7件。

【仲裁信息化】 全年100%案件实现线上办理，网上调解平台受理案件611件，调解成功率为87%。人社部调解服务平台和江苏省人社调解平台应用率达100%，平台入驻调解组织10个，专职调解员30人。

（区仲裁委）

人民武装

【概况】 2022年，栖霞区落实党中央和省、市关于深化国防动员体制改革决策部署，召开国防动员系统部署推进会，组织区人防办、区改革办、区委编办、区发改委、区交通局等相关部门对区国防系统改革进一步细化部署，明确分工、职责、时限等要求。区委常委会研究通过《南京市栖霞区深化国防动员体制改革实施方案》，区国防动员办公室正式挂牌。

【思想武装】 区人武部配发系列书籍，印发学习材料，开辟理论学习园地。参观南京航空烈士纪念馆，观摩仙林街道党建工作。开展"忠诚维护核心、矢志奋斗强军""三心两争"教育以及"五小活动"。邀请退役老党员车阿坤、"2021年度感动警备区十佳人物"孙玉贵到人武部，做"忆峥嵘岁月话光荣传统"专项报告。结合民兵集训、学生军训，利用国家公祭日、国防教育日、八一建军节等时机，开展全民国防教育活动。邀请梅园新村纪念馆讲师走进预定新兵役前教育集训队，开展"传承红色基因，汲取奋斗力量"主题国防教育日活动。在区委、区政府机关和党校开展国家安全观、《中华人民共和国国防法》等学习培训，组织区委、街道党工委和国企党组织过军事日。利用中小学生暑期夏令营，在"十月军校"开设"国防大课堂"，宣讲国防知识，增强学生国防意识。

【征兵宣传】 通过播放征兵宣传片、发放征兵宣传册、贴标语、挂横幅等多种形式，“线上与线下相结合”“上网与入户相结合”，广泛开展征兵宣传。采用进高校、进社区、进人才招聘会等形式，发动适龄青年踊跃报名、参军入伍。把住体检政考“双合格”入围关、集体定兵“公开透明”关、廉洁征兵“全面监督”关。

【民兵训练】 区人武部理顺“三区合一”工作关系，打通高校专业力量编组渠道，实行退伍兵、党员、专业骨干等重点资源一体整合，提高民兵队伍编建质量，保证编得实、拉得出。落实党委议战议训和战备值班、战备教育、节日战备拉动等制度。发挥新聘训练骨干作用，组织民兵应急排、应急连和各专业分队轮训备勤。协调武警和国防动员成员单位，投入“X动”系列国防动员演练，提升援战备战能力。警备区组织全市人武部在栖霞区召开“民兵训练台账资料规范”现场会，集中观摩并推广栖霞区民兵训练的经验做法。

【作风建设】 常态化开展政治纪律教育，及通报时传达违规违纪案例，以专题组织生活形式讨论辨析，引导全员坚定维护风清气正的政治生态。强化廉洁征兵教育，在体检、政考、家访、定兵等重点环节，组织廉政监督员参与，确保公平公正。两季征兵质量稳步提升，未出现违规违纪问题。延伸监督执纪，协调对接区纪委监委，建立区廉洁征兵和民兵作风纪律常态联合监督机制，及时查处各类问题。

（马泽宇）

人民防空

【概况】 2022年，区人防办（区国防动员办公室）践行“战时防空，平时服务，应急支援”使命任务，加强人防设施建设、监管和利用，常态化开展人防疏散演练。与各街道人防办签订安全生产目标管理责任书，与辖区内人防工程使用管理单位签订人防工程维护管理责任书。实现人防工程年检备案网上办理。区人防办被江苏省人防办评为县（市、区）人防工作先进单位。

【人防工程建设】 开工建设龙潭街道某小区人防工程平战转换建设项目，该项目为省、市人防工程平战转换示范项目。协调市国防动员办公室、仙林大学城管委会、区规划局等部门做好仙林人防工程前期准备工作，该项目列入南京市城建2023年B类项目。

【基层人防工作】 完成《栖霞区人民防空方案》修编、评审。建立应急抢修、医疗救护、治安、消防、防化防疫等专业队伍，编组人员达到定人定位要求。组织街道、社区、学校等开展防空疏散演练，通过实地演练使市民、学生掌握疏散时机、方法和路线。加强对防空警报器的定期检测和日常维护，5月、8月分别对全区警报器管理员开展操作培训，完成警报器数据录入和二维码粘贴，警报器完好率100%。

【应急救援包发放】 7月26日，在仙林商务中心举行人防应急救援包发放摇号仪式，在市人防办指导和区公证处监督下，从辖区内114个社区10302户报名居民家庭中，通过摇号方式产生1934户，并在政府网站公示。至9月底，发放人防应急包2000个。

（杨哲琼）

责任编辑 赵建华

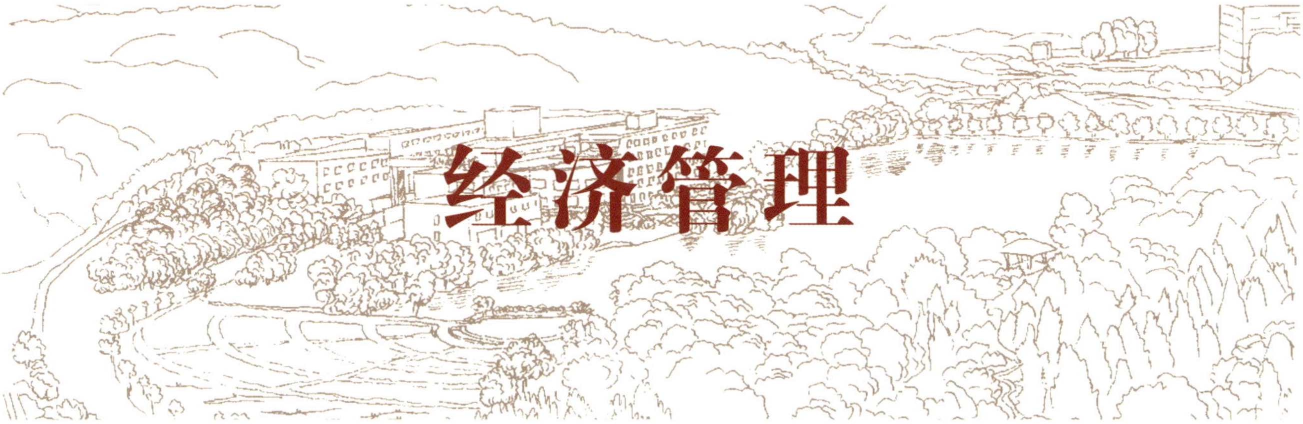

经济管理

宏观经济运行管理

【概况】 2022年，栖霞区编制《栖霞区2022年国民经济和社会发展计划》。实现地区生产总值1746.43亿元，比上年增长1.5%；全社会固定资产投资比上年增长5.2%；城镇居民人均可支配收入7.51万元，比上年增长4.2%；一般公共预算收入140.79亿元，社会消费品零售总额513.04亿元。

【考核激励引导】 区政府出台《2022年度区对街道、高新区高质量绩效评价考核办法》，强化指标调度，研究发布全年主要指标二级分解，压紧压实各板块条线责任，各项考核指标实现争先进位。依据省高质量监测考核及市对区考核办法，常态化开展对街道、栖霞高新区月度考核工作，发挥考核激励引导作用。栖霞高新区、龙潭街道、仙林街道、八卦洲街道被评为第一等次。

【重大项目建设】 区政府编制《2022年栖霞区政府投资计划》，加强项目建设全链条监管，定期调度监测。省、市、区重大项目共123个，累计完成投资320.9亿元。其中，市级实施类项目50个，完成投资182.56亿元。全年开工项目58个，竣工项目38个，完成改扩建工程13个。燕子矶保障房三期配套、迈皋桥保障房二期配套、华电新村老旧小区改造项目争取中央预算内投资补助3912万元，迈皋桥兴卫村保障房及周边配套工程申报政府专项债券1.5亿元。用好政策性开发性金融工具，组织4个项目申报纳入省级储备库，申请基金额度24.16亿元。

【产业结构优化】 区发改委制订《栖霞区推进生产性服务业高质量发展实施意见》，促进生产性服务业向专业化、品牌化和数字化发展。推动主导产业优化升级，发挥新型显示、绿色智能汽车等关键行业带动优势，引领全区产业向价值链高端延伸。栖霞板块入选市培育“独角兽”企业18家、“瞪羚”企业32家。推动企业创新成果产业化，南京恒道医药科技股份有限公司等2家企业、中石化南京工程公司等4家企业分别获批省级工程研究中心、市级工程研究中心。通行宝智慧停车云平台等3个项目申报2022年省级现代服务业专项资金。分别推荐协鑫能源等5家企业为市级总部企业、江苏宝威机械科技有限公司等3个重点项目为2023年省级战略性新兴产业项目。全区三次产业结构调整为0.46∶58.76∶40.78。

【营商环境建设】 全区推行“精准代办”和全生命周期服务，开展“百企走访服务”等系列活动。区发改委牵头编制《栖霞区2022年优化营商环境工作方案》，明确13条36项具体举措，细化各成员单位工作任务及完成节点，实现投资、政务、法治、要素、政商“五个环境”优化。建设社会信用体系，开展企业信用服务，有序组织失信企业摸底排查，召开线下信用管理及修复培训会，联合行业主管部门完成企业信用修复300余家，监督录入行政许可和行政处罚等“双公示”信用信息28.8万条。新增省级示范企业1家、市级信用示范企业3家，连续3年成功推荐辖区企业入选省级信用管理示范企业名单。编制全区经济体制改革工作要点，包括完善科技创新体制机制、构建产业发展新格局、加快推进要素市场化配置改革等7大类改革内容。解决体制改革历史遗留问题，做好改革方案实施跟踪。

【创新驱动发展】 栖霞区实施创新驱动发展战略，全面融入引领性国家创新型城市建设，入选国家知识产权强县建设示范县（区）。推进仙林大学城创新圈、栖霞行政区孵化圈、南京经开区产业圈"三圈融合"。区政府出台新"科创22条"，兑现政策资金1.78亿元。培育科技型企业，持续优化"初创企业—中小企业—入库培育—高新技术企业"全过程孵育链。"霞科行"栖霞区技术转移市场迁入栖霞高新区紫东园区，为驻区企业提供服务。建设科创平台，建成面积550万平方米的73家科创载体。其中，科技企业孵化器26家、众创空间42家、大学科技园5家。打造生物医药领域高校重点实验室、公共技术服务平台、"三站三中心"等各类产业创新平台119家。打造"中国科协海智计划江苏（南京）栖霞高新区海智基地""中国科协海智计划江苏（南京）南大科技园基地"等交流平台，推动创新链、产业链、人才链深度融合。

【信息化建设管理】 区发改委编制区综合指挥平台项目建议书，分期建设城市感知、视频会议、联动指挥、城运中心等分系统。完善大数据平台综合建设，构建数据共享和应用建设两大标准体系，完成云平台、共享交换平台、数据支撑平台三大基础平台建设，形成三大数据资源库框架。联通市级共享交换平台，对接智慧环卫、智慧交管等6个区级系统，归集数据49类2.2亿条。完善数据安全防护体系，完成数据中心扩容升级，优化调整网络拓扑结构，增设下一代防火墙、日志审计等安全设备18台。拓展应用场景，升级优化"栖霞政策通"平台，整合区内6.6万家企业信息，汇聚各级政策1069项，总用户6.69万余家。建成"企业基础信息查询系统"，归集2020年以来涉税数据，全面掌握辖区企业生产经营状况。与区卫健委等部门联合开发"宁助手"综合信息平台。

【绿色低碳发展】 区发改委编制印发《2022年栖霞区推动长江经济带发展工作要点》，梳理跟踪北十里长沟东支景观提升等百项提升工程项目9个。整改生态环境突出问题，与区生态环境局联合印发《栖霞区长江经济带生态环境警示片披露问题举一反三排查整治专项行动方案》，对2018年以来岸线整治问题"回头看"，巩固长江经济带建设成果。编制印发《2022年度栖霞区碳达峰碳中和工作要点》，在全市率先启动能耗预算管理工作，制订公共机构年度光伏建设进度计划，扩大新能源应用范围，全区新增绿色装机容量105.87兆瓦。做好"两高"项目动态化清单管理，推动大唐南京热电有限责任公司、华能南京金陵发电有限公司等重点煤电企业开展节能降碳技术改造和转型升级，启动金陵石化"近零"排放部分项目实施，鼓励企业优化能源结构，促进产业"能效提升"，促进源头减碳多能互补。采取"据实分组、挖潜腾挪、梯次调度"策略，组织62家企业参与电力需求响应，有效响应规模20.6万千瓦时，确保区域电网安全稳定运行。

【民生实事推进】 区政府制订出台《栖霞区2022年民生实事及任务分解方案》，完成区级民生实事31项。区发改委牵头相关部门多渠道促进城乡居民实现增收，继续实施创业富民、科技富民、政策富民等项目工程，确保居民收入增长与经济增长基本同步。提前摸排使用需求，拓宽采购渠道，保障防疫物资储备。

（姜宗秀）

自然资源管理

【概况】 2022年，栖霞规划资源分局编制耕地保护进出平衡方案以及2022—01、02、03号土地征收成片开发方案。发放补贴资金2354.51万元，发放面积5232.25

万平方米，涉及农户1.74万户。开展全区全民所有自然资源资产清查，完成城镇低效用地再开发41宗，盘活存量土地面积135.13万平方米，处置批而未供土地284.53万平方米。开展违法用地“清零行动”，整改耕地保护督察反馈问题。推进农村乱占耕地建房问题清理，开展农村大棚房、违建别墅专项整治行动“回头看”，遏制违法用地行为。开展2021年度国土变更调查，启动全区国土空间监测，完成集体土地所有权不动产登记成果更新汇交任务，汇交登记3567宗。制订《栖霞区常态化开展农村房地一体不动产登记发证工作实施方案》，完善农村房地一体不动产登记收尾工作。

【地质灾害防治】 栖霞规划资源分局编制《栖霞区2022年度地质灾害防治方案》，开展地质灾害风险普查，完成年度地质灾害核销工作，核销隐患点10个。开展地质灾害治理工程，推进联珠村95—11号、燕子矶化工厂等地质灾害工程治理消险。开展矿山安全生产大排查大检查行动，完成仙林羊山地热探矿权的注销清理和南京银茂栖霞山铅锌矿采矿权延续的初审。推进生态修复，巩固全区长江经济带11个废弃露天矿山宕口修复成果，完成中国水泥厂1号宕口和江南水泥厂牛头山2号宕口废弃露天采矿山生态修复，初步完成全区国土空间生态修复和保护规划编制。

【项目报批与供地】 栖霞规划资源分局跟踪保障省、市、区重大项目、重点招商项目，其中责任单位为分局的市级以上重大项目有23个。完成项目方案审定22个，完成供地21宗。全年供应土地149宗，供应面积444.74万平方米，出让金额193.91亿元。

【耕地“非粮化”管控】 栖霞规划资源分局结合设施农用地备案、农村道路建设、耕地整改等，分析全区“耕地转进”潜力与需求，编制《南京市栖霞区耕地进出平衡总体方案》。全区25个项目涉及耕地转出面积13.03万平方米，八卦洲、龙潭等8个街道耕地转进面积19.72万平方米，增加耕地面积6.69万平方米，耕地质量提高0.05等级。

【水环境质量长效巩固】 栖霞规划资源分局开展水质波动断面排查溯源和整治，实现国考、省考、市考13个断面全部达标。对重点流域水体持续开展跟踪调查和预警监测，每月开展2次国考、省考关联排涝泵站水质监测，落实监测报告和数据共享制度，为研判水质情况提供依据。开展全区涉水企业事故排放及应急装置设施专项督查整治工作“回头看”，核实涉水专项检查中问题较多的6家企业14个问题的整改落实情况，对其余9家重点涉水企业再排查。落实宁镇跨界水体联合治理方案，加强双方共治合作，强化便民河——大道河、七乡河等跨界水体联合整治，加强上游来水监测，做好沿线污染物的溯源排查。开展池塘水产养殖尾水情况摸底排查，会同有关专家现场调研指导养殖尾水内部循环使用情况，减少养殖尾水对国考、省考断面水质影响。会同卫健部门对全区29家医疗机构开展污水处理能力和设施建设排查，发现3家医疗机构存在14个问题，均按要求、按时限完成整改。

【全民所有自然资源资产清查】 栖霞规划资源分局清查全区全民所有土地资源、森林资源、湿地资源、草原资源、矿产资源五类资产以及土地储备专项资产并估算经济价值，编制工作报告、技术报告及清查图集。清查结果显示，全区全民所有自然资源1036.56万平方米、国有建设用地13400万平方米、未利用土地资源5747.47万平方米，储备土地资源资产地块142块、矿区16处、森林资源3855.35万平方米、其他草地755.93万平方米、湿地资源195.58万平方米。该项清查工作通过南京市规划和自然资源局组织的专家组验收。

【砂石资源公开拍卖】 区政府办公室印发《栖霞区工程建设项目和整体修复项目施工采挖砂石管理实施意见（暂行）》。各类工程建设项目和整体修复项目在批准用地红线范围内、因工程施工需要采挖产生的普通建筑用砂石等，由运作主体编制相关报告，组织审查，形成处置方案后

6月，栖霞规划资源分局举办建设和整体修复项目采挖砂石管理培训班
栖霞规划资源分局 供图

纳入交易平台。八卦洲街道等通过9次公开拍卖，成功处置八卦洲街道中桥村占补平衡复垦、市2021G43地块场地及边坡治理、市2021G119地块施工、保利G32和神农路—恒竞路过绕城公路等项目工程建设产生的砂石资源，拍卖价款3638.47万元。

【不动产登记成果更新】 10月9日，栖霞区集体土地所有权不动产登记更新成果通过省级检查。更新权属界线、权利主体发生变化的集体土地所有权，重新签署土地权属界线协议书，确保每一宗土地来源合法、界址清楚、面积准确、权属清晰，维护土地权利人合法权益。汇交登记数据3567宗，涉及9个街道95个村757个村民小组，面积817万平方米。办理集体土地所有权变更登记524宗、注销登记15宗。

（傅滢滢）

表11 2022年栖霞区（招拍挂出让）供地情况汇总表

单位：万平方米

序号	用地单位	土地位置	用途	年限（年）	面积
1	中国石化销售股份有限公司江苏南京石油分公司	栖霞区马群街道花港北路以南中花岗加油加气站地块	B41加油加气站用地	40	0.37
2	南京金羚房地产开发有限公司	栖霞区仙林白象片区仙林大道以北、天佑路以西（EAc030-12-45）地块	R2二类居住用地	70	1.67
3	南京金羚房地产开发有限公司	栖霞区仙林白象片区仙林大道以北、天佑路以西（EAc030-12-48）地块	R2二类居住用地	70	3.28
4	江苏宁句轨道交通有限公司	栖霞区马群街道宁杭公路以南、马高路东西两侧地块	R2二类居住用地	住宅70	7.80
5	南京紫霞融光资产经营有限公司	栖霞区栖霞街道栖霞街以西、茶圣路以北地块	B1商业用地	40	1.12
6	南京紫霞融光资产经营有限公司	栖霞区栖霞街道栖霞街以东、茶圣路以北地块	B1商业用地	40	1.70
7	保利江苏房地产发展有限公司	栖霞区燕子矶街道燕园路以东、寅春西路以北地块	R2二类居住用地	70	6.11
8	南京栖霞建设股份有限公司	栖霞区燕子矶新城怡园东路以东、燕恒路以北地块	R2二类居住用地	70	4.49

续表11

序号	用地单位	土地位置	用途	年限（年）	面积
9	南京高科置业有限公司	栖霞区燕子矶街道和燕路以东、临江路以北（燕子矶老镇）地块	Rb商住混合用地	住宅70	9.71
10	南京栖霞建设股份有限公司	栖霞区仙林街道毕昇路以南，经天路以西地块	R2二类居住用地	70	4.73
11	南京安居保障房建设发展有限公司	栖霞区马群街道土城头路以西、悦民西街以南地块（百水二期E地块）	R2二类居住用地	70	2.16
12	南京栖霞建设股份有限公司	栖霞区栖霞街道湛墅路以西、水泥厂路以北地块	R2二类居住用地	70	2.99
13	南京高科置业有限公司	栖霞区西岗街道阳春路以西、花蕾路以南地块	R2二类居住用地	70	4.05
14	江苏攀望科技有限公司	栖霞区尧化街道新尧南路东侧、尧林路北侧马家园东侧	Bb商办混合用地	40	0.67
15	南京栖云山房饭店有限公司	栖霞区栖霞街道栖霞山以西、荼圣路以北主题宾馆地块	B1商业用地	40	4.06
16	南京高科仙林湖置业有限公司	栖霞区仙林白象片区仙林大道以北、天佑路以西（EAc030-12-49）地块	R2二类居住用地	70	3.51
17	南京秋岚酒店管理有限公司	栖霞区燕子矶街道临江路以南、水塔路以北地块	B14旅馆用地	40	0.81
18	中石化南京中锦石油有限公司	栖霞区西岗街道地铁4号线湖东路东侧加油站地块	B41加油加气站用地	40	0.15
19	中国石化销售股份有限公司江苏南京石油分公司	栖霞区栖霞街道林江东路以西、李家山以东加油站地块	B41a加油站用地	40	0.17
20	中国石化销售股份有限公司江苏南京石油分公司	栖霞区尧化街道恒广路以南、经十一支路以西加油站地块	B41a加油站用地	40	0.16
21	南京维觉科技有限公司	南京经济技术开发区恒通大道以南、西站货场以北	工业用地	30	1.93
22	江苏中泰药业有限公司	南京经济技术开发区尧化门货场以北	工业用地	30	2.00
23	南京同力建设集团股份有限公司	南京经济技术开发区恒广路以南、兴建路以西	科教用地	50	1.33
24	南京翔辉光电新材料有限公司	南京经济技术开发区恒通大道	工业用地	50	1.52
25	汉森维德智能装备（南京）有限公司	南京经济技术开发区新港大道	工业用地	50	1.00
26	江苏龙蟠科技股份有限公司	南京经济技术开发区恒广路	科教用地	50	2.03
27	南京彼奥电子科技有限公司	南京经济技术开发区平港路	工业用地	30	1.83
28	江苏韦伯通讯科技有限公司	南京经济技术开发区恒谊路	工业用地	50	1.99
29	南京经开区国有资产运营有限公司	南京经济技术开发区恒广路	科教用地	50	2.62
30	南京市下关粮食仓库有限公司	南京经济技术开发区恒广路	仓储用地	50	3.29

续表11

序号	用地单位	土地位置	用途	年限（年）	面积
31	南京新港产业投资发展有限公司	南京经济技术开发区恒广路	科教用地	50	1.80
32	江苏宝威机械科技有限公司	南京经济技术开发区保通路	工业用地	30	2.87
33	江苏颐兰贝医疗科技有限公司	南京经济技术开发区龙北大道	工业用地	30	2.67
34	南京年达智能装备科技有限公司	南京经济技术开发区龙北大道	工业用地	30	2.69
35	丹佛斯电力电子（南京）有限公司	南京经济技术开发区广志路	工业用地	50	4.98
36	南京冠佳科技有限公司	南京经济技术开发区龙北大道	工业用地	50	3.67
37	南京灿恒光电科技有限公司	南京经济技术开发区保通路	工业用地	50	3.20
38	南京诺唯赞生物科技股份有限公司	南京经济技术开发区平港路	工业用地	50	5.34
39	南京广通工程设备科技有限公司	南京经济技术开发区恒泰路以南	工业用地	30	1.10
40	爱尔集新能源（南京）有限公司	南京经济技术开发区兴旺路以西	工业用地	50	13.90
41	菲特晶（南京）电子有限公司	南京经济技术开发区平港路	工业用地	50	1.99
42	南京市下关粮食仓库有限公司	南京经济技术开发区恒广路	仓储用地	50	1.16
43	南京天加环境科技有限公司	南京经济技术开发区炼西路	工业用地	50	8.54
44	南京经东产业投资发展有限公司	南京经济技术开发区龙北大道	工业用地	50	3.18
45	南京创智科技发展有限公司	南京经济技术开发区龙北大道	工业用地	50	2.64
46	南京晶升装备股份有限公司	南京经济技术开发区营房路	工业用地	50	2.68
合计					141.66

国有资产监督管理

【概况】 2022年，区政府国有资产监督管理办公室（简称“区国资办”）履行国资国企监管职能，夯实国有资产综合管理基础，把握行政事业性国有资产、国有资本和国有企业两条主线，服务区域重大战略和经济社会发展大局。区国资办监管区属国有集团7家，总资产1015.37亿元，负债729.29亿元，净资产286.07亿元，负债率71.83%。

【不动产监管】 区国资办联合主管部门和栖霞区尧帝商业服务有限公司逐步构建“大数据+铁脚板+网格化”综合监管模式。监督核查不动产出租管理软件功能模块运作情况，督促各机关部门和国有企业动态做好数据维护。联合区房产交易市场等部门到迈皋桥、燕子矶、尧化、龙潭、马群等片区开展房屋出租专项监督检查。审查单位申报出租资产权证和消防等情况，审核租赁合同135份，收取租金2.01亿元，减免租金1.27亿元。15处面积2.93万平方米房屋招标后年收租金885.79万元，比上年增长10.66%。

【国有资产管理】 区国资办开展行政事业性国有资产管理业务培训，培训42人次。安排专人根据系统核查区结算中心115家代账单位资产存量和资产登记的合理性，针对问题单位逐一进行督查、指导。全面实行“资产云+实物仓”的国资共享共用模式。区政府“公物仓”集中保管20家单位的366件原价值1072.07万元的闲置资产，以备调剂使用。全年办结资产核销业务54宗，资产1.01万件，核销资产原价值1601.08万元，处置收益10.41万元。办结调拨资产业务17宗，资产1592件，涉及调拨资产原价值851.14万元。从“公物仓”调配资产20宗106件，主要为电脑、打印机等资产。

【国资国企改革】 区国资办实施“1+N”顶层设计和三年行动方案，加快国有资本布局优化和结构调整。截至年底，基本完成改革任务110项。区国资办制订、印发《栖霞区国有企业财务监督管理暂行办法（修订）》《鼓励区属国有企业加强研发投入的工作方案（试行）》等4个文件，完善制度体系建设。研究国企改革最新要求，每周召开改革工作例会，按月完成指标表、自评表等工作。督查区属集团改革工作执行情况，形成各集团“国企改革问题清单”，召开国企改革专题例会，逐条对标讲解指导，敦促企业查漏补缺。采取“大数据+网格化+铁脚板”的监管手段和清单化、协同化的监管方式，健全监督机制。每周听取尧帝资产运营公司工作汇报，督促企业做好经营性国有资产集中统一监管。

【公房租金减免】 区国资办印发《关于落实省政府2022年1号文减免国有房屋租金工作的通知》，发挥国有资产效益，助力服务业、小微企业和个体工商户纾困解难和恢复经营。减免承租国有企业（包括全资、控股和实际控制企业）和行政事业单位国有房屋的服务业、小微企业和个体工商户租金。实行月报制度，定期汇总国有房屋租金减免情况。全区国有房屋租金减免约1.17亿元。

（杨　斌）

8月18日，区财政局组织开展栖霞区预算绩效管理专题培训会

区财政局　供图

财　政

【概况】 2022年，栖霞板块全年实现一般公共预算收入140.79亿元，比上年下降3.12%，税收占比90.4%；一般公共预算支出（含市指标）93.11亿元，比上年下降9.19%。其中，栖霞行政区一般公共预算收入39.74亿元，财政总收入72.26亿元；一般公共预算支出（含市指标）66.83亿元，财政总支出（含市指标）121.66亿元。

【财政收支】 全区一般公共预算可用财力52.73亿元（含动用预算稳定调节基金1亿元、省转贷栖霞区新增一般债券0.5亿元），其中区本级38.73亿元、街道14亿元。一般公共预算支出49.35亿元，其中区本级35.35亿元、街道14亿元。收支相抵，结转结余3.38亿元，其中项目结转1.28亿元、补充预算稳定调节基金2.1亿元。政府性基金预算可用财力3.41亿元。其中，省转贷栖霞区新增专项债券1.5亿元，调入资金1.91亿元，均为区本级财力；政府性基金预算支出3.41亿元，均为区本级支出；收支相抵，无结转结余。

【政府采购管理】 全区通过政府采购办公室审核的采购计划金额4.99亿元，实际采购金额4.74亿元，节约资金2518.39万元，资金节约率5.05%。其中，货物类采购资金1.66亿元，采购相关设备5.86万台（套），节约资金897.17万元；工程类采购资金1.51亿元，涉及工程159项，节约资金1036.31万元；服务类采购资金1.57亿元，涉及服务项目1.2万项，节约资金584.91万元。

【脱贫地区农副产品采购】 区财政局制订下发《关于开展2022年度政府采购脱贫地区农副产品的通知》，明确各政府采购单位"832平台"年度采购量及要求。区财政局关注各单位采购情况，统计分析采购数据，督促各采购单位履行采购职责，每季度向相关任务单位通报采购完成情况。全区"832平台"下单交易总额152.57万余元，完成全年计划数的114.76%，超额完成近15%。

【医疗卫生保障】 区财政局支持重点卫生项目发展，安排区卫生事业发展基金2300万元，支持栖霞区医院"院府合作"项目和迈皋桥医院"南医大合作"项目。安排2000万元作为与省人民医院、省中医院、区医院等院府合作相关经费。安排财政预算5905.31万元，推进栖霞区医院医疗改革。区财政局安排经费2.75亿元，保障新冠肺炎疫情防控需要。

【医疗票据电子化改革】 区财政局全面推进非税票据电子化改革，164个机关部门、街道、园区平台、学校均实现非税票据电子化。全年开出非税电子票5.36万张，开票金额19.05亿元。10家公办医疗机构全部实现医疗电子票据平台开票，实际使用率100%。29家民办非营利性医院机构，全部实现医疗电子票据在线开票。

【惠民补贴信息管理系统】 区财政局通过区财政惠民补贴信息管理系统发放补贴项目74项，发放资金2.99亿元，受惠群众56.56万人次。发放普通低收入家庭等住房租赁补贴233.17万元，发放退休职工住房补贴131.64万元，拨付人才安居购房和租赁补贴区级配套资金708.65万元。全区预算管理一体化系统执行模块上线运行，将预算公开和财政供养人员模块纳入一体化系统。

【惠农补贴发放】 区财政局发放耕地地力保护补贴面积5196.74万平方米，补贴标准每亩120元，发放补贴资金935.41万元。向实际种粮农民发放一次性补贴资金259.54万元。发放稻谷补贴，面积1414.23万平方米，补贴标准每亩100元，发放补贴资金212.13万元。

（杨　斌）

税　务

【概况】 2022年，区税务局完成各项税收收入202.88亿元，比上年增加85.4亿元，增长72.7%。其中，税收收入68.53亿元，比上年减少6.85亿元，下降9.09%；社保费收入49.02亿元，比上年增加9.13亿元，增长22.9%；非税收入85.33亿元，比上年增加83.13亿元。全年净入库一般公共预算收入35.55亿元，比上年减少5.71亿元，下降13.84%。依法依规为12万余户企业办理新增减税降费及退税缓税缓费19.7亿元。出台《风险应对集体审议专项工作机制》等8类规范制度，完成风险应对任务594户次，入库成效6000多万元，任务完成率92.8%。完成土地增值税清算项目4个，入库金额1亿多元。成立"大数据应用""税费政策专家"团队。围绕市税务局"宁E税 您满意"税费服务品牌，打造"不说不"办税服务厅，设置留抵退税咨询辅导专区及"办不成事"反映专窗。"线上办""电话办""容缺办""特需办"相结合，实现办税缴费业务90%网上可办。依法处理违法行为案件7023件，线上处罚率90%。使用执法记录仪记录执法事项116件，使用约谈室记录案件6件。完成股权转让核查1619户次。完成"按户管""跟票管"40批次，推进"核改查"，查账征收面100%。1月，区税务局窗口进驻区政务中心人社大厅，实现38项社保费业务"一厅联办"，受理特困行业社保费缓缴申请82家，缓缴金额1037万元；"免申即享"医保缓缴企业1.83万户，缓缴金额6500余万元。全年享受抗击新冠肺炎疫情减免房产税政策497户，减免金额3689.23万元；

减免土地使用税241户，减免金额658.4万元。完成土地增值税清算项目4个。其中，补税项目2个，补税金额1.03亿元；退税项目2个，退税金额9738.59万元。区税务局被国家机关事务管理局、中共中央直属机关事务管理局、国家发展和改革委员会、财政部评为“国家节约型机关”，被省精神文明建设指导委员会评为省文明单位，被市委、市政府评为南京市扛起“争当表率、争做示范、走在前列”三大光荣使命先进集体。

【税收行业分布】 栖霞行政区工业经济总体运行平稳，入库税收5.6亿元，其中制造业税收贡献占工业经济比重超90%。光电子器件制造、集成电路制造、电工仪器仪表制造业的入库税款增幅明显，比上年分别增长254.4%、213.9%、186.1%。全年新办企业0.9万户，比上年增长0.6%。其中，服务业占新办企业总数比例超90%，金融业、科学研究和技术服务业、租赁和商务服务业比上年分别增长66.7%、20.1%、21.6%。行政区市场主体采购支出2351.3亿元，比上年增长3.2%，其中制造业、信息技术服务业的采购支出比上年分别增长7.1%、25.3%。信息传输及软件和信息技术服务业、教育业、金融业、科学研究和技术服务业四大门类税收占税收总量的21.5%，比上年增长5.1%。其中，信息传输及软件和信息技术服务业、教育业、金融业的入库税款比上年分别增长26.3%、15.9%、13.9%。现代新兴服务业的税收占税收总量的15.6%，比上年同期增长3.8%。高新技术企业、中小型科技型企业的入库税款比上年分别增长10.5%、19.8%。

【税源税户基础管理】 区税务局登记总户数7.9万户。其中，企业5.6万户，个体2.3万户，比上年同期增加0.6万户。其中，企业增加0.5万户，个体增加0.1万户。在税户结构中，区税务局重点税源企业（主要为年入库税款50万元以上的）1327户，占纳税人总数的1.7%，其余98.3%纳税人为小微纳税人。一般纳税人2.1万户，占纳税人总数的27%，小规模纳税人5.8万户，占纳税人总数的73%。

【风险应对】 区税务局发起自主识别任务4户，取得入库成效434.3万元。完成各项风险应对任务594户次（含注销户），取得入库成效6189.4万元，取得总成效1.25亿元，风险应对任务完成率92.8%。完成提示提醒类事项任务1447户次。政策落实核实任务1369户次、出口企业出口应征税风险任务78户次。完成3863户自然人异议申诉任务。接收稽查转办发票协查412户次，完成390户次，完成率94.7%；查补税款168.43万元，滞纳金80.29万元。

【减税降费】 区税务局办理新增减税降费及退税缓税缓费19.7亿元。其中，增值税留抵退税13.12亿元，涉及6137户次。小微企业所得税优惠1.53亿元，涉及8743户次。小微企业“六税两费”减免0.95亿元，涉及2.79万户次。增值税小规模纳税人免征0.66亿元，涉及1.52万户次。其他优惠政策减免0.7亿元，涉及5.07万户次。制造业中小微企业缓缴2.74亿元，涉及1.58万户次。

【纳税服务】 区税务局办税服务厅受理涉税业务34.1万户次，纳税人通过电子税务局、扣缴客户端、移动办税端等“非接触式”线上办税途径办理业务469.83万户次，非接触式办税占总数的94.26%。建立三级响应机制（市税务局纳服处和纳服中心、区税务局、兄弟区税务局），运用“线上办”等方式，推动非接触式办税流程的优化与便捷。设置留抵退税咨询窗口、辅导专区。发票线上领用率为93%。设立“办不成事”反映窗口。在征纳沟通平台点对点推送50批次涉及138.99万户次的政策宣传信息，建立3个税收优惠模型，梳理出企业2465户，在税企服务智能平台“精准推送”模块推送优惠政策。12366热线电话呼入12.79万次，转人工11.16万次，人工接听10.95万次，接通率98.12%。承接自然人电子税务局征纳互动平台留言咨询业务，处理留言咨询1599条。12366咨询热线有座席9个，咨询员14名。

2月，税务人员向纳税人讲解纳税法规　　区税务局　供图

【内部风险防控】 区税务局检查各税费种内部风险248项。制订法制审核等专项制度5个，编制增值税发票首次领用、申报比对异常的操作指引手册。专项督察留抵退税，发现问题25户，缴回税款10户33.71万元；确认问题78个，缴回税款265.06万元。开展审计署审计前风险自查，排查税收执法类风险数据50项1069条，排查社保风险任务3项119条。整改问题180个，退税0.6万元，补缴税款2.8万元。核实审计疑点43批次1265条，整改103条，退税22.73万元，补缴税款52万元。

【非税收入划转】 区税务局完成56户次水土保持补偿费、45户次防空地下室易地建设费申报。完成25户次土地出让金及相关费种征收缴纳，入库国有土地使用权出让收入、国有土地收益基金收入及农业土地开发资金收入25亿元。全年征收非税收入85.4亿元。其中，教育费附加9642.7万元，地方教育费附加6429.41万元，文化事业建设费188.08万元（减免全退），残疾人就业保障金1869.51万元，工会经费及工会筹备金887.84万元，防空地下室易地建设费1952.88万元，水土保持补偿费收入135.4万元，城镇垃圾处理费115.47万元，国有土地收益基金收入5.62亿元，农业土地开发资金收入392.64万元，国有土地使用权出让收入77.61亿元。

（陈　羊）

金融监管

【概况】 2022年，区金融监管局开发区级融资平台“栖融E”，提升区内融资效率。联合区金融协会组建银团，走访辖区重点企业20余家。举办政府、银行、企业对接活动14场。新增3家私募股权公司。健全地方金融监管体系，防范非法集资，金融机构依法经营，全区金融风险总体可控。

【企业上市】 区金融监管局修订《栖霞区支持企业利用资本市场融资实施细则》，提升专精特新企业在科创板、北交所上市的补贴力度，帮助3家企业获市级补贴资金190万元，15家企业获区级补贴资金640万元。全区获批上市企业（含境外）2家，过会企业2家、报会在审企业1家，辅导备案企业5家，储备有上市意向企业30家。

【企业融资】 区金融监管局助企纾困，做好融资服务，促成区政府与紫金农商行、恒丰银行签署战略合作协议。配合金融机构及时推出创新型信贷产品。丰富融资渠道，组织近60家企业开展省金服平台线上融资培训，引导企业通过省金服平台获得融资。至年底，全区有5586家企业接入平台，有972家企业获得1324笔授信，授信金额45.8亿元。

【风险防范】 区金融监管局制订《关于组织开展涉嫌非法集资风险集中排查和常态化排查工作的通知》，摸排1000余家单位，立案查处非法集资企业2家。联合区市场监督管理局、区公安分局及相关街道，会商审批新设、变更事项的投资类企业124家。其中新设65家、备案登记59家。现场检查全区小额贷款公司、融资租赁公司、融资担保公司、典当行、农民资金互助合作社、交易场所等类金融机构20家。在社区组织宣讲《防范和处置非法集资条例》活动15场次。

（朱锦风）

审　计

【概况】 2022年，区审计局完成审计项目13项，查出主要问题金额18.63亿元，非金额计量问题99个，审计期间整改金额2.81亿元，审计处理处罚3.49亿元，提交审计报告和专项审计调查报告15篇，出具移送处理书1份。完成37个中介机构审计项目监督，项目总投资约5.5亿元，复审6个项目，再次调减投资33万元，提出建议41条，被采纳19条。开展2021年度内部审计考核评先活动，评选出先进个人6人。

【内部审计】 在全区各级行政事业单位、国有企业、金融机构、开发园区等审计对象范围内开展内部审计统计调查表（半年报、年报）填报。组织全区内审人员全过程参与审计项目，全年有6家内审单位、10名内审人员参与区级审计项目。将尧化街道作为重点扶优单位，围绕打造“优秀内审单位”，开展专项调研，邀请市审计局内审处领导现场指导。全年组织内审培训交流活动2次，邀请南京财经大学专家讲授“投资审计重点与转型发展”知识。全区内审单位开展审计项目350项，涉及审计金额2513.06万元。其中，财务审计84项，经责审计40项，投资审计136项，其他审计90项。

【部门预算执行审计】 审计区2021年度本级部门预算执行和决算草案，分析全覆盖采集的全区58家一级预算部门审计数据，现场审计12家一级预算单位及部分下属单位，重点关注部门预算绩效管理、国库支付管理、区本级部门专项资金管理及政府采购管理情况，审计发现问题26个，涉及金额2157.42万元，提出审计建议6条。下达移送处理书2份，提交审计专报2份，出台制度文件10个。

【财政预算执行审计】 围绕省、市、区安排的专项资金，重点延伸审计15个一级预算单位及25所学校，重点关注科技、教育等专项资金的绩效情况。发现区财政在国库集中支付管理、预算执行、全面落实预算绩效管理方面存在不到位的问题，发现“两落地一融合”专项资金在管理和执行方面存在的问题。开展义务教育资源配置审计调查研究，分析全区教师投入产出情况，提出相关调研结论和建议。提交审计报告、结果报告、工作报告、整改报告、专题报告各1份，结果公告、审计专报各2份，完成论文1篇。审计纠正管理不规范金额10.13亿元，督促责任单位建立健全5项管理制度。

【区民政局信息系统审计】 审计区民政局信息系统，关注信息系统基本情况、信息系统一般控制、信息系统应用控制、内部控制管理等方面，依法出具审计报告。审计采用双主审双报告模式，利用大数据分析技术全面分析信息系统结构及业务数据，利用图表方式在报告中展示数据，出具数据分析方案1份、数据分析报告1份。审计指出系统绩效、信息网络安全、系统建设程序等6个方面的问题14个，提出审计建议6条。

【保障性住房项目竣工决算审计】 对石埠桥片区保障性住房项目竣工决算审计，该项目总投资约20亿元。审计保障房及中小学等配套工程建设、房源安置、融资费用、土地费用等，指出建设单位在建设程序履行、建设管理、资金管理等方面存在的问题13个，提出审计建议3条，组织核减投资2.65亿元。

【尧化街道自然资源资产审计】 审计尧化街道办事处2020年3月至2022年2月资源与环境开发、利用和保护情况。重点审计水资源、土地、垃圾分类、土地出让等自然资源和相关生态环境保护事项，关注自然资源资产管理、碳达峰碳中和等重大任务落实情况，重点抽查农水办、城管办、环保办等部门。审计查出问题7个，需要说明的情况4个，提出审计建议4条。

（孙圣东）

统　　计

【概况】 2022年，区统计局完成农业、规模以上工业、资质以上房地产业等常规统计10余项，完成工业品价格、规模以下工业、服务业等专项抽样调查20余项。统计监测高质量发展指标、文化产业、妇女儿童发展等，统计执法单位、行政指导单位和数据核查企业200余家，做好统计监测预警。撰写统计监测预警分析和调研材料100余篇，发表《栖霞统计信息》《栖霞经济动态监测》《栖霞统计速递》等内参60余期，撰写统计信息400余条。为全区各类工作会议提供统计资料40余篇，完成《栖霞统计月报》《栖霞区2021年国民经济和社会发展统计公报》《栖霞统计年鉴》编撰。

【第五次全国经济普查筹备】 区统计局筹备第五次全国经济普查工作，制订普查方案。组建区第五次经济普查筹备领导小组及办公室、专业工作组，选派业务骨干参加全省投入产出普查试点。做好基本单位入库和日常名录库维护，核实更新在库单位，利用各部门资料补充新增单位，充实统计名录资源，完善全区基本单位和“四上”单位入库。公开招聘5名专职指导工作人员。开展经济普查前期数据比对分析，分行业分析、比较增加值总量和结构匹配性等情况。

【居民住户调查大样本轮换】 区统计局推进样本轮换，维持样本轮换代表性和数据质量。区政府常务会议重新修订《栖霞区住户调查管理办法（2022年）》。区统计局制订《栖霞区住户调查大样本轮换宣传工作方案》，开展“住户调查又一轮 我当国家记账人”住户调查大样本轮换广场宣传活动，通过广播电视、电梯广告等形式宣传。完成样本记账户120户轮换。

【第七次全国人口普查资料开发利用】 区统计局与辖区内高校合作，利用第七次全国人口普查数据开展8个方面的课题研究，撰写人口普查论文，课题涵盖人口与社会经济发展、人口与公共服务、人口老龄化与养老等多方面内容，编印《栖霞区2020年第七次全国人口普查课题汇编》。编纂《南京市栖霞区人口普查年鉴（2020）》，内容涵盖全区人口总体情况、民族、年龄、受教育程度、婚姻、家庭、户口、住房、生育、死亡等情况，为全区经济社会发展提供科学准确的普查数据和信息。普查资料作为栖霞区第七次全国人口普查档案留存，供社会各界查询使用。

（张光伟　陈　洁）

市场监督管理

【概况】 2022年，区市场监督管理局深化“放管服”改革，优化营商环境，护航经济健康发展。牵头做好企业年报和全区“双随机、一公开”监管。全区企业年报率91.3%，比上年增加0.1%，特种设备使用企业年报率100%。全区26个部门参与市场监管信息公示，各部门均开展双随机抽查计划147项，抽查企业8700余家，其中跨部门联合双随机抽查1100余家。区市场监管局12345平台办结工单414件，12315平台办结工单1.54万件，其他方式办结工单437件，合计1.63万件，即时办结率100%。

【放心消费创建】 区市场监管局推荐企业申报省级放心消费创建单位6家。其中，示范单位1家，示范街区5家。市级放心消费创建单位25家。其中，示范单位17家，示范网店6家，市级美丽乡村放心消费创建示范村2家。通过电梯智能化系统“维小宝”，在全区3070部电梯屏幕上滚动播放“3·15”主题消费维权公益宣传片。

【食品生产经营监管】 区市场监管局完成食品安全监督抽检4947批次，合格率95.9%；快速检测辖区蔬菜平价店、果蔬店食品，抽样5286批次。开展食品安全“你点我检”活动，收到群众

4月29日，区市场监管局检查南京盒马会员店燕子矶店
区市场监督管理局　供图

投票5375票，选出抽检品类30种，抽检100批次，抽检合格率95%。规范农贸市场快检室运行管理，督促农贸市场快检室按规定品种和批次完成检验任务，全年农贸市场快检室完成食用农产品快检27.63万批次，不合格1397批次，合格率99.5%。排查食品生产环节风险隐患，食品生产企业及小作坊检查覆盖率达100%，查找风险隐患食品生产企业（小作坊）问题1030条，完成处置率100%。食品生产单位的食品安全自查及自查报告率100%，“食安员”App抽考覆盖率100%，合格率100%。监管食品经营环节，利用科技赋能企业完成食品安全自查、培训考核、索证索票等日常管理。开展校园食品安全守护行动，专项整治奶茶、鸭血等，排查食品安全风险隐患4.28万条，完成处置率100%。督促食品经营单位使用“食品餐饮云”系统，辖区“六类”业态应入尽入餐饮监管云平台。指导卤菜生产企业及经营门店使用“一码通”系统，规范使用“江苏冷链”追溯系统，完成首站赋码339条、有码入库4633条。全年开展各类线下集中培训10余次，组织培训食品从业人员400余人次。

【药品医疗器械化妆品安全监管】 区市场监管局全覆盖检查零售药店，监管口罩等防疫产品质量和登记销售发热咳嗽药品。监督检查药品经营使用单位，抽样送检重点品种，抽样各类药品90批次，抽检医疗器械7批次，未出现不合格药品和医疗器械。专项整治中药饮片零售企业210家，专项检查零售药店“四类药”销售，组织专项检查疫苗质量安全、医疗机构药品和医疗器械使用质量、含冷链的医疗器械经营企业等。检查医疗器械经营企业321家。开展化妆品“线上净网线下清源”专项行动，检查化妆品经营户180家，规范网上经营行为。许可审批零售药店开办变更、医疗器械经营，化妆品备案后现场检查，办理药品零售许可110件、医疗器械三类许可90件、二类医疗器械备案现场检查48件、医疗器械网络销售备案12件，出动执法检查人员540人次。所有许可审批事项均在网上办理，办理结果在南京市市场监督管理局网站上公示，全年无差错、无投诉。

【特种设备安全监察】 区市场监管局检查特种设备使用单位342家次，发现隐患760条，整改752条，立案查处涉及安全相关案件1起，案件办结3起，处罚金额69万元。检查南京港华燃气有限公司燃气管线291.4千米，验证点位55个。聘请专家帮助移动式压力容器充装单位和使用单位查找问题，查找出8家企业隐患问题36个，全部整改。专项督导检查驻区高校实验室安全并开展“回头看”活动，发现隐患问题29个，完成整改25个，对未能完成隐患闭环整改的问题，下达特种设备安全监察指令书，要求使用单位限期完成隐患闭环。全区气瓶充装单位8家，气瓶41.94万支，其中液化气气瓶31.9万支。检查气瓶充装、气瓶检测单位8家次。其中，检查液化石油气充装单位3家次，发现隐患6个，均全部整改。定期清理气瓶数据，全区气瓶定检率超98%。聘请第三方监督检查辖区内120台商品房小区电梯的安全现状和维保质

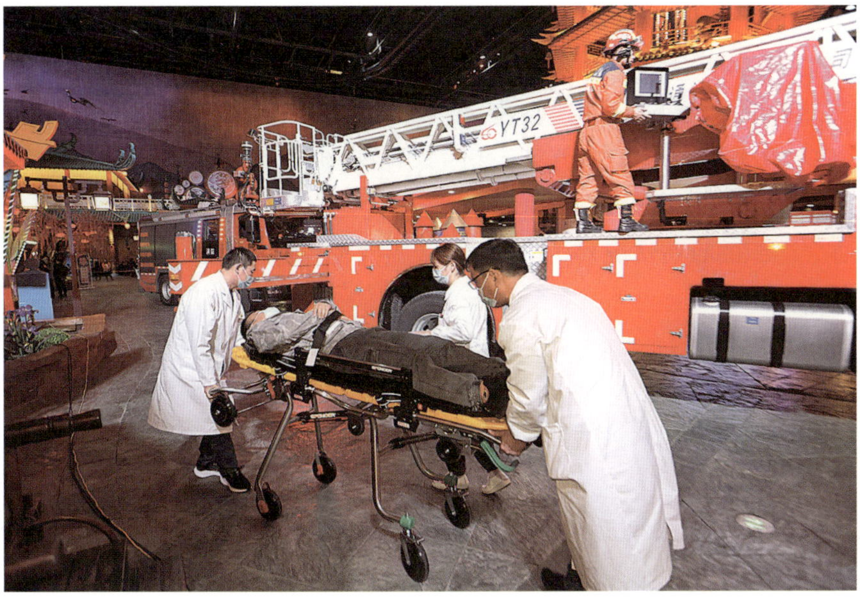

11月25日，区市场监管局开展游乐设施突发情况应急演练
区市场监管局　供图

量，涉及使用单位18家，发现隐患276项，其中严重隐患43项，全部整改完毕。持续推进电梯智慧监管试点，聘请专业机构开展电梯智能化平台维护，全区3000台电梯安装智能化系统。依法依规协调处理电梯投诉428件。11月25日，承办市级游乐设施突发情况应急演练。

【商标广告监测监管】 全区有效注册商标4.22万件。其中，中国驰名商标6件，地理标志商标2件。新增注册商标6225件、新申请注册商标8963件。开展广告专项整治，监测排查非法金融活动广告163条，监测排查长江流域非法捕捞渔获物违法广告1646条，监测排查文娱领域广告123条。监管教育培训和危害青少年身心健康广告113条，指导案件办理3起。管控校外培训广告，组织行政指导约谈1次，政策宣传1次，组织单位自查71家。开展北京2022年冬奥会和冬残奥会奥林匹克标志知识产权保护专项行动，专项检查4次，出动88人次，监测排查广告106条。调查涉嫌使用"冰墩墩"形象广告案件2件。开展校外培训机构合同格式条款规范整治"回头看"，检查校外培训机构256家，开具行政指导意见书5份，责令整改通知书2份。

【企业国标行标认定】 全区获评省级工业企业质量信用AA级3个，"江苏精品"重点培育企业4家。南京东模机电制造有限公司主导国家标准立项1项，江苏省人工智能学会等3家单位参与制订行业标准2项，江苏省计量科学研究院主持制订技术规范6项，江苏凯米膜科技股份有限公司等3家单位参与制订指导性国家标准1项、推荐性国家标准4项，江苏丘陵地区南京农业科学研究所等13家单位主持或参与制订地方标准12项，江苏紫金东方超声电机有限公司获企业标准"领跑者"证书。南京码讯光电技术有限公司等10家小微企业作为代表，开展小微企业质量管理体系认证提升活动，江苏百绿园林工程有限公司获省质量认证助推小微企业创新发展优良案例。

【执法案件查处】 区市场监管局依法立案查处各类违法违规案件322件。其中，食药类191件、工商类93件、质监类24件、价格类8件、野生动植物案件6件。罚没款入库约700万元。向公安机关移送食品违法案件线索3起。处理移送案件线索60件，处理公司冒用身份证注册登记等投诉46件。处理抽检不合格食品597件，及时将处理信息上报、录入。开展"长江禁渔禁捕"专项行动、"全市商品住房市场"专项整治等执法行动。

（胡　冬）

价格监管

【概况】 2022年，区发改委在区政府网站公示《栖霞区行政事业性收费目录》清单，涉及区招办等单位29家、"新教师录用招考考试费"等收费项目31个。办理涉案财物价格认定214件，涉案金额109.75万元。价格争议纠纷调解2件，涉及金额0.03万元。受理"都京紫晶苑"等13个项目的普通商品住宅销售价格备案15次，申报商品住宅7641套，销售总面积84.33万平方米。受理“华荟花园”等8个住宅小区物业收费、72家停车场收费、1家支路停车收费标准、3家民办幼儿园保教费收费标准备案。处理民生诉求，办理信访28件、12345工单684件。开展价格收费政策宣传活动，印制涉民收费手册5000份，发放到工业园区、商业综合体、住宅小区等。

【市场价格监管】 区发改委上报监测表格620份。其中，农贸市场监测表303份，苏果超市监测表303份，五星电器商城2份，新港粮油食品批发市场12份。全年巡查监测超市、农贸市场投放的储备肉质量及其日常销售价格30余人次。区市场监管局专项检查粮油肉蛋菜等民生商品价格及核酸检测、口罩、医用酒精等防疫物资价格，发放政策提醒函1万余份，维护市场价格稳定，未发现哄抬物价、囤积居奇等现象。全年受理价格咨询、投诉举报420件，办结率100%。

【收费监管】 区发改委开展2021年度行政事业性和政府定价的经营服务性收费单位年报及统计工作，联合区教育局巡访南京外国语学校附属幼儿园保教费、南京海博教育培训中心义务教育阶段培训学费。走访住宅小区、公共停车场，查看收费标准公示情况，督促企业规范收费行为。111家收费单位为企业、社会、群众减负总金额1415.31万元。其中，幼儿园减免4070人，费用1332.74万元；小学减免1713人，费用28.02万元；初、高中减免1120人，费用54.56万元。区市场监管局检查全区16家行业协会组织的收费情况。

（姜宗秀）

知识产权管理

【概况】 2022年，栖霞区出台《栖霞区“十四五”知识产权发展规划》《栖霞区知识产权专项资金使用管理办法》《栖霞区国家知识产权强县建设工作方案（2022—2024）》《2022年栖霞区知识产权工作月度考核细则》等政策措施，培育一批知识产权示范（优势）企业。全区新增通过“贯标”企业41家，新增市级示范企业14家、首批市级知识产权密集型产品企业3家。新增省级高价值专利培育中心2家、市级3家。承担市级区域知识产权能力提升计划特色亮点项目1项，承担市级专利导航项目8项。获中国专利优秀奖4项、市专利优秀奖9项。栖霞区获国家知识产权强县建设示范县创建单位、省知识产权建设示范（县域）创建单位，南京经开区获国家知识产权强国建设试点园区创建单位、首批省知识产权建设示范（园区）创建单位。

【知识产权创造】 全区新增发明专利授权2844件，比上年增长37.59%。其中，企业发明专利授权1233件，占比43.35%，比上年增长29.11%。全区拥有有效发明专利1.12万件，其中高维持年限发明专利（10年以上）1522件。全区注册商标5.46万件，其中农产品商标1080件。新增注册商标8425件，其中新增农产品商标156件。新申请注册商标1.19万件，其中农产品商标204件。

【知识产权运用】 栖霞高新区成立产业知识产权联盟和知识产权运营中心，“霞科行”栖霞区技术转移市场迁址紫东国际创意产业园，南邮技术转移公司落地紫东。仙林大学城完成科技成果转化项目106项，促成受让高校专利20件，开放许可专利54件。立足助企纾困，全年完成质押融资服务项目88项、质押金额6.67亿元，比上年增长61.8%，惠及73家企业。

【知识产权服务】 区市场监管局组织开展“百企服务”活动，区、街道两级开展集中培训、小型沙龙、单独咨询等有效服务活动300余次。在“4·26”世界知识产权日等时间节点，开展知识产权集中宣传活动。与南大合作共建栖霞区知识产权信息服务中心并启动运营，在企业成果评价、专利布局、项目申报等环节，向企业提供知识产权信息咨询20余次。接受专利评估、专利分析委托15份，提供管理决策支撑建议5条，检索专利文献近3.6万篇次。有与驻区单位开展业务合作的商标专利代理公司14家、律师事务所4家、保险评估机构1家。与区内10家企业建立长效服务机制，指导南京萨特科技发展有限公司、江苏凯米膜科技股份有限公司、江苏量为石科技股份有限公司、南京恒道医药科技股份有限公司成功申报市级知识产权战略推进计划项目，获扶持资金190万元；指导江苏臻云技术有限公司成功获批市优秀专利奖。

8月5日，南京市知识产权维权援助中心栖霞区分中心工作站揭牌仪式
区知识产权局 供图

【知识产权保护】 区市场监管局制订《2022年栖霞区知识产权行政保护工作实施方案》，设立南京市知识产权维权援助中心栖霞区分中心马群科技园工作站和南大科学园工作站。全年栖霞分中心受理咨询案件87件，参与玄武区人民法院知识产权案件调解169件，成功调解15件，处理电商平台侵权咨询案件32件。开展市、区、街道三级联动执法，联合市专利行政执法支队、区综合行政执法大队立案查处知识产权违法案件28件，结案24件，罚没款28.08万元。

（胡 冬）

表12 2022年栖霞区承担省、市级知识产权项目情况表

序号	项目名称	计划类别	承担单位	项目拨款（万元）
行政区项目明细				
1	江苏省高价值专利培育示范中心项目	2022年度省知识产权战略推进计划项目资金（第二批）	南京大学	350
2	江苏省高价值专利培育示范中心项目	2022年度省知识产权战略推进计划项目资金（第二批）	南京邮电大学	350
3	南京市知识产权强链项目	2021年度省知识产权专项资金（第三批）	南京中医药大学	100
4	南京市维权援助分中心建设项目	2022年度市知识产权强市专项资金（第一批）	南京市知识产权维权援助中心栖霞区分中心	30
5	南京市知识产权区域能力提升特色亮点项目	2022年度市知识产权强市专项资金（第二批）	南京市栖霞区市场监督管理局	100
6	南京市高价值专利培育中心项目	2022年度市知识产权强市专项资金（第二批）	南京萨特科技发展有限公司	100
7	南京市企业专利导航	2022年度市知识产权强市专项资金（第二批）	江苏凯米膜科技股份有限公司	30
8	南京市企业专利导航	2022年度市知识产权强市专项资金（第二批）	南京恒道医药有限公司	30

续表12

序号	项目名称	计划类别	承担单位	项目拨款（万元）
9	南京市企业专利导航	2022年度市知识产权强市专项资金（第二批）	南京量为石科技股份有限公司	30
合计：1120万元				
南京经开区项目明细				
10	南京市高价值专利培育中心项目	2022年度市知识产权强市专项资金（第二批）	南京牧镭激光科技有限公司	100
11	南京市高价值专利培育中心项目	2022年度市知识产权强市专项资金（第二批）	南京熊猫信息产业有限公司	100
12	南京市企业专利导航	2022年度市知识产权强市专项资金（第二批）	南京快轮智能科技有限公司	30
13	南京市企业专利导航	2022年度市知识产权强市专项资金（第二批）	南京高科环境科技有限公司	30
14	南京市企业专利导航	2022年度市知识产权强市专项资金（第二批）	南京泰普森自动化设备有限公司	30
15	南京市企业专利导航	2022年度市知识产权强市专项资金（第二批）	江苏美思德化学股份有限公司	30
16	南京市企业专利导航	2022年度市知识产权强市专项资金（第二批）	南京京达生物技术有限公司	30
合计：350万元				

表13　2022年栖霞区培育知识产权示范企业情况表

序号	企业名称	类　别
1	南京泛在地理信息产业研究院有限公司	市第六批知识产权示范企业
2	南京中科水治理股份有限公司	市第六批知识产权示范企业
3	南京申基医药科技有限公司	市第六批知识产权示范企业
4	南京汉欣医药科技有限公司	市第六批知识产权示范企业
5	南京英田光学工程股份有限公司	市第六批知识产权示范企业
6	瑞声科技（南京）有限公司	市第六批知识产权示范企业
7	南京京达生物技术有限公司	市第六批知识产权示范企业
8	南京合信自动化有限公司	市第六批知识产权示范企业
9	南京捷希科技有限公司	市第六批知识产权示范企业
10	南京高科环境科技有限公司	市第六批知识产权示范企业
11	南京康尼精密机械有限公司	市第六批知识产权示范企业
12	江苏美思德化学股份有限公司	市第六批知识产权示范企业

续表13

序号	企业名称	类　别
13	南京南邮信息产业技术研究院有限公司	市第六批知识产权示范企业
14	南京尚吉增材制造研究院有限公司	市第六批知识产权示范企业

表14　2022年栖霞区专利获奖及知识产权密集型产品认定情况表

序号	单位名称	专利（产品）名称	奖励类别
1	南京康尼机电股份有限公司	基于时间序列数据挖掘的轨道车辆门亚健康状态识别方法	中国专利奖
2	南京正大天晴制药有限公司	雷替曲塞的溶剂化物及其制备方法	中国专利奖
3	江苏美思德化学股份有限公司	一种固定床反应器连续制备聚硅氧烷的方法	中国专利奖
4	南京先欧仪器制造有限公司	双金属/碳层状复合球的一步微波制备方法	中国专利奖
5	南京大学	适用于GPU纯矩阵运算的快速离散元数值计算方法	市优秀专利奖
6	中建安装集团有限公司	一种利用催化精馏规整填料进行叔丁醇脱水制高纯异丁烯的装置及方法	市优秀专利奖
7	南京大学、江苏南大环保科技有限公司	一种阳离子树脂基载锆纳米复合吸附剂的工业制备方法	市优秀专利奖
8	江苏臻云技术有限公司	带有机房运维监控图形用户界面的电脑	市优秀专利奖
9	南京快轮智能科技有限公司	电动滑板车（S1-C）	市优秀专利奖
10	A.O.史密斯（中国）热水器有限公司	定压开关装置及热水系统	市优秀专利奖
11	金陵药业股份有限公司	一种清热养阴活血祛瘀的脉络宁口服液成分检测方法	市优秀专利奖
12	南京正大天晴制药有限公司	一种盐酸伊达比星的制备方法	市优秀专利奖
13	南京京东方显示技术有限公司	液晶显示装置及改善显示面板掉电闪屏的方法	市优秀专利奖
14	南京牧镭激光科技有限公司	测风激光雷达	市知识产权密集型产品
15	南京萨特科技发展有限公司	贴片式电路保护元件	市知识产权密集型产品
16	南京康尼机电股份有限公司	“复兴号”动车组客室侧门	市知识产权密集型产品

信用体系建设

【概况】 2022年，区政府调整信用工作议事协调领导小组，协调推进全区信用工作。区发改委及各相关部门围绕全区社会信用体系建设总体部署，做好信用面上基础工作；突出栖霞地域特色，做好信用点上应用。明确各成员单位全年重点工作，区各部门、各街道、栖霞高新区有专人负责信用体系建设工作。区委、区政府将社会信用体系建设工作列入全区年度考核和季度考核，明确目标任务、推动争先进位。

【制度建设】 区委、区政府出台《栖霞区2022年优化营商环境实施方案》，拓展“信用+行业监管”应用。区发改委印发《栖霞区社会信用体系建设工作要点》，区住建局出台《关于印发〈栖霞区施工许可“告知承诺制”实施办法（试行）〉的通知》，区公安分局联合区行政审批局制订《栖霞区公章刻制经营单位信用监管办法》，区民政局出台“分群分级”服务类救助实践办法。

【信用数据归集】 区信用办公室督促各单位及时、准确、规范录入行政许可和行政处罚“双公示”信息，各单位向区信用办公室报送“双公示”、信用承诺、红黑名单、分级分类监管、自然人户籍等信用信息。至年底，归集信用信息约122万条。

【信用产品应用】 全区在市场准入、资质认定、招标投标、荣誉称号授予、专项资金安排、融资担保、公务员晋升录用等领域推广信用审查、信用承诺。在商务诚信、社会诚信和司法公信相关领域开展分级分类监管，拓展“信用+行业监管”应用。在生态环境、税务等26个领域推行信用分级分类监管，加大守信联合激励和失信联合惩戒力度。

【“信易+”创新覆盖面】 全区各成员单位探索创新发挥信用体系建设支撑作用。区行政审批局研发构建“互联网+监管”系统，联合各部门创新开展“审管同步”，利用投诉举报数据、互联网及第三方数据、监管行为数据、风险分析等信用数据，开展风险研判和预测预警，明确重点监管方向，探索构建以信用为基础的新型监管模式。区住建局等部门开展“信易批”“信易贷”“信易医”“信易租”“信易+共享单车管理”等应用。尧化街道开展“信用+志愿者服务”、八卦洲街道开展“信用+乡风养成”、龙潭街道开展“信用+跨区域审批”、燕子矶街道开展“企业红黑榜”等应用。

【信用助企】 区信用办公室制订全区“信易贷”工作方案，汇聚政府部门利好政策举措、服务机构“信易贷”平台及银行机构“信易贷”产品，定期举办政、银、企对接会，搭建银企对接平台，助力信用良好企业解决融资难题。组织35家企业参加信用管理培训，成功申报市级信用示范企业3家，复核往年信用示范企业3家，连续3年成功申报省级信用示范企业。组织各街道和栖霞高新区开展失信企业摸底排查，联合区法院、区市场监管局等部门开展失信企业修复工作，举办线上、线下信用修复培训会，指导120余家企业进行修复，全年完成企业信用修复600余家。

【信用宣传】 区信用办公室开展诚信教育进学校、进社区、进园区、进企业、进乡村等宣传活动，打造“诚信栖霞”品牌。开展“诚信万里行活动”，宣传《南京市社会信用条例》《江苏省社会信用条例》。马群街道在辖区中小学开展“诚信进校园，文明我当先”诚信知识竞赛，西岗街道在摄山星城开展“珍惜信用记录”社区宣传活动，燕子矶街道在防控新冠肺炎疫情期间推出商铺防控“红黑榜”，栖霞街道在建筑工地举办诚信知识讲座，全年开展宣传活动50余次。

（王　睿）

责任编辑　张文龙

开放合作

招商引资

【概况】 2022年，栖霞区实际利用内资271亿元，实际使用外资及港澳台资6.96亿美元，签约项目投资总额1502亿元，签约亿元以上项目176个，招商项目信息689条。国家中医药传承创新中心项目入选国家中医药传承创新中心项目储备库。举办南京栖霞板块土地招商推介会、市重大招商项目暨央企区域总部项目签约活动、境外驻宁商务机构栖霞行活动、南京金秋经贸洽谈会栖霞区重大项目签约仪式暨数智化转型发展大会等招商活动60场。赴苏州、青岛、西安、杭州等城市，开展国内招商活动24次。8月3日，美国、英国、德国、韩国等13家境外驻宁商务机构代表栖霞行活动在栖云山房酒店举办。在市投资促进局举办的“投资南京”品牌传播IN计划项目中，区商务局推荐的宣传片《一栖・创未来》获视频类一等奖。区商务局推出“栖业课堂”学习平台，以线上、线下相结合的形式，举办“新形势下的招商实务”等培训活动12场，培训人员600余人次。

【重大项目建设】 栖霞行政区、南京经开区、仙林大学城落实领导联系挂钩项目机制，推动重点项目落地建设。全区完成25个重点招商项目。双电科技研发中心项目、纬地路北侧地块项目、燕子矶老镇项目、擎宇药用辅料项目、马家园东侧地块项目、苏中药业项目6个完成年度目标。龙潭高端工业产业园、中海外马群智荟高新科技园、跨境电商产业园等项目按计划建设。全市招商项目赛马榜上榜项目6个。其中，南京经开区5个，仙林大学城1个。全区上报市调度项目7个。其中，栖霞行政区3个，分别是燕子矶老镇项目、戴家库地块项目、禾素时代项目；仙林大学城1个，是国家中医药传承创新中心项目；南京经开区3个，分别是LG新能源圆柱形汽车动力电池四期项目、天加洁净空调研发生产项目、诺唯赞生产基地项目。

【主导产业发展】 全区瞄准主导产业，引入一批优质项目。诺唯赞抗原试剂及生物酶研发生产项目、天美健综合保健品生产基地项目、国家中医药传承创新中心等新医药与生命健康产业项目完成签约，纬地路北侧地块科默生物总部项目完成用地出让，上海药坦研发中心南京分中心运营。南京西麦大健康科技有限公司及南京西麦大健康研究院成立，西麦大健康全产业链战略联盟在栖霞落地。杉金光电偏光片全球研发中心及生产线扩建项目签约，利用韩国LG化学研究院资源扩产升级偏光片生产线。万达光电显示基地正在建设。蔚然动力追加投资1500万美元，扩充改造自动化生产线。LG新能源圆柱形汽车动力电池四期项目用地完成出让。长安新能源、天泓北汽极狐、自游家汽车南京销售总部比亚迪、林肯新能源汽车、极氪新能源等新能源汽车销售项目成功落地。

【重大招商项目签约】 4月21日，市重大招商项目暨央企区域总部项目签约栖霞区分会场活动在区政府办会议室举行。中化金茂尧化科创大厦、中石化南京工程公司CCUS工程技术研究中心、米特新能源、诺唯赞抗原试剂及生物酶研发生产项目等8个项目线上“云签约”，签约项目投资额86亿元。9月7日，“数智赋能 共赢未来”中国南京金秋经贸洽谈会栖霞区重大项目签约仪式暨数智化转型发展大会在白金汉爵酒店举办。南京康尼机电股份有限公司、阿依瓦（北京）技术有限公司、京东方科技集团股份有限公司等行业领军企业，南京海陵药业有限公司、南京冠佳科技有限公司、南京恒电电子有限公司等高新技术企业，中信建投证券股份有限公司、华泰证券股份有限公司、金联金融资产、荣瑞基金产业投融资机构等金融企业，南邮信息产业技术研究院等科研院所负责人100余人参加。会上签约82个项目，总投资额944.7亿元。项目涵盖智能制造、生物医药、新能源、人工智能等多个领域。活动现场，南京康尼机电股份有限公司以视频连线的方式，向与会嘉宾全方位展示其智能制造工厂。南京康尼机电股份有限公司为首批国家智能制造示范企业。

9月7日，南京经开区重点科技项目签约仪式举行　　南京经开区　供图

【招商技能竞赛】 6月24日，区招商技能竞赛在区委党校举办。区委宣传部、区发改委、区金融局、区工信局、区商务局、区投促局、南京经开区投促局主要负责人和分管负责人，各街道、栖霞高新区招商部门负责人及青年招商骨干50人参加。竞赛分为栖霞青年招商人才技能训练营和栖霞招商推介技能大比拼两部分。12名选手围绕辖区的主导产业、营商环境、区位优势、科教资源、载体创新等进行现场推介，最终评选出6名“招商能手”。赛后举行“2021年度南京招商工作感动人物”颁奖仪式。

（孙佳佳）

对外及港澳台贸易

【概况】 2022年，全区有实绩外贸企业836家，其中栖霞行政区557家、南京经开区279家。完成外贸进出口1014.2亿元，比上年增长0.1%，其中栖霞行政区完成107.8亿元。完成外贸出口487.9亿元，比上年下降5.4%；完成外贸进口526.3亿元，比上年增长6%。帮助企业申报拨付中央外经贸发展专项资金、省市商务发展专项资金、市开放型经济发展专项资金1204万元，惠及187家企业。1月1日，《区域全面经济伙伴关系协定》（RCEP）生效，江苏博汉工贸有限公司获批全市首份RCEP协定原产地证书。1月18日，八卦洲跨境电商产业园获批“南京市进口消费品集散中心”，园区2号仓“丽岛美浓·跨境美妆奥特莱斯”举行启动仪式。9—12月，11家外贸企业参加第六届南京跨境电子商务创新创业大赛，区商务局被评为优秀组织单位。11月30日，省跨境电子商务发展工作专班印发第1号专题会议纪要，支持八卦洲开展跨境电商“网购保税进口+实体新零售”模式试点项目。

【货物进口防疫】 持续做好进口货物防疫，督促企业落实新冠肺炎疫情防控主体责任，实现源头管控、报备追溯、责任定位“三到位”，从人、物、环境三个方面确保进口货物防疫安全。区商务局牵头督查进口企业70家次，跟踪服务45家次进口企业269批次进口货物，确保应检尽检（7月10日以后，货物不再进行核酸检测），通过“宁助手”系统，大数据管理装卸、搬运、仓管、保洁、消杀人员等直接接触人员，完成核酸检测2732人次，核酸检测合格率100%。

【外贸培训】 5月12日，区商务局在政务服务中心5楼会议室举行“RCEP进栖霞”政策宣讲会。活动采取线下、线上相结合方式，区商务局、各街道和栖霞高新区相关业务工作人员参加现场培训，100余家外贸企业线上参加培训。6月9日，市商务局、南京地区海关联合栖霞区在紫东生态会议中心举办面对面·服务外贸企业通关便利化政策宣讲会。市商务局、金陵海关、禄口机场海关、新生圩海关相关处室负责人，区相关部门、各街道、栖霞高新区及40家外贸企业线下参加活动，全市外贸企业线上参会。6月29日，区商务局在紫东国际创意园西区企业服务中心举办“护航中小微 助力稳增长”信保金融政策宣讲会。活动采取线下、线上相结合方式举行，区商务局、各街道、栖霞高新区相关负责人及30家外贸企业代表40余人参加现场学习，其他外贸、服贸企业同步线上参加。8月3日，市贸促会联合区政府在紫东生态会议中心举办“驻宁商务机构栖霞行”活动，来自美国、欧盟、韩国等国家及地区的13家境外驻宁商务机构代表以及区内生物医药、跨境电商等6家企业代表参加。市、区相关部门负责人出席活动。

（孙佳佳）

南京经开区

【概况】 2022年，南京经开区集聚各类企业近5000家。其中，外资企业300余家，100亿级企业6家。实施规模以上工业企业和上市企业数量“倍增计划”，全年新增规模以上工业企业40家，晶升装备、高华科技2家企业在科创板成功过会。全年累计实现增值税留抵退税12.38亿元，为区内238家企业争取各级政策和授信资金9.6亿元。实现地区生产总值1307.92亿元，比上年增长4.8%；一般公共预算收入101亿元；工业总产值3656.3亿元，比上年增长10.5%；全社会固定资产投资256.5亿元，比上年增长5.9%，其中工业投资116.4亿元；外贸进出口906.4亿元。南京经开区在全国国家级经开区考核评估中，综合水平位居第12名。

【科技创新】 南京经开区新增科技型企业782家、高新技术企业52家，引育各级“独角兽”企业8家、“瞪羚”企业18家、“专精特新”企业29家，新孵化引进企业100余家。新增国家级孵化器和升级孵化器各1家、众创空间4家、省市级工程技术研究中心13家。中国（南京）智谷全年引进人工智能重点项目50个，核心产业收入75亿元。全园区新增发明专利授权489件，获批首批国家级知识产权强国建设试点园区。获第二十三届中国专利奖企业4家，获南京市优秀专利奖企业5家。建设人才强区高地，新增国家级人才1人、省“双创博士”3人，申报国家重点人才工程计划44人，入选市级紫金山先锋外国人计划3人。科技金融服务体系不断完善，30多家次企业获批省市科技计划立项，获批扶持资金5000余万元。

【重点产业项目开工与竣工】 南京经开区开工建设项目23个，投资总额166亿元。先后有20家重点项目竣工，项目总投资204亿元。

表15　2022年南京经开区重点产业项目开工一览表

序号	项目名称	项目建设单位	项目建设内容	总投资（亿元）
1	金陵石化近零排放改造	中国石油化工股份有限公司金陵分公司	在金陵石化自有工业用地上，对原有装置进行升级改造，购置更新厂区设施、设备，推动废水、废气以及固废达到近零排放。项目包括炼油污水处理场提标改造、催化脱硫脱硝废水零排放等	15.0

续表15

序号	项目名称	项目建设单位	项目建设内容	总投资（亿元）
2	诺唯赞生物科技生产基地	南京诺唯赞生物科技股份有限公司	总建筑面积约9万平方米，建设标准化生产车间，生产生命科学系列、体外诊断试剂及诊断仪器、疫苗等；租赁建筑面积约2.4万平方米过渡厂房，建设动检、注塑及微流控研发生产车间	13.0
3	龙蟠科技氢能车用储氢瓶及总部	江苏龙蟠科技股份有限公司	总建筑面积约13万平方米，建设厂房、办公楼、仓库及相关附属设施	13.0
4	新港智能制造中试基地	南京新港产业投资发展有限公司	总建筑面积约11.4万平方米，地上建筑面积约7.4万平方米，地下建筑面积约4万平方米，建设智能制造中试基地	10.6
5	南京经开区医疗器械产业园	南京新港生物医药科技发展有限公司	总建筑面积约5.4万平方米，建设高标准厂房及相关附属设施，为成长型企业提供医疗器械装备、医学诊断设备及试剂生产、电子信息和装备制造相关的产业化载体	10.6
6	万达光电智造生产基地	福建万达实业有限公司	总建筑面积约5.8万平方米，新建背光源生产线、SMT贴片生产线等	10.3
7	经东汽车零部件产业园	南京经东产业投资发展有限公司	总建筑面积约6.4万平方米，建设高标准工业厂房、辅助用房等，建成后引入汽车零部件、智能装备制造、新材料等研发、生产类企业	10.2
8	菲特晶石英石芯片及铝镍钴材料研发生产总部基地	菲特晶（南京）电子有限公司	总建筑面积约3.5万平方米，建设研发生产总部基地，建设石英芯片生产线、TWS用平衡电枢式受话器磁芯生产线、MEMS石英芯片生产线；过渡厂房内新增生产设备	10.2
9	南京经开区国资公司总部	南京经开区国有资产运营有限公司	总建筑面积约8万平方米，建设总部基地	10.0
10	天加空气洁净设备生产线	南京天加环境科技有限公司	总建筑面积约12.07万平方米，建设生产厂房、物流仓储用房、产品体检中心以及配套设施，对原有空气洁净设备进行技术升级，以及对现有风机盘管机组生产线、组合式空气处理机组生产线进行技术改造	10.0
11	讯联智能研发生产总部	南京讯联智能科技有限公司	建设研发生产总部，建成后，预计可年产过滤器60万个、传感器70万个、风电部件1万套、阀门20万个	8.1
12	丹佛斯半导体功率模块	丹佛斯电力电子（南京）有限公司	总建筑面积约6万平方米，主要建设半导体功率模块、电机及电驱动产品生产厂房和研发测试中心	7.0
13	年达智能装备制造生产线	南京年达智能装备科技有限公司	总建筑面积约4.5万平方米，新建2条智能化高端装备制造生产线，生产汽车铝工件热处理线，锂电池材料烧结线	6.0
14	宝威中医设备制造	江苏宝威机械科技有限公司	总建筑面积约4.6万平方米，建设总部及新医药智能装备研发生产基地	6.0
15	杉金新型显示用偏光片高端生产线改造升级及产业化	杉金光电（南京）有限公司	新增仪器设备、实验室设备，对现有产线进行升级改造，打造智能化工厂	5.5
16	中科煜宸智能制造	南京中科煜宸激光技术有限公司	总建筑面积约2.9万平方米，建设装备车间、焊接自动化车间、激光加工应用示范中心等	5.0
17	高华生产检测中心建设及研发攻关	南京高华传感科技有限公司南京高华科技股份有限公司	总建筑面积约1.98万平方米，新建厂房，新增各类传感器生产线14条，购置高性能研发和测试设备	5.0

续表15

序号	项目名称	项目建设单位	项目建设内容	总投资（亿元）
18	乐金显示年产144万件笔记本液晶显示模组	乐金显示（南京）有限公司	原N1厂房内拆除约3950平方米的装修及管线，对已拆除区域进行改造，增加1条笔记本液晶玻璃面板切割生产线（Cell后工程），1条笔记本液晶模组组装生产线（CP线），4台单动检查机，1套液晶模组老化设备，1套30T/hr 纯水制备系统，以及其他辅助设备	2.9
19	喜星电子液晶玻璃面板生产线建设	喜星电子（南京）有限公司	拟在现有厂区内，购置液晶玻璃面板生产线13条	2.7
20	南京京东方智能化、数字化技术改造（一期）	南京京东方显示技术有限公司	新购置10台（套）自动化、智能化生产研发设备及系统，对现有产线进行设备智能化、生产信息化、管理数字化技术提升	2.0
21	南京正大天晴高端制剂生产线升级改造	南京正大天晴制药有限公司	对现有生产线进行改造，改造面积约2000平方米，用于小分子创新靶向药等新型高端制剂的生产，本次改造主要针对现有固体制剂片剂、固体制剂软胶囊、小容量注射剂3条生产线进行改造。本次改造主要为了提高生产效率，扩大产能，满足现有产品的市场需求及即将上市产品的生产需求。本项目引进研发、中试及生产设备约200台（套），其中进口设备约50台（套），核心设备主要是高效液相色谱仪、干法制粒机、胶囊配制系统、胶囊制丸系统等	1.1
22	正科右酮洛芬氨丁三醇注射液研发与产业化	南京正科医药股份有限公司	引进高压放电检漏机、自动灯检机等关键设备，配套购置称量系统、注水系统、配液系统、安瓿立式超声波清洗机、隧道灭菌干燥机、安瓿灌封机、水浴式安瓿检漏灭菌器等国产设备，采用高压放电及自动灯检等新技术、新工艺，对灌封间、灭菌检漏间、灯检间进行改造，新增建筑面积约1100平方米	1.0
23	绿联环境技术研发中心	南京绿联环境科技发展有限公司	设研发中心、实验中心及辅助用房，共计建筑面积约7000平方米，包括食堂服务设施、研发人员办公房、实验室、实验物料仓库等	1.0

表16　2022年南京经开区重点产业项目竣工一览表

序号	项目名称	项目建设单位	项目建设内容	总投资（亿元）
1	LG新能源电池八工厂	爱尔集新能源（南京）有限公司	总建筑面积约2.5万平方米，新建电池厂房，新增3条电极生产线、7条圆柱形三元锂离子电池芯产线	37.8
2	LG电子新能源汽车零部件	南京乐金麦格纳易驱动汽车零部件有限公司	一期改造南京LG新港新技术有限公司现有建筑物内部，改造面积约1.124万平方米，购置组装/检测生产线6条；二期利用改造后生产车间，新增各类汽车零部件生产线	21.0
3	美迪斯高端装备智能制造	美迪斯（国际）电梯有限公司	总建筑面积7.3万平方米，其中厂房6.2万平方米，主要研发、生产智能停车系统、智能电梯等高端装备	24.5
4	顺丰智能制造研发生产基地	江苏森源家电科技有限公司	总建筑面积约8.3万平方米，购置厂房改建，建设内容包括顺丰智能装备研发中心，智能穿戴设备、智能分拣系统核心组件、货用无人机及相关控制系统研发制造中心，智能装备测试中心等	22.0

续表16

序号	项目名称	项目建设单位	项目建设内容	总投资（亿元）
5	金陵石化近零排放改造	中国石油化工股份有限公司金陵分公司	在金陵石化自有工业用地上，对原有装置进行升级改造，购置更新厂区设施、设备，推动废水、废气以及固废达到近零排放。项目包括炼油污水处理场提标改造、催化脱硫脱硝废水零排放等	15.0
6	诺唯赞生物医药产业基地	南京诺唯赞生物科技股份有限公司	总建筑面积约9万平方米，建设标准化生产车间，生产生命科学系列、体外诊断试剂及诊断仪器、疫苗等；租赁建筑面积约2.4万平方米过渡厂房，建设动检、注塑及微流控研发生产车间	13.0
7	菲特晶石英石芯片及铝镍钴材料研发生产总部基地	菲特晶（南京）电子有限公司	总建筑面积约3.5万平方米，建设研发生产总部基地，建设石英芯片生产线、TWS用平衡电枢式受话器磁芯生产线、MEMS石英芯片生产线；过渡厂房内新增生产设备	10.2
8	天加空气洁净设备生产	南京天加环境科技有限公司	总建筑面积约12.07万平方米，建设生产厂房、物流仓储用房、产品体检中心以及配套设施，对原有空气洁净设备进行技术升级，以及对现有风机盘管机组生产线、组合式空气处理机组生产线进行技术改造	10.0
9	晶升能源设备生产基地	南京晶升装备股份有限公司	租赁红枫科技园B4栋一层厂房及液晶谷1栋车间，总建筑面积约0.8万平方米，建设研发、生产基地；新增建筑面积约2万平方米，建设生产中心基地	10.0
10	杉金新型显示用偏光片高端生产线改造升级及产业化	杉金光电（南京）有限公司	新增仪器设备、实验室设备，对现有产线进行升级改造，打造智能化工厂	5.5
11	满汉智能智造	南京满汉建筑智能技术有限公司	总建筑面积约8.1万平方米，新建厂房，新购生产设备500台（套），主要研发、生产精密加工设备、小型工业机器人等	5.3
12	迪瓦永磁电机生产制造	南京迪瓦永磁科技有限公司	总建筑面积3.2万平方米，新建厂房、辅助用房	5.0
13	中科煜宸智能制造	南京中科煜宸激光技术有限公司	总建筑面积约2.9万平方米，建设装备车间、焊接自动化车间、激光加工应用示范中心等	5.0
14	起源太空总部	南京起源太空科技有限公司	总建筑面积约0.4万平方米，建设包括卫星生产基地、研发中心等	5.0
15	高华生产检测中心建设及研发攻关	南京高华传感科技有限公司南京高华科技股份有限公司	总建筑面积约1.98万平方米，新建厂房，新增各类传感器生产线14条，购置高性能研发和测试设备	4.4
16	乐金显示年产144万件笔记本液晶显示模组	乐金显示（南京）有限公司	原N1厂房内拆除约3950平方米的装修及管线，对已拆除区域进行改造，增加1条笔记本液晶玻璃面板切割生产线（Cell后工程），1条笔记本液晶模组组装生产线（CP线），4台单动检查机，1套液晶模组老化设备，1套30T/hr 纯水制备系统，以及其他辅助设备，建成后13.3—16.0模组（Board assy)年生产能力达144万件	2.9
17	蔚然新能源汽车电驱动系统扩建	蔚然（南京）动力科技有限公司	改造原有厂房，新增装配及测试、线标测量等设备	2.6

续表16

序号	项目名称	项目建设单位	项目建设内容	总投资（亿元）
18	南京京东方智能化、数字化技术改造（一期）	南京京东方显示技术有限公司	新购置10台（套）自动化、智能化生产研发设备及系统，对现有生产线进行设备智能化、生产信息化、管理数字化技术提升	2.0
19	超高压、特高压交直流输电线路用绝缘成型件绿色数字化工厂	南京电气绝缘子有限公司	项目利用租赁的南京电气科技集团有限公司厂房，面积约2万平方米，引进玻璃绝缘件成型线、全电玻璃熔化窑炉、热冲击炉、均质炉、绝缘件智能装配线各1台（套）等，国产设备约100台（套）	2.0
20	蔚然新能源汽车关键零部件（动力汽车电控集成、电动汽车驱动电机等）的技术改造	蔚然（南京）动力科技有限公司	对现有的新能源汽车电驱动系统生产线进行技术改造，新增PEU装备线一条、EM装备线一条、EDS总成装备线一条	1.0

【新港高新技术产业园】 南京新港高新技术产业园实现高技术制造业产值1590亿元，连续三年蝉联全市第一位，占全市高新园区总量的38%。完成高新技术产业投资94亿元，连续三年位居全市高新园区前三位，高新技术产业投资占工业投资的78%，位居省高新区前列。累计拥有高新技术企业328家，比2020年翻番；新增科技型中小企业782家，比上年增长38.2%，创历史新高。省级、市级“瞪羚”“独角兽”企业41家，创历史新高，位于全市第一方阵。新晋国家级孵化器众创空间2家、省级4家、市级3家，各级晋升数量均达到最好水平。连续三年每年至少有1家企业上市。与电竞产业深度融合，创建全省首个电竞街区。

【获中国专利奖4项】 5月18日，国家知识产权局公示“第二十三届中国专利奖”获奖名单，南京康尼机电股份有限公司的“轨道车辆门亚健康状态识别方法”、南京正大天晴制药有限公司的“雷替曲塞溶剂化物及其制备方法”、江苏美思德化学股份有限公司的“一种固定床反应器连续制备聚硅氧烷的方法”、南京先欧仪器制造有限公司的“双金属/碳层状复合球的一步微波制备方法”4项专利上榜。

【存算一体大算力AI芯片点亮】 5月23日，后摩智能宣布自主研发的存算一体大算力AI芯片成功点亮，并成功跑通智能驾驶算法模型。该款芯片采用22纳米成熟工艺制程，在提升能效比的同时，能有效把控制造成本。在灵活性方面，该款芯片不但支持市面上的主流算法，还可以支持不同客户定制自己的算子，适配于算法的高速迭代。在智能驾驶边缘端高并发计算场景中，该款芯片首次在存内计算架构上跑通智能驾驶场景下多场景、多任务算法模型，为高级别智能驾驶提供一条全新的技术路径，为未来用W级别的功耗提供P级别的计算能力，更好地满足高级别智能驾驶的时代需求。

【获市优秀专利奖5家】 8月10日，2022年度南京市优秀专利奖获奖项目名单公布，南京经开区5家企业入选，获奖数量居全市前列。南京京东方显示技术有限公司的获奖专利是液晶显示装置及改善显示面板掉电闪屏的方法，金陵药业股份有限公司的获奖专利是清热养阴活血祛瘀的脉络宁口服液成分检测方法，A.O.史密斯（中国）热水器有限公司的获奖专利是定压开关装置及热水系统，南京快轮智能科技有限公司的获奖专利是电动滑板车，南京正大天晴制药有限公司的获奖专利是盐酸伊达比星的制备方法。

【起源太空全球总部启用】 9月7日，中国首家太空资源商业公司——起源太空（南京）科技有限公司（简称“起源太空”）总部启用仪式在南京经开区红枫科技园举行，宣布公司全球总部及中国最大的商业太空望远镜生产基地正式启用。中国航天科技集团、国际矿物学协会（IMA）、北京大学地球与空间科学学院、江苏省国防科工办、南大天文与空间科学学院、江苏省海外合作投资有限公司、南京经开区管委会、南京航空航天大学航天学院、南京理工大学机械工程学院等单位、部门的负责人、专家，起源太空创始人以及航天员代表参加仪式。起源太空发射升空的“仰望一号”太空望远镜星座，是国内第一台运用紫外和可见光双波段工作的空间天文望远镜，在光学和近紫外波段应用方面同时填补了中国空间天文观测设备的空白，也是目前全球在轨的唯一大视场紫外空间探测器，被国际天文学联合会小行星中心正式授予太空望远镜编号“C59”。

【艾枫天地商业中心开业】 10月8日，南京首个电竞主题商业街区——南京经开区红枫科技园艾枫天地商业中心开业，电竞文化中心、赛事场馆、主题咖啡馆、主机游戏馆等同时亮相，肯德基、Wepick数字超等首批10余家商户集体开门迎客，红枫科技园商业配套迎来跨越式升级。艾枫天地是红枫科技园商圈的核心组成部分，有国内颇具影响力的KPL联赛战队南京Hero久竞俱乐部的专业赛馆，有国内首个电竞文化主题咖啡馆，有主机电竞游戏馆、VR体验中心等业态，并逐步拓展数字剧本杀、智慧体育等功能板块。街区还汇集次元跃升、钛度体育、欣泽网络、游极科技等一批优质电竞文娱类品牌企业，涵盖手游、端游、VR、AR等不同平台，延伸电竞职业人才培养、IP创作、周边产品等多维生态。

【17家企业入选“独角兽”“瞪羚”企业】 12月9日，江苏省“独角兽”企业和“瞪羚”企业评估结果（名单）发布，南京经开区17家企业成为江苏省“独角兽”“瞪羚”企业。其中，出门问问创新科技有限公司入选江苏省“独角兽”企业；南京高光半导体材料有限公司、南京中科煜宸激光技术有限公司等4家企业入选江苏省潜在“独角兽”企业；南京晶升能源设备有限公司、南京泰普森自动化设备有限公司等12家企业入选江苏省“瞪羚”企业。南京经开区的省“独角兽”企业、“瞪羚”企业比上年净增60%，省潜在“独角兽”企业净增200%。

（周　凌）

融入江苏自贸试验区南京片区

【概况】 2022年，栖霞区根据南京市委、市政府《关于放大自贸效应推动联动创新发展的实施意见》整体部署和有关要求，推动南京经开区与江苏自贸试验区南京片区开展联动创新发展试验工作。南京经开区重点依托南京综合保税区（龙潭片）功能平台，与江苏自贸试验区南京片区首先在“保税+”业务领域开展务实合作，并在贸易投资便利化等改革创新政策方面积极探索共享、共试。联动创新发展区充分发挥两区的比较优势和产业特色，发挥市场主体作用，共享两区资源，创新协作机制，实现区域联动、协同发展。

【综合保税区（龙潭片）建设】 南京综合保税区（龙潭片）位于南京经开区东区，规划面积3.83平方千米，一期封关面积1.15平方千米。2022年，南京综合保税区（龙潭片）实现监管货值118.36亿美元，比上年下降18.58%；完成跨境电商通关151.24万票，实现持续稳定发展。完成综合保税区无感卡口建设，进一步提升区域投资与贸易便利化水平。围绕核心功能业务，持续打造龙潭跨境电商产业园、龙潭综合物流园、南京港口型（生产服务型）国家物流枢纽等产业发展平台。

【产业合作】 南京综合保税区（龙潭片）积极探索融入江苏自贸试验区南京片区、共建自贸试验区的途径和方式。以产业合作为突破口，围绕两区的资源禀赋、产业基础和政策优势，两区企业在“跨境电商”“保税物流”等“保税+”产业领域开展一系列业务合作，联动合作由单向阶段逐步向双向阶段发展。至年底，南京经开区（南京综合保税区龙潭片）累计引导赴江苏自贸试验区南京片区的注册企业已达82家，企业实际运营率达到90%，累计完成进出口额6.8亿美元。

【自贸区企业联动创新】 区联动创新发展服务平台持续做好与自贸区南京片区对接，促进先进制造业投融资体系联动创新。自贸区南京扬子商业保理有限公司与南京经开区企业南京同力建设集团股份有限公司达成2亿元融资租赁合作协议。自贸区南京江北智能制造产业基金、江苏疌泉红土智能创业投资基金、南京海聚助力创业投资中心与南京经开区企业南京晶升装备股份有限公司达成股权投资协议。

【试验区政策共试共享】 江苏自贸试验区南京片区《施工许可告知承诺制》等创新政策，在南京经开区（南京综合保税区龙潭片）实施。南京综合保税区（龙潭片）的进口商品保税展示交易制度、跨境电商“1210”“9610”“9710”“9810”业务模式等在全省领先的创新成果，在江苏自贸试验区南京片区推广。

【首单RCEP日本产品进口完成】 1月12日，江苏自贸试验区南京片区企业南钢日邦冶金（南京）商贸有限公司，通过南京综合保税区（龙潭片）平台完成RCEP项目日本产品进口手续，成为金陵海关辖区首家成功享受RCEP政策红利的企业。

（周　凌）

龙潭跨境贸易电子商务片区

【概况】 2022年，南京龙潭跨境贸易电子商务片区位于南京经开区东区综合保税区内，紧邻龙潭深水港。片区主体由电子商务产业园和综合物流园组成。片区分为保税电商区域和一般电商区域，建成四进两出6条分拣线，具备自动扫码、自动分拣、自动传送和同屏比对等功能。片区引进南京国际邮件互换局龙潭分局入驻，这是国内首家设立邮政互换局的跨境电商园区，可为电商企业提供高效通关、快速分发、便捷退税和阳光结汇等一站式服务。

【电子商务产业园】 龙潭跨境贸易电子商务产业园培育引进一批特色跨境贸易企业，实现跨境电商“1210”保税进口、“9610”一般出口、“9710”直接出口以及“9810”出口海外仓等跨境电商业务模式全覆盖，初步构成高效便捷的跨境电商服务体系，各项发展指标居全省前列。产业园先后获得“南京市跨境电子商务创业创新孵化基地试点”“南京市电子商务示范园区”“江苏省电子商务示范基地”“全国首批智慧物流配送示范园区”等称号。

【综合物流园】 南京龙潭综合物流园为国家级示范物流园区，位于南京经开区东区南京综合保税区内，总规划2.65平方千米。其中，核心区2.4平方千米，规划布局综合服务区、跨境电商物流区、保税物流区、供应链物流区和多式联运区5个功能区，拥有国家级综合保税区和长江江海转运主枢纽港——龙潭港等平台资源。截至年底，园区建有各类仓储设施76万平方米，入驻企业80余家。其中，规模以上企业超30家，业务类型涉及运输、仓储、保税加工、码头服务、国际贸易、跨境电商、供应链管理、冷链、国际货代等领域。园区先后获得“江苏省现代服务业（现代物流）集聚区”“江苏省首批重点物流基地”“南京首批十大现代服务业集聚区”等称号。

【不同类商品同包同车集拼】 5月24日，南京龙潭跨境电商产业园通过南京综合保税区龙潭片平台，首次实现跨境电商保税进口商品与非保税分类监管商品同包同车集拼出区，园区贸易便利化水平得到进一步提升。

（周　凌）

责任编辑　赵建华

数字经济

数字基础设施建设

【概况】 2022年，全区推进5G、工业互联网等新型基础设施建设应用，推进制造业智能化改造和数字化转型，推进数字化平台建设，构建现代化产业体系。实施“智改数转”项目109个，人工智能产业收入近80亿元，比上年增长近30%。实现推动实施智能化改造和数字化转型项目44个，覆盖50家左右规模以上工业企业。

【数字化道路建设】 根据市政项目BIM报建政策，完成龙王山大道一标段项目BIM报建。完成道路BIM技术前期和设计应用7条，将BIM技术、倾斜摄影技术、GIS技术融合应用于前期障碍摸排、勘测定界，应用于施工图建模、管线设计协调、土方量测算。对4条在建道路项目推行BIM技术施工应用，以BIM模型为基础开展施工图技术交底、现场校核、施工固化、属性信息采集等，以保证工程信息资料高效利用。初步形成施工图BIM设计应用指南，用于监督指导片区内施工图BIM设计工作。

【5G基站建设】 全区加快5G基站建设以及5G网络基础设施布局，在5G基站建设、5G+AI应用示范等信息基础设施建设方面与移动公司开展战略合作，推动实现产业园区和重点场景深度覆盖。新建5G基站1262个。截至年底，全区累计建设5G基站2819个，基本实现对重点园区、重点企业的覆盖。

【5G+互联网】 依托5G+AI云边一体化创新应用示范道路等重点项目，加强5G行业场景开发、智慧城市运用，联合运营商建设5G创新体验中心。“掌上云社区”数字赋能基层社区“智治”新模式项目入围全国数字政府建设优秀案例。栖霞区入选全国工业互联网推动数字化创新领先区，获评江苏省“互联网+制造业”特色产业基地。

（许世利）

软件和信息产业

【概况】 2022年，全区软件和信息服务业库内（南京市软件产业统计分析平台）企业200余家，实现软件和信息服务收入135亿元，比上年增长8%。全年引进江苏开博科技、江苏思政智库信息等软件和信息服务业优势企业20余家，解决重点软件企业诉求，整合产业链资源。建设高水平产业集聚区，栖霞高新区紫东国际创意园（人工智能领域）、江苏省地理信息产业园（地理信息领域）被市数字经济发展领导小组办公室认定为市数字经济产业园区，占全市当年认定数的25%。

【软件业】 江苏东交智控科技集团股份有限公司和江苏臻云技术有限公司被列入省大数据、区块链产业发展试点示范项目；江苏达科信息科技有限公司、南京恒电电子有限公司2家企业项目获得省工业和信息产业转型升级专项资金立项扶持；南京鹰视星大数据科技有限公司、匠人智慧（江苏）科技有限公司被认定为市专精特新软件培育企业。

【信息产业】 达科信息成功入选市第一批“智改数转”服务商，南京燧坤、翔晟信息等3家数字企业成功申报培育“独角兽”企业。推动应用场景开放与合作，全区分3批次发布应用场景120个，有15个项目入选市优质应用场景库并公示发布，总投资超20亿元。

（许世利）

数字化应用

【概况】 2022年，全区探索数字化治理新举措，在产业发展、城市治理、民生服务等领域推广应用。全区新认定省星级上云企业18家。其中，三星级12家，四星级5家，五星级1家。至年底，全区有星级上云企业70家。其中，三星级54家，四星级14家，五星级2家。扬子江药业集团南京海陵药业有限公司、江苏量为石科技股份有限公司被认定为省四星级上云企业。南京经开区中国（南京）智谷入选省级“5G+工业互联网”融合应用先导区培育对象名单。区行政审批局“推进‘互联网+监管’改革，实现精准化全覆盖监管”获得栖霞区2021年度“工作创新奖”三等奖。

【残疾人数字化就业创业基地启动】 5月13日，举办“全链数字经济赋能 重塑助残就业生态”第三十二次全国助残日活动，启动残疾人数字化就业创业基地。基地依托5G时代数字经济产业，实行“线下基地培训就业+线上居家云就业”相结合的残疾人数字化就业模式。

（罗素素）

【智改数实施方案】 6月，区政府出台《南京市栖霞区制造业智能化改造和数字化转型实施方案（2022—2024年）》，聚焦全区重点产业链及电子信息、新能源汽车、生物医药等主导产业，以行业龙头骨干企业、中小型制造企业、产业链和产业园区数字化转型为切入点，实施典型示范标杆引领工程、优秀解决方案推广工程、智能制造诊断工程、自动化装备升级改造工程等9项重点工程。

（许世利）

【互联网+政务】 全区推进“一网通办”场景构建，聚焦重点企业、民生领域，构建房屋租赁登记、特种设备使用登记等高频政

5月13日，南京市栖霞区残疾人数字化就业创业基地正式启动　　区残联　供图

务服务场景6个，主动认领、推进开办便利店等多个“省政务应用试点场景”建设。加强“宁企通”惠企政策平台栖霞板块建设，上线惠企政策11条，转化事项57个。苏服办App栖霞旗舰店完成升级改版，正式上线运行。上线区级自行研发事项清单20个，同步提供“栖霞区政务服务”公众号预约办理、苏康码转码申请功能。在全区范围实现电子印章制发全覆盖，发布电子证照189个、苏服码免证办应用场景16个，探索社会组织、公共卫生等高频事项电子证照场景应用64个。

（罗素素）

【互联网+监管】 推进“互联网+监管”信息系统建设工作，实现监管数据归集共享、监管过程全记录、监管数据分析、联动监管、风险预警，通过优化市场监管流程，推进监管资源整合，实施精确制导式靶向监管，构建监管与服务并重的网络市场生态体系。监管数据中心涵盖20多个部门、9个街道的417个监管目录、2050个监管子项。全区81739名企业法人、104177家个体工商户、47个社会团体在内的监管对象及955个执法队员均纳入数据库，以数据化的方式实时呈现与政府各部门的互动情况。

（罗素素）

大数据管理

【概况】 2022年，区大数据局推进全区信息化建设，统筹管理信息化项目。编制年度建设计划，明确重点建设任务16项。审查区各部门和街道的信息化项目建设方案、可研报告等31份，提交审查报告100余份，组织专家评审、项目验收10余场。完成数据中心扩容升级，增设下一代防火墙、日志审计等安全设备18台。按照“分级分区”管理要求，优化调整网络拓扑结构，新增超融合服务器15台，总vCPU数量3236C，总内存1.33TB，为全区部门51个自建信息系统提供云服务器150余台。

【平台建设】 区大数据局完成云平台、共享交换平台、数据支撑平台和数据共享与应用建设两大标准体系，完成三大数据资源库框架建设，实现与城管局等部门6个系统对接，归集统计局、行政审批局等部门数据49类，共2.2亿条；实现与市大数据平台互联互通，申请市级数据目录14个，数据110万条。

【数据资源应用】 区大数据局完成“栖霞政策通”平台建设，整合区内66311家企业信息，汇聚国家及省、市、区4级政策1069条，总用户数达6.69万户。建成“企业基础信息查询系统”，归集2020年以来税务登记基本信息、申报销售数据等涉税数据。与区卫健委等合作，开发“宁助手”综合信息平台，包含应知尽知等基础模块7个及智能语音电话等辅助功能模块，有效提升防疫效率。

（徐　力）

责任编辑　唐　恺

都市农业

综　　述

【农业产值增长】 2022年，全区实现农林牧渔业现价总产值11.65亿元，比上年增长3.4%。其中，农业产值8.38亿元，增长1.3%；林业产值0.18亿元，增长89.9%；牧业产值1.08亿元，增长12.2%；渔业产值1.36亿元，增长3%；农林牧渔服务业产值0.65亿元，增长6.2%。

【新型农业经营主体创建】 2022年，全区新型农业经营主体累计达到322家，其中列入江苏省优先扶持合作社名录的农民专业合作社有42家。创建国家级示范合作社1家、省级7家、市级7家、区级17家，区级以上示范社占比达18.7%，比上年增加4.2%；创建省级示范家庭农场9家、市级7家、区级19家，区级以上家庭农场占比达30.2%，比上年增加7.8%；创建省级农业龙头企业2家、市级6家、区级5家。开展农民专业合作社空壳社清理工作，清理空壳社12家。培训高素质农民340人，新认证新型职业农民52人，组织新型农业经营主体申报市级贷款贴息资金55.5万元。

【农产品销售信息化】 全区推动电商营销能力建设，鼓励支持农业企业、农民专业合作社、家庭农场、专业大户等发展农业电子商务，通过自建平台、抖音直播、天猫淘宝平台等渠道拓宽农产品销售渠道，在受到新冠疫情影响的大环境下，稳住农产品销售大盘。全年发展农业电商企业网上销售主体40个，自建平台及第三方平台开设网店微店47家，新增规模以上农业电商主体10家，主要销售花卉类、果蔬类、粮食类、农资等农副产品100余种。全年网上营销销售额约2.62亿元，比上年增加0.8%。

【农产品品牌培育】 全区集中资源打造以芦蒿、野八仙等为核心的绿色蔬菜产业链和以多肉、百合为核心的特色花卉产业链，培育“洲野天成”区域公用品牌、八卦洲芦蒿国家地理标识农产品、芳草渡大米、缘派葡萄、俊红火龙果、西岗灵露雨花茶等一批区域特色农业品牌资源，强化对外宣传，开发系列文旅产品，为全区休闲农业与乡村旅游发展奠定基础。

【农业产业结构】 全区有农业、林业、畜牧业、渔业以及农、林、牧、渔服务业等产业。其中，农业占比71.94%、林业占比1.52%、牧业占比9.31%、渔业占比11.67%，农、林、牧、渔服务业占比5.56%。全年发展绿色优质农产品，加强农产品“二品一标”基地建设及全过程监管，全区种植业绿色优质农产品占比达68.2%，新认证绿色食品合作社（企业）6个，绿色食品认证面积12.664平方千米，有机食品认证面积0.92平方千米。

（陈　琳）

高效农业

【概况】 2022年，全区高效设施农业面积稳定在22.34平方千米，主要发展优质蔬菜、特色花卉苗木等主导产业链。全区粮食作物、经济作物播种总面积45.78平方千米，粮食种植面积和产量全面超过2021年。全区特色农业机械化率达67.46%。

【粮食生产】 粮食实际种植面积42.9平方千米，比上年增加110万平方米，增幅2.6%；粮食总产量2.56万吨，比上年增加0.03万吨，增幅1.2%。夏熟粮食以小麦为主，面积16.93平方千米、总产量0.85万吨，主要品种以扬麦25、扬麦12为主，占80%以上。秋熟粮食播种26平方千米。其中，水稻面积14.47平方千米、总产1.24万吨，品种为南粳5055和南粳46，占95%以上。

【蔬菜种植】 全区特色园艺种植总面积56.68平方千米。其中，蔬菜播种面积53.8平方千米，总产量10.04万吨；设施蔬菜面积2200万平方米。组建八卦洲芦蒿产业科创中心，全年完成组培苗12万株、迭代扩繁400多万株，试点开展组培青蒿中试孵化0.059平方千米。科技创新中心研发出芦蒿扦插机、撒肥机、收割机，初步实现芦蒿生产全程机械化，有力地提高了芦蒿生产效率，全年完成芦蒿组培苗推广种植80亩，价格较普通芦蒿提升43%。全区芦蒿播种面积约22.67平方千米，比上年增长25.9%，年产值近5.1亿元。蔬菜复种面积53.55平方千米，总产量1.03亿千克。

【瓜果生产】 全区瓜果种植总面积2.63平方千米，总产量约1.2万吨，总产值7967.5万元。涉及梨、桃、葡萄、西瓜、甜瓜、草莓等多个品种。其中，"阳光玫瑰"葡萄作为家喻户晓的"明星品种"，已形成育苗、管理、销售全链条产业，参与农户户均增收约4700元。八卦洲现代农业产业园投资140万元，完成0.013平方千米草莓高架种植设施改造，累计定植种苗12万株，年产量约15吨。

【花卉种植】 依托省市花卉产业技术体系及高校科研院所等优势资源，开展都市花卉技术推广和强链补链工作，发展特色花卉产业。全区发展虹彩花卉、立乾多肉等花卉产业基地面积近1333万平方米，建有连栋大棚、日光温室等花卉栽培设施6.44万平方米，打造花卉产业孵化转化示范基地41万平方米，形成八卦洲百合、月季、菊花、红掌及龙潭多肉、荷花等一批栖霞特色花卉。

【畜禽养殖】 全区生猪饲养量6.24万头，出栏4.05万头，年末存栏数2.19万头；家禽年饲养量24.58万羽，出栏14.73万羽；羊饲养量0.19万只，出栏0.077万只。全区使用牲畜口蹄疫疫苗8.64万毫升、禽流感疫苗10.76万毫升、猪瘟疫苗9.28万头份、猪蓝耳疫苗6.66万头份、鸡新城疫苗87万羽份、羊小反刍兽疫疫苗0.30万头份；总计免疫家禽禽流感20.48万羽、鸡新城疫21.61万羽、猪瘟8.17万头、猪蓝耳6.01万头、猪口蹄疫7.49万头、羊口蹄疫2070只、羊小反刍兽疫1870头，犬类狂犬病免疫7847只。饲养场所全年累计清洗消毒面积169.06万平方米，灭害面积164.9万平方米，应免畜禽免疫密度100%，家畜免疫标识佩带率100%。开展非瘟病原等各类病原及抗体检测145份，禽流感及新城疫抗体105份，布鲁氏菌病175份，所有检测结果均符合省、市规定标准。开展春、秋两季动物血吸虫病查治，采集龙潭街道、八卦洲街道重点村羊血清样品150份，预防服药173头次，检测结果均为阴性，合格率100%；开展血吸虫病野粪监测10份，检测结果为阴性，合格率100%。

【水产养殖】 全区水产养殖统计面积2.89平方千米。其中，池塘养殖2.67平方千米，河沟养殖0.22平方千米。高效设施渔业养殖面积1.96平方千米，特种水产养殖面积2.5平方千米。水产品养殖总产量373.5万千克。

【农业机械推广使用】 区农业农村局推广使用大中型农业机械79台。其中，拖拉机30台，联合收割机2台，耕整地机械43台，植保机械4台，农业机械化水平达93%。培训农机驾驶员32人、无人机操作员4名。全区检验农机具237台，联合收割机检验合格率95%、拖拉机检验合格率91.2%，农机检验率和合格率名列全市前茅。上路行驶拖拉机参保率100%。全年未发生农机安全责任事故。区农业农村局开展农作物秸秆综合利用工作，全区完成稻麦秸秆机械化还田面积3.675平方千米，农作物秸秆综合利用率达98.7%。支持秸秆综合利用企业进行肥料化、燃料化和基料化、原料化利用。

（陈　琳）

休闲观光农业

【概况】 2022年，全区以“农业+旅游”作为农旅融合新业态，形成以八卦洲陌上花渡、龙潭“水一方”、西岗桦墅村为重点区域，10余家不同类型农旅项目融合发展的基本格局。创成特色各异的美丽乡村69个。其中，中国美丽休闲乡村1个、省级特色田园乡村2个，省级休闲农业精品村1个，省级主题创意农园5个。打造乡村精品民宿9家。外婆湾民宿入选南京市第二批职工疗养基地。举办“荷花节”、“稻香美食节”、八卦洲百合科技文化旅游节、八卦洲青春里夏日美食节、长江文化系列活动、第七届栖霞区美食节暨第三届八卦洲乡土地标美食大赛等休闲农业活动51场，休闲旅游年接待人数295.8万人次，全年综合经营收入约2.78亿元。八卦洲街道南京红杜鹃农业科技集团被江苏省休闲旅游农业协会评为“苏韵乡情乡产基地”，龙潭街道“水一方”生态休闲旅游景区被评为“苏韵乡情乡游基地”。

（陈　琳）

【首届“美丽栖霞·桦墅杯”星钓大赛】 5月28日，“和善园杯”第四届星钓江苏联赛（南京站）暨首届“美丽栖霞·桦墅杯”星钓大赛在栖霞区桦墅国际垂钓中心扬竿开赛。此次比赛是“和善园杯”第四届星钓江苏联赛的揭幕赛，也是桦墅国际垂钓中心的开塘赛。垂钓爱好者120人报名参赛。刘志平、刘银周、杨涛三名选手分获冠、亚、季军。获前30名的选手入围总决赛。

（宋昌圣）

【乡土地标美食大赛】 6月2日，第七届栖霞区美食节暨第三届八卦洲乡土地标美食大赛在八卦洲陌上花渡举办。活动以制作端午节特色美食为主题，邀请栖霞区内十家餐饮企业现场烹制20道精美佳肴，由中国烹饪大师戴尔发、中国烹饪大师陆海波、中国烹饪大师、非遗传承人王永贵担任评委，从菜肴观感、味感、质感、营养、实用五个方面进行评比，最终，茶肆获得一等奖，陌上餐厅、假日山庄获得二等奖，四季渔歌、洲上人家、派缘居获得三等奖。

【夏日美食月】 7月23日—8月24日，夏日美食月活动在八卦洲街道青春里街区举办。青春里特色街区内众多商铺参与。同时开展码头夜市、小江河游船等活动。活动期间吸引游客约2万人，带动周边餐饮收入达21.3万元。

（祁　峙）

【乐钓联赛】 9月4日，魅力江苏最美体育“古井贡杯”2022年第五届乐钓江苏俱乐部联赛（南京站）在栖霞区桦墅国际垂钓中心（国标竞技池）举办。乐钓江苏俱乐部联赛是江苏省钓鱼协会重点打造的品牌赛事，南京站比赛共吸引南京及周边地区150名钓鱼爱好者参加。其中，曾旺以三

7月23日，夏日美食节在八卦洲青春里街区启动　　八卦洲街道　供图

场积四分获得冠军，杨涛、成则桦分别获得亚军和季军。

（宋昌圣）

【农业嘉年华】 9月28日—10月31日，2022年八卦洲农业嘉年华在八卦洲街道陌上花渡园区举办。作为本届栖霞农业嘉年华的核心区，陌上花渡园区打造“一园八馆三基地”，即陌上花渡大花园和农业黑科技“新特馆”、豆类科普“豆豆王国”、农耕乐事“农趣馆”、智能控制“智慧农业馆”、时令采摘“蔬果园”、瓜王争霸“展治馆”、农产品展销“丰收馆”8个农业主题展馆，没有户外露营基地、农耕研学基地、休闲运动基地3个基地，满足市民体验、观赏、户外拓展等需求。活动期间，吸引游客20万人次，带动综合经济收入约900万元，陌上花渡位列“抖音”打卡榜、人气榜两项第一。

（祁　峙）

绿色农业

【概况】 2022年，全区持续开展化肥和化学农药“两减”、农作物病虫草害防治、耕地安全利用、畜禽养殖粪污综合利用等工作，相继制订印发《2022年南京市栖霞区受污染耕地安全利用方案》《栖霞区畜禽养殖场（户）粪污资源化利用台账管理办法（试行）》等规范标准。完成市级农业专项资金绿色农业发展专项立项6个。

【化肥和化学农药使用减少】 开展沿江5千米化肥和化学农药“两减”工作。全区化肥施用量1201吨（折纯）、农药使用量34.55吨，比上年分别下降8.5%、2.2%。成立“两减”技术服务组，举办“两减”培训班，推广使用有机肥、绿色防控、轮作换茬等措施，减少化肥和化学农药的使用。有机肥替代使用2.55万吨、生物有机肥替代使用0.27万吨，绿色防控面积33.33平方千米、统防统治面积22.82平方千米。建设八卦洲“两无化”核心示范基地，委托江苏省农业技术推广总站制订《“两无化”绿叶类蔬菜生产技术规程》《“两无化”葡萄避雨栽培生产技术规程》2个团体标准，10月初在全国信息平台发布。

【农作物病虫草害防治】 区农业农村局开展水稻、小麦病虫、桔小实蝇、蔬菜病虫等监测预报工作，发布《农作物病虫情报》13期。召开专题会议5次，开展技术培训2次，发放技术资料850余份。加大植保新技术、新装备、新品种推广，宣传推广高效低毒农药新品种，结合化学农药减量降排计划实施，在全区小麦、水稻等种植中推广高效低毒化学农药，高效低毒农药使用量比上年减少8%。

【耕地安全利用】 区农业农村局编制《2022年南京市栖霞区受污染耕地安全利用方案》，投入资金573.47万元。采用生石灰施撒、土壤调理剂、面积阻控剂、水分调控等安全利用主要措施。通过以农艺措施为主的多种技术组合模式，减少农作物对重金属的吸收，采取增施生物有机肥、优化施肥、控制新增污染等措施，实现耕地肥力维护与二次污染的风险防控。开展灌溉水、农业投入品、土壤与农产品重金属等监测工作。全区受污染耕地安全利用率达100%，超过南京市受污染耕地安全利用率93%以上的工作目标。

【畜禽养殖粪污综合利用】 区农业农村局联合区生态环境局认定上报畜禽规模养殖场2个。其中，规模养猪场1个，规模养禽场1个。开展散养畜禽养殖情况全面摸底和建档，全区拥有家禽散养户3126户，以草鸡养殖为主，平均每户存栏量30只左右，养殖粪污以家庭蔬菜种植还田利用为主。制订全区统一的畜禽养殖户粪污资源化利用台账，印发《栖霞区畜禽养殖场（户）粪污资源化利用台账管理办法（试行）》，定期对畜禽养殖户进行技术服务与指导，确保台账记录及时、规范、完整、准确；指导养殖场（户）按要求规范粪污处理及综合利用。全区畜禽粪污综合利用率达到97%，规模养殖场粪污处理设施设备配套率达100%。

【绿色农业发展专项立项】 7月30日，区农业农村局组织专家组对龙潭街道和八卦洲街道沿江5千米化肥与化学农药“两减”、八卦洲街道沿江5千米化肥限量试点“两无化”基地建设和推广、“绿色防控示范建设”项目进行立项评审，6个项目符合立项要求，批准立项。

（陈　琳）

农业产业融合发展

【概况】 2022年，区政府根据《南京市三产融合用地使用权入股联合工作实施细则》文件，出台《栖霞区集体建设用地审批实施细则》。区农业农村局以解决产业融合发展用地困难为出发点，创新区级部门联动例会制、特事特办制、项目建设评估制等，协调推动全区15个9.53万平方米三产融合用地项目入库。聚焦产业融合、乡村建设、科技创新等涉农重点领域，完成涉农重大项目10个、市级衔接推进乡村振兴项目4个等建设任务，推动5个1.35亿元农业项目签约落地。

（陈　琳）

【八卦洲“菊花园”】 6月，八卦洲菊花示范与产业化中试基地（简称“菊花园”）启动运营。菊花园占地面积8.33万平方米，由八卦洲现代农业产业园建设，建有连幢塑料温室、补光系统、水肥一体化灌溉系统、移动苗床等，投资1450万元。培育菊花新品种300余个，其中量产品种8个。生产优质盆花8.2万盆，优质切花40余万枝，地被菊花7万株。

（樊涵迪）

【八卦洲百合基地】 八卦洲百合基地由南京农业大学与八卦洲南京鹏岛现代农业发展有限公司共建，建有1.33万平方米江苏省省级百合种质资源库1个和6.67万平方米百合产业化中试基地1个。基地有1万多平方米连栋大棚，配备冷库、喷滴灌、看护房、农资仓库、科普栏等，保存观赏百合、食用百合、野生百合和功能性百合2000多种资源，是江苏现代农业（花卉）产业技术体系南京推广示范基地的核心基地，是华东地区最大的百合研究基地，也是全国最大的百合产业化中试基地。基地自建成以来，共接待国内外参观团数百个，通过开展技术讲座和现场观摩等活动培训约2000人次，举办百合科普花展4次，参与科研成果科普

八卦洲百合种植基地　　　　区农业农村局　供图

展多次。获批江苏省科普教育基地，并被确定为“国家南方草本花卉种质资源圃（南京）”。

【龙潭荷花基地】 龙潭荷花基地位于水一方景区东侧，太平村老渔场片区，占地面积20万平方米，由龙潭街道与南京农业大学共同出资建设。基地建有荷花种植资源圃、荷花新品种初选区、荷花新品种中试区、荷花新品种扩繁区、荷花专家工作站5个区域。引进种植700多种精选荷花、睡莲品种。开展农业科技产学研合作，建设荷花新品种育繁产学研合作示范基地，与南京农业大学合作开展多元化荷花新品种研发和睡莲反季节培育工作。于景区入口处设有精品荷花展示区，进行新品种盆栽展示，推动水一方景区休闲农业和高效农业融合发展。

（吴思思）

【“荷鸭共养”生态模式】 水一方景区在核心赏荷区的荷塘内生态养殖5000余只花边鸭，推出“荷鸭共养”生态模式。“荷鸭共养”不仅改善荷塘土壤，还增加村集体收益，减少荷塘清杂的人工费用。荷与鸭形成一个可循环、可持续的动态发展“生态圈”，实现互利共生。推出“爱心认领——水一方生态荷塘加油鸭”活动，游客可以个人名义认养一只“生态荷塘加油鸭”，成为自己的“萌宠”专属。

（吴思思）

“荷鸭共养”生态模式　　区农业农村局　供图

【桦墅国际垂钓中心成立】 4月，桦墅村利用水资源优势，建设国际垂钓中心，打造高标准、专业化垂钓基地。建有国际标准化垂钓竞技池2个、射乌垂钓大鱼湖1个、周冲千米栈道垂钓湖2个，垂钓总面积超13.3万平方米，垂钓区域共有钓位近千个。桦墅村以“党支部+合作社+社会组织+民宿+农家乐+农户”多方协作的方式，组建南京市栖霞区钓鱼协会，定期举办钓技钓法培训和各类体育休闲垂钓比赛，通过“赛事+旅游”的方式为乡村振兴、乡村旅游注入新动能。根据季节特点，开发钓龙虾、钓螃蟹娱乐休闲项目，村民租赁、销售鱼竿和渔具。

（宋昌圣）

【荷花新品种示范推广】 7月19日，南京市荷花新品种示范推广现场观摩会在水一方景区成功举办。活动由南京市农业技术推广站主办，区农业农村局、南京农业大学园艺学院、南京市花卉行业协会协办，南京水一方文化旅游管理有限公司承办。活动邀请市区相关领导、专家，各区园艺站、农业科负责人，街道技术骨干，荷花重点企业代表等50人参加，分为现场观摩、听取专题讲座，研讨荷花产业发展方向新的思路。

（吴思思）

【获“南京好大米”金奖】 栖霞区芳草渡农业科技公司选送的“芳草渡荷香米”“芳草渡鸭田米”在南京农学会、南京市农业技术推广站主办的2022年南京市优质稻米评选大赛中，获“南京好大米”金奖，“芳草渡鸭田米”获“南京好大米”十大品牌称号。区农业农村局农业科被南京农学会、南京市农业技术推广站评为2022年“南京好大米”和“南京好大米十大品牌”品鉴评选大赛优秀组织奖。

（陈　琳）

责任编辑　唐　恺

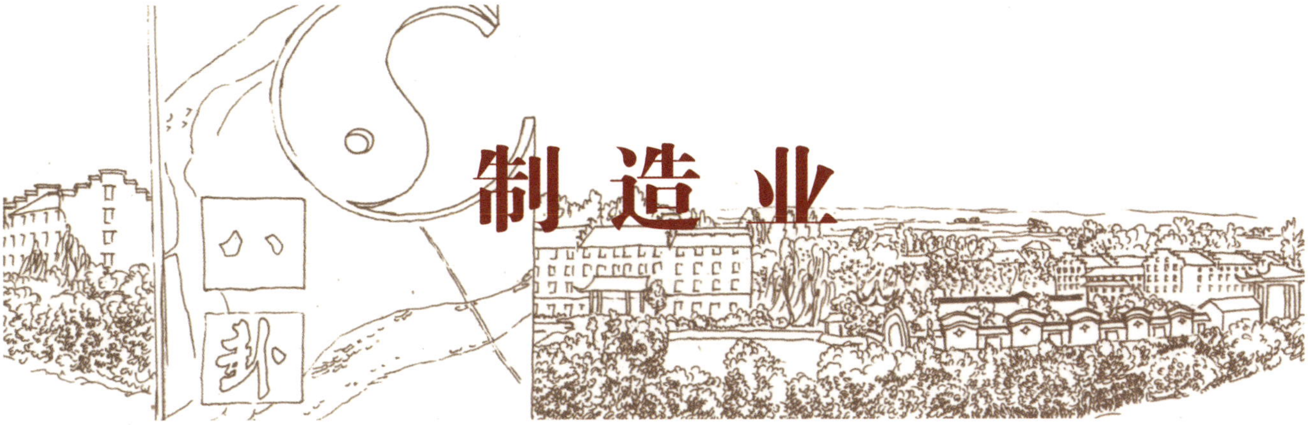

制造业

综　　述

【规模效益】 2022年，全区制造业规模以上企业383家，比上年增加50家，实现工业总产值3716.96亿元、营业收入3976.37亿元、利税352.19亿元。全区规模以上制造业在统计的26个行业大类中，有15个行业累计工业总产值实现正增长，行业增长面58%，其中9个行业实现两位数增长。产值排名前五的行业“四升一降”，石油、煤炭及其他燃料加工业比上年增长25.8%，电气机械和器材制造业比上年增长34.1%，医药制造业比上年增长23.2%，计算机、通信和其他电子设备制造业比上年下降13.9%。全区年产值10亿元以上企业39家，全市前50强企业14家，完成产值3256.84亿元，占全区工业产值的87.6%。重点推动产业链创新融合，推进制造业智能化改造和数字化转型。先进制造业企业实现工业总产值2253.7亿元，比上年增长4.1%；战略性新兴产业企业实现工业总产值1903.7亿元，比上年增长3.3%；高新技术产业企业实现工业总产值1631.4亿元，比上年增长5.2%。全区进入千企升级培育库企业近300家，新增国家级专精特新“小巨人”企业9家、省级专精特新中小企业30家。走访调研重点企业近100家，开展线上、线下专题培训活动30余场，培训企业300余家。

【企业技术中心】 全区新增13家企业被省工业和信息化厅认定为省级企业技术中心，有市级及以上企业技术中心101家。其中，国家级企业技术中心5家，省级企业技术中心56家，市级企业技术中心40家。被认定为企业技术中心的企业，以软件和信息服务、人工智能、医药与生命健康、智能制造装备、集成电路、智能电网、轨道交通、新能源汽车八大产业链相关企业为主。

表17　2022年栖霞区工业产值实绩统计表

序号	单位	当年实际产值（亿元）	比上年增长率（%）	占全区比重（%）
1	经开区直管	3394.18	11.15	91.32
2	龙潭街道	130.40	11.25	3.51
3	栖霞街道	124.99	–2.51	3.36
4	马群街道	27.89	–8.05	0.75
5	高新区	12.94	6.71	0.35
6	西岗街道	6.68	–27.30	0.18
7	尧化街道	6.54	3.71	0.18
8	八卦洲街道	5.44	13.87	0.15

续表17

序号	单位	当年实际产值（亿元）	比上年增长率（%）	占全区比重（%）
9	仙林街道	3.45	9.31	0.09
10	迈皋桥街道	3.01	-13.57	0.08
11	燕子矶街道	1.42	-6.80	0.04
12	行政区直管	0.00	-98.55	0.00
	合计	3716.94	10.28	100.00

表18　2022年栖霞区前16强企业产值统计表

单位：万元

排序	企业名称	实现产值
1	中国石油化工股份有限公司金陵分公司	11437703
2	爱尔集新能源（南京）有限公司	4409209
3	乐金显示（南京）有限公司	2236331
4	喜星电子（南京）有限公司	2133449
5	南京华新有色金属有限公司	1440711
6	南京LG新港新技术有限公司	1142976
7	爱尔集新能源电池（南京）有限公司	899855
8	杉金光电（南京）有限公司	746052
9	邦基（南京）粮油有限公司	630809
10	南京京东方显示技术有限公司	467887
11	瑞仪光电（南京）有限公司	453681
12	南京正大天晴制药有限公司	445978
13	博西华电器（江苏）有限公司	433381
14	华能南京金陵发电有限公司	424027
15	南京夏普电子有限公司	420013
16	中国石化集团金陵石油化工有限责任公司	399052

表19　2022年主要工业产品产量统计表

产品名称	计量单位	产量	比上年增减（%）
硫铁矿石（折含硫35%）	吨	172809	-7.9
水泥	吨	1976202	-32.0
商品混凝土	立方米	6256736	0.7
光缆	芯千米	12881267	-8.9
锂离子电池	块（自然块）	2394952359	41.5
家用洗衣机	台	1141064	-29.2

续表19

产品名称	计量单位	产量	比上年增减（%）
家用电热水器	台	742815	-35.5
家用燃气热水器	台	548788	1.4
电子计算机整机	台	758046	-5.1
显示器	台	6494017	-19.9
液晶显示模组	万套	12069	-10.1
电子元件	万个	153465	-3.7

石油化工

【概况】 2022年，全区石油、煤炭及其他燃料加工业规模以上企业3家，实现工业总产值1162.46亿元，主营业务收入1176亿元，利税191.16亿元。

【金陵石化】 中国石油化工股份有限公司金陵分公司、中国石化集团金陵石油化工有限责任公司合称金陵石化。公司位于栖霞街道，主要从事石油炼制及石化产品的加工生产和销售，是中国石化第三大原油加工基地。公司拥有炼油、芳烃、热电、烷基苯等生产装置70余套，以及金陵亨斯迈、江苏金桐等合资企业5家。2022年，公司加工原油1726万吨，实现营业收入1266亿元、利润28.8亿元，上缴税金204亿元。生产汽油421.8万吨、煤油165.5万吨、柴油357.9万吨，石油产品50余种。7月20日，金陵石化与江苏油田、南京炼油厂三方共建的每年10万吨二氧化碳捕集、利用与封存（CCUS）示范项目建设启动。8月25日，获石油和化工行业水效"领跑者"（国家为提高用水效率、节约水资源开展的节水项目）标杆企业称号。8月31日，由金陵石化代为经营管理的江苏金凌创联新材料公司（合资）高端石墨材料针状焦煅烧项目投料试生产，一次开车成功。12月15日，金陵石化与中石化（大连）石油化工研究院有限公司签订战略合作协议，举行高端碳材料技术与应用研发中心成立揭牌仪式。12月，举办第七届职工岗位技能竞赛，4938人次参加。

（杨文雅）

12月15日，金陵石化与中石化（大连）石油化工研究院高端碳材料研发中心签约揭牌仪式举行　　栖霞街道　供图

【中国石油化工股份有限公司金陵分公司】 位于栖霞街道甘家巷街388号。是国家特大型石油化工联合企业，主要从事石油炼制及石化产品的加工生产和销售。公司拥有万吨级原油、成品油码头，自备铁路专用线。拥有炼油、化肥、热电等40余套大型生产装置。2022年，原油综合加工能力1350万吨。产品供应全国各地，出口石脑油、航空煤油、汽油、石油焦至韩国、朝鲜、日本、印度、东南亚、中国香港

地区等30多个国家和地区。生产石油产品近70种。实现产值1143.77亿元。以“线上+线下”相结合形式，举办4期卓越工程师暨工艺技术员素质能力提升班，基层单位250余名工艺技术管理人员参加。1月，开展先进控制系统应用劳动竞赛活动。7月21日，举行“导师制”人才培养工作启动会。9月，98号汽油首次管道输送供应沿江市场；高端石墨装置实现双系列运行。

【南京炼油厂有限责任公司】 注册资本3.02亿元。公司位于栖霞街道甘家巷，有职工700余人。公司主要业务包括石油化工产品的生产销售与技术研发、危险化学品的储存运输、城市燃气供应等。主要产品有偏三甲苯、均三甲苯、改性沥青等。公司拥有7座油品码头、15套石油化工生产装置和19万立方米各类储罐。2022年，营业收入24.06亿元，产值12.04亿元，纳税0.98亿元。7月，与金陵石化等企业合作，建成投产每年10万吨的二氧化碳捕集装置。

【江苏龙蟠科技股份有限公司】 总部位于南京经开区恒通大道6号，独立润滑油企业。是江苏省高新技术企业、中国最佳创新企业。2022年，公司拥有11大产品系列，覆盖车用润滑油、工业润滑油等多个市场领域。拥有江苏可兰素汽车环保科技有限公司、南京尚易环保科技有限公司、南京精工塑业有限公司、龙蟠润滑新材料（天津）有限公司、龙蟠科技（香港）有限公司、南京微蚁数据科技有限公司6家子公司。主导产品有车用汽油机油、车辆齿轮油、工程机械润滑油等。营业收入140.72亿元。8月5日，召开第三届董事会第三十五次会议，审议通过《关于公司2022年半年度利润分配预案的议案》。

【中石化南京工程有限公司】 位于栖霞区仙林大道16号，注册资本5.56亿元。2022年，南京工程公司下设职能部门12个、专业设计室6个、专业分公司3个、区域分公司5个。职工2673人。其中，经营管理、专业技术和工程项目管理人员2097人，各类技能操作人员576人。具有本科及以上学历1873人，具有中、高级专业技术职称1524人。全年技术开发项目77项，计划结题45项，实际完成46项。整理成熟工艺包2项。完成专利申请68件，获授权专利68件，其中发明专利23件。形成企业级工法10项。主编、参编国家行业标准32项，主编中石化标准11项、炼化工程集团标准36项，完成企业技术标准和标准图、通用图105项。南京工程公司被认定为“南京市CCUS工程技术研究中心”“南京市碳原子经济性绿色化工工程研究中心”。4月21日，南京工程公司参加市重大招商项目暨央企区域总部项目视频签约活动。签约重大项目59个，总投资额1206亿元。10月18日，南京工程公司境外财务共享沙特地区外账打通全流程，试点成功上线。

（毕　华）

表20　2022年中石化南京工程公司主要生产经营指标对比表

指标名称 \ 年份	2022	2021	2020	2019	2018	2017
资产总值（亿元）	52.90	51.85	53.36	55.29	55.87	56.81
设计投资（亿元）	95.61	81.70	60.36	64.17	90.20	93.89
主营业务收入（亿元）	61.61	58.84	58.81	67.02	55.98	46.77
承接工程数量（项）	283	286	257	239	196	170
授权专利数量（项）	68	65	54	37	48	56

表21　2022年中石化南京工程公司完成主要工程项目一览表

序号	项目名称
一	设计采购施工总承包项目
1	沙特SABIC YANPET EG2升级改造（EPC）项目
2	镇海炼化扩建项目配套空分项目
3	海南炼化100万吨/年乙烯及炼油改扩建工程项目三标段（裂解汽油加氢单元、芳烃抽提）C8工程
4	海南炼化100万吨/年乙烯及炼油改扩建项目设计、采购、施工（EPC总承包第一批）九标段空分空压站工程
5	中石化资产公司安庆分公司炼油转化工结构调整项目热电配套工程热电部化学水制水装置扩建项目
6	中国石化安庆分公司炼油转化工结构调整芳烃及空分空压站项目
二	施工项目
1	福建联合石油化工有限公司2021年芳烃联合装置改造施工项目
2	九江分公司89万吨/年芳烃项目
3	蓝星安迪苏南京有限公司二期18万吨/年液体蛋氨酸项目
4	海南炼化100万吨/年乙烯及炼油改扩建工程（一标段）土建安装工程（罐区）
5	中海油石化工程公司东营原油储备项目储罐土建安装工程 二标段
6	东营威联化学有限公司250万吨/年精对苯二甲酸及配套项目第一标段土建、安装施工工程
7	万华化学（福建）异氰酸酯有限公司MDI项目标段土建安装工程
8	海南炼化100万吨/年乙烯及炼油改扩建（五标段80万吨/年EG装置）
9	中石化安庆分公司炼油转化工结构调整项目（第一批次）主装置区域一标段（300万吨/年重油催化裂解联合装置）
三	设计项目
1	江苏华扬液碳有限责任公司黄桥气田采矿处理厂迁建项目详细设计
2	中国石化巴陵石油化工有限公司66万吨/年硫黄制酸和3万吨/年硫化氢制酸装置详细设计
3	中国石化润滑油滨海分公司润滑油天津南港特种油脂及基础储运项目详细设计
4	惠州市晟达新材料科技有限公司50万吨/年湿化学品项目基础设计
5	中国石化集团资产经营管理有限公司宜昌分公司30万吨/年磷酸及配套公用工程辅助设施详细设计
6	中国石化扬子石油化工有限公司炼油结构调整项目30万吨/年硫黄回收装置&东邵罐区详细设计
7	中石化宁波镇海炼化有限公司1100万吨/年炼油和高端合成新材料二十一标段（净化水场、除盐水及凝结水站）详细设计
8	中石化宁波镇海炼化有限公司1100万吨/年炼油和高端合成新材料项目工程设计二十四标段（空分）详细设计
9	中国石化仪征化纤有限责任公司300万吨/年PTA项目（二标段，配套公用工程）详细设计
10	山东裕龙石化有限公司裕龙岛3.5万吨/年烷基化废酸再生装置基础设计
11	中国石化集团南京化学工业有限公司制氢、合成氨联合优化项目详细设计
12	云南祥丰金麦化工有限公司10万吨/年新能源材料前驱体配套项目详细设计

通信和其他电子设备产业

【概况】 2022年，全区计算机通信和其他电子设备制造业规模以上企业79家，比上年增加13家，实现工业总产值896.14亿元，主营业务收入902.3亿元，利税9.85亿元。

【乐金显示（南京）有限公司】 是韩国LG Display株式会社在韩国外投资建立的第一家模组工厂。2022年，实现工业产值223.6亿元。公司拥有15条模组生产线、35条CP生产线、34条Cell生产线。主要从事TFT-LCD系列产品的研发、生产和销售，产品用于平板电脑显示屏、笔记本电脑显示屏和车载显示屏。

【杉金光电（南京）有限公司】 2022年，实现工业产值74.6亿元。公司产品广泛应用在电视、显示器、笔记本、平板电脑、智能手机、商显、车载、工控等领域。大尺寸偏光片领域位列世界第一，成为全球最大的偏光片供应商。

【喜星电子（南京）有限公司】 是一家开发、生产、销售TFT-LCD用背光模组、背光零组件、各种显示器及显示器零部件、各种平板数字电视机及零部件的大型制造企业。2022年，产值213.3亿元。公司液晶玻璃面板和背光模组，广泛运用在桌面和移动端显示器件上，产品有小尺寸平板电脑、笔记本电脑、桌面显示器等。产品供应LG、APPLE、DELL、华硕、松下等世界知名品牌厂商。

【南京LG新港新技术有限公司】 由韩国LG电子株式会社、乐金电子（中国）有限公司、南京新港开发有限公司、南京高科股份有限公司共同投资成立。2022年，实现产值114.3亿元。公司有生产线7条。其中，液晶显示器生产线4条，笔记本生产线1条，投影仪生产线1条，共用生产线1条，生产显示器800万台。产品主要包括液晶显示器、笔记本电脑、投影仪等，是LG显示器的全球生产基地和研发中心之一。

电气和器材产业

【概况】 2022年，全区有电气机械和器材产业规模以上企业39家，比上年增加3家，实现工业总产值692.71亿元，主营业务收入737.45亿元，利税70.51亿元。

【爱尔集新能源（南京）有限公司】 公司占地面积61.1万平方米，有员工1万余名。主要从事锂离子电池、新能源动力电池的生产、研发，产品主要用于手机、笔记本、平板电脑、新能源汽车，主要客户有苹果、联想、特斯拉等。生产锂电池23.4亿只。实现工业产值440.9亿元，比上年增长72.7%。至年底，累计投资超过53亿美元。

【爱尔集新能源电池（南京）有限公司】 产值89.99亿元，比上年增长30%。公司拥有7条全自动化电芯生产线和3条模组生产线，生产26万辆汽车动力电池。主要产品为汽车动力电池，包括混合动力（HEV）、插电式混合动力（PHEV）、纯电动（EV）等新能源汽车使用的锂聚合物电池。

【博西华电器（江苏）有限公司】 是德国博世和西门子家用电器集团共同投资的外商独资企业。家电园内配备国际采购中心和全国物流中心仓库。2022年，实现产值43.3亿元。公司拥有6大研发中心，覆盖冰箱、洗衣机、厨具和生活电器、洗碗机及电机多个领域，拥有研发人员700人。

【A.O.史密斯（中国）热水器有限公司】 实现产值40.9亿元。公司建立研发、生产、销售及服务一体化的现代化管理体系，产品跨家用、商用两大领域，家用产品包括电热水器、燃气热水器、太阳能热水器等12大品类；商用产品包括热水炉、热水锅炉、净水机3大品类。3月，A.O.史密斯独家冠名CCTV-2《经济半小时》。8月，“温室气体”通过中国质量认证中心核查。

有色金属产业

【概况】 2022年，全区有有色金属冶炼和压延加工业规模以上企业4家，实现工业总产值147.47亿元，主营业务收入246.6亿元，利税1.29亿元。

【南京华新有色金属有限公司】 注册资本6.2亿元，投资总额8.1亿元。公司主要从事新型铜合金材料、电气化铁路架空导线及相关产品的开发、生产、销售。2022年，产能40万吨。营业收入242.9亿元，比上年下降7.7%，实现产值144.1亿元，比上年增长1%。是江苏省百强企业。

【南京银茂铅锌矿业有限公司】 是华东地区最大的铅锌矿山。注册资本5644万元。主要产品为铅精矿、锌精矿、硫精矿和锰精矿。公司是高新技术企业，设有江苏省有色金属采选工程技术研究中心和江苏省企业技术中心。2022年，研发项目经费1461万元。获发明专利授权1项、实用新型专利授权17项，采选技术入选自然资源部《矿产资源节约和综合利用先进适用技术目录（2022年版）》2项，在全国推广。入选江苏省专精特新中小企业名单及江苏省第二批企业知识产权管理贯标绩效评价合格单位名单，获广西壮族自治区科学技术进步奖一等奖。营业收入4.34亿元，实现产值4.18亿元，纳税近1亿元。

【江苏镕耀新材料有限公司】 专业从事战略稀有金属供应链整合管理、生产加工和国际贸易。公司产品为航空航天和新能源领域关键新金属材料钼、钨、钽、铌、铪、铼和钌。公司拥有自营进出口权。2022年，公司的业务模式是把整个产业链的重资产+高能耗部分划拨外包，只进行轻资产+低碳绿色运营。拥有原子光谱吸收仪、X射线合金分析仪等先进的检测仪器。注册商标瑞丰行、RFH和SUPERMET。生产销售4000万美元。获实用新型专利授权7项、发明专利授权2项。8月，在江苏生命科技园租赁房屋，作为公司实验室。

【南京永保新材料有限公司】 是国家焊接材料质量监督检验中心会员单位，中国电工设备总公司焊接材料行业辅料生产定点企业，地处龙潭街道。2022年，公司占地面积6800平方米，建筑面积1080平方米。生产销售真空水雾化（硅铁粉、铁粉、镍粉等）和电解金属锰粉、钼铁粉、钛铁粉等焊条辅料1200吨。产品销往全国60余家电焊条厂和中国台湾地区以及荷兰、韩国等。

医药制造业

【概况】 2022年，全区有医药制造业规模以上企业25家。其中，有10亿元以上企业4家，亿元以上企业14家，比上年增加3家。实现工业总产值150.04亿元，占全区4%，比上年增长23.2%。主营业务收入144亿元，实现利税37.37亿元。完成新医药与生命健康产业营业收入305亿元。发布1项新医药与生命健康应用领域应用场景——南京栖木智能技术研究院有限公司医院物流机器人。

【南京正大天晴制药有限公司】 实现产值44.6亿元，比上年增长31%。依伦平、赛维健、葛泰市场份额排名第一，分别达到市场的37%、100%、76%，超过原研药。拥有14条生产线，产能片剂40亿片、软袋输液2000万袋、玻璃输液500万瓶、小容量输液500万支、冻干粉针（含抗肿瘤）1400万支。2月，公司和南京技师学院联合在恒广路园区举办“企业新型学徒制”培训班。4月，发明专利“雷替曲塞的溶剂化物及其制备方法”获中国专利优秀奖。5月，药物研究院被中华全国总工会授予“全国工人先锋号”称号。8月，“三全质量管理模式”被省工业和信息化厅确定为质量标杆。11月，被省工业和信息化厅认定为省四星级上云企业。

【南京诺唯赞生物科技股份有限公司】 公司有200余种基因工程重组酶、1000余种高性能抗原和单克隆抗体等关键原料，拥有500多个终端产品，在内资企业中市场份额排名第一。实现产值24.6亿元，比上年增长51.5%。2月，中国董事局网与中国数据研究中心共同发布“2021第七届中国最具影响力医药企业百强榜”，公司位居该榜单第21名。11月14日，举行线上“十周年暨上市一周年庆典”。12月9日，生产基地一期项目开工建设奠基仪式在龙潭街道举行。该项目位于南京经开区，规划工业用地5.33万平方米，用于建设各事业部生产中心、标准化生产车间、运营管理中心、物流仓储中心及配套基础设施等。

【南京海陵药业有限公司】 隶属扬子江药业集团，是一家从事医药研发、生产、加工和销售的国家高新技术企业，是国家工程技术研究中心、江苏省企业技术研究中心、江苏省博士后创新实践基地和江苏省工程研究中心。2022年，海陵药业占地面积25.27万平方米，有员工467人。拥有检测、合成、制剂等各类仪器装备500余台。销售额14.94亿元，产值14亿元，纳税1.16亿元，研发投入1.27亿元。10月，在中国医药质量管理协会主办的第43次全国医药行业质量控制（QC）小组成果发表交流会上，海陵药业6个课题获一等奖及最佳发表奖。

【南京圣和药业股份有限公司】 是一家集新药研发、药品生产和市场营销于一体的高新技术企业，公司研发中心是国家抗感染与靶向抗肿瘤等创新药物的孵化基地、国家级博士后科研工作站、江苏省工程技术研究中心、江苏省企业技术中心。2022年，公司实现工业产值7.4亿元。2月，自主研发的TIGIT/PD-L1双特异性抗体SH006注射液获国家药品监督管理局临床试验许可。6月，“江苏省抗微生物手性药物工程技术研究中心”项目获省科学技术厅省级工程技术研究中心（企业类）绩效考评优秀。7月，登上“2021年度中国中药企业TOP100排行榜”。8月，中药大品种项目通过工信部组织的专家评审验收。

【金陵药业股份有限公司】 公司拥有医药和医康养两个产业平台。2022年，公司有医疗、康复、养老板块，控股3家综合性医院和1家医康养一体化项目公司，基本形成医、康、养一体的大健康服务业态。实现工业产值7.2亿元。琥珀酸亚铁片通过仿制药质量和疗效一致性评价，是国内该品种通过仿制药一致性评价的首家单位。公司获ISO 9001、ISO 14001、ISO 45001质量（Q）、环境（E）、职业健康安全（S）管理体系的再认证证书和“产品碳足迹”证书。3月，“一种清热养阴活血祛瘀口服液成分检测方法”（专利号ZL201911316276X），获国家知识产权局授权。12月，金陵药业入选“2022年中国医药工业最具成长力企业”榜单，入选“2022中国中药研发实力排行榜TOP50”。

【南京新百药业有限公司】 2022年，公司旗下产品有40个种类63个规格，涉及骨科、妇科、肠道及免疫调节制剂等用药领域。其中，缩宫素注射液、肝素钠注射液、垂体后叶注射液、注射用缩宫素被列入国家医保产品目录。生产2000万支冻干粉针剂、2亿支小容量注射剂、10亿片（粒）固体制剂。实现产值6.2亿元。10月，在第43届全国医药行业质量控制（QC）小组成果发表交流会上，公司获一等奖。

企业选介

【华能南京金陵发电有限公司】 位于栖霞街道，由华能国际电力江苏能源开发有限公司、江苏省国信资产管理集团有限公司、南京紫金资产管理有限公司三家单位共同投资兴建。工程总投资79亿元，机组占地面积25万平方米。2022年，有员工398人。完成光伏项目备案容量36.1万千瓦，开工容量11.72万千瓦，投产容量9.2万千瓦。获国际专利授权7项，获国家发明专利授权8项、实用新型专利授权92项，专利成果折算数66项。研发投入完成1.58亿元。立项IEC国际标准1项，发布IEC国际标准1项。累计发电1418.01亿千瓦时，供热701.15万吨。实现销售收入559.17亿元，上缴利税97.22亿元，实现利润65.78亿元。5月26日，与清华大学、中盐金坛公司合作组建金坛盐穴压缩空气储能国家试验示范项目，该项目是世界首个非补燃压缩空气储能电站。

【南京乐金汽车零部件有限公司】 是研发生产汽车车载信息娱乐系统、逆变器等汽车零部件企业，是全球领先的汽车零部件供应商。2022年，公司主要客户有吉利、上汽大众等国内知名汽车制造商以及德国大众、德国戴姆勒等国外客户。实现工业产值35.5亿元。

【蔚然（南京）动力科技有限公司】 位于南京经开区港城路2号，注册资本10.12亿元，经营范围为新能源汽车整车及相关零部件技术开发、技术服务、技术转让和技术咨询等。2022年，公司占地面积35.2万平方米，厂房建筑面积8.75万平方米，有职工400人。拥有240千瓦及160千瓦EDS电驱动系统生产线，年生产27万台；拥有240千瓦与160千瓦PEU电机控制器生产线，年生产27万台。实现工业产值33.8亿元，比上年增长32.8%，实现税收698.7万元。

【南京天加环境科技有限公司】 是集研发、制造、销售、服务于一体的洁净环境及热能利用的专业化公司，是中国中央空调四大品牌商之一，是工信部单项冠军培育企业，是世界低温发电ORC产品品谱全、效率高、技术先进的公司之一。2022年，公司实现工业产值25.6亿元，比上年增长8.3%。1月，公司董事长蒋立被评为“2021中国机电工业年度创新人物”。3月，学术论文《高效向心透平有机朗肯循环（ORC）发电机组关键技术及应用》获中国制冷学会科学技术奖一等奖。8月，被评为“2022中国卓越管理公司”大奖，此项目是中国市场唯一针对民营企业管理体系进行全面考评的评选项目。10月，被中国制冷学会授予“2022年中国热泵助力碳中和优秀示范技术产品”“2022中国热泵助力碳中和优秀品牌”“2022中国热泵大会杰出贡献企业”称号。

【江苏中建商品混凝土有限公司】 有预拌厂6座、专业自动化混凝土生产线14条，有180生产线2条、240生产线1条，单日产能8000立方米；有罐车57辆，驾驶人员60人，汽车泵9部，车载泵3部，同时可保供12台泵送设备，单月最高产能14.6万立方米。公司参与南京城市的基础设施和房建领域建设，服务江宁基础设施PPP项目、南京地铁7号线、和燕路过江通道等一系列重大工程项目。公司是南京市混凝土协会副会长单位、六合区混凝土商会副会长单位，获江苏省优秀环保建材企业称号。生产混凝土413万立方米，营业收入17.27亿元，产值19.4亿元，纳税4719.23万元。

【南京港机重工制造有限公司】 是专业从事大型港口机械设计、制造、安装、改造和维修保养服务的装备制造企业，位于龙潭街道。公司占地面积20万平方米，重件码头长度150米，自备330吨码头装卸设备，能装卸超重、超长大件，主打产品港口门座式起重机位居同行业前位，形成“南京港机”品牌。2022年，公司产品销售遍及全国20多个省、市、自治区，出口至韩国、东南亚、中亚等国家和地区。完成巴基斯坦、印尼等40个项目建设，实现门座式起重机、带斗门机、岸桥、龙门吊等港机装备全产品线覆盖，其中连云港新银湾码头15台MQ4045门机单项合同金额2.18亿元。与高校合作，聘用科技副总，引入“外脑”，开发新产品6个，申报专利22项。由自动化门机、自动化斗轮机、装船机等构成的散货装卸自动化作业生产线在新生圩港区首次投入运营。实现双夹带式连续卸船机、螺旋卸船机等绿色环保港机设备的国产化替代。全年研发费用3500万元。实现产值9.99亿元，比上年增长10.9%，实现税收3368.54万元，比上年增长284.23%。公司被评为国家专精特新“小巨人”企业。

（许世利　周　凌）

责任编辑　张文龙

商贸服务业

综　　述

【高质量发展】 2022年，全区实现社会消费品零售总额513.04亿元，比上年增长0.2%。其中，限额以上企业实现零售额298.87亿元，比上年下降1.8%。全区实现进出口总额1014.2亿元，比上年增长0.1%。其中，进口总额526.3亿元，比上年增长6%；出口总额487.9亿元，比上年下降5.4%。实际利用外资6.96亿美元，占全市实际利用外资总额的14.4%。新设立外资项目69个，增资项目18个，总投资3000万美元以上项目3个。完成对外承包工程营业额2.24亿美元。

【一刻钟便民生活圈】 区商务局按照商务部等12个部门《关于推进城市一刻钟便民生活圈建设的意见》《南京市一刻钟便民生活圈建设实施意见》和“两年试点、三年推广”的要求，试点建设便民生活圈。尧化街道吴边社区为试点建设单位，迈皋桥街道汇虹园社区列入本年度试点建设任务。8月30日，市商务局牵头组织验收尧化街道吴边社区，被评为优秀等次。

表22　2022年栖霞区社会消费品零售总额统计表

单位	总额（万元）	比上年增减（%）
总计	5130374.0	0.2
行政区	3173918.9	-1.1
尧化街道	891913.3	-12.0
马群街道	493113.6	-0.5
迈皋桥街道	463791.5	2.8
燕子矶街道	449094.7	7.3
仙林街道	473705.0	-0.2
八卦洲街道	205337.2	12.7
高新区	196963.6	14.1
南京开发区	1956455.1	2.3

续表22

单位	总额（万元）	比上年增减（%）
南京开发区直管	1549845.3	1.4
栖霞街道	130903.7	9.2
龙潭街道	156132.2	2.4
西岗街道	119574.0	6.8

（孙佳佳）

批发零售业

【概况】 2022年，全区批发业销售额37.40亿元，比上年下降3.9%；零售业销售额69.90亿元，比上年增长0.3%。区商务局先后举办央企区域总部项目签约活动、境外驻宁商务机构“栖霞行”活动、南京金秋经贸洽谈会栖霞区重大项目签约仪式等活动。联合区财政局发放购车补贴。第七届栖霞区美食节暨第三届八卦洲乡土地标美食大赛在八卦洲陌上花渡举办。美国、英国、德国、韩国等13家境外驻南京商务机构代表“栖霞行”活动在栖云山房酒店举办。八卦洲国际啤酒节在八卦洲跨境电商产业园开幕。举办金秋栖霞购车节活动，宝马、奔驰等多个汽车品牌店发放购车消费券810张。提振消费信心，增加消费体验，促进消费潜力释放。抓好限额以上批发零售企业新增入库，提高社会消费品零售总额和批发零售业销售额指标运行质量。

（孙佳佳）

【马群招商花园城】 位于中山门大街699号，隶属于招商局蛇口工业区控股股份有限公司。2022年，马群招商花园城项目商业面积5.02万平方米，可租用面积3.16万平方米，车位近600个。地上1—3层为商业门店，4—9层为酒店式公寓，是集购物、娱乐、餐饮、休闲于一体的体验式、花园式购物中心。客流量1000万人次。商户从业人员1045名。租赁商户114个。拥有华润苏果、比亚迪、大众汽车、华为等知名品牌店。全年销售过亿品牌店1家，超5000万元品牌店3家，超千万元品牌店10余家。获省、市放心消费示范街区称号。

（孔令浩）

【金鹰湖滨天地】 位于仙林街道学海路1号。有主题馆6座，品牌折扣店300余间。主要经营国际名品、时尚男女装、儿童用品、家居礼品、数码电子、主题餐厅等品类，全年提供1—5折货品。金鹰湖滨天地二期位于仙林街道学津路1号。项目占地面积5.85万平方米，总建筑面积16.7万平方米。2022年，仙林金鹰湖滨天地营业额20亿元。开展线下落地活动200场，亮点活动10场，政府及公益活动14场。

（李伟晨）

【农贸市场】 全区在经营的农贸市场35家。经营面积在3000平方米以上的农贸市场有13家。新建江畔人家农贸市场，由南京聚玛商业管理有限责任公司经营，位于龙潭街道府前路9号，5月运营。市场面积3300平方米，配套设施完善，辐射江畔人家小区。升级改造联珠农贸市场，12月31日全部完工，经营面积3000余平方米。关闭宇晨农贸市场，转为生鲜超市，由南京好邻里宇晨农贸市场管理有限公司经营。

【消费周启动仪式】 5月20日，区商务局联合交通银行南京栖霞支行在金鹰湖滨天地举办“畅享栖霞”消费周启动仪式。活动分为畅游、畅购、畅食、畅饮等部分，邀请广大市民共享“吃、喝、玩、乐”全体验。

表23　2022年栖霞区农贸市场一览表

序号	所属街道	名　称	地　点	经营面积（平方米）
1	龙潭	紫园农贸市场	靖安街道营防村	3170
2	龙潭	花园农贸市场	花园集镇	1380
3	龙潭	中泥农贸市场	中国厂社区	850
4	龙潭	长江农贸市场	长江集镇中北巴士对面	1275
5	龙潭	龙岸花园农贸市场	龙潭街道龙岸路2号	2400
6	龙潭	江畔人家农贸市场	府前路9号	3300
7	西岗	西湖农贸市场	西岗街道摄山星城中心区	2800
8	西岗	仙林湖农贸市场	西岗街道学森路12号	2100
9	栖霞	南炼农贸市场	栖霞街道南炼生活区	1783
10	栖霞	石埠湾农贸市场	栖霞街道石埠桥保障房南区综合体	4600
11	马群	南湾营农贸市场	百水南路084—10	3500
12	马群	百水芊城农贸市场	百水芊城社区	1380
13	马群	西花岗好邻里农贸市场	马群街道西花岗社区	3300
14	仙林	仙林农贸市场	文枢东路1号	3500
15	仙林	南邮广场农贸市场	仙林大学城邮电大学北门	380
16	仙林	风华路农贸市场	尚东风华路1号	800
17	仙林	南大和园农贸市场	南大仙林校区旁	1670
18	仙林	仙林湾农贸市场	仙隐南路2号地下车库	1784
19	尧化	金尧农贸市场	金尧路2号	5800
20	尧化	天盾（尧佳）农贸市场	尧佳路21号	2900
21	尧化	尧欢农贸市场	新城路21号	5500
22	尧化	三元家园农贸市场	瑞霞路与银贡南路交叉口	4306
23	迈皋桥	和燕路农贸市场	和燕路274号	2100
24	迈皋桥	金盛农贸市场	迈皋桥街2号	4000
25	迈皋桥	寅春农贸市场	万鑫嘉苑	1100
26	迈皋桥	万寿农贸市场	进取村154号	800
27	迈皋桥	和燕农贸市场	和燕路325号	850
28	迈皋桥	壹城农贸市场	合作村91号	600
29	迈皋桥	丁家庄农贸市场	丁家庄	5400
30	迈皋桥	奋斗农贸市场	奋斗社区	1100
31	燕子矶	联珠集贸市场	燕子矶联珠村	3000
32	燕子矶	利民农贸市场	燕子矶太平村	1706
33	燕子矶	幕府山庄农贸市场	幕府山庄	350
34	燕子矶	晓庄农贸市场	和燕路468号	2700
35	八卦洲	八卦洲农贸市场	八卦洲街道小集镇	3800

（孙佳佳）

住宿餐饮业

【概况】2022年，全区餐饮业销售额18.82亿元，比上年增长0.4%；住宿业销售额3.87亿元，比上年增长5.9%。区重点餐饮企业销售额普遍呈现下降态势。南京乐和餐饮管理有限公司销售额1.32亿元，比上年下降5%。

【资金申报】区商务局组织餐饮单位申报各类奖励扶持资金。南京白金汉爵大酒店有限公司、南京乐和餐饮管理有限公司作为2021年省重点餐饮鼓励激励企业，分别获省级商务发展专项资金35万元。组织3批次复市复业补贴申报。餐饮业、零售业、住宿业中小微企业和个体工商户396家获得补贴136.2万元。

（孙佳佳）

【东城汇】位于仙林街道文苑路8号，面积约9万平方米，是高科置业旗下一站式商业综合体。2022年，东城汇营业额7000万元。举办江苏高校街舞新人赛、东城汇国潮趣玩美食节、东城汇10周年店庆等活动10余场。

（李伟晨）

【白金汉爵大酒店】位于尧化街道智谷大道1号。该项目总投资15亿元，占地3.53万平方米，总建筑面积19万平方米。2022年，营业收入3.61亿元，比上年下降12%，客房平均出租率79.69%。

（朱梦洁）

【万谷·慧】位于迈皋桥街道华电路1号，建筑面积6.5万平方米，是集购物、餐饮、超市、休闲、娱乐、亲子活动等多种服务功能于一体的现代化商业综合体。2022年，万谷·慧生活广场营业额1.7亿元，场内商户95家，员工710人。引入苏小主、京阿福自助、极速时代、关陇秦脉、辣月十五等品牌店。

（李维贤）

【彩虹广场】位于燕子矶街道和燕路408号，总投资7.8亿元，是南京彩虹广场商业管理有限公司运营管理的综合性社区购物中心，控股股东为宇业集团。集购物、休闲、餐饮、娱乐、亲子活动、商务于一体。2022年，营销收入近1500万元。

（吴　曦）

粮食物资储备

【概况】2022年，南粮集团完成省、市储备计划18.77万吨。省级储备粮食5.5万吨。其中，小麦2.75万吨、粳稻1.2万吨、籼稻1.55万吨，省级储备油脂1.5万吨。市级储备粮食9.5万吨。其中，小麦4.22万吨、粳稻3.4万吨、籼稻1.88万吨。成品粮储备2.27万吨。其中，动态大米0.92万吨、动态面粉0.25万吨、静态大米0.42万吨、市储散装油0.55万吨、包装油0.13万吨。

【农产品品牌】配合市农业农村局推广“两规程、两标准”“六统一”等标准化种植建设。以“线上+线下、自营+第三方”模式打造自营粮油“晶润”品牌，是水韵苏米、食礼秦淮、金陵味稻等省、市农产品公用品牌。在江苏、安徽建销售网点1741家，销售粮油830万千克，销售额3765万元。9月，“晶润大米”被评为第12届中国国际粮油饲料精品，获粮油饲料加工及储藏物流技术博览会金奖。

【南京粮食集团】位于栖霞街道石埠桥河西里1号，注册资本9700万元，是南京市属规模最大的粮油保供基地，承担省、市两级粮油储备和国家临时储备任务，南京稻米产业协会会长单位。以粮食收储与保供为主业，业务包括粮油储备、粮油批发、米面加工、应急物资储备等。南粮集团下设全资子公司9个，总资产约18.89亿元。2022年，粮食仓容量28万吨。其中，高大平房仓容量20.2万吨，油脂油罐容量14万吨。建成7000吨仓容准低温成品粮库和江苏省首个应急救灾物资储备库。石埠桥粮库有5000吨级长江码头1座、3000吨级浮动码头1座，石埠桥粮库和灵山粮库有年加工能力20万吨小麦、20万吨稻谷的加工厂。南粮集团石埠桥库区23号仓面积3800平方米，存储帐篷、应急照明灯、毛毯等23类应急物资2.43万件（条）。

【新港粮油食品市场】 位于南京经开区恒广路1号，占地面积4.8万平方米，投资3亿元，建筑面积8.1万平方米，有粮油市场综合体1座、综合服务楼2栋。分粮油批发区、水产交易区、蔬菜交易区、名品粮油展示区等。2022年，有粮油、果蔬、肉类、冻品等经营商户550余户，粮油交易量6亿千克，约占南京市区口粮供应总量的50%，交易额约30亿元。先后获得中国粮油交易市场10强、江苏省粮油批发交易市场5强等称号。

（冯小璐）

供销合作

【概况】 2022年，栖霞区供销合作联社提升资产管理水平，提高服务“三农”能力，完成市供销合作总社下达的各项目标任务。全年销售总额2.59亿元。其中，农产品销售总额9717.11万元，农产品电商销售额完成1746.54万元，购进农产品总额1986.68万元，完成全年目标任务的103%，比上年增长9.5%。

【建设目标完成】 区供销合作联社新建南京荣跃苗木专业合作社，实现建设农民专业合作社1家的目标任务。该合作社位于龙潭街道，注册资金120万元，年销售总额约200万元。

【农产品宣传推广】 1月14日，区供销合作联社联合市供销合作总社、市广电集团开展“供销直播进百村”活动。组织南京东三乡农民专业合作社和立乾花卉农民专业合作社参加“供销优品进广电”助农活动。1月20日，立乾花卉农民专业合作社开展“供销直播进百村，六合栖霞年货多”农产品直播助农活动。8月，龙潭街道以“东三乡的葡萄熟了”为主题开展公益助农直播活动。11月18—20日，南京立乾花卉苗圃场和南京东三乡农产品专业合作联社参加长三角供销合作社名优农产品展销会。东三乡农产品专业合作联社展出土鸡蛋、大米、菜籽油和杂粮等优质农产品10余种，立乾花卉苗圃场展出多肉植物20余种。

【联珠市场消险改造】 8月1日，联珠市场服务综合体消险改造项目开工，12月31日完工。联珠市场服务综合体是燕子矶地区规模较大、供应农产品种类齐全的综合体。该项目投资1796.54万元，总改造建筑面积4017平方米。其中，一楼改造面积2537平方米，二楼改造面积1480平方米。

（王　立）

专项经营

【烟草专卖】 2022年，市烟草专卖局三分局（分公司）销售卷烟4.44万箱，销售价格平均每条201.98元，比上年增长6.46%。其中，重点烟草品牌销量4.31万箱，占总销售量的97.07%，比上年提高0.38%。全年查获各类涉烟违法案件166起，查获违法卷烟653万支，总案值764万元。公司质量控制（QC）小组获市优秀质量管理小组二等奖，第二基层服务站客户服务班组获市质量信得过班组二等奖，第一基层服务站客户服务班组和专卖科案件审理班组获市质量信得过班组三等奖。

【烟草市场监管】 市烟草专卖局三分局（分公司）处理回复12313系统工单936起，回访满意934起，满意度99.79%，回复率100%。全年零售户重点信息维护率97.07%，市场检查计划走访332户，完成率100%。完成《缩短涉案物品出入库移库时间》QC质量改进型课题1个、《案审台账的数字化管理》报告1份。“3·26”案件现场查获违法卷烟1.02万条，现货案值约242.79万元，刑事拘留7人，批准逮捕6人，被评为2级网络案件；“12·2”案件现场查获违法卷烟8644条，现货案值118万余元，刑事拘留4人，批准逮捕4人，被评为3级网络案件。开展“守护成长”专项行动，联合马群派出所查处向未成年人销售电子烟案件，对辖区未按规定张贴标识情况进行“回头看”，发放行政指导文书12份。查处向未成年人售烟（含电子烟）商家。出动执法人员69人次，处置各类网络销售、广告等违法违规链接17条；

约谈辖区电子烟经营户29户，下架中、小学校周边电子烟经营户29家，签署承诺书29份。按“区域持证率”设定烟草制品零售点饱和区，开展许可证持证经营状态摸底分析，制订校园周边持证户、饱和区域清理整顿目标，新办许可证239张，歇业、审批注销242张，减少许可证3张，比上年下降0.09%。清理中、小学校周边零售户11户，取缔零售户1户，占清理总数的68.75%。在许可证监管方面，处理预警168起，及时处置数168起，逾期处置2起，及时处置率97.94%。许可证核管“一起办”完成率100%，核管及时率100%。加强文明吸烟环境建设管控，建成吸烟亭36个、吸烟柱1258个。

【营销网络建设】 市烟草专卖局三分局（分公司）发展“金丝利·通”店铺会员4.43万个，组织“金丝利购物节”活动，推广“以烟找店”“婚庆营销”“卷烟售后包装个性化定制”“金丝利微店”等特色营销服务。建立诚信互助小组200个，开展线上直播活动16场、雪茄品鉴活动2场。建成加盟终端13户，新现代终端134户，合作终端145户，普通终端2944户。参加省“中华杯”品牌宣讲师“开口营销”大赛13家客户，获特级品牌宣讲师3人、金牌品牌宣讲师4人、银牌品牌宣讲师2人。商户参与全省“最美店铺”大赛评比，获一等奖5人、二等奖1人、三等奖3人。

（曾　梅）

【成品油管理】 区商务局会同市商务局编制《南京市成品油零售体系“十四五”发展规划》及《加油站专项规划栖霞区站点规划方案》。按期完成辖区内加油站（点）年检初审28家。完成各加油站（点）年度资格审检，组织各零售网点按时完成国VIB(国六B标准)车用汽油置换。推动安全生产标准化建设，推广使用“江苏加油”安全App。完善区成品油市场经营秩序整治工作机制。区公安分局、区应急管理局、区市场监管局等部门联合执法，专项整治成品油市场，保障安全平稳运营，安全有序。

（孙佳佳）

电子商务

【概况】 2022年，全区有电子商务企业1430家。其中，年度销售额1亿元以上的企业7家，年度销售额5000万元至1亿元的企业7家。南京童年供应链管理有限公司、江苏中创供应链服务有限公司被评为市级数字商务企业。

【八卦洲跨境电商产业园开仓】 1月18日，南京进口消费品集散中心暨八卦洲跨境电商产业园开仓启动仪式在栖霞区八卦洲街道举行。产业园位于八卦洲鹂岛路268号，为江苏省省级跨境电商园，为“前店后仓”的格局，采用“零售+批发+仓储”多功能运营模式。跨境美妆奥特莱斯成为园区内的1号仓，出售进口化妆品、进口食品、进口洗化用品等，开仓首日销售额30多万元。跨境美妆奥特莱斯线上、线下营业额1.3亿元。

（祁　峙）

【电商人才培训】 7月7—8日、9月15日，江苏立乾农业科技有限公司分别在紫东国际创意园、立乾花卉园区举办电商人才培训会2场。培训会主讲均是总经理陈茂松。他系统讲解农产品电商开店、店铺运营、直播带货、物流配送、客服回复等方面知识，并结合立乾花卉园区资源，指导学员参与直播带货、挑拣货品、打包发货等过程。南京传媒学院应届毕业生50人参加培训。

【区农村电商服务中心成立】 7月，栖霞区农村电商服务中心（多肉花卉类）授牌成立。电商服务中心位于龙潭街道立乾花卉苗圃场1号园，经营面积600平方米，注册资本2000万元，设有策划宣传中心、运营中心、培训中心、客服中心，建有特色直播间6个、460平方米电商运营打包区域1个。区供销合作联社提供业务指导，江苏立乾农业科技有限公司负责运营，承担全区涉农街道农村电商的规划、发展、服务、指导等工作，整合资源，创新电商模式，培育电商人才。

（王　立）

物流业

【概况】 2022年，区交通运输局结合区位特点，立足设施建设，创新组织模式，建设多式联运设施，发展辖区多式联运。全区有普通货物运输企业3443家，道路运输车辆3.1万辆。龙潭港区312国道、346国道集疏运道路完成建设，宁芜铁路扩能改造全面开工，建成龙潭、新生圩、尧化门3个多式联运枢纽，区内铁路专用线覆盖多个产业基地。

【海铁联运】 栖霞区突破近洋航线，加密5条日韩航线，开通东南亚航线和外贸内支线。扩大集装箱航线覆盖面，南京港完成集装箱吞吐量320万标箱，完成滚装车辆作业17.3万台，航线密度每周200余班次。南京港完成铁路水路联运量39亿千克，集装箱铁路水路联运量突破10万标箱，居全国内河港口首位。龙潭铁路专线稳定运行铁水联运线路5条，尧化门货场稳定运行公路铁路联运线路6条，开通淮南、淮北到新生圩的集装箱精煤专列。海路铁路联运班列高频运行，完成海铁联运1.6万标箱。

【农村物流服务站建设】 区住建局制订《栖霞区提升农村寄递服务水平民生实事项目实施方案》，建设农村快递物流服务点。按照“一行政村一点”设置，建成寄递物流综合服务站21个。其中，网点补白18个，网点提升3个，每个行政村建设1个寄递物流综合服务站且能开展取件寄件服务。主要品牌寄递服务通达各行政村，农村居民物品快件能够收得到、寄得出

（邢可可）

邮　　政

【概况】 2022年，栖霞区邮政分公司有职工498人，用房面积5437平方米，ATM机27台。建成投递段道184条，投递里程9192千米。其中，城市段道174条8442千米，农村段道10条750千米。下辖百水芊城、仙林、尧化门、化纤新村、丁家庄、炼油厂、迈皋桥、吉祥庵、仙林湖、摄山、江畔、营防、长江等综合支局13个，马群、龙潭、栖霞纯邮支局3个，迈皋桥、新港、栖霞、龙潭、马群、尧化门、仙林揽投部7个和徐庄揽投站。

【邮政营收】 区邮政分公司代理金融收入1.47亿元，比上年增长23.8%。至年底，余额93.2亿元，比上年新增余额18.6亿元，资产管理（AUM）增长17.9亿元。邮政寄递业务收入2667万元，比上年增长43.2%。其中，特快业务收入2174万元，比上年增长39.1%；快递包裹收入258.47万元，比上年增长38.68%；国际业务完成145.8万元，比上年增长46.2%。邮务业务总收入1485万元。其中，函件业务收入228.32万元，集邮业务收入311.74万元，报刊业务收入542万元，邮政分销收入310.88万元。

【市场开发】 区邮政分公司探索网点零售新模式。定制校庆、文旅、生肖、冬奥会等邮资封，中标停电通知广告、香格里拉广告等，合计收入334.22万元。开发“校园经济”，成立校园项目团队，校园包裹进驻院校19所，寄递业务营收46.22万元，完成率115.55%；高考录取通知书对接高校6所，营收33.96万元，完成率121.3%；学生档案对接高校24所，营收63.63万元，完成率121.2%。各类收入421.74万元。持续培育单一抖音平台流量客户“原镜文化”寄递项目，特快业务收入116.74万元，电商寄递特快收入474.5万元，完成全年计划的279%。

【助力农产品流通】 区邮政分公司整合电商、寄递、金融等业务，推进惠农合作，助力乡村振兴。成立惠农专班，协同相关部门和平台，推广当地农产品。联合区农业农村局，将栖霞区众康瓜果种植家庭农场、江苏立乾农业科技有限公司等合作社引入渠道平台，进行线上直播销售、线下助销，形成渠道收入11万余元。销售阳光玫瑰葡萄3500千克，造包2000余单，协同发展，形成寄递收入近万元。金融贷款新增304万元，融资E新增贷款254万元，完成率151%。贷款客户5户，完成率100%。

（蒋冬凡）

通信业

【中国移动通信集团江苏有限公司栖霞分公司】 2022年，运营收入超10亿元，生产经营综合考评在南京移动11家区分公司中排名第2位。公司服务全区移动通信用户87万户，宽带用户19.3万户，服务政府及企事业单位近3.8万家。开设服务渠道155家，月均服务用户3万人次。开展进社区现场服务，组织“宽带义诊”活动20多场。执行“断卡”行动要求，严格落实用户实名制，开展反诈骗反骚扰专项宣传，保障通信安全。公司带动上下游产业发展，在营业服务、网络装维、工程建设方面安排就业人员1200余人。发挥5G、云两大优势，推动栖霞板块智能化改造和数字化转型。与中国石化集团金陵石化有限公司合作建设5G专网，打造OneCyber5G+数智底座，承载智慧LDAR（泄漏检测与修复）、智慧巡检等智能应用场景。与南京华信藤仓光通信有限公司合作打造5G+智慧工厂，借助5G专网实现能耗管理、AI智检，打造智慧工厂本地标杆。尝试新场景应用，与栖霞属地企业合作开展全国首个单北斗短报文业务项目、全省首个远洋船舶卫星宽带业务。在栖霞板块开通5G宏基站945个、5G室内分布系统633个，实现5G网络连续覆盖和重点场景深度覆盖。机房GPON设备增至976台，机房千兆PON口增至1000个，使全区居民小区具备千兆宽带接入能力分别达到95%和99%以上的。开展宽带上网提速专项活动，通过综合组网、免费升级路由器等方式实现万余户家庭网速明显提升。

【南京电信栖霞区营销中心】 完成全年各项生产经营指标，在全市七大营销中心中排名第一，营销收入3.2亿元。每周扫描内网，发现处理问题12起。开展“翼起行”活动200余场，天翼新增递单3.5万张。挖掘全家卡槽空间，扩群拉新，副卡新增1.2万张。公众、政企协同开展活动108场。推进100余家门店效益升级、运营生态升级。初步完成线上运营体系建立，全年吸粉8.4万余人。发展基础业务、提升存量价值，服务区域内宽带用户近20万户，动态更新本网用户，规范化服务，保障客户的利益。

【中国铁塔股份有限公司南京市分公司】 公司深化“一体两翼”战略，参与地方经济建设。出台《中国铁塔股份有限公司南京市分公司季度专项重点工作激励办法》，完成考核口径收入6.49亿元，比上年增长8.56%；拓展型业务收入拉动增幅1.93%；“两翼”业务收入占总收入的8.5%。完成利润7139万元，比上年增长48.3%。年化ROA（资产收益率）4.66%，比上年改善0.83%。“一体”业务收入5.92亿元，比上年增长7.03%。完成5G基站建设交付3558个，完成南京宁启高铁专项、南京地铁7号线北段、1号线北延线、S8南延线及和燕路隧道、禄口机场入境专用航站楼、T1航站楼二期等重点项目建设并交付。与八里社区服务中心等10余个项目的开发商签订“双免”合作协议。借力“一网通办”服务获取双免政策，补充和更新室分储备库，完成点位采集566个。推动全市通信基础设施建设，启动老旧小区整治项目94个。进场施工小区81个，网络割接完成小区50个。与政府前向合同签订小区32个，金额2064万元。智联业务实现净收入4054.65万元，比上年增长39.8%。落地签约项目合同40份，合同额5730多万元，比上年增长16.77%。业务洽谈拜访403次，形成有效拜访136次。能源业务出账额1484万元，占全省能源业务收入的11.3%。推动邮政、德邦、顺丰等B端业务增长。全市端口数近1.3万个，新建端口利用率稳定在28%，存量端口利用率超过35%；对接南京移动，实现OLT备电项目20个点位的需求获取，开展玄武湖游船备电试点工作。提升服务客户水平和支撑保障能力，发电及时率由97.73%提升至98.63%，平均断电退服时长由0.88分钟降至0.8分钟，断电退服率由0.88%提升至0.8%。完成更新改造5147项，FSU覆盖率100%，FSU监控准确性从75.94%提升至97.60%，FSU离线率从1.23%降至0.35%。优化拆站流程，拆站率由上年0.48%下降至0.26%，拆站赔补获取率由27%上升至78%。全年利用旧铁塔89座、利用旧抱杆327根、利用旧配套设备85套，节约投资约900万元。南京地铁2号线5G共建共享项目入选工信部“2021年度电信基础设施共建共享典型案例”。

（许世利　刘晓萌）

中介服务业

【就业服务】 2022年，区人社局通过掌上云社区推送岗位信息，帮助本地居民就业；点对点针对性推送适合的就业岗位，帮助困难人员就业；收集汇总全区企业人才岗位需求信息，在专业相对匹配的高校就业网站进行发布，帮助高校毕业生就业。区、街道人社系统设置企业用工服务专员13人，开展24小时就业服务，定期向辖区企业宣传惠企政策、收集岗位信息。走访企业1200余家，提供就业服务7000多家次。举办校园就业沙龙多次、校园招聘33场。发布“就业援助月”“春风行动”“大学生毕业季”等系列线上招聘121期、直播带岗2场，其中“春风行动”线上招聘会26期。举办线下广场招聘会9场，免费发放宣传资料3200份，提供公共就业创业服务5100人次。全年实现城镇新增就业2.21万人、困难人群就业2150人。

（孙　健）

【公证服务】 区公证处办理公证3595件。其中，办理国内公证件2492件，涉外公证193件。设立小微企业“专属管家”，提供线上法律咨询、线上办理、预约上门服务、知识产权保护专项服务等。在9个街道公共法律服务中心建成远程视频公证驿站，17类公证事项实现居民在家门口通过远程视频方式办理。推出“公证管家”服务，针对不同的家庭需求，提供公证方案设计、免费法律咨询、相关事项代办、委托调解等升级服务。探索轻微刑事案件赔偿保证金提存工作，通过“检察+公证”融合创新的方式化解轻微刑事案件处理中的难题，出具全省第一份公证书。坚持周六公证值班制度，现场接待当事人557人次，电话解答公证咨询252件。新冠肺炎疫情期间，开设助企绿色通道，办理公证事项142件，连夜出具公证书3780份。为54名国际班学生采取“视频会议+微信群”答疑的方式提供咨询，及时办理公证事项。为公租房摇号和15个批次学校进行电脑派位公证。

【律师服务】 全区有律师事务所42家。其中，合伙所30家，个人所5家，外地在南京分所7家。区内部门和部分街道设立公职律师管理办公室26个，企业设立公司律师事务部8家，执业、兼职、公司和公职律师、法律援助律师合计498人。律所数量比上年增长27%，律师人数比上年增长27%。办理各类法律援助案件1537件，办理法律帮助案件910件，接听来电法律咨询1.12万人次，接待来访7635人次。化解矛盾纠纷9000余件，没有发生因调解不及时发生民事转刑事案件。

（张应亮）

【广告服务】 全区有广告服务市场主体1.47万家。其中，新增注册广告企业2501家，比上年增加240家；新增注册广告个体工商户666家，比上年增加325家。区城市管理局发放商业性户外广告项目行政许可证14个，批准设置户外广告位182个，位于仙林街道学津路1号金鹰湖滨天地二期等97处。治理违法小广告多起，上报违法号码停机申请46件，申请复机15件，查处违法行为25件，罚金2700元。

（罗素素　王振海）

家庭服务业

【时间银行】 2022年，区民政局打造“雷锋精神+时间银行”的特色品牌，建设“共建共创共享”服务平台。全年注册志愿者1294人，发展服务对象1145人，完成服务2.32万单，储存时间1.43万个小时。打造燕子矶街道时间银行示范点，建立南京中医药大学时间银行示范基地，引入百信药房、携才助餐点服务驿站，持续完善“时间银行”体系及阵地建设。联合团区委、驻区高校及爱心企业等开展“333互助服务”“千名时间银行志愿者为百名参战老兵提供一日照护服务”“学雷锋、践初心、强服务”等系列活动，让更多栖霞家庭共享服务。

（邓　颖）

【家庭医生签约服务】 区卫健委建立家庭医生签约服务数量和质量双挂钩绩效评价机制，组建家庭医生团队91个，新建家庭医生工作室4个。各社区卫生服务中心推出个性化签约服务包，开展点单式签约。一般人群家庭医生签约32.67万人，签约率33.07%；重点人群家庭医生签约24万人，签约率85.89%，其中首诊签约率22.02%。西岗社区卫生服务中心拓展5G移动家庭医生服务车试点，在移动医疗服务车上配备基本诊疗设备，居民可以测量血压、问诊，也可以进行挂号、开药、血常规检查等诊疗服务，使社区医院服务窗口前移，家庭医生服务走进社区、走进家庭。省中医院普内科主任陆为民、市中西医结合医院治未病科主任夏公旭等一批专家下沉到靖安、马群等基层社区卫生服务中心（站），指导家庭医生工作室建设。尧化社区卫生服务中心获省级家庭医生签约服务模式创新单位，仙林社区卫生服务中心李思梅家庭医生工作室、栖霞社区卫生服务中心江南水泥厂家庭医生工作室获“省星级家庭医生工作室”称号，全区创成省星级家庭医生工作室4个。

【3岁以下婴幼儿照护服务】 栖霞区出台《栖霞区促进3岁以下婴幼儿照护实施方案》《托育机构等级管理评估标准及评估细则》等，评出四星级机构3家、三星级机构6家。全区3岁以下婴幼儿1.72万人，托育机构35家，民办幼儿园托班40家，总托位数4016个，每千人托位数4.1个。建立区级指导中心、街道指导站、托育机构、社区亲子室四级托育服务体系。开展全日托、半日托、计时托、临时托等婴幼儿照护服务；开展“科学育儿知识进家庭、亲子体验进社区”为主题的亲子“双进活动”，22个社区亲子室全天开放。区政府采取免费提供场地、减免租金、建设奖补等措施，降低托育机构运营成本。尧化、八卦洲、西岗街道指导站的场地、设施都由街道投入，委托公办幼儿园管理，入托费每月每人1200—2200元之间。马群街道指导站的场地由街道低租，委托第三方运营，入托费每月每人2000元左右。南京审计大学金审学院在校园内开设五色花育儿园，学院免租金、免水电费30余万元，入托费每月2500元，本院职工子女每月减免1000元。区财政扶持托育机构建设146万元。各街道共投入托育机构建设近千万元，4家托育机构争取中央普惠托育服务专项资金300万元，街道指导站、普惠托育机构、社区亲子室获省、市奖补247万元，为备案的托育机构发放运营专项补助155万元。9月，关停有重大消防安全隐患的托育机构1家。区级指导中心和4个街道指导站获评市示范中心、示范站，尧化街道指导站获评省示范托育机构。

（朱命国）

养老服务业

【概况】 2022年，全区推进居家社区机构相协调、医养康养相融合、养老事业与产业共同发展的新时代居家社区养老服务体系建设，建成“一刻钟”居家养老服务圈，构建“多维一体”的为老服务网络。打造“栖彩颐养”养老服务品牌，完善“老年人分级照护、服务内容分类管理、社会组织分业服务”体系，以“三社”为支撑（社区提供政策支撑、社会组织提供专业支撑、社会力量提供资源支撑），以“六化”为引领（标准化、信息化、连锁化、法制化、专业化、社会化），以“五有”为目标（老有所养、老有所医、老有所为、老有所学、老有所乐），构建“365乐养无忧栖霞养老新模式”。全区新增认知症照护中心1家，打造示范性助餐点4家，建设标准化农村区域性养老服务中心1个，完成困难老人适老化家庭改造349户。区居家养老服务站（点）为老年人提供助餐、助浴、助洁、助医、探望、助行、助聊等服务150.6万人次，服务老年人口7.26万人。全区养老机构定期组织消防安全应急演练、消防安全检查。实行养老机构老年人分区分级管理，定期开展养老机构安全员和初级护理员、居家站(点)护理员岗前、银发顾问等培训。“栖霞养老护理员”被江苏省人力资源和社会保障厅认定为“2022年度省级劳务品牌(高品质服务类)”。

【特色养老品牌打造】 区民政局落实《关于进一步推进养老服务业发展的实施意见》,整合养老信息化管理系统,完善“栖彩颐养”养老服务小程序,逐步推进“栖彩食堂”“栖彩银龄小站”“栖彩智养小区”建设,精准掌握老年人需求,实行精准供给、智慧养老、动态监管。打造区级“雷锋精神+时间银行”示范基地,建有南京中医药大学、南京财经大学、银城君颐东方等高校及企业学雷锋志愿服务示范基地。完善孵化中心1个,培育两类共建基地(高校和企业示范基地),依托N个服务驿站,组建N个志愿先锋队,发展N个学雷锋志愿者,形成“1+2+3N时间银行”学雷锋志愿服务闭环体系。7月,组织“栖安杯”养老护理员理论知识大赛,评选优胜者10人,强化养老服务机构安全生产意识。9月,组织“福彩杯”养老服务机构老年人营养餐大赛,选拔厨师4名参加市级比赛并获第三名。10月,组织“福彩杯”护理员大赛。组织“栖孝杯”最具爱心护理员、最美孝亲家庭评选,选出最美养老人10人,最具爱心护理员10人,孝亲家庭20户。12月,区民政局联合爱德基金会、阿里巴巴公益平台,与南大社会学院举办“积极应对人口老龄化栖霞高峰论坛暨第七届爱德老年服务研讨会”。中国人民大学、复旦大学、南大等养老服务领域多位专家、学者参会交流,探讨栖霞养老服务新路径、新设想。

【社区居家养老服务】 区民政局从政府保障对象、老人能力等级、老人年龄层次三个维度将老年人细分为“三级”,分别赋予“七色”服务标准,实现“老人分级管理、服务项目分类保障、社会组织分业服务”的养老服务精准供需匹配和精细化管理。建成区级养老服务指导中心1个、街道枢纽式养老服务综合中心9个、街道老年日间照料中心10个、中心厨房10个、社区居家养老服务中心(站)152个,实现社区居家养老服务中心、中心厨房、日间照料中心街道全覆盖,满足老年人不同形式的养老需求。

【银发助餐点】 区民政局发展互助式养老,成立区“银发顾问”委员会,线下设立“银发顾问”服务席位,线上入驻“掌上云社区”微信群,回应线上养老及医疗需求。利用养老综合中心及指导中心设立法律援助站点,律师值班答疑。建立社区银发助餐点140个,解决社区老年人“吃饭难”的问题。提档升级部分银发助餐点,改扩建示范性助餐点4个。重点打造线上助餐服务,通过“栖彩颐养”小程序线上自主下单,提供“套餐+点餐”的餐食配送服务,老年人可以自主选择或订制餐食。定期开展助餐点服务质量和食品安全检查,确保老年人舌尖上的安全。

(邓　颖)

责任编辑　张文龙

燕子矶街道燕华花园社区银发助餐点　　燕子矶街道　供图

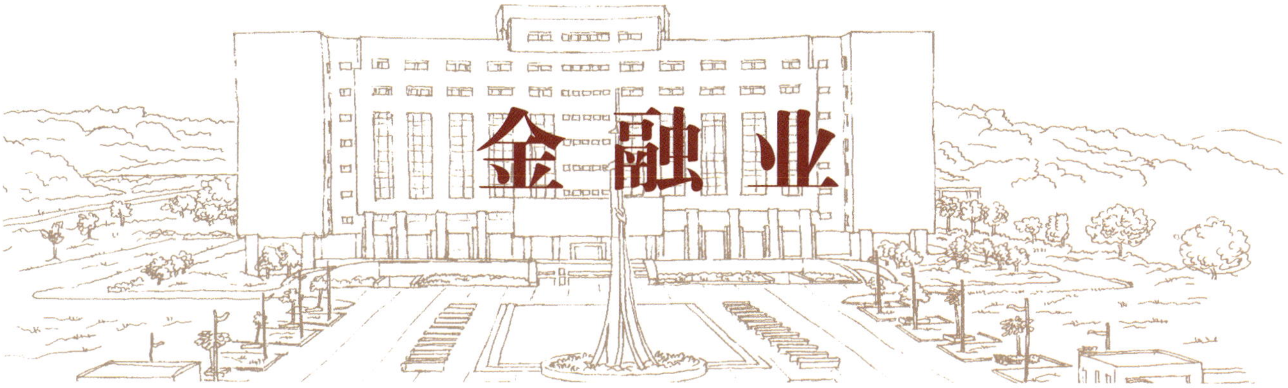

金融业

银行业

【概况】 2022年，全区有纳税主体银行22家、一级支行25家。银行财政收入5.48亿元，比上年增长14.58%；一般公共预算收入3.04亿元，比上年增长16.76%。

【工商银行南京紫东支行】 营业网点7个，辐射南京经开区、仙林大学城、龙潭港物流园等区域。实现利润4.88亿元，中间业务收入0.87亿元，营业收入5.64亿元。客户数42.21万户，本外币存款余额167.64亿元，本外币贷款余额169.67亿元。城市更新项目贷款5.99亿元。其中，南京经开区国有资产运营有限公司城市更新贷款1.14亿元，南京经东产业投资发展有限公司城市更新贷款1.6亿元，南京新港产业投资发展有限公司城市更新贷款2.63亿元，南京安江置业有限公司租赁住房贷款0.62亿元。向燕子矶片区整治开发有限责任公司等6个项目贷款31.04亿元。完成新客户项目及授信审批11户。其中，科技型企业7户，上市公司或拟上市公司4户。房地产公司支持性融资5.2亿元，助企纾困。配合区政府配套支持区属112家财政预算单位代发工资业务模式改革。向南京京东方显示技术有限公司提供即期结汇业务服务1.67亿美元。利用“票据i营销”系统、“工银e贴”等，贴现拓展新客户32户，小微企业贴现12户5300万元，解决辖区内客户资金需求。首笔消费经营组合贷300万元。发放普惠贷款11.82亿元，涵盖小微企业131户，个人经营业主304户。办理三代社保卡3.4万户，新增1.4万户。居民储蓄存款84.51亿元，存款增量13.75亿元。调整布局，增设适老区域、适老用品，建立全区首个适老网点，是南京银行业协会主办的南京地区10个适老网点之一。

（叶　晨）

【农业银行南京栖霞支行】 在职员工236人，营业网点13个。其中，栖霞区10个，鼓楼区1个，秦淮区1个，玄武区1个。本外币存款余额368.11亿元，比上年增加66.48亿元。本外币日均存款余额339.68亿元，比上年增加30.46亿元。各项贷款余额213.88亿元，比上年增加21.14亿元。中间业务净收入5839万元，营业收入7.21亿元，拨备前利润5.73亿元。本外币对公客户7608户，比上年增加894户，其中，50万元以上对公客户2445户，比上年增加182户。有效个人客户18.1万户，比上年增加3.8万户。其中，私人银行客户229户，比上年增加41户。合作学校40户，区域覆盖率75%。智慧场景净增52户，场景月均活跃客户3.1万户。智慧校园新开卡5000张、新增掌上银行8000户。新增有效智慧厂区12个，每月用户活跃客户1215户。新增智慧社区9个。通过简式贷、小微贷、科技E贷、税E贷、小巨人贷等产品，为区域内小微企业、个体工商户和农户等实体经济普惠贷款954户，普惠贷款余额19.3亿元，比上年增加2.5亿元。其中，法人小微企业379户，贷款余额12.63亿元，比上年增加2亿元；个人普惠客户575户，贷款余额6.67亿元，比上年增加0.5亿元。

（张　婕）

【中国银行南京城东支行】 在职员工234人，营业网点11个。其中，栖霞区8个，鼓楼区2个，江宁区1个。本外币时点存款余额260.77亿元，比上年增加37.64亿元。本外币日均存款余额237.99亿元，比上年增加23.58亿元。各项贷款余额266.69亿元，比上年增加43.54亿元。中间业务净收入1.25亿元，营业收入7.15亿元，拨备前利润5.76亿元。对公结算账户数1.12万户，比上年增加1464户。其中，对公有效户数1676户，比上年增加199户。个人加权客户26.12万户，比上年增加3.89万户。其中，标记口径私行客户152户，比上年增加35户。推出"惠农贷""惠担贷"系列惠农产品。普惠贷款客户1088户，比上年增加171户，首贷户投放占比20.21%；普惠贷款余额23.99亿元，比上年增加8.18亿元。其中，对公普惠332户，贷款余额13.73亿元，比上年增加5.07亿元；个人普惠客户756户，贷款余额10.26亿元，比上年增加3.11亿元。

（王秀丽）

【中信银行栖霞支行】 日均存款45.57亿元，比上年增加6.68亿元。其中，公司日均存款36.91亿元，比上年增加4.91亿元；零售日均存款8.66亿元，比上年增加1.77亿元。资产管理（AUM）管理资产时点26.38亿元，比上年增加5.94亿元，年日均增量5.74亿元，月日均增量4.98亿元，完成率122.5%。信贷投放向战略新兴产业、绿色信贷、普惠贷款、民营企业、中长期制造业领域倾斜，相应贷款增量分别为1.9亿元、1.1亿元、0.27亿元、0.8亿元、0.29亿元。省农村信用社联合社投资中信银行存单65亿元，日均活期存款3亿元，实现营业收入1700万元。资产托管协同规模3.57亿元，完成率119%。贷款余额2.07亿元，比上年增加2740万元，落地首笔华为经销E贷。零售网点在总行和分行产能评级中，每个季度均保持A类行。通过E管家场景搭建获客，落地栖霞山千人拆迁补偿款代发项目和高科股份有限公司百人拆迁补偿款代发项目。对接南京高科股份有限公司、中能建城市投资发展有限公司等，准入多个楼盘项目。完成对公基础户327户，比上年增加38户，完成率82.61%；对公有效户215户，比上年增加26户，完成率118.18%，综合计划完成率105.73%。贵宾客户966户，年增176户，完成率118.12%；零售私行客户55户，年增14户，完成率77.78%。

（李　娟）

【南京银行南京紫东支行】 栖霞区网点8个。职工270人，研究生学历占职工总数的30%。通过"淘金""鑫火""鑫伙伴"三大行动计划，为企业提供"商行+投行+交易银行+私人银行"四位一体的全生命周期金融服务。存款规模214.57亿元，贷款规模164.63亿元。1月，与栖霞高新区签订普惠金融首创产品"园区租金贷"共建协议。3月，联合区市场监督管理局（知识产权局）、仙林街道办事处和北京中金浩资产评估有限责任公司共同举办知识产权金融政策宣讲活动。5月，参加区企业上市工作推进会。12月，办理南京分行首笔"苏质贷"业务。紫东支行分别被南京银行、南京银行南京分行评为先进集体。

（郭珍珍）

【南京银行和燕路支行】 员工41人，全年纳税总额4800万元。存款余额58亿元，比上年增加5亿元；贷款余额35.88亿元。为居民办理三代社保卡2243张，代发工资880户，服务周边居民近40万人次。9月，为南京新特蔬菜土地专业合作社提供苏农贷产品100万元、南京龙靖腾餐饮管理有限公司提供苏农贷产品150万元。推广普惠金融，推行"宁科贷""小微贷"等产品，扶持小微企业。普惠金融余额2.15亿元，小微金融余额2.78亿元。推进客户数字化转型，手机银行替代率95%，智能柜台替代率76%。通过线上扫码方式办理N卡567张，"你好e贷"启用120户。创新量身定制产品服务，推出烟草商户专享的金丝贷产品，为20余户商户提供便利服务。发展投行业务，为区重大民生项目建设提供资金支持，对公总贷款35.87亿元。发行栖霞山非公开定向债务融资10亿元，承销南京市燕子矶片区整治开发有限责任公司超短融10亿元，发行栖霞国有资产经营有限公司短期融资券10亿元。

（郝 瑱）

保险业

【概况】 2022年，全区有列入统计保险公司2家，分别为前海人寿保险股份有限公司江苏分公司和人寿财险城北支公司。保险公司规范保险行为，及时兑付理赔事项，保护保险当事人的合法权益。

【前海人寿保险股份有限公司江苏分公司】 营业网点14个。其中，省级分公司1个、市级分公司7个、支公司2个、营销服务部4个。从业人员906人。在工商银行、农业银行、建设银行及邮政储蓄银行等重点银行进行长期险业务发展。全年保费收入120.2亿元，比上年下降45.02%。其中，普通寿险25.75亿元、分红寿险94.11亿元、意外伤害险647万元、健康险3065万元。支付赔偿款1.38亿元。其中，赔款支出616.94万元，死伤医疗给付1.3亿元，满期给付14.31万元，年金给付201.14万元。保户投资款新增285万元、有效保单件数64.35万件。银保条线新单期缴保费收入8.3亿元，在江苏寿险市场中排名第13位，高价值业务比上年增长3%。

（夏 青）

【人寿财险城北支公司】 全年实现保费收入1990.32万元。其中，车险1471.92万元，非车险518.4万元，实现承保利润309.29万元。车行渠道增强专业化经营能力，巩固与朗驰集团、天泓集团、坦捷集团、车宜保集团等25家车行、专修厂合作关系，保费收入526万元。为驻宁部队及干休所提供车辆保险服务15家，保费收入66.54万元。与广发银行沟通合作，完成保费收入119.56万元。增设农业保险服务站2个，农险保费295.27万元，比上年增加41.78万元。联合南京医保局栖霞分局开展“宁惠保”进社区活动。

（李文倩）

证券期货业

【概况】 2022年，全区有列入统计证券公司2家，分别为华泰证券栖霞区文澜路营业部和诚通证券股份有限公司南京金马路证券营业部。证券营业部规范证券发行和交易行为，保护投资者的合法权益，维护全区社会经济秩序和社会公共利益。

【华泰证券栖霞区文澜路营业部】 秉承华泰证券股份有限公司南京分公司“双轮驱动”战略方针，服务区内数家拟上市企业，助力全区金融高质量发展。有员工13人，存量客户约1.1万户，存量资产290亿元。实现营业收入约4900万元，净利润约3900万元。新增有效投资客户200余户，新增托管资产约50亿元。

（李博杨）

【诚通证券股份有限公司南京金马路证券营业部】 位于马群街道云都会大厦。营业部坚持以客户至上、真诚服务为理念，以专业服务为客户创造价值。营业部开立证券账户1.14万户，资产总值2.49亿元。新增个人开户1085户，营业收入115.05万元，入库税款18.07万元。

（邓佩佩）

其他非银行金融机构

【概况】 2022年，全区有小额贷款公司等7类非银行金融机构法人28家。小贷公司发放贷款14.09亿元，发放贷款920笔，纳税1883万元。新增类金融机构栖霞区复恒农村小额贷款有限公司，注册资本5000万元。

【栖霞区中小企业融资担保有限责任公司】 是一家国有担保公司，从事贷款担保，票据承兑担保，贸易融资担保等业务，在南京市栖霞区尧化街道科创路1号，信用代码/税号为91320113783802009H，注册资本人民币10019万元。以低费率担保，最大限度降低中小微企业融资成本。不收取企业任何保证金，担保费率控制在担保金额的1.5%以下。担保额5800万元，担保笔数11笔，纳税额2.7万元。

【栖霞区银茂农村小额贷款有限公司】 位于南京市栖霞区栖霞街道芦杆圩，信用代码/税号为913201136983779413，注册资本人民币15000万元，经营范围为提供小额贷款服务和提供融资性担保服务。公司重点服务乡村，服务区域内“三农”及小微企业。全年发放贷款额4910万元，发放贷款笔数36笔，纳税额120万元。

【栖霞区汇锦农村小额贷款有限公司】 是一家从事提供融资性担保等业务的公司，坐落于南京市栖霞区马群街道太阳城天悦园，信用代码/税号为913201-13580454390H，注册资本人民币15000万元，主要面向“三农”发放贷款、提供融资性担保、开展金融机构业务代理及经过监管部门批准的其他业务。全年发放贷款额8662万元，发放贷款笔数30笔，纳税额173.81万元。

【栖霞区宝昌农村小额贷款有限公司】 位于栖霞区尧化街道尧佳路7号，信用代码/税号为913201135850911702，注册资本为人民币10000万元，主要面向“三农”发放贷款、提供融资性担保、开展金融机构业务代理。全年发放贷款额4162万元，发放贷款笔数135笔，纳税额351.61万元。

【栖霞区中北农村小额贷款有限公司】 是一家从事提供融资性担保等业务的公司，位于南京市栖霞区迈皋桥创业园科技研发基地（寅春路18号），信用代码/税号为913201130532616349，注册资本人民币15000万元。主要面向“三农”发放贷款、提供融资性担保、开展金融机构业务代理及经过监管部门批准的其他业务。发放贷款额4.88亿元，发放贷款笔数230笔，纳税额296.17万元。

【栖霞区红叶农村小额贷款有限公司】 以服务“三农”和中小企业为宗旨，助力民营企业拓宽融资渠道，发挥小额贷款公司作用。发放贷款额2938万元，发放贷款笔数27笔，纳税额375.3万元。

【南京高科科技小额贷款有限公司】 是一家从事创业投资、提供融资性担保等业务的公司，位于南京经济技术开发区恒通大道2号，信用代码/税号为91320192-585089687L，注册资本人民币20000万元，主要面向科技型中小企业发放贷款、创业投资、提供融资性担保、开展金融机构业务代理及经过监管部门批准的其它业务。公司坚持“小额、分散”原则，瞄准小微企业贷款需求，做到普惠、便捷、迅速放款，为全区企业纾困解难。全年发放贷款额5420万元，发放贷款笔数11笔，纳税额46.82万元。

【栖霞区融乔农村小额贷款有限公司】 是一家从事小额贷款、融资咨询服务、股权投资等业务的公司，坐落在南京市栖霞区燕子矶街道晓庄国际广场，信用代码/税号为91320113MA2687W10F，注册资本人民币5000万元，主要面向“三农”、中小微企业提供小额贷款。全年发放贷款6.52亿元，发放贷款笔数440笔，纳税额84.34万元。

（朱锦风）

【栖霞科技发展投资有限公司】 是一家从事实业投资、资产管理、企业管理等业务的公司，位于栖霞区尧化街道甘家边东108号，信用代码/税号为9132-0113589436906K，注册资本人民币35116万元，主要经营科技型项目投资、实业投资、资产管理、企业管理、经济信息咨询。公司为区内中小微企业提供融资担保，推动科技与金融对接、产业与资本互动。与宁波银行达成贷款协议，以区科技发展公司为融资主体，以三年期表内银行贷款置换区创投公司的非标融资，贷款金额1.3亿元，年利率4.4%，每年为企业节约利息220多万元。至年底，公司降低债务规模5000万元。

（李臣亮）

责任编辑　张文龙

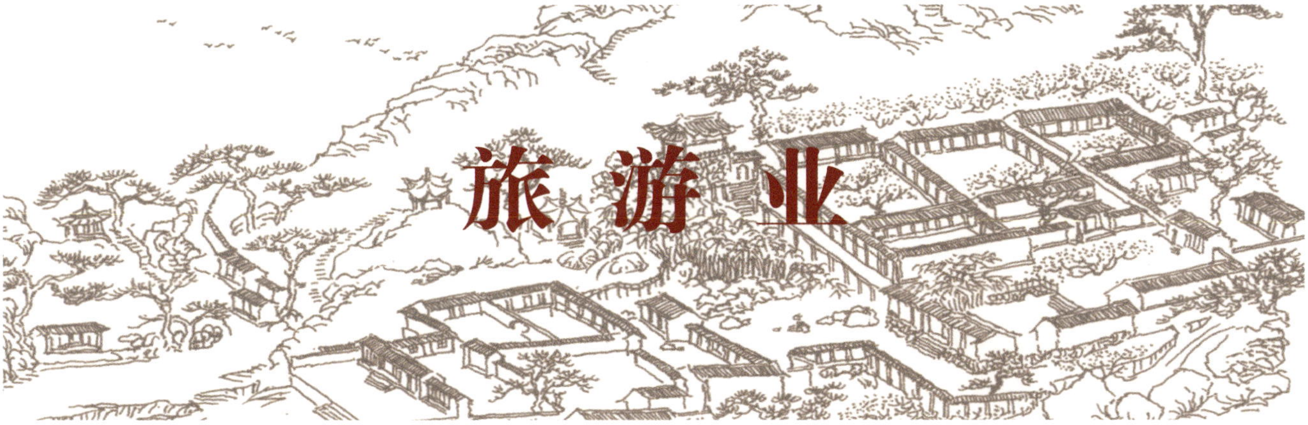

旅游业

综　　述

【旅游接待】 2022年，全区旅游产业收入74.5亿元，比上年下降10.9%；旅游接待人数538.9万人次，比上年下降19.9%。

【活动项目打造】 区文旅局联合街道、景区开展“樱花季、荷花季、红枫节、登高季、美食节”等四季旅游节庆活动，开放幕燕飞行营地、南京欢乐谷、桦墅村、八卦洲陌上花渡园区、龙潭泰晤士教育营地、栖霞山森林营地等6处露营基地，供游客休闲度假。

（孙朝阳）

旅游资源

【概况】 2022年，栖霞区有AAAA级景区2家：栖霞山风景名胜区、南京欢乐谷；AAA级景区1家：长江观音阁景区（含达摩古洞景区、燕子矶公园）；省乡村旅游重点村1家：西岗街道桦墅村；乡村旅游点2家：龙潭水一方生态旅游度假区、八卦洲陌上花渡景区；主题乐园1家：万达乐园。

【栖霞山风景名胜区】 位于南京市东北郊，距市区22千米，以栖霞山为中心。栖霞山又名摄山，南朝时山中建有“栖霞精舍”，因此得名。2022年，景区先后主办春季植树、南京“科普游”系列活动之“云游栖霞山”“共学攻坚解民忧、红色研学暖人心”研学夏令营、南京市第十三届（森林）旅游登山节暨第二十二届“秋栖霞”红枫艺术节等系列活动。景区全年接待游客40万人次，总收入1428.48万元。其中，门票收入1064.96万元，导游服务收入5.41万元，观光车运营收入112.44万元，停车场收入86.83万元，场地租赁收入（包含烧烤场、栈道门面房10间及售货亭1座、3个移动基站）50.7万元，各类经营售卖收入108.14万元。

【南京欢乐谷】 位于栖霞山东麓，毗邻长江，依山傍水。景区总面积近40万平方米，分为欢乐谷陆公园、玛雅海滩水公园及森海世界萌宠馆三大主题园区。其中，欢乐谷陆公园有欢乐时光、甜品王国、遗落要塞、魔眼森林、黑铁城、奇想海洋六大区域。南京玛雅海滩水公园为南京欢乐谷陆公园的姊妹园，设有二十余台大型水上游乐设备。森海世界萌宠馆是集海洋生物与陆生萌宠动物展示、观赏、亲子互动体验及研学教育为一体的多功能场馆，分为奇森妙宠、触摸互动区、戏鳐湾、幻彩空间、光海纪五大主题区。景区全年接待游客137万人次。12月30日，江苏省文化和旅游厅发布《关于确定南京市渡江胜利纪念馆等9家旅游景区为国家AAAA级旅游景区的公告》，依据《旅游景区质量等级的划分与评定》国家标准和《旅游景区质量等级管理办法》，省文化和旅游厅按程序组织综合评定并完成公示，南京市欢乐谷景区被确定为国家AAAA级旅游景区。

【南京水一方生态休闲旅游区】 南京水一方生态休闲旅游区结合区域生态绿廊、湿地景观的地貌特色，在龙潭街道陈店村、靖安村、太平村等美丽乡村733.33万平方米农用地整治基础上，利用当地井田式水系布局，重点打造独具南京水乡特色，集观光休闲、乡村美食、八鲜（莲藕、茭白、荸荠、水芹、芡实、慈姑、茭儿菜、菱角）采摘、亲子度假、农业科普、文化创意于一体的生态休闲旅游景区。景区由核心赏荷区、水玲珑文化街区、荷花基地等区域组成。景区全年接待游客40万人次，营业收入1000万元。

【幕燕滨江风貌区】 西起上元门，东至燕子矶公园，东西全长约6千米，包括幕府山及其支脉燕子矶。汇集燕子矶公园、长江观音景区、达摩古洞等风景资源。清初定名的“金陵四十八景”中有燕矶夕照、永济江流、嘉善闻经、达摩古洞、化龙丽地、幕府登高六景位于该景区。景区全年接待游客超过20万人次，媒体影响力超5000万。

（孙朝阳　李思佳　吴思思）

旅游开发

【栖霞山风景名胜区开发】 栖霞山风景名胜区管理处持续完善旅游基础设施建设，推进栖霞山森林消防半专业队营房建设工程，改造设计龙山东残破石屋原址，开发建设大自然邮局·栖霞山森林营地，实施禹王碑林区蓄水池建设项目，做好明镜湖、揽秋湖等林区蓄水池水质提升项目。安装茶圣路绿道电动伸缩门1套、明镜湖监控系统1套、明镜湖绿地护栏800米、茶圣路及般若台绿地护栏60米、西门防疫棚3座、防疫棚显示屏3套，更换经营用房门头及标识牌；实施试茶亭屋面翻修工程以及天街南弯道引孔注浆项目。新建文明旅游景观小品3组，优化调整景观小品5组，制作文明宣传道旗喷绘10余套，宣传展板15块。推进罗森便利店入驻，完成对游客服务中心广场两个廊亭改造并进行招租。常态化开展栖霞铃、自助饮料机、自助文创机、望远镜、餐饮小食等多项经营。

【南京欢乐谷开发】 南京欢乐谷景区先后策划跨年摩天欢乐游、新春欢乐节、春风游园季、草地露营会、蓝鲸音乐节、鲸灵潮玩

栖霞古镇　　栖霞山管委会　供图

节六大节庆活动。其中，新春欢乐节推出年味烟花秀；春风游园季结合草地露营会，聚焦年轻客群及亲子家庭，打造“五一”遛娃好去处；蓝鲸音乐节期间，结合园区亮化升级、潮流IP联动、双园烟花秀，打出“夜游季·IN乐光年”王牌产品“组合拳”，增强暑期消费吸引力；鲸灵潮玩节贯穿中秋、国庆两大节日，分主题、分阶段释放潮玩信息，提供高品质夜游产品，打造金陵“夜生活”出游新地标。

【南京水一方生态休闲旅游区开发】 在“水一方”景区核心赏荷区，分片种植20余种荷花、睡莲、鸢尾、菖蒲等水生植物。周边建有农夫集市、休闲广场、逸杨树林等休闲休憩区域，新增水上船餐厅、水上船民宿，建成精品荷花展示区。在水玲珑文化街区，融合民俗文化、餐饮休闲、营地教育、直升机低空飞行旅游项目等，打造民国边城风情文化街区。在荷花基地片区，与南京农业大学开展产学研合作，建设龙潭荷花基地，种植精品荷花、睡莲，研发推广荷花新品种，开展农业科技研学活动，推动乡村旅游融合发展。

【幕燕滨江风貌区开发】 幕燕滨江风貌区开展长江樱花生活节、长江自然生活节、2022幕府登高季、第十届金陵洛阳牡丹（芍药）节等各类活动百余场，开发幕燕飞行营地、幕燕之星小火车、五马渡后备厢文化市集、南京“长江传奇”滨江夜游4个体验项目。其中，“长江传奇”项目先后荣获第六届中国文旅IP大会“向阳而生”奖提名、国务院国资委“品牌建设典型案例”、全国国企品牌“双百榜”，幕燕滨江风貌区被交通运输部批准为国内水路旅游客运精品航线试点单位，幕燕滨江樱花风光带获“江苏春季赏花胜地”称号，燕子矶青檀入选南京市绿化园林局极美南京“金陵树王”称号，获得世界文学之都地标网络授牌，五马渡后备厢文化市集获“南京国际消费发布‘夜之金陵’十大新消费场景”授牌。

【省级“互联网+全民义务植树”基地建设】 栖霞山风景名胜区管理处组织开展义务植树活动，共接待市民1450人次。在龙山的九龙坡地段及景区大路两侧适宜区域，栽植鸡爪槭1300余株。3月，栖霞山国家森林公园入选省级“互联网+全民义务植树”基地，成为2022年南京市唯一获得此项荣誉的单位。管理处做好义务植树宣传标识等制作、悬挂大中型宣传牌16套、中草药介绍牌155块、植物介绍牌300块。

【栖霞古镇开发】 栖霞古镇一期有1.9万平方米主体建筑，有文创、餐饮、零售、住宿、休闲等各种业态，千佛斋、颐和隐逸酒店、云几、南京设计廊、钟书阁、哔哩哔哩、茶肆、Jcafe等知名品牌签约入驻，附属配套的水、电、气等主管道均已接入到位，部分商户已进入试营业。古镇南牌楼、江嵊桥等附属建筑如期竣工。

【周冲水库水利风景区通过验收】 11月16日，省级水利风景区周冲水库水利风景区完成验收。周冲水库水利风景区以周冲水库为核心，规划总面积8.14平方千米，水域面积0.42平方千米。风景区拥有周冲水库、射乌山、七乡河、田间荷塘等自然风光，有凤凰农家书屋、水利科普馆、桦墅学堂、石佛庵等人文景观。

【邓廷桢文化公园建成开放】 7月25日，邓廷桢文化公园建成并对外开放。邓廷桢文化公园位于仙林灵山北路南侧、灵山根路东侧，占地面积约9500平方米。公园扩建以景观回廊、牌坊为中心，保留场地内现状较好植被，增加绿植、步道、景观小品地，形成常见的园林式格局和规制。公园内壁刻展示邓廷桢收缴鸦片、整顿海防、驱逐侵略者的事迹。

（孙朝阳　李思佳　吴思思　张　军　苏　杨）

旅游业态

【夜间游】 2022年，栖霞区着力打造夜间旅游，丰富夜间游览内容，提升夜间旅游体验。5月20日，五马渡汽车后备厢文化市集于南京国际消费节期间正式启动，集市于每周五、六、日在栖霞区达摩古洞景区开展，营业时间晚至22点。9月，“2022首届中国汽车后备厢文化市集论坛”在达摩古洞景区举行，成立全国首个官方指导成立的南京汽车后备厢文化市集发展联盟。全年共开展后备厢市集48场次，吸引超过12万游客，帮扶超过30家以上个人实体店经营，五马渡汽车后备厢文化市集获“南京国际消费发布夜之金陵十大新消费场景”授牌。9月，区文旅局、区财政局、区商务局联合制订了《关于进一步促进栖霞区夜间文旅消费集聚区建设的若干措施》，支持商业主体申报市级夜间文旅消费集聚区。通过自愿申报，区文旅局审核，推荐金鹰湖滨天地、南京欢乐谷2家商业主体参加申报，并给予每家5万元资金支持。经过市文旅局组织实地考察，专家评审，金鹰湖滨天地被认定为市级夜间文旅消费集聚区，并获得区级5万元资金奖励。

（孙朝阳）

【红色游】 全区推动以陶行知纪念馆、江南水泥厂档案史料馆为核心的红色旅游资源点提质升级。陶行知纪念馆完成改造升级，全园区无线网络覆盖，新建多媒体教室2间。接待团队290个，共计3万余人。纪念馆获评2021度南京市用好用活红色文化和党史资源工作十佳案例单位，师德教育馆入选南京欧美同学会活动基地，行知园成为暑期中小学生热门打卡点。江南水泥厂利用企业自身的历史文化和红色资源，将闲置资产进行转型升级。7月，入选“栖霞区新时代文明实践基地”。9月17日，“风雨如磐忆江南，继往开来谱新篇”江南水泥厂档案史料馆开馆暨南京化建集团党员教育基地挂牌仪式举行，档案史料馆展陈面积近300平方米；11月，入选栖霞区史志馆联盟成员单位。开展各类党建、研学活动29批次，受众1300余人。

（马晓亮　张新华）

江南水泥厂档案史料馆　　江南水泥厂　供图

【四季游】 区文旅局联合街道、景区全力打造四季旅游节庆活动。3月，在幕燕滨江风貌区举办“长江樱花文化生活节”，开展踏青放纸鸢、穿汉服赏樱花等传统文化活动。6月，在八卦洲街道陌上花渡园区举办第七届栖霞区美食节暨第三届八卦洲乡土地标美食大赛。10月，在栖霞山举办第二十二届“秋栖霞”红枫艺术节，开展跟着主播去旅游“围炉音乐会”、栖霞山赏枫季“宠粉计划”“乐享自然·一起深呼吸”栖霞山暖冬行公益活动、江苏体育发展成就图片展、“永银杯”2022“镖新立异”江苏省飞镖俱乐部联赛等系列活动，活动期间吸引客流约15万人次，门票收入约460万元。

（孙朝阳　李思佳）

【露营游】 栖霞区持续推进新业态旅游服务体系建设，露营新业态得到全面升级发展，幕燕飞行营地和大自然邮局·栖霞山森林营地分别于4月和9月投入运营。幕燕飞行营地位于幕燕滨江风貌区达摩古洞景区内，占地面积约6000平方米，设有轻奢帐篷露营、精致房车露营2种体验项目。累计创收超过110万元。大自然邮局·栖霞山森林营地位于南京栖霞山风景名胜区南麓龙山山谷，拥有500平方米的室内空间和1万平方米的户外草坪，设有森野餐厅、读城书院、山猫运动俱乐部等。栖霞山森林营地入选南京市文旅局首批推荐露营基地，获得南京市

大自然邮局·栖霞山森林营地　　　栖霞山风景名胜区管理处　供图

户外运动协会颁发的户外运动基地授牌。

（孙朝阳　李思佳）

旅游推介

【旅游品牌推广】 区文旅局加强旅游品牌推广，印制《遇见栖霞》旅游期刊3000册，在车站、商场、宾馆、景区等公共场所免费投放，制作完成《栖霞山》《八卦洲》两个文旅系列宣传短视频。

（孙朝阳）

【“读”览长江 “阅”知千古】 在第二十六个“4·23”世界阅读日期间，区委宣传部与八卦洲街道共同举办“‘读’览长江 ‘阅’知千古”——南京市栖霞区长江文化系列活动之“江中绿岛 醉美八卦洲”活动。活动围绕“江中绿岛 醉美八卦洲”主题进行全民征文活动，共收到60篇参赛作品。5月6日，举行线下启动仪式，同时开启街道长江文化系列活动序幕。

（祁　峙）

【百合科技文化旅游节举办】 5月20日—6月5日，“2022年八卦洲百合科技文化旅游节”在八卦洲外沙村百合产业化中试基地举办。设有精品百合瓶插展区、百合花艺展区、百合科普知识展区、百合花与百合护肤品销售区4个分区，展示功能性和观赏百合60余种、70余万株，百合花艺作品30多个。活动期间，接待游客近3万人次。

【龙潭荷花季暨新消费促进月活动】 7月16日，“因‘荷’而来 在水一方”2022龙潭荷花季暨新消费促进月活动在“水一方”景区拉开帷幕。活动由区商务局、区文化和旅游局、南京综合保税区（龙潭片）、区政府龙潭办事处主办，南京广电集团协办，南京水一方文化旅游管理有限公司承办。活动从7月16日持续至8月20日，打造“夜游”特色，20多种荷花、睡莲等水生植物争相斗艳，有演出、游戏等活动及进口商品销售。活动期间，接待游客量超30万人次，营收800万元。

（吴思思）

【“荷梦·水一方”主题摄影特邀展】 7月，栖霞区同舟书画摄影协会与龙潭街道联合举办“荷梦·水一方”主题摄影作品特邀展，9名摄影家通过镜头，对龙潭景色之美、人文之美，多方位、多角度进行摄影艺术创作，最终收录72张摄影作品在栖霞区委党校展出。

（吴思思）

【媒体融合推介】 “南京栖霞旅游”微信公众号共发布微信161组、315条，其中原创154条，涵盖文旅形象传播、文旅活动宣传、假日攻略与总结、节气美文、网络互动、月历等内容。首条微信平均阅读量达2500余人次，年度微信总阅读量达34.6万人次。年度粉丝数量为73562人，比上年增加6259人。全年策划举行“你早餐最爱吃什么”“冬奥会最喜欢看的项目”“丽人节祝福”“此刻，你思念谁”“这个五一你怎么过”“你想在栖霞哪里‘开农场’”“你心中的栖霞最佳‘CP’是哪一对?”“分享栖霞秋景”“2023新年愿望”等线上话题活动12次。栖霞山风景名胜区管理处微信公众号、视频号、微博账号、抖音账号等累计发布宣传推介信息126条。官方视频号推送“2022年第一场认真的雪……”视频点播量高达121.4万次；配合南京电视台牛咔视频《极美南京》栏目线上直播，参与“南京科普游”系列活动——“邀你云游栖霞山”。10月，以“栖霞山开启赏秋季”为题的采访报道先后在CCTV-2央视财经频道的《经济新闻联播》、早间新闻《第一时间》《新华日报》等媒体报道播出。同时，在江苏广播电台FM93.7、FM101.1、FM102.4合作投放电台宣传，累计循环播放约22天。

（祁　峙　孙朝阳　李思佳）

旅游管理服务

【概况】 2022年，全区有效整合景区景点旅游服务资源，推进停车场、旅游公厕、步道驿站等基础设施建设，提升服务品质，提高游客体验舒适度。区内有国家等级景区3个、星级旅游酒店2家。开通全域旅游直通车，从新庄国展中心发车，沿途经过幕燕滨江风貌区、栖霞山风景名胜区、南京欢乐谷、西岗桦墅村，串联栖霞特色景点。

【旅游安全防范】 全区实现旅游业安全生产零事故。旅游、安监、公安、消防等部门协作，对区内文旅场所、旅游景点开展安全生产经营全覆盖检查、全过程管控，出动检查人员232人次，检查企业165家次，排除安全隐患68个，整改率100%。接受市级及以上检查督察44次，完成整改100余处。

【旅行社管理】 全区有旅行社125家（包括分社、服务网点）。其中，旅行社44家、分社5家、服务网点76家。全年开展文明旅游检查108次、旅游质量监督检查89次、疫情防控检查116次，节前各类检查30余次。

【全域旅游直通车投入运营】 11月25日，在南京市国展中心发车点，栖霞全域旅游直通车首发。26号，直通车正式运营。直通车为工作日每天1班，双休日每天2班。该旅游直通车，是由区文旅局联合莫愁旅游、南京旅游集散中心打造的惠民旅游项目。直通车首批优选线路中，包括幕燕滨江风光带、达摩古洞、燕子矶、栖霞山、欢乐谷、西岗桦墅等景区，游客可通过电商平台线上预约并免费乘坐。

（孙朝阳）

5月20日，2022年八卦洲百合科技文化旅游节开幕式在外沙村百合产业化中试基地举行　　八卦洲街道　供图

责任编辑　唐　恺

房地产业

房地产开发

【概况】 2022年，栖霞区开发房地产项目80个。完成投资370.84亿元，比上年增长2.72%；施工面积1090.5万平方米，比上年下降3%。其中，住宅施工面积713.91万平方米，比上年下降2.7%。新开工各类房屋面积142.43万平方米，比上年下降35.2%。其中，住宅新开工102.01万平方米，比上年下降33.4%。竣工房屋面积95.9万平方米，其中住宅面积56.11万平方米。

【土地出让】 全区供应土地149宗，供地面积444.74万平方米，出让金额193.91亿元。其中，经营性用地出让20宗，面积59.71万平方米，成交金额186.69亿元。

【老旧小区改造】 区住建局改造翠林山庄等老旧小区3个，建筑面积25.02万平方米，房屋95栋，居民3199户。推进老旧小区增设电梯，签订书面协议30份。增设电梯通过初审30部，取得规划许可16部，施工许可13部，在建6部，完工3部。

【土地资源招商推介会】 2月21日，“明秀栖霞 筑梦远航”南京栖霞板块土地招商推介会在紫东生态会议中心举行。推出地块25幅96.67万平方米，为商业、住宅、商办等性质规划用地。推介会采用线上、线下相结合形式，吸引华润置地南京片区公司、中海地产南京公司、南京新华海置业有限公司、南京金基控股（集团）有限公司等开发企业及运营企业30多家参会。推介会上，区政府领导为栖霞高质量发展做出贡献的高科置业有限责任公司、华润置地南京片区公司、中海地产南京公司等企业颁奖。

【3幅地块出让】 7月12日，在市第二批建设用地使用权集中挂牌出让中，栖霞建设股份有限公司分别以23亿元、21.3亿元、6.4亿元竞得燕子矶新城NO.2022G33、仙林湖NO.2022G35、栖霞山NO.2022G37三幅地块。燕子矶G33地块位于燕子矶新城怡园东路以东，燕恒路以北，南至燕恒路，西至怡园东路，出让面积4.49万平方米，容积率≤2.75，楼面地价每平方米1.86万元。仙林湖G35地块位于仙林街道毕升路以南，经天路以西，东至经天路，西至鲤鱼山，出让面积4.73万平方米，容积率≤1.8，建筑限高35米，楼面地价每平方米2.5万元。栖霞山G37地块位于栖霞街道湛墅路以西，水泥厂路以北，东至湛墅路，南至水泥厂路，西至邮轮大道，北至江南路，出让面积2.99万平方米，容积率≤1.7，限高35米，楼面地价每平方米1.26万元。

（安　明）

【保利江苏竞得燕子矶G32地块】 7月12日，市NO.2022G32地块经过34轮竞价，被保利江苏房地产发展有限公司拍得，总价33.3亿元，溢价率11%，楼面价每平方米2.1万元，最高毛坯限价每平方米3.26万元。燕子矶G32地块位于燕子矶街道燕园路以东，寅春西路以北地块，东至现状，南至寅春西路，西至燕园路，北至现状。土地出让面积6.11万平方米，规划用地性质为R2二类居住用地，容积率为1.0<Far≤2.6。建造15栋22—26层高层住宅，地下室局部负二层，整体户型面积有99平方米、109平方米、132平方米三种户型，房源1496套，地下车位1767个。该地块建设项目名称为保利燕璟和颂，9月13日开工，交付时间2025年11月30日。

【泷悦雅颂项目开工】 8月5日，泷悦雅颂项目开工，由中国电建地产华东区域公司开发建设。项目前身为市NO.2022G07地块，南京泓盛置业有限公司以总价8.95亿元拍得，楼面地价每平方米2.06万元。项目位于西岗街道仙林湖广志路与白象路交界处，面积1.67万平方米，建筑面积4.34万平方米，容积率2.6。建造3栋26层高层、2栋16层小高层，户型面积89平方米、113平方米、118平方米，房源402套。交付时间2024年12月30日。

【兰亭和颂项目开工】 8月25日，兰亭和颂项目开工，由南京灏盛置业有限公司开发建设。项目前身为仙林湖G08地块，楼面地价每平方米2.05万元。项目位于西岗街道仙林湖东白象片区，北至广志路，西至白象路，东、南至规划道路。项目占地面积3.28万平方米，建筑面积11.39万平方米，容积率2.6，绿地率30%。建造9栋17—26层小高层、高层住宅，户型面积99平方米、118平方米、128平方米、143平方米，房源719套。交付时间2025年4月30日。

【紫尧星院】 紫尧星院位于尧化街道邻安路与尧景路交会处，由南京高科置业房地产公司建设。2021年4月开工，2023年2月开盘。项目前身为市NO.2020G15地块，以总价20.4亿元成交，楼面地价每平方米1.97万元。为围合式园林住宅，建造10栋20—26层住宅及社区中心相关配套，户型面积98平方米、143平方米，房源898套，销售许可均价每平方米3.1万元，由高科旗下清风物业管理服务。

（邢可可）

【栖霞建设股份有限公司】 是一家以房地产开发为主业，拥有工程代建、工程总承包、家居产品与服务、物业管理、对外投资等多个业务板块的产业集团。2022年，新开工面积111.15万平方米，竣工面积110.82万平方米，新增房地产开发项目3个。实现房屋合同销售额47.15亿元。租金收入8329万元，减免租户171户租金1200万元。收取代建管理费1750万元，新承接代建项目2个。完成工程总承包产值6.7亿元，新承接工程总承包项目面积53.56万平方米，合同金额33.92亿元。纳税6.2亿元，其中栖霞区3.83亿元。栖霞建设物业服务股份有限公司实现营业收入2.6亿元，新增管理项目12个，新增管理面积约100万平方米。商品房开发项目中，燕尚玥府、半山玥府、枫情玥府全面开工建设。翰锦院、栖悦湾进行主体施工，星叶云墅1号楼、3号楼、4号楼主体封顶。半山云邸进入竣工交付前的最后收尾阶段。瑜憬尚府、欢乐城1—5号楼、栖樾府B区、天樾府、苏州栖园等项目竣工，全年交付商品房2312套。集团所有竣工项目合格率达100%。代建项目中，迈皋桥创业园保障房二期、红枫路一期沿线老旧小区改造、栖霞区法院改造、南京市工人文化宫、红枫保障房一期J地块5个项目竣工交付。麒麟人工智能产业园B区8号楼幕墙工程、南京市政务数据中心幕墙工程获2021—2022年度中国建筑工程装饰奖。星叶广场项目获省“扬子杯”优质工程奖。西岗果牧场保障房项目9栋单体获市“金陵杯”优质工程奖。栖霞建设团工委被共青团江苏省委授予“江苏省五四红旗团工委”称号。

3月7日，栖霞建设发行2022年度第一期中期票据，发行金额4.4亿元，期限3年，票面利率3.8%，计息方式为按年付息，起息日为2022年3月9日。江苏银行股份有限公司为本期中期票据的主承销商和簿记管理人，中信证券股份有限公司为联席主承销商。5月19日，江苏成品家生活家居股份有限公司注册成立，注册资本3000万元，栖霞建设集团有限公司是控股股东，持股比例75%。公司提供软装、设计定制以及家具电器全屋智能一体化交付等服务。至年底，成品家公司打造完成翰锦院、星叶云墅、栖悦湾3个项目的产品体系，建成样板间7个，完成签约114户，实现销售9207万元。

（安　明）

【高科置业房地产公司】 公司蝉联省房地产行业综合实力50强，为市房地产开发企业信用评价A级企业。2022年，房地产业务实现合同销售面积17.14万平方米，比上年增长267.02%；实现合同销售金额11.73亿元，比上年下降20.36%；新开工面积8.73万平方米，比上年下降59.64%；竣工面积31.75万平方米，比上年增长189.69%；房地产开发销售业务营业收入36.47亿元，比上年下降6.59%。5月23日，公司第二座"院"系产品——迈上品院开盘销售，开盘当日认购金额3.17亿元。项目位于迈皋桥街道长营村145号，东至北苑西路，南至华电路，西邻长营村145号小区，北接方圆绿茵小区。包含住宅4栋、公建社区中心1栋及地下室。项目总用地面积2.06万平方米，总建筑面积5.93万平方米。项目被市城乡建设委员会授予"差别化管理工地"称号，被市打好污染防治攻坚战指挥部评为"南京市建设工地扬尘管控红榜"。5月30日，首座"院"系产品——紫星荣院交付。首日交房103套，交付率95%。项目位于江宁区麒麟街道，总建筑面积6.2万平方米，包含2栋7层、4栋11层住宅，1栋2层社区配套房及地下车库配套，容积率1.7。6月，该项目被市园林工程管理协会评为园林工程"金陵杯"奖、被市建委工程质量安全监管处评为"南京市标准化文明示范工地"。7月12日，高科置业以16亿元竞得南京市NO.2022G34地块，以12.7亿元竞得南京市NO.2022G38地块。市NO.2022G34地块位于燕子矶街道，东为燕春路，南至临江路，西至和燕路，北为幕燕滨江风光带和长江岸线，用地性质为商住混合用地。总面积9.71万平方米（含出让地下空间1.01万平方米），容积率为1.06。市NO.2022G38地块位于西岗街道，东至阳春路，南邻龙王山，西为省中医院紫东院区，北至花蕾路，用地性质为二类居住用地。占地面积4.05万平方米，容积率≤1.2。12月20日，高科置业以12.8亿元竞得市NO.2022G106地块。地块位于西岗街道，东至天佑路，南至仙林大道，西至白象路，北至规划道路，用地性质为二类居住用地。占地面积3.51万平方米，1.0＜容积率≤1.9。高科荣境项目10号楼、石埠桥项目7号楼获省"扬子杯"优质工程奖，紫微堂住宅景观、仙林青年汇项目、三元祠保障房项目获市"金陵杯"优质工程奖，尧新大道改扩建项目获市"金陵杯"优秀工程设计奖，高科荣院项目、靖安三期项目被省住房和城乡建设厅评为"江苏省文明工地"，新合村项目被市建委建设工程质量安全监管处评为"栖霞区文明工程"，迈皋桥派出所项目被市城乡建设委员会评为"差别化工地"。

（张　伟）

房地产销售

【概况】 2022年，栖霞区房地产销售面积77.72万平方米，比上年下降55.18%；房地产销售额209.41亿元，比上年下降57.52%。待售房源4.61万套（含车库2.83万个），面积192.86万平方米。其中，住宅149.92万平方米，办公用房5.05万平方米，商业用房37.89万平方米。

【有凤来"栖"房展会】 6月26日，区住建局与南京电视台联合举办"极美南京、宜居宜业"系列房展会栖霞专场——有凤来"栖"开幕式。全区4个片区19个楼盘参加活动，进场人数近300人。开通2条看房专线带市民畅游栖霞线路，接待市民100人。房展会系列活动开展各种形式宣传46次，当天实现销售65套。

【瑜憬尚府】 瑜憬尚府的推广名为"星叶·瑜憬尚府"，位于迈皋桥街道逸文路16号。建造住宅8栋，总户数848户。6栋23—27层高层住宅，其中有1栋26层保障房。户型建筑面积分别为89平方米、110平方米、118平方米。1栋11层小高层，户型建筑面积分别为124平方米、131平方米。1栋8层花园洋房，户型建筑面积分别为124平方米、131

平方米。物业公司为南京栖霞物业。至年底，据南京网上房地产数据，项目入网总套数738套，入网总面积8.04万平方米；认购31套，认购面积4892.69平方米；成交707套，成交面积7.55万平方米，成交均价每平方米3.7万元。项目前身为市NO.2017G53地块，2021年11月3日首次开盘，推出230套房源，首次开盘均价每平方米3.67万元。

【星叶云墅首次开盘】 11月30日开盘，栖霞建设股份有限公司建设，项目位于建邺区双闸街道高庙路与青莲街交会处。由6栋12—13层小高层组成，总建筑面积约5.4万平方米，主力户型面积分别为220平方米、280平方米。项目设计为科技住宅，过滤噪音、净化空气，室内保持四季温度、湿度恒定。开盘推出1号楼、3号楼、4号楼、5号楼，102套房源，销售许可均价每平方米4.82万元，另有每平方米5500元的升级装修包和成品家装修套餐可选。有230组客户摇号选房，中签率43.2%，除部分1楼底跃户型外，基本售罄，实现销售金额约10亿元。

（安　明）

【滨江府小区】 滨江府小区推出楼盘“宝能滨江府”，原为市NO.2020G01（B分区）地块，位于燕子矶街道观音门街7号。建有23—26层高层住宅9栋，户型面积77—140平方米，房源822套。原市NO.2020G01（A分区）地块，建有16—17层高层住宅6栋，户型面积103—193平方米，房源301套，宝能自持物业管理服务。至年底，据南京网上房地产数据，项目入网总套数1123套，入网总面积13.65万平方米；成交956套，成交面积11.35万平方米，成交均价每平方米3.62万元。2021年2月1日首次开盘，推出406套房源，首次开盘均价每平方米3.6万元。

（邢可可）

房地产中介服务

【概况】 2022年，区住建局执行《房地产经纪人管理办法》，依托省市场监管信息平台和市房屋租赁服务监管平台，规范全区房地产中介服务市场和中介机构业务承接、服务价格，执行明码标价制度。管理房源信息发布，与委托人签订市《存量房房源核验发布委托书》。

【中介机构备案】 区住建局执行辖区内房地产中介机构及其分支机构30日内通过江苏政务网线上备案、或到区住建局办理经纪机构备案规定。对经纪机构开业不备案的，区住建局及时发限期整改通知书，对逾期不办者，记入经纪机构不良信息档案并在市网上房地产经纪机构信用平台公示。全区房地产经纪机构备案33家，在业经营并备案的经纪机构306家，办理备案年检、变更、注销、经纪执业人员登记135件。

【从业人员实名制推行】 区住建局推行从业人员实名服务制度，要求中介机构备案时，提供本机构所有从业人员信息。中介机构通过南京房屋租赁服务监管平台为中介从业人员进行实名登记。中介从业人员服务时必须佩戴标明姓名、机构名称、国家职业资格等信息的明示牌。全区领取明示牌经纪人1027人，检查整改中介机构执业人员不登记明示牌18家。

【信用管理】 区住建局会同区市场监督管理局、市房地产交易市场、区12345投诉平台及时处理中介机构违法违规投诉，将中介机构及从业人员的基本情况、良好行为、不良行为，上报南京房屋租赁监管平台，核准后记入市房地产经纪行业信用档案。增加检查违规中介频次，将严重失信主体列为重点监管对象，限制其从事各类房地产中介服务，对其法定代表人、主要负责人和失信行为负有直接责任的从业人员，实施行业禁入。全年受理投诉中介工单75件，投诉处理结果满意率90.67%。对9家整改不到位的中介机构进行信用扣分。

【“双随机一公开”模式实施】 9月26日—10月20日，区住建局与区市场监督管理局联合开展房地产中介市场“双随机一公开”专项检查，随机抽调相关执法检查人员组成执法检查组4个，通过省市场监管信息平台随机抽取9个街道房地产中介机构60家。

检查中发现中介机构关门歇业10家、地址变更1家、未办理备案2家、正常经营47家。检查组对违规中介机构发放《整改通知书》并督促整改到位。

【南京华府房产经纪有限公司】是一家经南京市住房保障和房产局批准的信用担保机构，在南京市市场监督管理局注册。公司主营业务为新房代理策划、销售，房屋租赁介绍，二手房评估、买卖，房屋贷款咨询，代办房屋产权过户及商业地产租售。公司培养优秀房产经纪人近200人，是贝壳、安居客、365淘房、房天下等房产经纪服务平台的优质合作商。2022年，在仙林、西岗、尧化、迈皋桥街道设有分公司16家。新房代理成交300多套，二手房代理成交200多套，房屋租赁成交1800多套。

（邢可可）

房地产市场管理

【概况】 2022年，区住建局成立区房地产业推进专班，制订《房地产业推进专班工作方案》。编写《房地产业推进专班工作周报》31期，发布房地产建设、销售等情况，每周一报，动态掌握房地产市场情况。区委、区政府领导分头走访辖区房地产企业17家，组织召开促进房地产业健康发展座谈会，检查规范房地产市场管理，了解掌握房地产项目建设、营销、售后等方面规范运行情况，规范经营行为，制订整改措施。推行工程建设项目审批制度改革，优化审批流程、精简审批材料、压缩审批时间。制订并发布《栖霞区施工许可"告知承诺制"实施办法（试行）》。

【政策宣传】 5月12日，区住建局在马群街道开展"关注房屋安全，构建人文和谐"主题宣传活动。工作人员给市民们发放《南京市房屋使用安全管理条例》等宣传手册，播放房屋安全科普视频，解答房屋装修拆改中遇到的问题。7月，以案释法，宣传《南京市装饰装修管理条例》，明确装修改造工程必须取得施工许可证再施工。8月，开展全区招投标工作业务培训，宣传招投标法规政策，落实招标人在招投标活动中的主体责任，规范全区招投标工作。9月，致全区工程建设企业一封信，宣传《建设工程质量管理条例》等法规，降低企业违法违规风险。联合365淘房开展线上系列宣传活动，制作软文5篇和短视频5个，在多家自媒体平台发布，宣传解读政策法规。

【服务企业专项行动】 全区开展"三大攻坚"行动，规范房地产企业市场行为。组织区行政审批局等部门与企业现场集中对接，现场答疑、回复、落实政策法规。区规划部门指导企业办理工程规划许可证审批事项。指导企业规范渣土清运、建筑垃圾处置等事项。区住建局制订《行政处罚法制审核清单》，开展行政处罚"清单式"法制审核，规范行政执法行为。清单明确法律法规5个方面、22项审核事项。7月，区住建局牵头相关部门召开"出让土地"座谈会，企业代表12人参加，听取参会代表意见，形成"告知承诺制"实施办法。

【老旧危房管理】 区住建局对全区自建房进行排查，排查自建房5.3万栋。其中，经营性自建房3745栋，经营性自建房存在安全隐患10栋，搬离人员并封闭围挡2栋，其余制订整改计划，定时巡查，确保整治前房屋安全。以拆除、维修加固、人房分离的方式完成省中西医结合医院和化建二村6栋危房治理工作。启动南京摩擦材料厂、南京铁合金厂宿舍112户危房治理异地安置工作。至年底，签订安置协议100户，推进剩余12户住宅户的扫尾和非住宅户的签约工作。

（邢可可）

物业管理

【概况】 2022年，全区有物业管理企业81家。其中，专业化社会物业企业72家，国有物业企业9家，从业人员1万余人。全区有小区415个、建筑面积4560.1万平方米。其中，老旧小区137个（含零散片区及单一院落50个），建筑面积349.5万平方米；商品房小区153个，建筑面积2551.71万平方米；保障房小区

94个，建筑面积1461.86万平方米；小产权房小区23个，建筑面积173.86万平方米。2月，住房和城乡建设部、中央文明办公布100个“加强物业管理 共建美好家园”典型案例，龙潭街道怡江苑小区上榜。

【物业行业监管】 全区持续保障物业管理市场健康发展，营造“公开平等，诚实守信”良好市场环境，强化物业行业监管，规范物业管理市场主体行为。建立“正面激励，负面清单”红黑榜机制，区住建局每月在区住建局公众号通报全区物业管理项目红黑榜情况，全年通报红榜45家、黑榜28家。出台《致全区物业管理领域企业的一封信》，梳理14项容易违法违规事项，提出合规建议供全区建设单位和物业服务企业参考学习。委托区物业商会全覆盖检查督查住宅小区，每月通报检查情况，呈报区政府下发各街道。

【专业机构建设】 区住建局推动在16个社区试点设立环境和物业管理委员会，加强物业管理业务指导和培训，提升基层社区治理能力。宁康苑等4个小区获2021年度省级宜居示范居住区。

【维修资金管理】 区住建局受理房屋维修申请维修资金479件，其中应急维修149件，完成审批案件483件。划拨维修资金2759.81万元，其中应急使用划拨资金1204.21万元。

【住宅小区星级创建】 区住宅小区物业管理工作委员会在全区开展住宅小区星级创建活动，修改完善住宅小区星级评比实施办法，补充住宅小区垃圾分类要求，申报五星级必须符合生活垃圾分类相关要求。对申报的住宅小区加强日常指导和年终考评，结合矛盾投诉处理、媒体曝光、违建管控、平安小区创建、物业服务质量等内容综合评定星级住宅小区。突出保障房社区补贴与星级评比小区考核挂钩，重点重视保障房小区的物业管理工作。星级奖励与效能补贴59个小区。其中，保障房小区五星级5个、四星级4个、三星级10个、二星级1个，老旧小区五星级3个、四星级5个、三星级8个、二星级3个，商品房小区五星级5个、四星级10个、三星级5个。

【12345工单办理】 区住建局聘请第三方公司每月对全区物业管理12345工单进行全面统计和分析，按照停车管理、物业服务、环境绿化等11个方面分类统计。每月召开12345工单分析会，分析查找原因，研究对策措施；约谈工单超过100件的物业企业，督促其整改。针对新交付商品房问题多、矛盾多等情况，由区住建局办公室牵头，物业科、质安站参与，集体约谈开发商、总包单位、物业企业，落实新房交付工作，有效降低工单投诉数量。

（邢可可）

4月13日，区住建局在亚东社区宣传物业法规　　区住建局　供图

责任编辑　张文龙

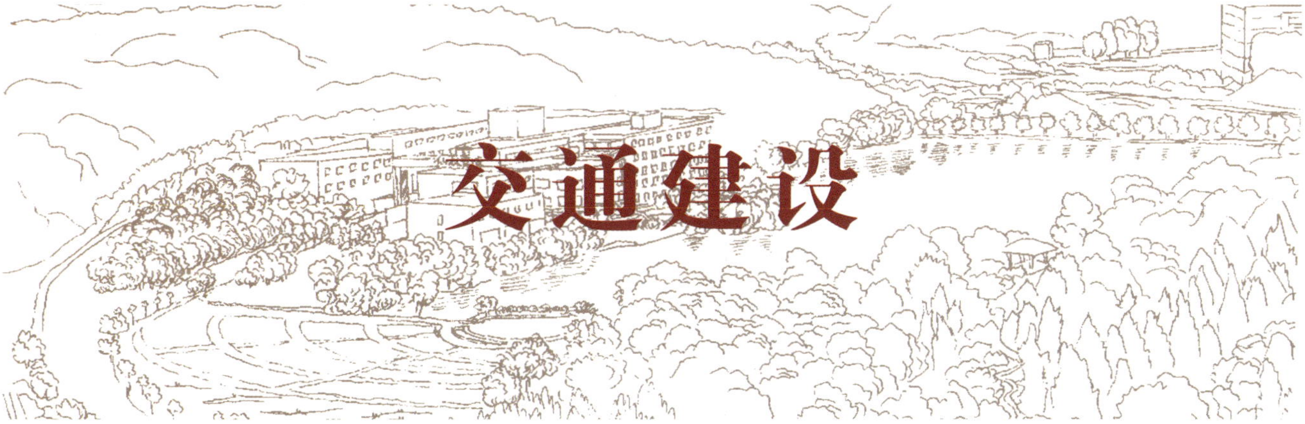

交通建设

公路建设

【概况】2022年，区坚持疫情防控和行业发展两手抓，推进区域公路建设，配合协调省、市重大交通基础设施项目，持续构建区域内综合立体交通网。至年底，区内交通道路总里程468.77千米，公路网密度每百平方千米118.54千米。其中，国、省干线总里程80.32千米，农村公路总里程388.45千米。

【在建项目推进】继续实施智谷大道景观综合整治提升、万家楼互通改造、中山门大街拓宽改造等道路建设项目。同时，区级项目有序推进，仙境北路工程进入对接移交及工程结算审计阶段。计划开工项目应开尽开，312国道七乡河至宁镇界段快速化改造、宁扬城际等一批重点项目均在年底实现开工建设。

【农村公路建设管理】按照“四好农村路”建设要求，持续做好农村公路建、管、养、运工作，助力乡村振兴战略。投资4200万元，新建农村公路21条，总长22千米；投资140万元对56千米农村公路实施安防设施增补。完成农村公路提档和养护工程建设。开展农村公路安全设施和交通秩序管理精细化提升排查，对388.45千米农村公路和47座农村公路桥梁定期开展巡回健康状况检测。推进农村公路管理养护体制改革，编制印发《栖霞区全面推行农村公路路长制实施方案》，更新替换全区农村公路“路长制”公示牌，落实农村公路养护管理责任，完善农村公路养护管理规章制度，提升管养能力和路况水平。

【公共交通建设】公开征求市民意见，以民生诉求为导向，科学调整公交线路，先后调整优化191路、147路、208路、131路、315路、70路、146路7条公交线路，新辟175路、177路两条公交线路。开展新能源推广应用，发放2020年度新能源补贴资金，审批新能源充电桩建设项目23个。组织开展2021年度新能源汽车充电设施验收工作，开展2022年度充电基础设施安全隐患检查，抽检企业18家、充电场站33处、充电桩194根。建成南京首座地标性、全国首批支持“互通互换”功能的重卡换电站——普洛斯龙潭新能源重型卡车换电站。启动《主城区社会公共停车设施建设三年行动计划（2022—2024）》，对接迈皋桥街道丁家庄春晓园、山水园两个社区，实施“共学攻坚·一社区一案例”行动，新建春晓园社区凤梧园小区公共自行车站点和山水园社区车辆道闸，方便小区居民出行。

【庐山路建设】继续推进庐山路下穿尧兴铁路（小岗下道口平改立）工程建设。项目北起燕尧支路，平交燕尧路、烷基苯厂铁路专用线，止于燕丹路与瑞霞路交叉口，全长616米，总投资约2.5亿元。至年底，该项目主体部分建设完成，并结合明外郭百里风光带实施道路周边环境整治。

【宁顺路竣工通车】 1月10日，宁顺路建成通车，该道路工程于2021年11月11日开工建设。宁顺路位于栖霞区尧化街道仙林汽配城东侧，西起规划王子楼路，东至规划姚坊路，道路长179.25米，红线宽度12米，为城市支路；设计时速20千米，工程计划总投资643.63万元，实施内容为道路工程、排水工程、交通工程、管综工程、照明工程及景观工程等。

【天佑路建成通车】 7月15日，连接栖霞山片区与仙林湖片区的天佑路竣工通车。该道路位于栖霞区东部栖霞街道，起于312国道交叉口，下穿京沪铁路、沪宁城际铁路，止于疏港大道交叉口。道路全长128.5米，道路宽60米，双向6车道，人行道宽2.5米，非机动车道宽3.5米，按照城市主干道标准路段施工。天佑路沿线有红枫片区保障房、摄山星城社区以及万科金色领域、保利罗兰春天、保利罗兰香谷等多个小区，居住人口数万人。

【红山路—和燕路快速化改造建成通车】 2022年，红山路—和燕路快速化改造全线建成通车。该道路是连通主城与和燕路过江通道的重要疏解道路，也是南京市“井”字形内环快速路系统的“收官工程”。工程南起新庄立交，北接和燕路过江隧道，全长6.12千米。工程主要内容包括新建红山路、和燕路、吉祥庵3座隧道和晓庄全互通立交。沿途设置4座地下人行过街通道，分别位于江苏省中西医结合医院门前、青城路路口、幕府山庄门口、燕恒路路口，出入口位置根据周边小区人流量合理设置。4处地下过街通道均设置全自动电扶梯，方便老年人上下台阶；通道内部采用LED照明系统。12月28日关键性节点——和燕路段（华电西路至燕恒路）主线通车。至此，红山路—和燕路快速化改造全线主线通车，南京“井”字形快速内环实现完整闭合。

（刘　颖）

过江通道建设

【概况】 2022年，栖霞区内有3条过江通道工程项目在建。其中，和燕路过江隧道于年底建成通车，新生圩大桥（仙新路过江通道）、龙潭大桥（龙潭过江通道）处于建设之中。

【燕子矶过江隧道建成通车】 12月28日建成通车。项目位于长江大桥和八卦洲大桥（长江二桥）之间，距离上游长江大桥约7.4千米，距离下游长江二桥约2.7千米；起于栖霞区燕恒路与和燕路交叉口，向北沿和燕路穿越长江，在八卦洲上与浦仪公路交叉后止于浦仪八卦洲互通。路线全长5.73千米，其中隧道段长约4.22千米（盾构隧道长2.97千米），双向六车道，设计时速80千米。和燕路过江隧道是南京市城市总体规划中的过江通道之一，也是国家长江经济带综合立体交通走廊规划中新建城市道路过江通道规划重点项目。通车后，大幅提升南京市交通路网区域枢纽功能，为助力长江经济带发展、加快江北新区建设、推进宁镇扬一体化发展和南京都市圈建设发挥重要作用。

【新生圩大桥（仙新路过江通道）】 项目南起仙新路与科创路交叉口，穿越长江，跨越滁河后接地，总长13.2千米，总投资约110.9亿元。该大桥是主跨1760米的

燕子矶过江隧道装饰装修施工现场　　区住建局　供图

双塔单跨悬索桥，其跨径在同类桥型中位居国内第一、世界第二。该项目作为“十三五”期间南京城市发展的重大工程项目，是连接主城区与江北新区、南京经开区的重要纽带，也是南京“高快速路系统”的重要组成部分。至年底，主桥上部结构主缆及钢箱梁架设完成，开始桥面铺装施工，南接线主线结构基本完成，开始路面及附属工程施工。

【龙潭大桥（龙潭过江通道）】 项目北起仪征境内的长江大堤，南至338省道交叉处，总长4.9千米，总投资约62.5亿元。龙潭过江通道是填补南京至仪征过江通道空白、缩短宁扬两地居民过江时间、分解南京主城区过境流量的重要交通工程，对于扩大禄口机场的辐射圈、覆盖苏中腹部区域具有重要意义。至年底，完成大桥南北主塔全部主体施工。

（刘　颖）

城市轨道交通建设

【概况】 2022年，栖霞区内有3条城市轨道交通工程项目在建。其中，地铁6号线仍处在建设之中，地铁1号线北延线、7号线北段（仙新路站至幕府西路站）于年底建成通车。至此，结束燕子矶新城、万寿、尧化门等地区延续数年的路面围挡、交通拥堵状况。城北地区的市民出行实现与市中心、河西地区以及城南地区轨道交通的无缝对接。

【地铁1号线北延建成通车】 12月28日，建成运营。1号线北延起于一期终点迈皋桥站，向北沿和燕路、观音门街、太新路延伸，终点为二桥公园站。全长6.54千米，地下段6.04千米，总投资74.25亿元。共设车站5座，全部为地下站，分别为晓庄站、吉祥庵站、燕子矶站、笆斗山站、二桥公园站。在线路终点太新路以南，绕城公路以西，规划燕恒路以北地块内设二桥公园停车场一座。

【地铁6号线工程】 项目北起栖霞山站，南至南京南站，总长32.4千米，总投资约293.2亿元，共设车站19座，皆为地下站，其中栖霞区内设车站7座。6号线贯穿南京市主城区南北方向，是缩短主城区与外围组团通行时间、提升南京轨道交通网络化运营能力的重要干道。至年底，栖霞区段7座车站全部主体封顶，剩余盾构隧道正在推进，车站装修开始施工。

【地铁7号线北段通车】 12月28日，地铁7号线北段（仙新路站至幕府西路站）10个站点开通运营。7号线是南京地铁首条全自动驾驶线路。项目起点为西善桥站，终点为仙新路站。线路全长35.49千米，均为地下线，总投资323.85亿元。全程设车站27座，其中栖霞区内设车站8座。7号线在晓庄站与1号线北延换乘，在万寿站与在建6号线换乘。该线路是串连城北、城西、城南的主要轨道交通，号称“换乘王”，尤其是在加强仙林地区和主城区的沟通联系方面作用更为突出。北段建成先行通车，南段和中段仍处于建设之中。

（刘　颖）

南京东站

【概况】 2022年，中国铁路上海局集团有限公司南京东直属站（简称“南京东站”）坐落于南京市东北郊，为路网性特等编组站、纵列式单向三级五场站型。站场长度8.13千米，占地202.3万平方米，是京沪、宁芜、宁启、合宁干线和尧栖支线、城北环线、尧兴支线的会合点，在华东路网中处于重要位置。车站主要承担路网、区域及枢纽旅客和货物列车的到解编发及管内24条专用线（铁道）的取送作业。车站内设9个职能科室，下辖车间（站）25个，线路所1个，路网性特等编组站1个（5个车间），一等区段站1个（南京北站），二等货运站1个（中华门站），三等站8个，四、五等站10个。场站有56个班组，职工1193人。南京东站通过中国铁道企协质量管理委员会和北京中铁质量体系咨询中心质量管理体系认证现场监督审核；车站先后被评为全国模范职工之家、全国铁路总工会“财务工作先进单位”、“火车头劳模创新工作室”、中国铁路总公司先进基层党组织、江苏省“文明单位”、“劳动保障诚信示范企业”、中国铁路上海局集团有限公司

"文明单位""安全优质站段""平安单位"、南京市"文明单位""法律事务工作优胜单位"，并获得江苏省"五一劳动奖状"；下辖铜井站获"江苏省工人先锋号"称号。

【安全生产】 南京东站落实集团公司安全1号文件精神，细化制订车站安全重点工作6大类、36项、144条具体内容，逐月逐季盯推进、抓落实。深化安全双重预防机制运作，分专业研判风险77项，其中重大风险25项、较大风险25项。加大隐患整治力度，依托"安全生产问题库管理系统"，全年排查整治典型安全隐患62件、安委会挂牌Ⅲ级隐患21件。落实"首接负责、责任到人、一盯到底、闭环整治"机制，有效防范"黑天鹅""灰犀牛"事件。推进标准化、规范化建设，全年评定不达标车间4个、不达标班组8个、不达标小组58个。完成新一轮规章清理整合和安全生产责任制、作业指导书、"红黄线"等条款的修订，确保安全管理有章可循、安全考核有规可依、安全评价有标可对。强化安全过程控制，先后开展安全生产大检查、"守补除防"、严重故意违章集中整治等专项整治活动，提认识、查隐患、补短板、促规范。坚持严管理先严干部，健全管理岗位安全履职清单，完善安全履职质量考评和干部履职督查问责机制，全年开展干部履职督查12次，下发通报12期，督查追责109人次。其中，科级及以上干部49人次，一般管理人员60人次。对其中中层管理人员9人、一般管理人员2人启动安全生产过程管理履职督查问责。加强添乘、安全小分队督导检查和值班值守，保障北京冬奥会、全国两会时期安全稳定。截至年底，车站顺利实现安全年，实现连续安全生产4375天。

货物装载　　南京东站　供图

【车站运行】 推行"技术站服务中间站"工作，全站累计开行629列、20440辆，节省中间站调车4417钩。加强天窗综合利用，优化维修单元划分，提高施工、维修计划兑现率，结合京沪线"集中修"，统筹安排编组站咽喉道岔组大天窗，实现施工、运输两不误。截至12月31日18时，车站办理车数389.2万辆，日均10663辆，比上年日均增加220辆；运用车保有量3469车，较计划压缩331辆；解编5.57万列，日均152.8列，中时6.1小时，较计划压缩0.4小时；停时24.4小时，较计划压缩1.7小时。10月3日，办理13323辆，到6700辆，发6623辆，创近6年来单日办理数新高。

【企业改革】 落实集团公司兼职并岗、一岗多能要求，深入推进劳动组织改革，规范通用工种管理和非在岗人员清理，坚持多元用工、灵活劳动班制。全年转岗20人。其中，通用工种5人，清理非在岗人员6人；撤销调度车间内勤助理值班员岗位，精简分流5人；压缩出发场五调联结员岗位，精简分流4人；撤销古雄站专用线车站值班员岗位，精简分流4人。深化用人机制改革，探索优化技能人才晋升通道，通过公开招聘方式选拔11人充实到管理岗位，其中9人为工人身份。深化分配制度改革，优化工效挂钩办法，综合运用系数调节、计件积分、岗位星级奖惩等多种手段，合理拉开分配差距，激发全员工作积极性。

（周钰人）

龙潭港

【概况】 南京龙潭港位于长江南京段龙潭水道，处于长江和东部沿海“T”形经济发展战略带接合部，是长江内河航运规模化、现代化、专业化的集装箱港口，是省、市重点打造的海港枢纽经济区。已形成完善的集、疏、运体系，铁路辐射范围300至3000千米。其中，中亚班列覆盖中亚五国、中欧班列直达俄罗斯莫斯科。

【南京明州码头有限公司】 位于南京龙潭港区，昼夜作业量首次突破10000TEU。全年完成箱量298.93万TEU。其中，多式联运完成集装箱10.47万TEU，整体营收6.04亿元。拥有长江岸线700米，陆域纵深1000米，占地70万平方米，有7万吨级泊位2个、5000吨级泊位2个。码头前沿水深常年保持在-14.5米以上。码头配备卸船机2台、装船机2台、门机5台、火车装车机1台、流动机械40余台及4000余米皮带线。全年完成货物吞吐量1391.6万吨，比上年增长1.3%。公司获全国交通运输文化建设优秀单位、栖霞区统计工作优秀单位。史俊峰劳模创新工作室被认定为南京市劳模创新工作室。

【集装箱铁路货运专线首发】 2月21日上午，南京龙潭港至上海芦潮集装箱铁路货运专线正式开通，首趟列车满载装有白色家电的集装箱从南京龙潭站发往上海芦潮站。随着龙潭港—芦潮沿江班列开通，南京周边地区的集装箱货物可在水运或公路到达南京龙潭后，通过龙潭至芦潮的沿江班列到达上海，再通过海运到达欧美等地。此种“公铁水多式联运”的物流方式，企业货物的周转效率较水运提高近2倍，物流成本较公路降低50%。专线开通，增强南京的物流枢纽地位，助推南京融入“一带一路”建设，为沿线企业和地方经济发展提供运力支持。

【海铁联运“天天班”运行】 5月31日下午，南京港龙集团公司满载45个集装箱光伏组件的列车从南京港龙潭铁路出发，以“铁、公、水”联运的方式，途经上海芦潮站、上海港发往欧美等地，标志着南京至上海海铁联运“天天班”正式运行。满足南京及周边企业货物进出口需求。

【4号泊位及场地流程化改造项目】 7月1日，南京明州码头4号泊位及部分场地流程化改造项目动工，规划建设期12个月。项目在公司4号泊位新增1条卸船进场带式输送机作业线，沿4号引桥下游侧进场，卸船利用现有5台门座起重机，再配置4台移动料斗，与门机同轨。将长江防洪堤与横二路之间的场地改造成专业化散货堆场，增加2条回转半径42米的斗轮堆取料机作业线，与4号泊位新增卸船进场输送线相连。新增出场线BC46皮带机与既有的BC5皮带机、地坑皮带机BC10系统衔接，同时与火车装车系统形成联动。该项目的建成，使码头的通过能力提升21.9%。

【集装箱外贸航线开通】 7月13日，江苏远洋“远诚”轮在南京港龙集公司801泊位启航，江苏省港口集团“南京—太仓—海防—胡志明”东南亚集装箱外贸航线正式开通。江苏省交通运输厅、商务厅、海事局、出入境边防检查总站、港口集团等部门领导，南京市政府、海关以及南京经开区的相关负责人出席首航仪式，并为航线首航启动推杆。“南京—太仓—海防—胡志明”东南亚集装箱外贸航线每周一班，单程运行时间约7天，实现中国南京到越南胡志明市的直航航班。

【安全文化品牌打造】 南京明州码头公司强化安全理念和责任意识“内化于心”“外化于行”，打造“明州”安全文化品牌。编制安全稽查行动手册，设置稽查一级项目16个、二级项目52个、三级项目191个，全面把脉公司安全文化体系运行状态，有针对性地查找不足、分析问题、调整策略、改进提升，形成具有公司特色的安全文化品牌。

（张家昊　史　薇）

责任编辑　赵建华

城乡融合发展

城乡规划

【概况】 2022年，区规划和自然资源分局统筹保障全域规划建设，提升城市功能品质，办理各类规划审批案件2488件次。其中，建设项目用地预审和选址意见书114件、用地规划许可证120件、建筑工程规划许可证120件、市政工程规划许可证525件。办理规划验线326件、规划批后公示53件、规划核实123件、规划认定67件。统筹区国土空间总体规划编制工作，完成“三区三线”划定，完成2022年预支空间规模指标落地上图方案以及燕子矶老镇、栖霞古镇、新尧片区等项目详细规划调整工作。完成燕子矶老街、新联机械厂一般历史地段保护图则修改以及西岗街道桦墅周冲省级传统村落保护发展规划编制，召开“兴智中心”恒竞路中学、燕江新城站地铁上盖TOD等项目专家认证会。开展省、市、区重点项目规划资源服务工作，推进铁路、轨道交通、城际道路等一批重大交通项目建设；做好保障房、既有住宅加装电梯等一批民生项目的规划资源手续办理；保障公建配套项目落地建设。完成区域市政道路及配套市政管网基础设施建设的规划保障。区规划和自然资源分局获“全省自然资源系统法治建设和普法工作成绩优秀单位”“全省自然资源系统先进基层党组织”。《栖霞区八卦洲街道新闸、上坝、下坝、外沙、七里、东江、中桥等七个行政村村庄规划（2020—2035年）》获2022年度南京市优秀国土空间规划一等奖。

【规划服务】 持续推进工程建设项目审批制度改革，实行出让用地事项所涉及的规划条件、建设用地规划许可、用地预审、土地勘测定界“四合一”办理，申报材料由20余件缩减至5件，办理时间由最多30多个工作日缩短至12个工作日；实施建设工程验线告知承诺制，实现“即办件”审批服务；实施并联审批、“带方案挂牌”等举措，实现“拿地即开工”；推行“多测合一”，实现测绘服务一次委托、统一测绘、成果共享；通过南京市工程建设项目审批协同平台，实现规划方案跨部门在线征询意见。下放供地审批权限，并联工作节点，提升用地审批效率。落实“人才安居提速计划”，保障全区租赁住房供应。支持和鼓励企业利用自有土地建设保障性租赁住房，完成马群街道青马路8号地块保障性租赁住房项目的协议出让，为南京市首例保障性租赁住房协议出让项目。办理“四合一”42件、验线告知承诺制208件、“拿地即开工”35件、临时建筑告知承诺“即办件”12件。

【详细规划调整】 规范开展详细规划调整相关工作，重点推进新联机械厂、狮子坝、和燕路365号、388号城市更新地块等19个项目详细规划优化完善工作。

表24 2022年栖霞区详细规划调整完成情况一览表

序号	控详名称	分图则号	类型	备注
1	《燕子矶新城区（MCb020）控制性详细规划》	MCb040-06	图则调整	宁政复〔2022〕35号
2	《南京市马群单元（NJZCe010）和南湾营单元（NJNBa010）控制性详细规划》	NJNBa010-01	图则调整	宁政复〔2022〕89号
3	《仙林副城仙鹤片区（EAe020）控制性详细规划》	EAe020-12	图则调整	宁政复〔2022〕92号
4	《仙林副城仙鹤片区（EAe020）控制性详细规划》	EAe020-15	图则调整	宁政复〔2022〕69号
5	《仙林白象片区（EAc030）控制性详细规划修编》	EAc030-11	图则调整	宁政复〔2022〕70号
6	《燕子矶新城区（MCb020）控制性详细规划》	MCb020-01	图则调整	宁政复〔2022〕58号
7	《南京市栖霞山片区（NJDBa030）控制性详细规划》	NJDBa030-04、06	图则调整	宁政复〔2022〕3号
8	《燕子矶新城区（MCb020）控制性详细规划》	MCb020-25、27	图则调整	宁政复〔2022〕108号
9	《南京市栖霞山片区（NJDBa030、NJDBb011）控制性详细规划》	NJDBb011-03	图则调整	宁政复〔2022〕122号
10	《南京市马群单元（NJZCe010）和南湾营单元（NJNBa010）控制性详细规划》	NJNBa010-05	技术深化	
11	《丁家庄单元（MCb050）控制性详细规划》	MCb050-03	技术深化	
12	《仙林副城仙鹤片区（EAe020）控制性详细规划》	EAe020-12	技术深化	
13	《南京市栖霞山片区（NJDBa030、NJDBb011）控制性详细规划》	NJDBb011-04	技术深化	
14	《南京新尧片区（NJDBa021）控制性详细规划修编》	NJDBa021-06、09	技术深化	
15	《燕子矶新城区（MCb020）控制性详细规划》	MCb020-19、20	技术深化	
16	《南京市马群单元（NJZCe010）和南湾营单元（NJNBa010）控制性详细规划》	NJNBa010-02	技术深化	
17	《南京市栖霞山片区（NJDBa030、NJDBb011）控制性详细规划》	NJDBb011-04	技术深化	
18	《仙林副城仙鹤片区（EAe020）控制性详细规划》	EAe020-03	技术深化	
19	《仙林副城仙鹤片区（EAe020）控制性详细规划》	EAe020-05	技术深化	

【“三区三线”划定】 自然资源部明确正式启用栖霞区“三区三线”划定成果，该项成果纳入《南京市栖霞区国土空间总体规划（2021—2035年）》中实施。“三区三线”是指城镇空间、农业空间、生态空间三种类型的国土空间及分别对应在城镇空间、农业空间、生态空间划定的城镇开发边界、永久基本农田、生态保护红线。“三区三线”划定工作坚持保护优先、集约节约原则，结合生态保护红线、环境质量底线、资源利用上线和环境准入负面清单，严格落实上级分解下达的耕地、永久基本农田等国土空间规划约束性指标，统筹农业、生态、城镇空间布局，重点保障龙潭、八卦洲、龙王山以南等区域的建设发展需求，划定永久性基本农田35.35平方千米、生态保护红线23.06平方千米、城镇开发边界187.3平方千米，切实发挥空间管控边界的底线约束作用，以“三线”统领全区国土空间开发格局。

【地下管线数字化管理】 坚持“数据高质量管理、服务高效率保障”，依托“南京市管线地理空间信息系统”，构建管线信息“一套系统”“一个平台”规范管理流程和创新管理机制，推进“互联网+”政务服务，基于微信公众号平台，实现管线供图、批后监督等线上服务功能。在地下管线普查数据库和公共区域管线信息动态维护工作的基础上，全年完成753千米地下管线数据的修测及补测，为各类报建项目、研究项目提供地下管线数据图294幅，涉及管线数据约4800千米；接收竣工测量电子数据168件，涉及管线678千米。

【燕子矶老街一般历史地段保护图则】 6月3日，区规划和自然资源分局获得市政府批复，组织开展《燕子矶老街一般历史地段保护图则》编制工作。该图则保护范围西至和燕路，北至长江—燕子矶码头，东至原东侧巷道，南至临江路，面积约11.84万平方米。明确保护要求，保护燕子矶老街、燕子矶、渡口相互依存的空间格局，燕子矶、坦克山、观音山、十里长沟、小清河构建的山水格局，临江街、新燕街等形成的两横三纵街巷格局，保护燕子矶公园内古树名木6棵。提出地块新建建筑高度更新指引，延续燕子矶老街历史传统风貌。

【狮子坝地块单元图则修改】 9月9日，《南京市马群单元和南湾营单元控制性详细规划》NJNBa010-01规划管理单元图则（狮子坝地块）修改获市政府批复。该规划管理单元图则范围北至沪宁高速，南至美芝嘉路，东至宁芝路，西至百水河，修改图则用地面积19.21万平方米，内含一处狮子坝失考墓石刻文物点（2006年升级为南京市重点文物保护单位）。该石刻已存于文物部门，原址已无石刻遗存。

【周冲传统村落保护发展规划】 9月27日，《南京市栖霞区西岗街道桦墅村周冲传统村落保护发展规划》获市政府批复。规划范围北至入村道路，东至无名山脚，南至周冲水库，西至569乡道，规划面积37.12万平方米。规划提出以“自然山水格局、冲地聚落空间为特色的传统村落”作为周冲传统村落发展定位，结合周冲村的村落特征与历史文化，总结西岗街道桦墅村周冲村落的三大传统特色和价值，即“三山旋护、一水环带”的山水格局，“西有塘，沟渠连，顺山势，面街建”的冲地聚落空间肌理，“同心协力、自力更生、艰苦奋斗、拼搏奋战”的集体主义精神。该规划围绕周冲传统村落的特色和价值，确定周冲村的保护区划与保护重点，并提出保护控制要求，打造“自然山水+历史文化+农耕体验”深度融合的发展模式。

（傅滢滢）

城乡水利

【概况】 2022年，完成北十里长沟东支下段生态清淤、七乡河中坝闸上游生态清淤项目，河道底质得到改善。建成衡阳净水站，仙林、栖霞等周边污水收集处理能力得到提升。持续推进水土保持和雨污分流工作。推进市政雨水管网清疏和污水提质增效达标区创建，创建完成3个达标区，实现行政区涉及达标片区全覆盖。落实中央生态环境保护督察反馈问题整改，对交办的5件信访件和1件下沉督察期间发现的涉水问题，立行立改。

【水土保持】 坚持全过程、全方位做好水土保持工作。强化方案跟踪检查，每个建设项目平均每年检查1—2次，全年开展监督性检查117次，现场检查覆盖率达已批复在建项目的100%；督促建设单位落实水土保持监测主体责任，监测季报报送实现全覆盖；及时跟踪项目进度，完成水土保持设施验收30件。实行双随机抽查和遥感图斑复核，全年下达图斑5批。其中，部级图斑29个，省级图斑30个；下达水土保持限期补办通知书30份。做好信息化监管服务，使用全国水土保持信息管理上报系统，对在建项目实行线上全流程跟踪、全覆盖监管。受理审批生产建设项目水土保持方案51件，征收水土保持补偿费271.89万元。

【周冲水库省级水利风景区创建】 完成周冲水库省级水利风景区建设，并通过江苏省水利厅专家组现场验收。周冲水库水利风景

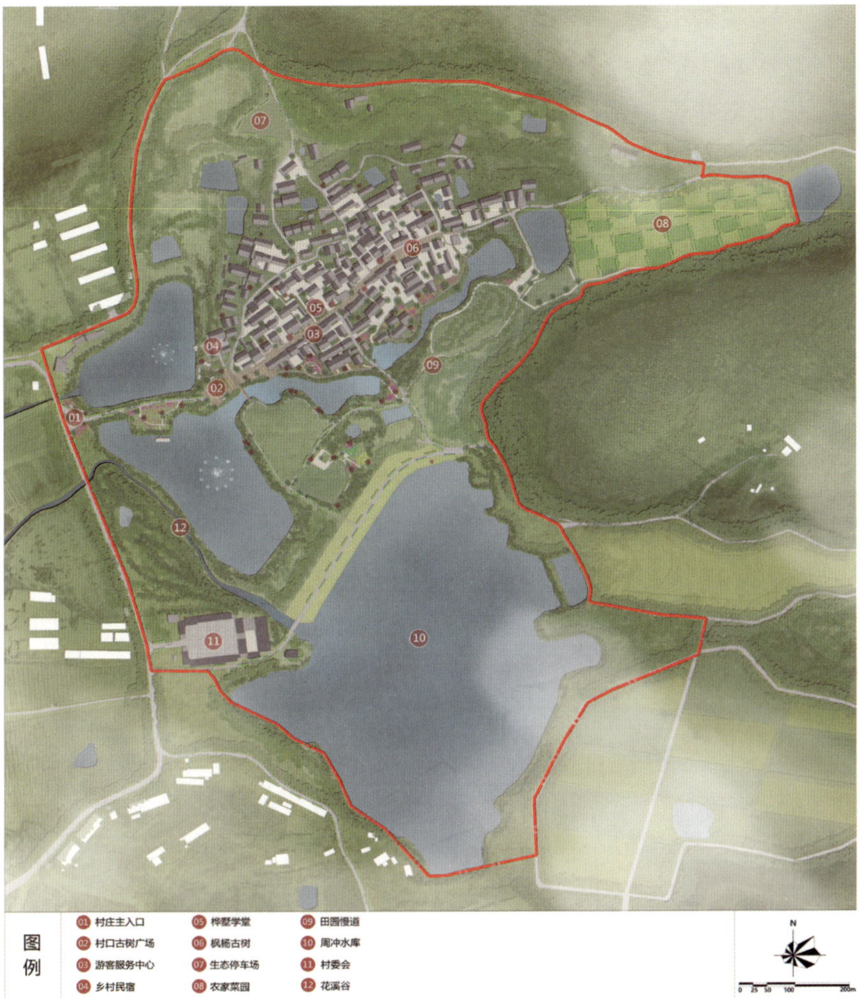

周冲传统村落规划总平面图　　区规划资源分局　供图

区位于栖霞区东南部，以周冲水库为核心，以桦墅村为基底，规划范围西至七乡河，北至南大雍园，南至盛村与孟塘村，东至栖霞区与句容市交界处，规划总面积8.14平方千米，水域面积0.42平方千米。项目依托周冲水库，对标幸福河湖“河安湖晏、水清岸绿、鱼翔浅底、文昌人和”高质量河湖治理要求，“以水文化为灵魂，以水科普为核心，以山、村、田、林为特色，融水利旅游、休闲农业、健身康养于一体的水利风景区”为建设目标。整个景区生态环境优良，水质综合评价为4类。

【雨污分流工程】 重点推进4个雨污分流工程项目建设。其中，续建项目2个，新建项目1个，储备项目1个。百水河流域天泓山庄等片区雨污水管网清疏修缮工程和滨江河、九乡河流域栖化新村等片区雨污水管网续建、清疏、修缮等13个工程，至年底全部完成。运粮河流域东西花岗片区雨污水管网清疏修缮工程及新建10个片区的雨污水管网清疏修缮工程，至年底全部完工。迈皋桥街道兴贤佳园1期片区雨污水管网清疏修缮工程为储备项目，纳入2023年城建计划，年底完成立项。

【农村污水处理设施建设】 截至年底，全区完工安监项目14个。其中，八卦洲农村污水处理及主次干管（二期）工程于12月30日全面收尾，八卦洲街道除外沙村采取点源污水处理装置外，其他所有村庄均实现污水纳管治理。积极争取资金，通过购买第三方服务配合开展安监工作，安监项目通过实体检测（不含隐蔽工程）验收。

【七乡河（中段）治理工程】 该河道治理长约2.7千米，工程内容包括堤防加固、河道清淤拓浚、防汛道路建设等，预算投资5812.24万元。据省水利厅《关于抓紧开展2023年中小河流治理项目前期工作的通知》文件，该项目列入2023年省中小河流治理项目清单。至年底，该项目完成初步设计编制工作，并上报南京市水务局审查。

【小流域治理工程项目】 11月24日，省水利厅以《关于开展2023年国家水土保持重点工程项目前期工作的通知》文件下达江苏省2023年国家水土保持重点工程实施计划，其中栖霞区八卦洲小流域综合治理项目一期工程获得立项，总投资500万元，包括省级资金250万元，市、区配套资金250万元。根据治理任务要求，12月22日，通过招投标选定勘察设计单位为南京市水利规划设计院股份有限公司。12月29日，实施方案上报市局。12月30日，获批复，批复概算

504.14万元。工程主要建设内容包括护岸工程、林草措施、保土耕作及新建水土保持典型节点3处等。同时，同步组织监理、施工制作招标文件。

（苏　扬）

城乡管理

【概况】 2022年，栖霞区紧扣年度目标任务，统筹推进疫情防控和城市管理，实现城市治理效能和人民群众满意度双提升，城市环境功能品质持续优化。全区城管在年度综合考评中，垃圾分类被南京市城管局评为城区组第一名；城市道路管养获南京市总评一等奖，并被评为南京市区级城市建设类先进集体；停车管理和城管宣传精品获全市主城区年度考核第一；环卫精细化管理考核居全市第二名，连续四年位于全市前列。持续开展"住宅小区星级创建"和"党建引领物业"主题活动，组织业务培训，推进全区物业服务水平提升。推进省、市级物业党建示范点项目申报和建设，提高12345工单办理质量，物业管理专项检查全覆盖。受理、审核、上报建筑业企业资质申请1240家。其中，首次申请资质838家，增项申请资质291家，升级申请资质39家，企业吸收合并72家。全年，新受工程质量监督项目207个，竣工验收备案项目202个，竣工工程质量全部达到国家标准或规范要求。

【市容市貌整治】 全面落实门前三包"绿、黄、红"分级管理制度，梳理街巷管理基础和商家情况，突出抓两头带中间，奖优罚劣。通过检查、评比制度，激发商家履行"门前三包"积极性，对履责较好的商家给予政策优惠和奖励，对履职不到位的要求限期改正。结合文明城市创建，对窗口地区、地铁出入口、重点路段等开展集中整治。全年开展市容整治260余次，编发专项简报15期，整改市级问题菜单150余处。完成尧和西路、红枫街等15条背街小巷整治出新，完成栖霞老街（南段）和门坡街2条精品街巷打造。加强店招标牌设施监管，排查店家6000余家，消除店招店牌隐患48处，纠正违规店招店牌137块504平方米。

【环卫保洁】 全区实现生活垃圾一体化收运。在马群街道先行先试，委托博润公司接手21个小区、2条商业街的其他垃圾和35个小区的厨余垃圾收运任务，每月收运垃圾250吨，马群街道捐赠博润公司9台环卫作业车，博润公司为马群街道提供专业化服务。推广马群街道做法，实现生活垃圾收运作业由"小散杂"向"一体化"转型升级。5月25日，栖霞餐厨废弃物处置厂投入试运行，玖生渼公司与行政区552家、大学城146家、经开区66家单位签订收运厨余垃圾协议。餐厨垃圾日处理量从试运行期间的20吨升至120吨左右，废弃油脂产生量稳定在每日2吨左右，全区餐厨垃圾、废弃油脂处理实现一体化。全区纳入养护范围的主干道机械化清扫率保持100%，道路整洁优良率达90%以上。对146条背街小巷落实水扫。推广新能源汽车在环卫领域的应用，新增新能源环卫作业车辆14台。推进区内垃圾中转站点污水处理

出新后的门坡街一角　　区城管局　供图

设施建设，完成燕子矶、丁家庄、摄山星城、尧化门4座中转站污水处理设施验收，全区17座中转站污水总处理能力达到每天120吨。

【安康驿站建设】 采取新建、改建、扩建、合建等多种方式推进“安康驿站”建设。至年底，建成站点34处。其中，建设“安康驿站”9座，利用福利彩票投注点设置“爱心驿点”6处，利用公厕、中转站设置环卫工人休息点19个，覆盖全部作业班组，惠及650余名一线环卫职工。

【公厕管理】 区城管局重新制订公厕巡查制度，由每周两次巡查改为三次巡查；各片区组长加强每日巡查力度，由原来的一日三次变为一日六次巡查，每次巡查必须将本片区内所有公厕仔细检查一遍，发现问题，立即整改。公厕专人管理，全天开放。公厕保洁员按照保洁标准，每天需对各类卫生设施冲刷、擦洗、消毒，公厕内部卫生始终保持“四无四净”标准。全年，清运公厕固体有机物2200吨。排查梳理全区主次干道88条、商业大街范围公厕二次导向牌800余块，为所有导向牌购买商业保险。

【积淹水点治理】 疏浚改造紫东路、寅春路地势低洼、易积水问题，采用新型雨水检查井防坠落格板和雨水箅垃圾拦截器，有效解决防坠落天口垃圾堵塞问题。区城管局会同市水务集团对联珠村路实施管网堵点改造，理顺雨水管网系统。区城管局对迈尧路现场实地勘查，新增三室雨水箅，增埋管道，将点位雨水排至路边边沟，有效解决路段积水。

【停车共享与设施管理】 构建“城管牵头、部门联动、属地管理、街道兜底”工作机制，以“错时包月、全天开放”形式新增停车资源共享。试运行停车共享智慧化管理二级平台，实现与市级平台“宁停车”实时数据交互，打造“栖霞区停车资源共享”微信小程序，做好道路临时泊位监管、共享单车治理、公共备案停车场管理等模块建设和数据接入工作，聘请第三方专业机构验收自测和评估。新增7个机关事业单位的全天共享开放泊位2426个，新增4个国企单位的全天共享开放泊位585个，新增5个物业小区签订接入协议，待开放共享泊位30个。全区有收费道路45条，收费泊位4168个，配备道路收费员104名。完成燕子矶街道太平村停车场新能源便民充电设施改造项目。建成“P+R”地铁换乘停车场4座，计1116个泊位，与地铁站实现无缝对接、零距离换乘。统筹利用学校与周边停车资源，以计时、错时等方式，为市民、学生家长提供多种停车便利。

【城市治理标准化建设】 完成仙林实验幼儿园、好邻里生活中心、龙岸路、青秀城小学、栖霞幼儿园红枫园、师德教育馆、新时代文明实践所、红枫新村、龙潭中心小学江畔人家校区及江苏省计量科学研究院10个城市管理标准化示范单元的创建任务。同步将标准化示范单元与江苏省美丽宜居建设项目相结合，对2021年的5个示范单元合理分级管理；在年度新增示范单元中选出长效管理成果较好的5个示范单元，作为美丽宜居城市建设考核验收样本，并落实常态管理。

（王振海）

城市更新

【概况】 新尧新城位于南京市栖霞区尧化街道，地处栖霞区中部，面积10.6平方千米，分为两大板块。其中，新尧新城片区，北至栖霞大道，南邻沪宁铁路，西至二桥绕城高速，东接仙新路，规划总面积6.8平方千米；栖霞商务区片区，北至沪宁铁路，南邻312国道，西起仙尧路，东接仙新路，规划总面积3.8平方千米。新尧新城定位为南京城东地区主要的生活配套区、南京地区的城市更新示范区和生态宜居的现代城区。燕子矶新城规划范围西靠幕府山，东至绕城高速，北临长江，南至栖霞大道。位于南京主城东北部，横跨迈皋桥街道、燕子矶街道，总面积18.8平方千米，为南京市“十大城建功能板块”之一。继续推进燕子矶片区化工企业搬迁后的整治工作，实施旧城更新工程。完成固定资产投资106.49亿元，实际支出54.75亿元，实际利用外资5000万美元。迈燕新城完成迈皋桥创业园南侧地块保障房二期交付，启用南医大二附院，开工建设兴卫村保障房项目、迈皋桥派出所项目。实施万寿片区及华电新村老旧小区环境综合整治，完成江苏省中西医结合医院东门外连接言和路桥梁改造工程；按照“三大纵、三大横”道路建设框架，继续完善迈皋桥地区路网建设，不断探索迈皋桥城市更新策略和模式。

【新茂国际中心项目】 新茂国际中心（原名“尧化科技大厦”）建成启用。该项目位于栖霞区新尧新城核心区域，建筑面积3.7万平方米。其中，地上面积2.7万平方米、地下面积1万平方米。地铁7号线尧化门站2号出口位置，交通便利，配套成熟。该项目由中化金茂服务公司前期投入4000万元实施装修改造，是一站式高品质办公生活综合体，是“经济、文化、智慧、创新”融于一体的总部经济交流和共享平台，招引高质量企业入驻尧化街道。该项目由中化金茂服务公司与尧化新城管委会共同成立的南京新茂资产管理有限公司独立运营管理。

【青田雅居改造工程】 青田雅居老旧改造小区占地面积8.37万平方米，35栋建筑，100个单元，建筑面积10.82万平方米，出入口2个，公共游园3个，工程总投资7434.91万元。改造目标是基本维持小区原有肌理，对建筑、交通、环境、配套设施等修缮出新，使小区整体品质得以提升。

出新后的青田雅居一角　　新尧新城　供图

【翠林山庄改造工程】 翠林山庄老旧小区改造工程位于栖霞区尧化街道金尧路以北、新城路以南、尧辰路以东、翠林北路以西。小区占地面积8.34万平方米，36栋建筑，94个单元，1182户居民，建筑面积9.97万平方米，出入口2个，公共游园2个。改造工程内容主要是对小区内的建筑本体、交通组织、小区环境、配套设施实施综合整治、翻旧出新，总投资6271.36万元，资金皆由街道自筹。

【燕子矶新城项目建设】 燕子矶新城成立工作专班，建立项目团队，运用横道图、鱼刺图，加强项目协调。全面推进万象天地、滨江商务区、体育公园、燕江新城站地铁上盖商业等9个市、区级重大项目建设。8月，燕江新城站地铁上盖商业项目桩基开工，年底完成桩基工程。燕子矶滨江商务区宝能金融中心项目持续推进土方外运，滨江铂尔曼酒店项目完成全部前期手续，取得施工许可证，现场随出土进度同步施工基坑支护内支撑。鲁能PPP项目全面推进，体育公园A区、B区主体结构建设完成预定任务。

【景观提升工程】 燕子矶新城实施环境提档升级。开工燕栖路与栖霞大道交叉口东北角景观提升项目，占地面积4400平方米。种植景观绿化，增设城市绿地景观小品，完成道路两侧灯光亮化。10月底，竣工交付。4月初，开工观音门公园及周边环境提升一期项目，占地面积4.3万平方米，主要建设分为山体修复、栈道步道修建、仿古建筑维修出新、景观绿化栽植、灯光亮化等。12月底，竣工开放。完成燕华花园环境整治、古镇保护图则编制及北十里长沟东支河道、幸福河等景观提升工程。

【配套设施建设】 燕子矶新城有序推进民生、教育、医疗、社区中心等公共服务配套设施建设。钟化片区基层社区服务中心及社区医院项目完成竣工验收备案手续和内装施工图审查；南化社区服务中心项目完成室外景观和室内毛坯及内装施工图审查；钟化片区居住社区服务中心项目完成桩基施工，基坑支护完成90%；燕江新城站地铁上盖TOD项目桩基工程完成80%，基坑支护完成55%。建设3个学校项目。其中，胜利村幼儿园项目完成室内装修和室外景观施工；观音门小学及幼儿园项目处于土方外运及小学部地下室基础施工阶段；8月，完成F地块小学项目勘测与开挖，并组织专家验收。至年底，燕子矶新城消防站项目景观施工完成，法院项目主楼工程施工完成。

【华电三宿舍片更新】 华电三宿舍片区城市更新方案纳入南京市第三批城市更新项目库，更新方案对现有控规用地类别及指标适当调整，保留现状小学，修建社区公园和社区中心，将现状小区整体拆除后和已拆迁地块合并开发，片区南侧新建7栋18至20层房屋，安置现有居民，并新建养老公寓完善配套服务。在片区北侧沿小学周边，新建10栋18层商品房，配建商业街区提升配套服务功能，满足周边人群居住的多元化需求。住宅建筑面积15.85万平方米。其中，安置房7.81万平方米，商品房8.04万平方米。各类配套建筑面积0.66万平方米。其中，养老公寓0.30万平方米，基层社区中心0.36万平方米。项目地块总建筑面积16.21万平方米。

【兴卫村保障房及周边配套项目】 迈皋桥街道兴卫村保障房（经济适用房）及周边配套项目开工建设。项目位于迈皋桥街道兴卫村片区，规划用地2.21万平方米，分为两个地块。其中，地块Ⅰ，北至兴贤家园，西至广贤路，南至尧红路，东至规划社区用地；地块Ⅱ，北至兴都花园西苑，西至迎贤路，南至尧红路，东至兴兴路。总建筑面积约5.01万平方米，建设住宅354套，新建迎贤路、兴兴路2条城市支路，计划投入4.09亿元。至年底，地块Ⅰ主楼结构封顶4栋，地块Ⅱ3栋主楼地下结构施工完成。

【创业园南侧地块保障房二期】 6月底，迈皋桥创业园南侧地块保障房二期项目完成工程建设及验收备案，并全部交付。项目东至规划燕新路，西至规划自强路，南至尖山路，北至规划奋进路，用地面积2.89万平方米，总建筑面积约12.66万平方米，总投资约10.7亿元。项目建筑容积率3.00，建筑密度14.86%，绿地率30.60%，包含6栋34层住宅、1栋单层商业、2个配电房、1个门卫及2层地下车库，总住宅1201套。至年底，分房入住984套，待分217套。

【长园廊桥之“桥·亭”项目竣工】 迈皋桥长园廊桥之“桥·亭”改造范围西起中西医结合医院东大门，东至言和路，全长约50米。桥梁跨径13米，宽10米。项目包括拆除现状桥梁，新建单跨简支板梁结构桥、连接道路及配套绿化、交通设施等，总投资380.35万元。该项目将传统的环境整治与文化创意元素巧妙结合，为周边居民提供亲水平台空间的同时，也为迈皋桥地区增添一抹文化色彩。

【华电新村老旧小区改造】 栖霞区迈皋桥街道华电新村老旧小区改造项目北至长营村，东至华电路，南至华电西路，西至和燕路辅路，占地面积约3.7万平方米，总投资1474.62万元。该项目列入2022年南京市城乡建设计划，工程实施内容为入口提升、围墙出新、道路规划、车棚出新、绿化游园优化提升、配套设施完善等。由南京回归建筑环境设计研究院有限公司按照“功能完善、安全美观、品质特色”的原则，设计改造方案及施工图。9月底，项目竣工。

（王　喆　杨先华　赵　琦）

市政建设

【概况】 2022年，栖霞区配合推进竣工、开通和燕路过江通道建设工程，配合推进在建新生圩大桥（仙新路过江通道）、龙潭大桥（龙潭过江通道）。投资1.46亿元，对总建筑面积25.02万平方米的95栋房屋3个老旧小区实施整治出新，惠及居民3199户。维护加固龙潭街道符合农危房改造条件的农危房

【三类重点对象危房改造】 栖霞区对民政等部门认定的农村低保户、农村分散供养特困人员、农村低保边缘家庭以及支出型困难家庭等农村低收入群体住房安全展开排查梳理，确定2022年度满足农危房改造条件2户，均在龙潭街道，改造类型为维修加固。6月底，完成村、街、区三级公示及审批等程序。8月底，完成危房改造。9月1日，通过区级竣工验收。10月，完成2户农危房改造补助资金申请及拨付。拨付补助资金5万元，补助标准为每户2.5万元。其中，省补1万元、市补0.5万元、区补1万元。

【旧房拆除】 全区完成房屋拆除面积117352平方米。完成规划泰山路建设工程项目、五一河路建设工程项目招投标事宜，完成往年60多个项目的资金结算及招投标档案资料整理。新增围挡7400余米，重新覆盖约39万平方米。继续开展拆迁工地隐患排查，规范施工现场安全生产操作，安排专职人员每日持续对10余个未交付工地巡查，发现问题立即责令施工单位整改到位。规范拆除垃圾资源化利用，提升旧房拆除建筑垃圾利用率，安排专人对施工工地监督检查，将建筑垃圾清运至地表，清运完毕覆盖防尘网。

【老旧小区改造精品项目】 栖霞区先后对尧化街道翠林山庄、青田雅居小区，迈皋桥街道华电新村小区3个老旧小区改造，总建筑面积25.02万平方米，房屋95栋，居民3199户，投资1.46亿元。由区住房和建设局对街道全程指导、监管和督察，制订下发老旧小区整治方案。改造工程有效解决老小区屋面渗漏、外墙渗水、楼道亮化和安全防盗等问题，大幅提升小区的居住、出行、停车、通邮和安全等功能。

【市政道路桥梁养护】 完成奔马路、南湾营路2条市级优质养护示范路建设。完成维修奔马路车行道1.1万平方米、人行道378平方米、灌缝663米、路牙沿389米；维修南湾营路车行道1506平方米、人行道1686平方米、灌缝321米、路牙沿948米。完成桥梁车行道维修90平方米、人行道143.7平方米、伸缩缝78米，清理伸缩缝2810米，修补砼结构93.1平方米，粉刷砼结构9.6平方米，维修栏杆14米，油漆粉刷栏杆205.3米，清理泄水孔418个。完成桥面铺装24.5平方米，清理裂缝140.8平方米，修理桥底130平方米。全年日常桥梁巡视率100%。

【口袋公园建设】 全区口袋公园在建项目有三元祠口袋公园、太阳城路口袋公园、姚坊门公园绿道、羊山湖绿道、观音门公园、邓廷桢公园景观提升、燕栖路与栖霞大道交叉口东北角景观提升工程共7个。区城管局与南京市精细化园林绿化组密切联系，持续推进项目建设，加强现场管理；与南京市“精推办”检查人员定期对各建设项目进展情况、施工安全及防疫工作进行督促检查，确保项目各项指标符合要求。

【既有住宅增设电梯持续推进】 栖霞区住建局建立既有住宅增设电梯工作领导小组，定期召开区、街道、社区三级工作例会，指导居民签订施工合同、监理合同和安全文明施工合同，严格落实安全工作责任制。联系强电、弱电、自来水公司等管线单位实施管线迁移，督促电梯公司按技术规范做好电梯安装工作。全年，新签订增设电梯协议171部，通过规划初审148部，办理规划许可62部，办理施工许可51部，完工40部。

（邢可可）

镇村建设

【概况】 2022年，全区农林牧渔业总产值11.65亿元，现价增长3.4%；农林牧渔业增加值8.36亿元，现价增长3.2%，比上年增长3.5%。高效设施农业面积稳定在2234万平方米，粮食种植面积和产量均超上年，粮食、蔬菜和生猪稳产保供任务超额完成。全区特色农业机械化率67.46%。深入实施乡村振兴，开展11个行政村村庄规划编制，完成三产融合用地项目入库，新建农路21条，布局农村物流末端节点21个。新增美丽宜居乡村23个，累计建成83个。推进农业稳产增效，优良水稻覆盖率95%以上，粮食种植面积产量分别比上年增长5.5%、3%；打造百合、菊花、芦蒿、多肉植物等特色基地200万平方米。

【镇村“三资”管理】 全区所有村（社区）委员会和股份经济合作社建立村社分账处理，依法开展农村基层自治活动，股份经济合作社依法行使集体资产经营管理权。实行月报制度，加强监督检查，推动财务公开，提升农村财务管理水平。开展2018、2019年度征地留用地补偿资金使用情况专项审计。开展全区资产资源情况全面梳理，全区村级总资产15.92亿元。推进农村产权交易“应进必进”工作，完成农村产权交易358笔，总金额5161.3万元，溢价率0.9%。

【涉农重大项目管理】 区政府出台《栖霞区集体建设用地审批实施细则》，明确供地审批流程，打通农村一、二、三产融合发展政策瓶颈。区农业农村局以解决产业融合发展用地困难为出发点，创新区级部门联动例会制、特事特办制、项目建设评估制等，协调推动总面积为9.53万平方米的15个三产融合用地项目入库。完成10个农业农村重大项目建成投产，总投资1.8亿元，项目涉及绿色农业生产、乡村旅游项目提升和农业科技创新等方面。

【美丽乡村建设】 继续开展美丽乡村建设行动，因地制宜成功打造市级美丽宜居乡村14个。推进八卦洲街道和外沙、太平、陈店3个行政村生态宜居美丽乡村示范街村创建工作，组织街村开展农村人居环境整治和爱国卫生运动，突出公共空间治乱整破和绿化美化。全面巩固252个自然村“四清一治一改”工作成果，实现农村生活垃圾处理、户厕无害化改造、农村污水处理设施行政村全覆盖。全区开展村庄清洁行动3300余场次，动员村民参与4.2万人次，清理农村各类垃圾7600余吨。在全市率先探索以自主管护为主的都市型农村长

太平村　　区农业农村局　供图

效管护运行之路，建立村集体股份合作社自主运作的管护机制，组建"村党支部+党员志愿者+村民"长效管护共建联盟，形成"管自家事、门前事"的良好氛围，全区农村人居环境管护费用比上年减少10%，实现自治、降本、优效预期效果。

【耕地安全利用】 编制实施《2022年南京市栖霞区受污染耕地安全利用方案》，预算费用573.47万元。主要采取生石灰施撒、土壤调理剂、面积阻控剂、水分调控等以农艺措施为主的多种技术组合模式，减少农作物对重金属的吸收；采取增施生物有机肥、优化施肥、控制新增污染等措施，实现耕地肥力维护与二次污染风险防控；在安全利用措施执行过程中开展灌溉水、农业投入品、土壤与农产品重金属等监测工作。全区受污染耕地安全利用率100%，超过南京市受污染耕地安全利用率93%以上的工作目标。

【畜禽养殖卫生监督执法】 区农业农村局对畜禽养殖场（户）、产地报检点、兽药经营和饲料生产企业、动物诊疗场所开展动物调入、防疫、检疫、病死畜禽处理、假（劣）兽药、非法添加（使用）原料、执业兽医从业行为监督检查，常态化查处各类违规违法行为。依法对辖区内4家兽药经营企业、2家饲料生产企业、25家宠物医院、4个规模养殖（场）户开展监督执法检查40次，出动执法检查人员120人次，查获各类违法案件8起。其中，适用简易程序案件3起，均予以当场处罚；适用普通程序案件5起。共罚款18230元。全年新增办理动物诊疗许可11家、兽药经营许可1家，办理生鲜乳准运证2张。开具生猪产地检疫证355张，分销换证点出具动物产品检疫证明（A）1376张、动物产品检疫证明（B）13张。

八卦洲水稻收割　　区农业农村局　供图

【镇村公益医疗互助】 推进八卦洲街道2022年省政府民生实事乡村公益医疗互助试点项目，完善基本医保、大病保险、医疗救助综合保障政策，推动公共服务向农村延伸、社会事业向农村覆盖。按照"群众个人自愿拿出一点、公益慈善捐赠一点、村集体经济支持一点、政府资助一点"的方式筹集资金，分别是个人出资每人16元，村集体支持每人4元，街道支持每人40元，区财政支持每人20元。通过福村宝系统缴费报名，参加互助人数2.2万人。其中，全额缴费8人，参保率63.85%，医疗互助总额176.23万元；自启动报销程序以来，申请互助补助1094人，补助金额合计99.89万元。

（陈　琳）

责任编辑　赵建华

生态环境

环境质量

【概况】 2022年，栖霞区加强生态环境监管，落实污染源治理措施，推进生态区域建设，打好污染防治攻坚战，持续提升区域环境质量，完成年度生态环境保护目标任务。全区全年PM2.5为26.2微克/立方米，比上年下降1.2微克/立方米；空气优良天数299天，空气优良率78.9%。区生态环境局获江苏省打好污染防治攻坚战先进集体。

【国控空气自动监测点监测】 南京市共有国控空气自动监测点13个，其中位于栖霞区的有2个，分别是迈皋桥中学监测点和仙林大学城南师大校区监测点。迈皋桥区域的环境保护目标是PM2.5年均浓度低于27.7微克/立方米，空气优良率83.3%以上；仙林大学城的环境保护目标是PM2.5年均浓度低于26.2微克/立方米，空气优良率82.2%以上。据表25所示空气质量优良率情况，全年迈皋桥PM2.5平均浓度为26.2微克/立方米，比上年下降6.8微克/立方米，达到环境保护目标；空气优良率为82.2%，下降1.1%，未达年度环境保护目标。仙林大学城PM2.5平均浓度为26.6微克/立方米，达到环境保护目标；空气优良率为78.1%，比上年下降0.6%，未达年度环境保护目标（表中数据来源于南京市空气质量监测站）。

表25　2022年栖霞区空气质量情况表

项目	2022年			2021年	与2021年相比	年度环境保护目标
	仙林大学城	迈皋桥	全区			
PM2.5（微克/立方米）	26.6	26.2	26.2	27.4	−1.2	达标
优良率（%）	78.1%	82.2%	78.9%	81.9%	−3.0	未达标
优良天数（天）	285	300	288	299	—	—

【降尘监测情况】 栖霞区降尘考核点有15个。其中，国控点2个，例行监测点13个。例行监测点分别位于尧化门、燕子矶中学、紫金学院、南大仙林、仙林湖、马群、八卦洲、栖霞街道十月公社、龙潭街道侯工楼、经开区大贺数码、经开区乐金显示公寓、经开区管委会办公楼、经开区博西华有限公司。截至12月底，全区全年降尘平均浓度为3.16吨/平方千米·月，未达到年度环境保护目标2吨/平方千米·月。

表26　2022年栖霞区降尘情况表

单位：吨/平方千米·月

降尘点位	1月	2月	3月	4月	5月	6月	7月	8月	9月	10月	11月	12月	年均值
仙林大学城	1.80	2.06	3.78	3.67	3.13	2.56	1.91	2.44	1.81	—	—	3.06	2.62
紫金学院	2.00	2.19	7.18	4.13	4.12	3.77	2.70	2.58	2.86	—	—	3.34	3.49
南大仙林	1.98	1.74	4.88	2.09	2.44	2.73	3.07	2.10	1.83	—	—	2.74	2.56
马群	2.29	1.74	5.02	2.39	2.83	2.67	2.89	2.23	2.32	—	—	2.89	2.73
燕子矶中学	2.27	2.60	6.01	2.90	3.75	4.57	3.36	4.44	4.29	—	—	4.90	3.91
尧化门	1.77	1.72	4.33	2.14	3.76	3.19	2.98	2.88	2.40	—	—	2.86	2.80
仙林湖	2.02	4.52	5.82	3.66	5.24	5.65	4.02	2.42	2.33	—	—	4.19	3.99
迈皋桥	2.17	2.75	5.52	3.56	3.71	2.44	2.66	3.65	2.80	—	—	3.94	3.32
八卦洲	2.02	2.14	2.44	2.95	2.47	2.60	2.83	2.23	2.00	—	—	3.11	2.48
十月公社	2.02	1.96	4.05	1.71	2.86	4.34	3.77	3.18	2.46	—	—	3.10	2.95
侯工楼	2.02	2.22	4.04	3.67	3.13	4.27	3.38	3.53	2.29	—	—	2.51	3.11
大贺数码	2.02	2.19	8.76	5.92	2.63	4.48	2.30	4.87	2.36	—	—	3.39	3.89
乐金显示公寓	1.62	1.89	5.39	3.23	2.42	5.04	3.42	3.94	2.13	—	—	3.34	3.24
管委会办公楼	1.70	0.89	5.57	2.24	3.13	3.77	3.19	4.75	3.14	—	—	3.34	3.19
博西华有限公司	2.29	2.25	4.41	4.21	1.27	4.43	3.65	3.23	2.48	—	—	3.34	3.16
平均值	2.00	2.19	5.16	2.23	3.13	3.77	3.08	3.23	2.50	—	—	3.34	3.16

备注：10、11月因疫情防控无数据。

【水环境质量】　栖霞区地表水水质国控断面2个，分别是长江九乡河口、长江三江河口断面。省考地表水水质断面5个，分别是北十里长沟西支化工桥、北十里长沟东支红山桥、九乡河石埠桥、七乡河摄山东和便民河—大道河龙靖线。纳入省考的集中式饮用水源地为燕子矶水源地（城北水厂取水口）、长江八卦洲（左汊）上坝水源地，水质考核标准为《地表水环境质量标准》（GB 3838—2002）Ⅲ类，全年省考集中式饮用水源地水质达标。栖霞区有南京市“十四五”地表水环境质量考核断面6个，分别是滨江河三峰石化门口、三江河河口、便民河西段、运粮河双麒路桥、百水河燕西路桥、小江河下坝泵站和南十里长沟动物园北门断面，全年断面考核均达目标，达标率100%。

表27　2022年栖霞区省考以上地表水断面水质情况表

序号	水体	控制断面	考核目标	检测情况	备注
1	长江	九乡河口	II	Ⅱ	国考
2	长江	三江河口	II	Ⅱ	国考
3	北十里长沟西支	化工桥	Ⅲ	Ⅱ	省考
4	北十里长沟东支	红山桥	Ⅲ	Ⅲ	省考
5	九乡河	石埠桥	Ⅲ	Ⅱ	省考
6	七乡河	摄山东	Ⅲ	Ⅲ	省考
7	便民河—大道河	龙靖线	Ⅲ	Ⅱ	省考

表28　2022年栖霞区区级以上集中式饮用水源地水质情况表

序号	河流/湖库	所在河流/湖库	水源地名称	2022年考核目标	1—12月水质
1	长江	长江八卦洲汊道左汊右岸	长江八卦洲（左汊）上坝水源地	Ⅲ	Ⅱ
2	长江	燕子矶水源地	城北水厂取水口	Ⅲ	Ⅱ

备注：按照《地表水环境质量标准》（GB 3838-2002）表一21项评价，水温、总氮和粪大肠菌群不参与评价。

【声环境质量】 栖霞区区域环境噪声声级值为53.8分贝，低于55分贝的考核标准。两个交通噪声点位声级值分别为63.7分贝和65.0分贝，处于较好水平，功能区噪声昼间达标率100%。

【土壤环境质量】 继续开展土壤重点监管企业隐患排查和高风险遗留地块土壤污染状况详查和风险评估，落实长江沿岸退役场地和铅锌银矿周边污染地块风险管控措施。完成毓恒码头、铁合金货场等地块土壤修复效果评估，持续推进燕子矶滨江、凯燕等地块土壤和地下水修复治理。全区33个开发利用地块，全部按照要求开展场地调查，重点建设用地安全利用率100%

（孙守书）

长江大保护

【概况】 2022年，栖霞区继续完成长江岸线“三乱”问题整治，完成长江干流岸线清理项目45项，拆除整改工作量占全市近33.3%。累计拆除办公生活用房11.3万平方米、生产配套用房6.2万平方米、围墙8.5千米，削坡降滩3.9万平方米，恢复防汛通道7.5千米，退出岸线9.3千米。拆让岸线后平整复绿137.33万平方米。

【长江岸线生态修复】 栖霞区巩固境内长江岸线治污成果，每季度对国家、省《警示片》披露的问题开展“回头看”，完成2021年省《警示片》披露的黄龙山宕口相关问题整改。与镇江句容加强共有流域联合监测，全区国考、省考、市考断面实现稳定达标。建设污染土壤资源化利用中心，实施毓恒码头等4个地块的土壤和地下水治理修复工程。清理整治、取缔长江栖霞段原有的非法砂场150多家、船厂10家、码头12家、“三无”船舶203艘；完成16项长江“三乱”任务和45项干流岸线清理整治任务，并通过长江委复核验收，完成仙林地区灵山、桂山、龙王山一线废弃矿山的整治修复。该项实施3年之久的系统工程入选江苏省“最美生态”修复案例。

【长江入河排污口排查整治】 继续对全区所有的长江入河排污口开展现场核查和溯源工作。累计完成排污口重新分类、命名、编码和市级审核443个，完成跟踪采样监测重点排污口274个；一般排污口373个，监测率95.9%。实施《栖霞区长江入河排污口“一口一策”分类整治实施方案》，明确街道属地主体责任及相关部门牵头监管责任，竖立排污口标志牌251个，整治验收排污口427个，整治完成率96.4%。完成398个排污口信息填报，整治完成系统审核通过351个。

【长江禁捕退捕长效管控】 实施《关于全面推进栖霞区长江流域禁捕退捕工作的实施方案》，下发《栖霞区长江流域禁渔长效管控措施》，定期调度长江禁捕退捕工作，实行水陆并举、人防技防相结合的群防群控机制。在全市率先开发运用“长江护渔员管理小程序”，率先推进渔业行政执法委托执法制度。整合公共视频监控资源，打造八卦洲环洲长江禁渔智慧岸线。全面完成船网回收、渔民就业安置、资金清算拨付、建档立卡和整理台账等工作，15户29名渔民全部进保，其中17人安排到其他合适岗位就业。

【长江禁渔禁钓管理】 栖霞区发挥龙潭、栖霞、尧化、八卦洲、燕子矶5个沿江街道长江护渔巡查队的作用，对所有护渔巡查人员实行打卡管理。增加财政支持，投资520.51万元，建成“栖霞区长江禁渔智能化监控预警服务一期(八卦洲沿江岸线)项目”,沿八卦洲环洲江边安装具备可见光和热成像功能的高清摄像头34个,对长江水域实施24小时监控,并将“长江禁渔护渔员管理小程序”功能融入监控管理平台。组织开展渔政执法检查161次,查处违法捕捞、垂钓普通程序处罚案件12起,查处违法垂钓简易处罚程序案件34起。持续开展渔政委托执法工作,燕子矶办事处受托办理渔政事务,处理违法垂钓案件12起。

(苏　扬)

水资源保护

【概况】 2022年,全区用水总量约6.64亿立方米,地下水用水总量约1.2万立方米,万元GDP用水量比上年下降10.98%,万元工业增加值用水量比上年下降10.76%,均控制在市水务局下达的目标任务内。在市对区实行最严格水资源管理制度和节约用水工作考核中,栖霞区均为“优秀”等次。开展2022年度燕子矶和八卦洲(左汊)上坝水源地管理与保护评估,完成燕子矶水源地标准化建设,龙潭水源地达标建设通过省水利厅验收。编制年度水质季报,完成小江河、中心湖河道的生态河湖状况评估。开展栖霞区地下水资源调查评估及地下水取水工程登记造册,协同南京经开区开展水资源规划论证区域评估。征收水资源费25.75万元,其中水利工程费6.09万元。

【饮用水源地治理】 持续加强燕子矶、八卦洲(左汊)上坝、八卦洲(主江段)、龙潭饮用水水源地巡查与执法,巩固饮用水水源地保护区内违法违规设施排查与整治成果。完成龙潭水源地一级保护区内长航公安码头迁移、华能燃机电厂专家宿舍楼迁移、华能燃机电厂和华能金陵电厂温排口迁移工程,完成龙潭水源地二级保护区内华能燃机电厂危废库拆除、燕子矶水源地木禾酒吧上下水设施拆除。完成栖霞区集中式饮用水水源地环境保护状况年度评估。

【污水处理】 完善运维制度,建立设施巡查、水质检测、台账登记等制度,确保设施保持正常运行。3月,开展全区农污设施运维自查,排查设施353台次,及时解决站容站貌不整洁、设施构筑物标识不全等问题。完成5台农村生活污水处理设施的整改提升任务。对全区93座日处理规模20吨及以上农污设施进行全面水质检测,摸清水质达标情况和运行状态,总体情况良好。

【河长制工作】 栖霞区有区级河长23人,街级河长79人,村社级河长166人,三级河长总人数268人。河长制管理河道450条,树立河长制公示牌557块。各级河长按照“巡河发现问题—现场交办问题—督促整改问题—验收销号问题”的巡河工作机制,落实巡河制度、App打卡制度,做到巡河次数不减少,巡河标准不降低,确保三级河长巡河常态化、制度化。全年,区级河长巡河92次,街级河长巡河948次,村社级河长巡河3984次。通过三级河长巡河,发现河道、河水问题68起,下发问题督办清单45份,并全部整改到位。8月30日,水利部河湖司负责人率队到区调研,先后实地考察北十里长沟河长制公园、八卦洲河堤防汛设施和长江幕燕滨江风光带。

【衡阳净水站工程】 6月,栖霞区衡阳净水站通水使用。根据《关于实施栖霞区衡阳净水站工程的批复》文件,由栖霞区水务局负责实施。2月,开工建设。在栖霞区衡阳湖西侧建设分散式生活污水处理设施,规模为15000吨/日,总投资7322.4万元。项目采用政府购买水质净化服务的方式进行,按处理量付费,以单价形式结算,所需资金由市、区财政统筹安排解决。项目由江苏凯米膜科技股份有限公司中标承建。

【排水许可】 栖霞行政区办理排水许可证387张,监管巡查6698户,监管临排(临时排水许可)在建工地72个,办理纳管许可9张,发出整改通知单417份,联合查处临排工地7家11次,检测重点排水户水质150户。仙林及西岗片区办理排水许可证121张,监管巡查2684户,监管临排在建工地54个,发出整改通知单118份,联合查处临排工地10家11次。

(苏　扬)

森林资源保护

【概况】 2022年，栖霞区开展绿化造林、保护森林湿地等生态资源保护工作，持续推进"绿色栖霞"工程、长江岸线林木生态修复工程。完成成片造林169.74万平方米。其中，新增造林12.87万平方米，新增林地面积为全市第一，林木覆盖率达到31.98%。完成林相提升48.9万平方米、沿江成片造林3.33万平方米，新建湿地保护小区2个。开展义务植树活动，创建栖霞山省级"互联网+全民义务植树"模式，全区义务植树尽责率为19%。在燕子矶、迈皋桥、栖霞、尧化、仙林、西岗、马群街道开展森林督查工作。取得省、市林业资金1337.06万元，落实区级财政配套资金893.7万元。

2月22日，"预防森林火灾 守护绿色家园"活动在青田社区开展

尧化街道 供图

【森林防火】 全区连续19年未发生森林火灾，实现"无重大森林火灾，无人员伤亡"工作目标，省、市森林火灾受害率在0.3‰以下，森林火灾控制率平均在1.2万平方米/次以下。在秋、冬季，采用人工宣传引导、智能语音播报提醒、多媒体宣传等形式，联合南京市绿化园林局在尧化街道青田社区开展"预防森林火灾 守护绿色家园"活动，营造森林防火社会氛围。栖霞山、射乌山各购置消防车1辆，八卦洲街道、栖霞山风景名胜管理处新购置水灭火设施各1套。全区配备森林防火无人机2架，修建防火通道60余千米，设有森林消防蓄水池30个、护林站点16个，林区路网密度12%，消防水池蓄水量4500立方米。有区指挥中心1个、分指挥中心2个、森林防火智能监测点位25个、无线对讲通信基站3个，实现重点林区监控系统全覆盖，远程智能监控、无线通信对讲等系统融为一体，基本形成"人防+物防+技防"的现代立体防控模式。

【林长制】 2022年是栖霞区实行林长制的第二年，继续落实区委办、区政府办印发的《关于全面深入推行林长制的实施意见》。林长制工作领导小组下辖成员单位22个，由区委、区政府主要领导担任总林长，区政府分管领导担任副总林长，设区级林长11人、街道林长40人、社区林长81人，配有区、街、村三级技术员35人，专职护林员166人。区、街、村林长巡林累计1170余次。

【林木有害生物防治】 普查松材线虫病发生面积576.6万平方米，清理病死树3040株。在危害区域设置20个松墨天牛诱捕器，在栖霞山公园释放天敌花绒寄甲2000管。全区布设美国白蛾诱捕器65处，覆盖全区范围。6月，在八卦洲投放周氏啮小蜂5000蛹，防治美国白蛾；防治杨舟蛾面积1800万平方米，叶片保存率85%。在八卦洲、西岗街道储备100型大型车载式高射程喷雾机2台、背负式烟雾机8台、手推式喷雾机3台、疫木粉碎机1台。

【生态公益林管理】 开展省级以上公益林数据与国土"三调"数据融合优化工作，完成国家级公益林落界调整332.1万平方米，全部通过ARCGIS系统落界；核减市级公益林面积1.93万平方米。由区农业农村局下拨国家和省、市级生态公益林补偿资金285.43万元，下拨区级补偿资金218.86万元。

【湿地资源保护】 全区受保护湿地面积4743.08万平方米，受保护湿地面积占比75.71%。新建燕子矶省级示范湿地保护小区172万平方米，新建栖霞街道西渡湿地保护小区731.39万平方米，完成湿地修复29万平方米。湿地公园和湿地保护小区全部按要求完成标志、标牌、界桩、界碑等建设，设立标志标牌18个、界桩167个、界碑35个。区农业农村局下拨湿地保护区级资金50万元。

（陈 琳）

生物多样性保护

【概况】 2022年，栖霞区加强对生物多样性保护意识的教育，加强对动植物的监测和研究，不断掌握和了解野生动物的生态习性、分布范围、数量等信息。持续植树造林，促进森林生态的恢复和发展，建成并免费开放观音门生态公园。加强对湿地公园、森林公园、自然保护区等栖息地和野生动植物资源相对集中地区的巡护力度，增强对集贸市场、宠物市场、药店以及车站、码头等场所的巡查力度，常态化查禁非法捕杀和交易野生动物，逐步提升区域生物多样性保护水平。

【生物多样性调查摸底】 完成持续两年多的全区范围内生物多样性本底调查，完成野外调查、室内鉴定和数据分析工作。记录辖区内陆生维管植物129科446属736种；调查到陆生脊椎动物239种。其中，两栖动物7种，爬行动物16种，哺乳动物18种，鸟类198种。调查到昆虫512种，其中物种多样性最高的蛱蝶科40种。水生生物调查到220种，包括鱼类33种、底栖动物47种、浮游植物78种、浮游动物45种和水生植物17种。调查到国家重点保护物种45种。其中，陆生脊椎动物37种，陆生维管植物7种，陆生昆虫1种。

【栖霞山风景名胜区植物保护】 栖霞山地处北亚热带向暖温带的过渡地区，独特的气候、土壤和水文条件孕育了相对丰富的植物资源，形成以落叶阔叶林为主的植被类型，是南京地区重要的物种基因库和城市生物多样性保护基地。山中有维管植物589种（含栽培种），野生植物500种（含种下等级）。发现江苏分布新记录种（包括变种）6种，分别是蜈蚣草、禾叶土麦冬、箭叶秋葵、鱼黄草、毛四叶葎和兴安一枝黄花。全年，栖霞山风景名胜区管理处栽植乔灌木7000余株，铺植地被3000余平方米，林相改造4200平方米。在主游览道路两侧、九龙坡、太虚亭及凤翔峰等处，栽植花灌木2200株。在景区开展常规化物理维护，对长势衰弱的树木予以剪枝、修枝、施肥，及时清除倒伏树、死树、枯树，保持林地卫生；对过密的枝条加以修剪，保持空气流通，为树木提供良好的生长空间。清除疫木，对病情严重的植株连根拔除，集中焚烧。9月间，栖霞山管理处协同有关部门，动员街道和机关的工作人员组成志愿者队伍，利用业余时间，分头到龙潭、栖霞等地连根拔除“一枝黄”，阻断变种植株对本地植物的危害。

（孙守书）

生态区域建设

【概况】 2022年，区继续贯彻落实全国生态环境保护大会精神及省、市生态文明建设和环境保护决策部署，先后22次在区委常委会、区政府常务会议上研究部署生态文明建设工作，稳步推进全区生态区域建设。

【生态基地建立与维护】 继续建立和维护三个生态功能基地，持续开展生态修复、生态环境观测研究活动。市级生态修复基地——栖霞八卦洲船厂旧址生态修复基地由南京市人民检察院、南京市生态环境局与栖霞生态环境局共同建立，三方签订生态环境保护执法司法联动机制合作协议，推动生态环境司法修复。区级生态修复基地——栖霞西岗桦墅东山矿山生态修复基地面积2.5万平方米，与桦墅美丽乡村建设和民宿试点项目融合推进。生态观测站基地——长江岸线与江心洲岛生态观测站八卦洲基地，主要功能是对长江南京段岸线利用、湿地生态环境状况变化等开展系统观测，为科学合理评估长江南京段生态修复成效提供依据。栖霞生态环境局与中国科学院南京地理与湖泊研究所、南京市生态环境保护科学研究院签订合作协议，三方共同开展长江岸线和洲岛生态系统长期观测与研究。

【耕地资源保护】 栖霞规划资源分局划定栖霞区耕地保护目标55.14平方千米、永久性基本农田35.35平方千米。组织签订市与区、区与街道2022年度耕地保护目标责任书，并签订栖霞区永久基本农田保护网络信息员聘用合同书17份。编制2022年度耕地保护补贴发放方案，发放耕地保护补贴资金2354.51万元，发放面积5232.25万平方米，涉及农户17446户。完成2020年土地例行督察和违法用地综合整治三年行动整改销号工作，开展年度耕地保护督察图斑整改、农村乱占耕地建房（非住宅类）问题清理、农村大棚房问题清查整治以及自然资源领域扫黑除恶等工作，有效遏制违法用地行为。

【土壤治理】 燕子矶新城继续开展土壤污染综合防治先行区建设，完成化工一厂、铁合金厂周边、第二热电厂临时堆场、PPP项目等9个地块的土壤污染状况调查和风险评估。推进滨江、博世老工厂、凯燕片区3个地块土壤和地下水修复治理项目。完成原南京锦湖轮胎有限公司和燕路工厂地块、观音门中小学地块的土壤和地下水的跟踪监测工作。3月至5月，完成第二轮中央环保督察迎查工作。6月11日、9月20日，全国人大常委会副委员长先后到燕子矶新城调研指导。7月，燕子矶新城总结编印的《燕子矶新城土壤修复和风险管控计价指导规范》取得国家版权登记证书。

【环境景观建设】 仙林大学城管委会聚焦“一脉两湖四河”，兼顾安全排涝和生态景观，完成中央绿脉景观、桥梁等专项设计。启动大湖、妙山湖周边47.4万平方米景观及水体打造，建设样板示范段；实施桦墅河、幸福河两条河道建设，完成晨山河、凤池河等4条河道景观初步设计。结合中央绿脉及河道建设，合理调配土方，市场化运营西岗果牧场土方平衡管理站，投用渣土资源化利用中心等低碳项目，推动土方供需平衡和废弃物循环利用。

【生态区域专项整改】 做好第二轮中央生态环保督察迎检工作，全面推进涉及栖霞区的2个具体整改事项和62件信访问题的整改落实。燕子矶片区滨江风光带作为“督察整改看成效”典型案例推荐上报中央环保督察组。完成全区水源地保护区应急预案修编并通过专家评审。完成生态安全隐患整治点位12个。完成市级生态保护红线区域违规占用和生态环境破坏问题清单、省级长江沿岸3千米范围疑似生态破坏问题清单42个点位的排查工作，核实无侵占生态红线和生态空间管控区域，持有相关审批手续，符合行业主管部门的管理要求。

（孙守书）

节能减排

【概况】 2022年，栖霞区统筹构建节能减排政策体系，强化栖霞行政区、南京经开区、仙林大学城三区联动，统一节能减排工作步调和工作要求，聚焦双碳工作，做好与省、市碳达峰行动相关工作的衔接。研究编制《栖霞区推进碳达峰碳中和工作行动方案》，指导全区碳达峰碳中和工作。编制下发《2022年度栖霞区碳达峰碳中和工作要点》，以各类示范创建和推进双碳示范项目为突破，集中力量攻坚，聚焦九大领域，确定主要重点工作24项、重点示范项目18个。

【绿色低碳发展能源结构优化】 在全市率先研究并启动能耗预算管理工作，全面统筹经济社会全面发展和能耗要素资源保障配置，为重大项目在能耗指标替代、政策咨询、向上汇报等方面提供帮助。多渠道传导控煤压力，引导企业提高煤炭使用效率，完成金陵石化1号、2号重点机组关停，控煤工作顺利通过中央环保督察验收。推进能源供给多元化、清洁化，大唐南京发电厂二期燃气机组等重点电源项目实施，金陵石化引入徐州睢宁绿电、华能金陵发电厂生物质耦合发电等项目。制订公共机构年度光伏建设进度计划，鼓励企业优化能源结构，扩大光伏等新能源应用。全区绿色装机容量新增达10.59万千瓦。

【绿色低碳循环新兴业态培育】 大唐南京、华能金陵等重点煤电企业深入开展节能降碳技术改造和转型升级，率先完成环保超净排放改造。金陵石化"近零"排放部分项目启动实施，加快产业结构调整及"能效提升"，企业万元产值综合能耗实现逐年下降。推动LG新能源电池、白云电气数字化工厂等项目实现竣工投产。控制"两高"项目盲目上马，完善动态化清单管理机制，实施分类处置，做好"两高"项目管理，严格落实节能审查联合会审制度，把好新上项目入口关。

【打造智慧绿色交通整体格局】 围绕栖霞长三角一体化桥头堡、宁镇扬同城化先导区、核心区增长极等区域定位，完成编制《栖霞区综合立体交通网规划（2021—2035）》，建成绿色低碳循环运输体系，成功创建省绿色交通区域性项目示范区。整合上级行业管理部门、大数据管理部门等多方面资源，构建智慧交通大脑，建成栖霞区路网中心、栖霞区农村公路管养平台等，提升重点监管能力、公路管养水平以及应急指挥能力。

【绿色低碳生态示范区建设】 实行绿色建筑全流程管理，城镇新建民用建筑全面执行绿色建筑标准，居住建筑全面执行75%节能标准，城镇绿色建筑占新建建筑比例为100%，新增绿色建筑面积约352万平方米。建立既有公共建筑运行能效标准，推动存量高能耗建筑节能技改，结合旧城改造、新区建设、绿色低碳生态示范城区及社区建设，加大既有建筑的节能改造和绿色化改造力度，提升绿色建筑能效水平。

【节水型社会建设】 完成节水载体创建26个。其中，部级2个、省级6个、市级18个。节水型高校2家、节水型机关和公共机构9家、节水型中小学校9家、节水型教育基地1家、节水型企业2家、节水型小区3个，超额完成市年度目标11个。开展公共机构水平衡测试9家、重点用水单位用水审计工作2家。联合南京市水资源管理中心，在南炼宾馆实施全市首个宾馆节水产品类合同节水项目，完成南京金港科创园市级节水型园区建设，成为南京市首个服务型节水型园区。开展"第30届世界水日、第35届中国水周"纪念活动，宣传《中华人民共和国长江保护法》《公民节约用水行为规范》等。举办栖霞区第二届青少年"节水大使"评选活动，西岗幼儿园2个节水案例分别被市生态环境局评为"优秀案例"和"十佳案例"；1个活动方案被全国节水办评为"节水中国，你我同行"优秀活动方案。

【项目环评与排污许可管理】 栖霞区围绕减污降碳，严格规范排污许可，推进环评审批告知承诺改革。审批建设项目73个。其中，报告书3个，报告表70个。网上备案登记项目116个。完成排污单位排污许可证首次申请发证12家，到期延续申请发证72家，重新申请发证9家。完成企业年度许可证变更审核发证42家、排污单位许可证注销10家。完成排污单位登记质量复核478家，持证单位排污许可证执行报告提交率和审核率均达100%。组织排污许可管理条例宣传、排污许可申请核发联合会审、排污登记专项指导、排污许可违法典型案例宣传、自行监测信息联网等宣传培训活动16场次，参加人员700余人次。

（区发改局）

污染防治

【概况】 2022年，栖霞区深入打好污染防治攻坚战，多方位开展污染源治理。持续实施"蓝天保卫战""净土保卫战""碧水攻坚战"，完成年度生态环境保护目标任务。栖霞区被江苏省生态环境厅和江苏省人社厅评为“江苏省打好污染防治攻坚战先进集体”。

【污染防治攻坚战推进】 制订区级打好污染防治攻坚战年度目标责任书，将具体任务细化分解至街道和相关部门。2月28日，召开全区打好污染防治攻坚战指挥部会议，部署年度工作。目标责任书分解方案先后于4月16日、4月28日经区政府常务会议、区委常委会会议审议通过，5月16日印发执行。加强宣传引导，通过区电视台、微博、短信等媒体平台，向全区市民持续发布生态文明建设的意义、内容和做法；向南京市攻坚办报送信息100余篇。全年被各大媒体录用稿件76篇。其中，《中国环境报》1篇、中国环境网1篇、《人民日报》客户端1篇、“学习强国”学习平台2篇、“江苏治污攻坚”公众号2篇、“江苏生态环境”公众号4篇、“南京治污攻坚”公众号9篇、“南京生态”公众号36篇。全年办理省、市级曝光件9件，区级曝光件88件，下发扬尘督办单85个，均按时完成整改并销号。

【蓝天保卫战】 开展热成像扫描试点、臭氧溯源分析技术支持，查找污染来源。实施“污染源清单、问题清单、责任清单、执法清单、整治清单”五个清单式管理。通过对涉VOCs企业滚动式排查整治，形成治理项目97项，完成VOCs减排120吨、氮氧化合物减排50吨的年度任务。组建大气督查专班，通过执法督查推进治理成效。优化国控点管控方案，强化节假日等特殊时段管控。全面梳理仙林片区高校食堂排口，排查1千米范围外排口232个，全部按要求安装在线监控。对11家油储企业明确整治要求，督促企业实施密封改造、油气监测并组织泄漏检测。全流程核查汽修企业61家，督促实施源头替代和治理升级。实施移动源治理，联合交警七大队等部门开展柴油货车尾气路检。完成省、市交办问题整改500余个，在市对区年度高质量考核中，空气质量列全市郊区组第一。

燕子矶新城经过多年综合治理和修复，成为国家级土壤综合防治建设样板区

燕子矶新城　供图

【净土保卫战】 打造燕子矶新城土壤污染综合防治先行区建设样板，持续推进燕子矶滨江、毓恒码头、凯燕、铁合金货场、百江液化气、原煤制气厂剩余地块等土壤和地下水修复治理。推进高风险遗留地块土壤污染状况详查及风险评估工作，对重点行业企业用地调查发现的40个退役地块开展土壤污染状况详查及风险评估，完成长江沿岸3个土壤污染风险点管控，落实制度性风险管控措施。严格建设用地环境管理，防范人居环境风险，对存在土壤污染风险或用途变更为住宅、公共管理与公共服务用地的地块，按规定开展土壤污染状况调查，确保100%的重点建设用地安全利用率。按照"一井一策"隐患排查方案，持续加强3个地下水环境质量国考点位的规范化管理，完成年度达标考核任务。

【碧水攻坚战】 对重点流域水体持续开展跟踪调查和预警监测，每月开展两次国考、省考关联排涝泵站水质监测，落实监测报告和数据共享制度，为水质情况做好研判。开展全区涉水企业事故排放和应急处置设施专项督查整治，加强重点涉水企业污染防治和应急排污设施环境监管。继续实施五棵松涵、环陵路桥暗涵2项城市暗涵整治。完成全区25个自然村污水处理设施新建任务，覆盖率100%。加强上游来水监测，做好沿线污染物溯源排查。持续推进水质自动站建设，完成省、市下达入江支流标准水质自动站建设任务，编制完成栖霞区"十四五"水生态环境保护规划，系统谋划"十四五"水生态环境治理工作，明确治理目标和主要任务。

【危险废物全生命周期监管】 在企业自查整改的基础上，对33家产废单位和2家危险废物经营单位开展检查评估，结果全部达标。加强危险废物全生命周期监管，全区275家年产危险废物1吨以上的单位全部进入江苏省危险废物全生命周期系统，并建立账号；其他小微产废单位通过经营单位的手持ERP，也全部纳入系统监管。落实分级分类管理要求，加强危险废物集中收集体系建设，联合省环境资源有限公司，构建小微企业危险废物收集、高校实验室危险废物收运一体化服务、有害垃圾智能收运等小量危险废物信息化平台。开展危险废物安全三年专项整治、全省危险废物全生命周期系统使用、危险废物贮存设施合规情况排查和安全风险评估、矿山遗留危险固体废物排查整治、危险废物规范化达标考核等活动，及时督促危险废物管理问题整改销号，将危险废物规范贮存、管理、转移和处置等各个环节纳入常态化检查。全年对涉及危险废物违法问题立案处罚11家，处罚金额89.5万元，移送公安部门1件。

（孙守书）

生态环境监管

【概况】 2022年，栖霞区严格落实安全生产措施，增强环境监管力度，对区域内"水、陆、空"实行全方位督查与执法。加强环境风险防范和环境应急管理，落实应急值守制度，做好突发环境事件应急处置。有效处置1起由火灾事故引发的突发环境事件。

【环境执法】 先后开展春节大气专项执法、国控点大气专项执法、春季交叉执法检查、内河港口污染防治"回头看"、夏季臭氧污染防治专项执法行动、严厉打击废水偷排直排违法行为专项执法、医疗机构污水治理能力建设排查、危险废物专项整治、污染防治设施环境安全隐患排查整治、排污许可清单式执法检查、危险废物规范化环境管理检查、环境质量"提质增优"攻坚专项行动、学校食堂餐饮油烟专项排查整治、大气污染防治攻坚"强化执法月"专项行动20多项专项执法检查活动。每月完成机动车路检、停放地检测数量分别不少于150辆指标任务。完成65家辐射单位日常监管执法检查任务。梳理辖区内工地240家、餐饮单位2692家、汽修企业114家、加油站28家、印刷企业11家、电厂3家、石化企业4家及其他涉气企业188家，及时更新大气污染源清单。开展活性炭入户排查专项整治工作，检查区内234家涉气企业，涉及379套活性炭设施，根据实际情况下发督办单229份。全面推广“码上洗”智慧监管平台，“码上洗”平台注册商户712个。完成餐饮规范整治203家，高校油烟净化设施更换112家；油烟在线监控设施新装数量100家。开展安全生产专项整治和环境安全大排查，发现环境安全隐患线索138条，全部完成整改；安全隐患线索同步输入“181”平台。全年开展各类执法检查3200余家次，立案查处环境违法行为167起，下达行政处罚决定书103件，处罚金额386.91万元。办理环保行政强制案件5件，移送栖霞法院申请强制执行案件4件。

【水务行政执法】 开展水政专项执法和集中整治行动，出动执法巡查人员813人次，发现违法案件9起，其中当场处理6起，立案查处3起；下发行政处罚决定书3份，行政处罚罚款4.7万元。汛前开展河道设障情况检查督促，拆除河道设障6处。清除三江河违章种植约3320平方米，树立禁止开垦警示牌6块；清除七乡河西岗段违章种植约8000平方米，树立禁止开垦警示牌3块。

【环境应急管理】 完成23家企业应急预案修编和9家企业环境安全达标建设及“八查八改”任务目标。对47家较大以上风险企业开展突发环境事件隐患排查治理，督促企业把环境安全风险防控措施落到实处。制订《栖霞区突发环境事件风险评估报告》《栖霞区重点河流突发水污染事件应急处置方案》，完成平台上传；完成《栖霞区突发环境事件应急预案》《栖霞区重污染天气应急预案》《栖霞区辐射事故应急预案》《栖霞区水源地突发环境事件应急预案》的修编工作。联合南京市生态环境局、南京经开区环保局，承办2022年南京市突发危险化学品泄漏事件市区联动应急演练。开展“提高科学认识，谈辐不必色变”辐射安全知识进校园宣讲活动。参加市外防办和区应急局组织的南京天宇码头涉疫医废协同处置应急演练和南京万纬冷链物流有限公司液氨泄漏事故应急演练。

【生态损害赔偿】 区生态环境部门深化与区检察院及其他部门合作，构建“公开听证+专家论证+行政生态磋商”办案模式，办理生态损害赔偿案件9件，赔偿金额51.8万元。“南京某电子有限公司污水渗漏污染土壤生态环境损害赔偿磋商案”入选江苏省第二批生态环境损害赔偿提名表扬案例，并入选2021年度南京市生态环境损害赔偿十大典型案例。3月下旬，组织八卦洲生态环境司法修复基地植树公益活动，来自扬子石化、大唐南京发电厂、南京夏普电子有限公司等单位的130余人参加。

（孙守书）

责任编辑　赵建华

科创高地建设

综　　述

【科创成果】 2022年，栖霞区净增高新技术企业87家，累计高新技术企业915家，比上年增长10.51%。规模以上工业高新企业308家，增加20家。入库科技型中小企业2029家，比上年增长18.52%，技术合同登记67.27亿元。总面积超550万平方米的科创载体79家，市级以上工程技术研究中心167家、人才定制实验室5家，院士工作站4家。市级新型研发机构57家、高水平新型研发机构培育对象6家、重点平台型新型研发机构3家。驻区高校、科研院所及科技型企业19家获省科学技术奖37项，其中一等奖6项。仙林大学城有国家重点实验室10所、国家级双创示范基地2个、省部级以上科研平台200余个、市级以上各类高层次人才近3000人。驻区科研单位紫金山天文台首席研制的中国综合性太阳探测专用卫星“夸父一号”于10月9日发射升空，实现中国天基太阳探测卫星跨越式突破。

【高新技术企业】 有高新技术企业915家，稳居苏南26个郊（区）县十强。其中，电子信息、先进制造与自动化、生物与新医药领域高新技术企业占比超60%，占全区高新技术企业税收总额13.22%。高新技术企业培育入库（区库）106家，新增省民营科技企业72家、省科技型中小企业1251家、省科技企业上市培育计划入库企业2家。南京亦宸电力科技有限公司等214家企业被认定为国家高新技术企业。

【高新技术企业认定】 累计培育、服务高新技术企业500多家、科技型中小企业1500多家。获科技贷款的科技企业有451家，授信总额32.92亿元。栖霞区认定高新技术企业214家。其中，八卦洲街道10家、龙潭街道21家、马群街道21家、迈皋桥街道19家、南大科学园11家、栖霞高新区74家、栖霞街道16家、西岗街道1家、仙林街道17家、燕子矶街道13家、尧化街道11家。

【省市级工程技术研究中心】 栖霞区获立项、并被评定为省市级研究中心17家。其中，省级工程技术研究中心立项7家，省级工程技术研究中心验收通过1家，市级工程技术研究中心认定9家。

表29　2022年栖霞区获立项和认定省市级研究中心名录

序号	项目名称	计划类别	承担单位	项目类型	所属街道、平台
1	江苏省高效精馏工程技术研究中心	省级工程技术研究中心	中建安装集团有限公司	立项	尧化街道
2	江苏省智慧高速工程技术研究中心	省级工程技术研究中心	江苏智运科技发展有限公司	立项	马群街道

续表29

序号	项目名称	计划类别	承担单位	项目类型	所属街道、平台
3	江苏省港口绿色智能装备工程技术研究中心	省级工程技术研究中心	南京港机重工制造有限公司	立项	龙潭街道
4	江苏省桥梁智能检测与安全性保障工程技术研究中心	省级工程技术研究中心	江苏现代工程检测有限公司	立项	马群街道
5	江苏省电子电路保护元件工程技术研究中心	省级工程技术研究中心	南京萨特科技发展有限公司	立项	马群街道
6	江苏省电子签章信息安全系统工程技术研究中心	省级工程技术研究中心	江苏翔晟信息技术股份有限公司	立项	栖霞高新区
7	江苏省智慧高速出行服务及运营工程技术研究中心	省级工程技术研究中心	江苏通行宝智慧交通科技股份有限公司	立项	马群街道
8	江苏省雷达微波信号模拟工程技术研究中心	省级工程技术研究中心验收	南京恒电电子有限公司	验收	马群街道
9	南京市城市级网络安全工程技术研究中心	南京市工程技术研究中心认定	江苏开博科技有限公司	认定	栖霞高新区
10	南京市装配式桥梁工程技术研究中心	南京市工程技术研究中心认定	中建八局第三建设有限公司	认定	尧化街道
11	南京市应急技术工程技术研究中心	南京市工程技术研究中心认定	江苏中安科技服务有限公司	认定	栖霞高新区
12	南京市绿色洗化工程技术研究中心	南京市工程技术研究中心认定	中国石化集团金陵石化有限责任公司	认定	栖霞街道
13	南京市CCUS工程技术研究中心	南京市工程技术研究中心认定	中石化南京工程有限公司	认定	马群街道
14	南京市眼部给药工程技术研究中心	南京市工程技术研究中心认定	南京佰麦生物技术有限公司	认定	栖霞高新区
15	南京市专用设备制造工程技术研究中心	南京市工程技术研究中心认定	南京中拓科技有限公司	认定	马群街道
16	南京市生态环境监测工程技术研究中心	南京市工程技术研究中心认定	江苏润环环境科技有限公司	认定	南大科学园
17	南京市缓控释制剂工程技术研究中心	南京市工程技术研究中心认定	南京卡文迪许生物工程技术有限公司	认定	栖霞高新区

【省级企业院士工作站验收1个】 南京乐透思环保科技有限公司通过省级企业院士工作站验收。联合开发与成果转化"基于先进生物无机材料的污水生化处理微系统"（BARMS）获科技部首届颠覆性技术创新大赛优胜奖。BARMS技术在国内排名前列的北控水务、粤海水务、同方水务等大型水务集团中推广应用，产生经济效益超亿元。院士工作站引进国家高层次人才1人、副教授1人、博士2人，培养多名项目开发负责人独立开展课题研究。针对不同应用场景，开发镁系材料多项产品，取得广泛应用。

【市级以上孵化器、众创空间认定6家】 新认定省级科技企业孵化器1家、市级科技企业孵化器1家，新备案国家级众创空间2家、市级众创空间2家。

表30 2022年栖霞区新认定市级以上科技企业名录

序号	载体名称	运营主体	类别
1	图灵AI企业孵化器	图灵人工智能研究院（南京）有限公司	省级认定科技企业孵化器
2	南京飞马科技创新园孵化器	南京飞马旅投资管理有限公司	市级认定科技企业孵化器
3	南京飞马新立方	南京飞马旅投资管理有限公司	国家级备案众创空间
4	南大科学园创新创业众创空间	南京仙林大学城科技园有限公司	国家级备案众创空间
5	诚创空间	南京诚创蓝图科技服务有限公司	市级备案众创空间
6	聚宝青创空间	南京尧创孵化器有限公司	市级备案众创空间

【科技服务与成果转化】 立足成果转化机制创新，发挥“霞科行”区技术转移市场在校企成果转化中的对接作用，在栖霞高新区紫东园区新建交互空间1000平方米，收集科技成果信息18438项、企业技术需求705个，集聚高校院所专家1461名、高校科研平台274个。联合区科技镇长团、仙林大学城管委会举办“栖智荟·霞科行”专项品牌推介、培训辅导等系列活动69场。邀请南大、南师大、南邮等16所联盟高校专家走访企业77家，对接需求73项。推动开元药业等33家企业获2022年度省产学研合作项目立项，立项数量居全市第二位。栖霞行政区获省技术转移体系建设奖，补拨款（输出方）11项、补助经费18.95万元；获省技术转移体系建设奖，补拨款（吸纳方）9项、补助经费37.49万元；获市技术转移体系建设奖27家、补助经费60.5万元。

【科研立项获奖】 获省、市级科技项目立项（含区级配套、兑现市级政策资金）321项，补助经费8775.735万元；区级科技专项经费扶持94项，补助经费773.75万元。获省、市科技计划项目立项5项，补助经费1540万元。其中，省科技成果转化专项资金项目立项1个，补助经费1100万元；省产业前瞻与关键核心技术项目立项1个，补助经费290万元；省科技计划专项资金（重点研发计划现代农业—品种）后补助立项1个，补助经费50万元；市生命健康科技专项立项2个，补助经费100万元。获省、市科技专项立项316个，补助经费7235.735万元（含区级配套）。其中，2020年度国家级科技企业孵化器绩效评价奖励立项3个，补助经费60万元。2021年度高新技术企业认定奖励资金立项204个，补助经费5300万元；市初创科技型企业经济发展贡献奖励立项24个，补助经费88.021万元；省科技企业孵化器绩效奖励立项10个，补助经费425万元；市科技企业孵化器绩效奖励立项4个，补助经费90万元；市众创空间绩效奖励立项10个，补助经费122万元；市科技保险专项补贴资金立项1个，补助经费5.674万元；市重大科技专项立项1个，补助经费400万元。省科技创新南京联动资助立项22个，补助经费80.07万元。紫金山英才先锋计划外国人才项目立项1个，补助经费11万元；“345”海外高层次人才引进计划项目立项1个，补助经费100万元；高端和海外研发机构绩效奖励立项1个，补助经费100万元；企业研发机构绩效考评奖励立项2个，补助经费80万元；省技术转移体系建设奖补拨款立项20个，补助经费56.44万元；市碳达峰碳中和科技创新专项项目立项2个，补助经费100万元；市新型研发机构联合技术攻关项目立项1个，补助经费64万元。入选市创新型企业家企业贷款贴息立项9个、补助经费153.53万元。栖霞行政区共立项区级科技项目94个、补助经费773.75万元。其中，区产学研合作及科技成果转化项目立项13个，补助经费150万元；区重点研发及技术创新项目立项32个，补助经费430万元；区促进科技成果转移转化奖励资金立项49个，补助经费193.75万元。

【数智化转型发展大会】 9月7日，“数智赋能、共赢未来”2022中国·南京金秋经贸洽谈会栖霞区重大项目签约仪式暨数智化转型发展大会在南京经开区举行，重大项目现场签约21个，推动项目成功签约82个，总投资额944.7亿元，涵盖智能制造、生物医药、新能源、人工智能等多个领域。其中，央企华能电厂建设耦合再生资源环保工厂重点开发可再生能源发展利用；国家级专精特新“小巨人”阿依瓦在栖霞设立华东研发总部，自主创新现实/人工智能（AR/AI）核心技术；安徽攀望科技在栖霞建设总部项目，研发、生产、销售PVC手套、丁腈手套等。

（金　霄）

【东南大学国家大学科技园栖霞园区】 占地面积2.4万平方米，是东大与区政府合作共建的大学科技园，在园企业79家。销售收入约2.3亿元，缴纳各项税收约1500万元。企业申报政府各级各类项目资质29项。其中，申报高新技术企业9家、省中小型科技企业34家、省双创人才项目2家、省双创博士1家、海外计划人才2家。获知识产权授权61件，其中发明专利授权17件。园区被评为省级孵化器优秀A类。与高校、科研院所开展产学研合作的企业有7家。其中，江苏瑞永建设工程技术有限公司（瑞永建设）与江苏开放大学合作，合作金额20万元；南京奇虎信息科技有限公司与苏州声学产业技术研究院有限公司合作，合作金额80万元；点滴（南京）生物科技有限公司与南工大签署产学研合作基地，南京捷科生物科技有限公司（捷科生物）、点滴（南京）生物科技有限公司、南京英瀚斯生物科技有限公司（英瀚斯生物）与东大生命健康高等研究院签署产学研合作协议。企业技术合同备案10余家，金额近5000万元。组织企业举办科技主题“创芯科技·聚芯未来”集成电路沙龙和“携手企业·共创未来”主题沙龙，举办“企业知识产权金融政策宣讲”等专题培训5场。瑞永建设分别与建设银行、紫金农商行投融资金380万元，捷科生物与南京银行融资780万元，南京千里眼航空科技有限公司与南京银行融资20万元，南京东极物联科技有限公司与南京银行融资500万元，南京永禾环保工程有限公司与建设银行融资200万元，英瀚斯生物与南京银行融资150万元。至年底，融资2030万元。

（吴　曦）

仙林大学城（仙林科技城）

【概况】 2022年，仙林大学城（仙林科技城）有“双一流”高校4所、国家重点实验室10个、国家级双创示范基地2个、省部级以上科研平台200余个、市级以上各类高层次人才近3000人。新增南大、南邮、南工职大3个国家级创新创业学院，南大科学园获批国家级众创空间，入选省级新型研发机构5家、省级科普教育基地3个；新增高新技术企业103家，评价入库科技型中小企业621家。发明专利授权1779件、PCT专利申请101件。南师大、南财等高校技术转移、完成技术合同登记7.9亿元。兑现载体认定、高新技术企业培育等资金奖励122个，升级出台新20条激励措施。调整南大、南师大、南中医、南邮规划用地方案，对接发布就业岗位1000余个，让更多毕业生留在本地。

【国家备案众创空间1家】 7月，科技部火炬中心公布2021年度国家备案众创空间名单，南大科学园创新创业众创空间获批国家备案众创空间。南大科学园创新创业众创空间是为大众创新创业提供工作空间、网络空间、社交空间和资源共享空间，利用众筹、众扶、众包等新手段，以社会化、专业化、市场化、网络化为服务特色，实现低成本、便利化、全要素、开放式运营的创新创业平台。

【国家级创新创业学院获批3家】 9月13日，教育部办公厅发布《关于公布国家级创新创业学院、国家级创新创业教育实践基地建设单位名单的通知》，江苏省有8所高校入选首批国家级创新创业学院建设单位。其中，仙林大学城的南大国际创新创业学院、南邮创新创业教育学院、南工职大创新创业学院入选。创新创业学院将双创教育融入人才培养全过程，实施创新创业训练，组织学生参加双创竞赛，提升学生创新创业实践能力。

【智能物资盘点机器人】 南大智能机器人研究院院长、南大计算机软件新技术国家重点实验室陈力军教授团队联合中国科学院沈阳自动化研究所、江苏图客机器人有限公司自主设计与研发的“智能物资盘点机器人”成功入选“2022世界智能制造十大科技进展”。盘点机器人融合智能机器人、物联网、人工智能等多项交叉学科技术，攻克了开放复杂场景下机器人导航、海量密集场景下批量物资识别、移动扫描场景下精准物资定位和动态多任务场景下机器人群智协同等多项关键技术挑战。获第46届日内瓦国际发明展——特别金奖、第22届中国国际工业博览会——特等奖。

【南中医获省科学技术奖9项】 6月9日，省委省政府公布表彰2020年度、2021年度省科学技术奖和首届省科技创新发展奖，南中医获奖9项。其中，一等奖1项、二等奖3项、三等奖5项。方祝元主持完成的“重大慢病相关肾损害的中医药防治转化应用研究”项目获一等奖，是学校中医学科时隔十年再次荣获省科学技术奖一等奖。吴皓主持完成的“江苏贝类资源高值化利用关键技术及产业化示范”、刘沈林主持完成的“益气化瘀解毒法治疗进展期胃癌的方药创制与疗效评价及其转化应用”、王培民主持完成的“‘易层’贴敷技术治疗膝骨关节炎的临床与基础研究”获二等奖；徐斌主持完成的“基于自主神经调控网络的腧穴理论创新研究”、赵智强主持完成的“基于周仲瑛癌毒学说的恶性肿瘤病机与辨治体系构建”、邹燕勤国医大师主持完成的“邹氏肾科‘补益肾元’理论体系的创建与应用”、周惠芳主持完成的“基于‘心肾同治’调经、助孕、安胎关键体系构建及其转化应用”、束雅春参与完成的“中药膏方全过程质量控制体系的构建与创新应用示范”获三等奖。

（王兴娅）

【缪峰团队科研成果在《自然》发表】 9月14日，南大物理学院缪峰团队科研成果“同位旋扩展哈伯德模型模拟器中的可调量子临界性”（*Tunable quantum criticalities in an isospin extended Hubbard model simulator*）在国际顶级期刊《自然》（*Nature*）发表。科研团队通过“原子乐高”方式，搭建了基于转角石墨烯莫尔超晶格体系的SU（4）同位旋—扩展哈伯德模型量子模拟器，首次观测到钉扎在莫尔超晶格上的一种特殊的电子晶体态：广义同位旋维格纳晶体。

（王　雷）

【首届“智器云杯”赛举办】 11月20日，由省计算机学会主办，南京森林警察学院和智器云南京信息科技有限公司联合承办的首届“智器云杯”数据情报分析大赛决赛在线上举办。全国30所公安、武警、政法院校1196人参赛，涵盖专业30多个。经过初赛，28所公安和政法类院校79支队伍、237名选手进入决赛。经过3小时比拼，8支队伍获一等奖，16支队伍获二等奖，24支队伍获三等奖，29支队伍获优胜奖。南京森林警察学院10支队伍包揽前5名，共获一等奖6个、二等奖2个、三等奖1个，优秀奖1个。学院获优秀组织奖，张春霞等5位教师获优秀指导教师奖。

（朱清怡）

【国家自然科学基金重大项目立项】 11月，南邮牵头西安交通大学、华东理工大学、浙江大学、国电南瑞科技股份有限公司申报“新型电力系统信息物理协同主动安全控制基础理论与关键技术”国家自然科学基金重大项目获批立项，项目直接经费1369.3万元，是南邮牵头承担国家自然科学基金重大项目零突破。南邮岳东、俄罗斯工程院外籍院士、IEEE Fellow为项目负责人，中国科学院院士管晓宏、中国工程院院士薛禹胜、钱锋、孙优贤为项目专家指导委员会成员。该项目重点研究新型电力系统的安全控制问题，实现电力系统安全运行的核心调控业务通过信息空间的多源数据“感知—传输”与物理系统的“决策—控制”构成广义闭环。

（冯晓虹）

【南大科学园】 位于南大仙林校区北侧，占地面积近40万平方米，融"校区、园区、社区、景区"于一体，依托高校优势学科和创新资源，推动科技成果转化、产业技术创新、高端人才创业和企业孵化成长。协助企业申报国家级、省级项目13个，获批专利45项，引进高新技术企业6家、科技型中小企业60家。租赁房屋1.04万平方米，纳税1.2亿元，减免科技型中小企业房屋租金812.86万元。新增规模以上服务业企业1家、规模以上文化企业3家，引入并参与建设新型研发机构6家，其中进入省级列统5家。

（赵齐月）

中国（南京）智谷

【概况】 2022年，中国（南京）智谷位于紫金山以东、宝华山以西、长江以南、灵山以北，面积约70平方千米。由栖霞行政区、南京经济技术开发区、仙林大学城联合规划建设，是市打造的国家人工智能创新创业先导区核心区，是省集聚度最高、创新动能最强、综合配套最佳的人工智能产业基地之一。人工智能企业400余家，市级重点人工智能类企业25家。人工智能核心产业收入78.8亿元，比上年增长31%。有清华大学人工智能研究院院长张钹院士、欧洲科学院外籍院士南大人工智能学院周志华、人工智能博士陆奇、国家技术发明奖获得者宋爱国等一批国内外顶尖人才，有国家级重点人才计划、两院院士等领军人才50余人、研发人员5000余人。江苏东交智控科技集团股份有限公司、南京泰普森自动化设备有限公司获批建设省工程技术研究中心，南栖仙策（南京）科技有限公司、南京摄星智能科技有限公司等5家企业获市"十佳创业之星"称号，占全市一半。栖霞板块人工智能应用场景71个，占全区80%以上。引进人工智能重点项目53个，新孵化人工智能项目101个。

中国（南京）智谷　　栖霞高新区　供图

【数智赋能推介】 与市社会科学院合作开展产业发展研究，发布人工智能产业发展研究报告、人工智能产业专利导航报告、栖霞区2022产业数智化转型发展报告。6月，印发《加快中国（南京）智谷人工智能产业集聚发展的若干指导意见》并实施。举办2022数字孪生创新应用研讨会、"数智赋能 共赢未来"2022中国南京金秋经贸洽谈会暨数智化转型发展大会、招商引资、市场对接、技术研讨、产学研用和资本赋能等活动16场，累计在线观看人数超30万人。3月，融入市"引客南京"项目，在国际上宣传推介中国（南京）智谷，吸引集聚优质资源。9月，联合区委人才工作领导小组举办"创栖霞"创新创业大赛，组织专家优选落地智谷的人工智能优秀应用场景项目18个、人工智能产业链优质项目23个。11月，中国（南京）智谷入选为"新十年新南京，'宁'新名片"产业地标新名片。

【专精特新产业打造】 围绕产业链重点企业，做强做大智能企业"专精特新"。南京高华科技股份有限公司入选国家级专精特新"小巨人"企业名单，南京合信自动化有限公司、南京南邮信息产业技术研究院有限公司、南京凌鸥创芯电子有限公司等6家企业入选省级专精特新中小企业名单（含复核），新增南京鹰视星大数据科技有限公司、雄狮汽车科技（南京）有限公司、南京后摩智能科技有限公司等规模以上企业6家，培育芯启源（南京）半导体科技有限公司、南京一粹信息科技有限公司、烽火云科技有限公司等32家“独角兽”“瞪羚”企业。后摩智能研发首款存算一体大算力AI芯片，南京先端机器人技术研究院有限公司“云平台多模式智能上肢康复系统”项目入围工业和信息化部等发布的“智能康复理疗产品”“潜力单位”，南京地平线机器人有限公司是中国首个实现车规级智能芯片前装量产科技企业，宇都通讯研发国内首款5G“微基站”芯片。

【智能企业新突破】 建成南京新一代人工智能研究院，参与行业标准制订，是《数据管理能力成熟度评估模型》（简称DCMM）贯标评估机构，是中国电子信息行业联合会评估机构。8月，南欣医药研究院与南大、南邮联合组团参加省工信厅组织的“兴智杯”全国人工智能创新应用大赛，并入围决赛。南京高华科技股份有限公司为国家航天重大工程“月宫一号”提供压力、温度、气体等传感器和监测系统，中智行科技有限公司总部是中国新一代无人驾驶理念倡导者，南京极智嘉机器人有限公司研发中心及制造基地是天猫等主流电商仓库智能分拣系统供应商。飞马新立方（南京飞马旅投资管理有限公司）、芯创光电（南京南大光电工程研究院）入选国家级众创空间，南京天人工业互联网研究院有限公司、创新奇智（南京）科技有限公司、江苏凤凰智慧教育研究院有限公司获批省级众创空间，南京智慧计算研究院创熠空间、图灵研究院获批省级科技企业孵化器。

【智谷生态打造】 构建“高校+新研+企业+资本+政策+平台”融合联动的人工智能产业创新发展生态圈。完善“小文下午茶”“智谷职通车”“等你来路演”“不见面‘全科服务’”等系列服务品牌。11月，江苏省人工智能公共技术服务平台在科技管理系统网站提交科技报告，申请项目验收并通过。图灵AI产业赋能中间件平台为隐私安全的流调和隔离管理系统、隐私保护的人脸对比和检索、园区企业—金融机构隐私计算金融服务平台等项目提供技术支撑和保障。

【智能企业新落户】 图灵人工智能研究院是国内人工智能行业的标杆，由图灵奖得主、清华大学交叉信息研究院姚期智院士领衔创立。研究院及创投基金累计孵化、投资人工智能科技企业45家，涉及AI+医疗、AI+金融、AI+教育、AI+城市、AI+安全等领域，在多个人工智能领域实现新突破。新增南京中拓科技有限公司、南京南邮信息产业技术研究院有限公司、南京合信自动化有限公司等5家市级工程技术研究中心。

（刘庆欢）

南京栖霞高新区

【概况】 2022年，南京栖霞高新区围绕新医药与生命健康、人工智能与数字经济两大主导产业开展固链、强链、补链、延链工作。有生物医药企业300余家，总产值83.5亿元；人工智能企业220家，总产值56.2亿元。完成一般公共预算收入4.51亿元，比上年增长17.81%。全年注册企业5261家，实际入驻企业1096家。其中，有高新技术企业204家、科技型中小企业450家、规模以上企业219家、市级培育“独角兽”企业10家、“瞪羚”企业17家、上市企业1家、挂牌企业28家、省级专精特新中小企业7家。发明专利授权842件、专利合作协定（PCT）申请50件。市级及以上工程技术研究中心26家、工程研究中心19家、企业技术中心14家、众创孵化平台22家，其中国家级孵化平台6家。设立基金6支，资金16.9亿元。对外投资企业94家，其中上市2家。年税收1000万元以上企业13家、500万元以上企业28家。全年引进产业项目118家。其中，生物医药企业40家，人工智能、信息科技及其他企业78家。新增税收申报企业1291家、税收入库企业1144家，比上年增长52.13%，新增税收1975.29万元。清退违约、低效企业，释放载体面积2.75万平方米，收回房屋75间，收回历史欠缴金额4609.76万元。房租、物业费收缴率在98%以上。在全市15个高新区（园）综合评价中，位列第6位。南京金港科技创业中心、江苏生命科技创新园国际生物医药孵化器和南京紫东国际企业孵化器在省级绩效评价中获优秀（A类），紫东园区入选省留学人员之家。

【奥斯汀有限公司上市】 4月27日，江苏奥斯汀光电科技股份有限公司（简称奥斯汀有限公司）举办上市“云敲锣”仪式。区委、区政府、区金融监管局、栖霞高新区管委会相关领导，奥斯汀有限公司董事长（在成都现场）、董事等出席。董事长表示将以上市为契机，借力资本市场，助力企业研发及商业化进程。管委会负责人表示继续深化与各交易所的对接合作，助推园区企业加快上市步伐。奥斯汀有限公司是栖霞高新区本土培育的第一家上市企业，是2022年市第一家在美国上市企业、全国第二家纳斯达克中概股。

【创新创业大赛启动仪式】 5月28日，华中科技大学首届全球校友创新创业大赛启动仪式在栖霞高新区举行，通过线上、线下路演创业项目34个，获优秀称号15个、晋级卡19个。29日，创业大赛江苏赛区颁奖签约仪式在紫东生态会议中心举行，区委、区政府、组织部相关领导，大赛东部赛区评委会主席、中电海康集团监事会主席出席，区相关部门、栖霞高新区负责人等40余人线下参加活动。华中科技大学副校长在致辞中表示，通过大赛整合资源，建立创新创业交流融合平台。区委区政府表示，充分发挥栖霞行政区、南京经开区、仙林大学城“三区融合”优势，吸引更多人才到栖霞发展。栖霞高新区主要负责人与华中科技大学苏州校友会会长、华中科技大学无锡校友会会长签订科技创新、项目引进、人才交流战略合作协议，与ABC人工智能产业基地总经理、开普勒通信中台总部、高密度液流储能电池总部等8个项目负责人签订落地协议。

【国家级“众创空间”新增1家】 5月，科技部火炬中心公布国家级众创空间认定名单，“南京飞马新立方”众创空间上榜。截至年底，栖霞高新区有国家级创业孵化载体7个。其中，国家级孵化器3个，国家级众创空间4个。南京飞马新立方培育国家高新技术企业3家、科技型中小企业17家、规模以上企业9家，39家初创企业拥有有效知识产权400余件，其中发明专利35件。南京飞马新立方在市科技局年度众创空间绩效评价中被评为（A类）优秀等级，在栖霞高新区三方载体平台绩效评价中被评为优秀等级。

【“独角兽”“瞪羚”企业入选11家】 8月，市发改委发布年度“独角兽”“瞪羚”企业榜单，栖霞高新区入选企业11家。其中，培育“独角兽”企业6家、“瞪羚”企业5家。6家培育“独角兽”企业是博瑞德环境集团股份有限公司、江苏申基生物科技有限公司、南京燧坤智能科技有限公司、南京英田光学工程股份有限公司、江苏翔晟信息技术股份有限公司、江苏奥斯汀光电科技股份有限公司。5家“瞪羚”企业是江苏艾德露环保科技有限公司、匠人智慧（江苏）科技有限公司、南京一粹信息科技有限公司、江苏百绿园林集团有限公司、南京泽恒医药技术开发有限公司。

（刘　露）

责任编辑　陈美萍

江苏生命科技创新园　　栖霞高新区　供图

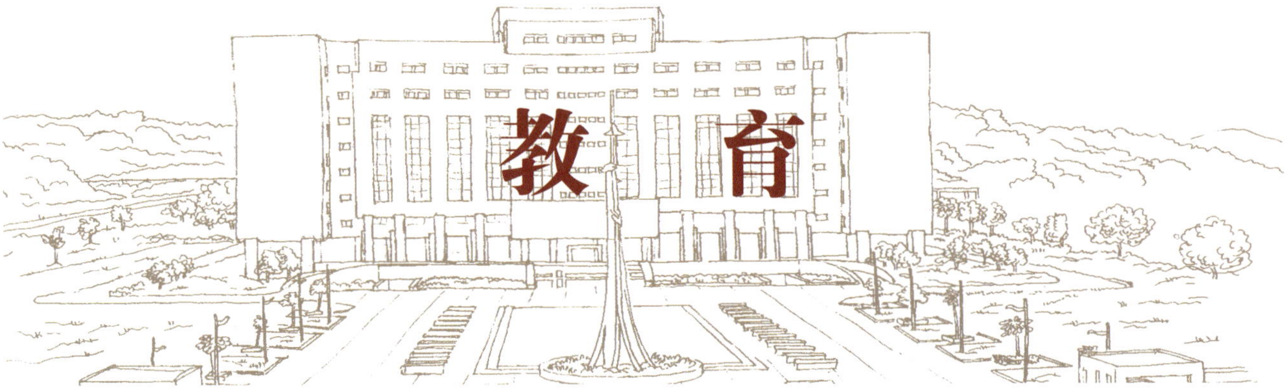

教育

综 述

【教育发展】 2022年，栖霞区有各级各类学校177所。其中，高等教育12所、中等职业教育学4所、特殊教育类1所、幼儿园90所、中小学70所。另有区教师发展中心、栖霞开放大学各1所。全区有中小学教职工6613人，其中专任教师5956人。全区中小学校共有班级1898个，在校学生71313人。全区有特殊教育学校1所，有教职工27人，其中专任教师25人；有班级9个，在校学生91人。栖霞区高校、中等职业教育学校在校师生近30万人。新开工建设中小学、幼儿园8所，建成中小学、幼儿园3所，新投入使用中小学、幼儿园6所，创建南京市园林式校园4所，创建第一批南京市装备运用示范学校3所。公开招聘中小学、幼儿园教师136人，引进高层次骨干教师9人。全区中小学获省特级教师称号2人、正高级教师职称3人、省教学名师称号3人、市学科教学带头人22人、市优秀教育工作者13人、市德育优秀青年教师29人。创建省优质幼儿园3所、市优质幼儿园3所。学前教育新增学位近1000个，普惠率达88.2%。组织学校参加国家义务教育质量监测20所。创建成“南京市劳动教育实验区”，有江苏省中小学劳动教育与综合实践优秀基地1个，教育部重点课题立项1个。燕子矶中学被确定为首批省高品质示范高中创建培育学校。创建市劳动教育特色学校5所、市足球特色幼儿园2所。立项市基础教育教学改革前瞻性项目1个、市中学课程基地建设项目2个、市品格提升工程项目4个。

【义务教育公办民办招生政策】 栖霞区根据南京市教育局《关于做好2022年义务教育招生入学工作的通知》精神，制订《南京市栖霞区2022年小学招生入学工作实施办法》《南京市栖霞区2022年初中招生入学工作实施办法》《栖霞区2022年义务教育学校电脑派位工作实施办法》。其中，公办中小学电脑派位学校8所，计划120人。报名条件为具有栖霞区户籍的适龄儿童和应届小学毕业生。民办中小学电脑派位学校，小学4所，计划455人；初中3所，计划263人。报名办法及条件：符合条件且有意向到实行电脑派位的小学就读的适龄儿童，由其监护人在户籍所属施教区小学填报电脑派位志愿；本区就读的应届小学毕业生，符合条件且有意向到实行电脑派位的初中就读，由其监护人在现就读小学填报电脑派位志愿；跨区就读的应届小学毕业生，栖霞区户籍符合条件且有意向到实行电脑派位的初中就读的，由其监护人在栖霞区教育招生考试中心一楼报名大厅（栖霞区丁家庄和悦街1号）填报电脑派位志愿。南京市非栖霞区户籍的应届小学毕业生应回户籍所在区指定地点填报电脑派位志愿；具备报名资格的小学适龄儿童可在民办小学、热点公办小学中最多选择本市2所报名。具备报名资格的应届小学毕业生可在民办初中、热点公办初中和南京外国语学校中最多选择本市2所报名。

【对口支教】 栖霞区选派骨干教师21人到新疆伊宁市、青海西宁市湟中区、陕西商洛市商州区支教。其中，到新疆伊宁市支教2人，到陕西商洛市商州区、山阳县支教10人，到青海西宁市湟中区支教9人。接待安置商州区骨干教师6人在区燕子矶幼儿园、西岗幼儿园、南师附中仙林学校小学部、南京市太阳城小学、南京市金陵小学进行长期跟岗研修。支教期间，支教教师参与当地教改实验、评价改革、脱贫攻坚、疫情防控、结对帮扶、支教助研等活动。7月，栖霞区教育局局长带队先后赴湟中、商州两地开展协作交流工作。9月，商州区科教体局副局长带队两次到栖霞区交流合作。

【课后延时服务】 栖霞区探索“1+1+1+1”的区域课后服务新样态（第一时段指导作业，全力压减学业负担；第二时段答疑辅导，全程提供学习支持；第三时段社团活动，全面发展兴趣特长；第四时段托管服务，全情陪伴学生成长），结合校情，又形成一校一案，一生一表（课表）。全区实现义务教育阶段学校课后服务全覆盖、有需求的学生全覆盖。课后服务时间（2小时）达标率100%，家长知晓率100%。全区义务教育阶段公办中小学参与学生54065人，学生参与率99%；参与课后服务的教师5362人，教师参与率96.2%，切实做到学生愿留尽留、教师应教尽教、学校能做尽做。同时，鼓励家长、专业人士等提供志愿服务，积极引进社区、高校等校外教育资源，丰富社团活动内容。义务教育学校每周开设昆曲、花样游泳、击剑、棒垒球等社团活动，供学生自主选择，为学生全面发展、个性成长提供时间和空间。

【校外培训机构整治】 栖霞区有校外培训机构419家。其中，学科类培训机构1家，持有区教育局颁发的许可证成人类培训机构11家，艺术类培训机构312家，体育类培训机构65家，科技类培训机构30家。区教育局牵头组织区市场局、民政局、人社局、文旅局、卫健委、科技局、公安分局开展校外培训机构联合检查3次，巡查机构50余家次。成立区工作专班，每周召开涉稳风险工作专班会议，各街道社区教育中心每周对所属校外培训机构开展日常巡查500余次，对存在的风险隐患进行排查，确保校外培训机构安全平稳运行。成立区、街、社区三级校外培训机构治理网格体系。区委政法委、宣传部、教育局、市场监管局等部门形成一级网格，统筹协调；9个街道负责“分类包干”“分片（街道）包干”，形成二级网格；119个社区分派若干网格员“扫楼”“扫街”，形成三级网格。同时工作专班横向组成综合组、处置组、维稳组和宣传组，上下联动，左右协作，形成全覆盖网格化联防联控机制。区教育局牵头，按照职能分工，将407家机构（托育、托管服务）移交各部门，进行分类管理。为持续巩固校外培训机构治理成果，防止学科类校外培训反复反弹、“隐形变异”，在寒暑假和节假日期间开展校外培训规范治理专项行动和以“强化培训监管 守护快乐假期”为主题的“监管护苗”专项行动。暑假期间，全区共出动476人次，对385家次培训机构进行专项检查，对有违规行为的机构要求立即整改。

【栖霞教育发展促进会成立】 5月9日，南京栖霞教育发展促进会成立暨第一次会员大会顺利召开。南京栖霞教育发展促进会发起人和省市区46家企业代表参加会议。区教育局主要负责人参加会议。与会人员观看《栖霞教育2021年工作回眸专题片》，听取南京栖霞教育发展促进会筹建过程汇报，审议并通过《南京栖霞教育发展促进会章程》，选举产生促进会理事会成员。

【教师培训和质量提升工程调研】 6月16日，南京市教育局、市教育局高师处、市教育技术装备中心、市教师发展学院主要负责人到栖霞区教师发展中心调研教师培训工作和质量提升工程。区教育局相关负责人全程陪同。教师发展中心介绍区教师培训工作计划及“百校千师携手共进计划”推进情况、质量提升工程实施和使用情况。会上，调研专家组从校本培训、名师培养及如何加强统筹规划等方面对两项工作提出建设性意见。

【第九代表监督组视察】 7月5日,区人大民生实事项目第九代表监督组就“促进教育优质均衡发展”民生实事项目部分内容开展专题视察。区人大常委会、区人大教科文卫委、仙林街道人大工委等相关负责人及第九代表监督组成员参加视察,区教育局主要负责人全程陪同。监督组一行先后赴南师大附中仙林学校初中部文澜路校区及栖霞区第一实验幼儿园三元分园视察相关工程建设情况。在随后召开的座谈会上,教育局负责人详细汇报项目实施进展、存在问题及下一步工作打算,监督组成员从进一步引进优质教育资源、优化教育布局、夯实教育事业发展基础等方面提出工作建议。

【“511”拔尖人才研学】 8月16日,2022年栖霞区“511”拔尖人才高级研修班赴苏州开展为期五天的研学活动。栖霞区教育局、江苏省东南教育研究院、苏州大学文学院相关领导、教授出席开班仪式。东南教育研究院院长邹建农致欢迎辞。此次培训课程围绕课标力、质量力等模块共设计9项内容,有契合当前教育热门话题,有地域特色的文化解读和国际视野形势分析。金陵中学仙林分校初中部陈晨作为学员代表发言。开班仪式后,教育学博士、苏州大学文学院教授管贤强做“新课标背景下学科育人的创新实践”讲座。

【家校社协同育人促进中心成立】 9月28日,栖霞区家校社协同育人促进中心启动仪式在南京市丁家庄小学举办。市教育局宣传与德育工作处(团工委)、区教育局、区检察院、区妇联、街道等部门相关领导及各中小学幼儿园党政负责人参加启动仪式。栖霞区第一实验幼儿园师生表演了舞蹈《共同的宝贝》。家校社协同育人促进中心主任介绍中心的具体工作职责。仪式上,八卦洲、龙潭、西岗3家街道签订了协同育人项目书。市教育局与栖霞区关工委相关领导为中心揭牌。最后,南京市摄山星城小学教师、学生、家长表演情景剧《榜样》,从生活化的视角真实展现了协同育人的生动点滴,发人深省。

【前瞻性项目协同推进会】 9月29日,江苏省基础教育前瞻性教学改革实验项目“新时代校内校外协同育人体系创新与实践”市区协同推进会在南京市迈皋桥中心小学召开。本次活动由市教育局主办,市教育科学研究所和区教育局承办,推进会在线上线下同步进行。市教育局、市教科所、区教育局、区教师发展中心、迈皋桥街道办事处、全区各校相关负责人参会。区教育局局长致辞。区教师发展中心校长做主旨报告。迈皋桥中心小学的“校园广播剧”展示“军校协同育人”的终身力量与中国力量,区第一实验幼儿园等三家学校进行案例分享,南京师范大学教科院教授姚继军主持“1+1+1>3”主题沙龙,南京市化纤小学表演协同育人书法舞剧。南京信息工程大学教授张相学对整场活动做专业点评并做专题讲座。

【“双创”工作调研】 10月18日,江苏省教育厅、南京市教育局对栖霞区“义务教育优质均衡发展区创建”和“学前教育普及普惠县创建”工作开展调研。省教育厅二级巡视员率省、市教育部门相关领导参加。区教育局局长做工作报告,表示下一步区“双创”工作将统筹推进、形成合力,突出难点、推进攻坚,立足实际、优化资源布局。会上,省教育厅二级巡视员分别就强化责任意识、加强区内部门协同等方面提出工作要求。

【首届德育年会召开】 11月22日,以“培养良好习惯,成就美好未来”为主题的栖霞区首届德育年会在南京市迈皋桥中心小学召开。市教育局、市教科所、区教育局相关领导、专家参加活动。活动由迈皋桥中心小学承办。与会人员观看了栖霞区德育工作回顾专题片,区教育局副局长致辞。现场还颁发栖霞区德育工作先进个人、先进集体、先进班集体、优秀班主任及第三届南京市德育优秀青年教师获奖集体及个人证书。“2023年栖霞区习惯养成年”活动也在会上正式启动。

【专项督导】 11月24日,市政府参事、市督学、南京晓庄学院原党委书记带领市督导组一行10人对栖霞区“双减”、校园安全及心理健康教育工作落实情况进行专项督导。上午，在区委党校召开工作落实情况汇报会。区教育局围绕“动真碰硬，扎实推进‘双减’工作；落实落细，狠抓校园安全工作；用心用情，夯实心理健康教育”三个方面工作进行汇报。督导组查阅台账并与相关部门进行交流。下午，实地察看7所学校及培训机构。督导组肯定区在“双减”工作、校园安全及心理健康教育工作中取得的成效，并在如何提升教学效能、增强发展动能、深化综合改革、完善学生安全防控体系等方面提出工作建议。栖霞区委宣传部、政法委、编办，区教育局、区公安分局等12家单位参会。

【素质教育综合督导】 11月30日—12月1日，栖霞区政府教育督导室组织教育局相关科室及区教师发展中心研训室对南师大附中丁家庄初级中学开展为期两天的素质教育综合督导。督导组进课堂听课、检查教师备课和作业批改情况，开展评课研讨，听取学校工作汇报，观摩大课间、社团活动，查看台账资料，并进行师生访谈、问卷调查，对学校近三年办学情况进行检查评估。在此期间，召开两次教育教学和督导指标反馈会，从学校发展规划、依法治校、教育教学、素质教育、教师培养、特色发展等方面提出工作建议。随后学校作表态性发言。

【绿色金融“碳中和”方向班开班】 5月7日，金审学院举行绿色金融与碳中和方向班开班典礼。中研绿色金融研究院、清华大学能源转型与社会发展研究中心、全国碳市场能力建设（上海）中心、金审学院教务处等多家单位领导和专家参加，开班典礼由金融与经济学院副院长、绿色金融与可持续发展研究院副院长主持。绿色金融与碳中和方向班通过绿色金融、碳中和经济学、碳交易市场、碳资产管理等一系列核心课程，培养契合新时期社会发展急需的高质量、复合型绿色金融人才。绿色金融“碳中和”方向班是首个江苏省高校及中国民办高校绿色发展和碳中和本科专业。

（金财财）

学前教育

【概况】 2022年，全区有幼儿园90所。其中，公办园42所，民办园48所（含民办惠民园31所）。幼儿园共有班级926个，在园幼儿27481人，区域内适龄户籍儿童学前三年毛入园率达100%。全区幼儿园有教职工4135人。其中，专任教师2110人，师生比为1∶13；在编在岗教师491人。保育员958人，达到“两教一保”（两教指负责教学的主班及配班老师，一保指的是保育员）标准。迈皋桥幼儿园被评为全国新教育实验示范学校、第三批南京市中小学“德育示范基地学校”；区第一实验幼儿园被评为江苏省教科研工作先进集体、江苏省文明单位；区第一实验幼儿园月桂园、栖霞幼儿园翡翠天域园、西岗幼儿园香悦澜山园被评为江苏省青少年近视防控示范校；区第一实验幼儿园尧佳园、马群幼儿园被评为江苏省融合教育示范培育学校。迈皋桥幼儿园瑜憬湾分园、栖霞幼儿园翡翠天域园、南京市仙林实验幼儿园光启路分园被省教育厅认定为省优质幼儿园；迈皋桥幼儿园嘉誉山分园、栖霞幼儿园翡翠天悦分园、南京市乐阳幼儿园被市教育局认定为市优质幼儿园。全区幼儿园中有省级优质园67所、市级优质园14所。

【南师大学前教育见实习基地签约】 6月16日，“南京师范大学学前教育专业见实习基地”签约授牌仪式在南外附属幼儿园举行。区教育局局长、南师大学前教育系主任、区教育局相关科室及见实习基地幼儿园部分人员参加。区教育局主要领导致欢迎辞。专家现场观摩南京市仙林实验幼儿园等孩子们表演的节目。南师大学前教育系领导为见实习基地幼儿园签约授牌。

【学前教育高质量发展工作研讨会】 10月13日，栖霞区学前教育高质量发展工作研讨会在栖霞区第一实验幼儿园三元分园召开。区教育局工委班子部分成员、区教育局相关科室、区教师发展中心主要负责人及专任督学、各幼儿园园长参加会议。会上，栖霞区第一实验幼儿园等8所幼儿园园长围绕“立足普惠优质，推动学前教育高质量发展”的主题，做交流汇报。各部门提出工作指导意见。区教育局领导为“栖霞区幼儿园兼职教研员”颁发聘书并做总结讲话。

【省级课程游戏化项目实地调研】 12月7日，由南师大教授、江苏省教科院幼教与特教研究所所长等组成的专家指导组到区开展课程游戏化项目实地调研。南京市教育局初等教育处处长、教研室部分研训员、区教育局主要负责人及相关科室负责人陪同调研。专家组实地调研御钟山幼儿园等4家幼儿园，查阅台账资料，听取工作汇报，进行现场指导，并在课程游戏项目建设、组建教研团队、师培保障“三位一体”等方面对栖霞区学前教育高质量发展提出指导性意见。

义务教育

【概况】 2022年，全区有小学45所（含南京时代双语学校小学部、南外仙林分校小学部、南外仙林分校燕子矶校区小学部），初中22所（含九年一贯制学校1所，十二年一贯制学校2所，完全中学1所）。其中，小学班级1171个，在校生43454人，专任教师3021人。初中班级335个，在校生12678人，专任教师1382人。八卦洲中心小学的“五育融合背景下乡村儿童田野学习的深化研究”成功立项全国教育科学“十四五”规划2022年度教育部重点课题，南京市晓庄小学成为南京市首批“双减”示范创建学校，栖霞区栖霞中心小学的“‘自然的课本’：枫彩栖霞特色游学课程文化的实践”被评为南京市基础教育内涵建设项目。金陵小学以小学一组第二名成绩被江苏省教育厅认定为“江苏省智慧校园示范校”。全区参加中考4346人，中考总均分535.72分，高于全市总均分12.42分，第一批次达线2159人，占比49.69%；全科合格3096人，占比71.25%。

【小学高质量发展工作研讨会】 2月23日，“2022年栖霞区小学高质量发展工作”研讨会在金陵小学召开。区教育局主要负责人及分管领导、区教师发展中心、基础教育科主要负责人及全区小学校长参加会议。金陵小学等7家学校校长围绕“‘双减’背景下如何推动小学教育高质量发展”的主题做交流汇报。与会人员从聚焦队伍建设、提质增效、推进教学改革等方面进行深入的互动研讨。区教育局局长做总结讲话。

【小学生集体舞比赛】 6月6日，“2022年栖霞区小学生集体舞比赛”在南京市金陵小学体育馆举办，燕子矶中心小学等22支小学代表队参赛。燕子矶中心小学的《花季绽放》、幕府山庄小学的《红领巾，中国梦》、仙林分校小学部的《梦想集结号》、金陵小学的《大中国》等集体舞展现了孩子们的可爱、活力和集体荣誉感。

【“国家级基础教育高品质发展示范区”签约】 9月8日，栖霞区人民政府与南京师范大学共建“国家级基础教育高品质发展示范区”签约仪式在南京师范大学仙林校区举行。教育部基础教育教学指导委员会主任、省教育厅、省教科院、省教育评估院、市教育局、栖霞区政府、南师大、区教育局相关负责人及区教育系统代表参加仪式。仪式上，听取校地合作共建概况，校地领导代表签约。栖霞区委常委、宣传部部长为“课后服务”志愿服务总队授旗，领导们共同为南师大基础教育高品质发展研究院揭牌，南师大党委书记颁发校地共建“基础教育高品质发展示范区”总顾问聘书。

普通高中教育

【概况】 2022年，全区有普通高中6所，其中公办2所，民办1所，民办完全中学1所，民办十二年一贯制学校2所。班级数152个，在校学生5849人，专任教师670人。全区参加高考1345人，高考普通类本科达线778人，体育艺术类本科达线286人，本科达线共1064人。国外高校、国内高水平运动员等本科提前录取67人。高职单招等提前录取153人。

【南京市燕子矶中学】 坐落于长江之滨、燕子矶边，是一所独立设置的高级中学，是江苏省四星级普通高中、江苏省高品质示范高中创建培育学校。学校有教职工189人，其中专任教师182人，专任教师中有正高级教师职称4人，高级教师职称73人，省特级教师称号3人。学校有班级40个，在校学生1888人。2022年高考文化类考生达到“985”院校录取分数线29人，文化类考生被“211”以上院校（含“985”高校）录取136人，艺体类考生被吉林大学等知名高校录取多人，实现录取数量与录取质量的双提升，学校获南京市普通高中教育发展性评估规范办学奖、素质教育奖、内涵发展奖、质量优秀奖、突出贡献奖、推进发展奖、教学管理奖7项大奖。入选第二批南京市“四有”好教师重点培育团队，德育项目“普通高中家校共建‘生涯岛’工程”成功申报2021年南京市中小学品格提升工程项目，成功申报为首批南京市“体育”浸润课程基地（网球项目）立项学校和项目培育牵头学校。1月，学校正式启动江苏省高品质特色高中建设规划；11月，学校举行建校七十周年庆典活动；12月，顺利完成江苏省四星级普通高中复审。

【南京市栖霞中学】 坐落于栖霞区金尧路15号，是江苏省四星级普通高中，拥有全国足球特色学校、江苏省智慧校园、江苏省绿色学校、江苏省体育工作先进学校等荣誉称号。学校有教职工164人，其中专任教师155人，专任教师中正高级教师职称3人，高级教师职称60人，特级教师称号3人。学校有班级34个，在校学生数1668人。学校有省级优秀课程基地1个，市区名师工作室5个，区级以上名优骨干教师95人。学校坚持走内涵发展道路，被江苏省教育科学研究院评为江苏省教科研先进集体，被南京市教育局、南京市公安局评为南京市安全保卫先进集体，学校获南京市普通高中教育发展性评估规范办学奖、素质教育奖、内涵发展奖、质量优秀奖、推进发展奖、教学管理奖、办学特色奖等7项大奖。学校坚持立德树人的根本任务，推进素质教育，培养德智体美劳全面发展的社会主义建设者和接班人，办学成果显著，学校本科上线人数、特长类本科达线率逐年攀升。

（滕　萍）

【南师大附校】 是一所民办完全中学，占地6.67万平方米，建筑面积近4万平方米。设有初中部、高中部和国际部，在校学生2619人；国际部有英、美等国际合作项目14个。有教职工365人，2/3以上为博士、硕士学历，1/3以上有国外研修经历或留学经历。学校为每位学生提供钢琴30小时、美术30小时、足球或武术（男生）30小时、舞蹈或健美操（女生）30小时教学，有百门选修课程、百个校内社团、百个讲座供学生选择。学校高中部获南京市普通高中教育发展性评估规范办学奖、素质教育奖、内涵发展奖、质量优秀奖、特色建设奖、教学管理奖6项大奖。学校被评为首批省高水平中学生艺术团建设单位、基于现代技术的中学物理实验创新研究项目实验学校、省青少年航空科普教育基地、省青少年机器人科技创新实验基地、省教育科普实践基地、省啦啦操运动协会副会长单位、省艺术与科学中心及南京师范大学中小学实验基地、市化学学科发展示范中心、市融合艺术教育的物理课程基地、市美育浸润课程基地、市合唱协会团体单位会员、省艺术特色学校、市美术课程基地。

（王　斌）

【南外仙林分校】 是一所12年一贯制民办学校，有仙林主校区、仙林西校区、燕子矶校区3个校区。设有小学部、中学部（初一至高三）和国际高中部，共有班级220个，在校生9300多人，教职工1300多人，其中外籍教师58人。2022届在籍学生157人，其中国内升学101人，出国留学56人，本一率、本科率、推进率等方面均超额完成南京市建模参数目标（依据当年中考成绩），本科达线率92%。学校获南京市普通高中教育发展性评估规范办学奖、素质教育奖、质量优秀奖、推进发展奖、教学管理奖5项大奖。学生在各类评比、竞赛中获得佳绩。在2022年CSP编程比赛中，获全国入门级一等奖11人，二等奖8人，三等奖2人；提高级一等奖2人，二等奖4人，三等奖2人。在NOC全国中小学信息技术创新与实践大赛中，荣获一等奖3人，三等奖3人。

（宋国斌）

【创建省高品质特色高中启动仪式】 1月12日，南京市燕子矶中学举行创建省高品质特色高中启动仪式。江苏省教育科学研究院基础教育研究所所长，南京大学教授、博士生导师、原南京大学公共管理学院院长童星，学校1964届校友、学校1977届高考状元等出席启动仪式，区教育局主要领导、友好单位代表、区各学校校长、全体教职工、家长代表和全体高三学生参加活动。与会人员观看视频《逐梦》，共同回顾学校创校历史、发展历程和办学特色，校长致辞。活动以主题讨论、学术沙龙、校友访谈、诗朗诵等形式讲述学校故事。最后，领导共同点亮启动按钮。

【高中高质量发展调研会】 2月22日，区教育局高中高质量发展调研会在栖霞中学召开。区教育局局长及分管局长、基础教育科、区教师发展中心负责人、全区高中学校校级领导参加会议。燕子矶中学、栖霞中学等4所高中校长分别从学校概况、办学特色与亮点、存在问题与困难、新学期工作打算四个方面进行工作汇报。基础教育科、教师发展中心分别提出工作要求，教育局负责人总结讲话。

【烟台市蓬莱区教育系统干部跟岗研修】 9月26日，由南师大附校联合山东省烟台市蓬莱区教育和体育局举办的“2022年蓬莱区教育系统领导干部跟岗研修班”在南师大附校举行，来自蓬莱区教研室和全区25所学校42名校级领导干部参加研修。研修班为期4天，知名专家、名校长、名班主任、基础教育一线管理人员围绕教育政策解读、教育理念探索、学校文化建设、精细化管理等专题进行讲授。分专题报告、沉浸式研修、经验分享与案例剖析、交流研讨等环节，通过研修，进一步提升校长队伍的治学和管理能力，增强教育改革与创新发展意识，促进形成特色鲜明的办学理念和治校风格。在开班仪式上，南师大附校《基于生态文化的教师评价体系建设》《基于办学理念的年级组教学管理》《基于未来学校的智慧校园建设》《基于监测数据的质量诊断与教学改进——阶段性监测评估反馈技术》等讲座和《“唤醒—体验—选择—支持”育人模式构建》《融合艺术教育的物理学科活动》《基于新课程视野下的作业设计》《校本课程开发与实践》《青年教师队伍发展探索》《优化团队建设 打造卓越年级》《班级建设中文化的引领作用》《走向立德树人、全面发展的育人活动体系》等专题报告，为学员把握教育未来发展趋势和学校管理体系构建提供新思路。

1月12日，“山本品格 草木风华”——燕子矶中学创建省高品质特色高中正式启动

栖霞区教育局 供图

职业教育

【南京新港中等专业学校】 是首批国家级重点职业学校、省高水平现代化职业学校、省优质特色职业学校，建有省现代化专业群2个，省现代化实训基地2个。有教职员工247人，其中专任教师229人，“双师型”教师65人。班级75个，在校学生2325人。学校有综合高中、五年制高职、3+3中高职衔接和中职办学模式4

种。其中，综合高中开设电子技术应用、会计电算化、休闲体育服务与管理、美术绘画4个专业；高职教育开设电子商务、计算机网络技术、财务管理、物流管理、汽车营销与服务、表演艺术（幼师方向）6个专业；中职教育开设物联网技术应用、物流服务与管理、电子技术应用、汽车运用与维修、计算机网络、计算机数码及产品维修、休闲体育服务与管理、会计电算化、无人机技术应用9个专业。学校中职毕业生就业率98.19%，对口率96.01%，升学率85.9%；高职毕业生就业率95%，对口率80%，升学率26%，均超南京市城区标准。学校获“江苏省优秀中等职业学校建设培育单位”“南京市青少年普法教育先进单位”“南京市职业院校‘三全育人’培育单位”等荣誉称号，在市职业教育年度综合考核中获二等奖。学校师生获全国职业院校技能大赛一等奖1项，获“一带一路”暨金砖国家技能发展与技术创新大赛二等奖1项、三等奖1项，省职业院校技能大赛一等奖3项、二等奖5项、三等奖7项，省教学大赛二等奖1项、三等奖1项，省创新创业大赛一等奖1项、二等奖1项。获省职业教育技能大赛2金5银8铜、全国技能大赛一等奖。在全国职业院校技能大赛中，陈梓欣等3人代表省参赛，在智能家居安装与维护赛中团队获金牌，南京新港中等专业学校实现在国家级比赛中金牌零突破。

（滕　萍）

【南京技师学院】 是全省首批省重点技师学院、国家中等职业教育改革发展示范学校。设有智能制造系、电气工程系、汽车技术系、信息技术系、现代服务系、基础课程部6个系部。常设专业34个。其中，国家“一体化课改”试点专业4个，“国家示范”重点专业5个，省级示范专业5个，省级重点专业6个。建有世界技能大赛移动机器人、水处理技术2个项目的国家级集训基地，商品展示技术、珠宝加工2个省级集训基地。学院占地面积20.87万平方米，建筑面积14.11万平方米。学院有全日制在校生5749人，录取新生1469人，超计划22.4%完成招生任务。应届毕业997人，年终就业率达99%。教师320人，其中拥有教师资格证书且具有初级以上专业技术职务和相关职业高级工以上职业资格“一体化”教师147人，享受国务院政府津贴4人，全国技术能手9人，省技术能手、教学名师、专业带头人40余人，省级技能大师、一体化教学名师工作室及团队6个。教师参加第三届全国技工院校教师职业能力大赛江苏省选拔赛获二等奖1个、三等奖4个，参加市级选拔赛获二等奖1个、三等奖2个。“先进制造与服务”教学实训中心完成工程竣工验收。学院承办全国及省级技能比赛13项、国家级竞赛省级选拔赛1项、市级选拔赛5项，承办市级师资培训2项。学生在各类赛事中获奖20余人次。学院开展助企便民企业走访调研6次，签订校企合作协议28个。其中，签订校企共建校外实训基地（校企框架协议）11个、学徒制培训协议9个、校企共建校内实训基地1个、合作共建教育实践基地1个、校企实践班协议2个、冠名班协议2个、引企入校项目2个。申报企业新型学徒制学员286名，培训企业新型学徒制学员683人，成功申报栖霞区产业技能人才培养实训基地。

6月9日下午，栖霞区8家用工企业负责人到南京技师学院，举行栖霞区产业技能人才培养实训基地签约及揭牌仪式，落实“产教融合、校企合作、稳岗拓岗”，推进毕业生精准就业。9月7日，第六届江苏技能状元大赛闭幕式在南京技师学院举行。闭幕式后，副省长参观校园，听取学院与上海交通大学共建“先进制造与服务”教学实训中心情况汇报，考察智能制造系数控实训中心、汽车技术系汽车维修实训中心，听取学院校企合作、产教融合助力数字技能产业发展和高技能人才培养的情况。11月24日，学院向新疆阿合奇县技工学校捐赠价值50余万元的建筑工种实训设备装车启运，设备包括实习实训设备、教学一体机、工具耗材等110余项。11月28日，学院联合四所院校及相关企业单位召开一体化课程标准及课程设置开发项目启动会，成立项目开发工作小组，研讨《供用电技术》专业国家技能人才培养、工学一体化课程标准和课程设置方案开发实施等问题。

（王海燕）

【南京交通技师学院（南京交通中等专业学校）】 招收新生1575人。其中，技师学院905人，交通中专670人。学院引进新教师22人，交流调整科级干部岗位4人，考核任用试用期满科级干部9人。新增高级职称16人、中级职称6人、初级职称3人。教职工专技岗位晋升29人，对取得专业技术资格教师进行职务聘任26人。组织教师参加信息技术应用能力提升、一体化教师等省级、国家级业务培训20余人次，师徒结对提升组合教师13对。教师获市级金牌8个组别，省级金牌1个组别。李慧民、王薇名师工作室通过评估。教职工在省级以上刊物发表论文190余篇，获省级以上教科研成果20项；完成结题校级36项、市级1项、省级7项、国家级1项，开展科普讲座12场。再次通过江苏省技工院校高质量发展评估。学院完成2022届毕业生实习过程管理1557人，落实2023届技工类毕业生顶岗实习工作51人，毕业生就业率达到99.23%，对口率86.7%，毕业生在南京本地就业率69%，用人单位、毕业生及家长满意率100%。续签校企合作协议108家。学生参加成人高考达线803人，达线率比上年提高17%。中级工、高级工考试合格率均达到100%。开设青苗班训练工种20余种。在各级各类技能大赛中获得市级金牌7枚、省级金牌2枚、国家级金牌1枚。汽车工程系团总支被评为“南京市五四红旗团（总）支部”。新发展团员150人，培养学生干部200余人，完成“青年大学习”教育活动2万人次。完成社会培训和技能等级认定9191人次。其中，高级工及以上等级1484人次，企业新型学徒制培训总数1305人。狮麟驾驶学院招收学员5557人，培训结业5565人，更新教练车27辆，科目二合格率62.7%，科目三合格率74.3%，被评为“全省交通运输行业文明示范窗口”。改造出新1、2号学生公寓楼和食堂，校内安装人脸闸机13组，高清摄像头近600个。汽车维修实训基地搬迁至校园内，并于9月8日整体迁建完工启用。实训基地包括300余平方米的维修实训车间、维修辅助房200多平方米、大型车辆维修工位6个。

（胡叶霞）

【南京信息工程技工学校】 占地20余万平方米，建筑面积6万余平方米，绿化面积3万余平方米。经江苏省人力资源和社会保障厅批准，南京华东信息工程技工学校更名为“南京信息工程技工学校”。2022年，有教师114人。其中，研究生学历19人，本科学历91人；高级教师7人，中级教师19人，双师型教师74人；国家级技能鉴定考评员12人，高级实训教师8人。共有在籍学生2031人。设有电气自动化设备安装与维修、计算机网络应用、汽车营销、机电一体化等9个专业。学校获南京市技工院校优秀教师2人、优秀教育工作者2人；获第三届全国教师职业能力大赛南京选拔赛服务类项目二等奖1人，徐政获省第三届电子商务推广教师教学能力大赛二等奖。获2021—2022学年度中等职业教育国家奖学金3人，获市优秀共青团干部荣誉称号1人，教职工团支部被团市委评为“五四红旗团支部”。获2022年度“江苏工匠”岗位练兵职业技能竞赛三等奖1人，第十二届“挑战杯”江苏省大学生创业计划竞赛获铜奖。学校提供技能培训11场600人次，与高淳区总工会合作，为其培养专业“民宿管家”90余人。5月17日，举行栖霞区产业技能人才培养实训基地揭牌仪式暨南京信息工程技工学校校企合作座谈会。7月28日，举行江苏智慧产教融合研究院校企合作基地签约授牌仪式，拓宽学生实习实训渠道，为学生提供优质实习平台。

（徐　政）

普通高等教育

【概况】 2022年栖霞区内有高校12所，其中仙林大学城有南大、南师大、南中医、南邮“双一流”高校4所。在校师生近30万。

【南京大学】 有仙林等校区4个，有院系33个，本科生13934人、硕士研究生18158人、博士研究生8948人、留学生1691人。有“双一流”建设学科16个，江苏高校优势学科建设工程三期项目立项学科19个，博士学位授权一级学科点44个，博士学位授权二级学科点（不含一级学科覆盖点）1个，专业博士学位授权点5个，硕士学位授权一级学科点4个，专业硕士学位授权点28个，本科专业91个，国家生命科学与技术人才培养基地1个，基础学科拔尖学生培养2.0基地14个。有国家实验室（筹）1个，国家重点实验室7个，国家工程技术研究中心1个，国家科技资源共享服务平台1个，国家应用数学中心1个，国家野外科学观测研究站1个，国家级2011协同创新中心2个，教育部人文社会科学重点研究基地5个，教育部人文社会科学重点实验室（培育）1个，国家高端智库建设培育单位1个，各类省部级科研平台80余个。有中国科学院院士29人，中国工程院院士5人，国家级领军人才350人次，国家级青年人才363人次及国家科技重大专项、“973计划”“863计划”、科技创新2030—重大项目、国家重点研发计划等重大项目首席科学家135人次，国务院学位委员会学科评议组成员22人，国家级教学名师11人，“百千万人才工程”国家级人选38人。

5月20日上午，在仙林校区举行建校120周年庆祝大会。中共中央总书记、国家主席、中央军委主席习近平在5月18日给南大留学归国青年学者回信中，专门祝贺建校120周年，向全校师生员工和广大校友致以热烈祝贺和诚挚问候。11月21日，南大—省人民政府外事办公室对外话语创新研究基地在南大仙林校区举行启动大会。对外话语创新研究以讲好中国故事为切入点和突破口，在话语权上解决“卡嗓子”问题。

（王 雷）

【南京邮电大学】 是国家“双一流”建设高校和江苏高水平大学高峰计划A类建设高校，有院（部、中心）25个。纸质文献藏书量271万余册。教职工2800余人。其中，博士生、硕士生导师1133人，专任教师中具有高级专业技术职称的比例为58.31%，具有博士、硕士学位的比例为96.5%。在籍学生3万余人，有留学生800余人。学校设有博士后流动站3个，一级学科博士学位授权点8个，博士专业学位授权点（类别）1个，一级学科硕士学位授权点23个，硕士专业学位授权点（类别）12个，本科专业61个。国家重点学科（培育点）1个，国家一流专业27个，国家特色专业建设点7个，国家专业综合改革试点项目1个，通过国家工程教育专业认证9个，国家级卓越计划专业8个，进入ESI学科排名全球前4‰的学科4个。有国家重点实验室1个、国家地方联合工程研究中心1个、国家地方联合工程实验室1个、省部共建教育部重点实验室1个、教育部工程研究中心2个、国家级实验教学示范中心2个、国家级虚拟仿真实验教学中心3个、国家级虚拟仿真实验教学一流课程4个、国家级工程实践教育中心1个、国家级校外实践教育基地1个、国家级高校学生科技创业实习基地1个、原信息产业部重点实验室11个，建成国家大学科技园1个、国家技术转移示范机构1个、全国科普教育基地1个、国家众创空间3个，与地方政府共建校地研究院和技术转移分中心、高价值专利培育中心8个，与企业共建校企创新平台33个。学校入选国家“2011协同创新中心”（主要协同单位）2个，入选省“2011计划”协同创新中心（牵头单位）2个。有中国两院院士（含双聘）9人，教育部“长江学者”特聘教授4人、讲座教授1人、青年学者4人，“国家杰出青年基金”获得者5人，“国家优秀青年科学基金”获得者9人，“国家自然科学基金优秀青年科学基金项目（海外）”获得者2人，国家教学名师1人，全国优秀教师1人，享受各级政府特殊津贴48人，国家级有突出贡献的中青年专家4人，教育部“新世纪优秀人才支持计划”10人，国外院士7人、IEEE Fellow10人。有国家重点领域创新团队1个，教育部“长江学者和创新团队发展计划”创新团队1个，教育部“全国高校黄大年式教师团队”2个。入选中央网信办第二批网络空间国际治理研究基地，实现国家级智库零的突破；获批国家自然科学基金基础科学中心项目，获省教学成果奖特等奖、一等奖及二等奖共7项，省综合考核高水平大学类第一等次；国际编号420612

的小行星被命名为“南邮星”。教师获全国高校混合式教学设计创新大赛全国一等奖、省本科高校青年教师教学竞赛理科组第一名并获特等奖、省高校教师教学创新大赛特等奖。11月底，南邮牵头的“新型电力系统信息物理协同主动安全控制基础理论与关键技术”国家自然科学基金重大项目正式获批立项，项目直接经费1369.3万元，是学校牵头承担国家自然科学基金重大项目零的突破。学生共获中国高等教育学会认可的国家奖项142项，位列全国普通高校学科竞赛排行榜第26名，江苏高校第1名。

（冯晓虹）

【南京师范大学】 有在校本科生19387人，研究生13448人。其中，博士研究生1570人，硕士研究生11878人。成人高等学历教育在籍生10795人。学校有全国重点马克思主义学院、国家地方联合工程研究中心、教育部人文社会科学重点研究基地、教育部重点实验室、公安部重点实验室、国家体育总局体育社会科学研究基地和体育文化研究基地、全国妇女与性别研究与培训基地、全国大学生职业发展教育研究基地、全国民政政策理论研究基地、省国家重点实验室培育建设点等各1个。本科招生专业（类）58个，涵盖79个专业。国家级一流本科专业建设点41个，博士学位授权一级学科25个，硕士学位授权一级学科41个，博士后科研流动站22个。学校入选国家第二轮“双一流”建设高校，地理学入选第二轮“双一流”建设学科，国家重点学科6个、国家重点（培育）学科3个。新增生物学与生物化学、物理学入选ESI全球前1%，累计达12个，数量居全国高校并列第33位，全国师范院校第3位。江苏高校优势学科14个。新增附属学校6所，学前教育专业是全国地方师范大学中第一个完成第三级认证专家组进校考查专业；入选2022—2025教育部“双名计划”名师培养基地。新增国家一流专业建设点12个、教育部首批虚拟教研室建设试点4个、省基础学科拔尖学生培养计划2.0基地3个；在省研究生教育综合评价中获A等。取得二级军工保密资格认定，新增省级军民协作创新平台1个。获批教育厅国际合作联合实验室2项、省“十四五”国际化人才培养品牌专业2个，“K12技术与工程教育”获批联合国教科文组织教席。学校在职教职工3271人，其中专任教师2170人，专任教师中正高级职称654人，副高级职称748人；国家级突出贡献专家10名，“百千万人才工程”国家级人选11人，教育部创新团队1个、重大人才工程入选12人，国家重大人才计划A类特聘专家4人、青年人才8人，国家重大人才计划B类领军人才8人、青年拔尖人才8人，国家杰出青年科学基金获得者6人，国家优秀青年科学基金获得者12人，国家级教学名师4人，国务院学科评议组成员5人，教育部高校教学指导委员会委员30人，教育部“新世纪优秀人才支持计划”人选15人，全国高校辅导员年度人物1人，国家级教学团队4个，“全国高校黄大年式教师团队”2个。获全国“互联网+”大学生创新创业大赛金奖、铜奖各1项；获全国“挑战杯”大赛特等奖2项，居全国第三、江苏第一。通过江苏高校优势学科三期验收14个，其中获“优秀”3个；获批“十四五”江苏省重点学科9个。新增全国高校黄大年式团队1个、国家级人才13人，新增省特聘教授、教学名师等11人，入选“全球前2%顶尖科学家终身科学影响力排行榜和年度排行榜”学者40人。教师教学发展指数位列全国第37位，地方院校第1位。学校获国家级社科重大项目7项，省哲社优秀成果奖70项，其中一等奖17项；吴康宁、夏锦文获第四届“江苏社科名家”称号，为省宣传文化领域最高荣誉奖项。重要决策咨询报告被中共中央、全国人大常委会等上级机关和领导采纳、批示20余篇。向东、王锷点校《五礼通考》荣获“第十届中国出版集团出版奖”特别奖，全书262卷。

（殷志伟）

【南京中医药大学】 是国家“双一流”高校，设有9个学院及第一、二、三临床医学院等教学机构，有附属医院15个和附属药企3个。是世界卫生组织（WHO）传统医学合作中心、国际针灸培训中心，在大洋洲、欧洲、美洲建立海外中医药中心8个。有在校生2万余人，教职工近2千人。有本科专业37个，涉及医、管、理、工、经、文6个学科门类。其中，国家一流本科专业建设点10个，省级一流专业建设点19个，省品牌专业10个。有国家“双一流”建设学科1个，国家重点学科3个，国家重点（培育）学科2个，江苏高校优势学科4个，“十四五”省重点学科8个，国家中医药管理局中医药重点学科33个。学校有一级学科博士学位授权点4个、博士专业学位授权点1个、一级学科硕士学位授权点12个及硕士专业学位授权点6个，博士后科研流动站3个。学校与中科院上海药物所、中国中医科学院等知名院所合作，联合培养卓越医生（中医学9年本博一贯制、“5+3”拔尖创新人才）、卓越科学家（中药学“4+5”本博连读拔尖创新人才）和卓越工程师（中药学/药学本硕连读拔尖应用人才）。临床医学、药理学与毒理学、化学、生物与生化、神经科学与行为学位列ESI全球排名前1%。学校有国医大师6人，“长江学者”特聘教授2人，“973”项目首席科学家1人、国家杰出青年科学基金获得者6人，国务院学科评议组成员3人，百千万工程国家级人选7人，国家“万人计划”科技创新领军人才1人，国家“万人计划”青年拔尖人才1人，中医药传承与创新“百千万”人才工程岐黄学者7人、国家教学名师和中医药高等学校教学名师5人，全国名中医7人。段金廒中药资源学教师团队入选教育部第二批全国高校黄大年式教师团队，并被省教育厅、省总工会评为“2022年江苏教师年度人物”。吴勉华、唐蜀华、黄煌被国家卫生健康委员会、国家中医药管理局授予第二届“全国名中医”称号，入选爱思唯尔（Elsevier）2021年中国高被引学者榜单7人。获国家卫健委和全国中医药行业高等教育“十四五”规划教材（第二批）主编立项24部。牵头承担国家重点研发计划项目“常用中药活性成分的合成生物学研究”以优秀等级通过，获批2022年国家自然科学基金项目资助133项。其中，重点项目1项，面上项目54项，青年项目78项。《〈中药大辞典〉原稿》项目入选国家档案局第五批中国档案文献遗产名录，是江苏高校首次入选中国档案文献遗产名录项目。

2月9日，省长到南中医附属医院（江苏省中医院）等南京部分医疗机构调研，仔细询问中医传承和中医药名方，与坐诊国医大师夏桂成、邹燕勤等亲切交流。5月18日，省中医药博物馆试运行开馆，并举行“大美中药入画来”“了不起的矿物药”展览开幕活动。馆舍建筑面积11000平方米，分为中国医史馆、江苏中医馆、中药馆、养生文化馆、南中医校史馆五个常设展厅和一个临时展厅，展陈面积4500平方米。6月9日，省委省政府公布表彰2020年度、2021年度省科学技术奖和首届省科技创新发展奖，南中医获奖9项，其中一等奖1项、二等奖3项、三等奖5项。

（王兴姬）

【南京财经大学】 有院系23个，普通本科在校生16489人、硕士生3992人、博士81人、留学生166人。2022年录取博士研究生19人、硕士研究生1455人、本科

5月18日，江苏省中医药博物馆试运行开馆仪式　南京中医药大学　供图

生4481人。学校被评为首批省绿色学校（高校），获批首批粮油国际标准研究中心（粮油食品质量检测），入选省统一战线理论研究基地。连续13年获省“优秀研究生招生单位”，连续3年获省研究生招生“优秀报考点”，进入“2022软科中国财经类大学排名”前10位。新增“十四五”省重点学科9个，新增国家级一流专业建设点7个、省级一流专业建设点12个，新增省研究生工作站8个。入选教育部高校思想政治工作精品项目1个，获批省高校混合式精品通识课程联盟核心课程2门，省高校“信仰公开课”省级示范课程3门，省教学成果奖特等奖1项、一等奖2项、二等奖1项。获立省高校“智慧教育与教学数字化转型研究”专项重点课题1项、一般课题1项。获省级优秀基层教学组织2个，省级团队优秀毕业论文（设计）2项，单篇优秀毕业论文（设计）一等奖1项、二等奖3项、三等奖9项，省优秀硕士学位论文10篇，获立省研究生科研与实践创新计划项目150项、研究生学术创新论坛4项、研究生科研创新实践大赛1项。入选加拿大西安大略大学毅伟商学院案例库1篇、全国百篇优秀管理案例5篇、全国专业学位研究生教育指导委员会案例库2篇、中国管理案例共享中心7篇。获批国家自科基金项目36项、国家社科基金项目39项、国家重点研发计划项目2项、教育部人文社科基金项目9项、省社科基金项目17项（重点项目1项）、省科技厅项目6项（重点研发计划项目2项）、省教育厅高校哲社重大项目5项、教育部2022年度高等学校科学研究优秀成果奖（科学技术）二等奖1项，获第十四届傅雷翻译出版奖，省第十七届哲学社会科学优秀成果奖一等奖2项、二等奖8项、三等奖5项，省社科联精品工程优秀成果一等奖、二等奖各1项。获批授权专利37项。教师入选文化名家暨“四个一批”人才1人，国家高层次人才特殊支持计划青年拔尖人才1人，中宣部宣传思想文化青年英才1人，省“333工程”第一层次人才1人。全职引进高水平人才55人，弹性聘用高水平师资3人，师资博士后2人。获江苏高校“青蓝工程”优秀教学团队1个、培养对象8人，全国粮食和物资储备青年拔尖人才1人，省教学名师2人，省双创计划“双创博士”11人，中国博士后科学基金面上项目一类资助1人，省“卓越博士后计划”2人，市留学人员科技创新项目择优资助2人。入选2022年省高校原创艺术精品培育项目3个，入展省新人书法篆刻作品展1个。

2月22日上午，南财与省中医院紫东院区（南京中医药大学附属医院）合作签约仪式在仙林举行。双方领导共同签署合作协议，探索院校合作新模式，在教育培训、科研合作等方面加强合作。11月17日下午，南财—联合国世界粮食计划署关于加强南南合作的谅解备忘录签署仪式在南财举行，联合国世界粮食计划署驻华代表屈四喜一行，南财校长、党委常委等主要负责人参加签署仪式。12月5—6日，由南财、中加生态储粮研究中心、省粮食流通与安全国际联合实验室、江苏高校现代粮食流通与安全协同创新中心主办，南财食品科学与工程学院承办的第二届粮食储运与安全国际研讨会在南京举行。中国工程院院士、中国农业科学院油料作物研究所李培武，加拿大皇家科学院院士、曼尼托巴大学Digvir Jayas等专家50余人，联合国世界粮食计划署、省粮食和物资储备局、国家粮食和物资储备局江苏局、省农业科学院等30多家单位主要负责人出席会议。

（叶玲慧）

【南京森林警察学院】有仙林等校区3个，占地总面积89.55万平方米，是长江以南公安部唯一直属院校，设治安学、侦查学、刑事科学技术、公安管理学、网络安全与执法、公安情报学、警务指挥与战术、食品药品环境犯罪侦查技术、数据警务技术9个公安本科专业。有国家一流本科专业建设点7个。公安学、公安技术两个学科遴选为省“十四五”重点学科，侦查学、公安管理学专业获批国家级一流本科专业建设点、省品牌专业建设点，增设数据警务技术专业。有教职工535人，专任教师368人。其中，高级职称教师171人，博士、硕士学位321人。学院享受国务院政府特殊津贴专家1人，部级津贴3人，教育部高等学校教学指导委员会委员4人，省（部）级教学名师4人，全国公安教育系统优秀教师9人，省优秀教师1人，省“333工程”第三层次培养对象11人，省“青蓝工程”中青年学术带头人9人、省“青蓝工程”优秀青年骨干教师30人，国家林业和草原局“百千万人才工程”省部级人选6人，省“六大人才高峰”高层次人才2人。学院有国家级课程思政示范课程教学团队1个、省“青蓝工程”优秀教学团队3个、省高等学校优秀教学团队2个、省高等学校优秀科技创新团队3个、高校哲学社会科学优秀创新团队2个。获批国家重点研发计划任务、公安部科技计划、省社科基金等各级各类项目41个。发表论文159篇，其中高水平论文51篇，授权专利52件、国际专利3件、发明专利15件。承接公安、海关、检察院、法院以及林业、自然资源、纪委监委等执法或相关党政部门鉴定委托1600余件，举办各类培训（会议）18期，培训服务学员1000余人。完成北京冬奥会、冬残奥会和2022年全国两会安保任务，被公安部记集体一等功1次，个人二等功2人。被公安部直属机关评为优秀青年2人、先进青年集体2个。获“全国公安教育工作成绩突出集体”3个，“全国公安教育工作成绩突出教师”2个。

5月17日，公安部召开南森警院主要领导调整暨集体谈话视频会议。会议宣布公安部党委研究决定，肇恒伟任警院党委书记，王邱文不再担任警院党委书记。9月16日，公安部督察审计局审计组到警院召开审计进点会议，警院首次接受公安部专项审计，全面检查和审计转隶以来经济管理和经济决策情况，限期整改问题完成率达84%。12月11日，由南森警院主办，食品药品犯罪研究中心等承办的生态环境法治学术研讨会在学院采用“线上+线下”相结合方式举办。研讨会围绕“生态环境法治”建设主题，学界与业界专家广泛研讨当前生态环境法治与执法前沿热点问题。

（朱清怡）

【金陵科技学院】 占地总面积101.64万平方米，校舍总面积65.72万平方米，固定资产原值27.96亿元，馆藏纸质图书179万册。全日制在校本科生20831人，与河海大学、南京林业大学等联合培养硕士研究生105人。设有马克思主义学院、商学院等二级学院（部）20个。开设七大学科门类本科专业65个，软件工程等5个学科为“省重点建设学科”，计算机科学与技术等15个学科为“市重点学科”。软件工程等8个专业为国家一流本科专业建设点。动画等4个专业为省级品牌专业，动物医学等23个专业为省级一流本科专业建设点，会计学等4个专业为省级特色专业，机械类等4个专业类为省级重点专业类，材料科学与工程专业为教育部卓越工程师教育培训计划试点专业，通信工程、软件工程为省级卓越工程师（软件类）教育培养计划试点专业。硕士学位授予单位及电子信息、土木水利、会计学位授权点通过国务院学位委员会核查，并正式招收硕士生。入选国家首批一流本科课程9门，首批省级一流本科课程27门。教育部专业综合改革试点项目2个，省级优秀教学团队3个，省级优秀基层教学组织1个，省级优秀科技创新团队1个，省级高校重点建设实验室2个，省级高等教育人才培养模式创新实验基地1个，省级重点产业学院建设点1个，省级实验教学示范中心5个，省级实践教育中心4个（含建设点）。有在职教职工1500余人。其中，双聘院士1人，聘请国内外院士为学校荣誉（名誉）教授5人，聘请名誉教授等校外知名专家73人，其中3人为省本科类产业教授。引进高层次人才67人，博士达567人。获评正高资格15人，其中教授14人、正高级实验师1人；副高资格45人，其中副教授40人、高级实验师2人、副研究员3人；有正高职称达156人。博士后进站教师8人，攻读博士教师10人。国内高校开展访学工作40人，到企事业单位实践锻炼27人，校级“双师双能型”教师121人。获批2022年省“青蓝工程”培养对象8人、省“青蓝工程”培养对象考核优秀1人，获批省“双创博士”3人、市“五个一批”人才和青年文化人才2人、市文化人才培养对象2022年度项目资助2人、市优秀教育工作者3人、市“争当表率、争做示范、走在前列”三大光荣使命先进个人称号4人。通过考察聘用及公开招聘专职辅导员104人。学校获国家级教学成果二等奖1项，省级教学成果奖一等奖、二等奖14项。网络化课程建设中获批国家精品在线开放课程6门，慕课在“爱课程网”中国大学MOOC平台上线53门，在线课程在全国地方高校UOOC（优课）联盟上线50门。学校毕业生5733人，就业率为91.12%。承担国家自然科学基金、国家社会科学基金等各类纵横向项目785项，获省市级进步奖和哲学社会科学研究优秀成果奖23项。建有江苏省信息分析工程实验室等市级以上政产学研合作创新平台73个，有教育部批准的中美园艺（生物技术）、中澳软件工程、中英通信工程、中英土木工程等专业中外合作办学项目4个。学校创建的江苏省信息分析工程实验室、江苏省智能建筑监测技术工程实验室、江苏省软件测试工程实验室通过评价认定，并更名为江苏省信息分析工程研究中心、江苏省智慧建筑物联网工程研究中心、江苏省软件测试工程研究中心，且纳入江苏省工程研究中心新序列管理。高可信软件质量保证国际合作联合实验室获批省高校国际合作联合实验室，集成电路测试与故障诊断优化工程研究中心获批市工程研究中心，碳中和建筑设计工程技术研究中心获批市工程技术研究中心，与江苏省水上运动中心共建数字水上运动研究中心，成立金陵科技学院立法研究院，省“科技副总”入选60人，比上年增长131%；省产学研合作项目立项73项，增长217%。学校知识产权运营中心先后入选省知识产权战略推进计划项目与市知识产权公共服务载体，发明专利授权量比上年增长34%，知识产权成果转化金额增长117%。作为唯一高校单位入选省数字农业建设支撑服务单位入编名单。

（刘思思）

【南京工业职业技术大学】 有仙林等3个校区，占地面积90.67万平方米，建筑面积46万平方米。设有本科专业23个、专科专业46个。全日制在校生15649人，其中本科生8287人。有外籍留学生70余人。首次实行省外本科招生，生源覆盖19个省份。有教职员工1100余人，引进博士42人、副高以上职称专业带头人11人；入选“国家特殊人才支持计划”教学名师1人、第七届黄炎培职业教育“杰出教师奖”2人、省“333工程”“青蓝工程”“双创博士”等省部级人才26人。入选国家级职业教育“双师型”教师培训基地、省职业教育“双师型”名师工作室、技艺技能创新平台、“青蓝工程”优秀教学团队各1个。学校设立“技能大师工作室”3个，新增全国技术能手2个。获批国家自然科学基金、国家社科基金项目5项，省部级项目32项。新增省级工程研究中心立项建设1项，授权发明专利数量比上年增长50%，横向课题资金到账比2021年增长31%；人大复印资料全文收录稿件2篇。学校获第八届中国国际“互联网+”创新创业大赛国家级银奖1项、“振兴杯”全国青年职业技能大赛创新创效专项赛金奖1项、省首届思政课教师教学展示活动特等奖1项，入选省思政课教师“领航·扬帆”计划培养1人，获省教学成果特等奖1项、一等奖2项、二等奖2项，省“最美高校辅导员”1人，入选省“十四五”职业教育首批在线精品课程11门、省“十四五”规划教材11部、首届省高校思想政治工作精品项目和中青年骨干项目。学生获省级以上表彰52人，获“全国青年岗位能手”称号1人，获全国职业院校技能大赛、数学建模大赛、电子设计竞赛等国家级奖项22项，获省普通高校本专科优秀毕业设计（论文）一等奖5项。获黄炎培职业教育“优秀学校奖”，获批教育部“高校思政工作创新发展中心”、首批国家级双创学院、省首批绿色高校。入选全国职业院校“三全育人”工作案例，学校科技园获2021年度国家级科技企业孵化器“优秀（A类）”，连续第三年获得江苏省普通高校综合考核第一等次。获批省首家学士学位授予单位职业本科学校，本科专业23个。

6月26日，学校首次举办职业本科专场毕业典礼，首届、也是全国首届职业教育本科生903人顺利毕业。8月20日，学校承办首届世界职业技术教育发展大会分论坛"职业教育校企协同育人模式创新论坛"，党委书记致欢迎辞并主持。11月9日，国务院总理李克强与柬埔寨王国首相洪森共同见证南京工业职业技术大学柬埔寨华理工大学孔子学院揭牌，首批本科学历教育6个专业获得柬埔寨教育部认证批文并正式招生。

（王昕怡）

【金审学院】 占地面积34.37万平方米，建筑面积21.59万平方米。新增图书219555册，征订中外文报刊531种。设有会计与审计学院、金融与经济学院、管理学院、信息科学与工程学院、教师教育学院、艺术设计学院、国际商学院等7个二级学院和基础教学部，设有审计学、会计学、金融学、行政管理、计算机科学与技术、学前教育（师范类）、环境设计（艺术类）等19个本科专业，全日制在校本科生10359人。录取新生3188人。其中，普通本科报到2421人，专转本报到644人。省内历史类投档线495分，物理类投档线476分。毕业率98.69%，学位授予率98.65%，就业率95.15%。引进教职工133人。其中，正高43人，副高35人，中青年教师57人。晋升高级职称8人，晋升中级职称32人，初级职称初定45人。高校教师资格证认定35人，新入职辅导员能力提升专题培训17人。出台《南京审计大学金审学院"旭阳"学者培养计划》，遴选首批"旭阳"学者12人、"旭阳"青年学者10人。入选省高校"青蓝工程"优秀骨干教师培养对象1人，完成结项考核2人；入选省本科院校国内访问学者1名。学生参加国家级和省部级各类学科竞赛获奖92项。其中，国家级一等奖4项、二等奖7项、三等奖13项；省级一等奖15项、二等奖21项、三等奖32项。获省优秀毕业论文（设计）团体三等奖1项。获第十三届"挑战杯"中国大学生创新创业计划竞赛省级铜奖2枚。暑期社会实践评选立项省级重点团队5个。完成线上云、育婴员和保育师职业技能鉴定18场。厅局级以上课题立项40余项。其中，教育部产学合作协同育人项目2项，教育部教育科学十四五规划子课题1项，省高校哲社一般项目10项、思政项目8项，省高校自然科学面上项目2项，省保险学会课题2项，省生产力学会课题6项，省社科联、文明办课题4项，中国学前教育研究会、省审计厅、省计算机学会、市委统战部等部门课题各1项。发表论文132篇。其中，SCI期刊4篇、CSSCI期刊1篇、人大复印资料转载3篇、北大核心期刊15篇、EI期刊1篇。教师参加省高校微课教学比赛获二等奖1项、三等奖3项。入围第三届长三角民办高校教师教学技能大赛决赛1人。获2021年度中国高等教育博览会"校企合作 双百计划"典型案例奖，是省唯一获此奖独立院校。

（金财财）

【南京信息职业技术学院】 获教育部国家"双高计划"建设中期绩效评价优等，入选中国职业教育质量年度报告"全榜单"高校、国家级职业教育"双师型"教师培训基地、教育部职业院校数字校园建设试点单位、全国高校心理委员工作示范单位、省文明校园、省高质量平安校园、省共青团工作先进单位、省绿色学校、省示范性虚拟仿真实训基地培育校。连续三年获省地方普通高校综合考核第一等次。招生4420人，实际录取4412人，计划完成率99.8%，其中提前招生计划录取2000人。截至12月底，毕业生去向落实率达98.47%，位居省双高校和卓越校首位。2022届533名贫困生就业率为100%，6名残疾毕业生全部就业，"送岗到家"做法被新华社客户端报道。学校被评为"高校毕业生就业工作量化督导A等高校"，获教育部第一期供需对接就业育人项目。教师获全国教学能力比赛一等奖1项，省教学能力比赛一等奖3项、二等奖2项、三等奖4项，省教学成果奖5项。新增"江苏工匠"称号3人，"江苏省技术能手"称号18人，入选黄炎培职业教育奖杰出教师奖1人、省教学名师1人、省青蓝工程骨干教师4人、中青年学术带头人2人、省青蓝工程创新团队1个、省产业教授5人。获批江苏职业教育教师企业实践基地1个、省"双师型"名师工作室1个、省技艺技能传承创新平台1个、"333高层次人才培养工程"第三层次培养对象2人、省双创博士1人。学生获省级以上竞赛295项。其中，全国职业院校技能大赛一等奖6项、二等奖2项，省职业院校技能大赛一等奖12项，国赛、省赛一等奖数均位居全省高职院校首位。“互联网+”大赛获省级以上奖20项，“挑战杯”竞赛获省级以上奖5项，“学创杯”竞赛获省级以上奖18项，“振兴杯”竞赛获省级以上奖7项，省普通高校本专科优秀毕业论文（设计）一等奖4项，一等奖获奖数量位居全省第二。学校获省级及以上教科研项目立项44项。其中，国家自然基金3项、教育部项目7项、省产学研项目20项、省教育规划课题10项、省社科基金1项、其他3项，市厅级项目75项。获评省科技副总15人，服务中小微企业714家，服务企业项目766项，带动产生经济效益5.12亿元。签订横向项目176项，合同经费2495.2万元，实现当年到账经费1834万元，比上年增长23%，技术合同资金总额连续三年位居江苏高职院校第一。学校有高级技术经纪人4人。申请知识产权509项。其中，授权发明专利114项，实现转化64项。累计完成社会培训项目98项，培训55676人次，比上年增长53%。入选省级全民数字素养与技能培训基地和首批江苏高校银龄学习中心。黄红艳《噻吩并吲哚类杂环空穴传输材料及其钙钛矿光伏器件》课题申报国家自然科学基金青年基金项目获得立项，赵东东参与课题《高效率电激发二维半导体红外光源器件》和《基于二维荧光材料的直写式光存储与加密》申报2022年国家自然科学基金面上项目均获得立项。

（高　萌）

【紫金学院】 占地40.87万平方米，教学生活用房近30万平方米。学院设有智能制造学院、电子工程与光电技术学院、计算机学院、商学院、人文与社会科学二级学院5个，本科专业28个，在校生万余人。录取普通本科新生4573人，专转本1273人。毕业生累计毕业率97.6%，考研升学率10%，“双一流”高校占比39.2%。有教职员工446人，录用新教师57人。其中，具有高级职称12人、博士后1人、博士2人，取得副教授资格4人、副研究员资格1人。学院入选省青蓝工程优秀青年骨干教师培养对象1人、“聚智高端人才计划”23人。获批省级产教融合型品牌专业培育点1个，新增智能制造工程、智能建造、金融科技、大数据管理与应用本科专业4个，服务外包类人才培养嵌入式项目7个。有科研用途实验室8个、研究中心4个、校外实习基地129个。学院获江苏机械工业科技进步奖一等奖，被确定为科技部国家制造业信息化培训中心产教融合试点示范基地、省外包人才培养试点高校和省产业人才培训基地。学院获教育部产学协同育人项目10项、省高等教育学会专项课题4项、省社会科学基金项目1项、省教育厅自然科学面上项目1项、省教育厅哲学与社会科学项目一般项目10项和思想政治项目9项、省社会科学联合项目1项、省知识产权局项目1项、教育部中国高校产学研创新基金项目1项、高等教育科学研究成果评比二等奖1项。教师在全国混合式教学创新大赛、省级教学创新大赛、省级微课比赛活动中17人次获奖7项，发表省级及以上论文113篇、专著1本。其中，以第一作者单位在SCI检索收录论文8篇，EI检索收录论文4篇，CSSCI检索收录论文3篇，其他核心源期刊收录论文11篇。发明专利授权10项，实用新型及外观授权110项，软件著作权57项。学生参加各类竞赛78项，获奖739人次。

（喻灿蓉）

【钟山职业技术学院】 是全日制民办普通高校，现有全日制在校生9098人，成人专科生2793人，折合在校生人数9936人（据国家教育统计标准，成人专科生按0.3折算）。学校有教职工377人。其中，专任教师287人，行政人员81人，教辅人员9人。专任教师中具有高级职称的76人，研究生学历或硕士及以上学位145人，占专任教师50.5%。占地面积36.47万平方米。其中，运动场地面积2.09万平方米，教学及辅助用房14.19万平方米，教学科研仪器设备资产5712.7万元，图书49.65万册，电子图书10万册，电子期刊5.55万册，数字终端1999台。学校获“2022年江苏省职业院校技能大赛先进学校”称号、全国职业院校技能大赛高职组养老服务技能赛项一等奖、“外研社杯”职场英语挑战赛写作大赛江苏赛区特等奖和全国决赛一等奖、省职业院校技能大赛（高职组）英语口语技能赛项非英语专业组一等奖、“领航杯”江苏省教师信息素养提升大赛一等奖、第六届“启航杯”江苏省高职院校新教师教学竞赛团队一等奖。人文艺术学院被江苏省总工会授予“江苏省工人先锋号”称号，经济与管理学院财经系教师党支部入选全省党建工作样板支部培育创建单位，青年志愿者协会获“2021年度江苏省青年志愿服务行动组织奖”称号。学校与江苏南大鸿宇托育集团签约校企合作，挂牌成立“托育人才培养基地”，与南师大合作建立“儿童教育与人文学院”。

（郭海红）

特殊教育

【南京特殊教育师范学院】 2022年，南京特殊教育师范学院是全国唯一一所独立设置、以培养特殊教育师资为主、残疾人事业专门人才的省属普通本科高校，是全国卓越特殊教育教师培养改革项目单位、中残联首批残疾学生高等融合教育试点学校、全国残疾人职业教育师资培训基地、中国盲文手语推广服务中心、江苏省特殊教育发展指导中心、江苏省特殊教育师资培训中心、江苏省残疾人事业培训中心、江苏视障人员教育考试支持研究中心。校舍建筑总面积20.34万平方米，图书馆馆藏纸质文献87.17万册，博物馆馆藏特殊教育史料2000余件。学校设有学院10个，开设本科专业23个，全日制在校生8469人，其中残障大学生262人。专任教师444人。“十四五”江苏省重点学科4个，国家高校一流本科专业建设点2个，江苏省高校一流本科专业建设点12个，校内实验（实训）室95个，校外实习基地249个，省级实验教学与实践教育中心2个，省高校重点建设实验室1个，国家虚拟仿真实验教学项目1个，省级虚拟仿真实验教学项目1个，首批国家语言文字推广基地建设项目1个，省级大学生创新创业实践教育中心建设点1个。入选江苏高校品牌专业建设工程一期建设项目1个，有国家级精品资源共享课程2门、国家级一流本科课程3门、省级一流课程14门、省级产教融合型一流课程3门、省级在线开放课程9门、省级课程思政示范课程2门，立项国家级、省级重点教材12部，承担教育部卓越特殊教育教师培养计划项目。学校作为主要承担单位研制《特殊教育教师专业标准（试行）》《义务教育聋校课程标准》《就业年龄段智力、精神及重度肢体残疾人托养服务规范》等国家标准，出版《残疾人蓝皮书》《无障碍环境蓝皮书》。学校建有省级科研创新平台11个，承担国家级科研项目20项，获省部级优秀成果奖8项。学校牵头成立“全国大中小学校特殊教育联盟”。教育学、公共管理、中国语言文学、数学学科入选“十四五”江苏省重点学科，成立孤独症（自闭症）教育研究中心，入选国家“十四五”时期教育强国推进工程优质师范院校储备学校，特殊教育专业获批省2022年高校国际化人才培养品牌专业建设立项资助项目。教师获第十七届“江苏青年五四奖章”1人，入选省教学名师1人、省“333高层次人才培养工程”第二层次培养对象1人、省“青蓝工程”培养对象教学团队1个和教师4人，获批省本科类产业教授3人、省“双创博士”项目资助7人。获第六届中国青年志愿服务项目大赛银奖2项、第十二届“挑战杯”省大学生创业计划竞赛金奖1项、省十佳青年志愿服务项目1项、国家级学科竞赛中获奖35项。

5月14日，全国31个省（自治区、直辖市）共188所特殊教育大中小学校共同发起的“全国大中小学校特殊教育共同体（联盟）”在学校实验实训大楼报告厅（主会场）举行揭牌仪式，并成立第一届理事会。成立仪式后举行首届特殊教育学校校长论坛。7月27—28日，第十七届中国信息无障碍论坛暨全国无障碍环境建设成果展示应用推广活动举行。以“人文·无障碍”为主题，全国人大常委会委员、中国残联副主席，江苏省人民政府副秘书长，联合国儿童基金会代理驻华代表雷纳德等出席开幕式。活动现场展设信息无障碍科技产品和无障碍文化成果。11月26日，全国大中小学校特殊教育共同体（联盟）第一届理事会第一次全体会议在线上召开，参加会议单位154家。会议表决通过联盟标识、《联盟章程（草案）》，选举产生第一届理事会常务理事会成员单位、第一届理事会理事长及副理事长单位。南京特师当选第一届理事会理事长单位。12月1日，第十六届中国残疾人事业发展论坛开幕式在南京特师举行。论坛以“提升残疾人发展能力、促进残疾人共同富裕”为主题，国家发展和改革委员会、人力资源和社会保障部、民政部等相关领导出席开幕式，北京大学、清华大学、中国人民大学、南开大学等近百所高等院校、研究机构专家学者近1000人“线上线下”参加论坛。中国残联党组成员、副主席、副理事长到会并讲话，国家发展和改革委员会社会司司长、人力资源和社会保障部就业促进司副司长、校党委书记等致辞。校党委常委、副校长主持开幕式。南大科研院校等13名专家学者做主旨发言，南京特师校长做题为《现代化进程中特殊师范教育四十年》主旨报告。会议期间，还进行高科技助残企业代表圆桌会议、中国式现代化与特殊教育普惠发展论坛及线上分论坛7场，发布新书《残疾人安全防护实用手册（全二册）》。12月12日，南京特师建校40周年发展大会在栖霞校区实验实训大楼报告厅举行。教育部原副部长、省政府原副省长、省人大常委会原副主任、全国政协常委等出席大会。雷纳德、俄罗斯特殊教育教师联盟主席克留科夫·乔治线上出席大会。校党委书记主持大会，校长、雷纳德、克留科夫·乔治分别致辞，特殊教育学院院长做大会发言。海内外校友、社会各界朋友通过网络平台观看大会直播。同日，江苏省残疾人事业培训中心揭牌。

（陆　宁）

社会教育

【概况】 2022年，栖霞区有江苏省标准化成人教育中心9个，居民学校122所，专职教师及管理人员53人，兼职教师456人。完成各类职技培训、居民社区教育活动、各类职业资格培训和成人学历教育共65.34万人，各类平台推送宣传稿件2000余篇。立项省级游学项目1项，创建市级终身学习活动品牌、市级教育服务乡村振兴优秀项目各1个，获江苏省“能者为师”专题特色课程并推介为教育部职业教育与成人教育司特色课程3门。参加全国老年教育教学成果展，作品获得二等奖1个、三等奖3个、优秀奖1个；参加省级书画、摄影、剪纸等评比，获一等奖1个、二等奖3个、三等奖5个、优秀奖5个。学校所属“善学促善治”共同体获中成协优秀共同体（全国4个），学校被评为优秀学校（全国9家）、江苏省社会教育百强单位、南京市优秀办学单位、教学管理先进单位和社区教育先进单位。

【第五批“一社一特”评审】 8月30日，2022年栖霞区社区教育第五批“一社一特”评审活动在栖霞社区学院举行。区教育局、栖霞开放大学、各街道社区教育中心以及各社区居民学校代表参加。开放大学副校长汇报近年来“一社一特”评审工作开展情况并介绍评审标准。评审专家经过查阅资料、听取汇报、逐项评估、现场打分，评定社区教育“一社一特项目”10个，五批共评定108个。

【二十大主题宣讲活动】 12月9日，由南京开放大学社会教育中心主办、南京市栖霞区社区培训学院承办的“践行新思想 拥抱新时代”二十大主题宣讲活动走进栖霞区马群街道金陵驿社区居民学校，邀请南京城市职业学院马克思主义学院副教授许红梅做题为《守正创新 勇毅前行——学习党的二十大精神》的宣讲报告。居民学校成员通过线上线下方式一同参与学习。

（滕　萍）

责任编辑　陈美萍

文化

综　述

【公共文化设施】 2022年，栖霞区积极推进区、街、社区（村）三级公共文化服务体系建设，全区公共文化设施网络布点182个，区文化馆、图书馆均为国家一级馆。实行文化馆总分馆制“场地联用”机制，推动有条件的街道文化站和社区（村）综合文化服务中心每天12小时开放，每个街道不少于2家。除区图书馆外，建成各类型分馆140家、城市书房2个、农家书屋20个、24小时自助图书馆1个、栖图驿站42个。

【项目招商】 栖霞区挖掘并上报文化项目招商信息40余条，荣获南京文化产业招商“热力榜”第一名。积极组织参加中国（南京）文化和科技融合成果展览交易会、“金梧桐奖”评选等特色展会，促进文化科技企业间的交流合作，实现资源共享。

（胡紫薇）

公共文化

【概况】 全区进一步完善公共文化服务体系。组织开展“全民阅读春风行动”“小小朗读者”等各类阅读活动1100余场，其中举办各类送温暖阅读活动33场。区、街、社区（村）三级公共文化服务体系共开展各类群文活动3457场次。人均接受文化场馆服务次数达全年目标任务的144.8%；公共文化数字化服务乡村覆盖率、人群覆盖率、服务覆盖率均达到100%以上，其中服务覆盖率达到全年目标任务的140.8%。

【区文化馆】 栖霞区文化馆16个专业艺术教室开放预约，固定预约场馆活动的群众团队达10支，教室使用次数达15000人次。推出“艺栖夜课”，举办春季、秋季两期文化培训班，开设培训课程62门，培训27816人次。“群星艺术团”舞蹈队、合唱队与民族乐队，全年排练180个课时，培训约5000人次。巡查栖霞区社会艺术考级活动54场，服务考生5000余

栖霞区文化馆“艺栖夜课”茶艺公益培训　　区文旅局　供图

人次。微信公众号全年发布图文信息180条，总浏览量165181次，转发3490次，留言1016条。全年举办展览13场，开展文艺演出活动47场，服务22.7万人次。8月，区文旅局、区文化馆选送的小品《社区那点事》、群舞《青春的逆行》获第十五届江苏省“五星工程奖”。其中小品《社区那点事》由江苏省文化和旅游厅选送参加第十六届“华东六省一市”戏剧小品大赛，获银奖。

11月29日，小品《社区那点事》获第十六届“华东六省一市”戏剧小品大赛银奖　　区文旅局　供图

【区图书馆】　区图书馆新馆建筑总面积6500平方米。全年无休息日，实行“朝九晚九”的开放模式，每周免费开放时间达80.5小时。馆内设有综合借阅室、少儿借阅室、亲子借阅室、视障阅览室、电子阅览室、资源播放室、工具书阅览室、24小时自助借阅室8个对外窗口，办公室、综合部、采编部、流通部、业务部、信息部6个业务部门。区图书馆新增图书35923册，图书总藏量达552339册，总流通462545万人次，图书外借393863册次。新建区检察院分馆、仙林东南青年汇、南京栖霞科技发展投资有限公司图书驿站。因疫情防控需要，区图书馆活动组织以线上为主、线下为辅，共举办各类阅读活动230场，发布微信329条，服务70万余人次。在市文旅局组织开展的2022年全市公共图书馆共建共享系列活动中，区图书馆推荐的作品获全市“文都文影”读者征文摄影大赛征文类一等奖1个、二等奖1个、三等奖1个、优秀奖3个，摄影类获二等奖2个、优秀奖4个。获市“书海好景”文旅融合图书推荐创意短视频征集活动二等奖2个，“童心永向党 快乐伴成长”南京市红领巾读书征文活动获二等奖1个、三等奖2个。区图书馆获南京市公共图书馆共建共享系列活动“文都文影”读者摄影大赛优秀组织奖。

【文化惠民活动】　全区开展“文艺志愿服务小分队”活动9场、“公益周周演”活动25场、百场公益活动9场、送戏下乡4场。节假日期间，在全区公共文化场所、商业场所，举办非遗集市、非遗展览等节会文化活动百余场。春节前夕，区文化馆邀请十余名省、市书协的书法家为群众书写春联1000余幅。

（孙朝阳）

【线上读书节举办】　4月22日，区图书馆举办第六届“读创栖霞”线上读书节，在“南京市栖霞区图书馆”微信公众号发布启动仪式，吸引10594位读者参与。读书节为期一个月，开展线上绘本直播课、线上听书打卡、线上作品征集、线上公益展览、线上竞答互动等阅读活动28场，累计服务读者21860人次。

【精品阅读活动开展】　区图书馆承办开展“文都文影”读者征文+摄影大赛、“书海好景”短视频征集、“中华经典诗词诵唱绘”少儿作品征集等市区联动系列活动，并组织市民读者、中小学师生积极参与。11月，参加第三届南京市公共图书馆读者节，开展《揭秘植物》绘本共读主题活动。

【全民阅读】　区全民阅读活动领导小组印发《2022年度栖霞区全民阅读工作考核办法》，通过社会民意调查测评机构开展全民阅读指数测评，将文明典范城市创建和文化活动融入全民阅读同步组织，营造浓厚阅读氛围。组织开展“读”览长江、“阅”知千古——南京市栖霞区长江文化系列活动之“江中绿岛 醉美八卦洲”“童心向党 —‘栖’朗读”——栖霞区“小小朗读者”评选、“阅多精彩 悦享未来”——迈皋桥街道2022年共享阅读空间系列活动启动仪式、全民阅读春风行动等，累计开展特色阅读活动1100余场，发放各类全民阅读宣传品1万余份。在《人民日报》《新华日报》《南京日报》“学习强国”学习平台、《人民日报》（海外版）等发布全民阅读报道500余篇。

（胡紫薇）

【“千个最美公共文化空间”建设】按照《江苏省打造“千个最美公共文化空间”实施方案》《江苏省“最美公共文化空间”建设指南（试行）》等有关要求，推动区内公共文化设施升级建设。迈皋桥丁家庄“栖阅时光”城市书房被评为江苏省“最美公共文化空间”。西岗街道桦墅凤凰农家书屋被评为“2022年长三角及全国部分省市最美空间大赛”百佳公共文化空间奖——公共阅读空间。

【群文团队创优培育】3月，江苏2022年度“双千计划”打造和培育对象结果发布，南京鸣春社京剧团入选2022年度江苏优秀群众文化团队培育对象。10月，经团队自查、区文旅局初评及市文旅局审核，南京鸣春社京剧团、南京姚坊门劲松艺术团、马群街道金马艺术团通过南京市五星级群众文艺团队2022年度检查，评定为合格等次。

（孙朝阳）

文学艺术

【概况】2022年，区文联下辖作家协会、音乐家协会、舞蹈家协会、美术家协会、书法家协会、摄影家协会、戏曲曲艺家协会、朗诵协会、诗词楹联家协会9个区级文艺协会，会员1042人。区财政投入资金138.1万元，扶持图书、美术、歌曲、舞蹈、舞台剧等项目16个，重点扶持的南京大学艺术硕士剧团演出27场，原创剧目《人间童话》作为特邀剧目参加乌镇戏剧节。舞台剧《燕矶曦照》入选南京艺术基金扶持项目，话剧《中文系》、音乐剧《我是江竹筠》分别入选江苏省紫金文化艺术节小剧场展演和大学生戏剧展演，报告文学《无言的战友》入选2022年度全国“桂冠童书百强”榜，《陆陆与湾湾》获“戏剧中国”2021年度话剧类潜力剧本奖。南京玲珑天文化发展有限公司出版的彩色绘本《跟着阿槑游拉萨》入选全国青少年文化精品读物。

（胡紫薇）

【“霞WE TALK”举办】“艺栖来 礼赞新时代”品牌系列文艺活动、栖霞区文联“霞 WE TALK”文艺名家讲堂在区摄影家协会、舞蹈家协会支持下，在马群街道开展摄影课程培训4场，在龙潭、八卦洲、西岗等3个街道开办舞蹈培训10场，服务基层文艺骨干和市民近100人次。

（胡紫薇）

【“秋栖霞”系列文学活动】区委宣传部、区文旅局、区文联联合策划推出“秋栖霞”系列文学活动。联合江苏省作家协会、南京市作家协会邀请傅宁军、方政、

5月24日，童心向党—“栖”朗读——栖霞区“小小朗读者”评选活动
区委宣传部 供图

4月16日，栖霞区文学作品捐赠仪式暨栖霞区文学创作精品展开幕仪式
区委宣传部　供图

邹世奇等作者举办多场作品研讨会，邀约汪政、范小青、吴俊、胡弦等10余名评论家、作家、诗人现场点评。开展栖霞文学精品展览及捐赠活动，向栖霞区档案馆捐赠图书。邀请《无言的战友》作者傅宁军携书中原型消防员走进校园，进行创作分享活动，扩大“栖霞文学创作现象”品牌影响力。

（胡紫薇）

【“倚江蝶变看栖霞”文艺作品征集】 区委宣传部、区文旅局、区文联组织开展“倚江蝶变看栖霞”优秀文艺作品征集展示活动，收到诗歌、散文、书画、摄影、歌曲等各类作品787件（组）。发布“喜迎二十大 优秀文艺作品巡礼”线上展览2期，在《青春·栖霞山》杂志设立“红枫礼赞”专栏择优选登。围绕“倚江蝶变看栖霞”主题，开展采风创作活动5场，聚焦社区党建、卫生健康、重点工程、发展新貌等方面，记录栖霞的长江文化内涵与城市建设面貌。

（胡紫薇）

【第二十三届“金秋栖霞艺术节”】 12月18—23日，由区文旅局主办，区文化馆联合南京金箔博物馆、南京金箔金线总厂承办的“第二十三届金秋栖霞艺术节——国家宝藏南京金箔锻制技艺图片实物展”在仙林金鹰湖滨天地举办。现场展示民间布艺、南京剪纸、南京风筝、南京绢花、灯彩、南京泥人、绳结等非遗项目8个，非遗项目老师为市民讲解，与市民互动，参与非遗集市活动数万人次。

【南京鸣春社京剧团】 剧团有团员35人。全年排练32场、演出3场。6月10日，在栖霞区文化馆青春剧场，首次上演2021年度南京艺术基金资助项目“红色记忆”现代京剧专场。7月31日，在七仙大福村参加“戏曲里的爱情”七仙大福村七夕晚会演出。8月30日，在雨花台区梅山街道文化公园参加“南京市百场公益文化惠民”演出。

（孙朝阳）

表31　2022年栖霞区获奖文艺作品名录

序号	作者（单位）	艺术类别	作品名称	荣誉参展等	组织单位	时间
1	张光芒	文学	《南京百年文学史》	江苏省文艺大奖·首届文艺评论奖	江苏省文联	2022年1月
2	李红萍	文学	阿槑	2022年江苏省优秀版权作品产业转化重点培育项目	中共江苏省委宣传部	2022年7月
3	南京市栖霞区地方志办公室	文学	《贞石——南京栖霞地区历代碑刻集成》（简称《贞石》）	2022年度全省史志作品地情类优秀作品	江苏省地方志办公室	2022年9月
4	李红萍	文学	《槑好南京》系列绘本	中国好礼年度产业促进计划2022年度推荐产品	中国贸促会商业行业委员会	2022年9月

续表31

序号	作者（单位）	艺术类别	作品名称	荣誉参展等	组织单位	时间
5	李红萍	文学	《跟着阿槑游拉萨》绘本	全国青少年文化精品读物	共青团中央宣传部	2022年10月
6	靖　雷	文学	亚美尼亚风景之四	出版	《中国美术教育》杂志社	2022年
7	吕步志	文学	《七律·南京眼》	"喜迎党的二十大·极美南京之新时代乐章"全国诗词大赛三等奖	江苏省诗词协会和南京诗词学会	2022年
8	李红萍	美术	"南京百年奋进"图	2021中国正能量"五个一百"网络精品	中央网信办	2022年1月
9	罗家健	美术	《丝路古韵1》	传承·创新2022年春季沙龙雕塑艺术作品网展	中国工艺美术学会雕塑专业委员会	2022年5月
10	郭维奥	美术	《温情》	2022年春季沙龙雕塑艺术作品展	中国工艺美术学会	2022年5月
11	谭雷鸣	美术	美术作品	"守正创新"2022年南京山水画作品展	中国美术馆	2022年5月
12	李素芳	美术	《山之意》	"笃学致美"南京师范大学120周年美术教育艺术作品收藏	中国美术馆	2022年5月
13	李建民	美术	《赶海》	"笃学致美"南京师范大学120周年美术教育艺术作品收藏	中国美术馆	2022年5月
14	虞　露	美术	《远山》	"笃学致美"南京师范大学120周年美术教育艺术作品收藏	中国美术馆	2022年5月
15	朱　毅	美术	《随缘》	"笃学致美"南京师范大学120周年美术教育艺术作品收藏	中国美术馆	2022年5月
16	罗家健	美术	《丝路古韵2》	云南省第四届雕塑展	云南省美术家协会	2022年5月
17	郭维奥	美术	《我们这一代》	2022江西素描优秀作品展	江西省美术家协会	2022年6月
18	王　超	美术	《志在千里——朱德》	青春百年心向党——2022江苏省青年美术书法优秀作品展	江苏省青年美术家协会	2022年7月
19	郭维奥	美术	《温情》	青春心向党——2022江苏省青年美术书法作品联展	江苏省青年美术家协会	2022年7月
20	窦　昊	美术	《白鸽》	江苏省青年美术书法优秀作品展	江苏省青年美术家协会	2022年7月
21	窦　昊	美术	《烟雨》	江苏省青年美术家提名展	江苏省青年美术家协会	2022年7月
22	陈　维	美术	陈维篆刻	中国艺术节参展	文化和旅游部	2022年8月

续表31

序号	作者（单位）	艺术类别	作品名称	荣誉参展等	组织单位	时间
23	陈　维	美术	《一身心事问梅花》	第十五届江苏省“五星工程奖”	江苏省文旅厅	2022年8月
24	茆雅凤	美术	绢花作品	2022年度江苏省新的社会阶层人士献礼党的二十大“苏新非遗传承”入展奖	江苏省新的社会阶层人士联谊会 江苏省非物质文化遗产保护协会 江苏省工艺美术行业协会 江苏省民间文艺家协会	2022年9月
25	葛传民	美术	剪纸《耄耋永向党》	2022年度江苏省新的社会阶层人士献礼党的二十大“苏新非遗传承”苏新工艺奖	江苏省新的社会阶层人士联谊会 江苏省非物质文化遗产保护协会 江苏省工艺美术行业协会 江苏省民间文艺家协会	2022年9月
26	葛传民	美术	剪纸	2022年度江苏省新的社会阶层人士献礼党的二十大“苏新非遗传承”入展奖	江苏省新的社会阶层人士联谊会 江苏省非物质文化遗产保护协会 江苏省工艺美术行业协会 江苏省民间文艺家协会	2022年9月
27	窦　昊	美术	《初雪》	2022中国姿态——共融共创第三届温州雕塑作品展	中国雕塑学会	2022年10月
28	陈　维	美术	陈维篆刻	江苏文艺大奖·第四届江苏书法奖	江苏省书法家协会	2022年11月
29	谭雷鸣	美术	美术作品	“诚朴雄伟”南京大学120周年校庆名家邀请展	中国美术馆	2022年
30	谭雷鸣	美术	美术作品	“笃学致美”南京师范大学120周年美术教育艺术作品展	中国美术馆	2022年
31	谭雷鸣	摄影	《黄海森林公园》	“新时代颂”2022江苏美术摄影主题联展	江苏省文联	2022年10月
32	陈　亮	摄影	《苏州评弹“焦裕禄”园》	“新时代颂”2022江苏美术摄影主题联展	江苏省文联	2022年10月
33	易春晖	摄影	《杂技“渡江侦察”》	“新时代颂”2022江苏美术摄影主题联展	江苏省文联	2022年10月
34	栖霞区文化馆	舞蹈	《青春的逆行》	第十五届江苏省“五星工程奖”	江苏省文旅厅	2022年8月
35	栖霞区文化馆	戏曲	小品《社区那点事》	第十五届江苏省“五星工程奖”	江苏省文旅厅	2022年8月

（区文联）

文化遗产保护

【概况】 2022年，全区范围内有全国重点文物保护单位5处15点、省级文物保护单位4处4点、市级文物保护单位18处18点、区级文物保护单位20处20点、一般不可移动文物54处54点。推进“智慧文保”建设，升级“不可移动文物安全管理平台”App，文物监控项目实现对区级以上文物保护单位54处107个点位实时监控。区文旅局筹措资金40万元，对全国重点文物保护单位陈文帝陈蒨永宁陵石刻、萧景墓石刻周边环境进行整治。区文旅局先后举办栖霞区文化遗产主题摄影比赛、第二十届“文博之夏”系列活动。联合街道和消防等相关职能部门开展文物建筑消防安全专项检查活动，组成专项检查工作组5个，出动96人次，检查全区文物建筑24处。其中，省保1处、市保4处、区保3处、一般不可移动文物16处。

【“府前路张氏住宅”修缮工程通过验收】 “府前路张氏住宅”位于龙潭街道兴隆村府前路10号（原花园金箔厂内），2012年被南京市列入第四批南京市文物保护单位名录。该处文物因年久失修，已影响建筑本体安全。2020年8月，区文旅局组织召开“府前路张氏住宅”修缮推进会议。2021年3月12日，经市文物局批复同意后开工修缮，修缮工程总投入395万元，以不改变原状、安全性、最低干预为主要原则，通过原样保留、原样恢复、结构加固等保护模式进行修缮。2022年11月24日，修缮完成并通过市文旅局组织的专家组验收。

【栖霞区文化遗产主题摄影比赛】 6月9—22日，结合全国第17个“文化和自然遗产日”，栖霞区文旅局举办“2022时代共进 人民共享——南京市栖霞区文化遗产摄影大赛”。大赛吸引众多摄影家和摄影爱好者参与。经过大赛专业评审委员会评审，评出推荐奖2幅、优秀奖10幅、入围奖20幅，部分作品在“跨江沿江 互通互融”宁镇扬核心区长江文化保护与传承主题活动现场展出。

【三地战略合作协议签署】 6月26日，栖霞区与镇江句容市、扬州仪征市在仙林金鹰湖滨天地签署宁镇扬核心区《长江文化传承与保护战略合作协议》，协议旨在加强三地在文化、文物、旅游、体育、广播电视等方面的交流与合作，共同保护好、传承好、弘扬好长江文化。

【非物质文化遗产保护】 全区有非物质文化遗产代表性项目23个，代表性项目传承人46人，非物质文化遗产保护基地3处。全年组织非遗活动22场，总服务30万余人次。6月26—27日，区文旅局开展“宁镇扬核心区长江文化保护与传承非遗集市”活动，现场为6位非遗传承人颁发2022年度优秀区级非遗传承人奖，同时举行非遗传承人收徒仪式。活动现场设有非遗集市，展设南京剪纸、南京风筝、南京绢花、民间布艺、绳结等非遗作品。7月2—3日、9—10日，区文化馆开展两期亲子非遗夏令营系列活动，组织40名青少年参观金箔博物馆，体验非遗手工制作。

6月26日，《长江文化传承与保护战略合作协议》签署仪式举办

区文旅局 供图

【第二十届"文博之夏"系列活动】区文旅局组织辖区文博场馆开展第二十届"文博之夏"系列活动。陶行知纪念馆针对青少年开放行知园，在暑假期间，接待团队70个3627人次，讲解员从青少年的视角讲述历史，引导青少年弘扬"晓庄十英烈"革命精神，传播红色文化，树立红色理想，增强文化遗产保护意识。

（孙朝阳）

表32 南京市栖霞区非物质文化遗产代表性项目一览表

序号	项目类别	项目名称	保护街道或单位	项目级别
1	传统工艺	金箔锻制技艺	南京金线金箔总厂	国家级
2	传统工艺	南京传统真金线制作技艺	南京金线金箔总厂	省级
3	传统工艺	金陵折扇制作技艺	金陵折扇研究所	省级
4	传统舞蹈	栖霞龙舞	南京栖霞区文化馆	省级
5	民间文学	栖霞寺石匠成佛的传说	栖霞古寺	市级
6	传统工艺	金陵旗袍制作技艺	南京荣萍服饰有限公司	市级
7	传统美术	南京绢花	栖霞区文化馆	市级
8	民俗	栖霞山赏枫习俗	栖霞山风景名胜管理处	市级
9	民间文学	田螺姑娘传说	马群街道文化站	市级
10	传统工艺	南京云锦木机妆花手工织造技艺	马群街道文化站	区级
11	传统工艺	柴龙道具制作技艺	西岗街道文化站	区级
12	传统美术	金陵竹雕	燕子矶街道文化站	区级
13	传统美术	泥人彩塑	迈皋桥街道文化站	区级
14	民间文学	八卦洲来历的传说	八卦洲街道文化站	区级
15	传统舞蹈	莲湘舞	燕子矶街道文化站	区级
16	传统工艺	青铜器修复技艺	南京大学文化与自然遗产研究所	区级
17	传统工艺	书画装裱技艺	南京大学文化与自然遗产研究所	区级
18	传统工艺	古陶瓷修复技艺	南京大学文化与自然遗产研究所	区级
19	传统工艺	金箔用乌金纸制作技艺	南京金线金箔总厂	区级
20	传统工艺	南京贴金技艺	南京金线金箔总厂	区级
21	传统美术	南京剪纸	马群街道文化站	区级
22	传统美术	南京风筝	马群街道文化站	区级
23	传统音乐	栖霞古寺梵呗	南京栖霞古寺	区级

表33 南京市栖霞区非物质文化遗产代表性项目传承人一览表

序号	项目类别	项目名称	传承人姓名	项目级别	所属街道（单位）
1	传统工艺	金箔锻制技艺	王必生	国家级	南京金线金箔总厂
2	传统工艺	金箔锻制技艺	葛义根	省级	南京金线金箔总厂

续表33

序号	项目类别	项目名称	传承人姓名	项目级别	所属街道（单位）
3	传统工艺	金箔锻制技艺	熊怀娣	省级	南京金线金箔总厂
4	传统工艺	真金线制作技艺	熊怀娣	省级	南京金线金箔总厂
5	传统工艺	金陵折扇制作技艺	王克礼	省级	尧化街道
6	传统舞蹈	栖霞龙舞	薛友新	省级	迈皋桥街道
7	传统工艺	真金线制作技艺	王　成	省级	龙潭街道
8	传统工艺	金箔锻制技艺	张锡贵	市级	南京金线金箔总厂
9	传统工艺	金箔锻制技艺	陈道祥	市级	南京金线金箔总厂
10	传统工艺	金箔锻制技艺	张宜娟	市级	南京金线金箔总厂
11	传统工艺	真金线制作技艺	葛义秀	市级	南京金线金箔总厂
12	传统工艺	金箔锻制技艺	王伦贵	市级	南京金线金箔总厂
13	传统工艺	金箔锻制技艺	张　丽	市级	南京金线金箔总厂
14	传统工艺	真金线制作技艺	宗昌银	市级	南京金线金箔总厂
15	传统工艺	金陵折扇制作技艺	倪世金	市级	栖霞街道
16	传统工艺	金陵折扇制作技艺	吴家盛	市级	栖霞街道
17	传统工艺	金箔锻制技艺	印忠明	市级	南京金线金箔总厂
18	传统工艺	金箔锻制技艺	李桂红	市级	南京金线金箔总厂
19	传统工艺	金箔锻制技艺	谭柱石	市级	南京金线金箔总厂
20	传统工艺	真金线制作技艺	王　请	市级	南京金线金箔总厂
21	传统工艺	金箔锻制技艺	杨　文	市级	南京金线金箔总厂
22	传统工艺	金箔锻制技艺	黄忠祥	市级	南京金线金箔总厂
23	传统舞蹈	栖霞龙舞	张桂娣	市级	燕子矶街道
24	传统技艺	金箔锻制技艺	兰厚琴	区级	南京金线金箔总厂
25	传统技艺	金箔锻制技艺	白惠平	区级	南京金线金箔总厂
26	传统技艺	金陵折扇制作技艺	丁桂英	区级	金陵折扇研究所
27	民间文学	栖霞寺石匠成佛的传说	徐业海	区级	栖霞古寺
28	传统美术	金陵竹雕	韩凤颖	区级	燕子矶街道
29	传统美术	泥人彩塑	姜雯倩	区级	燕子矶街道
30	传统工艺	古陶瓷修复技艺	赵丹丹	区级	南京大学文化与自然遗产研究所
31	传统工艺	青铜器修复技艺	孙韬勋	区级	南京大学文化与自然遗产研究所
32	传统工艺	书画装裱技艺	蒋红雷	区级	南京大学文化与自然遗产研究所
33	传统工艺	金箔用乌金纸制作技艺	金立霞	区级	南京金线金箔总厂
34	传统工艺	金箔用乌金纸制作技艺	谢本刚	区级	南京金线金箔总厂
35	传统工艺	南京贴金技艺	许荣花	区级	南京金线金箔总厂
36	传统工艺	南京贴金技艺	戴永蕾	区级	南京金线金箔总厂

续表33

序号	项目类别	项目名称	传承人姓名	项目级别	所属街道（单位）
37	传统工艺	南京金箔锻制技艺	孙德才	区级	南京金线金箔总厂
38	传统工艺	南京金箔锻制技艺	巫贵武	区级	南京金线金箔总厂
39	传统工艺	南京金箔锻制技艺	宫　玲	区级	南京金线金箔总厂
40	传统工艺	南京金箔锻制技艺	夏明功	区级	南京金线金箔总厂
41	传统工艺	金陵旗袍制作技艺	杨荣萍	区级	南京金线金箔总厂
42	传统美术	南京绢花	茆雅凤	区级	仙林街道
43	民间文学	八卦洲来历的传说	曹德强	区级	八卦洲街道
44	民间文学	田螺姑娘传说	吴宏峰	区级	马群街道
45	传统美术	南京剪纸	葛传民	区级	马群街道
46	传统美术	南京风筝	张保成	区级	马群街道

表34　南京市栖霞区非物质文化遗产保护基地一览表

序号	基地类别	传承保护项目	单位名称	单位地址
1	南京市级非物质文化遗产研究基地	综合	江苏华域文化遗产保护有限公司	南京市栖霞区马群街道自动路2—3号B4栋101室
2	南京市级非物质文化遗产生产基地	南京云锦木机妆花手工织造技艺	南京云锦木机妆花手工织造技艺生产性保护基地	南京市栖霞区马群科技园天马路16号
3	南京市非物质文化遗产宣传展示基地	南京云锦木机妆花手工织造技艺	南京云锦木机妆花手工织造技艺宣传展示基地	南京市栖霞区马群街道煦康苑七栋209室

大众传播

【概况】 2022年，区融媒体中心实行“每日巡查、每周检查、每月排查”工作责任制，制订重大节日、重要会议、疫情防控期间的值班值守工作制和应急处置预案，完成“党的二十大胜利召开”等多个重点保障期的安全播出任务。播出电视新闻约1800条，制作、播出栏目186期，自制节目时长约93940分钟，“两微一端”（“栖霞融媒”微信公众号、“微栖霞”视频号、手机客户端“云栖霞”App）和短视频平台共发布信息近7000条。摄制完成专题片、宣传片、防疫视频、公益广告等60多部。

【宣传报道】 区融媒体中心在电视新闻和新媒体平台开设《奋进新征程 建功新时代》《二十大时光》《学习贯彻党的二十大精神》、“二十大代表风采”等“党的二十大”专栏板块。策划摄制航拍系列短视频“非凡十年说变化”“空中看栖霞”；推出“枫·视频”特别节目，形成每集3分钟的系列合集，制作播出交通篇、城建篇、风光篇3个篇章。制作播出《我在南京这十年》系列报道，包括《奔忙在矛盾调解第一线的老党员郭凤萍》《陈茂松的现代农业梦》《周福安：做“新农人”也要做兴农人》等。提供并拍摄制作的《春天的中国·江苏南京：幕府山下长江畔 樱花簇簇迎春来》《栖霞山层林尽染 游客感受别样“枫”情》《花木扮靓振兴路》系列视频及报道先后在央视频、央视新闻等平台播出。

【全媒体矩阵构建】“栖霞融媒”微信公众号粉丝5.96万，比上年增长67.89%。发布图文1289篇，总阅读量318.2万人次，单条最高阅读量80.3万人次。“栖霞区融媒体中心”微博共转发图文1121篇。“云栖霞”App发布新闻资讯3490篇，总点击量321.06万人次。举办全媒体5G直播10场，总观看61.2万人次。上线试运营“校园电视台”栖霞课外教育实训展示平台和“栖霞好店”本地电子商务平台。“微栖霞”视频号发布短视频作品479条，总点击量约718.5万人次。“南京栖霞融媒”抖音号发布短视频作品253条，总阅读量约1130.6万人次，最高单条阅读量227.1万人次。

【作品获奖】区融媒体中心被市委宣传部、市文明办评为“南京市学雷锋活动示范点”，移动直播《打卡红色地标 对话晓庄英烈》获南京市好新闻（媒体融合）评比三等奖，《今天我上镜》特别节目“非凡十年说变化”获中共南京市委网信办2022年度优秀政务新媒体传播范例（融合传播类），短视频《这十年燕子矶新城山河重整涅槃重生》获2022南京市“网聚宁新”融媒先锋展示大赛“宁好这十年”短视频大赛优秀作品，《以建设智慧融媒为路径赋能区域治理与发展的探索与思考——以南京市栖霞区融媒体中心为例》获2022年度南京市网信系统优秀调研成果奖。电视新闻在南京市关心下一代协会、市新闻工作者协会联合举办的“关心下一代新闻奖”评比中获二等奖1个、三等奖4个。

（湛　阳）

党史工作

【概况】2022年，区委党史办公室先后组织“礼赞新时代 追梦复兴路”主题领学、党史书籍进社区、实地教学活动等系列活动，持续推进“社区党史讲习所”落地。区委党史办先后获得“区委机关作风建设争先进位优胜单位”“全省党史部门先进集体”。栖霞区“校地合作党史联盟”平台和广播剧《主席来到了十月村》被评为年度南京市用好用活红色文化和党史资源工作优秀创新案例。

【党史七进工作】区委党史办开展党史书籍进社区活动，先后购买党史类书籍2821册，在尧化街道、西岗街道、龙潭街道、八卦洲街道的14个社区，开展送书活动，有效解决基层社区党史学习资料不足的难题，充实社区阅览室，满足社区党员、居民对党史书籍的阅读需求。

【党史讲习所启动】7月19日下午，市委党史办、栖霞区委等单位举办的“社区党史讲习所”栖霞区启动仪式在栖霞区西岗街道桦墅社区举行，省、市党史部门负责人近50人参加仪式。市委党史办资料信息处负责人做题为“南京在中共党史上的独特地位”讲座。

【党史项目获奖】11月29日，区委党史办拍摄的广播剧《主席来到了十月村》获全省党史部门党史优秀成果影音类作品一等奖。该剧充分运用声音艺术表现手段，讲述1956年1月11日毛泽东主席亲临十月村的历史故事，是第一部反映毛主席在南京视察工作的广播剧，也是栖霞区开展党史宣传教育的全新尝试和探索。

【党史知识大赛开展】12月20日，由区委党史学习教育领导小组办公室、区委组织部、区委宣传部主办，区委党史办、区融媒体中心承办的“传承红色基因 奋进最美栖霞”——“栖”学习第九届党史知识大赛在区机关大礼堂举行决赛。活动分为线上初赛和现场决赛。有168678人次参与线上初赛。经决赛，区卫健委党委代表队获得一等奖，迈皋桥街道工委和尧化街道工委代表队获得二等奖，区委教育工委、马群街道工委、区委区级机关工委代表队获得三等奖。

（倪　靖）

档案工作

【概况】2022年，区档案局（馆）推进档案“治理、资源、利用、安全”四大体系建设，完成档案馆（室）数据备份和电子档案数据迁移，指导9家单位完成档案规范化建设。完成精准扶贫档案2449卷（61225件），进馆前检查验收及进馆后整理、上架出生证明档案723卷（16629件），完成土地确权档案馆编、图纸整理20329卷，征集图书资料约5000册，完成到期馆藏档案鉴定划控工作审阅。完成列入区2022年经济和社会建设工作目标的推进档案新馆建设和省级业务测评指标。区档案馆成为全国档案查询利用服务平台。接待到馆查档10224人次，调阅档案32804卷（件）次，出具证明4727份、电子档案22611份；电话接待4556人次，调阅档案10030余卷（件）次；远程终端查档1801人次，出具证明1417份。留言簿收到赞誉46人次，查档服务满意率达100%。档案馆获《中国档案》“宣传工作先进单位”、《中国档案报》“发行先进单位”称号。在全省档案宣传工作中，区档案馆获得三等奖，1人获先进个人。

【档案新馆建成投用】 8月16日，栖霞区档案馆新馆完成搬迁并投入使用。档案馆新馆于2018年1月18日开工建设，2021年7月工程竣工。总建筑面积17292.96平方米，为11层独立楼栋（含地下2层），分为档案库用房、档案业务和技术用房、对外服务用房及办公用房、学术报告厅、爱国主义教育基地展陈厅等。其中，档案库房有5层，使用面积2250平方米。

【省级档案业务测评工作完成】 区档案馆对照《江苏省市县级国家综合档案馆业务建设评价办法》，制订《栖霞区档案馆业务建设评价任务分解表》，通过细化分解测评指标、盘库清点馆藏档案、补充完善佐证材料等方式，完成全宗指南、全宗卷、档案利用事例和查阅利用分析等编研工作。9月23日，通过全省县（市、区）国家综合档案馆业务建设评价，获省级“示范档案馆”（最高等级）称号。

栖霞区档案馆新馆　　区档案馆　供图

【档案宣传工作开展】 邀请省市档案馆专家到区档案馆对全区档案员进行新修订的《档案法》知识培训。制作新《档案法》宣传片和横幅、海报，结合“6·9”国际档案日等关键节点，在建档部门、街道、社区组织开展多场次专项宣传培训活动，扩大受众范围，提升档案工作影响力。

（何　岛）

地方志工作

【概况】 2022年，编纂出版《栖霞年鉴（2022）》，出版发行《师之魂——陶行知在南京栖霞》，该书被评为2022年度地方志特色创新项目。《栖霞山志》入选2023年度江苏省重点史志作品编纂出版资助项目，《贞石——南京栖霞地区历代碑刻集成》被评为2022年度全省史志地情类优秀作品，《仙鹤来仪之城——仙林》出版发行。组建全市首家史志馆联盟，联合龙虎网制作栖霞印记系列专题视频4个。区志办获全省方志文化宣传工作优秀单位，获省优秀个人1人。

【《栖霞年鉴（2022）》出版】 12月，《栖霞年鉴（2022）》印刷出版。卷首专题图片设有“开启

新征程 实现新跨越——庆祝中国共产党成立100周年”，类目设有“栖霞山文旅度假区建设打造的实践与启示”“20年崛起一座城——仙林”，分目设有《中国（南京）智谷》《仙林新市区建设》等，突出“时代”“栖霞”“年度”等特色内容。在排版设计方面将正文字号由小五号字改为五号字，便于读者阅读。全书420页，总字数78.8万字，设22个类目、114个分目、113个副分目、1200个条目、64个表格，配图片近200幅、手绘钢笔素描图22幅，全面客观系统地记述栖霞人民2022年建设“强富美高”新栖霞的历程。

【《师之魂》出版发行】 11月24日，由南京市栖霞区地方志办公室、南京市栖霞区档案局（馆）编纂的《师之魂——陶行知在南京栖霞》首发式在栖霞区档案馆学术报告厅举行。该书由中国文史出版社出版。全书近35万字。上编“回望”，追溯陶行知在栖霞开展的乡村教育和社会改造活动；中编“经典”，选辑10余篇陶行知有关教育改造的重要活动、言论；下编“师承”，反思百年来栖霞区广大教育工作者学习、研究、实践陶行知生活教育理论的经验成果。

【栖霞区史志馆联盟启动】 11月24日，栖霞区史志馆联盟启动仪式在栖霞区档案馆学术报告厅正式举行。栖霞区史志馆联盟涵盖社区地情馆、乡村地情馆、红色教育基地、廉政教育基地、统一战线教育基地、名人故居、校院史馆、各类博物馆、厂史馆、军史馆等多个类别。该联盟由栖霞区地方志办公室主导，首批联盟单位由南京大学校史博物馆等14家单位共同参与组成。

【专题视频制作】 由栖霞区地方志办公室专题策划，联合龙虎网

11月24日，《师之魂——陶行知在南京栖霞》首发式举行　　区志办　供图

制作的《五马渡的前世今生》《万里长江第一矶——燕子矶》《风雨如磐忆江南——江南水泥厂》《初心如磐践“行知”——尧化门小学》栖霞印记系列专题视频4部，在“学习强国”、央视频、人民号等多个平台播出，单个视频播放量超11万次。

（区志办）

文化产业

【概况】 2022年，全区文化产业增加值约105.49亿元，占GDP的6.04%，较上年提升0.18%，在市对区高质量考核中位列全市第二。向51家文化企业拨付811万元文化产业发展扶持和奖励资金，1家企业获省现代服务业发展扶持资金100万元，入选市“瞪羚”企业4家，入选市“独角兽”企业1家。全区有文化企业2000余家，其中规模以上文化企业有225家。

【文化企业入选市“瞪羚”“独角兽”】 8月，“2022年南京市‘独角兽’、培育‘独角兽’和‘瞪羚’企业榜单”发布，南京一粹信息科技、江苏百绿园林、匠人智慧（江苏）科技、江苏易联瑞智4家文化企业入选南京市“瞪羚”企业，江苏翔晟信息文化企业入选南京市“独角兽”企业。

【入选文化企业十强】 12月16日，由中共南京市委宣传部、南京市文化和旅游局、南京市统计局指

导，南京文化产业协会主办的南京银行杯·南京市第十届文化产业“金梧桐奖”获奖名单正式发布，区文化企业江苏大美天第文化产业有限公司入选“文化企业十强”，南京遇见光数字科技有限公司创始人兼CEO王晨入选“年度贡献人物”。

【参加文化科技融交会】 11月24—26日，2022中国（南京）文化和科技融合成果展览交易会在南京国际展览中心（新庄）举行，栖霞展区携手多家文化科技企业参加本届融交会。栖霞区展陈主要分为跨时空互动漫游、打造长江保护传承的栖霞标志、沉浸式数字地球、VR动感体验平台、无限可能“茵”你而“莱”、定制化轮毂研发与设计、栖霞数字宝藏阁、霞客文创市集、增强现实元宇宙9个部分，全方位展示栖霞文化与科技融合成果。

【电影放映业】 全区有都市小剧场4家、影院12家。依托都市小剧场举办各类戏剧演出119场，完成公益电影放映450场。驻区文化企业晓庄之光文化传媒有限公司投拍主旋律励志电影《读书天》，根据教育家陶行知故事改编并完成拍摄。

（胡紫薇）

文化市场管理

【概况】 2022年，全区注册登记文化场所114家，实际经营83家。其中，互联网上网服务营业场所48家，歌舞娱乐场所28家，游艺娱乐场所5家，文艺表演团体2家。区文旅局每周固定开展市场检查，在节假日、重要时间段，联合文化执法部门、公安、消防、市监、民宗等部门开展跨部门检查。持续开展无证经营专项整治行动，取缔无证娱乐场所6家。与经营场所签订《安全生产经营责任书》《突发事件应急预案》，督促企业落实主体责任。建立隐患预警机制，聘请第三方安全检查公司完成网吧、娱乐场所安全生产专项问题排查整改工作，并形成检查、整改报告。在网吧、娱乐场所、影视公司开展消防安全、行业管理的教育培训。

【市场管理安全教育培训】 6月16日是第21个全国安全生产宣传咨询日，区文旅局联合南京市消防支队特勤二中队，在栖霞区文化艺术中心举行2022年安全教育培训暨消防应急演练，全区文旅行业100多家场所负责人参加活动。现场集中观看电视专题片《生命重于泰山》和2022年安全生产月主题宣传片，组织经营性场所安全隐患与整改方法、火场自救与逃生以及新《安全生产法》相关内容专题培训。

【境外卫星电视传播秩序专项整治】 区文旅局组织开展境外卫星电视传播秩序专项整治工作，工作包括跟进拆除、打击非法安装使用境外卫星地面接收设施等。检查销售市场35家次，检查宾馆酒店144家，拆除“小耳朵”74个。区文旅局被江苏省广播电视局表彰为2022年度全省境外卫星电视传播秩序专项整治工作成绩突出单位。

（孙朝阳）

责任编辑　唐　恺

卫生健康

综　　述

【医养机构】 栖霞区有各类医疗机构288家（含驻区医疗机构）。其中，三级医院4家，二级医院9家，公共卫生单位3家，社区卫生服务中心10家，社区卫生服务站29家，互联网医院1家，社会和企事业单位医疗机构50家，养老机构医务室19家，护理院（站）28家，诊所、卫生所和医务室等135家。

区卫健委被市委、市政府表彰为“三大光荣使命”先进集体

区卫健委　供图

【医疗队伍】 全区编制床位3740张，实际开放床位3671张。卫生技术人员6025人。其中，执业（助理）医师2346人，护士2531人。全区平均每千人口有床位3.79张、卫技人员6.10人、执业（助理）医师2.37人、注册护士2.56人。全区全年医疗机构门急诊459.82万人次、出院6.73万人次。

疾病预防与控制

【概况】 2022年，区疾控中心加强对计划免疫、结核病、艾滋病、血吸虫病、地方病、寄生虫病防治、卫生监测检验、健康教育等业务工作技术指导，处置突发公共卫生事件，做好鼠、蟑、蝇等病媒防制工作。高血压病人健康管理72915人，任务完成率98.53%，规范管理率70.85%；糖尿病病人健康管理26685人，任务完成率102.63%，规范管理率72.2%。严重精神障碍在册患者2374人，管理2344人，管理率98.74%，规范管理率98.69%，检出数2.4‰，面访率94.06%，体检率64.62%。

【计划免疫管理】 区疾控中心接收免疫规划和非免疫规划疫苗584158支。为辖区各级各类27个预防接种门诊配送各类疫苗671户次、591756支。全区免疫规划疫苗接种147091剂次，接种率达到98%以上。非免疫规划疫苗接种229247剂次，新冠疫苗接种526081剂次。开展预防接种培训12次，培训相关工作人员1002人次，对各类预防接种门诊开展现场及网上督导181

户次，督导覆盖率100%。全区发现并报告疑似预防接种异常反应106例，疑似预防接种异常反应及时报告率、及时调查率、规范处置率均达100%。对15例麻疹疑似病例开展流调处理，及时报告率、及时调查率等免疫规划相关疾病监测指标均达到考核要求。

【传染病防治】 全区报告甲、乙类传染病11种，报告病例1068例，比上年增加15.46%。截至2022年底，相关发病率为1.08‰。报告法定丙类传染病5种，报告病例1172例，比上年增加15.92%。甲乙丙类传染病均无死亡报告。处理各类学校传染病疫情，包括手足口、疱疹性咽峡炎、水痘、流感、诺如病毒感染等传染病例42起，处置率为100%。

【艾滋病防治】 区疾控机构与民间组织、高校、社区卫生服务中心联合举办讲座、培训等活动8场次。完成艾滋病筛查检测13.1万人次。抗病毒治疗比例完成95.2%。随访CD4（CD4细胞，是表达CD4抗原的T淋巴细胞，主要功能是辅助CD8阳性的T淋巴细胞，参与机体的细胞免疫反应）检测完成99.8%。

【结核、麻风病防治】 全区报告结核病患者、可疑患者、343例，登记管理的活动性肺结核患者227例，登记管理率100%，治愈+完成疗程178例，治疗过程中诊断变更4例，治疗成功率为98.9%。处置辖区内高校结核病散发疫情41起。已报疑似麻风病17例。辖区麻风病治愈存活6人，按照要求每季度随访。完成督导相关综合性医院4家。

【血吸虫病及寄生虫病防治】 全区6个有血吸虫病防治任务的街道组织查灭螺专业队伍6支，完成查螺面积4033万平方米、有螺面积434.1万平方米，查螺调查42018框。其中，有活螺3390框，捕捉活螺5370只，未发现阳性钉螺，完成药物灭螺813.05万平方米。疟疾镜检358张，疟病检测RDT 733人份，完成全年任务的111.3%，均未检出阳性。完成血吸虫病监测点工作，未发现阳性钉螺与阳性病例。蛲虫病监测202人份，完成全年任务的101.0%，均未检出阳性。开展肠道寄生虫病监测以及肝吸虫病国家级监测工作，监测1007人，完成全年任务的100.7%，感染率均为0。

【公共卫生与医疗机构监测】 区疾控中心对全区4家水厂、市政末梢水监测点10个、采样检测二次供水单位10家进行环境卫生监测检测，采样92份，合格率100%，监测1744项次，合格率100%。辖区食源性疾病哨点医院监测病例221例，采集标本56份，检出副溶血性弧菌阳性3份，检出率5.36%；采集化学性污染物及有害因素样品28份，微生物及其致病因子样品32份；处置食源性疾病事件16起。医疗机构院感监测27家，采样354份；托幼机构消毒效果监测10家，采样220份。开展国家点病媒生物（蚊、鼠、蟑、蝇）监测工作。对生境（病媒生物栖息地）8个、监测点6个、居家环境600多户开展蚊密度监测工作。鼠密度监测，在3个生境布置2600余个鼠夹。蟑螂密度监测，布放粘蟑板960张。苍蝇密度监测，在8个生境挂诱蝇笼80个。

【职业卫生工作】 区疾控中心完成企业用人单位职业病防治基本情况调查、工作场所职业病危害因素现场检测18家，设采样点50个，采集209份；指导新港医院和瑞东医院2家职业健康检查机构完成职业病报告迟报、漏报自查工作。配合市疾控中心完成2家职业健康检查机构重点职业病监测及信息报告质量控制考核2家；完成尘肺病病人随访及江苏省职业病信息管理平台、国家职业病和健康危害因素监测信息系统录入587例、职业健康素养监测调查122人；协助指导辖区企业完成市级健康企业创建2家，配合南京市职业病防治院完成健康企业创建市级评审20家。区卫生监督所完成90家职业危害因素用人单位“双随机一公开”监督检查，指导3家通过市级健康企业评审，完成在线监管职业危害因素用人单位89家。

新冠肺炎疫情防控

【概况】 2022年,全区先后应急处置75起疫情,排查涉疫人员5.64万人,发出协查函2.54万份,对隔离点消毒消杀100余万平方米、涉疫场景3000余处消毒消杀50余万平方米。划定封控区管控区55个、高中风险区域79个,设置采样点287个,培训并储备采样手2000人,投入冷链样本转运车113辆,核酸检测机构配备PCR扩增仪159台,具备资质的检测人员218名,单日核酸检测能力达15.52万管。成立重大会议活动保障专班,累计出动医务人员9306人次,保障各类会议活动1617场次、133.3万人次。

【医疗机构防控行动】 全区5家综合医院组建区级医疗救治团队5个,分片包干指导基层医疗机构开展诊疗服务,畅通绿色转诊通道。全区开设发热门诊(诊室)26家,发热诊室41间。靖安、龙潭、八卦洲3家社区卫生服务中心开设24小时急诊,其余7家社区卫生服务中心每周7天提供门诊延时服务。做好重点人群服务保障,发放爱心告知书16.25万份。其中,65岁以上重点人群发放爱心告知书10.7万份。组建家庭医生团队91个,为重点人群开展健康咨询、用药指导、走访电访等健康服务。

【新冠疫情处置】 全区有效处置"3·15"马群相关疫情、"9·8"内蒙古锡林浩特到南京人员相关疫情、"10·25"尧化门货运场站疫情等规模疫情75起,累计应急处置1000余次,出动应急处置人员9000余人次。详细流调新型冠状病毒肺炎483人(确诊病例190人,阳性检测293人)。其中,本辖区415人,入境人员68人。排查涉疫人员53033人。其中,密接21071人,参照密接者13277人,次密9838人,涉疫场所暴露人员(一般接触者)6735人,核酸异常待排人员2112人。收发协查函22801份。区疾控中心新建"新冠核酸检测万管实验室",完成新冠核酸检测293023人份,检出阳性标本4174人份,最高单日检测量6465人份,最高单日阳性检出量1207人份;对疫情场所开展终末消杀,消杀场所1200处,消杀面积30余万平方米。

社区卫生服务

【概况】 2022年,全区建立居民健康档案、电子病历、区域影像检验区域卫生信息化平台,推进医疗卫生基础工程建设,提升社区卫生服务质量。推进药品(医用耗材)阳光采购和综合监管,落实处方点评等制度,对辅助性、营养性等高价药品实施重点监控。强化药学学科和综合能力建设。推进家庭药师工作室建设,为签约人群提供个性化的居家药物治疗管理服务。区卫健委做好短缺药品信息采集和上报,执行省短缺药品监测预警"月零报告"制度,多渠道保障药品临床供应。牵头组织栖霞医院和10个社区卫生服务中心在规定时限内完成国家药品使用监测系统药品YPID码比对上传工作。开展"贯彻基本药物制度,满足群众用药需求"的调研工作。

【社区卫生服务中心建设】 区卫健机构先后实施马群新社区卫生服务中心、燕子矶新社区卫生服务中心、栖霞新社区卫生服务中心、迈皋桥社区卫生服务中心、尧化社区卫生服务中心基础设施建设。辖区内10家社区卫生服务中心均达到基本标准,达到推荐标准社区卫生服务中心5家,达标率50%。推进江苏省社区医院建设试点工作,建成社区医院4家,达标率40%。龙潭社区卫生服务中心创成省级社区医院。截至2022年底,10家社区卫生服务中心全部开设发热诊室,覆盖率达100%。

【社区卫生服务体系创建】 靖安社区卫生服务中心针灸科、栖霞社区卫生服务中心糖尿病专科、尧化社区卫生服务中心针灸科成功创建市级基层特色科室。全区有基层特色科室23个。其中,省级5个,市级18个,涉及中医科(药浴)、康复医学科、糖尿病专科、呼吸内科、针灸科、骨伤科。医疗卫生服务体系健全率达到100%。尧化社区卫生服务中心获评2022年度家庭医生签约服务模式创新单位，仙林社区卫生服务中心李思梅家庭医生工作室、栖霞社区卫生服务中心江南厂家庭医生工作室获“省星级家庭医生工作室”称号。

【医联体建设】 栖霞区医院、南医大二附院院区与马群社区卫生服务中心、仙林社区卫生服务中心等10家卫生服务单位签署医联体合作协议，通过双向转诊、技术指导、人才培训等方面帮扶医联体合作单位提升医疗服务能力。医院派驻专家到相关医联体合作单位定期出诊约200人次。医院对转诊患者开通绿色通道，提供就医咨询、检查预约、急救绿通等专项服务，接待合作单位转诊患者约800人。医联体单位组织开设义诊、科普讲座、免费筛查等公益活动62场，社区市民受益约5000人。

妇幼保健

【概况】 2022年，全区孕产妇健康管理100%，孕产妇系统管理率95.37%。3岁以下儿童系统管理率98.09%，7岁以下儿童健康管理率98.77%，婴儿死亡率1.44‰，新生儿死亡率1.00‰，5岁以下儿童死亡率1.44‰，严重致残出生缺陷发生率4.79‰，围产儿死亡率4.79‰，各项指标均达到省市要求。

【保健门诊服务】 区妇保机构门诊19883人次，实现门诊预约微信公众号全覆盖，预约率保持在95%以上。健康教育常态化融入门诊保健服务中，开设专题讲座，引导孕妇、儿童做好自我保健，安全度过妊娠期，保障儿童健康。继续推行院外服务，为托幼机构儿童上门体检27229人次，及时完成受检人员省级妇幼信息系统的录入。

【妇幼卫生服务】 全区孕产妇艾滋病、乙肝、梅毒全年检测8298人次，受检率100%。全年，完成婚孕检体检服务1663人次、宫颈癌检查20178人次、乳腺癌检查21196人次。为育龄夫妻提供基本避孕手术服务105例，放环14例，取环91例。为辖区内备孕和孕3个月以内的育龄妇女提供免费叶酸296人，发放708瓶。为全区常住人口中符合生育政策的新生儿提供先天性心脏病、遗传代谢性疾病和听力初筛的免费服务，累计完成5533人次。区域内基本避孕药具发放机构比例达到97.8%。避孕药具实际使用20764人，天然胶橡乳胶避孕套585765只，壬苯醇醚凝胶14086只，短效避孕药2355板，宫内节育器131套。基本避孕药具发放覆盖率达到35.14%。

【基层妇幼保健服务】 区妇幼保健机构有效做好高危孕产妇的筛选和管理、高危新生儿的筛选和早期干预。全年召开妇儿保专职例会8场次，参会人数225人次；组织区级培训3次，参加培训人员49人；对基层指导20次，出动检查人员71人次；对辖区接产医院及社区卫生服务中心妇幼年报及三网监测质控20次，出动质控检查人员80人次；对开展“两癌”筛查的社区医院指导工作6次，参加指导12人次。接受省级基本公共卫生考核2次。

【卫生保健管理】 区妇保机构完成新办0—3岁托幼单位招生前卫生评价7家。新办幼儿园招生前卫生评价2家。为全区托幼单位工作人员核发健康证4838人次，持证上岗率100%，督导考核辖区内接产医院开展爱婴医院消毒、助产技术及出生医学证明4家。

老年健康

【概况】 2022年，全区开展老年人运用智能技术专项培训4400人次。建立健全老年人健康服务体系，加强老年人健康管理，完成老年人健康体检6.72万人次。省中西医结合医院、泰康仙林鼓楼医院、栖霞区医院开设老年医学科，泰康仙林鼓楼医院成立老年医学中心，为老年人提供健康管理、综合治疗、护理康复、安宁疗护等全生命周期的一站式整合服务。

【医养结合】 全区推进医养结合养老院、居家养老服务站点开展老年人健康体检工作，开展医养结合服务质量提升行动，提高医养结合单位医疗服务能力，新增护理院2家。创建老年友善医疗机构21家，西岗社区医院和迈皋桥社区医院获评省级老年友善优秀医疗机构。开设安宁疗护业务医疗机构6家，提高疾病终末期老年患者的生存质量。尧化街道尧林仙居社区成功创建国家老年友好型社区。

健康促进

【概况】 2022年，全区成立家庭医生签约服务团队91支，一般人群签约32.67万人、签约率达33.07%；重点人群签约24.00万人、签约率达85.89%，其中首诊签约率达22.02%。建成家庭医生工作室52个，实行健康零距离服务。完成防控设施标准化建设街道全覆盖示范片区2个。成功创建市级“健康细胞”单位35个。其中，健康街道3个、健康机关7个、健康社区（村）15个、健康促进医院2个、健康宾馆3个、健康驿站4个、健康步道1条。全年发放健康教育印刷资料33种、1016936份，举办相关健康教育讲座110次，举办健康教育咨询活动155次，更新更换宣传栏板块868幅。栖霞区代表江苏省接受国家2021年度基本公共卫生项目服务线上绩效考核，包括老年人健康管理、高血压、糖尿病等慢性病健康管理工作，取得区县第一名、省综合评估第三名。

【“院府合作”成果】 2月22日，江苏省中医院紫东院区全面开放运行。7月22日，栖霞区人民政府与南京市儿童医院、泰康仙林鼓楼医院签署“院府合作”战略合作协议，三方共建区域儿科医联体。9月18日，南京医科大学第二附属医院迈皋桥院区正式搬迁新大楼。南京市妇幼保健院丁家庄院区、泰康仙林鼓楼医院国际医学中心项目、燕子矶新城医院、南京市栖霞医院暨江苏省人民医院栖霞分院新院区建设项目有序推进。全区形成以江苏省人民医院、南医大二附院优质医疗资源为支撑，以区属二级医院为纽带，以10家基层社区卫生服务中心为基础共同发展的“1+1+X”（三级医院+二级医院+社区卫生服务中心）区域医联体新模式。栖霞区医院与靖安、龙潭、栖霞、西岗、尧化、马群、仙林7家社区卫生服务中心建立紧密型医联体，南医大二附院与迈皋桥、燕子矶、八卦洲3家社区卫生服务中心建立紧密型医联体。南医大二附院迈皋桥院区与八卦洲社区卫生服务中心、栖霞区医院与龙潭社区卫生服务中心共建联合病房。

【绿色用餐“光盘行动”】 4月，马群街道开展全国第34个爱国卫生运动。在紫金社区，社区党员、青年志愿者依托新时代文明实践站、街道新时代实践所开展“文明健康 有你有我”主题宣传活动。向小区居民宣传“光盘行动”，倡导居民绿色用餐，树立环保理念，同时向居民宣讲禁烟知识、垃圾分类常识，倡议广大居民用公筷、拒绝野味、保护自然、科学饮食，推动居民生活方式、健康理念、环保意识提升。

卫生监督

【概况】 2022年，栖霞区强化非现场执法综合卫生监督，推进卫

7月22日，栖霞区人民政府、南京市儿童医院、泰康仙林鼓楼医院“战略合作协议签约”举行
区卫健委　供图

生健康智慧监管平台项目建设，建有系统模块8个，其中新增系统模块1个。在线监管单位159家。结合卫生监督工作实际，优化和改进系统，增加智慧平台功能升级提醒、异常告警推送等功能，完善智能化监管体系。

【日常卫生监管】 区卫生监督部门完成法人或非法人组织1060家、自然人5296人的卫生健康行业信用评价。开展集中式供水单位防汛救灾卫生应急监督、学校复学前及学校饮用水疫情防控检查、放射诊疗机构放射防护管理专项整治行动等专项检查工作。检查各类场所1600余户次，出动执法人员3900余人次，下达整改意见2102余条。

【卫生行政执法】 区卫生监督部门完成国家、省"双随机"抽检217家，完成率、完结率均为100%。开展学校卫生、医疗美容、公共场所、消毒产品、放射防护等专项检查20余次。公示"双随机一公开"监督检查结果信息217条、行政处罚信息26条。查处医师不良执业行为，记分涉及医师2人次、医疗机构6家。

医政药政管理

【概况】 2022年，区卫健机构继续落实集采、国谈和创新药采购政策，强化医疗机构药事管理，推进医疗机构用药目录遴选、药品采购和使用的全流程、科学化管理。实行以药品保障为中心转向以患者安全合理用药为中心。严格卫生行政许可办理，优化卫生行政许可流程。取得麻精药品使用管理合格证书106人、家庭药师证书9人。

【卫生行政许可办理】 区卫健委受理卫生行政许可事项1718件，办结1718件，按时办结率100%。其中，公共场所卫生许可326件，医疗机构执业许可245件，放射诊疗许可114件，医师注册及变更539件，护士执业注册488件，母婴保健技术服务机构许可5件，麻醉药品和第一类精神药品购用许可1件。公共场所卫生许可326件中，新办195件，延续62件，公共场所变更49件，注销20件，按照证照分离制度改革要求，全部实施告知承诺制。医疗机构执业许可245件中，新办医疗机构24家、注销医疗机构10家。

【卫生行政许可优化】 区卫生监督所实现公共场所卫生许可告知承诺制全覆盖，转医疗机构（诊所）执业登记制为备案管理制。优化审批流程，护士执业注册审批时长由5个工作日优化至零材料、即办结，放射源诊疗技术和医用辐射机构许可审批时长由20个工作日缩减至10个工作日。与有关单位联合办理诊所执业备案、消防备案、环保备案与店招标标牌备案等事项。

【中医药服务体系建设】 区卫健委与南中医、江苏省中医院合作，建成中医馆10家、中医阁18家。发挥中医药适宜技术培训基地作用，开办培训班10期，每期约20人，累计培训8大类30种适宜技术，培养社区卫生机构"西学中"医师25人。推进基层专家工作室建设，陆瑾、金小晶、夏公旭、陶华市级名中医工作室分别在靖安社区、栖霞社区、马群社区和尧化社区卫生服务中心设立南京市名中医工作室基层工作站。区医卫机构为65岁以上老人开展中医体质辨识和中医药保健指导76000余人，为0—36个月儿童开展中医药健康管理服务15800余人。

【基本药物制度及配套政策实施】 全区逐步形成以基本药物（以下称"基药"）为主导的"1+X"用药模式。以服务人口数和基药使用配备完成情况为依据，拨付2022年中央和省级基药补助资金469.73万元，引导医疗机构提高基药使用率。全区公立医疗机构基药使用、配备占比全部达标，基层医疗机构基药数量占比65.65%，基药金额占比64.82%；栖霞医院基药数量占比47.67%，基药金额占比48.17%，位列全市二级综合医院排名第一位。落实基药制度和药品零差率销售，全年网上采购药品15888.87万元，区属公立医院基药配备达45.06%（45%达标），基层医疗机构基药配备达63.16%（55%达标），基药使用额占比62.96%（55%达标）。设专人负责短缺药品信息直报系统，负责短缺药品信息采集和信息直报工作，健全短缺药品预警、采购、储备机制，保障药品供应。

医疗机构

南京市栖霞区医院

【概况】 2022年，南京市栖霞区医院是一所集医疗、预防、保健、康复、科教研于一体的综合性二级甲等医院，是江苏省人民医院与栖霞区人民政府“院府合作”项目定点医院、江苏省人民医院栖霞分院、南京市栖霞区红十字医院、南京卫生高等职业技术学校教学医院、南京市中医药大学见习医院、国家级爱婴医院。在职职工517人，其中中高级卫技人员302人。挂牌成立江苏省人民医院皮肤科技术协作中心，获南京市无偿献血先进集体。医院按照二级综合医院的标准进行科室设置。开设急诊医学科、重症医学科（ICU）、内科等一级科室标准化住院病区8个。医院普外科、骨科等8个南京市医学重点专科。常规开展全脑血管造影术，药物球囊技术实现“有介入无植入”，DSA介入下大隐静脉曲张手术取得新进展。完成重症监护室建设、盆底中心改造、食堂改造升级。医院异地新建项目完成立项，建设规模22万平方米，建成后可满足当地群众基本医疗及地区急诊急救需求。

【护士专科内涵建设】 医院护理部开展全院护士专科内涵建设，培养专科护士6人。其中，国家级1人，省级3人，市级2人。8月，成功通过南京市市级医学重点专科临床护理第一周期审核。11月25日，与南京卫生高等职业技术学校建立教学医院关系。对栖霞区10家社区医院及微护护理站进行质控督导2次，医院护理专家下基层进行专科培训2次，驻点基层医疗机构工作3次。开展安宁疗护共照工作，收治癌症晚期患者18例。培养国家级安宁疗护专科护士1人，取得江苏省安宁疗护师资1人。9月，承担江苏省第三期安宁疗护师资岗位培训班学员的临床实践24人。参加栖霞区职工先进操作法比赛，“安宁疗护实践”项目获二等奖，获南京市“优秀护理质量改善项目”竞赛二级医院一等奖。

【“智慧医疗”开展】 栖霞医院深入推进“智慧医疗”工作，在全市二级医院中，首家取得“互联网医院”资质，支持线上线下服务。支持医保脱卡付、“我的南京”、微信公众号、12320平台等网上挂号预约支付，自助挂号缴费机使用率居全市前列。打造“互联网+护理”服务体系，开展专科护士线上预约、线下护理服务模式，解决特需患者需求，获得居民好评。与相关三级医院、社区联动，打造一、二、三级联动体系，开通线上预约申请，病历快递到家服务。开通网上咨询服务、电子胶片暨云胶片自助服务系统，通过扫描报告单上的二维码即可浏览、下载检查报告和胶片。

（朱命国）

江苏省中医药研究院（江苏省中西医结合医院）

【概况】 2022年，江苏省中医药研究院（江苏省中西医结合医院）有职工1370人。有省国医名师1人，省名中医7人，省名中西医结合专家16人，博士、硕士导师106人，享受政府特殊津贴专家10人，国家“优青”1人，国家卫健委和省突出贡献专家10人，省“全科”39人，省“六大人才高峰”29人，省“双创（创新、创业）人才”1人，省“卫生领军人才”5人，省“卫生拔尖人才”8人，省“科教强卫”7人。有国家、省级名老中医工作室13个（8人），国家、省中医师承导师12人，国家、省老中医药专家继承人33人。入选国家中医药传承创新中心项目储备库。入选全国肿瘤消融治疗技术人才培养基地，获评江苏省医学创新中心、“江苏省老年友善医疗机构优秀单位”。

【医学教学与科研】 完善人才培养评价制度，抓好人才队伍建设。重点开展青年管理人才培训、院内师承教育培训，修订完善人才评价指标体系。多渠道开展第三临床医学教育培训，强化师资队伍建设，规范培养过程。

谢林团队获首届“江苏省瑞华慈善基金会临床研究创新奖”
江苏省中西医结合医院 供图

医院入选全国肿瘤消融治疗技术人才培养基地，通过国家中医药循证能力建设项目现场验收，临床中药学交叉医学创新中心获评江苏省医学创新中心，“江苏省中医消化肿瘤临床医学创新中心”建设方案通过专家论证，获批江苏省医院中药制剂工程研究中心。

【互联网医院开通】 筹划成立江苏省中医养生学会，建成全省中医养生网络信息平台。加快智慧医院信息化建设，互联网医院平台已基本完成。互联网医院开通13个科室，注册专科医护人员120余人。

【成果获奖】 多项中医药研究成果获批授权国内外发明专利，获江苏中医药科学技术奖一等奖。医院医师、专家多人获江苏省“百名医德之星”、江苏省文化科技卫生“三下乡”先进个人等。骨伤科谢林团队获首届“江苏省瑞华慈善基金会临床研究创新奖”，“以人文服务为媒介，构建和谐医患关系”案例获国家中管局通报表扬，“第七季改善医疗服务行动全国医院擂台赛”全国总决赛获铜奖。改善护理服务行动优秀案例在江苏省医院协会“第六届医院品管圈”比赛中获奖2项，医院急救分站获南京市急救中心“2021年度优秀分站”称号。

（王熹微）

泰康仙林鼓楼医院

【概况】 2022年，泰康仙林鼓楼医院是世界500强企业泰康保险集团旗下首家医学、教学、科研一体化三级综合医院，其前身是南京市仙林鼓楼医院，医院是南京大学医学院附属医院、南京鼓楼医院集团成员、美国西奈山医院附属医院、武汉大学临床学院。有职工1050人。其中，医生296人，护士383人。具有副高以上职称约110人，中级职称约230人，博士生导师、硕士生导师22人。医院有床位524张、手术室12间、重症监护床位16张、牙椅19张、透析床位20张。医院开设内科、外科、妇产科、急诊医学科、儿科、健康管理中心、特需医疗部等临床医技科室39个。医院配备有直线加速器、大孔径CT模拟定位机、3.0T核磁共振、GE 256排螺旋CT、方舱CT、数字乳腺X射线摄影系统（钼靶）、数字减影造影机（DSA）、四维彩超等大型医疗设备。全年门急诊67万人次，出院1.7万人次，住院手术1.1万台次，体检客户10.3万人次。邹晓平、柏峰等6人获聘武汉大学博士、硕士研究生导师。武汉大学新增邹晓平等3位医院专家为兼职教授。

【医学教学与科研】 6月，成立“老年医学中心”，以预防和精准健康管理为基础，构建老年医学多学科诊疗和急危重症救治体系，解决老年人“一体多病”难题。医院获批江苏省、市卫健委科研项目13项。其中，老年医学中心获批省卫健委老年健康重点科研项目。学术比赛获奖16项，新增中国医院管理协会、江苏省医师协会、南京医学会各分会换届委员15人次。举办省、市级学术会议暨继续医学教育项目培训班11次（期）。7月，与南京市栖霞区政府、南京市儿童医院达成合作，共建南京市儿童医院仙林分院，推动医院儿科发展。启动创建三甲医院工作，医学检验科、神经内科、骨科3个科室获评

6月10日，泰康仙林鼓楼医院老年医学中心正式成立

泰康仙林鼓楼医院　供图

为南京市重点学科。

【特色科室建设】 成立“康一凡教授名医工作室”，国内著名关节外科和运动创伤医学专家、教授康一凡在医院开诊。成立泰康仙林鼓楼医院胃肠道间质瘤综合管理中心，为胃肠道间质瘤患者，尤其是晚期患者做好疾病治疗和病程管理。经江苏省肿瘤专业医疗质量控制中心评审，肿瘤中心被批准为“江苏省癌痛规范化治疗病房”。特需医疗门诊超过1100人次，其中外籍患者占比70%。开通24小时特需医疗急诊服务项目，推行双休日全天门诊，开设新生儿专科门诊、晚间运动康复门诊等特色门诊。

【医疗合作】 8月，泰康保险集团与南京鼓楼医院签订战略合作协议，首批共建消化内科、神经内科、神经外科、普外科、肿瘤中心、心内科6个科室并正式开诊，鼓楼医院专家入驻医院近30人。

南医大二附院迈皋桥院区

【概况】 2022年，南京医科大学第二附属医院迈皋桥院区是由栖霞区政府与南京医科大学第二附属医院通过“院府合作”在原栖霞区妇幼保健院基础上设置成立，是省、市医保定点AAA级单位，集预防、保健、诊疗、康复于一体。院区有职工648人。其中，医技243人，护士219人，占总人数71.3%。高级专业技术人员126人，中级专业技术人员282人。全年诊疗30.4万人次，出院5673人次。

【特色科室建设】 医院品牌科室心血管病中心整建制搬入新院区，中心设计参考国际一流心血管病中心的空间结构，设置常规手术室、复合手术室、监护病房、普通病房及心脏康复治疗室等。以心脏大血管疾病诊疗为特色、先天性心脏病“心佑工程”为品牌，采取内外科治疗手段结合，全年开展心脏手术约700例。医院急诊中心设置创伤、胸痛、卒中三大中心。创伤中心打造骨科、脑外科、手外科、院前120急救、急诊一体化管理的城北地区创伤救治中心；胸痛中心打造心血管内、外科、ICU一体化管理的胸痛救治中心；卒中中心打造神经内科为主导的急性缺血性脑卒中再灌注救治中心。

【新院区启用】 10月16日，南医大二附院迈皋桥新院区启用。新院区南临北固山路，东接迈皋桥街，西为抚云路。建筑面积6.9万平方米，地面6层，地下3层，新院区门诊设各类诊室66间，病区床位326张，提供全方位的专科、专病和专家门诊。重点打造心血管病、生殖、盆底、创伤以及健康管理等多个优势学科和中心。迈皋桥新院区门诊实行“诊区办”服务模式，整合诊室和功能检查室，减少患者往返时间。各诊区综合服务台兼职多种服务功能，收费、挂号、导医、导诊、医保咨询等简单的就医流程均可方便完成。

（黄信明）

责任编辑　张双全

体 育

综 述

【国民体质监测】 11月10日，国民体质监测工作实际完成测试样本4034人。其中，男性2026人，女性2008人；20—29岁年龄段408人，30—39岁年龄段1300人，40—49岁年龄段1600人，50—59岁年龄段576人，60—69岁年龄段150人。体质测试的项目包含身高、体重、肺活量、台阶指数、握力、纵跳、俯卧撑（连续）、仰卧起坐（一分钟内）、坐位体前屈、闭眼单脚站立、选择反应时间，根据测试对象的年龄段选择相应的测试项目。测试完成后，每位受测者均有一份体质测定综合报告。

【体教融合】 全区建成区级校园足球青训基地2个。区文旅局（体育局）承办南京市阳光体育联赛柔道比赛，南京市金陵小学（广志路校区）被授予“南京市柔道后备人才选拔输送基地”称号。区青少年业余体育运动学校组队参加2022年南京市少年儿童阳光体育运动联赛，参加项目包括跆拳道、柔道、击剑、赛艇、射击、棒垒球、游泳等比赛，共获得金牌55块、银牌46块、铜牌38块。

（孙朝阳）

体育设施

【概况】 2022年，全区不断优化城市社区“10分钟体育健身圈”，新建、更新健身路径95套、百姓健身房2个、灯光球场3片。利用“体育设施巡检修平台”，加强器材日常监管，确保群众健身安全。完成迈皋桥社区卫生服务中心“体医融合服务站”建设，先后接待国家体育总局、四川省体育局等学习交流42批次。

【基础设施建设】 区文旅局（体育局）在全区新建、更新健身路径，涉及9个街道38个社区（村），总投资200多万元。10月，完成仙林街道羊山湖社区、文澜社区2个百姓健身房建设，总面积约200平方米，器材总投资21万元。11月，完成燕子矶街道兰花园、城市绿洲、八卦洲街道文体中心3处灯光球场建设，器材总投资20余万元。

【“体卫融合运动促进健康站”对外开放】 11月23日，迈皋桥社区服务中心“体卫融合运动促进健康站”结束试运营，通过南京市体育局验收后正式对外开放。占地面积130平方米，拥有促进运动健康的先进仪器设备11台。有省级运动处方师2人、营养师2人、社会体育指导员3人、省级专科护士2人、健康管理师6人、康复运动治疗师2人、中医师1人、专科医师5人。截至年底，签约运动干预服务包150余份，开具运动处方1328人次，运动干预3113人次，检测1029人次，开办科学健身讲座10场。大部分慢性病患者运动干预1个周期后相关症状得到改善。健康站先后被授予南京市“运动控糖站”试点单位、国家级体测与运动健身指导站称号。11月，获批成为南京市首个“基层医疗卫生机构市级标准化慢性病管理培训基地”。

（孙朝阳）

群众体育

【概况】 2022年，全区群众体育工作聚焦群众需求，大力开展体育惠民行动，提升体育工作在群众生产生活中的服务水平。举办科学健身大讲堂5期，“你点我送”体育健身进社区30场，三级社会体育指导员培训5场，开设太极项目技能培训班、柔力球项目技能培训班。举办第十九届全民健身运动会，区、街两级开展群众性体育活动250次。马群街道金马艺术团广场舞作品获国家体育总局运动管理中心主办的“2022健康中国广场舞联赛”常青组大集体规定特等奖。7月，区文旅局（体育局）被江苏省体育局表彰为江苏省群众体育先进单位。

【柔力球项目技能培训班】 7月14—15日，栖霞区三级社会体育指导员（柔力球项目）技能培训班在区文化馆举办，国家级社会体育指导员、柔力球项目国家级教练员孟金丽现场教学，9个街道60名健身爱好者参加培训，全部通过考核并获得社会体育指导员证书。

【太极项目技能培训班】 8月5日，栖霞区三级社会体育指导员（太极拳项目）培训班在区文化馆举办，培训班由南京市老年人体育协会太极拳专委会高级教练员王光琴教课，9个街道50名太极拳爱好者参加培训，并通过考核，获得社会体育指导员证书。

【区第十九届乒乓球比赛】 9月24—25日，栖霞区第十九届全民健身运动会乒乓球比赛在区全民健身中心举行。比赛分为社区组和机关组2个组别。社区组中，李明君获得青年男子组第一名，毛迪娅获得青年女子组第一名，童宝明获得中年男子组第一名，孙小妹获得中年女子组第一名，陈倩、戴有喜获得混双组第一名；机关组中，陈智奇获得青年男子组第一名，戴昌媛获得青年女子组第一名；陈宏高获得中年男子组第一名，王丰敏获得中年女子组第一名；王丰梅、陈龙获得混双组第一名。

【区第十九届羽毛球比赛】 9月25—26日，栖霞区第十九届全民健身运动会羽毛球比赛在区全民健身中心举行。比赛分为社区组和机关组2个组别。社区组中，欧阳凯获得青年男子组第一名，黄琦获得青年女子组第一名，章松获得中年男子组第一名，郭卫红获得中年女子组第一名，魏天宇、任雨蓓获得混双组第一名；机关组中，李杜一获得青年男子组第一名，杨燕获得青年女子组第一名，吴敏获得中年男子组第一名，温秀荣获得中年女子组第一名，邓建飞、温秀荣获得混双组第一名。

（孙朝阳）

竞技体育

【江苏省体育局训练中心】 位于南京东北部仙林大学城内，占地面积67万平方米，是江苏省最大规模的竞技体育训练单位。训练中心设有田径、篮球、排球、武术、自行车、小球、手曲棒垒球和冬季8个运动项目管理中心，拥有田径、篮球、室内排球、沙滩排球、武术套路、武术散打、场地自

9月24—25日，南京市栖霞区第十九届全民健身运动会羽毛球比赛举行
区文旅局 供图

行车、山地自行车、公路自行车、小轮车、橄榄球等项目，运动队近30支；内设办公室、党群科、训竞科、青训科（仙林体校）、人事科、财务科、资产科、医务科、物管科、工程科、膳食科11个行政科室。2022年，训练中心在全国一类比赛中共获得5金9银4铜。教练员胡卫东首批入选首届中国篮球名人堂。田径运动员王嘉男、女子篮球运动员金维娜被国家体育总局授予体育运动荣誉奖章。

【运动员获奖】 7月10日，黄琨获国际篮联三人篮球亚洲杯比赛冠军；7月13日，吴照华获第十一届世界运动会武术（套路）男子刀术棍术全能冠军；7月16日，江苏省体育局训练中心王嘉男获世界田径锦标赛男子跳远首枚金牌；8月14日，于垚辰、俞元泰获2022年男排亚洲杯冠军；8月29日，吴梦洁、周頁彤获2022年女排亚洲杯亚军；10月1日，金维娜为中国女篮队员之一，获世界杯亚军；10月23日，闫美玲、胡宇、窦欣蓉、王赵静获2022年亚洲七人制橄榄球系列赛（泰国站）冠军；11月27日，闫美玲、陈可怡、胡宇、马晓丹、王赵静、窦欣蓉获2022年度亚洲橄榄球系列赛总冠军。

【全国比赛获奖】 7月24日，训练中心男子橄榄球队取得全国英式7人橄榄球赛锦标赛、冠军赛冠军；8月15日，张雪、周呈取得全国武术套路锦标赛（一类赛）女子二人对练冠军；9月9日，女子篮球成年组取得全国女子篮球锦标赛亚军；11月29日，女子篮球青年队取得全国U17青少年篮球联赛（一类赛）冠军。

王嘉男获得2022年世界田径锦标赛男子跳远冠军

江苏省体育局训练中心　供图

【中国田径街头巡回赛（南京站）】 8月27日，中国田径街头巡回赛在栖霞区金鹰湖滨天地举行。比赛分为男子跳远和女子跳远两个项目，男子跳远亚洲冠军张耀广和全运会女子跳远冠军许小令等13名国内优秀运动员参与。本次比赛面向南京本地学生分设U14、U18以及高校组，栖霞区仙林大学城内12所高职院校、100余名学生参加比赛。

【首届“汤金华杯”羽毛球邀请赛】 8月20—21日，由栖霞区文旅局（体育局）、区羽毛球协会主办、汤金华羽毛球工作室协办的南京首届VICTOR“汤金华杯”混合团体羽毛球邀请赛在南京信息职业技术学院开赛。省内外高校、单位、俱乐部等32支羽毛球队伍、200余名羽毛球爱好者参加比赛。金飞力体育队获得冠军，宠物小精灵队获得亚军，安吉羽协科声磁材羽毛球俱乐部获得季军。

【第二十届省运会获奖】 8月28日，江苏省第二十届运会开幕，全省13个设区市、省内高等院校、省各行业协会组队参加不同项目比赛3.4万人次。栖霞区“市队区办”项目射击（飞碟）队和南师附中仙林学校（小学部）女子足球队代表南京市参加青少年部比赛，射击队获得金牌2块、银牌1块、铜牌4块，女子足球队获得第五名。

（孙朝阳　胡爱华）

体育产业

【概况】 2022年，全区企业积极申报省级、市级体育发展专项资金。燕子矶体育公园、江苏生命科技创新园在南京市体育招商推介会上进行重点宣传。南京昂派体育信息网络有限公司、江苏赛克林体育发展有限公司完成江苏省体育产业基地复核。开展行政执法检查52次，对88家体育类校外培训机构进行监管。召开游泳场所安全管理工作会议，开展游泳救生员职业技能测评180人次。组队参加省市游泳救生员职业技能比赛并第六次蝉联团体冠军。

【体育彩票销售】 2022年，全区体育彩票在售网点数量为204家。其中，传统渠道143家，行业渠道61家；新增传统渠道4家，行业渠道14家。销售体育彩票约3.199亿元。其中，电脑型彩票销售约2.8亿元，即开型彩票销售约0.39亿元。

【反兴奋剂基地建设】 4月29日，江苏省体育训练中心反兴奋剂教育拓展基地试运行，是江苏省内首家反兴奋剂教育拓展基地。8月10日，训练中心邀请国家体育总局反兴奋剂中心运动员用药豁免委员会主席陈小雄，为训练中心队医和运动队管理人员培训新版《运动员治疗用药豁免细则》。

【游泳场所安全管理工作会议】 6月17日上午，区文旅局在仙林商务中心办公区召开全区游泳场所安全管理工作会议暨溺水事故应急救护演练。区全民健身中心、南大、南师大等27家游泳场所负责人和救生员负责人参加会议。会上，区文旅局分别与辖区内游泳场所签订《高危险性体育项目经营单位安全生产责任书》。

【第三届救生员技能考核】 6月27—28日，栖霞区文旅局在梅钢游泳馆，组织游泳场所救生员职业技能考核。全区30个游泳场所的144名救生员参加考核。考核内容包括25米速度游、20米潜泳、心肺复苏（CPR）、解脱技术、赴救技术。

【游泳救生职业技能大赛获奖】 9月8日，栖霞区游泳救生员代表队参加南京市游泳救生员职业技能大赛。张婉玥获得个人总分第一名，颜子翔获得第二名。栖霞区代表队获得团体一等奖，第六次蝉联该项冠军。在11月21—23日举行的江苏省体育行业（游泳指导员、救生员）职业技能大赛中，代表南京市参赛的颜子翔、张婉玥获得职工组个人一等奖（该项一等奖共3人），同时被省总工会授予“江苏省五一创新能手”称号。

（孙朝阳　胡爱华　腾　飞）

责任编辑　唐　恺

9月8日，区游泳救生员代表队参加南京市游泳救生员职业技能大赛

区文旅局　供图

就业与社会保障

创业就业

【概况】 2022年，区人社部门坚持以“就业优先、民生为本”为工作主线，全力以赴稳就业保民生，全区就业形势总体稳定。城镇新增就业2.21万人，城镇失业人员就业1.57万人，就业困难人员就业2235人，自主创业8943人，新增大学生就业2.51万人、大学生创业658人，扶持农民创业1673人。审核发放高校毕业生住房租赁补贴1.57万人次2565.7万元，外地高校毕业生到栖霞就业面试补贴46.6万元；用人单位岗位补贴6.39万元，单位社保补贴22.6万元，灵活就业人员社保补贴6752.6万元，小微企业社保补贴406.3万元，创业企业开业补贴23万元，场租补贴167.6万元，优秀项目配套奖励67.5万元；创业贷款180万元，贴息19.5万元。

【就业服务】 区人社部门加大江苏省智慧就业云平台、微信公众号、掌上云社区等线上招聘发布渠道的宣传知晓力度，累计发布线上招聘121期、直播带岗2场。设置企业用工服务专员13人，完善24小时就业服务，定期向辖区企业宣传惠企政策、收集岗位信息。累计走访企业1200余家，提供就业服务超过7000家次。持续优化人岗对接服务，举办校园就业沙龙活动，组织辖区重点企业到专业匹配度高的驻区高校开展座谈交流。举办校园招聘33场，“春风行动”线上招聘会26期，线下广场招聘会9场，免费发放各类宣传资料3200份，提供公共就业创业服务5100人次。

【高校毕业生就业创业促进】 区人社部门聚焦高校毕业生高质量就业，收集辖区企业人才岗位9000余个，匹配辖区企业需求和高校生源专业，开展线上线下高校毕业生招聘活动。通过高校就业网站、微信公众号、省智慧就业云平台等信息渠道发布28场线上辖区重点企业高校毕业生专场招聘信息。实施栖霞区青年大

2022年栖霞区“春风送温暖 就业送真情”专场招聘会　区人社局　供图

学生创业引领计划，与南大双创学院合作，成功举办2022栖霞青年大学生创新创业大赛暨第十届“赢在南京”创业大赛栖霞分赛活动；落实创业扶持政策，为青年大学生提供创业资金、场地、运营等全方位扶持。

【高校公益招聘会】 3月9日，举办栖霞区首场南京师范大学线下校园公益招聘会。5月10日，栖霞区、南京经开区人社局联合高校就业部门在南信院共同举办“宁聚英才、共赢未来”高校公益招聘会。各类企业参会50家，提供人才岗位1200余个，初步达成就业意向近500人。现场还开展就业、创业、培训等政策咨询服务超过600人次。

【职业技能培训】 区人社部门完成补贴性职业技能培训2.3万人次、新生代农民工职业技能培训8508人次。组织辖区劳动年龄段人员开展短视频制作、民宿茶文化、民俗手工艺品制作、0—3岁婴幼儿照护、低压电工（上岗类）、消防设施操作员等特色培训705人次。开展校企合作，结合走访企业情况和驻区院校专业优势，分批组织区内20余家企业到南京信息工程技工学校、南京技师学院开展校企合作对接会，根据紫东国际人才街区文化艺术类企业较为集聚的情况，专门邀请南工职大艺术学院负责人走进园区，与企业面对面开展座谈，了解企业人才需求情况。参与职业技能等级认定，颁发

“宁聚英才 共赢未来”南京市重大项目网络招聘会栖霞专场

区人社局 供图

职业资格证书或职业技能等级证书1.3万人，其中取得高级工以上职业资格证书或职业技能等级证书3207人，新增职业技能等级认定机构备案14家。结合“千人千企”“大走访”等活动，深入企业解读惠企政策。支持企业开展项目制培训申报，其中江苏凯米膜科技有限公司的MBR工艺技术、南京一粹信息科技有限公司的虚拟现实技术应用（初级）项目制培训通过市、区两级验收评审。完成企业新型学徒制申报296人，新增数字技能人才3710人，开发青年（含高校毕业生）就业见习岗位数1519个。

【劳动保障监察】 区劳动保障监察部门接收线下投诉举报案件1284件、信访渠道交办101件、国务院欠薪平台案件1342件、“12345”工单3711件，涉及人数5000余人，涉及金额3900余万元。其中，涉及3人以上群体性讨薪事件208件，涉及人数3.1万余人，涉及金额3500余万元。行政处罚两家使用童工企业，处罚金额3.5万元。通过互联网开展2021年度书面审查工作，对辖区内企业用工情况进行检查，共审查用人单位9499户，职工5.1万人。通过市场监管平台，依法开展“双随机一公开”主动巡查，检查企业360户、职工4000余人，对用工不规范企业依法纠正41家。联合区市场监管局，在全区范围内开展人力资源市场招聘行为专项检查活动，共检查企业21家，纠正未经许可和登记擅自从事职业中介活动4起，责令退赔劳动者中介服务费、押金或其他费用8件，退赔费用0.5万元。联合区住建、交通以及水务等部门，对辖区范围内在建施工项目开展农民工工资支付情况专项检查189家，依法纠正存在不规范用工建设项目58家。

【新业态职业伤害保障试点】 7月，区人社局贯彻落实《江苏省新就业形态就业人员职业伤害保障试点实施办法》，对从事网约车、外卖、即时配送、同城货运等7家平台行业以及通过上述平台企业注册并接单，在本省行政区域内以平台企业形式提供出行、外卖、即时配送和同城货运等劳动并获得报酬或者收入的新就业形态就业人员，保障其遭受职业伤害获得医疗救治和经济补偿。辖区职业伤害申报案件受理确认83件，职业伤害保障待遇支付申请受理13件，支付金额6.55万元。

（冯雪婷）

收入消费

【城镇居民人均可支配收入】 2022年，区城镇居民人均可支配收入7.51万元，比上年增长4.2%。其中，人均工资性收入4.47万元，增长5.3%；人均经营净收入7863元，增长3.1%；人均财产净收入7923元，增长5.6%；人均转移净收入1.47万元，增长1.1%。

【城镇居民人均生活消费支出】 区城镇居民人均生活消费支出42755元，比上年增长3.4%。其中，食品烟酒支出11031元，增长3.4%，恩格尔系数25.8%；衣着支出2848元，增长2.4%；居住支出9961元，增长5.9%；生活用品及服务支出2682元，增长5.3%；交通通信支出5739元，增长6.5%；教育文化娱乐支出6541元，下降3.5%；医疗保健支出2629元，增长3.6%；其他用品和服务支出1324元，增长6.6%。

（史福强）

市场物价

【概况】 2022年，区发改委强化价格监测职能，做好监测预警应对措施，充分发挥价格监测直报点作用，组织开展监测工作部署会议，各街道物价员密切关注粮油肉禽蛋菜等居民生活必需品价格变动情况，出动巡查30余人次，重点对超市、农贸市场等主副食品价格变化进行价格监测，全年上报监测表格620份。

【稳定物价联动监测】 10月26—27日，区发改委价格管理科启动应急监测，在辖区农贸市场、八卦洲小集镇等4处农贸市场和仙林苏果超市、万达茂永辉超市等6处超市，设置价格监测点10处，密切关注辖区内主要农贸市场、超市主副食品价格，确保疫情防控期间“菜篮子”产品正常生产和有序流通。10月28日—11月7日，连续11天对农贸市场、超市的主副食品及疫情防控用品价格进行监测分析及趋势预测。实地走访龙岸花园农贸市场、龙岸苏果超市、江畔人家农贸市场、仙林湖农贸市场、学则路苏果超市、仙林农贸市场等多家农贸市场和超市，撰写价格监测分析报告11篇，了解市场价格动态。联动全区各相关部门，做好价格异动应对措施方案，有效保障疫情期间粮油、肉菜等重要民生商品和疫情防控用品的价格稳定，确保市场价格稳定。

【“菜篮子”价稳货足】 区发改委价格管理科对辖区内肉（精瘦肉、五花肉两种常见肉类）、蛋（散装鸡蛋）、菜（青菜、胡萝卜、大白菜三种常见蔬菜）三类“菜篮子”主要食品的价格波动情况进行跟踪分析，对疫情期间肉类

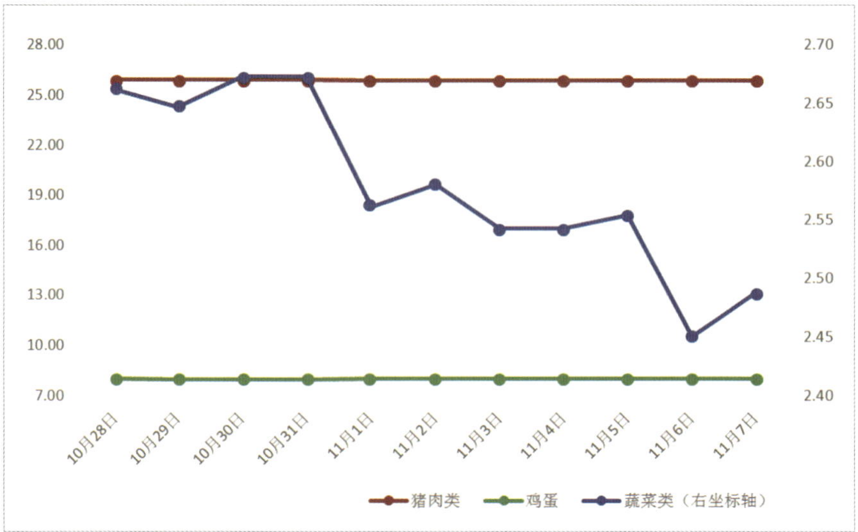

疫情期间主要农副食品价格波动图（单位：元/500克）

和蛋类价格变化实时应急监测，为稳定物价起到积极作用。根据2月15日的监测数据显示，辖区市场上青菜、白萝卜、大白菜的价格分别为2.00元／500克、2.29元／500克、2.07元／500克。经过连续的价格监测工作及相应的应急处置措施，辖区市场上青菜、白萝卜、大白菜的价格均有所下降，10月28日的监测数据分别为1.69元／500克、2.14元／500克、1.94元／500克，降幅分别达到15.5%、6.55%、6.28%。

（哈文秀　程全好）

社会保险

【概况】 2022年，区人社部门围绕民生保障工作，强扩面、兜底线、优服务，继续织密扎牢全覆盖社会保障网。全区企业职工养老保险净增缴费1.32万人，养老、医疗、失业三项社会保险费征收45.64亿元。本市户籍中断缴费续保5205人，新增参保单位4744户。办理养老保险转移3978人次，失业补助金发放9352人次，失业保险金发放6.66万人次。办理医保零星报销6650件，基金支付总额1523万元。区医保部门根据国家七批、省两批药品耗材集中带量采购精神，做好各批次集采续签，实际采购金额5636.31万元，节省费用超1亿元，降价率67.07%。落实药品耗材带量采购医保资金结余留用政策，返还11家公立机构前三批集采结余留用资金574.22万元。

【社保扩面推进】 区人社部门通过“线上核+线下查”摸排参保底数、“集中学+上门教”加强培训引导，召开企业社会保险政策解读线下培训，累计培训企业1500余家。全区城乡居民基本养老保险参保缴费7629人，城乡居民医疗保险参保人数14.09万人。实行全市统一困难人员医保倾斜政策，实现困难群体参保缴费、代缴保费、待遇享受三个100%，困难群体城乡居民基本医疗保险参保5510人，困难群体城乡居民养老保险参保1605人。规范做好退捕渔民社会保障工作，按“一人一档”要求开展常态化联系服务走访工作，做好禁捕退捕渔民参保动态管理29人。

【机关事业单位保险】 全区机关事业单位参保人数8828人，完成2021年度退休“中人”（改革后退休）待遇核定115人，2022年度退休“中人”待遇复审141人。兑现机关事业单位2020年前退休“中人”待遇144人、2021年退休“中人”正式待遇102人。全年，机关事业单位医保增记217家，增记在职9734人、退休4378人，增记金额2013.01万元。

【社保服务创新优化】 区人社部门有序开展企业退休职工社会化纳入工作，协助异地退休人员办理寄信资格认证117人次，视频认证20人次。组织退休人员参加免费健康体检3.41万人。全区1.68万名城乡居民领取养老保险待遇。被征地农民、“三无”［指原支边、插队（场）、下放人员回宁后无固定工作，无社会保险，无生活来源可领取老年生活困难补贴］8170人领取待遇。深化“一窗式”综合服务改革，推进参保、停保、失业保险、退休等10项社保服务事项“一件事”打包办，融合办事表单、精简办理材料、压缩办理时间，实现关联事项“一窗通办”。联合税务

10月，栖霞区社会保障便民服务进社区活动　　区人社局　供图

部门探索建立社保经办—税务征收业务联动机制，整合政务资源，优化服务流程，推动参保登记、申报缴费、待遇发放等社会保险全链条业务协同办理。深化“放管服”改革，打造升级“1+9”（区级经办+9个街道服务站）栖霞服务品牌，把便民服务送到群众家门口。

（冯雪婷）

【医保参保】 区医保部门落实统筹基本医疗保险参保主体责任，对接区人社、税务、民政、教育等部门，联合医保经办机构召开参保业务培训会5场，组织各街道和社区深入推进城乡居民基本医疗保险扩面征缴工作。通过细化应参保人员台账、收集摸排重点人员信息、引导未参保人员及时缴费、落实分类资助参保政策，实现困难人群应保尽保、参保全覆盖。联合紫金财产保险股份有限公司在辖区街道、社区、公司等场所开展“宁惠保”三期补充商业医疗保险推广活动20余次。全区完成城乡居民基本医疗保险参保缴费1.45万人，目标完成率101.25%，比上年增加9000余人。

【医保基金监管】 4月，区医保部门采取“线上线下”相结合的方式，以“织密基金监管网 共筑医保防护线”为主题同步开展基金监管集中宣传月活动。线上利用掌上云社区、融媒体平台、电视、微博以及定点医药机构工作群、公众号全覆盖推送宣传内容，线下在347家定点医药机构张贴宣传海报和标语，播放宣传视频。加快基金监管数字化转型，组织全区定点医疗机构147家，对照南京医疗保障基金使用负面清单自查自纠，大数据追缴违规使用医保基金23.62万元。除医保市局专项检查外，特色性开展负面清单、失能保险、血液透析、DRG高低倍率入组病例、公职人员违规使用医保基金等专项稽核，检查结果纳入量化分级管理考核。完成对辖区定点医疗机构147家、定点零售药店200家现场检查全覆盖，处理定点医药机构57家、失能照护机构5家，追回医保基金100.17万元、失能保险基金7.42万元。行政处罚2起，案件线索移交公安机关1起。

【民政救助】 区继续保持城乡低保统筹同标，并随社会水平逐年提标，标准相应增长至每人每月1030元。区民政部门强化以金融资产为重点，核查比对低保对象家庭经济状况，进行精准认定和精准退出。持续扩大一级、二级重度残疾人和精神、智力三级残疾人单独进入最低生活保障覆盖面，巩固拓展脱贫攻坚成果。发挥阳光惠民监管系统监督作用，把“阳光救助、主动救助、及时救助、实时监管”要求落到实处。11月，区民政局被民政部评为“全国社会救助工作先进单位”。

【“15分钟医保”服务圈】 区医保部门推动街道“15分钟医保服务圈”标准化建设，区政府制订印发《关于加快推进栖霞区“15分钟医保服务圈”全覆盖行动实施方案》。10月，成立由分管区长任组长，医保局、人社局、财政局、行政审批局以及各街道组成的栖霞区“15分钟医保服务圈”全覆盖行动工作领导小组。指导基层经办完善“好差评”评价模式，将与服务对象密切相关的参保登记、异地就医备案等13项高频次服务事项全部纳入街道办理，畅通“自愿委托、全程帮办、专人代办”的便民服务通道，方便“一站式办理”。指导群众开通医保电子凭证，推广“我的南京”“江苏医保云”等信息平台使用，并在9个街道配备医保自助服务一体机各1台，医保服务事项24小时办理，做到人员、业务、设备、宣传“四到位”。全区9个街道均高分通过江苏省医保局“15分钟医保服务圈”检查组验收，方便参保群众办理医保业务“最多跑一次”向“就近跑一次”转变。

（王翔宇）

社会救助

【概况】 2022年，区民政部门围绕民生保障全覆盖，建立健全社会救助体系，做好“兜底线”民生保障工作，确保城乡低保应保尽保、应退尽退，新进低保75户、96人，退出低保534户、652人，困难群众精准救助率达100%。全区城乡低保1941户、2508人，累计发放低保金2800.64万元、残疾人“两项补贴”（生活补贴、护理补贴）2898.84万元。临时救助89人次，发放救助金139.42万元；支出型救助75户次，发放救助金26.34万元；特困供养人员229人，发放生活补助428.66万元。春节期间，慰问困难群众和优抚对象4.06万户，累计发放慰问金（物品）2969.88万元。

【慈善救助】 区慈善总会募集善款及其他款项2204万元。累计发放各类救助资金2138万元。其中，防疫支出款物345万元，“爱心草莓”项目支出善款48.7万元，“益寿午餐”项目支出善款40万元，“情暖寒窗”项目支出善款20万元，各街道大病重病困难群体补助256.5万元（含南京经开区61.5万元）等。“9·9”公益日活动，区各界爱心人士参与募捐达7.65万人次，占全市参与人数的21.6%，区慈善总会获市优秀组织奖和最佳项目募集奖。

【医疗救助】 区医保部门进一步夯实医疗救助兜底保障，联合区民政、退役军人、残联、总工会等部门，建立数据协同共享机制，强化动态调整，困难群体纳入基本医疗保险、大病保险、医疗救助三重制度保障覆盖范围7233人。实行医疗救助对象享受“一站式”综合医疗保障同步结算，全区医疗救助4833人，累计享受待遇6.72万人次，医疗救助资金支出1884.16万元，切实减轻困难群众和重特大疾病患者医疗费用负担。

【失能照护】 区医保部门落实“失能保险规范建设年”任务要求，每月组织失能保险承办机构召开失能照护工作推进会，指导监督承办机构制订日常稽核管理办法和稽核计划，在全市率先拟定失能保险补充协议并与辖区44家照护服务机构签订协议。组织太平洋人寿保险股份有限公司南京中心支公司项目组和南京市护理学会对44家照护服务机构、843名失能人员进行照护培训意向和服务需求专题问卷调查。针对失能人员健康状况和照护服务人员的26项培训需求，区医保部门联合市护理学会专门编印失能照护培训教材，率先举办首期72名护理员参加的培训班。全区重度失能人员获得照护服务3023人，基金支出4420.29万元。区医保分局、监督经办机构和照护机构受赠锦旗127面、感谢信65封。

（王翔宇）

社会福利

【公益金收支】 2022年，区福彩公益金支出计1146.76万元。其中，中央福彩公益金支出290万元，省级福彩公益金支出22.16万元，市级福彩公益金支出78万元，区级彩票公益金支出756.60万元。中央彩票公益金下达15.5万元，上年度结转290万元，共305.5万元。其中，老年人福利类资助290万元（上年结转），用于新建349张家庭养老床位补贴和481名经济困难的失能或部分失能老年人上门服务补贴；残疾人福利类资助12万元，儿童福利类3.5万元主要用于支持“福彩圆梦·孤儿助学工程”项目。资助孤儿4人，共发放4万元助学金（资金为上年结转）。省级彩票公益金下达区28.66万元，上年度结转4万元，共32.66万元。其中，儿童福利类资助11.66万元（上年结转4万元），主要用于支持“福彩圆梦·孤儿助学工程”项目、省级示范性未成年人保护工作站建设项目，资助孤儿4人，发放4万元助学金（资金为上年结转），省级示范性未成年人保护工作站建设项目资助7.66万元，社会公益类资助21万元，主要用于支持乡镇（街道）为特殊困难群众开展情绪疏导、精神关爱等社会工作专业服务。根据公益创投管理要求，按照5:3:2的进度拨付资金，项目已拨付10.5万元，运行良好。市级彩票公益金下达71万元，上年度结转7万元，共78万元。其中，老年福利类资助58.5万元，主要用于区民营养老机构一次性纾困补贴；儿童福利类资助17.5万元（上年结转5万元），主要用于支持“关爱之家”项目；社会公益类资助2万元（上年结转2万元），主要用于支持2021年度慈善超市运营补贴。27家养老机构发放纾困补贴211.52万元（含从市级福彩公益金支出58.5万元）。区级彩票公益金下达800.65万元，上年度结转457.55万元，共1258.20万元。其中，老年福利类资助756.60万元，新建养老机构床位206张，对辖区内有适老化改造需求的250名老人进行能力评估和居室改造，开设家庭养老床位349张，向580名失能、部分失能老年人提供居家上门服务。建成示范性社区银发助餐点4个。

【未成年人保护】 区民政部门组织开展全区未成年人保护工作业务培训2次，集中学习宣传未成年人保护工作法规制度；开展多部门联席会议，解决困境儿童个案难题。爱心企业2家捐赠爱心款近2万元，资助困境儿童7名。区检察院开展多场法制进校园活动，区教育局建立立体交叉未成年人保护网络，做好控制辍学、免补、助学、助残及在南京务工流动人口子女就学等工作。燕子矶街道未成年人保护工作站（关爱之家）创成省级示范项目，提档升级原儿童“关爱之家”为未成年人保护工作站2家，自建未成年人保护工作站2家，创建省级未成年人保护工作站1家。通过“微心愿”活动，帮助420名困境儿童实现心愿，稳妥处置个案3起。10月，召开全区第七次未成年人保护工作会议，被《中国社会报》《江苏民政》报道。

【孤残困儿童保护】 区政府托底保障困境儿童280人。其中，孤儿10人，事实无人抚养儿童47人，重病重残儿童223人。区未成年人保护办公室每半年对全区困境儿童逐个进行排查梳理，重点了解散居孤儿、事实无人抚养儿童和重病重残儿童的监护情况，459名困境儿童均无疏漏。针对排查中发现的重点个案情况，实施个案处置、精准救助。通过跨省通办，将户籍在本区但身处异地，符合孤儿、事实无人抚养儿童和重病重残儿童申请条件的，简化审核审批程序，通过跨省通办系统，网上先提供相关电子材料，纸质材料采取邮寄方式，当月审批、当月发放。将因突发情况造成监护缺失的困境儿童，纳入救助保障范围并落实临时救助和困境儿童保障政策，确保生活兜底到位。在已建成的5家未成年人保护工作站，引入专业“为小”服务志愿社会组织运营管理，用爱心、耐心、细心、贴心、知心打造“五心”未成年人保护站。

【孤儿照护】 区动态掌握孤儿情况，实时将孤儿报送医保局纳入医疗救助，同步报送区人社局，由财政全额补助参加城乡居民基本医疗保险。发放孤儿基本生活补贴费每人每月2300元。对年满18岁的孤儿，在普通全日制本科学校、普通全日制专科学校、高等职业学校等高等院校及中等职业学校就读的中专、大专、本科学生和硕士研究生，提供孤儿“圆梦”助学金，资助孤儿4人、助学金4万元，每学年每人1万元；孤儿助学金资助孤儿4人，助学金3.5万元，其中，3人每人1万元，1人0.5万元（上半年毕业）。

【泰康之家·苏园营运】 1月14日，以“拥抱长寿时代 苏适健康人生”为主题的2022长寿时代医养论坛在仙林隆重举办。同日，泰康大健康体验中心正式开业，泰康之家·苏园的体验空间也正式营运。活动中，还举行江苏省老龄产业协会授牌仪式和南京市栖霞区仙林街道养老服务中心、南京卫校实训基地揭牌仪式。

【福利彩票】 区福彩中心坚持以“安全运营、健康发展”为工作方针，秉承“扶老、助残、救孤、济困”的发行宗旨，以“多人少买、量力而行、理性投注”为服务理念，开展福彩销售和管理工作。全区福利彩票销售网点128个，销售额1.2亿元。其中，电脑传统彩票销售0.94亿元，即开型福利彩票销售0.26亿元。区福彩中心获2022年度全省福利彩票销售“十强区”荣誉，区福彩中心销售员刘彬在“2022年全国快乐8游戏销售技能擂台赛”中获得全国“优秀市场管理员”称号。

（邓　颖）

住房保障

【概况】 2022年，区住建局完成保障房建设、保障性租赁住房建设、住房保障资格审查、人才安居审查、征收安置选房等工作。

把好保障房建设新开工工程、竣工工程质量关，严格认定保障性租赁住房资格，做好各类住房保障申请的受理、审核、公示。完成公租房和租赁补贴年审审核。与区发改局、区商务局、区人才办、区科技局、区人社局等部门联动，对企业和人才安居申请资格进行审核，多措并举落实资金保障，及时发放人才安居补贴（区级部分）资金，为青年大学生、科技研发等各类人才提供补贴资金保障。

【保障房建设】 区住建局根据市级下达的保障房建设新开工20万平方米、竣工110万平方米的目标任务，新开工迈皋桥街道兴卫村等2个保障房项目20.57万平方米，竣工八卦洲新市镇等5个项目126.135万平方米。

【保障性租赁住房建设】 4月29日，全区完成认定目标任务1.05万套。其中，认定2021年项目仙林东南青年汇743套、马群科技园天马路1号2579套、魔方公寓晓庄广场店262套，共3584套；认定2022年项目地铁四号线孟北站地块租赁住房3017套、丁家庄二期A23A24地块2000套、燕子矶新城租赁住房项目1161套、员工公寓五期379套、紫东国际创意园人才安居住房379套，共5个项目6936套（含市级平合项目）。

【选房安置】 区住建局、拆迁办协同有关职能部门和建设单位，办理被征收群众申购拆迁安置房申报手续，落实房源、户型、面积等事项，确保被征收户按期入住。全区已征收安置入住及审核项目20个，涉及被征收群众6357户、房屋1.28万套。完成选房及入住项目5个，涉及被征收（拆迁）户2839户，房源套数6061套；完成选房项目14个，涉及被征收（拆迁）户3518户，房源套数6748套。

【住房保障资格审查】 区住建局严格审核共有产权房、租赁补贴、公租房等各类住房保障申请工作，共受理各类住房保障申请60件，通过审核并公示35件。审核城市中低收入租赁补贴，做好租赁补贴新增户审核发放工作，新增30户，实时在册保障190户，公租房轮候实时在册保障70户，累计发放租赁补贴金额230.06万元。

【人才安居】 区住建局每季度根据市房产局数据反馈，足额划拨人才安居租赁补贴和购房补贴（区级部分）资金，完成人才安居审核工作，发放人才安居补贴（区级部分）资金1027.99万元。其中，租赁补贴659.01万元，购房补贴368.98万元。因地制宜，服务人才购买商品住房。落实认定操作细则，明确各部门职责和操作流程，认定区政府重点引进企业（项目）核心团队成员，配合做好区高层次人才购买商品住房服务工作。

【征收安置审核】 区住建局审核完成金箔产业园项目，龙潭跨境贸易产业园项目，栖霞街道南水社区上一、上二组城中村危旧房改造项目，兴卫一、二、三队棚户区改造工程项目，栖霞街道新合村城中村改造项目（一期）等17个项目，征收安置4673户9300套住房。

（邢可可）

责任编辑　陈美萍

社会事务

人口家庭

【概况】 2022年，全区户籍人口57.68万人，男性28.47万人、女性29.21万人，性别比为97.47。流动人口46.55万人，死亡3278人，自然增长1043人。育龄妇女24.77万人。出生数5247人。其中，男孩2739人，女孩2508人。出生政策符合率稳定在99%以上，孕前优生健康检查完成率90%以上，出生人口性别比基本正常，流动人口管理服务率95%以上，妇幼保健服务达标率95%以上，人口信息化建设达标率95%以上，生育奖励扶助政策兑现率达100%。办理结婚登记4287对、离婚申请2443对、离婚登记1637对、补领结婚证637件、补领离婚证174件。接待新婚辅导1323人，离婚咨询406人，离婚个案辅导152例，调解成功104例，成功率70%。

表35 2022年栖霞区生育情况一览表

指　标	数　值	比上年增长（%）
一、生育情况：1.出生人数（人）	5247	-6.32
其中：女孩	2508	-4.96
（1）一孩	3273	-9.13
其中：女孩	1579	-6.73
（2）二孩以上	1974	-1.25
其中：女孩	929	-1.80
2.计划生育率（%）	100	0.00
3.计划外出生人数	0	—
其中：女性	0	—
二、节育情况：1.年末育龄妇女（人）	247729	14.72
其中：已婚育龄妇女	184520	12.54
2.只有一个孩子的妇女（人）	136551	12.55
三、晚婚情况：1.年末初婚女性	2375	5.51
其中：20—22周岁	72	-58.14
23周岁以上	2298	10.75
2.晚婚率（%）	96.7	4.50

注：本表数据由区卫生健康委员会提供

【生育优惠扶助政策】 区卫健委建立生育三孩政策动态监测机制，每月及时汇总上报全区生育登记办理数、出生及孕产等情况。共办理生育登记服务5428例（其中一孩3930例、二孩1385例、三孩113例）。落实生育各项惠民措施，做好五类计生人员扶助资金发放。特别扶助对象1235人，发放资金1246.32万元；持证退休人员一次性奖励金结算3132人，发放资金1127.52万元；公益金对象128人，发放资金37.6万元；计划生育农村奖励扶持4047人，发放资金201.696万元；无业人员4588人，发放独生子女奖励金28万元。迈皋桥社区卫生服务中心推出28天控糖“1+1”服务包、慢性病健康管理服务包、体医融合——个性化运动干预服务包；龙潭社区卫生服务中心推出家庭医生签约个性服务包、慢病管理服务包，制订健康服务包，共发放免费体验券200张。联合省人民医院、省中西医结合医院等医院，为计划生育特殊家庭提供转诊绿色通道。

【生育关怀服务】 区卫健委开展计生特殊家庭关怀活动，实施“连心家园——关爱失独家庭行动”。春节、中秋，慰问计划生育特扶家庭和部分无退休待遇老计生干部1316人，发放慰问金42.21万元。发放特扶人员公交吉利卡、游园年卡补贴50.158万元。为计划生育特扶家庭统一购买中国人寿团体重大疾病保险1235人。举办同伴教育师资培训，开展同伴教育活动200场。优化生育登记手机App服务，加强后台审核，使群众及时拿到生育服务登记证明（纸质或电子）到医院建卡或兑现生育险报销政策。区计生协获市级优秀项目点7个，分别是社区建会项目3个、生育关怀基地2个、家庭健康服务中心及亲子小屋各1个。结合“5·15”国际家庭日、“7·11”世界人口日等纪念日，开展“婚育新风进万家”“关爱女孩”“幸福家庭创建”等主题宣传活动15场，受众1.5万余人次。

【关爱0—3岁婴幼儿早期发展】 区政府出台《栖霞区促进3岁以下婴幼儿照护服务发展实施方案》《栖霞区普惠托育服务政策支持清单》，采取政府免费提供场地、减免租金、建设奖补等举措，降低托育机构运营成本。探索“公建民营”“民营公助”“校企合作”等多种运营模式，全区建成普惠托育机构8家，新增市级普惠托育机构3家、普惠托位626个，覆盖6个街道，新增备案托育机构1家。区级补助普惠托育园49万元，在省级补助14.6万元、市级补助55.2万元的基础上，给备案托育机构配套补助53万元。免费为辖区内0—3岁婴幼儿家庭提供亲子早教活动、科学育儿讲座等服务。新增公共场所标准化母婴室6家。

【婚姻登记】 全区采用特邀颁证员集体颁证制度。在年轻人集中办证的日子，邀请劳模、最美家庭代表、人大代表、民政分管领导等作为特邀颁证员为领证登记青年颁证。七夕节，邀请新婚青年律师杨兴作为特邀颁证员，组织新婚夫妻开展免费集体宣誓、集体颁证仪式。带领新人共同宣读《结婚誓言》，提高婚姻登记过程的仪式感、体悟感、幸福感。区民政部门组织开展《民法典》婚姻家庭服务进社区活动4次，发放各类宣传资料2000余份，受访群众1200余人。7月29日、30日，区婚姻登记处到五马渡后备厢文化集市，开展婚姻领域移风易俗、树立正确爱情观及婚恋观、遵守新时代公民道德等主题宣传活动。

【殡葬管理】 清明节期间，根据南京市《关于全面强化全市疫情防控工作的通告》（第6号）要求，关闭全区殡葬服务机构，暂停现场祭扫和骨灰安放，倡导网上祭扫、代为祭扫。迁改整治散坟633座，完成殡葬设施建设突出问题专项整治工作。全区遗体火化率、骨灰正确处理率100%。

社区建设

【概况】 2022年，全区有社区（村）127个，其中，城市社区98个、农村社区29个。全区提档升级社区综合服务中心15个，被评为南京市“最美社区工作者”9人，社区工作案例入选“2022年度南京市社区工作优秀案例”2篇。探索深耕“线上+线下”双线治理模式，夯实社区治理动力。

【社区治理】 全区探索以服务为导向的居（村）民自治新模式，围绕文化传承、议事协商、志愿服务、五社联动、公益慈善等主题开展“一社一品”活动，挖掘社区治理亮点做法，打造一批社区治理特色品牌。选树社区治理典型案例30个。西岗街道设立广志路社区居民委员会，完成全国基层政权建设和社区治理信息系统数据更新和录入工作。9月，区委组织部联合区民政局首批认定社工1197人。12月，制订出台《栖霞区社区工作者管理办法》《栖霞区社区（村）星级评定管理办法》《栖霞区社区（村）工作者考核办法》，健全社区工作者职业体系。组织开展社区工作者任期内培训和职业资格水平考试辅导培训3场，参训人数500余人次，线上依托“掌上云学院”开设培训课程30余次。

【掌上云社区】 “掌上云社区”实现全区127个社区全覆盖，建立微信群1508个，入群人数达37.6万人，占户籍人口比例的67%以上，平均每个家庭入群1人，群内累计聊天信息2300万余条。运用“掌上云社区”平台，了解回应群众诉求，形成社区“智治+自治”常态化和共建共治共享新格局。1月，区民政局发布《2022年栖霞区“美好社区共同营造”社区微幸福项目实施方案》，立项完成微幸福项目22个，联合区委组织部共同开展为民服务项目和社区微幸福项目督导工作；3月，发布实施《2022年栖霞区“掌上云社区”绩效考核实施方案（试行）》，“掌上云社区”高效有序运行。12月，《“掌上云社区”数字赋能基层社区“智治”新模式》被评为“2022数字政府建设特色案例”，《标准化助力栖霞“掌上云社区”基层社区智慧治理》入选中国标准化研究院“2022年数标指数全国典型实践50强案例”。

社会组织管理

【概况】 2022年，全区注册登记社会组织1813家，其中基金会3家、社会团体139家、民办非企业单位1671家。参加年检社会组织1461家，参检率达80.6%；参加等级评估社会组织101家，应评尽评率达80.58%。全区AAAA级社会组织18家、AAA级社会组织112家、AA级社会组织219家、A级社会组织1140家。注销“僵尸型”社会组织7家。

【社工站建设及社会组织培育】 拓展区社会工作指导中心功能，实施“青蓝计划”，招募培养社工站社会工作督导（助理）人才20人，建立区街联动机制，开展联合专业督导10次，培育区级优秀社会工作案例及项目14个。全区9个街道社工站吸纳社会工作专业人员37人，累计服务困难群体569人，开展个案服务29次，组织社工小组活动134场，参与社工215人次。实施社区社会组织培育深耕计划“6.0”（2022年是社区志愿服务组织培育第六年），招募基层志愿服务组织22家，开展专项志愿服务50场次。开设线上线下社会工作督导相关课程，直接服务学员128人次。《南京市栖霞区社工站建设路径研究》理论文章被民政部评为2022年民政政策理论研究三等奖。

【公益创投项目实施】 全区公益创投项目49个，总资金490.9万元。其中，养老服务类项目17个152万元，慈善救助类项目5个52万元，青少年服务类项目5个60万元，调解治理类项目3个28.9万元，社区融合类项目2个21万元，困难家庭救助帮扶综合评估和困难家庭帮扶项目2个40万元，其他类项目15个137万元。区民政局带领区社会工作指导中心，线上线下开展项目监测300余次，组织专题培训50场，参与学习959人次。49个创投项目开展服务共计1508场，受益5.2万人次。

【社会组织党建工作】 构建社会组织党建“1+1+5”工程：打造1块阵地（全区社会组织党建阵地），培训1支队伍（社会组织党建工作队伍），实施5项举措（开展红色宣讲、开展走访调研指导、开展交流互促、强化制度落实、充实社会组织党建工作力量)。建立“一核双孵五提升”党建工作新机制,即以区级社会组织党群服务中心为核心,开展社会组织、党组织“双孵化”行动,推动“党建+重大决策”“党建+中心工作”“党建+行业发展”“党建+基层治理”“党建+社会公益”全域提升。区社会组织党委开展线下党课宣讲5场,录制推送“红心向党,廿行担当”微党课展播8场,浏览量1万余次。开展“走出去、请进来”系列活动,促进党建资源共享共建,将走访调研和指导服务相结合,解决社会组织开展党建活动难题。

地名勘界

【概况】 2022年,栖霞区与鼓楼区、浦口区联合编撰相关边界联查方案、平安边界创建协议;多部门联合对区域内古城、古镇、古村落等进行梳理,申报文化遗产保护名录;根据新建小区、道路、广场完工情况,及时梳理登记,向南京市人民政府申请批准备案,备案批复命名道路、小区楼盘、广场和商场类建筑群、隧道73处。

【区域地名文化遗产】 栖霞区与鼓楼区、浦口区联合编撰边界联合检查方案及平安边界创建协议,组织相关街道强化界桩、界线管理,区边界无纠纷。区民政局会同区住建局、区交通局、区水务局、区文旅局、区方志办等部门,完成古城、古镇、古村落等区域地名文化遗产保护名录评选工作,入选区地名文化遗产保护名录28条。其中,江乘、龙潭、马群、迈皋桥、周冲入选市级地名文化遗产保护名录,江乘、龙潭入选省级地名文化遗产名单。

【地名命名】 申请批准备案命名道路39条、小区楼盘30处、广场和商场类建筑群2个、隧道2条。

表36 2022年栖霞区地名命名情况一览表

序号	标准地名	地名类别	所在区域	地理位置	批准机关	批准时间
1	宁狮路(北延)	道路	马群街道	原“宁狮路”为麒麟门大道至南京交通技师学院段,南北向,长530米,老路宽约16米,改造后,宽度为45米,沥青路面。宁狮路北延段,南北走向,南至南京交通技师学院,北至金马路,长约1100米,宽约45米,沥青路面。调整北延后的宁狮路,南北走向,南起麒麟门大道,北至金马路,道路全长约1630米,宽约45米,沥青路面	市政府	1月27日
2	金翠路	道路	龙潭街道	位于龙潭街道,东西走向,西起规划道路,东至大业路,全长约874米,路幅宽18米,道路为沥青路面	市政府	3月30日
3	金美路	道路	龙潭街道	位于龙潭街道,东西走向,西起规划道路,东至大业路,位于金翠路南侧,全长约769米,路幅宽24米,道路为沥青路面	市政府	3月30日
4	平港路(东延)	道路	龙潭街道	原平港路西起港城路,东至三江河路,长约1100米,宽35米。延伸后的平港路,西起港城路,东至大业路,全长约2200米,路幅宽35米,道路为沥青路面	市政府	3月30日
5	大业路(南延)	道路	龙潭街道	原大业路北起龙潭大道,南至规划道路,长625米,宽50米。延伸后的大业路,北起龙潭大道,南至临港路(规划东延),全长约2074米,路幅宽50米,道路为沥青路面	市政府	3月30日
6	知贤路	道路	龙潭街道	位于龙潭街道,南北走向,北起金翠路,南至临港路(规划东延),位于大业路西侧,全长约1059米,路幅宽约20米,道路为沥青路面	市政府	3月30日

续表36

序号	标准地名	地名类别	所在区域	地理位置	批准机关	批准时间
7	金港南路（北延）	道路	龙潭街道	原金港南路北起平港河南侧，南至临港路（规划东延），长约453米，宽约24米。延伸后的金港南路北起龙潭大道，南至临港路（规划东延），全长约2093米，路幅宽33米，道路为沥青路面	市政府	3月30日
8	同德路	道路	西岗街道	位于西岗街道，南北走向，北起齐民中路，南至科文路，长268.16米，宽24米，沥青路面	市政府	3月30日
9	科文路	道路	西岗街道	位于西岗街道，东西走向，西起毕升路，东至同德路，长352.82米，宽24米，沥青路面	市政府	3月30日
10	奋斗路	道路	迈皋桥街道	东西走向，西起自强路，东至万丰路，道路全长约199米，宽16米，沥青路面	市政府	4月1日
11	自强路	道路	迈皋桥街道	南北走向，北起奋斗路，南至迈越路，道路全长207米，宽20米，沥青路面	市政府	4月1日
12	流连路	道路	龙潭街道	西起金港南路，东至大业路，全长约405米，路幅宽18米，道路为沥青路面	市政府	6月30日
13	晴岚路	道路	龙潭街道	西起金港南路，东至大业路，全长约412米，路幅宽24米，道路为沥青路面	市政府	6月30日
14	福港大道	道路	龙潭街道	西起规划道路，东至大业路，全长约742米，路幅宽45米，道路为沥青路面	市政府	6月30日
15	小康路	道路	龙潭街道	北起晴岚路，南至福港大道，全长约459米，路幅宽18米，道路为沥青路面	市政府	6月30日
16	善行路	道路	龙潭街道	北起金翠路，南至平港路，全长约565米，路幅宽18米，道路为沥青路面	市政府	6月30日
17	年华路	道路	龙潭街道	北起后曹路，南至临港路（规划东延），全长约186米，路幅宽16米，道路为沥青路面	市政府	6月30日
18	天佑路（北延）	道路	西岗街道	原“天佑路”为仙林大道至智谷大道段，南北向。北延段南起智谷大道，北至栖霞大道，全长约97.5米，宽约60米，南北走向，沥青路面	市政府	7月25日
19	华飞路（西延）	道路	迈皋桥街道	东西走向，西起言和路，东至北苑西路，道路全长约530米，宽24米，沥青路面	区政府	8月29日
20	合班路	道路	迈皋桥街道	东西走向，西起丰清路，东至规划北苑西路，道路全长约190米，宽16米，沥青路面	区政府	8月29日
21	兑南路	道路	八卦洲街道	位于八卦洲街道兑南村境内，西起中心路，东止通利路，长565.939米，宽14米，沥青路面	区政府	10月1日
22	五一河南路	道路	八卦洲街道	位于八卦洲街道兑南村境内，西起中心路，东止通利路，长537.87米，宽36米，沥青路面	区政府	10月1日
23	达元路	道路	八卦洲街道	位于八卦洲街道兑南村境内，南起兑南路，北止五一河南路，长183.112米，宽10米，沥青路面	区政府	10月1日
24	迎亨路	道路	八卦洲街道	位于八卦洲街道兑南村境内，南起兑南路，北止五一河南路，长183.082米，宽14米，沥青路面	区政府	10月1日

续表36

序号	标准地名	地名类别	所在区域	地理位置	批准机关	批准时间
25	通利路	道路	八卦洲街道	位于八卦洲街道兑南村境内，南起兑南路，北止五一河南路，长185.823米，宽10米，沥青路面	区政府	10月1日
26	悦山路	道路	仙林街道	位于仙林街道，东起经天路，南至纬地路，长330米，宽12米，沥青路面	区政府	11月4日
27	满山路	道路	仙林街道	位于仙林街道，西起境云路，东至经天路，长256米，宽12米，沥青路面	区政府	11月4日
28	鸣山路	道路	仙林街道	位于仙林街道，西起境云路，东止悦山路，长205米，宽12米，沥青路面	区政府	11月4日
29	境云路	道路	仙林街道	位于仙林街道，北起毕升路，南止规划路，长444米，宽12米，沥青路面	区政府	11月4日
30	银贡南路	道路	迈皋桥街道	位于迈皋桥街道，西起燕尧路，东至绕城公路西侧，长256米，宽16米，沥青路面	区政府	11月4日
31	润尧路	道路	尧化街道	位于尧化街道，南起新城路，北止规划道路，长126米，宽16米，沥青路面	区政府	11月4日
32	鸿宾路	道路	尧化街道	位于尧化街道栖霞商务区仙林汽配城东侧，北起姚胜路，南止规划道路，长221米，宽18米，沥青路面	区政府	11月4日
33	宁顺路	道路	尧化街道	位于尧化街道栖霞商务区，东起规划道路，西止鸿宾路，长179.249米，宽12米，沥青路面	区政府	11月4日
34	狮子坝隧道	隧道	马群街道	隧道位于宁狮路（北延）段，下穿沪蓉高速（G42），南北走向，出口分别朝南朝北。隧道全长260米，隧道标准断面为双向六车道加人非通道，采用单箱四孔的形式。中间两孔为机动车辆通道，单孔建筑限界为12米×4.7米（宽×高）；左右两孔为人非通道，单孔建筑限界为7.75米×2.5米（宽×高）。建筑总面积3656平方米	市政府	1月27日
35	天佑路隧道	隧道	西岗街道	隧道位于天佑路（北延）段，下穿京沪铁路及沪宁城际铁路，南北走向，出口分别朝南朝北。隧道全长31米，隧道标准断面为双向十车道加人非通道，采用单箱四孔的形式。单孔建筑限界为17.7米×8.4米（宽×高）；左右两孔为人非通道及一股机动车道，单孔建筑限界为13.15米×8.4米（宽×高）	市政府	7月25日
36	东家岗路	道路	马群街道	该道路为南北走向城市支路，北起陶家营路，南至中山门大街，沿线与陶家营路、木器厂路和中山门大街相交。道路长699.382米，宽18米，沥青路面	区政府	2023年1月9日
37	兴创路	道路	迈皋桥街道	该道路为南北走向城市支路，南至尧红路，北至兴贤路，长度479米，宽度16米，沥青路面	区政府	2023年1月9日
38	抚云路	道路	迈皋桥街道	该道路为南北走向城市支路，南至北崮山路，北至南京新港中等专业学校，长度205米，宽度24米，沥青路面	区政府	2023年1月9日
39	兴狮路	道路	马群街道	该道路位于马群街道狮子坝地块，东起宁狮路，西止狮子坝村失考墓石刻，长570米，宽16—20米，沥青路面	区政府	2023年1月9日
40	润狮路	道路	马群街道	该道路位于马群街道狮子坝地块，东起宁狮路，西止雄狮路，长248米，宽24米，沥青路面	区政府	2023年1月9日

续表36

序号	标准地名	地名类别	所在区域	地理位置	批准机关	批准时间
41	雄狮路	道路	马群街道	该道路位于马群街道狮子坝地块，南起润狮路，北止兴狮路，长260米，宽16米，沥青路面	区政府	2023年1月9日
42	都荟紫京苑	住宅	燕子矶街道	东至规划道路，南至规划道路，西至规划道路，北至恒竞路	市政府	2月17日
43	观文澜庭	住宅	西岗街道	东至天佑路，南至规划道路，西至白象路，北至西湖大沟	市政府	2月17日
44	兴智翡翠府	住宅	燕子矶街道	东至尧新大道，南至恒发路，西至规划道路，北至恒竞路	市政府	2月17日
45	四季雅筑	住宅	燕子矶街道	东至壮举路，南至吉祥街，西至燕栖路，北至徐家村街	市政府	2月25日
46	颐和四季府	住宅	燕子矶街道	东至燕栖路，南至吉祥街，西至燕城大道，北至徐家村街	市政府	3月30日
47	馨卫家园	住宅	迈皋桥街道	东至万丰路，西至自强路，南至迈越路，北至奋斗路	市政府	4月1日
48	泰康之家苏园	大型建筑群	仙林街道	位于仙林副城仙鹤片区，北临规划保留的生态林地，西临规划保留的生态林地，东临学原路，南临规划保留的生态林地	市政府	5月22日
49	颐和缦山居	住宅	马群街道		南京市城乡建设委员会	12月22日
50	紫星堂小区	住宅	西岗街道		南京市城乡建设委员会	11月7日
51	江悦堂小区东苑	住宅	燕子矶街道		南京市城乡建设委员会	11月7日
52	江悦堂小区北苑	住宅	燕子矶街道		南京市城乡建设委员会	11月7日
53	江悦堂小区南苑	住宅	燕子矶街道		南京市城乡建设委员会	11月7日
54	江悦堂小区	住宅	燕子矶街道		南京市城乡建设委员会	11月7日
55	燕栖渡商业广场	大型建筑群	燕子矶街道		南京市城乡建设委员会	11月7日
56	燕晖园	住宅	迈皋桥街道		南京市城乡建设委员会	10月9日
57	燕璟和颂花园	住宅	燕子矶街道		南京市城乡建设委员会	9月26日
58	兑南西园	住宅	八卦洲街道		南京市城乡建设委员会	9月16日
59	兑南花园	住宅	八卦洲街道		南京市城乡建设委员会	9月16日
60	兑南东园	住宅	八卦洲街道		南京市城乡建设委员会	9月16日
61	兑南中园	住宅	八卦洲街道		南京市城乡建设委员会	9月16日
62	兰亭和颂府	住宅	西岗街道		南京市城乡建设委员会	8月31日

续表36

序号	标准地名	地名类别	所在区域	地理位置	批准机关	批准时间
63	泷悦雅颂府	住宅	西岗街道		南京市城乡建设委员会	8月31日
64	孟北雅苑	住宅	西岗街道	东至夏荷路，西至孟北路，南至古泉河路，北至龙雾路	市政府	1月27日
65	孟北雅苑西园	住宅	西岗街道	东至冬青路，西至孟北路，南至古泉河路，北至龙雾路	市政府	1月27日
66	孟北雅苑中园	住宅	西岗街道	东至秋水路，西至冬青路，南至古泉河路，北至龙雾路	市政府	1月27日
67	孟北雅苑东园	住宅	西岗街道	东至夏荷路，西至秋水路，南至古泉河路，北至龙雾路	市政府	1月27日
68	许巷雅苑	住宅	西岗街道	东至秋水路，西至孟北路，南至龙雾路，北至捷运大道	市政府	1月27日
69	许巷雅苑西园	住宅	西岗街道	东至冬青路，西至孟北路，南至龙雾路，北至捷运大道	市政府	1月27日
70	许巷雅苑东园	住宅	西岗街道	东至秋水路，西至冬青路，南至龙雾路，北至捷运大道	市政府	1月27日
71	七乡雅苑	住宅	西岗街道	东至四季路，西至春潮路，南至仲景大道，北至捷运大道	市政府	1月27日
72	七乡雅苑北园	住宅	西岗街道	东至四季路，西至春潮路，南至古泉河路，北至捷运大道	市政府	1月27日
73	七乡雅苑南园	住宅	西岗街道	东至四季路，西至春潮路，南至仲景大道，北至古泉河路	市政府	1月27日

退役军人事务

【概况】 2022年，开展“戎耀之家”创建，中建安装集团有限公司、燕子矶派出所创成省优秀“戎耀之家”。区退役军人服务中心被评为省优秀退役军人服务中心。创建集手机录入、专线审批、终端报到于一体的军人退役“一件事”一网通系统，依托退役军人一网通平台的开发和功能拓宽，实现军人退役“掌上办、更好办”，做到“让数据多跑路、让退役军人少跑腿、退役报到只跑一趟”。借鉴、推广新时代“枫桥经验”，打造“枫桥经验栖霞样板”，退役军人信访工作做到“四心四度”（有耐心服务的态度、有尽心履职的高度、有诚心化解的力度、有暖心关爱的温度），聘请律师定时值班“门诊”、疑难问题“会诊”、随机走访“巡诊”，为退役军人提供全方位法律服务。办理12345工单63件，其中满意62件，满意率98%。7月，举行退役军人及优抚对象优待证首发仪式，启动优待证办理工作。9月，组织全区退役军人事务系统岗位练兵比武知识竞赛，机关和街道30名退役军人事务工作者参加比赛，围绕学法规、练队伍、比能力、树标兵，以比促练、以练促用，检验干部职工练兵效果。被省委、省政府、省军区授予“江苏省双拥模范区”称号，实现创建省级双拥模范区“十连冠”。

【退役军人就业创业】 区退役军人事务局扎实做好退役军人档案审查和接收安置工作，安置符合政府安排工作条件退役军士，安置率、选岗率、报到率和满意率均为100%；创新军人退役“一件事”改革，按照“一次申请、一网审批、一窗办理、一体化服务”工作模式，接收秋季退役士兵。开展退役士兵适应性培训1次，举办专场招聘会3次，培训率、就业率均为100%。组织退役军人参加市“戎创金陵”创业创新大赛，获三等奖1人。成立栖霞区退役军人就业创业促进会，吸收退役军人企业家成为促进会成员，提供岗位600余个，吸收退役军人成功就业。

【优抚褒扬】 区退役军人事务局核查“两参”（参战、参加核试验退役军人）人员信息，核查优抚对象1420人，调评残，办理优待证。发放各类抚恤和生活补助金、慰问金、优待金、奖励金等4100余万元。组织“清明祭英烈”主题纪念活动，开展烈士寻亲、祭扫英烈等活动，弘扬英烈精神，铭记英烈功勋。按照“墓体坚实牢固、碑文字体清晰、主体建筑完好、周边环境肃穆”标准，对全区零散烈士墓逐一建档立卡10座，规范墓标识牌，加强零散烈士墓管理力度。

【“双拥”工作】 区退役军人事务局开展送政策进军营活动2次，送法进军营2次；走访慰问部队32次、慰问物资180余万元。推进“栖霞区丽岛双拥码头”建设，打造栖霞双拥特色亮点。为立功受奖军人家属送喜报，并发放奖励金。召开专题为军解困会4次，协调解决驻区部队军人子女上学、入托60人次，安置随军家属就业，发放随军未就业家属补贴35余万元，帮助部队协调解决矛盾困难10余件。联合区教育局、文旅局、区妇联、团区委等双拥成员单位与驻区部队开展“情暖栖霞——关爱兵妈妈”“情暖栖霞——关爱兵娃娃”等系列爱军惠兵活动。在临汾旅组建栖霞区“爱国拥军教育基地”，签订军地幼儿园共建协议，协调解决临汾旅大型儿童户外娱乐设施、家属区文体健身器材、幼儿书籍、物资等共计20余万元。协调驻区部队参与栖霞军民共建、文明创建、乡村振兴，驻区部队开展学生军训6次、国防教育2次、学雷锋活动16次。

7月15日，栖霞区退役军人及其他优抚对象优待证首发仪式

区退役军人事务局 供图

【退役军人服务体系建设】 区退役军人事务局持续开展工作人员能力提升大培训，提高窗口一线服务水平。完善区、街、村（社区）三级退役军人服务保障体系。开展退役军人系统练兵活动，组织参加2022年南京市退役军人事务系统岗位练兵比武竞赛，获优秀组织奖。对退役军人“建档立卡”，健全完善服务对象档案和数据库，精准掌握退役军人和其他优抚对象基本信息。打造“栖霞荣光退役军人志愿服务”品牌，开展志愿服务系列活动，组织走访慰问、疫情防控和“三送”（送菜、送药、送学）上门服务3263人次。

（何　健）

民族宗教事务

【概况】 2022年，打造省级“红石榴家园”4个，位列全市第一；在南京市第一届铸牢中华民族共同体意识微视频征集大赛中，“字蕴童心共绘‘石榴’情”获得一等奖，“小网格大团结”获得三等奖。区民宗局被市委“扫黄打非”领导小组评为先进集体，栖霞区被评为省第一批民族团结进步示范区。

【民族宗教政策法规学习月启动】 5月24日，民族宗教政策法规学习月启动仪式在中国佛学院栖霞山分院隆重举行。区民宗局、各街道统战委员、民宗干事、综合执法队员、民族宗教政策法规宣传员及民族宗教界代表45人参加，区委常委、统战部部长出席并致辞。市民族宗教事务局副局长授课，市民宗局综合督查处处长、宗教二处三级调研员等参加。启动仪式由区委统战部副部长、区民宗局局长主持，并向基层社区民族宗教政策法规宣传员颁发聘书。

【校企联盟红石榴就业】 6月1日，校企联盟"红石榴就业"暨访企拓岗促就业2022年就业与暑期实习招聘会——南工职大专场在南工职大仙林校区梧桐大道举办。区委常委、区统战部部长及南工职大党委、区民宗局等相关领导参加。活动吸引进校招聘企业178家，其中由区委统战部协调组织38家。向在校毕业生提供就业实习岗位近5600个。2022届、2023届毕业生1500余人参加活动。招聘企业收到求职简历3200余份。

【栖霞·湟中手拉手夏令营】 8月8—14日，栖霞区与青海西宁市湟中区两地联合举行以"牵手相伴 共同绽放"为主题的"栖霞·湟中少先队员手拉手夏令营"活动，共续"抱紧石榴籽 同续山海情"。此次夏令营活动由栖霞区燕子矶小学教育集团与湟中区鲁沙尔镇第二小学、群加乡民族学校共同组织，师生40余人参加。营员参观了中山陵、总统府、燕子矶、玄武湖、南京科技馆等。夏令营还安排丰富多彩的民族文化交流活动，栖霞龙舞非遗传承人亲自教授舞龙。

【基督教教职人员培训班】 11月16—17日，在摄山星城基督教聚会点举办基督教教职人员培训班暨爱党爱国爱社会主义主题教育活动，场所负责人及堂委、义工骨干约70人参加。培训班分为党的二十大精神学习、爱党爱国爱社会主义主题教育、宗教工作会议精神学习、宗教政策法规培训、中国优秀传统文化宣讲、消防培训演练和现场教学7个环节，市民宗局、市委党校、驻区高校等专家学者进行辅导授课。

（汪　维）

8月，栖霞·湟中少先队员手拉手夏令营营员观看"南京大屠杀史实展"
区委统战部　供图

尊老爱老

【老年照护】 2022年，通过政府购买服务，为市政府规定扶助的"五类老人"（特困老年人，最低生活保障家庭，最低生活保障边缘家庭中的老年人，经济困难的失智、失能、半失能老年人，计划生育特殊家庭老年人，百岁老人）917人购买居家上门照护服务；与无生活照料人的独居老年人签订四方协议，对重点空巢独居老人开展每周至少一次的上门或电话探访。为全区920户920名政府养老扶助对象、60岁以上独居老年人、在二级及以上医院确诊患有走失风险类疾病的老年人、80周岁以上老年人提供应急呼叫服务，其中经济困难的80岁以上高龄独居老年人实行政府购买服务全覆盖。

【尊老救助金】 全区发放尊老金1195.98万元，发放对象20.76万人次；完成在老年人洗澡的地方加装扶手、将室内高低差的地方改造成斜坡等居家适老化改造250户，投入资金71.89万元。将中央彩票公益金、省级彩票公益金下达的560余万元用于新建家庭养老床位、补贴经济困难失能或部分失能老年人、发放养老机构纾困补贴及老年福利。

（邓　颖）

责任编辑　陈美萍

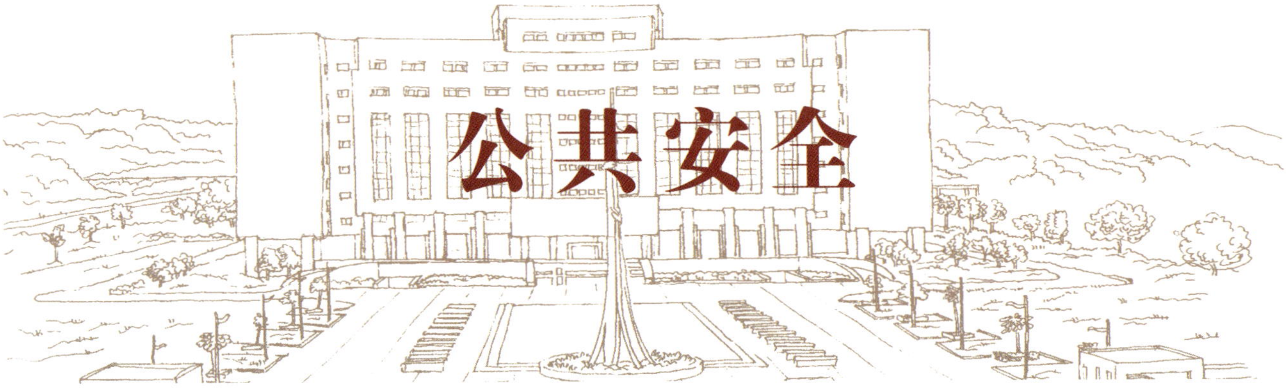

公共安全

安全生产

【概况】 2022年，区应急管理部门完成工业企业安全生产风险报告，填报规模以上企业148家、规模以下企业685家。组织开展打击假冒政府网站制售假冒安全生产证书专项行动，检查企业、培训机构711家，行政处罚31万元。检查企业172家次，出动执法人员436人次，聘请专家119人次，专项检查发现企业问题隐患568项，下达各类文书428份，专项检查企业完成隐患整改461项。查处危化品企业违法违规行为，立案4起，处罚金额58万余元。排查15家化工、医药企业安全生产情况，抓好6家中频炉企业安全管理。开展矿山专项整治重点工作“回头看”，发现的15个问题整改完毕。完成170余家生产经营单位预案备案和9家试点社区预案编制。下发《2022年全区救援协调和应急管理工作要点》，建立协调联动机制，参加省、市应急演练观摩培训。推进应急指挥视频会议系统进街道。对全区2万余家小型场所业主进行应急技能培训。完成重大处罚案件备案21件，向应急管理部报送执法案例6起。开展事故调查8起。协调相关单位整改问题隐患306条。全年督导165天，召开座谈会77次，实地检查单位、企业和现场439个，发现并移交问题隐患1824条，完成整改1735条，整改率95.1%。区挂牌督办重大事故隐患3批次26条，完成整改11条。区、街两级出动督查检查组1951个，检查企业9629家次，执法处罚148家，罚款288万余元，联合惩戒3家，警示约谈145人次。完成重大危险源企业9家安全风险分级管控和隐患排查治理双重预防机制数字化建设。区应急管理局被省应急管理厅评为“安全生产月”活动先进单位。

【安全生产月活动】 6月16日，区与省安委会、市安委会联合主办全省“安全宣传咨询日”网络直播在栖霞区举行。省应急厅、市安委办、区委、区政府及南京经开区管委会等部门、单位负责人在主会场参加活动。活动主题为“遵守安全生产法 当好第一责任人”活动。采用“主会场+分会场”视频连线的方式进行。中铁宝桥南京公司总经理等13名企业负责人向全省企业第一责任人发出倡议，把安全生产落实于行动。博西华电器（江苏）有限公司总经理分享履行安全生产法定“七项职责”的认识和做法。活动还设置主播体验、海采话安全、专家答疑、有奖抢答等环节。新华社现场云、央视频移动网等10余个媒体平台现场直播，在线观看超150万人。会后，区参加“新安法知多少”知识竞赛，参与度排全市第一。企业、学校、社区开展专题宣传教育活动60余场，开展大型专项应急演练20余场。

【安全生产专项整治】 落实安全生产15条措施，推进专项整治三年行动，开展风险隐患大排查大整治、安全生产大检查、重点领域百日攻坚行动等。实行“常态排查+动态清零”机制，建立区级隐患问题数据库。实施挂牌督办、集中会办解决重点难点问题。区、街两级出动检查组3300余个，检查企业2.7万家次，发现并整改问题隐患近2.4万条。总结危化品企业“五位一体”数字化建设、油气长输管线智慧监管、建筑工地360监管平台建设、尧化街道“网格化+信息化”助力安全监管“一网通管”新模式等7条典型经验做法，整理形成区安全生产制度汇编，编制形成专项整治三年行动工作评估报告。

【建筑业市场检查】 全区抽查在建房屋建筑工程项目45个，审查建设单位44家，总承包单位46家，分包单位149家，项目监理单位44家。通报相关企业20家。其中，建设单位2家，总承包企业4家，专业承包单位1家，分包单位7家，监理企业4家，实名制上报2家。

【建筑工程安全监督】 监管在建工程90个。其中，房屋建设82个，市政建设8个。累计完成日常监督抽查320余次，重大工程巡查抽查80次，抽查建筑起重机械442台。其中，塔式起重机221台，施工升降机175台，附着式脚手架46台。查处安全隐患1296条，下发整改通知书240余份，下发停工整改通知书20余份。行政处罚113个，处罚金额54.02万元；挂牌11个工地（挂牌39张）；约谈相关单位116家。开展安全生产文明施工现场观摩活动2次，组织建筑施工安全生产公益讲座线上学习周活动。

【建筑安全隐患排查整治】 区住建局落实建设工程企业安全生产主体责任，突出重点企业、重点时段、重点区域，反复抓。开展节后复工大排查大整治、夏季及汛期大排查大整治、消防安全检查和“反三违”、深基坑、空中坠物安全隐患再排查再整治以及文明施工、创建文明城市等专项检查。管控起重机械安装拆除和使用，必须先检后用，落实司机身份识别系统，确认施工现场特种作业人员实际操作技能。对随意降低安全生产条件的施工企业、监理企业扣减信用分，落实企业安全生产主体责任。

【危化品安全生产专项整治】 开展老旧装置专项整治、百日攻坚专项整治、全流程自动化控制改造等工作。通过联合执法检查、专项检查形式，出动执法人员679人次、专家259人次，开具各类文书671份，发现问题隐患1088条，完成整改1088条。查处违法违规行为，立案4起，处罚金额58.48万元，其中没收违法所得10.28万元。

【安全监管和执法】 全区实施区街联动，委托执法部门联合执法。全年行政处罚立案191起，罚款565万元，其中委托执法立案104起，罚款62.24万元。在市区两级统一公共信用信息归集和服务平台、江苏市场监管平台上归集公示安全生产信用信息260余条，及时清理70余家安全生产领域失信主体公示信息。

【应急管理能力提升】 2月，区应急管理局举办全区安全生产依法行政及应急管理能力提升培训班。13个街道（园区）安监科（应急管理部）负责人和安全协管员144人参加培训。应急管理局34人完成省应急管理厅应急干部网络学习，3人参加主体班学习。组织市安全生产考试栖霞考点考试50余场，参加考试3800余人。

12月15日，区生态环境局、区应急管理局等部门在烷基苯厂金泰1号码头举行突发危险化学品泄漏事件市区联动应急演练　　区生态局　供图

发挥大数据+网格化+铁脚板优势，建设“网格+安全生产”体系，划分109个应急格和28个专属网格，依托市“181”平台，全面开展风险（源）普查辨识建档，全区2.3万家实有生产经营单位纳入“181”平台管理。制订八大项19条社会面考核细则。采用“线上+线下”“理论+实操”方式培训2万余家小型场所业主的应急技能。推进区级总体应急预案和自然灾害、事故灾难、公共卫生、社会安全四大类58个专项预案修订。区应急指挥中心完成主体工程。利用“金陵气象灾害靶向预警防控系统”发布预警工单，全年处置工单2.22万件。组织应急演练37场次。

【商贸领域安全生产】 4月28日，区商务局发布《关于调整栖霞区商贸服务安全生产专业委员会成员及工作职责的通知》。投入1732万元，整治联珠市场、尧化门183号向阳院房屋、八卦洲五一商店君子浴室钢楼梯锈蚀重大安全隐患。多部门联合排查隐患6次，与第三方专家联合检查52家次，检查出一般问题隐患626处（个），督促整改599处（个），并全部完成整改。组织安全生产领导研究安全生产问题6次，每月召开安全生产专题会议1次。组织开展消防疏散演练等活动10次。6月，举办安全生产月活动。与14家大型商业场所、28家加油站签订安全生产责任承诺书。完成3家商户“油改气”工作。

【粉尘涉爆企业百日清零】 6—9月，区应急管理局在工贸行业开展“百日清零”行动，对照“粉6条”（6条粉尘涉爆企业安全生产执法检查重点事项），开展粉尘涉爆专项整治。全区14家粉尘涉爆企业的“粉6条”全部清零。开展粉尘清扫系统填报，粉尘涉爆企业每日清扫积尘部位，并拍照上传系统，从源头上控制安全风险。

（陈　翔）

防震减灾

【概况】 2022年，全区组织开展“5·12”防灾减灾日系列活动，印发《关于做好2022年全国防灾减灾日有关工作的通知》，明确栖霞区2022年全国防灾减灾日相关工作和具体要求。区减灾办联合区教育局、区民宗局、区商务局在学校、娱乐场所、宗教场所和9个街道，开展有针对性的防灾减灾活动。活动期间，组织广场宣传22场、应急疏散演练85场、防震减灾知识竞赛2场、防震知识讲座12次。在主要路口、广场、大型商场等公共场所和社区悬挂防震减灾宣传横幅，张贴宣传海报，摆放宣传展板，向公众发放防震减灾口袋书、宣传册1000余册。开展“10·13”国际减灾日活动，围绕“早预警、早行动”主题，开展防震减灾宣传、教育和应急演练活动。做好森林防火工作，加强巡护，清理林下可燃物。技术人员常态维护森林防火智能监测指挥系统，25个点位全部正常运行。检查排查河道，及时清理河道杂物、堤顶周边违章种植等，夯实堤防、河道安全基础。

【防震减灾竞赛活动】 区减灾办按照南京市应急管理局《关于开展南京市地震科普宣讲员比赛和小学生防震减灾手抄报大赛的通知》要求，组织开展防震减灾比赛活动。从各街道选拔地震科普宣讲员，参加区、市地震科普宣讲员比赛，入选市决赛1人。组织全区小学生参加手抄报大赛，联合区教育局从参赛作品中，初选出5幅优秀作品，参加市决赛评比。

【民生保险理赔】 19万名户籍居民投保自然灾害人身意外伤害保险59万元，自然灾害家庭财产综合保险35万元。理赔398起，赔付金额100.25万元，民生保险零投诉。3月，龙潭街道马渡村袁姓居民独自到家门口河边洗东西，滑入河中溺水而亡。减灾办人员3次赴龙潭街道、马渡村了解情况，指导理赔对象、马渡村、龙潭街道完善相关佐证材料，先后7次以电话、座谈形式与保险公司商讨理赔事宜，获中国人民财产保险股份有限公司南京分公司人身意外伤害赔偿金1.6万元。

【自然灾害风险普查】 全区召开普查工作推进会4次，交流相关部门自然灾害风险普查工作进展情况，提出阶段工作要求。全年完成调查填报、质检及审核相关数据2421条，调查成果分别通过市、省、国家级质检核查。完成辖区内所有房屋建筑承灾体调查，调查数据通过市、省、国家级住建部门验收。完成公路承灾体调查，调查数据通过市级交通部门核查，质检通过率100%。开展地质灾害风险普查，普查成果提交江苏省自然资源厅和省普查办汇总。完成1座水库、5座水闸、27条堤防基本情况及安全隐患全面核查，形成栖霞区水旱灾害风险普查结果，并通过市、省级水利部门质检核查。完成辖区内地质灾害隐患点的野外调查和信息录入，完成辖区内森林火灾1个原一类样地、4个新设样地、全部标准地的外业调查和所采集样品实验室测定工作，完成历史火灾、野外火源、减灾能力调查，汇总报告上报市农业农村局，调查结果通过系统内质检。

【防震减灾演练】 开展防震减灾演练基地创建工作，组织申报市级演练社区2个，地震示范点建设1个，特色项目建设1个。6月6—9日组织各街道开展灾情报送演练。6月10日，区减灾办会同区水务局开展栖霞区2022年度防汛抢险实战演练。采集全区新建工程信息301项（含经开区9项）、加固工程信息1项。协助南京市气象局在栖霞街道、西岗街道安装自动气象站各1个；在9个街道更换或新增临时应急避难标识40处。

（陈　翔）

防汛防旱

【概况】 2022年，全区主汛期通江河道水位相对平稳，其中九乡河最高水位8.33米（6月24日），最低水位5.25米（2月7日），处于正常状态。全年长江汛情较为平稳，汛期长江下关最高水位8.11米（6月16日）。先后组建防汛防旱抢险队56支，人数1222人，定期开展防汛抗旱实战演练。

【汛期应急响应】 全区雨情呈现“降雨频次少、短时雨量强、分布不均匀”的特点。汛期降雨主要集中在6、7月间，8个雨量站降雨量超50毫米。其中，技师学院雨量站峰值达137毫米；栖霞新港站最高1小时降雨强度、3小时降雨111.8毫米，为20多年一遇。7月29日13时10分，启动栖霞区Ⅲ级防汛应急响应（黄色），先后出动8632人次，出动设备528台次，紧盯汛情变化，加固河堤，日夜巡逻，全区城市内涝防范及时有效。

【雨水管道清疏排查】 2月14日，区水务局发布《关于栖霞区北十里长沟东支及百水河流域雨水管道清疏排查工程可行性研究报告的批复》文件，同意实施相关工程，项目实施单位为栖霞区水务工程建设管理处。项目区域面积约38平方千米，雨水管道总长约254.8平方千米，主要建设内容为雨水管道测绘、清疏、检测及水质检测、建设GIS系统等，工程概算4185.57万元。项目于2022年11月进场施工，于2023年二季度完工。

【旱情应急响应】 8月起，西太平洋副热带高压面积偏大、强度偏强，位置偏西偏北，受副高下沉气流控制，长江全流域持续高温少雨，流域内主要河湖来水明显偏少，水位显著偏低，出现多年同期少见的干旱形势。8月15日11时30分，启动抗旱Ⅳ级应急响应（蓝色），按照“预”字当先、“实”字托底的总要求，利用5座引水泵站，从长江翻水约1399.34万立方米，保障全区5.45万亩农田灌溉需求，降低影响。

（苏　扬）

交通安全

【概况】 2022年，区内道路总长2203.09千米。其中，国道、省道4条，长150余千米；主干道171条，长85.3千米；次干道275条，长212.22千米；县乡道路60条，长1148.07千米；村级道路294条，长607.5千米。区内有车辆运输单位2759家、驾驶员1.01万人、车辆2.08万辆。其中，危险品运输单位21家，车辆1116辆；出租公司3家，出租车205辆。区内高速公路为八卦洲长江大桥及沪蓉高速绕城公路段，有大型立交互通15处，全开放式匝道62处，主线收费站1座，服务区4个，日均流量八卦洲大桥段9万辆、绕城段15万辆左右。

【交通违法查处】 交警七大队全年查处区内道路各类交通违法行为16.5万起，保障各类警卫任务227起。发生一般事故156起，比上年上升9.09%；交通事故致39人死亡，比上年下降26.42%。高速公路二大队全年出动警力约1.6万人次，巡逻车约1.1万台次，巡逻里程约140万千米，开展各类专项整治80余次，现场查处交通违法2.8万余起，核查入境人员30余万人次，核查“两客一危一货一面”重点车辆3万余辆。

【交通综合执法】 区交通运输局巡查国省干线3.95万千米、县乡公路5470千米。检查道路运输车辆，检查交通运输企业802家次，实施行政处罚。完成老旧柴油货车淘汰任务，注销排放标准不合格营运柴油货车道路运输证，办理民生诉求工单。推进数字交通建设，利用栖霞路网中心指挥平台实现养护道路24小时实时监控，智慧交通平台初步成型。联合交警七大队建立超限超载路面流动联合执法工作机制，保持24小时值班值守，查扣超限超载车辆589辆，超限超载总吨位1.09万吨。处罚违规违法案件22件，约谈高频超限运输业户、高频违法业户57家，责令企业停业整顿122家次。

【行政审批办理】 区交通运输局依法实施行政审批，办理道路货物运输经营许可363本，新增道路运输车辆2548辆，审验车辆道路运输证2.98万本；办理机动车维修经营备案44家，驾校备案5家。办理“无感审批”业务379件。

【行政处罚】 区交通运输局常态化巡查国省干线、县乡公路。检查道路运输车辆1584辆，重点检查交通运输企业，实施行政处罚1037件，罚款73.89万元。严格排查柴油货车，淘汰老旧柴油货车，注销国三及以下排放标准营运柴油货车道路运输证228本；办理民生诉求工单4695件。

【交通安全宣传】 交警七大队依托全区119个社区的网格员、警格员，通过印发小手册、电子屏幕持续播放等形式，向广大居民群众宣传交通安全知识；开展交通安全宣传进农村活动，组建“一村一辅”信息员队伍和交通文明志愿者队伍。联合司法部门加强对危险驾驶罪社区服刑人员进行教育矫正；开展开学季安全驾驶宣传进校园系列活动；对危化品公司开展交通运输领域安全生产百日攻坚联合检查。车管民警定期深入企业、部队、机关单位开设安全驾驶授课135场次，督促企业加强对车辆及驾驶人的安全管理。推进隐患清零，采取电话或短信通知、网络公告等方式，提醒企业、车主和驾驶人及时完成车辆检验、驾驶证审验和违法处理。

【重点交通隐患排查】 排查确定交通堵点、乱点22处，逐一制订疏堵方案，优化交通组织。交警七大队会同秩序大队、街道相关人员现场调查会商，解决路口拥堵、混乱问题。在3条道路、18个路口增设机非隔离护栏，优化调整10个路口的行人过街信号灯放行方式，优化调整4个路口的行人过街斑马线，增设行人过街信号灯14套，在12个路口的行人过街斑马线中心，设置行人二次过街驻足区24处，在3个路口增设非机动车等待区7处。在南京经开区园区内恒竞路东段（仙新路—仙新中路）、恒竞路西段（尧新大道—兴智路）增设临时停车位187个，同时调整原有停车泊位，拆除停车泊位32个。

【高速公路交通事故预防】 高速二大队围绕事故预防“减量控大”，推进“苏安”“宁安”“百日行动”。依托“室引领队”建设成果，协调补盲，新增接入管理公司监控24路，建设异常事件检测设备17路。组织各成员单位对辖区道路展开细致摸排4轮，梳理出事故多发路段3处、安全隐患27处，全部“一点一策”制订整改措施，落实到位。全年累计施划减速震荡标线5处，安装警示爆闪、语音提示装置8个，优化枢纽、匝道渠化3处，更换三波隔离护栏78千米，增设其他各类交通安全设施27项。全年，交通事故起数比上年下降41.3%，受伤人数比上年下降33.7%，死亡人数比上年下降83.3%。

【重大事故溯源分析机制】 高速二大队落实亡人事故“一案一析”制度。总结归纳出高速公路重点车型管理“三必谈”“三必带”（交通肇事必谈、严重违法必谈、带病出车必谈，企业营业执照必带、日常管理台账必带、安全整改报告必带），强化后续警示跟踪，警示风险隐患发现一起、消除一类。推进实施高速公路巡逻压减事故“十个不放过”，即行人非机动车、车辆低速行驶、超载超限运输、货车靠左通行、违法停车倒车、施工无防撞车、路面掉落物体、雨雾冰雪天气、道路设施损坏、排队追尾隐患等造成的事故不放过。此经验做法由南京市交通管理局在全市推广。

【高速救助服务】 高速二大队全年救助服务群众103件，护送急救病人26人次，救助误入高速公路行人59人次，调解、化解驾乘人员间纠纷226起。更新便民服务举措6项，收获锦旗7面、表扬信8封。

6月14日，栖霞区危险品运输企业安全教育培训会议在区交通局召开　区交通局　供图

【危化品运输管理】 区交通局完成“三年大灶”任务。突出危化品运输事故防范，加强企业负责人教育培训，连续第十年联合交警部门开展“一车三方”教育培训，委托第三方机构对监管危化品运输企业开展综合性、系统性检查2次12家次，组织部门街道联合督查4次。加强货车超限超载治理，摸排货物源头单位，对9家重点货物装载源头企业实施每月2次巡查。

（侯　萌　张琦民　刘　颖）

交警在日常路面巡查中查停超限运输车辆　高速二大队　供图

消防安全

【概况】 2022年，消防救援大队印发《南京市栖霞区消防安全委员会工作规则》，调整消防安全委员会成员单位，细化各街道（园区）、各成员单位消防工作职责和年度重点工作任务清单。每月发布《全区火灾形势分析研判通报》，在全国“两会”、冬奥会、国庆、党的二十大等重要节日和重大活动前，发布消防工作提示和执法建议函，落实消防监管责任。持续推行“1234+N”消防安全管理机制，运用江苏省社会单位消防安全管理平台落实主体责任。全年接警出动628起，出动消防车

1663辆，出动消防员7325人次。接警火灾314起。其中，抢险救援249起，社会救助65起。未发生较大及有重大社会影响的火灾事故。

【消防安全专项整治】 开展消防安全隐患大排查大整顿，检查单位2094家，督改隐患2743条，办理处罚案件199起，临时查封35家，责令“三停”30家，罚款357.95万元。开展村(居)民自建房重大火灾风险综合治理，排查具有生产、经营、租住使用功能之一且住宿人员未达到10人以上的村(居)民自建房6处，住宿达到10—29人的10处，达到30人及以上的1处，发现19处“六类”重点隐患，并全部完成整改。开展商业综合体、商场市场和大型商贸经营场所专项整治，组织全区23家大型商业综合体单位和大型商贸经营场所主要负责人集中约谈，累计排查发现整改隐患98条，依法立案查处13家。排查小型经营场所879家，督促整改隐患836条，办理警告753起。开展电动车和居民小区消防综合治理，排查居民住宅小区396个，督改动态“飞线充电”行为143处，清理违规停放、充电的电动车627辆。推广安装简易喷淋100套、独立式烟感探测报警器600只、智能电动车集中充电装置170套。南京市政府挂牌督办的得力集团南京有限公司等栖霞区4家重大火灾隐患单位全部按时销案。

【消防安全宣传培训】 区消防救援大队组织各街道(园区)、各有关部门开展消防业务培训，开展“消防进万家”活动，在小区宣传栏或楼栋醒目位置张贴《居民住宅类火灾警示告知书》。发动群众关注“南京消防”官方微信公众号，随时观看消防微视频，了解疏散逃生知识。联合区商务局在燕子矶幕燕风光带开展“消防后备厢集市”活动，播放消防警示教育片，发放宣传彩页。累计发放消防宣传彩页3.2万余张，张贴各类火灾警示、提示海报3000余张，赠送灭火器等消防器材400余只，开展消防讲座和灭火疏散演练100余场，受众累计5000人次。

【“火焰蓝”“检察蓝”协作机制】 12月2日，区消防救援大队与区检察院举行“火焰蓝+检察蓝”合作协议会签暨兼职助理互聘仪式，联合印发《关于加强消防安全领域公益诉讼与行政执法协作配合的工作意见》，明确建立信息共享、案件线索双向移送、消防安全磋商、专项行动协作、诉源治理合作、联动办案、联席会议、业务交流“八大机制”，加强消防安全领域案件中的协作配合，探索具有特色的基层消防安全领域治理新路子。区消防救援大队和区检察院在各类消防安全专项整治行动中，共同探索联合约谈、联合检查、联合办案等工作机制，为建立消防安全领域公益诉讼与行政执法协作新思路打下基础。在重大火灾隐患整改中，区检察院与区消防救援大队共同对单位开展集中约谈，讲明消防主体责任落实重要性及检察部门公益诉讼职能的结果运用影响力，对推进隐患整改、完成销案起到强力推进作用。在中小学及幼儿园消防隐患整治中，区检察院协助区

5月28日，区消防救援大队联合区商务局开展“消防后备厢集市”活动
区消防救援大队 供图

12月2日，区消防救援大队、区检察院举行“火焰蓝+检察蓝”合作协议会签暨兼职助理互聘仪式
区消防大队　供图

消防救援大队向区教育部门发送《检察建议》，推动隐患整改进程，确保所有隐患全部迅速整改闭环。

【消防队站建设】 建设完成燕子矶站、紫东创意园站、迈化路站、丁家庄站4个消防站；仙林湖站开工建设，栖霞山站、紫东站完成选址。加上原有的八卦洲站、马群站、中花岗站以及搜救犬站和原址新建即将迁回的迈皋桥站，栖霞区“1+12”消防灭火救援体系初见成效，全区“5分钟灭火救援圈”基本形成。

（承　奇）

食品安全

【概况】 2022年，区食安委制订《栖霞区2022年食品安全重点工作安排》《2022年栖霞区街道食品安全月度考评细则》。将全区9949家食品生产经营企业（个体户）按规模和风险进行分层分级分类，落实责任清单制、任务清单制、督查清单制，由各级领导督导帮促经营者。录入系统食品生产经营企业1291家，重点单位设立食品安全总监。区、街道、社区按要求签订承诺书和责任清单，落实食品安全“两个责任”（食品安全属地管理责任、食品生产经营单位主体责任）。全年未发生重大食品安全事故。

【食品安全示范创建】 开展创建南京市餐饮质量安全示范街（区）、示范店（食堂）工作，尧化金地广场（南京威润房地产开发有限公司）创成市餐饮质量安全示范街（区），栖霞区实验小学（尧和路校区）食堂等3家餐饮单位创成市餐饮质量安全示范店（食堂）。开展创建省“名特优”小作坊工作，刘强食品加工厂获江苏省“名特优”食品小作坊称号，高家香食品加工厂获省食品安全示范小作坊称号。与第三方专业机构合作，牵头制订市地方标准《食品小作坊质量安全管理水平提升指南》。3月，栖霞区在江苏省食安办组织的跟踪评价中被评为“A”等次。

【食品安全宣传】 9月7日，市、区联动在仙林金鹰广场开展食品安全宣传周活动，主题为“共创食安新发展 共享美好新生活”，制作宣传展板144块、悬挂宣传横幅52条、张贴宣传画706张，发放宣传资料5647册（件）、宣传纪念品和小礼品2000份。全年开展专题讲座、广场宣传20余场，发放特殊食品宣传折页1万余份、警示用语标签1.2万份、宣传手册1万余册，参加宣传活动1500人。

【农产品质量安全监管】 开展农产品质量安全宣传工作，印发《致广大蔬菜园艺生产者一封信》《农药经营安全告知书》《致全区种子生产经营者的一封信》等1万余份。区农业农村局实施春耕备耕农资市场专项检查、高温期间农产品质量安全检查等专项整治工作。联合区市场监管局、区公安分局等7部门开展食用农产品“治违禁、控药残、促提升”三年行动，打击各类违法违规用药和非法添加行为。完成省、市、区级样品抽检992批次，主要地产农产品质量安全合格率99%以上。全区新增入网主体62家，规模农业生产经营主体纳入江苏省农产品质量追溯平台113家，开具承诺达标合格证20万张，免费打印承诺达标合格证21万张。

【特殊食品监管】 区市场监管局开展特殊食品经营企业监督月月查，出动执法人员3000人次，检查特殊食品经营单位、食盐经营单位1400多家，保健食品抽样检验100批次，合格率100%。组织开展异地检查、交叉互查，抽查保健食品经营单位52家、婴幼儿配方乳粉经营单位12家、特殊医学用途配方食品经营单位2家。整治养老诈骗行为，摸排涉老“食品”“保健品”经营单位253家，检查相关生产经营主体660户，出动执法人员1340人次，检查发现问题28个，均整改完成。开展婴幼儿配方乳粉质量安全提升专项行动，检查经营单位72家，出动执法人员158人次，发现问题厂家7家，均已整改。开展全区学校食盐专项检查，出动执法人员166人次，检查辖区内18所高职院校食堂和校内餐饮单位83家。与区教育局联合行动，检查全区所有中小学食堂食盐。组织全区各级执法人员、执法辅助人员学习《食盐专营办法》等相关法律法规，提高执法能力。8月，在尧化街道王子楼社区、仙林街道金鹰湖滨天地开展“特食、食盐联万家 科普宣传‘卫’大家”系列宣传活动，突出“涉老”保健食品科普宣传。

（胡　冬）

网络信息安全

【概况】 2022年，全区网络信息宣传强化与中央和省、市媒体对接，在《人民日报》、中央电视台等媒体及公众号发布栖霞区相关信息报道近350篇，在《新华日报》《南京日报》等省、市媒体及相关微信公众号累计发布图文信息1.2万篇（条），总传播量超过3300万次。完善网络舆情监测大数据平台，建立覆盖全区的网络舆情监测和信息通报制度，向区委、区政府报送《近期舆情》69篇次，累计处理各类舆情线索8400余条。实施文明实践“双十”工程，通过微信、公众号、小程序等网络平台，向全区征集20个新时代文明实践品牌项目，并对其持续培育打造。通过网络投票等形式，开展“文明职工”“最美家庭”“文明校园”“新时代好少年”等评选活动，让更多居民在过程中接受正能量信息。

【网络综合治理体系建设】 按照《网络信息内容生态治理规定》，持续开展“清朗2022”专项行动，对重点新闻网站、商业网站、公众账号及移动应用程序等网站平台开展违法违规内容督查整改。常态化督促指导微信、微博规范使用，重点对历史虚无主义等问题开展集中清理。开展全区各类政务新媒体和新媒体账号规范管理专项行动，对所有账号登记入册，并对存量信息中各类低俗色情、虚假炒作、网络暴力等违法违规信息和不规范表述进行全面检查清理，累计整改“不规范表述”问题154处。依托区融媒体中心，建立本地化网络辟谣平台。“云栖霞”App、“栖霞网络辟谣”专题、“栖霞视点”微博、微信等平台转发各级权威辟谣信息21条，并宣传相关常识，澄清事实真相，平息社会舆论。

【网络安全保障】 印发《栖霞区关于做好党的二十大网络安全保障工作实施方案》，修订《栖霞区网络安全事件应急预案》，将重点互联网资产纳入7×24小时监测，整改或消除网络安全风险隐患88起。8月30日，开展栖霞区网络安全应急演练培训活动，通过模拟黑客攻击开展实战攻防演练，检测网络安全防护能力。召开保障中共二十大召开网络安全工作推进会，通报网络安全工作情况，结合案例剖析讲解网络安全知识。加强户外大屏及重点场所电子屏的网络安全管理，梳理摸排户外大屏及政务服务中心、文体场馆、商超楼宇、旅游景区、医院、学校等重点场所的电子屏376块。组织实施网络安全保障抽查，全力做好网络安全保障工作。

（胡紫薇）

责任编辑　赵建华

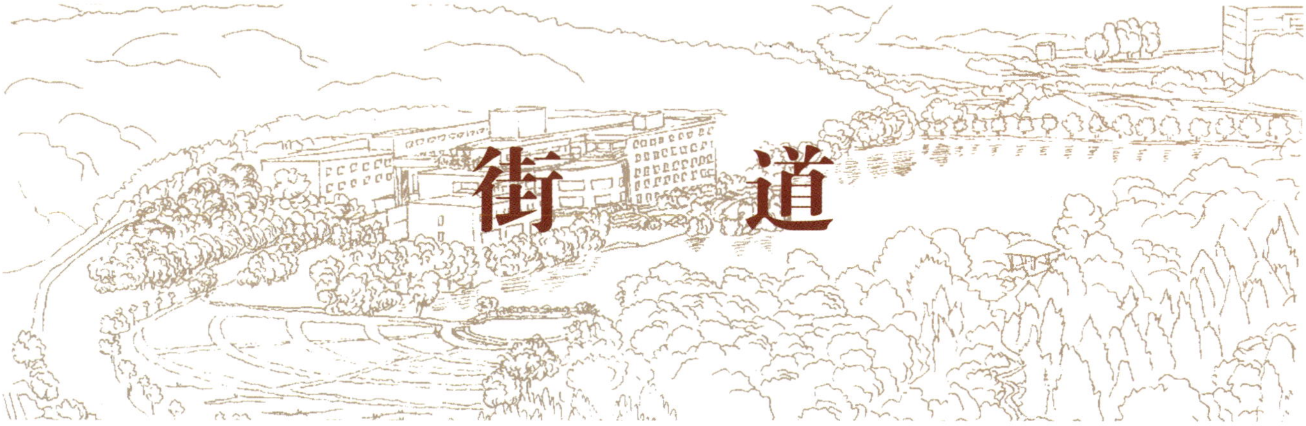

街　道

迈皋桥街道

【概况】2022年，迈皋桥街道面积12.46平方千米。东与尧化街道接壤，南与玄武区相接，西与鼓楼区交界，北与燕子矶街道毗邻。下辖社区居民委员会19个，其中纯居社区18个、厂居社区1个、保障房社区8个。户籍人口91378人，女性46661人。流动人口10.75万人。街道被省精神文明建设指导委员会评为省文明单位，街道商会被中华全国工商业联合会评为全国“四好商会”，东井村社区“南京地铁一日研学活动”被中国科协评为全国科普日优秀活动。索新媛被评为市学雷锋志愿服务先进典型，郭阳、张军仙分别被市精神文明建设指导委员会评为“南京好人”。申报高新技术企业35家、科技型中小企业公示93家，完成技术合同登记额5818万元。获发明专利授权42件，通过国家级QM人才计划省级评定1人，申报省高层次创新创业人才1人、市创新型企业家3人、市中青年拔尖人才3人、区级高层次人才6人。

【经济发展】实现地区生产总值46.64亿元，比上年下降6.04%。其中，第二产业11.86亿元，比上年增长5.79%；第三产业34.78亿元，比上年下降9.49%。财政收入6.87亿元，比上年下降21.99%。其中，一般公共预算收入3.74亿元，比上年下降21.13%。规模以上工业产值完成2.57亿元，规模以上服务业营业收入7.32亿元，限额以上社会消费品零售总额8.62亿元，限额以上批发零售企业销售额72.58亿元，限额以上住宿餐饮业营业额7474万元。完成全社会固定资产投资57.58亿元。外贸进出口3.77亿元，实际利用外资600万美元，服务外包2047.2万美元；签约项目投资总额37.48亿元，内资到资13.38亿元。小微企业服务中心法人企业净增529家。其中，1000万元以上企业41家，企业注册资本19.5亿元。

【项目建设】万象天地等4个市级重大项目和兴卫村保障房等3个区级重大项目按计划推进。万寿片区环境综合整治工程完成总工程量的90%。省中西医结合医院东门外连接言和路桥梁改造工程竣工并投入使用，南医大二附院迈皋桥院区项目建设完成并交付使用，华电新村老旧小区改造工程竣工。配备社区微型消防站40个，建设撬桩式小型消防站2个。

【社会保障】为独居老人安装烟感报警器600余套，加装电气火灾监控系统10余套，建设电动车集中充电桩15处。发放保障金481.13万元、生活补贴337.4万元、“三节”慰问金185.51万元、尊老金199.85万元。举办线下招聘会2场、线上招聘会6场，城镇新增就业6416人，实现再就业2163人，就业困难人员帮扶就业286人，自主创业1271人，大学生创业59人。

【生态环境保护】完成南十里长沟主流清淤修缮工程、北十里长沟东支迈皋桥段景观工程，水质稳定达标。开展社区级河长巡河817次。PM2.5年均浓度每立方米26.2微克，空气质量优良天数率82.2%。第二轮中央生态环保督察期间，受理交办件7件。其中，主办件5件，协办件2件，所有主办件均整改完成，进入销号流程。受理省级督办件9件、区级通报5件，均整改完成。受理12345工单258件，满意率93.2%。联合燕子矶街道摸排梳理国控点周边污染源，形成清单，绘制3千米管控图，将交错区内的污染源单位统一纳入清单化管理。淘汰"国三"（国家第三阶段的排放标准简称）及以下柴油车112辆。

【路网建设】 建设玉尚路二期等道路6条并竣工通车。2月，总投资979.68万元的抚云路项目竣工，为双向二车道城市支路，施工单位是江苏宗麟建设有限公司。3月，总投资3588.51万元的华飞—华三路项目竣工，为双向四车道城市支路，施工单位是江苏兴宇建设集团有限公司。1月，总投资2100.45万元的奋斗路、自强路一期工程项目开工建设，6月竣工，为双向二车道城市支路，施工单位是欣傲集团有限公司。10月，总投资2016万元的逸文路项目竣工，为双向四车道城市支路，施工单位是南京第二道路排水工程有限公司。12月，总投资1100万元的玉尚路二期项目竣工，为双向四车道城市支路，施工单位是江苏润来建设集团有限公司。

【宁小蜂驿站】 建设宁小蜂驿站2家。一家位于丁家庄保障房片区好邻里生活超市负一楼，占地面积10平方米；另一家位于景和园社区4楼，占地面积32平方米。宁小蜂驿站是为环卫工人、快递员、交警等户外劳动者提供服务的场所。驿站中配备爱心座椅、冰箱、饮水机、空调扇、充电宝、微波炉、药品箱、报刊架、电脑等。

【创业园保障房二期交付】 6月，迈皋桥创业园南侧地块保障房二期项目交付。该项目东至规划燕新路，南至尖山路，西至规划自强路，北至规划奋进路，占地面积2.89万平方米，建筑面积12.66万平方米，投资10.7亿元。项目建筑容积率3，建筑密度14.86%，绿地率30.6%，包含34层住宅6栋、单层商业1栋、配电房2个、门卫室1个及地下车库2层，住宅1201套。至年底，分房入住984套。

【万象商业写字楼封顶】 9月20日，位于万寿社区的南京万象商业G29C地块项目写字楼主体结构封顶。12月15日，万象商业G32A地块项目写字楼主体结构封顶。万象商业项目总建筑面积约68.8万平方米，由近200米超高层写字楼2栋、152米高层酒店1栋、酒店式公寓4栋、6层商业综合体2座组成。

（李维贤）

燕子矶街道

【概况】 2022年，燕子矶街道面积13平方千米。东邻南京经开区，南至纬一路，西接幕燕滨江风光带，北临长江。下辖社区居民委员会13个。其中，纯居民社区3个、保障住房社区5个、厂居社区5个。年末，户籍人口98294人，其中女性人口46443人。流动人口24026人。9月27日，召开第六届残疾人联合会会

丁家庄宁小蜂驿站　　迈皋桥街道　供图

议，选举产生残联主席团成员。11月25日，召开妇女第十二次代表大会，完成街道妇联换届选举。吉祥庵社区被省司法厅评为省民主法治示范村，幕燕行知党建创新项目被评为区工作创新奖一等奖。

【经济发展】 实现地区生产总值56.78亿元，比上年下降10.8%。其中，第二产业2.44亿元，比上年增长5.5%；第三产业54.35亿元，比上年下降11.4%。财政收入3.61亿元，其中实现一般公共预算收入1.95亿元。全社会固定资产投资86.18亿元，比上年增长5.7%。出台《燕子矶街道现代服务业发展扶持奖励办法（试行）》，发放企业扶持资金608.55万元，减免房租183万元。引进注册型企业500家。

【项目建设】 在胜利一村等8个小区推广使用图灵小蚁智能桶盖，完成北十里长沟东支下游生态清淤，长江入河排污口整治通过验收78个。完成拆迁扫尾签约住宅6户、非住宅12家。完成八卦洲大桥沿线环境综合整治项目、伯乐一期非住宅项目的拆迁扫尾工作，保障燕子矶新城医院、和燕路过江通道等项目的建设。12月31日，完成燕霞路下穿尧兴铁路工程的4孔下穿箱涵，燕霞路结构主体完工。奔驰4S店、比亚迪电动汽车4S店、林肯汽车4S店进驻高力家具港，晓庄汽车集聚区提档升级。南京翱沛医疗科技有限公司、共盛房地产评估公司落户晓庄片区。开展安全生产专项整治，闭环整改消防、飞线充电等隐患594条，整改率100%。

【社会保障】 城镇新增就业3239人，实现再就业1979人，培育自主创业789人，援助困难人员就业292人。完成市银发示范助餐点建设。

【幸福河湖建设】 完成北十里长沟幸福河湖建设，入选市30条示范幸福河湖。建设方案由南京水利科学研究院设计，河道长489米，沿线栽种景观植物，设置标语立柱11根，休憩坐凳40个，在北十里长沟西支观音门以北路段建设幸福河湖主题公园，使西支河道和观音门景区连成一体。主题公园分为幸福河湖展示区、长江大保护科普区和水文化体验区3个区域，分别介绍北十里长沟西支整治工程、长江大保护工作、古代治水人物。

【幕燕行知文化名片】 融合“幕燕”与“行知”两大本土文化，打造“幕燕行知”文化名片，探索基层社会治理新模式。创建水吉路标准化治理示范街巷，打造韩桥街、门坡街2处精品街巷，在幕燕滨江公园建设“幕燕”文化展示厅，建成“幕燕守望”平安志愿教育馆。打造幕燕行知特色教育线路。在地铁1号线北延线和7号线晓庄站2号出口处，建成陶行知百米文化长廊；在晓庄彩虹广场打造新时代“宁小蜂·佘儿岗茶馆”，开展幕燕行知特色文化活动；联合属地小学，开展“行知小小志愿者”行动；联合7家非公企业、社会组织，开展“新就业群体子女暑假收心班”“关爱夏季户外劳动工作者爱心接力”等志愿服务活动；联合中铁隧道局、地铁公司、新城指挥部等6家单位，组建“幕燕行知”抗疫志愿服务队。以街道各行各业榜样人物为群像，开展“燕子矶追光者”宣传

北十里长沟　　燕子矶街道　供图

活动，拍摄《燕子矶·求真尚廉陶行知》纪录片，开展红色电影进社区文化惠民活动。

【晓庄城中村消险】 4月20日，召开晓庄城中村消防安全问题专题部署会，推进城中村消险工作。晓庄城中村有晓庄一组、晓庄二组、晓庄三组，居民132户。该处道路狭窄，人员密集，消防水源不足，电线排放杂乱，安全隐患大。根据“技防”“人防”相结合原则，街道拓宽平整联珠村路等道路4条。增划背街小巷、沿线道路消防通道专线，增设疏散禁停标志及指示牌2000处，增设灭火器172个、大型手推式灭火器13个、微型消防柜13组、市政消防栓3个。整治城中村私拉乱接空中线缆，完成各运营商等分、并线近5000米。与132户房主签订安全责任书，成立城中村消防夜巡队，24小时安全巡查。9月，完成城中村消险硬件设施配备。

【宁小蜂驿站】 5月，在地铁1号线北延线晓庄站的彩虹广场商圈建设晓庄“宁小蜂”驿站，为快递员、网约车司机等新就业群体提供休憩场所，7月建成运行。驿站以陶行知先生创办的佘儿岗茶馆为原型，打造成独具特色的“佘儿岗茶馆”。驿站供应茶水、饭菜加热、应急药品提供、免费上网等服务，解决户外劳动者就餐、饮水、休憩、充电等问题。成立“宁小蜂”帮帮团，发布“宁小蜂”驿站服务清单，为新就业群体提供法律援助、就业咨询、劳动保障、社区教育等服务。

（吴　曦）

马群街道

【概况】 2022年，马群街道面积17.75平方千米。东面隔着明代外郭城与江宁区交界，西面与紫金山连接，北面、东南面与玄武区相邻。下辖社区居民委员会17个。户籍人口43852人，女性21085人，少数民族人口479人。流动人口39047人。开展线下文体活动600余场次，金马艺术团获“健康中国·广场舞联赛”特等奖。《田螺姑娘的传说》申报市级非物质文化遗产项目。马群社区被中共江苏省委全面依法治省委员会办公室评为省民主法治示范社区，宁康苑社区被省住房和城乡建设厅评为省级宜居示范小区，街道为民服务中心被市政务服务管理办公室评为最佳政务服务大厅。

【经济发展】 实现地区生产总值87.92亿元，比上年下降6.4%，第二产业15.34亿元、第三产业72.58亿元。财政收入7.06亿元，比上年下降22.62%；一般公共预算收入3.78亿元，比上年增长7.24%；全社会固定资产投资32.1亿元。规模以上服务业营业收入86.85亿元，比上年下降16.05%；建筑业企业总产值34.15亿元，比上年增长7.37%；限额以上批发零售住宿餐饮销售额78.28亿元，比上年下降10.65%；限额以上社会消费品零售总额8.37亿元，比上年下降8.24%。实际利用内资13.77亿元，贸易进出口额2.9亿元，服务贸易进出口额373.3万美元。

【项目建设】 完成市、区重点项目投资12.06亿元。其中，市重点项目4个，区重点项目3个。金马路交通枢纽及商业综合体项目投资30亿元，整体基本竣工，部分写字楼交付使用，商业中心开业运营。马群紫金城市广场项目投资25亿元，基本竣工。紫金智谷人工智能产业园项目投资5.6亿元，6月竣工，8月开园，部分企业入驻。钟山风景名胜区东部入口旅游配套设施项目投资3.5亿元，进行土方、结构底板施工。天马路1号租赁住房项目投资7亿元，楼宇完成主体封顶。复地商业综合体项目投资10亿元，进行土方、桩基施工。南京威克曼激光研发中心二期项目总投资1亿元，完成土方开挖和清运，进行基础施工。完成马群市民广场梧桐语城市客厅、东家岗路及口袋公园的建设。百水河流域、东西花岗雨污分流工程全面竣工。协调推进重大交通项目S6马群站4号、5号出口建设。完成马高路北延项目。宁芝路拓宽区域的腾退拆除，西侧半幅路面竣工通行。原南京海军医学高等专科学校住宅楼的腾退拆除，中山门大街部分区域施工完成并通车。

【社会保障】 举办“春风行动”“暖心活动”等线上、线下招聘会14场，提供岗位1900余个，新增城镇就业1876人，实现再就业1188人，援助困难人员就业185人，支持1100人成功创业。组织退休人员参加免费体检3100余人，发放低保金、残疾人补贴等各类救助资金1000多万元。实现社区居家养老服务站、银发助餐点全覆盖，建成15分钟养老服务圈。10月21日，润福路综合体停车场对周边居民限时免费开放停车。落实系列助企惠企政策，减免市场主体租金645万元。街道为民服务中心获市最优为民服务中心称号，“马群街道残疾人之家”获市绩效考评一等奖。

【南京银城康复医院试营业】 1月12日，南京银城康复医院对外试营业。该院位于街道马群南路21号，建筑面积约5万平方米，床位300张。医院是由银城集团出资、与江苏省人民医院合作，按三级康复专科医院标准建设的非营利性医院，设置内科、外科、康复医学科、老年医学科、健康管理中心、医学检验科、医学影像科等临床医技科室，并开展血液透析、胃肠镜检查等诊疗。

【道路环境综合整治】 3—10月，综合整治沪蓉高速G42、绕城公路马群段两侧等区域环境11片，面积约25万平方米。针对沪蓉高速G42、绕城公路马群段两侧部分区域黄土裸露、建筑垃圾随意堆放等脏、乱、差问题，采取清运枯树、垃圾，回填种植土，种植乔木、灌木，撒播草籽，铺设草坪等办法，环境得到有效改善。

【百水一期保障房、公租房交付】 6月8日，百水一期保障房小区——锦翠南园交房，建筑面积30.2万平方米，有住宅19栋、商业配套设施4栋。其中，毛坯安置房13栋，精装公租房6栋。11月10日，百水一期公租房小区——锦翠北园迎来首批公租房承租户，小区建筑面积约5.45万平方米，共有1016套房屋，本次交付537套，户型有一室一厅和两室一厅，面积分别为45平方米和55平方米。均为精装修交付，配备卫生洁具、炉灶壁柜、太阳能热水器等生活设施，“拎包入住”。该项目是“十三五”“十四五”规划的市重点民生工程，位于马群街道马高路南北两侧。

【紫金智谷总部园开园】 8月30日，紫金智谷总部园开园仪式在创新中心举行，街道领导和有关企业负责人出席。开园仪式上，南京睿目电子科技有限公司等4家公司代表首批入驻的13家企业和总部园集中签约。街道和企业负责人为“科技成果转化平台”“智慧医疗服务平台”揭牌。接着，举办“率先杯”大赛南京专场路演会，集中亮相优质创业项目10个。路演项目涉及人工智能、智慧医疗、数字体育等领域。紫金智谷总部园项目是市级重点项目，总投资5.6亿元，占地4.33万平方米，总建筑面积6.8万平方米。6月竣工，8月办结不动产权证。

（孔令浩）

尧化街道

【概况】 2022年，尧化街道面积10.2平方千米，其中新尧新城规划面积6.8平方千米。东与栖霞街道相接，南至312国道，与仙林街道毗邻，西与燕子矶街道交界，北至栖霞大道，紧邻新港开发区。下辖社区居民委员会13个。其中，纯居民社区2个、经济适用房社区8个、厂居社区3个。户籍人口64397人，女性31059人。流动人口5.41万人。1月1日，江苏博汉工贸有限公司成为《区域全面经济伙伴关系协定》（RCEP）原产地证书的签发企业。王子楼社区被共青团中央社会联络部评为社区青春行动优秀等次，尧安新村北苑被省住房和城乡建设厅评为省级宜居示范居住区，金尧花园（南京姚坊门物业管理有限公司）被省住房和城乡建设厅评为省级示范物业管理项目，熙景和苑小区被市住房保障和房产局评为市级示范物业管理项目。

【经济发展】 实现地区生产总值136.05亿元。其中，第二产业85.22亿元，第三产业50.83亿元。一般公共预算收入2.63亿元，全社会固定资产投资20.25亿元。规模以上服务业营业收入26.1亿

出新后的尧安新村北苑　　尧化街道　供图

元，社会消费品零售额55.06亿元，规模以上工业企业产值6.54亿元，服务贸易额1566.43万元，外贸进出口额2.56亿元。

【项目建设】　完成市、区重大项目6个，投资4.84亿元，完成率124%。尧智汇项目、恒生科技园项目、志达环保项目基本完工。江苏攀望科技有限公司总部项目入驻马家园新尧南路东，海子口地块总部办公及奔驰华东地区高端智能化销售中心项目、王子楼东地块总部办公及丰田等品牌高端汽车销售中心项目主体完工。苏州银行一级支行项目在进行内部装修。完成6家单位挥发性有机物（VOCs）治理项目9个，完成辖区内7个长江入河排口的溯源、整治、监测、现场验收。

【社会保障】　实现城镇新增就业2988人，再就业1517人，援助困难人员就业248人，支持自主创业2174人。招募姚坊门时间银行志愿者7849人，组建团队59个，服务81.7万人次，志愿服务时间46.6万小时。区实验小学前塘路校区、区实验幼儿园三元分园启用。开展安全业务培训，发放安全证330个，全年未发生重大安全事故。疫苗接种全年龄段覆盖，接种12.87万人，首剂接种率124.57%。尧化卫生服务中心中医针灸科被命名为市基层医疗卫生机构特色科室。街道便民服务中心被评为市最优为民服务中心。建设15分钟医保服务圈。

【基层治理】　5—7月，组织971名党员干部开展“村村到、户户进、人人访”集中走访，走访3.69万户8.91万人，摸排居民诉求244条，制订工作举措259条，落实居民诉求233条，问题解决率95.5%。5月，人民网、中国网、《新华日报》等多家媒体专题报道街道基层治理改革举措。5月10日，以“书香尧化全民阅读”为主题，举办“先锋读书会”阅读分享活动。实施“老党员‘汇’治理”项目，建立老党员工作室联动机制。6月，《南京栖霞“老党员工作室”为社区治理注入“银发动力”》入选“赓续荣光·江苏老干部工作40年”宣传项目。深化“放管服”改革，将一个行业准入涉及的多张许可证整合为一张“行业综合许可证”，实现“一件事一次办”。在社区党群服务中心、金地商圈等处，建立“宁小蜂”驿站14个。在金尧山庄小区探索“居民自治”模式。10月，《标准化体系建设推动基层社会治理提升》获全国社会治理创新案例。11月，全科政务申报“社会管理和公共服务综合标准化”典型案例，标准化建设、老党员工作室等申报中国改革案例。

【垃圾分类投放点升级改造】　7月，尧新社区金尧山庄垃圾分类站点升级改造为“金尧山庄居民自治垃圾分类投放点”。站点放置四分类垃圾桶，每个垃圾桶上都安装智能桶盖，居民通过刷卡或扫描二维码，打开桶盖投放垃圾。桶内外配备智能机器人，采集、判断居民的垃圾投放行为是否有不分类、不入桶、投错桶等信息，记录取证，桶外智能机器人及时提醒居民将生活垃圾准确投入对应桶内。新增垃圾分类省级达标小区5家，召开市、区、街道三级垃圾分类新闻发布会3场。11月，垃圾分类申报中国改革案例。

【入选市“瞪羚”企业1家】 8月4日，南京博知源环境科技有限公司被市发展和改革委员会认定为市“瞪羚”企业。公司成立于2005年，位于街道仙尧路9–9号，主营业务为环保水务，包括工业废水、医疗废水、城镇污水治理及运维、环境水生态修复及运维等。公司拥有设计、施工、运行类别的多项资质。先后被认定为省高新技术企业、市科技型中小企业、省民营科技企业，拥有专利、专有技术和软件著作权20余项。全年营业收入5012万元，纳税77万元。

【老年友好型社区】 10月，尧林仙居社区被国家卫生健康委、全国老龄办评为全国示范性老年友好型社区。尧林仙居社区构建政府主导、社会参与、全民行动的老龄工作格局。安装人脸识别门禁系统269个单元，布设电子监控621个，保障老年人社交安全。通过“安康通”为17位老人安装紧急联系系统。引入家庭医生签约工作室1家，与社区60岁以上老人签订《家庭医生服务协议》；与2家老年服务社会组织合作，成立社区老年大学。定期开展失智症老人照护培训，保障老年用品供给，为27位瘫痪失能老人发放尿不湿。联合“红歌班演唱团”“聆听我读团队”“瑜伽演出队”“书法文创团”等专业化队伍，娱悦老人。志愿者常年为老人开设手机使用培训班，线上为老人提供各种服务。

【“三供一业”移交资产权属变更】 12月，完成“三供一业”（国有企业职工家属区供水、供电、供热及物业管理）移交资产权属变更7宗，涉及宗地面积18.06万平方米，建筑面积5900.64平方米。其中，中石化南京工程公司移交资产涉及宗地面积9.37万平方米、建筑面积4083.79平方米；中石化金陵石油化工有限责任公司移交资产涉及宗地面积8.5万平方米、建筑面积1516.85平方米；中建安装集团有限公司移交资产涉及宗地面积1892.06平方米、建筑面积300平方米。南京港（集团）有限公司移交资产权属变更工作在推进中。

（朱梦洁）

仙林街道

【概况】 2022年，仙林街道面积31.74平方千米。东以九乡河河道中心线为界与栖霞街道接壤，南与江宁区汤山街道相接，西与马群街道和玄武区玄武湖街道相邻，北以312国道中心线为界与栖霞街道和尧化街道相连，辖区与仙林大学城相迭。下辖社区居民委员会10个。有商品房小区39个，拆迁安置房小区1个。户籍人口7.85万人，女性3.93万人。入驻高校、中职院校12所。在社区开展文明典范城市建设宣讲38场，发放致仙林居民朋友一封信26万份。开展文艺活动125场，服务27.9万人次。街道被中国经济体制改革杂志社评为中国改革2022年度地方全面深化改革典型案例，被省精神文明建设指导委员会评为省文明单位。

【经济发展】 实现地区生产总值157.97亿元，比上年增长6.6%。财政收入6.98亿元，比上年增长5.2%。一般公共预算收入3.26亿元，比上年下降7.4%。全社会固定资产投资59.77亿元，比上年增长32.82%。

【项目建设】 重大项目投资7.39亿元，亿元以上签约项目5个，实际利用外资1460万美元。引进新增企业657家，签约项目投资总额150.7亿元（含大学城），新增税收2788万元。引进苏中药业南京区域总部、天泓北汽极狐中心、江苏大德福样板中心超市、自游家汽车南京销售总部、好记金陵宴栖霞首店项目。引进中建安装集团有限公司、南京高科置业有限公司、中国电子科技集团公司第二十八研究所、瑞声科技（南京）有限公司等上下游产业链企业。跟踪对接南大高新技术研发中心等重大项目8个。

【社会保障】 全年发放低保金31.7万元，发放生活困难补贴金35.75万元，通过惠民平台发放优抚对象补助金102.15万元。仙林大学城国控点PM2.5平均浓度每立方米25.5微克，居全市第6位，优良天数比率76.3%，居全市第11位。通过招投标方式在玲珑翠谷党群中心引入安康通养老社会组织。建立AAA级居家养老服务站点6个、AA级4个、街道区域内中心厨房1个、银发助餐点10个。通过站点集中服务和居家上门服务60—79周岁老人1500余人，为独居、空巢老人安装老人机、手环、智能手杖等17人，提供紧急呼叫服务。挂牌建立街道级枢纽式综合养老服务中心，提供多类型养老体验，推动居家和社区养老服务提质增效。常态化提供未成年人活动、残疾人康复、法律咨询等服务20多类，日均人流量近3000人次。

【科研成果】 新增国家高新技术企业6家，通过省科技厅科技型中小企业评价入库企业85家，完成省技术合同登记额1.53亿元，获发明专利授权1273件。组织申报科技、知识产权项目41项。其中，国家级4项、省级20项、市级17项，获得立项或认定9项。泛在研究院通过市新型研发机构绩效评估，紫金山天文台、南京市农业科学研究所、中国电子科技集团公司第二十八研究所入选省“双创计划”10人，入选省科技副总企业3家。工信部国家级人才项目计划申报5人，入选2人。省双创计划申报24人，“双创”博士认定22人。高层次人才创新创业项目申报创新类1人、创业类7人。其中，区级项目入选创新类1人、创业类2人，创新类参加市级评审1人。

【环境综合整治】 整治南邮广场，设置集中充电区域3处、充电插座104个。更换物业公司1家，业态调整烧烤店7家、餐饮店3家；气改电36家，消除厨房明火作业、煤气罐存放等安全隐患。3月，完成大成名店负一楼店铺气改电、餐饮油烟整治、环境提档升级等工程93家。5月29日，中央电视台《新闻联播》《朝闻天下》报道整治情况。12月，完成仙林新村北区环境整治，新建党群服务中心、居民活动广场、居民议事室、图书角、垃圾亭房、公共厕所、停车场等，改造景观绿化、提升道路亮化水平。全年，清理违规户外广告35处，整治违规店招标牌26处，取缔占道经营170处，规范倚门出摊205处。拆除违建54处，面积1354平方米。

【安全管理】 安委会与安委会各成员单位、10个社区、25家重点企业签订《2022年度安全生产目标管理责任书》。制订居民小区、商业街区、建筑工地《安全生产工作要点提示清单》，排查整治安全隐患。将10个社区划分成综合网格、专属网格，常态开展网格安全巡查。聘请第三方专家与综合执法大队排查10个社区网格安全隐患。全年，检查商业综合体8个，门面房、农贸市场等605处，发现各类安全隐患195处，完成整改101处；运用“181”监管平台，组织检查巡查及安全走访1200余人次，检查各类企业350余家，排查安全隐患960项，整改912项，整改率95%。

【“枫桥经验”城市版宣传报道】 2—3月，中组部组织二局领导到街道蹲点调研2周，总结提炼新时代“枫桥经验”。3月9日，

2月22日，国家电网南京分公司与仙林街道共商环境整治

仙林街道　供图

中组部、中央电视台联合推出的《榜样的力量》，专题报道街道党建引领基层治理情况。5月29日，《新闻联播》《朝闻天下》以"小'网格'绘就'同心圆'"为题报道街道工作。7月2日和7月3日，中央电视台在四个时段播放《榜样的力量（第一季）》。7月20日，《人民日报》"非凡十年"专栏刊发江苏篇，仙林街道是唯一案例。9月27日，街道作为唯一的基层单位在全国城市基层党建引领基层治理工作电视电话会议上交流发言，发言材料《网格连心 服务贴心 党群同心 打造新时代"枫桥经验"城市版》刊登在中组部部刊《组工通讯》第48期上。街道的新时代"枫桥经验"获《人民日报》《光明日报》《新华日报》《南京日报》、江苏电视台等多家媒体宣传报道。

【服务创新】 5月，街道为民服务中心推出"一键通"创新服务。在自助服务台及24小时自助服务区安装"一键通"呼叫铃，群众需求助或有急办需求的情况下，可直接按铃呼叫，中心全科社工轮值提供志愿服务。同时推出"一分钟"快办服务，梳理出可"快办"事项16项。其中，人社事项3项、商事登记11项、民政事项1项、卫计事项1项。办事群众如符合"快办清单"，可少填或不填表格、少报或不报材料、不去窗口，快速办结。

（李伟晨）

栖霞街道

【概况】 2022年，栖霞街道面积58.48平方千米，其中南京栖霞山文化休闲旅游度假区和文化创意产业集聚区面积19.18平方千米。东接龙潭深水港，南靠仙林大学城，西邻南京经开区，北濒长江。下辖社区居民委员会13个、村民委员会3个。户籍人口40420人，其中女性人口20606人。流动人口23531人。1月，市顾琳德育名师工作室启动仪式在石埠桥小学报告厅举行；成立欢乐谷景区调解室。6月，翡翠天域幼儿园创建为"江苏省优质幼儿园"。9月，翡翠天悦幼儿园创建为"南京市优质幼儿园"。11月，石埠桥社区残疾人之家获省级"书香残疾人之家"称号。街道商会被省工商业联合会认定为省"四好商会"，五福家园社区被省精神文明建设指导委员会评为省文明单位。

【经济发展】 实现地区生产总值91.95亿元，比上年下降6%。其中，第二产业38.36亿元，第三产业53.6亿元，比上年分别下降5.2%、下降6.5%；完成一般公共预算收入6.27亿元；全社会固定资产投资74亿元，比上年下降3.4%，其中工业固定资产投资5.06亿元，比上年增长100%。规模以上工业总产值125亿元，规模以上服务业企业营业收入29.28亿元。新增软件企业、规模以上工业企业、规模以上服务业企业、限额以上商贸业企业18家。

【项目建设】 投资6373.15万元，建设水务设施。8月，滨江河、九乡河流域16个片区雨污水管网清疏修缮工程完工，管道清疏排查11.24万米、化粪池清掏305座、管道更换新建2.73万米、立管施工1.26万米。对滨江河支流黑桥排水沟雨污分流未覆盖的区域，将未纳管污水进行截污，接入新合村社区服务中心一体化污水处理装置，铺设污水管道380米，新建污水检查井8座、污水提升泵站1座、截流井3座。提标改造一体化装置1处，投入流化床填料4立方米、组合填料8立方米，管道改造25米。创建提质增效达标区1处，东至栖霞街，南至栖霞大道，西至南炼西路，北至长江，面积7.52平方千米。完成长江入河排口整治107个，完成河道排口溯源38处。

【社会保障】 全年发放各类救助资金1303.11万元。完成城镇新增就业2912人，城镇失业人员实现再就业1829人，援助困难人员就业296人，培育自主创业1186人，带动就业2474人。举办招聘会9场，邀请70余家企业参与，提供800多个就业岗位。处理各类民工讨薪纠纷202件，涉及劳动者600余人，金额约900万元。防治大气污染，PM2.5在全市考核中排名第一。

【保障房选房】 安排选房项目11个7810户。其中，栖霞山管委会范围协议搬迁项目8个，南京经开区协议搬迁项目2个，红枫保障房项目1个。7月20—25日、8月8—13日、9月21—26日分3批次完成栖霞山管委会5个项目3285户的选房。11月23—28日完成南京经开区2个项目、12月1—11日完成栖霞山管委会3个项目2189户的选房。12月24—28日完成红枫保障房H、J地块2336户的选房。

【15分钟医保服务圈】 便民服务中心按照"15分钟医保服务圈"市级示范点创建工作要求，提档升级便民服务中心。根据功能定位，将大厅划分为引导咨询区、柜台受理服务区、休息等候区、自助查询区等区块。配备血压仪、自助充电站、填写台等便民服务设施。中心规范整合公开医保服务清单15项，开放医保专窗2个，配置医保专员2名。"15分钟医保服务圈"为辖区居民完成医保业务315项，代办医保业务17项，群众满意率100%。

【"厂中厂"专项整治】 整治"厂中厂"，成立工作组15个、专业组10个、综合检查执法组1个、督导检查组1个。安监科牵头摸排"厂中厂"出租单位34家、承租单位238家。整改隐患155条，约谈、搬迁、停业整顿、取缔各类企业88家次。投入消险等费用约200万元，拆除甘家巷400号高压线下30间平房约2000平方米；搬离儒麦环保汽配仓储11家，整改面积3000平方米。投入资金500万元，为友谊路沿线11家企业加装消防水池、消火栓、喷淋等消防设施。

【资产招租】 资产办公开招租华侨城C地块地下农贸市场、石埠湾B地块养老服务用房。华侨城C地块位于街道官窑山路8号，规划配建性质为农贸市场，建筑面积5594.25平方米。资产办委托第三方评估农贸市场租金，经区国资委审批，通过市房屋租赁服务监管平台公开招租。8月完成招租，中标方为南京萌雨农贸市场服务中心。石埠湾B地块位于街道碧云路6号，规划配建性质为养老服务用房，总建筑面积6535平方米，1—2层为公益性枢纽型养老用房；3—5层为社区融合性医养结合养老机构，建筑面积4092平方米。资产办委托第三方评估3—5层租金，经区国资委审批，通过市房屋租赁服务监管平台公开招租。8月完成招租，中标方为江苏瑞芝康健老年产业有限公司。

【萧景墓石刻周边环境整治】 在区文旅局等部门的支持下，整治萧景墓石刻周边环境。萧景墓石刻位于新合村甘家巷西，是南京市现存南朝石刻之一，距今有1500多年，是全国重点文物保护单位。整治工程自6月开始，11月结束。整治内容为清理石刻周边违章种植、乱搭披棚，平整场地9.47万平方米，播撒草籽、增种树木，栽植雪松、紫叶李、高秆女贞乔木类1055株，栽植竹类4800株。

（朱子涵）

西岗街道

【概况】 2022年，西岗街道面积33.93平方千米，其中耕地面积1.69平方千米。东至七乡河与镇江宝华镇交界，南至省园博园与江宁汤山街道接壤，西至经天路，北至智谷大道。下辖社区居民委员会7个、村民委员会2个。户籍人口70586人，其中女性人口35863人。常住人口9万人。完成桦墅村、孟北村土地复垦73.33万平方米，提升粮食产能。万达茂妇女微家被省妇女联合会评为省新领域"最美妇女微家"，万达乐园被省民族宗教事务委员会评为全省第三批"红石榴家园"，街道商会被省工商业联合会评为省"四好商会"。完成高新技术企业申报3家，申报国家级人才工程3人，申报省高层次创新创业人才2人、创新型企业家3人、高层次人才项目9个，引进"海智湾"人才4人。

【经济发展】 实现地区生产总值18.51亿元，比上年下降15.1%。其中第一产业0.1亿元，比上年增长4%；第二产业4.02亿元，比上年下降21.7%；第三产业14.39亿元，比上年下降13.3%。财政总收入2.13亿元，一般公共预算收入1.21亿元，比上年下降34.6%。全社会固定资产投资27.11亿元，比上年增长60%；农民人均年纯收入3.54万元，比上年增加2000元。完成规模以上工业总产值6.67亿元，规模以上服务业营业收入3.18亿元，限额以上零售额1.26亿元。实际使用内资6亿元，实际使用外资1000万美元。

【项目建设】 梳理挖掘熊猫物流园闲置工业地块8万平方米，启动都市工业园区建设。实施步青路地块规划调整。引进杭州银行一级支行、南京新碳如通基金、复恒农村小贷3个亿元金融项目；引进江苏高智、中建一局、南京市政设计院栖霞分院、深圳中水、中青建安南京分公司、东亚装饰股份有限公司等。对接孟北保障房、核心区学校、道路配套、宁扬城际等基础设施工程建设。实时跟进南京经开区及仙林大学城G116等出让地块项目进度，为拿地企业开展全周期服务。至年底，G80中海项目销售额4.15亿元。11月12日G07地块开盘。G07、G08项目拿地一周内完成渣土运输、临时用地许可、场内青苗清理等。高科G38项目完成企业注册。G106、G116地块于12月20日成交。丹佛斯半导体重点项目按计划推进。清理病死树1600余株、抚育森林80万平方米。完成中坝闸上游清淤、红梅中沟集中整治等水环境治理工程。拆迁核心区住宅1889户、企业100家，总体完成率98.64%。推动312国道七乡河至宁镇界段快速化改造、宁扬城际铁路、中视中科民生配套、核心区学校配套、孟北路、捷运大道等基础建设项目开工建设。天佑路下穿京沪铁路工程实现贯通。孟北保障房项目按计划推进，项目部每周四现场协调建设中的矛盾困难，做好超期安置居民的安抚工作。

【社会保障】 完成低保户增退、调标，发放低保补助金685户797人612万元，发放残疾人生活补贴、护理补贴20.25万元。完成中断续保422人、精准扶贫人员参保141名。举办6场线上、线下招聘会，实现新增就业1630人、再就业1152人。化解各类企业劳资纠纷、农民工讨薪55起，追回工资330余万元。社区养老服务设施、时间银行站点全覆盖9个社区，每千名老人拥有床位51.8张，高于标准6.8张。探索共享停车新模式，齐民路社区晶都茗苑共享停车位40个，白天利用率75%，西岗家园对外开放停车位80个。联合西岗派出所巡查4号线地铁站等重点区域。12月1日起，街道全域为常年禁止燃放烟花爆竹区域。

【物业管理】 整治摄山星城保障房小区9个，规范非机动车停放，清理私拉线缆212根，新增电动自行车智能充电桩插口158组723个。开展各类检查155次，发现并通报小区物业管理服务问题1324个。7月，齐民路社区晶都茗苑小区获评市级“红色物业”示范小区。8月25日，齐民路社区召开居民代表大会，成立街道内首个社区环境和物业管理委员会，作为社区居民委员会下设组织，由社区领导、社区两委会成员、片区警长、楼栋长、居民代表等组成，主要职责是全面指导和监督小区环境和物业工作，调动各方力量参与社区治理。

【桦墅文旅品牌打造】 桦墅村与南大、南师大等10余家高校进行共建，借助高校力量助推乡村振兴。优化水文资源优势。建成占地13.33万平方米、拥有千米栈道的桦墅国际垂钓中心，桦墅文旅再添新招牌，周冲水库被省水利厅评为省级水利风景区，“桦墅学堂”“凤凰农家书屋”入选“江苏省最美公共文化空间”。持续发展民宿、疗休养产业，接待到村疗休养17批次546人，实现餐饮住宿、采摘收入55万余元，带动村民增收。

【安全生产】 在机关部门、村居系统推进“安全生产三年专项整治”、安全生产风险隐患大排查大整治、安全生产大检查、重点行业领域百日攻坚等专项行动，排查整改隐患518处。实施小化工、农村自建房屋、黑气窝点、“三合一”场所、空中缆线等专项整治行动，整改106仓库重大安全生产隐患并通过验收。推行商户集中充电柜建设，更新9个老旧小区微型消防站，更换灭火器1600余个。开展电瓶车专项整治，清理“飞线充电”181根，增设充电桩408组。联合企业、物业、村居等组织开展应急演练24次，全年未发生重大安全事故。

龙潭街道

【概况】 2022年，龙潭街道面积108.05平方千米，其中耕地面积2800万平方米。东临句容下蜀镇，西连栖霞街道，南接句容宝华镇，北濒长江。下辖社区居民委员会5个、村民委员会17个。其中纯居社区1个、经适房社区3个、厂居社区1个。年末，户籍人口68051人，其中女性人口34952人。乡村人口30177人，流动人口16117人。街道被市委、市政府评为全市实施乡村振兴战略涉农区街镇高质量发展综合奖先进制造业主导型街镇，街道党工委被市委、市政府评为市扛起“争当表率、争做示范、走在前列”三大光荣使命先进集体，获“南京好市民”称号3人、“江苏好人”称号1人。入选紫金山英才·栖霞计划高层次创新创业人才项目2家，省“科技副总”立项3人，获发明授权43件。

【经济发展】 实现地区生产总值84.91亿元，比上年增长1%。其中第一产业3.26亿元，比上年增长3.1%；第二产业39.44亿元，比上年增长11%；第三产业42.21亿元，比上年下降7%。全口径财政收入3.4亿元，比上年下降21.33%；完成一般公共预算收入3.28亿元，比上年下降3.24%；完成固定资产投资45亿元。完成规模以上工业总产值130.4亿元，比上年增长11.25%。新增规模以上工业企业6家，新增规模以上服务业企业3家，净增国家级高新技术企业12家。实际使用内资11.08亿元，实际使用外资1500万美元；外贸进出口完成33.77亿元。限额以上批发零售住宿餐饮销售总额实现71.13亿元。净增限额以上商贸企业8家。社会消费品零售总额实现15.6亿元，比上年增长2.4%。

【项目建设】 投入995万元，完成“四好农村路”提档升级改造2.02千米、面积1.34万平方米。其中，通过省、市级验收1.2千米，区级验收2.02千米。投入899万元，完成农村公路养护工程建设7.92千米。纳入省、市、区农路库内的村道51.14千米、乡道64.03千米，总养护里程115.17千米。拆除违建196处，面积4607.7平方米。水稻、小麦、玉米、大豆保险3563.76万平方米，高效农业保险83.33万平方米。能繁母猪保险2200头，育肥猪保险2.5万头。12月22日，龙潭长江大桥南锚碇主体工程完工。

【社会保障】 全年举办“春风行动”“暖心活动”等线上、线下招聘会7场，提供岗位2120余个。新增就业2488人，再就业1767人，援助困难人员就业329人，支持创业904人。安置残疾人稳定就业22人，残疾人职业培训23人，辅助器具适配45人，低视力验配10人，托养30人。发放低保金、残疾人两项补贴、困境儿童生活补贴等各类救助资金1800多万元，发放优抚定期生活补助、物价补贴等各类资金460多万元。2月16日，龙岸花园社区居家养老服务站举行揭牌仪式，实现社区居家养老服务站全覆盖。办理优待证1711人，组织退休人员参加免费体检2240余人，发放夏天送清凉物资8278份。创建成南京市金牌调解组织，调解劳动纠纷62起，涉及工资及经济补偿金81万元。依托街道便民服务中心，建立15分钟医保服务圈。全科窗口办理即办件2.32万件、承诺件1076件、不见面办件278件，日均办结82件。

【垃圾分类】 投入垃圾分类1865万元，在垃圾收集、运输和处理环节形成闭环处理，实现垃圾分类全覆盖，全区综合考核排名第一位。投入206.71万元，新建龙誉花园东园收集房1座、收集亭2座；改建新村收集房3座、收集亭3座；改建龙景花园收集房1座。垃圾分类数字化转运中心运行稳定，垃圾分类减量化30%，生活垃圾回收综合利用率41%。怡江苑等4个小区完成省级垃圾分类达标小区创建，南中村等4个村被授予市农村公共服务运行维护工作先进村称号。

【无人机植保科技惠农】 5月13日，陈店村新时代文明实践站租用植保无人机，对荷花塘播撒肥料近20万平方米。无人机通过远距离遥控，通过北斗卫星、雷达多种方式精准定位采集地块数据，运用智能化分析，实现精准播撒。植保无人机每分钟可均匀播撒肥料45千克，仅半天时间完成核心景区藕塘播撒，相当于传统播撒肥料10余个人的工作量。

【重要活动与宣传报道】 5月29日，中央电视台十三套《新闻直播间》播出街道小麦收割与丰收情况。7月16日，在"水一方"景区举行"因荷而来 在水一方"龙潭荷花季开幕式。8月19日，靖安村党委在社区二楼会议室举行"凝心聚力 靖安蝶变——2022年'蝶变'奖学金"颁发仪式，为当年本村考取本科的11名大学新生颁发奖学金。颁发仪式上，村党委负责人宣读获奖学生名单，颁发纪念奖牌和奖学金。8月29日，在南京经开区举办"置业主城东 坐拥宁镇扬"龙潭板块房地产推介会。10月11日，中央电视台二套《正点财经》栏目报道芳草渡大米灌浆期的农业生产情况。11月24日，在南中村举行"龙潭第五届稻香节暨南中村水稻开镰"仪式。

（朱利虎）

水一方荷花塘 龙潭街道 供图

八卦洲街道

【概况】 2022年，八卦洲街道位于栖霞区西北部，是长江中的第三大岛。面积72.03平方千米。其中，主江堤外圩地、滩涂16.03平方千米，耕地面积28.99平方千米。下辖村民委员会7个、居民委员会1个。年末，户籍人口35607人，其中女性人口18612人。流动人口13324人。举办区长江文化系列活动之"江中绿岛 醉美八卦洲"、第18届八卦洲农业嘉年华。1月，"'洲尚外婆'新外沙，线上线下共协商"项目被评为市社区工作优秀案例；外沙村成为《苏韵新农村》特别推荐乡村。2月，外沙村入选省"共同富裕 百村实践"新型农村集体经济发展典型案例。3月，街道每天向市场供应蔬菜2000千克，被中央电视台《新闻直播间》栏目点赞。徐磊家庭农场、周诚蔬菜种植家庭农场入选省"百佳家庭农场"。11月，八卦洲跨境电商产业园获省商务厅批复为跨境电商"网购保税进口+实体新零售"模式试点产业园。12月，陌上花渡入选省中小学生劳动教育与综合实践优秀基地。街道获省基层冬训工作示范街道、市公共机构节能低碳示范单位，外沙村获省文明村，新闸村获省民主法治示范村。季强等3人被市精神文明建设指导委员会评为"南京好人"。

【经济发展】 实现地区生产总值19.29亿元，比上年增长3%。其中，第一产业4.66亿元，比上年增长4%；第二产业4.2亿元，比上年下降0.2%；第三产业10.43亿元，比上年增长3.9%。全口径财政收入6.48亿元，比上年下降1.22%。其中，一般公共预算收入3.4亿元，比上年下降2.85%。

全社会固定资产投资9.66亿元，与上年持平。

【项目建设】 持续推动长江岸线生态修复，加快生态修复基地三期建设，完成八卦洲长江岸线环境综合整治工程。开展人居环境“攻坚月”行动，建设绿色八卦洲智慧处置中心5800平方米，建成市、区宜居村8个。提升小江河文旅风光示范带品质，完善青春里特色街区、外婆湾民宿配套业态。完成道路养护工程13千米，完善道路安防设施14.95千米。

【社会保障】 举办“春风行动”“暖心活动”等线上、线下招聘会10场，提供岗位1300个，新增城镇就业2687人，实现再就业1235人，援助困难人员就业136人，支持创业550人。组织企业退休人员参加免费体检722人。发放低保金、残疾人两项补贴等各类救助资金800多万元。社区卫生服务中心添置肠镜、氩气刀、全景牙片机等医疗设施设备。建成1000平方米街道枢纽式综合养老服务指导中心。推广“福村宝”乡村公益医疗互助试点项目，建成“15分钟医保服务圈”示范点。组织农村人居环境整治考核，拍摄问题160处并交办整改，提升人居环境品质。

【教学科研实践基地揭牌】 1月4日，沈其荣团队教学科研实践基地签约揭牌仪式在街道明珠肥料公司举行。中国工程院院士、土壤肥料学家、南农大教授、博士生导师、校学术委员会主任沈其荣，区委、区政府领导，南农大资源与环境科学学院党委书记全思懋及院士团队骨干专家，区农业农村局、街道、栖霞现代农业园区主要负责人等出席活动。沈其荣团队与农业园区签订“共建绿色循环农业产业园区”框架合作协议。明珠肥料公司与南农大签约，在南农大设立“明珠未来科学家奖学金”，每年向南农大教育发展基金会捐赠10万元，用于奖励资源与环境科学学院品学兼优学生。明珠肥料公司与沈其荣签订“沈其荣院士团队教学科研实践基地”共建协议。沈其荣与区委领导共同为教学科研实践基地揭牌。

【百合护肤品上市】 3月，“百合教授”滕年军团队和江苏南京农大科技开发有限责任公司联合推出的“南农印象——遇见百合”护肤产品上市。该团队建有“南京农业大学八卦洲百合研究基地”1.33万平方米，2021年成为省级作物种质圃（百合），保存各类百合种质资源500多种，建有“南京农业大学八卦洲百合产业化中试基地”百亩，在全国建有百合产业化示范点10余个。

【乡村公益医疗互助试点】 5月，启动乡村公益医疗互助试点——“福村宝”，保障时间为2022年5月1日至2023年4月30日。按照“群众个人自愿拿出一点、公益慈善捐赠一点、村集体经济支持一点、政府资助一点”的方式筹集资金，具体是个人每人16元，村集体支持每人4元，街道支持每人40元，区财政支持每人20元。参加互助人数2.2万人，参保率63.85%，医疗互助总额176.23万元。至年底，申请互助补助1094笔，补助金额99.89万元。

（祁　峙）

责任编辑　张文龙

人物·荣誉录

新闻人物

王红梅 女，1972年5月出生，中共党员，南京市栖霞区常春藤老年服务中心创办人。2014年，她发现当地许多空巢、独居老人基本生活缺乏照料，于是，创办常春藤老年服务中心，下辖19个互助养老服务点，服务街道老人1.5万名，为需要帮助的老人提供无偿或低偿居家养老服务，建立区域内“15分钟互助养老圈”。她被省妇女联合会评为江苏好人。

季　强 男，1987年9月出生，南京市公安局栖霞分局八卦洲派出所辅警。为解救被困在家中孩子，他踩着防盗窗和墙上水管，徒手爬上三楼；为抓捕犯罪嫌疑人，他淌着冰冷的河水，忍着伤口疼痛，死死抓住犯罪嫌疑人，使警方控制嫌疑人；他不怕脏和累，将满身是泥的失明老人背送回家。他被南京市委宣传部、市文明办评为南京市第二十一届“南京好市民”。

叶泓霆 男，2000年7月出生，中共团员，南中医盲校学生。他是一位视障人，是南京市栖霞区盲人协会副主席，曾获江苏省优秀学生干部称号。他加入朗读志愿者团队，创办公益组织。5年里，他参加公益朗读活动数十场，组建全国首个宣传信息无障碍的“波克”团队，在2021年联合国媒介与信息素养比赛中被评为全球优胜团队。发起组织“彩虹堂”教盲人学汉字活动，在2021年获得多家省、市媒体报道。他被南京市委宣传部、市文明办评为南京市第二十一届“南京好市民”。

周　诚 男，1990年5月出生，南京市栖霞区周诚蔬菜种植家庭农场主。他先后获得南京市劳动模范、江苏省优秀农民工、栖霞区十大先锋青年、八卦洲街道支持教育先进个人等称号。他推广科学种田，扶贫帮困，长期带动农户10余户，创造临时就业岗位100余个，在八卦洲及泗阳、甘肃、陕西等地开展“一棵葡萄一个梦想”精准扶贫活动。他热心公益，持续资助困难学生，为一线环卫工人、老党员送上自己栽种的精品水果。他参与隔离点和居家隔离蔬菜保供，向疾控中心等医疗单位捐赠蔬菜6800千克。他被南京市委宣传部、市文明办评为南京市第二十一届“南京好市民”。

朱庆强 男，1973年2月出生，中共党员，栖霞区龙潭街道陈店村党总支书记、村委会主任。他有心系村民的“拖延症”，疫情期间，他抱病坚持工作；他是防疫有方的“知心人”、为民解惑的“政策通”、身先士卒做村民的“大管家”“守门人”，他细心、耐心为群众解释各级各类政策，得到群众支持理解。他被南京市委宣传部、市文明办评为南京市第二十一届“南京好市民”。

王　敏 女，1986年2月出生，中共党员，南理工社会工作专业在职研究生，芙瑞社会工作服务中心负责人。她注册成立一家非营利性社会组织，主要为老人、儿童、妇女提供公益服务，为老人提供上门探访、心理关怀。她热心社区事务，积极参加党员活动和志愿服务，为妇女提供创业就业帮扶，为儿童提供课业辅导个案服务。疫情防控期间，她冲在一线，扩大志愿服务队伍和服务内容。她被南京市委宣传部、市文明办评为南京市第二十一届“南京好市民”。

余　琅　女，1997年9月出生，中共党员，南中医学生。2019年主动成为中国造血干细胞捐献者资料库的一名志愿者。她是南京市第122例、区第18例造血干细胞捐献志愿者，同时也是区首例两次捐献造血干细胞的志愿者。2021年、2022年8月，两次为四川一名4岁女童捐献造血干细胞，挽救了女童生命。她被南京市委宣传部、市文明办评为南京市第二十一届“南京好市民”。

牟学宽　男，1950年12月出生，龙潭街道飞龙艺术团秘书长。退休后，他发挥特长和专业知识，组织社区群众参与文化活动，支持社区各项工作，弘扬中华优秀传统美德。建立“飞龙艺术团”并主持日常工作，创办和美陈店、乐活长江、“三形（型）三秀”、钟晚晴等社区品牌娱乐项目。创作《照镜子》《不忘初心永向前》《留守儿童》等紧跟时代步伐的作品。他被南京市委宣传部、市文明办评为南京市第二十一届“南京好市民”。

张守琴　女，1970年2月出生，爱玛客服产业（中国）有限公司南京分公司后勤。左邻右舍称赞她是好媳妇、贤妻良母，悉心照顾公婆几十年，主动照顾重病公公，抚养侄女，孝敬老人，照顾兄弟家人，家庭和睦，夫妻恩爱。她被南京市委宣传部、市文明办评为南京市第二十一届“南京好市民”。

郭　阳　女，1987年10月出生，中共党员，南塑社区党委书记。她担任社区书记7年来，带领班子成员干在一线、冲锋在一线。她是一名肯下绣花功、能啃硬骨头的优秀年轻干部。在护送老人接种新冠疫苗路上摔成轻微脑震荡，脸上缝了几十针，住院期间线上办公，出院后“一瘸一拐”立即投入工作。她挨家挨户走访小区老人，了解需求，征集居民意见，将原社区办公用房出新改造为“SU愿之家”，为老年人改善活动场所，丰富老人业余生活。在南塑新村小区打造“党心永伫、琴枫共塑”红色物业党建品牌，成功创建为党建引领物业管理服务工作省级示范点。她被南京市委宣传部、市文明办评为南京市第二十一届“南京好市民”。

董　静　女，1982年12月出生，中共党员，栖霞区残联工作人员。她是“脊髓性肌萎缩”（SMA）“罕见病”患者，医生预言她大概率10岁后会瘫痪在床、活不过16岁，但顽强的她克服重重困难，一路考上大学。她建立残疾学生微信群，帮助他们纾困解难。在她的鼓励下，一位“罕见病”女孩重拾生活信心，并成为一名残疾人主播。她负责区残联宣传工作，传统媒体的新闻报道、微信公众号、微博等都由她独自采编运营。区残联公众号每个月影响力排名都在南京市残联微信中位列第一，累计在国家级媒体发布新闻200余篇。其中，“学习强国”学习平台50余篇、《中国残疾人》杂志发表3篇、《华夏时报》5篇，重点宣传栖霞区残疾人事业。她被南京市委宣传部、市文明办评为南京市第二十一届“南京好市民”。

张军仙　女，1977年4月出生，中共党员，南京夏普电子有限公司部门主任。她多次被单位评为优秀共产党员。2022年9月21日，她在17楼的自家阳台徒手拽住从楼上掉在晾衣架上的五岁男孩。别人问她当时怎么想的，她却淡淡地说“救人是本能，当时没想太多”。她被南京市委宣传部、市文明办评为南京市第二十一届“南京好市民”。

刘传赔　男，1982年2月出生，中共党员，龙潭街道残疾人专职委员，肢体二级残疾。2022年当选栖霞区第十九届人大代表，提交关于提高重度残疾人居家护理补贴建议，为残疾人争取更多保障。他带动社区（村）专职委员，用一个月时间对273户建档立卡困难残疾家庭逐一入户走访，为全部301人建立了“一人一档一策”档案。他上门帮助14

名残疾人成为在线“云客服”，辅导重残人员20余人，运用5G人工智能大数据，实现居家灵活就业。他利用创客空间为残疾人提供就业创业服务，带领残疾人参加电商直播培训班，进行直播带货。他详细梳理与残疾群众关系密切事项10个，并纳入“不见面审批”系统。他被南京市委宣传部、市文明办评为南京市第二十一届“南京好市民”。

索新媛　女，1982年9月出生，中共党员，南京天美地商业管理有限公司市场营销部经理。她是十字街社区一名在职志愿者，也是社区巾帼党员示范岗成员。疫情期间，她积极参与社区核酸检测志愿服务队伍，与医务人员、社区工作者并肩作战，不分昼夜连续工作数日。她被团市委评为“优秀志愿服务者”。

立功人物

张　凯　男，汉族，1976年9月出生，中共党员，栖霞区民政局基层政权建设和社区治理科科长。1994年12月参军入伍，2019年2月转业，先后荣立江苏省政法委二等功1次、武警江苏总队三等功2次。2020年，被评为栖霞区“优秀共产党员”。在疫情防控阻击战中，他不怕艰难危险，连续作战数日，主动作为，始终将遏制疫情蔓延扩散的责任担在肩上，用实际行动扛起抗疫使命，得到领导和同事的高度赞誉和充分肯定。他被评为南京市扛起“争当表率、争做示范、走在前列”三大光荣使命先进个人，并荣立栖霞区三等功。

劳动模范

刘　雨　男，1962年1月出生，中共党员，南京长江工业炉科技集团有限公司技术部经理、工程师。他带领部门同事积极投身大众创业、万众创新，形成人人敢创新、人人会创新、人人善创新的企业发展局面。他带领团队攻克热处理技术难关，为企业抢占热处理行业发展制高点，使企业产品走出国门、走向世界，有效推动企业实现可持续发展。他先后获南京市文明职工、市先进共产党员、市首届十佳职工发明之星、热处理技能大师等称号。他先后获得江苏省五一劳动奖章、全国五一劳动奖章。

大卫（David Christopher Nicholl）　男，英国人，1993年3月出生，大学本科，南京书人高科荣境幼儿园教师。大卫热爱幼儿教育事业，根据每个孩子个体差异，针对性地设计教学方案，利用赏识教育引导幼儿成长，激发幼儿对英语的学习兴趣。探索适合中国幼儿英语学习的教学路径，让孩子“在玩中学，在学中玩”，逐渐形成自己独特的“趣、活、实、精”教学风格。他获得江苏省五一劳动奖章。

周　皓　男，汉族，1984年1月出生，中共党员，南京长江工业炉科技集团有限公司副总经理，现任紫江炉业南京有限公司总经理。他挚爱热处理事业，执着追求中国装备制造走出国门、走向世界。他奉献务实、诚信拼搏，以服务赢得市场，以创新提高效益，以文化引领发展。他带领团队吸收引进国外先进技术，研发出一系列适销对路的产品，填补了国内空白，打破了德国、日本等国在铝合金热处理方面的技术垄断。他带领团队多次走出国门，了解国际市场的发展趋势和客户需求，及时掌握企业发展与世界先进企业之间存在的差距，为研发设计找准方向，为实现效益倍增打下基础。公司生产的各类产品远销20多个国家和地区，成为全球工业热处理行业中国新名片，展示了“中国制造”的新形象。他获得南京市五一劳动奖章。

王　勇　男，汉族，1984年4月出生，南京通润运输有限公司职工、驾驶员。他是一名从事危化品运输的一线驾驶员，经常放弃节假日休息，安全、准确、及时完成运输任务。他严格遵守交通法规、危化品运输管理规定和公司各项管理制度，学习车辆维护、维修和驾驶技能，安全行车累计超60万千米，安全运输危险化学品（石油液化气）1.4万余吨，获中石化炼油销售有限公司2020年危化品运输“百项违规”内容应知应会网络竞赛汽运组一等奖，并被评为2020年度南京通润运输有限公司优秀驾驶员。2022年4月，他获得南京市五一劳动奖章。

顾　林　男，汉族，1979年1月出生，中共党员，硕士研究生学历，扬子江药业集团南京海陵药业有限公司制造部部长。2021年，他带领技术团队攻坚克难，使新产品获批，成功申报栖霞区职工创新工作室，并担任职工创新工作组组长。通过推进自动化、采取灵活用工、调整车间架构等方式，提升药品生产效率，保证集采品种供货，满足市场所需；通过对关键生产要素进行分解攻关，提高重点品种得率，降低生产成本，为百姓提供物美价廉的良心药、放心药。2022年4月，他获得南京市五一劳动奖章。

（梁宁君）

闫林焱　女，1992年9月出生，中共党员，南京市栖霞区人力资源和社会保障局办公室主任。为给群众提供优质高效的服务，她钻研社会保险、就业创业、劳动关系、人事人才等业务知识。2021年，在人社系统业务技能练兵比武活动中，她代表江苏省参加全国总决赛，取得团队二等奖，并获全国人社知识通、江苏省技术能手、江苏省五一创新能手、江苏省人社知识通、南京市技术能手等称号。她带动全区人社系统工作人员坚持参加“日日学、周周练、月月比”在线学习，营造学政策、钻业务、强技能、优服务的良好氛围。她随时为群众解答疑惑，及时回应群众关切。2022年1月，荣获南京市五一劳动奖章；3月，荣获江苏省五一劳动奖章。

（孙　健）

荣誉录

表37　2022年度栖霞区获国家级表彰的先进集体名录

获表彰单位	荣誉称号	表彰单位	表彰时间
南京经济技术开发区	国家级知识产权强国建设试点园区	国家知识产权局	8月24日
栖霞区王子楼社区	2021—2022年度社区青春行动优秀	共青团中央社会联络部	9月9日
栖霞区尧化街道尧林仙居社区	2022年全国示范性老年友好型社区	国家卫生健康委全国老龄办	10月19日
中共南京市栖霞区委尧化街道工委	《标准化体系建设推动基层社会治理提升》案例被评为“全国社会治理创新案例”	中国社会治理研究会	10月
栖霞区工商联	全国“五好”标杆县级工商联	全国工商联	11月
栖霞区民政局	全国社会救助工作先进单位	民政部	11月30日
栖霞区迈皋桥街道东井村社区居民委员会	2022年全国科普优秀活动——《“喜迎二十大科技向未来”南京地铁一日研学》	中国科协办公厅	12月
南京栖霞山国家森林公园	2022年全国林草系统生态旅游游客量数据报送工作表现突出样本单位	国家林业和草原局林场种苗司	2023年1月5日

表38 2022年度栖霞区获江苏省表彰的先进集体名录

获表彰单位	荣誉称号	表彰单位	表彰时间
八卦洲街道新闸村	省民主法治示范村	省司法厅 省民政厅	1月
马群社区	省民主法治示范社区	中共省委全面依法治省委员会办公室、省司法厅、省民政局	1月
栖霞区尧化街道	2019—2021年度省文明单位	省精神文明建设指导委员会	1月11日
栖霞区尧化街道金尧花园社区	2019—2021年度省文明社区	省精神文明建设指导委员会	1月11日
栖霞区尧化街道	2021年全省“扫黄打非”先进集体	江苏省“扫黄打非”工作领导小组	1月12日
栖霞区尧化街道	全省推进基层整合审批服务执法力量工作先进单位	中共江苏省委机构编制委员会办公室	1月25日
南京经济技术开发区	江苏省先进制造业和现代服务业深度融合试点单位	江苏省发改委	2月10日
八卦洲街道外沙村	全省“共同富裕 百村实践”新型农村集体经济发展典型案例	省农业农村厅	2月
栖霞区卫健委	2021年度基本公共卫生服务项目和家庭医生签约服务市级绩效评价双第一	省卫健委	2月21日
栖霞山国家森林公园	2022年省级“互联网+全民义务植树”基地	省绿化委员会办公室	3月29日
江苏润来建设集团有限公司	省五一劳动奖状	省总工会	4月
南京京谷峰机动车驾驶员培训有限公司“最美交通人”工作室	省工人先锋号	省总工会	4月
南京盛航海运股份有限公司研创中心	省工人先锋号	省总工会	4月
宁康苑社区	省五四红旗团委（团支部）	共青团省委	4月
同议焦点事件，共建熟人社区——地区发展模式介入尧化街道社区治理实践	2020—2021年度第二批次省优秀社会工作案例二等奖	省民政厅	6月
八卦洲街道	2021年度全省基层党员冬训工作示范乡（镇、街道）	省委组织部、省委宣传部	6月
栖霞区基层医疗卫生服务和普惠托育体系建设	省政府激励表彰	省政府	6月17日
南京市南外附属幼儿园—游戏教研组	2022年度省巾帼文明岗	省妇女联合会	7月5日
栖霞区	省双拥模范区	中共江苏省委、省政府、江苏省军区	7月
南京大学国家大学科技园（南京大学科技园发展有限公司）	2022年度省女大学生创业就业实践集体	省妇女联合会、省人社厅、省女企业家协会	7月14日

续表38

获表彰单位	荣誉称号	表彰单位	表彰时间
栖霞街道商会	省“四好”商会	省工商联	8月
西岗街道商会	省“四好”商会	省工商联	8月
龙潭街道商会	省“四好”商会	省工商联	8月
区工商联	全省工商联系统先进集体	省工商联、省人社厅	9月
栖霞街道南炼新村社区文明实践巾帼志愿阳光站	省“在你身边”文明实践巾帼志愿阳光站	省妇女联合会、省精神文明办	9月21日
龙潭社区卫生服务中心	省级社区医院	省卫健委	11月2日
爱尔集新能源（南京）有限公司	全省非公有制企业党建带工建“三创争两提升”活动示范单位	中共江苏省委组织部办公室、江苏省总工会	11月11日
宁康苑社区	省省级宜居住示范小区	省住房和城乡建设厅	11月
尧安新村北院	2021年度省级宜居示范居住区	省住房和城乡建设厅	11月21日
栖霞区民宗局	全省第一批民族团结进步示范区	省民宗委	12月
仙林街道和园社区	全省“三区”侨务工作先进单位	省委统战部	12月
八卦洲街道陌上花渡	2022年省中小学生劳动教育与综合实践优秀基地	省教育厅	12月
民建栖霞区委员会	特色基层组织	民建省委	12月
栖霞区法律援助中心	全省法律援助十佳办案单位	省司法厅	12月
南京市栖霞生态环境局	省打好污染防治攻坚战先进集体	省生态环境厅、省人力资源和社会保障厅	12月
尧化街道金尧花园（南京姚坊门物业管理有限公司）	2021年度省级示范物业管理项目	省住房和城乡建设厅	2023年1月11日
南京家人生活服务有限公司龙岸花园社区工作站	省级巾帼家政服务社区示范工作站	省妇女联合会、省商务厅、省民政厅、省人力资源和社会保障厅、省住房和城乡建设厅	2023年1月11日
栖霞区龙潭街道人民来访接待中心	2022年度全省信访系统“人民满意窗口”建设质量提升工程示范单位	省政府信访局	2023年2月6日

表39　2022年度栖霞区获南京市表彰的先进集体名录

获表彰单位	荣誉称号	表彰单位	表彰时间
尧化街道	2021年度全市实施乡村振兴战略郊区街镇高质量发展评价发展奖	市委、市政府	2月15日
中共南京市栖霞区龙潭街道工作委员会	2021年南京市扛起“争当表率、争做示范、走在前列”三大光荣使命先进集体	市委、市政府	5月4日
区行政审批局	2021年南京市扛起“争当表率、争做示范、走在前列”三大光荣使命先进集体	市委、市政府	5月
栖霞区卫健委	2021年南京市扛起“争当表率、争做示范、走在前列”三大光荣使命先进集体	市委、市政府	5月

续表39

获表彰单位	荣誉称号	表彰单位	表彰时间
马群街道为民服务中心	南京市政务服务系统“最佳政务服务大厅”	南京市政务服务管理办公室	8月
栖霞区尧化街道为民服务中心	2021年度南京市“最优为民服务中心”	南京市政务服务管理办公室	9月
栖霞山赏枫习俗	第五批南京市非物质文化遗产代表性项目名录	市委、市政府	2023年1月20日
栖霞区法院民事审判立案庭	集体三等功	南京市中级人民法院	2023年1月
龙潭街道	2022年度全市实施乡村振兴战略涉农区街镇高质量发展综合奖先进制造业主导型街镇	市委、市政府	2023年2月
栖霞区法院民一庭	巾帼文明岗	南京市中级人民法院	2023年3月

表40　2022年度栖霞区获江苏省表彰的先进个人名录

姓　名	工作单位及职务	荣誉称号	表彰单位	表彰时间
朱秉华家庭		2021年度省最美家庭	省妇女联合会	1月17日
胡传明家庭		2021年度省最美家庭	省妇女联合会	1月17日
张方圆家庭		省绿色家庭	省妇女联合会	1月17日
徐观文	栖霞区法院审管办主任、审监庭庭长	全省法院执行工作先进个人	省高级人民法院	2月
晏　薇	栖霞生态环境局	污染防治攻坚巾帼标兵	省生态环境厅	3月
闫林焱	栖霞区人力资源和社会保障局 办公室主任	省五一劳动奖章	省总工会	4月6日
李　婧	中国科学院紫金山天文台台务委员、研究部主任	2021年度省三八红旗手标兵	省妇女联合会	4月19日
大卫（David Christopher Nicholl）	南京书人高科荣境幼儿园教师	省五一劳动荣誉奖章	省总工会	4月
吕文伟	栖霞区妇女联合会主席、区政府妇儿工委副主任	全省妇女儿童工作先进个人	省人民政府妇女儿童工作委员会	6月2日
王敏婧	尧化街道尧胜社区委员	省优秀共青团干部——团支部书记	共青团省委	5月
王红梅	栖霞区常春藤老年服务中心主任	2022年度省巾帼建功标兵	省妇女联合会	7月5日
季　青	南京大学科技园发展有限公司董事长	2022年度省巾帼建功标兵	省妇女联合会	7月5日
鞠　鹏	检察院第五检察部副主任（正科级）	全省检察机关大数据法律监督建模活动中成绩突出先进个人	省检察院	8月
王红梅	栖霞区常春藤老年服务中心主任	江苏好人	省文明办	9月

续表40

姓　名	工作单位及职务	荣誉称号	表彰单位	表彰时间
李　娟	民族工作科副科长	"同心向党 强国有我"全省统战系统学习党的二十大精神青年党员演讲比赛三等奖	省委统战部	9月
张海峰	侨务工作科科长、一级主任科员	省侨联系统先进工作者	省侨联、省侨办	11月
王亚楠	栖霞区妇女联合会四级主任科员	2022年度全省优秀妇女工作通讯员	省妇女联合会	12月8日
王　娜	南京技师学院教师	省技术能手	省人社厅	12月
徐　卿	南京技师学院教师	省技术能手	省人社厅	12月
韩顺霞	栖霞区公证处主任	全省公证业务创新成绩突出个人	省司法厅	12月
蒋文伟	栖霞区生态环境局	省污染防治攻坚专项行动标兵	省生态环境厅	12月
胡　军	南京市规划和自然资源局栖霞分局中心二所所长	省自然资源系统先进工作者	省人力资源和社会保障厅、省自然资源厅	12月

表41　2022年度栖霞区获南京市表彰的先进个人名录

姓　名	工作单位及职务	荣誉称号	表彰单位	表彰时间
陈　培	栖霞区法院民一庭法官	巾帼文明明星	南京市中级人民法院	3月
顾　林	扬子江药业集团南京海陵药业有限公司制造部部长	南京市五一劳动奖章	南京市总工会	4月
王　勇	南京通润运输有限公司 司机	南京市五一劳动奖章	南京市总工会	4月
周　皓	南京长江工业炉科技集团有限公司副总经理	南京市五一劳动奖章	南京市总工会	4月
王　媛	马群街道为民服务中心主任	南京市政务服务系统"最美政务人"	南京市政务服务管理办公室	9月
陈　洁	栖霞区法院审委会专职委员	院领导个人嘉奖	南京市中级人民法院	2023年1月
陈　婷	栖霞区法院少家庭法官	个人三等功	南京市中级人民法院	2023年1月
崔　建	栖霞区法院民二庭法官	个人三等功	南京市中级人民法院	2023年1月
陈　培	栖霞区法院民一庭法官	优秀法官	南京市中级人民法院	2023年1月
朱　悦	栖霞区法院迈皋桥法庭副庭长	优秀法官	南京市中级人民法院	2023年1月
林志栋	栖霞区法院栖霞法庭副庭长	优秀法官	南京市中级人民法院	2023年1月
王培鑫	栖霞区法院执行局综合协调科副科长	优秀工作者	南京市中级人民法院	2023年1月
周　娟	栖霞区法院司法行政科干部	优秀工作者	南京市中级人民法院	2023年1月
程希泽	栖霞区法院综合办法官助理	优秀工作者	南京市中级人民法院	2023年1月
杜宏亮	栖霞区法院诉讼服务中心副主任	2022年月全市政法网格员工作年度十佳案例	中共南京市委政法委	2023年1月

责任编辑　陈美萍

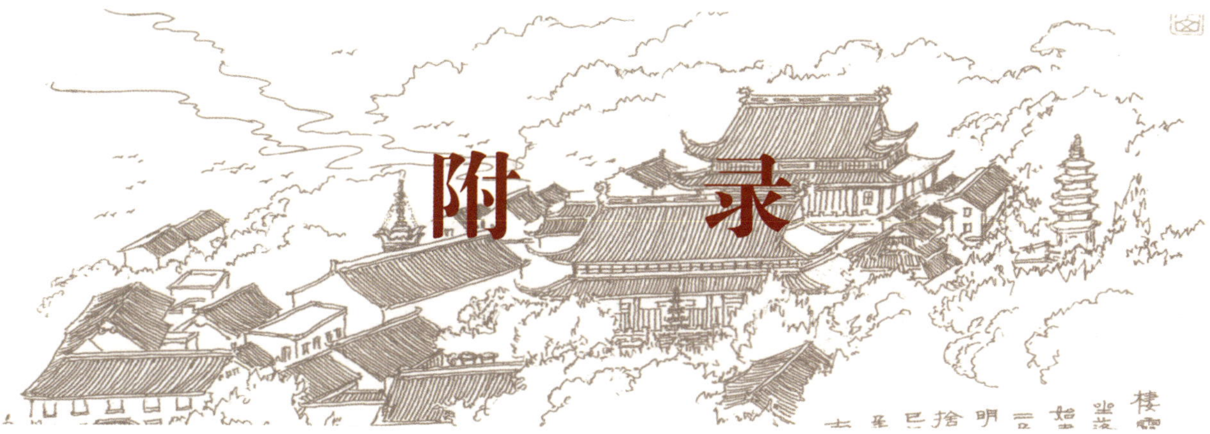

附　录

组织机构及负责人

栖霞行政区

中共栖霞区委

书　记：黎　辉（5月25日免）
　　　　戴华杰（5月25日任）
副书记：王　生
　　　　黄伟民（12月17日免）
常　委：储　纲　宗宁虎
　　　　郭昌标　秦志刚
　　　　彭媛媛（女）
　　　　王家梁
　　　　章　晶（女）
　　　　袁文峰

栖霞区人大常委会

主　任：陈　波
副主任：胡达贵
　　　　秦亚平（1月8日免）
　　　　张　农
　　　　肖明宝（1月8日免）
　　　　严　进（女，1月8日任）
党组书记：陈　波
副 书 记：胡达贵
二级巡视员：王爱华(女,5月5日免)

栖霞区人民政府

区　长：王　生
副区长：宗宁虎
　　　　郭昌标
　　　　卢　静（女）
　　　　刘海滨
　　　　孙东方
　　　　杨　栋
　　　　解冠华（1月8日任）
　　　　韩　淼（女，江苏省第十四批“科技镇长团”栖霞团团长，挂职）
二级巡视员：王　智（12月1日任）
党组书记：王　生
副 书 记：宗宁虎

政协栖霞区委员会

主　席：杨白英（女）
副主席：蒋　励（1月7日免）
　　　　肖明宝（1月7日任）
　　　　金　旭
　　　　孟祥康（不驻会，1月7日免）
　　　　王佩娟（女，不驻会，1月7日免）
　　　　严　进（女，不驻会，1月7日免）
　　　　朱　伟（不驻会，1月7日任）
　　　　任秋娴（女，不驻会，1月7日任）
　　　　王　伟（不驻会，1月7日任）
党组书记：杨白英（女）
副 书 记：章　晶（兼，女）
　　　　　肖明宝（1月19日任）

中共栖霞区纪委

书　记：彭媛媛（女）
副书记：陶　硕
　　　　唐茜茜（女）
常　委：余　斌

区监察委员会

主　任：彭媛媛（女，1月8日任）
副主任：陶　硕
　　　　唐茜茜（女）

栖霞区人民法院

院　长：周　侃（1月8日任）

副 院 长：曹小勇（2月21日任）
党组书记：周　侃
副 书 记：曹小勇（1月19日任）

栖霞区人民检察院

检察长：曹　琼（女，1月8日任）
党组书记：曹　琼（女）

栖霞区人民武装部

部　长：丁　胜
政　委：王家梁

区委工作机构

办公室
主　任：李春节
区委机要局
副局长：冯卿彦
区委组织部
部　长：储　纲
常务副部长：王宇峰
区公务员局
局　长：王　杨（1月19日免）
　　　　王　润（1月19日任）
区委非公有制企业和社会组织工作委员会
书　记：翟朝阳
党史办公室
主　任：刁志福
宣传部
部　长：袁文峰
常务副部长：史学经（1月19日免）
　　　　　　钟漫江（女，1月19日任）
区精神文明建设指导委员会办公室
主　任：吴国罡
区委网络安全和信息化委员会办公室
主　任：陈　宁
统战部
部　长：章　晶（女）
常务副部长：周和斌
区民族宗教事务局
局　长：周和斌（1月19日免）
　　　　徐小健（1月19日任）
台湾工作办公室
主　任：孙璐璐（女，1月19日免）
　　　　徐　刚（1月19日任）
区工商业联合会
常务副主席：王　俊
党组书记：王　俊
区侨务办公室
副主任：陈学哲
区委政法委员会
书　记：秦志刚
常务副书记：程海博（1月19日免）
　　　　　　崔雨笛（1月19日任）
区国家安全人民防线建设领导小组办公室
副主任：高晓东
区法学会
常务副会长：俞正东（1月19日任）
区委研究室
主　任：佘凌云（女，1月19日免）
　　　　方　坤（1月19日任）
区委机构编制委员会办公室
主　任：刘先明
区委区级机关工委
书　记：万　霞（女）
区委老干部局
局　长：韩　俊
区委离退休干部工委
书　记：韩　俊
区委党校
校　长：黄伟民（兼）
常务副校长：刘　爽（女，1月19日免）
　　　　　　沈　芸（女，1月19日任）
区档案局
局　长：吴炳根
区档案馆
党组书记：吴炳根
馆　长：任秋娴（女）
区地方志编纂委员会办公室
主　任：吴炳根

区人大常委会工作机构

监察和司法工作委员会
主任委员：黄月红（女）
法制工作委员会
主任委员：罗光勇（1月8日免）
　　　　　周　明（1月8日任）
财政经济委员会
主任委员：韩玉芬（女）
预算工作委员会
主　任：韩玉芬（女）
社会建设委员会
主任委员：肖胜利（1月8日免）
　　　　　葛山来（1月8日任）
办公室
主　任：庄　荣
研究室
主　任：黄达举
教科文卫委员会
主　任：王　勇
环境资源城乡建设委员会
主　任：窦立华
民族宗教侨务台湾事务委员会
主　任：孙　琳（女，回）
人事代表联络委员会
主　任：胡　宁
农业和农村委员会
主　任：靳黎丽（女）

区政府工作机构

办公室
主　任:王小锋
党组书记:王小锋
研究室
主　任:王小锋(兼)
外事办公室
主　任:王小锋(兼)
机关事务管理局
局　长:王小锋(兼)
区发展和改革委员会
主　任:陆建尚
党组书记:陆建尚
区大数据管理局
局　长:陆建尚(兼)
区教育局(区委教育工作委员会)
局　长:徐观林(2月21日免)
倪天华(2月21日任)
教育工委书记:沈　芸(女,1月19日免)
倪天华(1月19日任)
区科学技术局
局　长:盛　艳(女)
党组书记:盛　艳(女)
区科学技术协会
主　席:刘　轶(女)
党组书记:刘　轶(女)
区工业和信息化局
局　长:赵玉泉
党组书记:赵玉泉
区民政局
局　长:陈芳琴(女)
党委书记:陈芳琴(女)
区残疾人联合会执行理事会
理事长:黄　伟(女)
党组书记:黄　伟(女)
区司法局
局　长:陈士金
党组书记:崔雨笛(1月19日免)
吕宁华(女,1月19日任)
区委全面依法治区委员会办公室
主　任:秦志刚(兼)
区财政局
局　长:王兆仁
党组书记:王兆仁
区政府国有资产监督管理办公室
主　任:王兆仁(兼)
区人力资源和社会保障局
局　长:钱　琍(女)
党委书记:钱　琍(女)
区社会保险管理中心
主　任:李庆凤(女)
区医疗保险管理中心
主　任:李庆凤(兼,女,7月5日任)
区住房和建设局
局　长:周传明
党委书记:周传明
区交通运输局
局　长:葛　兵
党委书记:葛　兵
区交通运输综合行政执法大队
大队长:祁苏琳
区水务局
局　长:赵家宝(2月21日免)
朱从政(2月21日任)
党组书记:赵家宝(1月19日免)
朱从政(1月19日任)
区城市管理局
局　长:吴霞峰
党委书记:吴霞峰
区综合行政执法局
局　长:吴霞峰(兼)
区城市管理综合行政执法大队
大队长:盛　辉
政　委:唐　雷(3月10日免)
区农业农村局
局　长:朱从政(2月21日免)
陈砚墨(2月21日任)
党组书记:朱从政(1月19日免)
陈砚墨(1月19日任)
区委农村工作领导小组办公室
主　任:朱从政(1月19日免)
陈砚墨(1月19日任)
区农业农村综合行政执法大队
大队长:王长春
区商务局
局　长:赵晓琳(女)
党委书记:赵晓琳(女)
区投资促进局
局　长:赵晓琳(兼,女)
区文化和旅游局
局　长:吕　俊
党组书记:吕　俊
区卫生健康委员会
主　任:王应松
党委书记:王应松
区红十字会
常务副会长:马　奎(回)
党组书记:马　奎(回)
区退役军人事务局
局　长:李　斌
党委书记:李　斌
区应急管理局
局　长:魏　东
党委书记:魏　东
区审计局
局　长:宋福红
党组书记:宋福红
区行政审批局
局　长:孙晓华(女)
党组书记:孙晓华(女)
区政务办
主　任:孙晓华(女,兼)

区市场监督管理局
局　长：仇金龙（2月21日免）
　　　车金楼（2月21日任）
党组书记：杨　静（女，1月19日免）
　　　　车金楼（1月19日任）
区知识产权局
局　长：仇金龙（兼，2月25日免）
　　　车金楼（兼，2月25日任）
区市场监管综合行政执法大队
大队长：高　耘
区统计局
局　长：王开宏
党组书记：王开宏
区政府信访局
局　长：朱　榕
党组书记：朱　榕
区人民防空办公室
主　任：汪　浩（2月21日免）
　　　赵家宝（2月21日任）
党组书记：汪　浩（1月19日免）
　　　　赵家宝（1月19日任）
区地方金融监督管理局
局　长：顾　鹏（2月21日免）
　　　贾胜如（2月21日任）
党组书记：顾　鹏（1月19日免）
　　　　贾胜如（1月19日任）
区保障房片区管理办公室
主　任：孙德发（2月25日免）
　　　孙璐璐（女，2月25日任）
党组书记：孙德发（1月19日免）
　　　　孙璐璐（女，1月19日任）
栖霞生态环境局
局　长：刘华道（10月16日免）
　　　赵　谦（10月16日任）
区医保分局
局　长：古　琳
区规划和自然资源分局
局　长：黄宏亮（1月12日任）
党组书记：黄宏亮（3月4日任）
栖霞山风景名胜区管理处
主　任：王　俊（1月16日免）
　　　宁　坤（1月16日任）
党组书记：宁　坤
区房屋拆迁安置管理办公室
主　任：魏国鸿
工委书记：魏国鸿
区工业公司
经　理：胡　宁（1月26日免）
　　　余　蓉（女，2月25日任）
工委书记：余　蓉（女，1月19日任）

区政协工作机构

办公室
主　任：顾　磊（2月17日免）
　　　庞　博（2月17日任）
委员联络办公室
主　任：张华玲（女）
提案工作委员会
主　任：曹显进
经济科技和农业农村委员会
主　任：周丽华（女）
港澳台侨和外事工作委员会
主　任：张　健
教卫文体工作委员会
主　任：齐　眉（女）
社会法制专门委员会
主　任：张兵兵
城乡建设专门委员会
主　任：仇金龙

区纪委、区监委工作机构

办公室
主　任：许晶晶（女，3月10日免）
　　　阮德奇（6月2日任）
纪检监察干部管理监督室
主　任：王　凯（6月2日免）
　　　王　凯（6月2日任）
党风政风监督室
主　任：王　宁（6月2日免）
信访室
主　任：李　胜（兼，3月10日免）
　　　聂宝萍（女，3月10日任，试用期一年）
案件审理室
主　任：黎志刚
案件监督管理室
主　任：阮德奇（6月2日免）
　　　葛新冬（6月2日任）
信息查询室
主　任：葛新冬（6月2日免）
第一纪检监察室
主　任：孙建广（6月2日任）
第二纪检监察室
主　任：王　向
第三纪检监察室
主　任：孙建广（6月2日免）
第四纪检监察室
主　任：周海莲（女）
第五纪检监察室
主　任：周　鹏
区监察委员会第一派出监察员办公室
主　任：周海莲（兼，女）
区监察委员会第二派出监察员办公室
主　任：周　鹏（兼）
区监察委员会第三派出监察员办公室
主　任：王　向（兼）
区委巡察工作领导小组办公室
主　任：余　斌
区委巡察组
组　长：孙　伟
　　　陈若蓓（女）
　　　端红霞（女）
　　　周　春

区纪委、区监委派驻纪检监察组

派驻第一纪检监察组

组　长：李　芳（女，正处职）

派驻第二纪检监察组

组　长：陈　华

派驻第三纪检监察组

组　长：张兵兵（正处职，1月19日免）
　　　　蔡绍锦（正处职，1月19日任）

派驻第四纪检监察组

组　长：徐恒大

派驻第五纪检监察组

组　长：夏秀华（女，正处职）

派驻第六纪检监察组

组　长：陈　熙（女，正处职）

派驻第七纪检监察组

组　长：刘长启（6月2日免）

群众团体

区总工会

主　席：胡达贵（兼）

常务副主席：曹小勇（1月19日免）
　　　　　　徐兴东（1月19日任）

党组书记：胡达贵（兼）

副书记：曹小勇（1月19日免）
　　　　徐兴东（1月19日任）

团区委

书　记：陈珺珺（女，1月19日免）
　　　　王葳薇（女，8月11日任）

区妇联

主　席：吕文伟（女）

党组书记：吕文伟（女）

区政府直属机构

栖霞高新技术产业开发区管委会

工委书记：王　生（兼，9月29日免）
　　　　　郭昌标（兼，9月29日任）

主　任：黄　斌（1月19日任）

常务副书记：黄　斌（1月19日免）
　　　　　　杨　静（女，正处职，1月19日任）

南京栖霞山文化休闲旅游度假区管委会

常务副主任：王　玮（兼）

迈皋桥地区环境综合整治指挥部

副总指挥：潘尚俊（兼）

办公室副主任：杨小梅（女）

新尧新城管理委员会

主　任：王永怀（兼）

南京八卦洲现代农业产业园管委会

主　任：倪天华（兼，2月25日免）
　　　　周朱伟（兼，2月25日任）

燕子矶中学

校　长：石　骏（副处级）

党总支书记：黄业照（副处级）

栖霞区医院

院　长：黄　琳（女，副处级）

党总支书记：任　炯（女，副处级）

栖霞建设集团公司

党委书记：江劲松

副书记：范广忠

纪委书记：范广忠

集团公司董事长：江劲松

股份公司董事长：江劲松

总　裁：江劲松

常务副总裁：范业铭

副总裁：徐水炎
　　　　吕　俊
　　　　汤　群（1月31日免）
　　　　范广忠
　　　　王海刚
　　　　朱金宁

股份公司监事会主席：余宝林

董事会秘书：王海刚

南京市垂直机构

国家税务总局南京市栖霞区税务局

局　长：殷壁峰（3月28日免）
　　　　王　清（女，4月2日任）

党委书记：殷壁峰（3月28日免）
　　　　　王　清（女，4月2日任）

南京市公安局栖霞分局

局　长：解冠华

党委书记：解冠华

副书记：张坤阳

政　委：张坤阳

迈皋桥街道

党工委书记：潘尚俊

办事处主任：安太平（2月25日免）
　　　　　　刘　爽（女，2月25日任）

人大工委主任：张大武

政协工委主任：刘光明

燕子矶街道

党工委书记：窦立华（1月19日免）
　　　　　　刘文刚（1月19日任）

办事处主任：刘文刚（2月25日免）
　　　　　　程海博（2月25日任）

人大工委主任：孔　娟（女）

政协工委主任：张立新

马群街道

党工委书记：华　巍（1月19日任）

办事处主任：华　巍（2月25日免）
　　　　　　余凌云（女，2月25日任）

人大工委主任：杨　明

政协工委主任：凌　云

尧化街道

党工委书　记：王永怀

办事处主任：周朱伟（2月25日免）
　　　　　　顾　磊（2月25日任）

人大工委主任：李德山

政协工委主任：袁国强

仙林街道
党工委书记:孙金娣(女)
办事处主任:徐兴东(2月25日免)
顾　鹏(2月25日任)
人大工委主任:蔡绍锦(2月21日免)
曹红梅(女,2月21日任)
政协工委主任:徐　骏
仙林农牧场
党委书记:孙金娣(女)
场　长:徐兴东(2月25日免)
顾　鹏(2月25日任)
栖霞街道
党工委书记:欧立祥
办事处主任:王　玮
人大工委主任:张中强
政协工委主任:王　俊
西岗街道
党工委书记:葛山来(1月19日免)
安太平(1月19日任)
办事处主任:周　超
人大工委主任:李　萍(女)
政协工委主任:林锡祥
龙潭街道
党工委书记:武晓路(女)
办事处主任:车金楼(2月25日免)
史学经(2月25日任)
人大工委主任:李　斌
政协工委主任:袁秀平
八卦洲街道
党工委书记:倪天华(1月19日免)
周朱伟(1月19日任)
办事处主任:俞朝晖
人大工委主任:孟桂正
政协工委主任:徐帮进

南京经开区

中共南京市委南京经开区工委

书　记:黎　辉(5月份免)
戴华杰(5月份任)
副书记:孙爱军　尹　军
委　员:翟建明
沈吟龙
徐宁生
陈靠山
刘洪文
熊　俊
彭　晶(11月份任)
邵　明

中共南京市纪委南京经开区工委

书　记:陈靠山
副书记:刘建梅(女)

南京经开区管委会

主　任:孙爱军
副主任:沈吟龙
徐宁生
刘洪文
熊　俊
彭　晶(11月份任)
二级巡视员:翟建明
李　华
陈林午(5月份晋升)

中共南京市委南京经开区工委工作机构

党政办公室
主　任:陈超义
副主任:黄　虎(二级主管)
王　慧(女)
魏　韡
三级主管:卜贤斌
王　焕
组织人事部(管委会人力资源和社会保障局、机关党委)
部　长(局长):罗红玲(女)
机关党委专职副书记(正处职)
孙　涛(8月份兼任)
副部长(副局长):孙　涛
陈加财
徐玲玲(女)
黄　俊
二级主管:薛富铭
李家祥(12月份免,退休)
宣传与统战部
部　长:张宛平
副部长:何晓进
三级主管:柳云娇(女)
群团工作部
部　长:宋持月
副部长:谷　伟
二级主管:林　力(12月份免,退休)
三级主管:李　俊(女)

南京经开区管委会工作机构

经济发展局
局　长:胡　弘
副局长:梁　田(女)
杨　俊
余震海
魏　真
三级主管:查陆璟(外派)
投资促进局
局　长:卢咏歌
副局长:周　青(女,二级主管)
张　漾
刘　惠(女)
三级主管:陶园园(女)
乔　伟

企业服务局
局　长：沈　耀
副局长：赵艳梅（女，二级主管）
　　　　陈鹏飞
科技人才局（知识产权局）
局　长：倪　丹（女）
副局长：卢文俊（二级主管）
三级主管：李慧川（女）
财政局（国有资产监督管理办公室）
局　长：王　伟
副局长（国资办主任）：周　峻（女，二级主管）
副局长：钱宇燕（女）
　　　　徐　拓
护税协税办公室
主　任：张　萍
审计局
局　长：高　峰
副局长：胡举明
规划和自然资源局
局　长：徐　洁（女）
副局长：李　琪（8月份任）
　　　　丁　磊（8月份任）
建设与交通局
局　长：张培东
副局长：蓝孝梁
　　　　王　俊（8月份任）
二级主管：徐应卿（10月份免，退休）
三级主管：成熙杰
城市管理局（综合执法支队）
局长（支队长）：徐俊杰
副局长（副支队长）：陆　虎
　　　　解　斌
二级主管：程时军
三级主管：张春雨（女）
应急管理局
局　长：周　俊（8月份任）
副局长：周　俊（主持工作，8月份提任局长）
　　　　徐小肖（兼安委办专职副主任）
　　　　任立功
　　　　刘　腾
　　　　蔡　巍
行政审批局（政务服务中心）
局　长：王　青（女）
副局长：葛　彦（女）
　　　　陆昊南
　　　　刘正平（女）
市场监督管理局
局　长：李先飞（6月份援藏挂职）
副局长：巢　亮（二级主管）
　　　　马海燕（女）
　　　　尹相国
二级主管：李　俊（女）
　　　　丁恺华（女）
三级主管：李铜川
环境保护局
局　长：朱永强
副局长：张　涛

直属平台

南京综合保税区管理委员会（龙潭）管理局
副局长：计　红（女）
党总支书记：金　普
综合服务处二级主管：王　宁（女）
综合服务处副处长：卢春生
综合服务处三级主管：
　　　　严世俊（外派）
产业发展处处长：计　红（女）
产业发展处三级主管：
　　　　杨　烨（外派）
三级主管：唐志坚
南京新港高新园管理办公室
主　任：汤　伟
党委专职副书记：张鲁宁
一级主管：曹望鸿（12月份免，退休）
二级主管：黄忠洋（2月份免，提前退休）
副主任：张海燕（女）
　　　　吴　权
城市建设指挥部
指挥长：刘新宇（8月份免，退休）
　　　　何丽莉（女，8月份任）
党总支书记：戴升强
副指挥长：王庆福
　　　　吕大爱
　　　　何丽莉（女，二级主管，8月份任指挥长）
三级主管：王　强

仙林大学城

中共南京市委仙林大学城工委

书　记：黎　辉（5月25日免）
　　　　戴华杰（5月25日任）
副书记：袁传军
委　员：潘志宏
　　　　孙金娣（女，二级巡视员）
　　　　林　华
　　　　张铁波（12月17日免）
　　　　王　辉（12月17日任）
　　　　金　波　张　弨
　　　　明劲松（挂职锻炼，11月30日返）

南京市仙林大学城管委会

主　任：袁传军
副主任：潘志宏　孙金娣
　　　　张铁波（12月17日免）
　　　　王　辉（12月17日任）
　　　　金　波　张　弨

二级巡视员：盖立伟（5月5日免，退休）

中共南京市纪委仙林大学城工作委员会

书　记：林　华
副书记：高红岩（女）

管委会工作机构

办公室
主　任：罗　欣（女，满）
副主任：魏仕兰（女）
三级调研员：刘中相

综合计划处
副处长：温世清（二级调研员，主持工作）

工程建设处
处　长：吴　震（女，10月21日任）
四级调研员：徐孝明
叶宝军
张富旺

市政管理处
处　长：尚　革
副处长：薛建东
三级调研员：朱宝忠
四级调研员：李　强
邢海军

招商局
副局长：谢晓燕（女）

科教创新处
处　长：吴　芸（女）
副处长：洪立军
四级调研员：翟鹏飞

财务和资产管理处
处　长：严　进（女，1月任栖霞区人大常委会副主任，调出）
副处长：柏　松（2月28日任，二级调研员，主持工作）
颜　雯（女，二级调研员）
李　媛（女）

招标审计处
处　长：史剑炯
四级调研员：周　铭

机关党委（组织人事处）
专职副书记（处长）：张青杰
副处长：盛　莉（女，三级调研员）

工作报告

区委十一届七次全会报告

区委书记　戴华杰
（2022年12月8日）

一、深入学习贯彻党的二十大精神，切实用以统一思想、统一意志、统一行动

党的二十大精神内容既有政治上的高瞻远瞩、理论上的深邃思考，也有目标上的科学设定、工作上的战略部署，思想深刻，内涵丰富。我们要在已经兴起学习宣传贯彻热潮的基础上，持续保持热度、拓展深度、延伸广度，按照“五个牢牢把握”要求，真正把这些重要思想、重要观点、重大战略、重大举措学深悟透，对是什么、干什么、怎么干了然于胸，满怀信心地紧跟习近平总书记走好新的赶考之路，全力推动党的二十大精神在栖霞落地生根、开花结果。

（一）学习贯彻党的二十大精神，必须深刻领悟“两个确立”的决定性意义，坚定拥护“两个确立”、坚决做到“两个维护”。党的十八大以来，习近平总书记作为党中央的核心、全党的核心，在风云变幻中举旗定向、掌舵领航，在大战大考中指挥若定、运筹帷幄，在惊涛骇浪中力挽狂澜、砥柱中流，充分彰显了作为马克思主义政治家、思想家、战略家的恢宏气魄、远见卓识和雄韬伟略，不愧为“中华号”巨轮的掌舵者、中华民族伟大复兴的领航人。我们深刻体会到，“两个确立”是新时代10年发生伟大变革、取得历史性成就的决定性因素。新时代伟大实践充分证明，正是因为确立了习近平同志党中央的核心、全党的核心地位，确立了习近平新时代中国特色社会主义思想的指导地位，党才有力解决了影响党长期执政、国家长治久安、人民幸福安康的突出矛盾和问题，从根本上确保实现中华民族伟大复兴进入了不可逆转的历史进程。“两个确立”对全面建设社会主义现代化国家、实现第二个百年奋斗目标具有决定性意义。核心稳，党和国家事业才稳。新征程上，我们面对的国际环境更加复杂、国内改革发展稳定任务艰巨繁重。有习近平总书记继续掌舵领航，是我们在百年变局中的最大机遇、最大实力和竞争力，是我们实现第二个百年奋斗目标的最大底气和资本，是党战胜一切艰难险阻、应对一切不确定性的最大确定性、最大政治保证，是党之大幸、国之大幸、军队之大幸、人民之大幸。“两个确立”是党心所向、民心所盼、众望所归。习近平总书记以全票当选中央委员会总书记，充分体现了9600多万名党员对习近平总书记的衷心爱戴，充分反映了亿万人民紧跟伟大复兴领路人开创更加美好未来的坚定信心。“两个确立”作为党的十八大以来党的建设最重大政治成果，已经成为全党全军全国各族人民的高度共识和共同意志，写在了新时代的伟大征程上、写在了全党全军全国各族人民心坎上。全区上下要深刻领悟“两个确立”的决定性意义，增强“四个意识”、坚定“四个自信”、做到“两个维护”，始终忠诚核心、信赖核心、紧跟核心、维护核心，提高政治判断力、政治领悟力、政治执行力，在以习近平同志为核心的党中央周围团结成“一块坚硬的钢铁”，步调一致向前进，不断夺取新胜利。

（二）学习贯彻党的二十大精神，必须坚持不懈用习近平新时代中国特色社会主义思想凝心铸魂，自觉做党的创新理论的坚定信仰者、忠实践行者。党的二十大深刻指出，中国共产党为

什么能，中国特色社会主义为什么好，归根到底是马克思主义行，是中国化时代化的马克思主义行。习近平新时代中国特色社会主义思想是当代中国马克思主义、二十一世纪马克思主义，是中华文化和中国精神的时代精华，实现了马克思主义中国化时代化新的飞跃，是我们不断夺取新时代新征程各项事业伟大胜利的思想灯塔和行动指南。我们要把“两个结合”“六个必须坚持”作为开启习近平新时代中国特色社会主义思想伟力的“金钥匙”，深入领会党的创新理论的道理学理哲理，更好地用以武装头脑、指导实践、推动工作。要原原本本学习。习近平新时代中国特色社会主义思想博大精深，必须在读原著、学原文、悟原理上下一番苦功夫、硬功夫、细功夫。要原原本本、反反复复研读党的二十大报告和党章，一篇一篇、逐字逐句学习习近平总书记重要讲话、重要文章、重要指示，真正做到深学细研、常学常新。要联系实际体悟。党的理论创新和实践创新是十分生动的，我们的学习也应该是生动的，不能仅停留在记住一些概念和提法，必须知其言更知其义、知其然更知其所以然。要紧密联系新时代10年党和国家事业取得的历史性成就、发生的历史性变革，紧密联系我们推动“强富美高”新栖霞建设、统筹发展和安全的具体实践，更加深刻感悟到习近平新时代中国特色社会主义思想的真理力量和实践伟力。要笃定不移信仰。习近平新时代中国特色社会主义思想蕴含着坚定的理想信念、强烈的历史担当、真挚的人民情怀、科学的思想方法。要在笃信笃行中将其内化为自觉、上升为信仰，更好地用以观察时代、把握规律、指导实践，解决好前进道路上新的重大问题。

（三）学习贯彻党的二十大精神，必须学思用贯通、知信行统一，切实把学习成效转化为工作实效。学习越深入、领会越深刻，贯彻落实就越主动、越坚定有力。要把学习贯彻党的二十大精神同深入贯彻习近平总书记对江苏重要指示精神紧密结合起来，同全面落实省第十四次党代会、市第十五次党代会精神紧密结合起来，在把握总目标、总方向、总要求的前提下，细化各项目标任务，扎实推动党的二十大精神在栖霞落地见效。在贯彻落实过程中，必须站稳人民至上这个根本立场，牢固树立正确政绩观，弄明白“实现现代化是为了谁、建设现代化要依靠谁”，自觉从群众利益出发想问题、作决策、办事情，“把屁股端端地坐在老百姓的这一面”，更好地服务群众、凝聚群众、依靠群众，始终同群众想在一起、干在一起，让发展成果更多更公平惠及栖霞人民。必须坚持系统观念这个思想方法，加强前瞻性思考、全局性谋划、整体性推进，把握好全局和局部、当前和长远、主要矛盾和次要矛盾，处理好发展和安全、发展和化债、发展和环保等重大关系，统筹推动拉长板、补短板、固底板，实现发展质量、结构、规模、速度、效益、安全相统一。必须用好斗争精神这个制胜法宝，着力解决实践遇到的新问题、改革发展稳定存在的深层次问题、人民群众急难愁盼问题、党的建设面临的突出问题，做到在困难面前敢闯敢试敢为先，在矛盾面前敢抓敢管敢碰硬，在风险面前敢作敢为敢承担，依靠顽强斗争开创栖霞事业发展新局面。必须扭住狠抓落实这个成事之要，把抓落实作为“生命线”，每名同志都要少谈不行的千般理由，多想能行的万种办法，一锤接着一锤敲、一天接着一天干，持续“跟上、盯住、办好”，做到决策定一条是一条，条条算数；承诺说一个做一个，个个兑现；工作干一件成一件，件件落实，以抓铁有痕的劲头创造出经得起实践、人民、历史检验的实绩。

二、紧扣党的中心任务和二十大作出的战略部署，在新征程上全面推进中国式现代化栖霞新实践

党的二十大对全面建成社会主义现代化强国“两步走”战略安排进行了宏观展望，重点部署未来五年的战略任务和重大举措。去年召开的区第十一次党代会，对未来五年作出了建设“现代化产业强区、国际化创新高地、一体化发展典范、绿色化幸福家园、法治化文明样板”、抓好“八项重点工作”的总体部署。站在新的历史起点上，我们要全

面对标对表党的二十大精神，结合栖霞实际完善工作部署，更好地“扛起新使命、谱写新篇章”，更高水平展示中国式现代化栖霞图景。重点抓好九个方面：

（一）坚定不移抓牢高质量发展首要任务，更大力度构建现代产业体系。实施先进制造业、现代服务业“双轮驱动”，巩固“三业并兴”发展态势，实现产业大区向产业强区的历史转变。做大做强先进制造业。紧扣“制造业高端化、智能化、绿色化发展”，持续优化石化能源等传统产业布局，推动传统产业绿色化发展。促进新型电子信息、智能制造装备、生物医药等主导产业补链强链，建成一批千亿级产业基地，推动制造业规模全市领先。培育壮大人工智能等未来产业，鼓励企业技术创新，提升产业规模和核心竞争力。加快发展现代服务业。推动现代服务业向支撑制造业高质量发展和群众高品质需求“两端攀升”。生产性服务业向专业化和价值链高端延伸，推动现代物流、高端商务、科技与信息服务等与先进制造业深度融合；生活性服务业向高品质和多样化升级，形成布局合理、功能完备、优质高效的产业体系。做特做精都市型农业。充分发挥都市乡村区位优势，促进一二三产融合发展，着眼于特色农业、精品农业，更高标准发展创意休闲、乡村旅游等新业态。持续释放消费潜力。打造多层次、融合化发展的消费载体，提档升级仙林新区、新尧新城、马群TOD商圈，建成迈燕滨江、栖霞山文旅商圈，布局建设国际化商圈、高端化商业中心、特色化商业街区。升级健康养老、家政托幼等服务消费，促进汽车、家电等传统消费，拉动消费规模持续扩大。推动线上线下融合互动，大力发展体验经济、夜间经济等新消费新零售新业态。

（二）坚定不移做强教育科技人才战略支撑，更大力度建设科技创新高地。坚持科技是第一生产力、人才是第一资源、创新是第一动力，以科教创新赋能高质量发展。把教育优先发展坚决落到实处。全面落实“双减”政策，严格规范校外培训机构，着力提高校内教育教学质量。推动基础教育优质均衡发展，大力发展公办幼儿园，深化中小学集团化办学，推动高中教育增量提质，促进优质教育资源布局更加合理、供给更为充分。实施职业教育提质培优计划，实现产教融合发展。支持和规范民办教育发展。把科技自主创新作为主攻方向。积极融入上海—南京—合肥创新发展链，继续深化“三圈融合”，提升区域协同创新水平。加快中国（南京）智谷建设，打造“全省第一、全国前三、全球有影响力”的人工智能产业地标。提升新型研发机构质效，研发、转化、孵化一批主导产业优质项目，推进“创新链”和“产业链”深度融合。发挥企业在科技创新中的主体作用，培育引进一批独角兽、瞪羚企业、高新技术企业和“单项冠军”“专精特新”企业，壮大科技企业规模。把人才强区战略不断引向深入。全面实施各级“人才引进计划”，完善优化国际人才街区功能，引进培育“高精尖缺”战略科技人才和创新团队，打造具有影响力的人才发展高地。健全科技人才评价体系，完善人才柔性引进机制，增强人才吸引力。大力弘扬科学家精神、企业家精神和工匠精神，营造鼓励创新、宽容失败的良好氛围。

（三）坚定不移全面深化改革扩大开放，更大力度激发内生动力活力。拿出敢为人先的闯劲、海纳百川的胸怀，勇立潮头、把握大势，不断塑造现代化建设新动能新优势。坚定践行“两个毫不动摇”。围绕“构建高水平社会主义市场经济体制”这一方向，推进内部资源优化整合、骨干企业强链补链、上市公司提质增量“三大工程”，提升国有资本和企业核心竞争力。毫不动摇鼓励、支持、引导非公有制经济发展，不断优化发展环境，全力支持民营企业聚焦实业、做大做强。持续深化重点领域改革。坚持改革让群众受益，积极推进农村重点领域改革，巩固扩大教育综合改革、医药卫生体制改革成果。深化“放管服”改革，升级“不见面审批（服务）”，做好国家级“全科政务”服务试点，提升“无感审批”“一件事一次办”“互联网+监管”等改革成效，加快构建市场化、法治化、国际化营商环境。不断增创开放发展优势。深化龙潭跨境电商发展综合试验区、八卦洲跨境电商产业园建设，高水平打造中日韩（江苏）产业合作示范园区。以国家物流枢纽建设为引领，提升海港枢纽能级，加强与自贸试验区南京片区联动，建设港产城融合发展示范区。

（四）坚定不移促进共同富裕，更大力度做好民生改善文章。牢固树立以人民为中心的发展思想，尽力而为、量力而行，不断增进民生福祉。促进全民增收。把“就业作为最基本的民生”，持续完善高校毕业生、农民工、退役军人等重点群体就业支持体系，支持和规范发展新就业形态，以高水平产业创造更多高质量岗位，以高标准职业培训锻造高素质就业队伍，实现更加充分的就业。深入实施中等收入群体壮大行动和农民收入倍增计划，推动共同富裕取得实质性进展。推动全民健康。强化区域紧密型医联体和卫生医疗人才队伍建设，建成泰康国际医学中心、市妇幼保健院丁家庄院区等三级医院，加快社区卫生服务中心向社区医院全面升级，促进优质医疗资源向农村和基层延伸。加强疫情防控救治体系和应急能力建设，更好地为群众提供全方位健康服务。完善全民保障。健全覆盖全民、统筹城乡、公平统一、安全规范、可持续的多层次社会保障体系。推动基本养老、医疗、工伤、失业等保险应保尽保，着重抓好困难群体救助政策落实。聚焦“一老一幼”，健全居家社区相协调、医养康养相结合的养老服务以及普惠性婴幼儿公共托育服务体系，减轻生育、养育、教育负担。统筹布局社区公共服务设施、便民商业设施、市政配套设施和公共活动空间，打造15分钟便民生活圈。

（五）坚定不移推动区域协调发展，更大力度打造宜居宜业栖霞。抢抓长三角一体化、宁镇扬一体化等战略机遇，加快推进栖霞板块与主城融合、三区融合、城乡融合发展，形成具有栖霞特色的一体化发展城市形态。构建立体交通体系。服务保障轨道交通、过江通道等重大基础设施建设，加快纵横向路网建设，提高三区板块间快联快通能力。打通区域内“断头路”，整体改善交通出行条件。加强港口集疏运体系建设，建成公铁水多式联运中心。打造精品功能片区。围绕宜居、韧性、智慧城市发展目标，仙林新区要清晰勾勒出国际化的现代城市风貌，燕子矶新城要建成主城北部新中心，栖霞山文旅度假区要打造彰显生态人文底蕴的传世精品，新港片区要成为产城融合的一面旗帜，新尧新城、迈燕新城、马群片区、西岗片区要争当宜居宜业的全新典范，龙潭产业新城要为城市发展蓄势积能，八卦洲片区要打造留得住乡愁的休闲丽岛。提升城市精细化治理水平。持续深化“有温度的城市更新”，统筹采取“留改拆”措施，营造新空间、打造新场景、注入新功能、发展新消费，实现历史文化保护、城市功能提升、居民生活改善的有机统一。用治理数字化牵引治理现代化，加快建立具有栖霞特色的“一网统管”体系。全面推进乡村振兴。更高标准建设田园综合体、特色田园乡村、美丽宜居乡村，培育新型职业农民，巩固拓展脱贫攻坚成果同乡村振兴有效衔接。推进城乡产业空间、基础设施、生态环境全面融合，持续改善农村人居环境，推动公共服务、社会事业向农村延伸覆盖。

（六）坚定不移推进文化自信自强，更大力度提高社会文明程度。紧紧围绕举旗帜、聚民心、育新人、兴文化、展形象，坚定文化自信、弘扬城市品格，促进物质文明与精神文明相互激荡、相得益彰。更好发挥思想文化引领功能。推动习近平新时代中国特色社会主义思想入脑入心、铸魂育人，深化拓展新时代文明实践中心建设，巩固马克思主义在意识形态领域的指导地位。以文明典范城市创建为抓手，提升全域常态创建质量，促进居民素质素养全面进步。选树各领域先进典型，讲好栖霞故事、传播栖霞声音，提升地区影响力和美誉度。积极推进文化事业发展。深入挖掘历史文脉，高品质建设南朝石刻遗址、栖霞山（寺）等主题公园、博物馆，统筹推动各类非物质文化遗产保护传承利用。抓好公共文化设施、小剧场群等建设，打造具有城市特质、人文品质的新型公共文化空间。实施文艺产品质量提升工程，策划一批文化活动，打造一批文艺精品，培养一批名家名人。不断提高文化产业发展质效。实施文化数字化战略，加快发展新型文化企业、文化业态、文化消费模式，培育文化龙头企业。升级重点景区、完善周边配套，做精乡村旅游品牌，建成全域旅游示范区。推动文化产业与科技、体育、农业、旅游、康养等产业融合发展，提升文化产业核心竞争力。

（七）坚定不移践行绿水青山就是金山银山理念，更大力度厚植绿色发展优势。深入贯彻习近平生态文明思想，从中央生态环保督察中深刻汲取教训，抓好“生态要提升”的紧迫任务，推动美丽栖霞、绿色栖霞、低碳栖霞建设。全面落实长江大保护要求。把修复长江生态环境摆在压倒性位置，严格执行《长江保护法》，严格落实“十年禁渔”，抓好湿地、长江水源地等重点生态区域保护。落实“三线一单”管控，构建“六廊两带多点”生态系统，合理布局沿江生产、生活、生态空间，不断提升长江栖霞段生态系统质量和稳定性。深入推进环境污染防治。坚持科学、依法、精准治污，持续打好蓝天、碧水、净土保卫战。加强污染物协同控制和区域协同防治，集中攻坚重污染天气、噪音扰民、餐饮油烟等突出问题，统筹水资源、水环境、水生态治理，守牢生态环境质量“只能更好、不能变坏”的底线。加快发展方式绿色转型。调整优化产业结构、能源结构、交通运输结构，完善能源消耗总量和强度调控，坚决遏制“两高一低”项目盲目发展，着力构建绿色低碳循环发展格局。提升全社会低碳意识，普及低碳生活，推动人人成为绿色低碳发展的参与者、推动者、受益者。

（八）坚定不移走中国特色政治发展道路，更大力度提升民主法治建设水平。坚持党的领导、人民当家作主、依法治国有机统一，巩固和发展生动活泼、安定团结的政治局面。加强人民当家作主制度保障。扩大人民有序政治参与，加强和改进新时代人大工作，支持和保证区人大及其常委会依法行使职权，强化人大代表工作能力建设，持续深化“双联”工作，确保党委政府在决策、执行、监督落实各个环节都能听到来自人民的声音。大力支持工会、共青团、妇联等群团组织改革和建设，把各自所联系的群众紧密地团结凝聚在党的周围。全面发展协商民主和基层民主。发挥好人民政协专门协商机构作用，健全各种制度化协商平台，不断提高深度协商互动、意见充分表达、广泛凝聚共识水平。用好“有事好商量”协商议事室，推进政协协商与基层协商有效衔接。积极发展基层民主，推进基层直接民主制度体系和工作体系建设，拓宽人民群众反映意见和建议的渠道。完善大统战工作格局，进一步促进政党关系、民族关系、宗教关系、阶层关系、海内外同胞关系和谐，巩固和发展最广泛的爱国统一战线。深入推进全面依法治区。更好发挥法治固根本、稳预期、利长远的保障作用，坚持法治栖霞、法治政府、法治社会一体建设，严格执法、公正司法、全民守法共同发力。扎实推进依法行政，确保政府和市场各归其位、各展其长。深入实施“八五”普法规划，推动习近平法治思想深入人心，让尊法学法守法用法蔚然成风。

（九）坚定不移统筹发展和安全，更大力度守牢安全稳定底线。践行总体国家安全观，强化底线思维和风险意识，加快构建新安全格局，全力守护政治安全、社会安定、人民安宁。筑牢国家安全屏障。坚定维护国家政权安全、制度安全和意识形态安全，全面加强国家安全教育，提高各级领导干部统筹发展和安全能力，增强全民国家安全意识和素养，筑牢国家安全人民防线。深化国防动员体制改革，做好双拥共建，巩固发展军政军民团结。坚守安全发展底线。推进重点行业领域安全生产排查整治“治本攻坚”，坚决遏制重特大事故发生。持续抓好政府性债务化解，坚决守住流动性安全，不新增隐性债务。全力维护产业链供应链安全，统筹做好房地产市场、法人金融机构等风险化解。从严抓好食品药品监管，筑牢保障人民生命健康的坚固防线。构建全域善治格局。坚持和发展新时代“枫桥经验”城市版，加强和改进人民信访工作，常态化开展扫黑除恶斗争，打造人人有责、人人尽责、人人享有的社会治理共同体。发挥群团组织和社会组织在社会治理中的作用，完善群众参与的制度机制，推动社会治理重心下移、力量下沉，建成国家智能社会治理特色实验基地。

三、深入推进新时代党的建设新的伟大工程，更好引领保障现代化建设

党的二十大报告要求全党必须牢记，全面从严治党永远在路上，党的自我革命永远在路上，充分彰显了我们党时刻保持解决大党独有难题的清醒和坚定。要深入贯彻落实新时代党的建设总要求和新时代党的组织路线，大力弘扬伟大建党精神，持之以恒推动全面从严治党向纵深发展，把各级党组织建设得更加坚强有力，为“扛起新使命、谱写新篇章”提供坚强保证。

一要加强政治建设。把坚定拥护“两个确立”、坚决做到“两个维护”作为最坚定的政治立场、最鲜明的政治方向、最牢固的政治信念，把提高政治判断力、政治领悟力、政治执行力内化于心、外化于行。严明政治纪律和政治规矩，落实全面从严治党党委主体责任、纪委监督责任，坚决维护党中央权威和集中统一领导，切实做到党中央提倡的坚决响应、党中央决定的坚决照办、党中央禁止的坚决杜绝。完善区委议事协调机构，加强党对重大工作的集中统一领导。始终牢记“国之大者”，站在全局和战略高度想问题、办事情，提高把方向、谋大局、定政策、促改革的能力。

二要强化理论武装。扎实开展党的创新理论学习教育计划，深入实施习近平新时代中国特色社会主义思想凝心铸魂工程，教育引导广大党员干部真学真懂真信真用，自觉改造主观世界。深化理想信念宗旨教育工程，用好党性教育、政德教育资源，引导广大党员干部牢记党的宗旨，自觉做共产主义远大理想和中国特色社会主义共同理想的坚定信仰者和忠实实践者。推动理论武装同常态化长效化开展党史学习教育相结合，根据中央部署深入开展主题教育，传承红色基因，赓续红色血脉，引导广大党员干部不断学史明理、学史增信、学史崇德、学史力行。

三要锻造过硬队伍。坚持选人用人正确导向，严格落实新时代好干部标准，把好政治关、廉洁关，经常性开展政治体检，选拔忠诚干净担当的高素质专业化干部。不断提升“八种本领”“七种能力”，重点锤炼应对复杂局面、推动高质量发展、服务群众、防范化解风险的能力，着力打造一支堪当栖霞现代化建设重任的高素质干部队伍。加强干部斗争精神和斗争本领养成，推动广大干部在火热实践中锤炼硬脊梁、铁肩膀、真本事。选优配强各级领导班子，加强优秀年轻干部培养选拔，精准科学用好各年龄段干部，做到人与岗相适、事与人相促。坚持严管和厚爱相结合，加强干部全方位管理和经常性监督，认真落实“三个区分开来”，为勇于负责的干部负责、为勇于担当的干部担当、为敢抓敢管的干部撑腰，让优秀者优先、有为者有位。

四要夯实基层基础。深入实施“五聚焦五落实”深化提升行动，统筹推进农村、城市、机关、国企、非公等各领域党建工作，建立健全基层党建“一突出四联动”机制，真正把基层党组织建成有效实现党的领导的坚强战斗堡垒。要建强基层党组织骨干队伍，实施头雁集群“培优升级”行动，推动村书记专职化、社区书记职业化、“两新”组织党务工作者专业化。注重从青年和产业工人、农民、知识分子中发展党员，加强新经济组织、新社会组织、新就业群体党的建设，做好离退休干部党建工作。深化“三个一线”行动，激励广大党员发挥先锋模范作用，让党的旗帜在现代化建设各个阵地高高飘扬。扎实推进抓党建促乡村振兴，不断健全党组织领导的乡村治理体系。

五要强化正风肃纪。锲而不舍落实中央八项规定精神，持续深化纠治“四风”，坚决破除特权思想和特权行为。严格遵守党章党规党纪，经常性开展纪律教育特别是警示教育，以案明纪、警钟长鸣，推动运用“四种形态”具体化、规范化、实效化。始终以零容忍态度反腐惩恶，深化整治权力集中、资金密集等领域的腐败，坚决惩治群众身边的不正之风和腐败问题，更加有力遏制增量、有效清除存量。充分发挥巡视巡察综合监督作用，增强对“一把手”和领导班子的监督实效，强化干部“八小时之外”教育管理监督，从体制机制上铲除腐败滋生的土壤。

栖霞区人民政府工作报告

区长 王 生

（2023年1月2日）

一、2022年工作回顾

2022年是本届政府全面履职的第一年，也是极不平凡、极不容易的一年。面对复杂严峻的外部环境、多重超预期的困难挑战，我们坚持以习近平新时代中国特色社会主义思想为指导，以迎接党的二十大、学习宣传贯彻党的二十大精神为主线，在市委、市政府和区委的正确领导下，落实"疫情要防住、经济要稳住、发展要安全"的重大要求，统筹疫情防控和经济社会发展，统筹发展和安全，克服疫情影响，对冲下行压力，稳住经济大盘，持续改善民生，保持社会大局稳定，较好完成十九届人大一次会议确定的主要任务。预计全年实现地区生产总值1800亿元，同比增长2%；全社会固定资产投资638亿元，同比增长5.2%；城镇居民人均可支配收入7.51万元，同比增长4.2%；一般公共预算收入140.79亿元；社会消费品零售总额513.04亿元。

过去的一年，我们毫不动摇落实"三个坚定不移"，因时因势优化防控措施，成功应对处置"3·10""9·8""10·25"等多起突发输入性疫情，全力守护百万人民群众的生命健康。我们牢牢守住南京"东大门"，查验车辆485万辆次、国际航行船舶1010艘次，境外输入病例"零传播"，高速公路、国省干道、占全市半数以上的涉外港口口岸安全畅通。我们全力保障产业链供应链稳定，实施企业"白名单"制度，引导货车闭环运行2.45万辆次，重点企业不停产、重大项目不停工。我们坚持人民至上，完成新冠病毒疫苗接种231万剂次，开展规模性核酸检测93轮，累计检测9400万人次，妥善组织应急状态下考生参考、群众就医、生活物资供应等服务保障，组建11个卫生学团队指导复产复学，着力打造"有温度的城市"。在此，向在疫情防控中辛勤付出、无私奉献的广大市民朋友、全体抗疫工作者，表示崇高敬意和衷心感谢！

过去的一年，在深受疫情影响的情况下，我区经济社会仍然取得较好发展，各项工作保持基础稳固、效益提高、后劲增强的良好态势，"最强增长极，最美新栖霞"建设迈出坚实步伐。

经济发展稳中有进。始终把稳增长放在突出位置，积极应对"三重压力"，平复了疫情等外部因素造成的经济波动，稳住了经济发展"基本盘"，呈现出承压韧性和企稳回升。产业质效稳步提升。坚持先进制造业与现代服务业"双轮驱动"，光电显示、智能制造、生物医药等产业加速壮大，新增"四上企业"201家，预计完成规上工业总产值3700亿元，同比增长10.28%；建筑业总产值179.28亿元，同比增长4.4%；文化产业营业收入542亿元，产业增加值占GDP比重超6%。加快产业数字化转型，实施"智改数转"项目109个，人工智能产业核心收入近80亿元，同比增长约30%，入选全国工业互联网推动数字化创新领先区，获评江苏省"互联网+制造业"特色产业基地。重大项目加快推进。实施123个省市区重大项目，预计完成投资320.9亿元，天加空气洁净设备等59个新项目全面开工，紫金城市广场、LG新能源电池八工厂等38个项目竣工投产。办好央企"云签约"、金洽会等系列招商活动，签约亿元以上项目110个，签约项目投资总额1500.6亿元。诺唯赞生产基地、首投海外人工智能产业园等29个工业项目拿地落户，实际利用内资270.1亿元。消费外贸持续回暖。扩内需促消费亮点纷呈，打造欢乐谷鲸灵潮玩节、五马渡后备厢文化市集等新消费场景107处，引进品牌首店55家，预计实现限上贸易额1100亿元。对外开放稳量提质，获批全市首份RCEP协定原产地证书，中欧班列与荷兰实现双向对开，龙潭港至越南外贸航线正式开通，进博会签约额超1.5亿美元、增长34%，实际使用外资7亿美元，外贸进出口保持千亿以上规模。营商环境不断优化。深化商事登记便利化改革，推行“精准代办”和全生命周期服务，新登记法人企业1.06万家、市场主体2.53万户。全面落实稳经济一揽子政策，开展“百企走访服务”等系列活动，累计提供助企纾困资金3.36亿元，减税降费及退税缓税29.51亿元，减免房屋租金2.09亿元，惠及市场主体11.45万户次。支持企业对接资本市场，获得省金服平台授信36.6亿元，奥斯汀光电、通行宝成功上市。

创新动能加速释放。深入实施创新驱动发展战略，加快推进创新链产业链“双链”融合，全面融入引领性国家创新型城市建设。创新集群发展壮大。科技型企业梯度培育成效明显，入库科技型中小企业2034家，新认定独角兽、培育独角兽、瞪羚企业50家，集聚高新技术企业921家，稳居苏南26郊（区）县十强。引导企业走“专精特新”发展道路，入选国家级制造业单项冠军企业1家，培育国家级专精特新“小巨人”企业9家、省级30家。57家新型研发机构及孵化引进企业当年营业收入超70亿元。创新能力显著增强。深化创新圈、孵化圈、产业圈“三圈融合”，技术创新与成果转化更加活跃，驻区高校院所、企业获江苏省科学技术奖33项，达成产学研合作项目150项，技术合同成交额超60亿元。新认定省级工程技术研究中心13家，创历史新高。有效发明专利拥有量突破1.2万件，获中国专利优秀奖4项，入选国家知识产权强县建设示范县。创新生态日益完善。出台新“科创22条”，兑现政策资金约1.78亿元，为451家企业争取科技贷款32.92亿元。新增省级以上孵化器3家、省级以上众创空间6家，“孵化器孵育”获江苏省督查激励表彰，中国（南京）智谷入选省级“5G+工业互联网”融合应用先导区培育对象。实施紫金山英才计划，精心打造海智基地，集聚海外留学人才973人，新入选国家级人才计划4人、省“双创博士”20人，形成“引留用育”智慧人才生态圈，获评全市唯一的“科创江苏”试点区。

城乡建设统筹推进。坚持规划引领、交通带动、均衡发展，5大类180个城建计划项目顺利实施，城乡品质、“颜值”持续提升。片区开发全面提速。有序推进国土空间总体规划编制工作，完成“三区三线”划定，开展新尧新城、栖霞古镇等20个片区控规调整。青龙新片区路网、水系、配套等框架全面拉开，燕子矶新城万象天地、体育公园等地标项目加速建设，栖霞山旅游度假区创成省级旅游度假区。全年使用新增建设用地86公顷，实施低效用地再开发项目41宗，盘活存量土地135公顷。基础设施更趋完善。地铁1号线北延、地铁7号线北段建成运营，轨道交通里程大幅提升。燕子矶长江隧道、红山路—和燕路快速化改造项目建成通车，312国道（七乡河至宁镇界段）快速化改造、宁扬城际铁路等项目启动建设，“一横六纵”过江通道体系和“四横三纵”快速路骨架加快成型。天佑路下穿京沪铁路工程实现贯通，城市“微循环”进一步畅通。完成23个片区雨污管网清疏修缮，建成姚坊门人防工程，衡阳净水站正式通水，区级餐厨垃圾处理厂投入运营，新建5G基站1259个。城市环境更加宜居。完成44个精细化建管项目，有序实施智谷大道、栖霞大道综合环境整治，完成尧和西路等15条背街小巷治理，打造栖霞老街等2条精品街巷，新增社区公园、游园、“梧桐语”小型城市客厅6处。完成翠林山庄等3个老旧小区改造，实施南水社区城中村等2个棚户区改造项目，为既有住宅加装电梯12部。优化新增公交线路9条，打造“P+R”地铁换乘停车场4座，累计开放共享车位1.15万个。乡村振兴深入实施。开展11个行政村村庄规划编制，完成15个9.5公顷三产融合用地项目入库，新建农路21条，布局农村物流末端节点21个，新增美丽宜居乡村23个。大力推进农业稳产增效，优良食味水稻覆盖率达95%以上，粮食种植面积和总产量增长5.5%和3%；打造百合、菊花、芦蒿、多肉植物等特色基地200公顷，周冲水库创成省级水利风景区，休闲农业综合收入预计超3.3亿元。

生态环境提质增优。全面加强生态文明建设，抓实长江大保护，环境质量不断改善，生态红利持续释放。问题整治坚决有力。顺利完成中央环保督察迎检工作，62件信访件和2个具体事项有序整改落实，灵山北路噪声处置、长航公安趸船、华能电厂温排口迁移等一批重难点问题有效解决，燕子矶片区滨江风光带入选"中央环保督察整改看成效"正面典型案例。开展长江经济带生态环境警示片披露问题举一反三排查整治专项行动，完成2018年以来45个岸线整治问题"回头看"。污染防治成效明显。实施大气"首季争优"、臭氧帮扶集中攻坚等专项行动，推进93个VOCs治理项目，PM2.5年均浓度下降4%，空气优良率保持稳定。实施北十里长沟东支下段等2个生态清淤项目，完成27个污水提质增效达标区建设，水环境从巩固消劣向全面提质转变。推进铁合金货场等5个项目土壤治理修复，《燕子矶新城土壤修复和风险管控计价指导规范》获国家版权登记证书。幸福河湖逐步呈现。完成419个长江入河排口整治，建立环八卦洲长江禁渔智慧岸线，在全市率先启动公益护渔岗。建成13条幸福河湖，7个国省考断面、4个饮用水水源地水质100%达标，九乡河河口闸站工程被全市唯一推荐参评中国水利工程优质（大禹）奖。绿色转型步伐加快。率先推动能耗预算管理，实施华能燃机、联安石化等工业企业排放改造，预计规上工业增加值能耗降幅达4.5%。扩大清洁能源应用范围，开展公共机构光伏应用试点，新建新能源充电桩项目23个。完成湿地修复、绿化造林等170公顷，新增造林面积全市第一。南京主城区首家通过国家级县域节水型社会达标验收。

民生福祉持续增进。如期完成十九届人大一次会议确定的29项民生实事，推动省委巡视关注的142项民生领域群众急难愁盼问题立行立改，努力让群众享有更加殷实、更高品质的生活。稳岗就业总体平稳。全面落实就业优先政策，聚焦高校毕业生、就业困难人员等重点群体，多措并举稳就业、促创业、防失业。累计筹集就业岗位2.8万个，"降、缓、补"政策惠及企业2.3万家。举办培训会、招聘会120余场，发放各类就业创业补贴1.01亿元，新增城镇就业2.2万人、自主创业9850人。兜底保障全面加强。及时足额向困难群众发放救助资金超6000万元，为1602名困难人员代缴养老保险费，退捕渔民、被征地人员应保尽保，实现"15分钟医保服务圈"全覆盖。失能人员照护保险惠及3164人，为6116名残疾人提供免费体检和个性化康复服务，获全国社会救助工作先进单位。新开工保障房20万平方米，竣工126万平方米，筹集保障性租赁住房6939套。公共服务优化升级。加快教育医疗事业优质均衡发展，新开工中小学、幼儿园8所，建成及投入使用9所，与南师大共建"国家级基础教育高品质发展示范区"；南医大二附院迈皋桥院区投入使用，龙潭社区卫生服务中心创成省级社区医院，综合医改成效获国家卫健委高度肯定。统筹解决"一老一幼"问题，为11.3万名老年人提供分层分类服务，尧林仙居社区创成国家示范性老年友好型社区，我区入选全省示范性居家社区养老服务网络建设基地；新增托育托位264个，婴幼儿照护服务水平显著提升。人文内涵更加彰显。实施文明实践"双十"工程，开展7000余场文明实践活动，27人（户）入选"江苏好人""南京好人"等先进典型。文体事业繁荣发展，举办公共文化、体育服务活动1300余场，马群"吾在书屋"、西岗"桦墅学堂"入选"江苏省最美公共文化空间"，区主创的2项文艺作品获江苏省五星工程奖，区档案馆入选江苏省"示范档案馆"。与仪征市、句容市签署《宁镇扬核心区长江文化保护与传承战略合作协议》，发布全省首部重点史志作品资助项目《师之魂—陶行知在栖霞》。

社会大局安定和谐。始终坚持统筹发展和安全，深入开展"大走访、大排查、大攻坚"行动，社会治理体系不断完善，社会环境保持安全稳定。平安栖霞可观可感。开展深化提升安全生产专项整治三年行动，扎实推进危化品、燃气、自建房等重点行业领域百日攻坚和安全生产大检查，生产安全事故起数、死亡人数"双下降"。深化现代警务改革，织密"盲区补防、街面巡防、小区智防"三张网，常态开展"扫黑除恶""全民反诈"行动，建设"平安守望点"259个，刑事案件同比下降4%，公共安全感达99.23%。风险化解稳妥有序。扎实推进重点金融风险化解，涉众型投资风险持续压降，金融生态不断优化。全力稳地价、稳房价、稳预期，落实"保交楼"任务，房地产市场平稳健康发展。加强食品药品全链条监管，守护"舌尖上的安全"。妥善应对连续高温干旱天气，推进联珠村等地质灾害消险工程，完成2处积淹水点治理，启动112户危房治理异地安置，保障群众生产生活不受影响。社会治理创新发展。持续打造"一社一品"基层治理品牌，实现"红色物业"全覆盖，"掌上云社区"数字赋能基层社区"智治"新模式入围全国数字政府建设优秀案例，仙林街道党建引领基层治理工作被中组部、中央电视台《榜样的力量》报道。发挥"栖事宁人"人民调解、"四色预警"家事关护体系作用，化解矛盾纠纷6349件。建立初信初访"三见面"沟通机制，妥善解决一批信访积案和历史遗留问题，信访总量下降10%。省社科院首家地方研究基地落户栖霞。成功创建省级双拥模范区"十连冠"，拥军工作走在全省前列。

政府建设全面加强。始终把人民放在心中最高位置，加快转变政府职能，推进法治、廉洁、服务型政府建设，治理效能明显提升。政治引领贯穿始终。全面学习宣传贯彻党的二十大精神，纵深推进全面从严治党，把党的全面领导贯穿政府工作各方面全过程。坚持正确的政绩观，坚持实干为民，扎实做好国务院"互联网+督查"、国家统计督察、省委巡视、省安全生产巡查等问题整改"后半篇文章"。法治政府走深走实。严格执行重大行政决策程序，加强行政权力事项清单管理，推进政府各领域信息公开，规范公正文明执法。自觉接受人大法律监督、政协民主监督，办理各级人大代表建议、政协委员提案575件，办结率、满意率保持100%。发布法治为民10件实事，实施八五普法，省级法治示范村（社区）达60个，法治观念深入民心。行政效能明显提升。持续深化"放管服"改革，实现区、街两级"一业一证"综窗办理全覆盖，办理各类许可和公共服务事项61.5万件，综合满意率99.5%以上。推进"一网统管"建设，实现城市管理、行政审批等6个平台数据共享。建成"苏服办"App栖霞旗舰店，发布115个电子证照、163个"苏服码"免证办应用场景，实现办税业务90%网上可办，"一站式""一指式"服务更加便捷。作风建设常抓不懈。深入推进政府系统党风廉政建设，更严更细落实中央八项规定及其实施细则精神，坚持"三不腐"一体推进，围绕政府投资项目、民生政策落实等重点领域强化审计监督，坚决整治不正之风。带头过紧日子，压减一般性支出，"三公"经费压减20%。同时，大力支持工会、共青团、妇联、慈善总会、红十字会、科协等群团组织工作；国防动员、民族宗教、质量强区、外事、台侨等工作取得新进步。

这一年我们遇到的挑战超出预期，收获的成果弥足珍贵。我们深切体会到，这些成绩的取得，根本在于有习近平总书记作为党中央的核心、全党的核心掌舵领航，在于习近平新时代中国特色社会主义思想的科学指引，在于市委市政府和区委的正确领导、科学决策，在于全区人民团结一心、攻坚克难、砥砺奋进。在此，我代表区政府，向奋战在各个岗位上的全区人民，向给予政府工作大力支持的人大代表、政协委员、各民主党派、各人民团体和各界人士，向驻区人民解放军指战员、公安干警、医护人员、消防救援人员、社区工作者，向所有关心、支持和参与栖霞发展的驻区单位、海内外朋友，表示衷心的感谢和崇高的敬意！

思危所以求安，虑退所以能进。我们也清醒地认识到，工作中还存在不少困难和问题。主要是：经济运行的内外环境更为严峻复杂，稳增长压力依然较大，中小微企业发展面临困难；高质量发展任重道远，龙头企业、链主企业依旧较少，新旧动能转换需要加快；城乡发展与人民期盼还有差距，教育、卫生、养老、托幼等领域优质资源布局不够均衡；财政收支仍处于"紧平衡"状态，金融、房地产、安全生产、生态环境等领域存在隐匿风险；基层社会治理能力亟须提高，在工作作风、行政效能等方面还需要持续加强。在以后的工作中，我们一定正视问题，全力以赴改进工作、干好工作，决不辜负人民期待！

二、2023年的主要目标和任务

2023年是全面贯彻落实党的二十大精神的开局之年，也是实施"十四五"规划承上启下的关键一年。展望新的一年，国际环境中不稳定不确定因素仍然较多，世界经济面临多年罕见的多重严峻挑战。国内疫情防控进入新阶段，面临新形势、新任务；经济恢复的基础尚不牢固，三重压力仍然较大。江浙皖主要城市之间的竞争日益激烈，我市兄弟区正千方百计加快发展，稍一松懈就会被标兵甩开、被追兵赶超。但同时，我们也要看到，全国经济增速有望持续回升，稳中向好、长期向好的基本面没有改变；国家、省、市一系列重大战略部署在栖霞交汇叠加，稳经济一揽子政策落地见效、接续政策接连推出，一大批打基础、强功能、利长远的重大设施、重大项目陆续建成，为栖霞持续发展、加速发展、领先发展提供了难得机遇、创造了有利条件。我们坚信，栖霞有基础、有能力，在新征程上更好扛起新使命谱写新篇章。党的二十大为我们指明了前进方向、提供了根本遵循，省委十四届三次全会、市委十五届五次全会和区委十一届七次全会为我们描绘了发展蓝图、明确了奋斗目标。我们要将思想和行动统一到中央、省市和区委的决策部署上来，高举旗帜，团结奋斗，奋力在现代化建设新征程上开好局、起好步。

2023年政府工作的总体要求是：以习近平新时代中国特色社会主义思想为指导，全面贯彻党的二十大精神，立足新发展阶段，完整、准确、全面贯彻新发展理念，积极服务构建新发展格局，坚持以人民为中心的发展思想，坚持稳中求进工作总基调，着力推动高质量发展，更好统筹疫情防控和经济社会发展，更好统筹发展和安全，持续推进产业现代化，打造创新高地，深化改革开放，促进区域协调，增进民生福祉，建设美丽栖霞，在新征程上全面推进中国式现代化栖霞新实践。

2023年全区经济社会发展主要预期目标是：地区生产总值增长5.5%；一般公共预算收入增长6%；全社会固定资产投资实现正增长；社会消费品零售总额增长2%；全体居民人均可支配收入增速高于地区生产总值增速。

为确保今年各项目标任务的实现，我们将认真做好以下八个方面工作：

（一）坚持稳进提质，全力推动经济平稳健康发展

立足扩大内需战略基点，促进投资消费良性互动，进一步畅通内外循环，推动经济实现质的有效提升和量的合理增长。

大力拓展有效投资。充分发挥重大项目"压舱石"作用，加强用地、用能等要素保障，推进55个省市重大项目、43个重点城建项目开工建设，形成更多投资量实物量。支持制造业技术改造、扩大生产，力争实现工业投资130亿元以上。用足用好政策性开发性金融工具、专项债券等政策机遇，加大交通、水利、环保、民生等重点领域投资力度，补齐基础设施短板。持续强化招商引资，激发民间投资活力，落地亿元以上项目45个。

全面释放消费潜力。把恢复和扩大消费摆在优先位置，加快推动德基文化艺术中心、万象天地等项目开业运营，积极发展夜间经济、共享经济等新消费业态，着力打造休闲乡村、健康养生等特色消费目的地，全面提升区域消费承载力。促进"五大商

圈”提质升级，引进更多商业品牌首店，开展形式多样的促销费活动，发挥住房改善、新能源汽车、家电等消费带动作用，扩大中高端消费供给，提振消费市场活力。

深度融入经济循环。依托综保区、中欧班列、龙潭港等有利资源，不断提高“公铁水多式联运”效率，提升国家级物流枢纽能级，促进要素跨境流通，更好融入国内国际两个市场。支持外贸企业拓市场、增订单、拉项目，开展经贸交流合作，加快跨境电商、海外仓发展，打造跨境产品进出口集散中心、贸易展示交易中心，推进“网购保税进口+实体新零售”试点，实现外贸进出口总额900亿元以上，实际利用外资7.5亿美元。

持续优化市场环境。支持民营经济和民营企业发展壮大，落实各项惠企政策，帮助中小微企业渡过难关、恢复发展。加大商事登记“确认制”“无感审批”等改革力度，简化行政审批流程。落实公平竞争审查制度，推进社会信用体系建设，加强知识产权保护和激励，保障各类市场主体合法权益，提高外商投资便利化水平，着力营造市场化、法治化、国际化一流营商环境。

（二）坚持产业强区，立稳立牢高质量发展根基

以发展实体经济为着力点，做强做优主导优势产业，推进数字产业化和产业数字化，加快构建现代化产业体系。

推动先进制造业做大做强。持续优化石化、能源等传统产业布局，围绕智能制造装备、新型电子信息、新能源汽车等优势产业，培养一批具有产业竞争力、生态主导力的“链主”企业，打造千亿级产业基地，推动制造业规模全市领先。支持行业龙头企业、中小型制造企业“智改数转”，培育一批工业互联网标杆企业、智能制造示范工厂，建设智能制造先行区。

推动现代服务业提质增效。推进生产性服务业高质量发展，聚焦产品研发、生产设计、现代物流等重点领域，集聚一批行业领军企业、“两业融合”试点企业，力争规上服务业营业收入增长6%。推动旅游业加快恢复，建成运营栖霞古镇等一批旅游项目，构建全域旅游新格局。加快仙林国际医学中心、养老社区等项目建设，推进“医教研康养”一体发展。争创省级现代服务业高质量发展集聚示范区。

推动新兴产业加速崛起。把握数字经济、生命健康等新产业发展机遇，抢占新赛道、培育新动能。深化中国（南京）智谷建设，丰富“AI+”智慧智能技术应用场景，培育壮大人工智能等未来产业，核心产业收入达86亿元，产业竞争力跻身全国第一方阵。推动生物医药产业强链补链，加快医疗器械产业园建设，形成千家生物医药企业集群。

（三）坚持创新驱动，不断塑造发展新动能新优势

聚焦科技自立自强，有力统筹教育、科技、人才工作，推进科技创新“关键变量”转化为高质量发展“最大增量”。

加快创新资源融合。发挥驻区高校集聚优势、孵化载体成熟优势、现代产业基础优势，促进创新链、产业链精准对接。依托高校双创基地、大学科技园等各类载体，鼓励高校院所、科研机构与科技企业组建创新联合体、联合实验室，开展“卡脖子”领域技术攻关，形成大学城活跃创新带。高效运营“霞科行”技术转移市场，持续推动高新区、南邮等知识产权运营中心建设，促进成果转化供需两侧双向发力，实现产学研合作160项以上，技术合同成交额超60亿元。

激发企业创新活力。突出企业科技创新主体地位，支持科技企业“小升高”“高升规”“规育小”，培育一批制造业单项冠军、独角兽、瞪羚企业，新增省级“专精特新”企业7家、高新技术企业60家，科技型中小企业超2000家。支持企业承担国家、省、市级重大科技项目，研发、转化、孵化一批主导产业创新成果，新增市级以上企业科研平台15个，有效发明专利拥有量超1.3万件。引导金融资本精准扶持科技创新，推动“科技—产业—金融”形成良性循环，力争再培育3家上市企业。

广聚创新创业人才。聚焦主导产业需求，坚持“高精尖缺”导向，统筹实施各级各类人才计划，依托紫东国际人才街区开展海智对接交流，引进培育高层次人才100名。深化“科创江苏”试点区建设，打造有温度的“科技工作者之家”。健全引才用才激励机制，为人才企业成长、人才生活安居提供全程服务，吸引更多人才项目，形成具有影响力的科技人才高地。

（四）坚持建管并举，全面提升城乡宜居品质

深入贯彻“人民城市人民建，人民城市为人民”理念，坚持统筹规划和系统布局，强基础、补短板，打造宜居宜业的城市典范。

一体化推进城乡融合。深化国土空间规划编制和实施管理，推进历史文化保护规划、主导产业发展规划、实用性村庄规划等专项规划编制。加强城市特色塑造，提升迈皋桥、马群等老城片区品质，增强仙林新市区、新尧新城等片区功能，加快燕子矶新城、栖霞山旅游度假区、青龙片区、龙潭产业新城等片区建设，打造八卦洲休闲丽岛。科学谋划土地要素供给，鼓励产业用地复合利用，推进低效用地再开发，实施一批一二三产融合项目。

高品质完善基础配套。全力保障312国道（七乡河至宁镇界段）快速化改造、新生圩长江大桥、龙潭长江大桥、地铁6号线、宁扬城际等省市重大项目顺利实施，加快五一河路、麟岗大道、神农路—恒竞路、庐山路下穿尧兴支线铁路等工程建设，持续改善区域交通条件。坚持“留改拆”并举、形象品质并重，推进13.5万平方米棚户区改造，实施迈皋桥华电三宿舍等城市更新项目。启动新一轮“美好家园”三年行动，打造一批宜居示范住区、智能化示范精品小区，让城市生活更有品质、更有温度。

精细化做好城乡管理。稳步推进城市体检，深入开展背街小巷、空中缆线、渣土运输、交通治堵等专项整治，严厉惩治违搭违建、违章违停行为。做好厕所革命长效管护，新建公共厕所4座。提升垃圾分类质效，加快区垃圾分类贮存分拣中心建设，实现餐厨垃圾全量处置。完善幕燕滨江风光带、栖霞山等景区功能环境，新建小型城市客厅2处。推动农村人居环境长治久净，建设美丽宜居乡村14个，塑造现代乡村新形象。

（五）坚持生态优先，深入推进美丽栖霞建设

牢牢守住生态环境质量“只能更好、不能变坏”底线，深入打好污染防治攻坚战，建设美丽栖霞、绿色栖霞、低碳栖霞。

巩固污染防治成效。坚持铁规治污、重典治乱，狠抓中央环保督察整改验收销号。持续打好蓝天、碧水、净土保卫战，强化工业源、移动源、面源等大气源头治理，实现PM2.5年均浓度降幅、优良天数比率“双达标”；加快市政雨水管网清疏等工程建设，确保国省考断面稳定达到或好于Ⅲ类水质；完善污染地块名录及开发利用负面清单，有序推进“无废城市”建设。集中攻坚噪音扰民、扬尘污染、餐饮油烟等突出问题，提高人民群众的生态环境获得感。

抓好生态系统保护。严格执行《长江保护法》，全面落实“十年禁渔”，加强水源地保护、入江支流整治，合理布局生产、生活、生态岸线，打造岸线生态修复示范样板，守护长江安澜。完成国土空间生态保护和修复规划编制，落实“三线一单”管控，坚决制止耕地“非农化”、防止“非粮化”。构建“六廊两带多点”生态系统，创建4条幸福河湖、4条农村生态河道。全面推进环境风险企业安全达标建设，推广“非现场监管+精准执法”，着力构建全过程、多层级生态环境风险防范体系。

深化低碳循环发展。优化产业结构、能源结构和交通运输结构，坚决遏制“两高一低”项目，有序推进碳达峰碳中和。提高石化、电力等传统产业“含绿量”，实施大唐南电节能降碳、金陵石化“近零”排放等技术改造项目，推动中国水泥厂、江南小野田转型发展。强化规上工业能耗约束性指标管控，完成市定非电煤耗控制任务。做好充电桩建设规划布局，加快淘汰老旧柴油车。推广可再生能源开发利用，扩大公共机构光伏发电试点范围。普及低碳发展理念和低碳生活方式，让绿色低碳成为社会新风尚。

（六）坚持人民至上，共同创造美好幸福生活

始终把老百姓的事放在心上，用心用情办好民生实事，持续保障和改善民生，尽最大努力实现人民群众对美好生活的向往。

提高人民生活品质。完善重点群体就业支持体系，培育新就业形态，持续壮大中等收入群体规模，新增城镇就业2.15万人。落实全民参保计划，强化基本医保、大病保险、医疗救助“三重制度”综合保障，提高经济困难的高龄失能老人和重病重残儿童服务保障水平。加快完善住房保障体系，新开工保障房61万平方米、竣工85万平方米，建成保障性租赁住房5200套，解决好困难群众、新市民、青年人的住房问题。

提升教育发展质量。持续抓好“双减”工作，狠抓基础教育质量提升，规范民办义务教育发展，创建江苏省义务教育优质均衡发展区。促进学前教育普惠优质发展，省市优质幼儿园就读幼儿比例达90%。优化教育资源布局，强化远郊学校与名校合作共建，建成中小学、幼儿园8所，新开工5所。促进职业教育校企合作、产教融合，加快新港中专校新校区建设。发展社区教育、继续教育和老年教育，建设学习型社会，打造“善学栖霞”。

擦亮健康栖霞品牌。推动优质医疗资源扩容下沉和区域均衡布局，发展区域紧密型医联体，推广“互联网+医疗健康”，加快市妇幼保健院丁家庄院区等三级医院建设，促进社区卫生服务中心向社区医院升级。标准化打造居家养老服务中心，新增养老床位120张；加强0—3岁婴幼儿照护服务机构建设，提高优生优育服务水平，每千人拥有婴幼儿托位数达3.9个。推进运动促进健康站发展，以体卫融合赋能全民健康。

推进文化自信自强。深入推进文化惠民工程，推动更多公益性文化设施免费开放，建设15分钟公共文化服务圈，全年公共文化活动不少于1000场。深化以文塑旅、以旅彰文，推进“智慧文保”数字化转化与开发，通过栖霞山红枫节、幕府登高节等文旅活动，扩大栖霞文旅影响力。常态长效开展群众性精神文明建设工作，深入推进新时代文明实践中心（所、站）拓展建设，努力打造有情怀、有活力的文明典范城市样板区。

经过多轮征求意见，区政府聚焦群众“急难愁盼”，广泛征集遴选了十二件26项民生实事候选项目提交大会，请各位代表审议并票决。我们将坚持目标化、清单化、项目化，努力把民生实事一件一件做实做细做成做好。

（七）坚持共治共享，全力维护社会安全稳定

强化风险意识、树牢底线思维，不断提高各领域风险防范化解能力，加快构建新安全格局。

科学精准做好疫情防控。认真落实新阶段疫情防控各项举措，平稳有序实施新型冠状病毒感染“乙类乙管”。重点抓好老年人和患基础性疾病群体防护，整体提高老年人疫苗接种率。完善分级诊疗机制，加强医药用品保供稳价，保障群众就医用药需求。进一步健全公共卫生应急管理体系，有力有序防范和应对突发公共卫生事件。

多元参与维护和谐稳定。坚持和发展新时代“枫桥经验”城市版，打造人人有责、人人尽责、人人享有的社会治理共同体。加强社区与社会组织、社会工作者、社区志愿者、社会慈善资源“五社联动”，引导社会力量参与基层治理。加大初信初访办理力度，做好民族宗教工作，强化退役军人服务保障，做实做细群众工作。加强“警格”“网格”融合，推广“平安守望点”模式，常态化开展扫黑除恶斗争。持续推进社会治理创新，有序建设国家智能社区治理实验基地八大场景，以治理数字化牵引治理现代化。

治本攻坚增强安全韧劲。不断完善公共安全体系，加强“区—街—村居—企业”四级网格安全监管，建立大安全大应急框架。抓好省安全生产巡查反馈问题整改，全面推进危化品、建筑工地、消防、道路交通等重点行业领域安全生产排查整治大会战，坚决遏制较大及以上事故发生。进一步完善应急预案体系，加强应急救援队伍、救灾物资储备中心建设，全面提升防灾减灾水平，守牢城市安全运行底线。

稳妥有序防范化解风险。扎实做好保交楼、保民生、保稳定各项工作，强化民营企业债务、非法集资、房地产等领域风险排查，依法打击违法犯罪活动，坚决守住不发生系统性区域性风险的底线。加强政府性债务管控，实现债务规模、债务率和债务成本“三下降”。严格食品药品监管，提升食品药品安全保障水平。

（八）坚持勤政为民，努力走好新时代赶考之路

始终把群众满意作为政府工作的永恒追求，持之以恒转变工作作风、加强自身建设，不断提升政府施政能力和服务水平。

坚定党的全面领导。以党的二十大精神为指引，深刻领悟“两个确立”的决定性意义，进一步增强“四个意识”、坚定“四个自信”、做到“两个维护”。始终胸怀“国之大者”，全面落实党中央、国务院和省市区委各项决策部署，确保令行禁止、政令畅通。切实履行全面从严治党主体责任，严格落实意识形态工作责任制，狠抓省委巡视反馈问题整改，加强巡视整改成果运用。

坚持依法高效履职。将法治建设贯穿政府工作全过程，完善公共决策吸纳民意机制，加强重大行政决策、规范性文件合法性审查，认真做好行政应诉工作。主动接受人大及其常委会法律监督、政协民主监督和社会舆论监督，强化审计监督、统计监督、司法监督，不断提升依法行政能力。完善联系群众、服务企业机制，促进助企纾困、便民惠民等政策直达基层一线。推进数字政府建设，加快建立具有栖霞特色的“一网统管”体系。

坚守清正廉洁本色。纵深推进政府系统党风廉政建设和反腐败斗争，及时发现、着力解决“七个有之”问题。把贯彻落实中央八项规定精神作为重大政治责任，推动作风建设落细落实、见行见效。加强政府支出管理，做好基层“三保”工作，推动“三公经费”持续下降，坚持“过紧日子”，更好节用裕民。完善权力监督制约机制，加强权力集中、资金密集、资源富集领域的刚性约束，持续巩固风清气正的发展氛围。

仙林湖　　　　区委宣传部　供图

重要文件目录

表42　2022年中共南京市栖霞区委重要文件目录一览表

文号	文件标题	发文日期
栖委发〔2022〕1号	中共南京市栖霞区委员会关于南京市栖霞区第十九届人民代表大会和政协第十届委员会第一次会议选举结果的报告	1月8日
栖委发〔2022〕4号	中共南京市栖霞区委员会 南京市栖霞区人民政府转发《市委宣传部、市司法局关于在全市公民中开展法制宣传教育的第八个五年规划（2021—2025年）》的通知	1月14日
栖委发〔2022〕7号	中共南京市栖霞区委员会关于推荐南京市第十四届政协委员（党内）人选的报告	1月26日
栖委发〔2022〕11号	中共南京市栖霞区委员会关于进一步做好“三重一大”事项决策和监管的意见	1月27日
栖委发〔2022〕12号	中共南京市栖霞区委员会关于仙林街道社区用房不足问题整改情况的报告	1月28日
栖委发〔2022〕26号	中共南京市栖霞区委员会 南京市栖霞区人民政府关于2021年度打好污染防治攻坚战目标任务完成情况的报告	2月15日
栖委发〔2022〕69号	中共南京市栖霞区委员会 南京市栖霞区人民政府关于做好2022年全面推进乡村振兴重点工作的实施意见	7月1日
栖委发〔2022〕74号	中共南京市栖霞区委关于2022年上半年工作总结和下半年工作计划的报告	7月20日
栖委发〔2022〕81号	中共南京市栖霞区委员会关于区委十一届六次全体会议情况的报告	8月26日
栖委发〔2022〕82号	中共南京市栖霞区委员会关于印发《栖霞区化解民生诉求突出问题专项巡察反馈意见整改方案》的通知	7月26日
栖委发〔2022〕83号	中共南京市栖霞区委员会 南京市栖霞区人民政府关于印发《南京市栖霞区法治政府建设实施方案（2021—2025年）》的通知	8月25日
栖委发〔2022〕95号	中共南京市栖霞区委员会 南京市栖霞区人民政府关于印发《栖霞区2022年优化营商环境实施方案》的通知	9月28日
栖委发〔2022〕96号	中共南京市栖霞区委员会 南京市栖霞区人民政府关于印发《栖霞区深入推进引领性国家创新型城市建设的若干政策措施》的通知	10月24日
栖委发〔2022〕107号	中共南京市栖霞区委员会关于化解民生诉求突出问题专项巡察集中整改进展情况的报告	11月25日
栖委发〔2022〕136号	中共南京市栖霞区委员会关于干部调整酝酿推荐情况的报告	12月2日

表43　2022年中共南京市栖霞区委办公室重要文件目录一览表

文号	文件标题	发文日期
栖委办发〔2022〕4号	中共南京市栖霞区委办公室 栖霞区人民政府办公室关于对2021年“工作创新奖”获奖项目的通报	2月14日
栖委办发〔2022〕7号	中共南京市栖霞区委办公室 栖霞区人民政府办公室关于印发《栖霞区2022年月度考评试行办法》的通知	3月2日

续表43

文号	文件标题	发文日期
栖委办发〔2022〕10号	中共南京市栖霞区委办公室 栖霞区人民政府办公室关于成立南京市栖霞区生态环境保护督察迎检暨整改工作领导小组的通知	3月20日
栖委办发〔2022〕11号	中共南京市栖霞区委办公室 栖霞区人民政府办公室关于印发《栖霞区2022年主要指标二级预分解表》的通知	3月25日
栖委办发〔2022〕12号	中共南京市栖霞区委办公室关于调整区委办班子成员工作分工的通知	3月25日
栖委办发〔2022〕15号	中共南京市栖霞区委办公室关于启用中共南京市栖霞区委人才工作领导小组及其办公室印章的通知	4月19日
栖委办发〔2022〕17号	中共南京市栖霞区委办公室 栖霞区人民政府办公室关于成立栖霞区省级现代农业产业高质量发展示范园创建工作领导小组的通知	4月26日
栖委办发〔2022〕22号	中共南京市栖霞区委办公室印发《关于推动党史学习教育常态化长效化的实施方案》的通知	8月3日
栖委办发〔2022〕24号	中共南京市栖霞区委办公室 南京市栖霞区人民政府办公室关于印发《2022年度栖霞区综合考核实施办法》等文件的通知	7月28日
栖委办发〔2022〕26号	中共南京市栖霞区委办公室 南京市栖霞区人民政府办公室关于印发《栖霞区2022年月度考评办法》的通知	7月28日
栖委办发〔2022〕29号	中共南京市栖霞区委办公室 南京市栖霞区人民政府办公室关于印发《南京市栖霞区教育局职能配置、内设机构和人员编制规定》的通知	8月11日
栖委办发〔2022〕32号	中共南京市栖霞区委办公室转发《区委宣传部、区委组织部关于做好〈习近平谈治国理政〉第四卷学习教育工作的通知》的通知	8月18日
栖委办发〔2022〕35号	中共南京市栖霞区委办公室 栖霞区人民政府办公室关于开展疫情防控、安全稳定每日研判点调的通知	9月21日
栖委办发〔2022〕39号	中共南京市栖霞区委办公室 南京市栖霞区人民政府办公室关于印发《南京市栖霞区青年发展型县域试点实施方案》的通知	12月12日
栖委办发〔2022〕40号	中共南京市栖霞区委办公室关于召开区委十一届七次全体会议的报告	12月7日

表44 2022年南京市栖霞区人民政府重要文件目录一览表

文号	文件标题	发文日期
宁栖政字〔2022〕15号	区政府关于批转区住房和建设局2022年栖霞区城乡建设计划的通知	2月28日
宁栖政字〔2022〕17号	南京市栖霞区人民政府 南京市栖霞区人民武装部 关于表扬2021年度全区武装工作优秀单位及个人的通报	3月8日
宁栖政字〔2022〕24号	南京市栖霞区人民政府关于田聪等同志职务任免的通知	3月30日
宁栖政字〔2022〕28号	区政府关于印发栖霞区全民健身实施计划的通知	4月1日
宁栖政字〔2022〕54号	关于印发栖霞区2022年经济社会发展重大项目计划的通知	4月18日
宁栖政字〔2022〕109号	关于印发2022年栖霞区政府投资计划的通知	5月31日
宁栖政字〔2022〕120号	南京市栖霞区人民政府关于惠学浩等同志任职的通知	7月5日
宁栖政字〔2022〕123号	关于印发《栖霞区2022年民生实事项目及任务分解方案》的通知	7月8日
宁栖政字〔2022〕127号	南京市栖霞区人民政府关于陈美君等同志职务任免的通知	7月27日

表45　2022年南京市栖霞区人民政府办公室重要文件目录一览表

文号	文件标题	发文日期
宁栖政办字〔2022〕5号	关于印发《栖霞区2022年松材线虫病防治方案》的通知	2月24日
宁栖政办字〔2022〕6号	区政府办公室关于印发栖霞区建设管理精细化 城市品质再提升三年行动计划（2021—2023年）的通知	2月28日
宁栖政办字〔2022〕9号	关于区政府办公室（外事办公室、研究室、机关事务管理局）领导班子成员工作分工的通知	3月22日
宁栖政办字〔2022〕11号	关于印发支持栖霞区省级现代农业高质量发展示范园建设政策措施的通知	4月26日
宁栖政办字〔2022〕13号	区政府办公室关于印发栖霞区突发重大动物疫情应急预案的通知	4月29日
宁栖政办字〔2022〕17号	区政府办公室关于实施街道志及村（社区）志编纂文化工程的通知	6月1日
宁栖政办字〔2022〕18号	关于印发2022年度栖霞区城镇污水处理提质增效精准攻坚“333”行动方案的通知	6月2日
宁栖政办字〔2022〕20号	区政府办公室关于印发《南京市栖霞区制造业智能化改造和数字化转型实施方案（2022—2024）》的通知	6月8日
宁栖政办字〔2022〕21号	区政府办公室关于转发栖霞区工程建设项目和整体修复项目施工采挖砂石管理实施意见（暂行）的通知	6月16日
宁栖政办字〔2022〕22号	区政府办公室关于转发栖霞区打击“洗洞”盗采金矿专项整治行动工作方案的通知	6月16日
宁栖政办字〔2022〕23号	区政府办公室关于转发栖霞区2022年度地质灾害防治工作方案的通知	6月16日
宁栖政办字〔2022〕24号	区政府办公室关于印发栖霞区2022年政务公开工作要点的通知	6月15日
宁栖政办字〔2022〕26号	区政府办公室关于成立栖霞区城市更新工作领导小组的通知	6月21日
宁栖政办字〔2022〕27号	关于成立南京市栖霞区周冲水库风景区建设与管理领导小组的通知	6月18日
宁栖政办字〔2022〕28号	区政府办公室关于进一步加强全区政府系统值班工作的通知	7月7日
宁栖政办字〔2022〕29号	区政府办公室关于转发栖霞区自建房安全专项整治实施方案的通知	7月8日
宁栖政办字〔2022〕32号	区政府办公室关于建立栖霞区农村住房条件改善工作联席会议的通知	8月8日
宁栖政办字〔2022〕33号	区政府办公室关于印发2022年度栖霞区质量强区工作目标分解方案的通知	8月12日
宁栖政办字〔2022〕34号	关于做好住户调查大样本轮换及常规住户类调查工作的通知	8月12日
宁栖政办字〔2022〕36号	区政府办公室关于印发《栖霞区促进产业用地高质量利用土地供应管理操作细则》的通知	8月20日
宁栖政办字〔2022〕37号	关于印发《栖霞区知识产权专项资金使用管理办法》的通知	8月12日

新闻报道题录

表46　2022年部分市级以上媒体有关栖霞区的重点报道一览表

序号	日期	标题	刊播媒体
1	1月21日	南京栖霞区八卦洲街道七里村村民魏从云："昔日造船洲，如今生态岛"	人民日报
2	5月31日	在职业大学读本科	人民日报
3	6月28日	图片报道：位于南京经济技术开发区的中铁宝桥（南京）有限公司，员工在抓紧组装高速道岔	人民日报
4	7月7日	南京社区干部主动探访困难群众：不只送钱送物　更有精准服务	人民日报
5	7月15日	平台创建推动模式创新，技术升级带来服务升温养老服务，更智慧更贴心	人民日报
6	7月20日	基层党建　凝心聚力	人民日报
7	7月21日	旧貌换新颜　美丽又宜居	人民日报
8	8月8日	江苏用好税收政策促就业扶创业（财经故事·做好"六稳""六保"工作）	人民日报
9	8月27日	对中国的美好未来充满信心（外国人眼中的中国小康生活）	人民日报
10	10月17日	奋进新征程　建功新时代	人民日报
11	10月20日	党的二十大代表热议——新时代十年伟大变革具有里程碑意义（头版头条）	人民日报
12	10月25日	聚点成网　多层照护（推动实现全体老年人享有基本养老服务）	人民日报
13	11月30日	江苏南京市——抓好重大项目竣工投产（高效统筹疫情防控和经济社会发展）	人民日报
14	12月21日	"江中大熊猫"江豚回来了	人民日报
15	7月14日	7月13日，江苏省港口集团"南京—太仓—海防—胡志明"东南亚集装箱外贸航线正式开通。（头版）	新华每日电讯
16	9月8日	南京熊猫晶体科技公司深耕前沿领域——产品越做越小　市场越做越大	经济日报
17	7月14日	"南京—太仓—海防—胡志明"集装箱外贸航线开通	光明日报
18	10月19日	江苏南京栖霞区仙林街道党工委书记孙金娣代表：将党建工作融入万家灯火	光明日报
19	1月2日	天南地北齐欢庆　多彩活动过新年	央视新闻联播栏目
20	1月1日	中国贸促会及地方贸促机构签发首批RCEP原产地证书	央视中国新闻栏目
21	2月20日	江苏南京质量综合服务　实现精准服务零距离	央视新闻直播间栏目
22	3月18日	江苏南京春天的中国　幕府山下长江畔　樱花簇簇迎春来	央视新闻直播间栏目
23	3月30日	保障生产生活物资稳定充足	央视新闻直播间栏目
24	3月31日	加强农业生产　拎稳"菜篮子"	央视正点财经栏目
25	3月9日	榜样的力量——孙金娣	央视道德观察栏目
26	5月29日	【党旗在基层一线高高飘扬】仙林街道："小网格"绘就"同心圆"（专题）	央视新闻联播栏目
27	5月29日	党旗在基层一线高高飘扬　南京仙林街道："小网格"绘就"同心圆"	央视朝闻天下栏目
28	5月29日	江苏在希望的田野上·三夏时节多地抢抓农时　小麦收割正自南向北展开	央视新闻直播间栏目
29	7月17日	【朝闻天下】字解半年经济　稳信心　稳出中国经济的"精气神"	央视朝闻天下栏目
30	7月17日	【朝闻天下】字解半年经济　物价稳　稳住百姓菜篮子	央视朝闻天下栏目

续表46

序号	日期	标题	刊播媒体
31	8月28日	2022中国田径街头巡回赛南京站举行	央视体坛快讯栏目
32	10月3日	说说我们的新时代丨“十年来,我们的生活发生了翻天覆地的变化!”	央视朝闻天下栏目
33	10月11日	金秋“丰”景 江苏南京:水稻进入灌浆期 农民劳作盼丰收	央视正点财经栏目
34	10月21日	秋游好时节 江苏南京:枫叶变色提前20天 栖霞山开启赏秋季	央视经济信息联播栏目
35	10月22日	秋游好时节 江苏南京:枫叶变色提前20天 栖霞山开启赏秋季	央视第一时间栏目
36	11月14日	有事儿就找郭大妈	央视道德观察栏目
37	11月15日	深秋初冬时节 渐变景色惹人醉·江苏 南京栖霞山红叶进入观赏佳期	央视共同关注栏目
38	11月15日	江苏:南京栖霞山50万株色叶树进入观赏期	央视正点财经栏目
39	11月15日	江苏 南京栖霞山红叶进入观赏佳期	央视朝闻天下栏目
40	11月24日	花木扮靓振兴路	央视经济半小时栏目
41	1月6日	南京栖霞:力争规上工业总产值突破3500亿元 工业经济保 持全市第一方阵	人民网
42	1月6日	首部家校题材公益话剧《燕矶曦照》11日在南京保利大剧院上演	人民网
43	1月11日	办实事丨在南京务工被欠薪大半年,一条留言解决了	人民网
44	1月12日	国内首部家校题材公益话剧《燕矶曦照》上演	人民网
45	2月7日	南京迎节后首场大雪 全城吹响除雪“集结号”	人民网
46	2月11日	南京栖霞“2022就业助残年活动”首场招聘会启动	人民网
47	2月21日	南京栖霞举行2022年土地招商推介会25幅地块集中亮相	人民网
48	3月31日	南京:一个居民小区的战“疫”故事(首页)	人民网
49	4月7日	摘“星”的背后,看南京如何智慧战“疫”	人民网
50	4月8日	栖霞青年 为“宁”加油	人民网
51	4月21日	南京栖霞:项目云签约 招商不停歇	人民网
52	4月27日	特写丨一车防疫物资的“沪宁之旅”	人民网
53	4月28日	旅游业如何走出困境:信心和耐心比黄金更加珍贵	人民网
54	4月30日	南京栖霞区:“疫”线冬训蓄能量 防疫发展“两不误”	人民网
55	5月16日	江苏省异地商会会长座谈会举行 南京栖霞扩容名企“朋友圈”	人民网
56	5月31日	人民日报:在职业大学读本科	人民网
57	6月12日	“有矛盾去找郭老太”,她25年如一日为自己赚下这个名声	人民网
58	6月19日	南京首个“苏青驿站”落地栖霞 为青年人才提供过渡性住房	人民网
59	6月24日	服务民企再添平台 南京栖霞区民营经济人士之家揭牌成立	人民网
60	6月28日	位于南京经济技术开发区的中铁宝桥(南京)有限公司,员工在抓紧组装高速道岔	人民网
61	9月17日	2022年南京市栖霞区“全国科普日”活动启动 科普游线路发布(总网首页)	人民网
62	9月19日	城市更新的“南京经验”丨栖霞激活边角地(总网首页)	人民网
63	9月30日	民有所呼“宁”有所应 走好新时代网上群众路线的南京实践	人民网
64	1月7日	栖霞区第十九届人民代表大会第一次会议开幕	新华网

续表46

序号	日期	标题	刊播媒体
65	3月16日	无人机空中喊话 南京志愿者小姐姐超暖心	新华网
66	3月18日	疫情“倒春寒”来袭，他们无惧风雨	新华网
67	3月21日	人世间	新华网
68	3月23日	云赏花丨东风春来俏 栖霞风光好	新华网
69	3月24日	南京金审学院学子创作情景模拟剧助力抗疫	新华网
70	3月26日	赏春：看长江畔 樱花怒放	新华网
71	4月20日	石榴花开成长路 云端课堂享悦读	新华网
72	4月22日	南京栖霞：项目云签约 招商不停歇	新华网
73	4月24日	“阅”享栖霞	新华网
74	6月26日	“极美南京 宜居宜业”系列房展会第七站 夏日炎炎 有风来“栖”	新华网
75	8月21日	乡村振兴谱新篇2022龙潭荷花季落幕	新华网
76	8月29日	因荷而来 在水一方	新华网
77	9月23日	南京栖霞区：“六强化六提升”，工商联工作连获全国和省级殊荣	新华网
78	12月1日	秋染栖霞 枫叶如画	新华网
79	12月08日	让中医药文化在保障房小区“活”起来	新华网
80	1月5日	南京栖霞：坚持以绿色低碳绘就高质量发展底色	学习强国江苏平台
81	1月5日	南京栖霞：匠心建造 南京第二条“玄武大道”正式通车	学习强国江苏平台
82	1月7日	南京栖霞发布“企业服务创新券”“园区租金贷”	学习强国江苏平台
83	1月11日	南京栖霞：党建引领办实事 托起民生大幸福	学习强国江苏平台
84	1月12日	区县新闻丨南京栖霞：“四个坚持”让退役军士安置平稳有序	学习强国江苏平台
85	1月14日	靶向发力！南京栖霞以投资热度呵护民生温度	学习强国江苏平台
86	1月14日	南京栖霞：城市版“枫桥经验”为幸福加速	学习强国江苏平台
87	1月15日	区县新闻丨南京栖霞：全线飘红 一年签下亿元以上项目229个	学习强国江苏平台
88	1月16日	南京栖霞：各项指标均好于预期，“十四五”首战告捷	学习强国江苏平台
89	1月17日	南京栖霞：聚焦民生工程再谱“幸福曲”	学习强国江苏平台
90	1月18日	南京栖霞：“内外兼修”描绘美丽宜居新未来	学习强国江苏平台
91	1月18日	区县新闻丨南京栖霞：智慧安防让小区安全居民安心	学习强国江苏平台
92	1月19日	南京栖霞：居民自治更幸福 完成144个“社区微幸福”项目	学习强国江苏平台
93	1月22日	青山绿水丨南京栖霞八卦洲街道：昔日造船洲 如今生态岛	学习强国江苏平台
94	1月24日	区县新 闻 丨 南京栖 霞 ：撑起健康“保护伞 ”，让居 民更有“医”靠	学习强国江苏平台
95	1月25日	“金陵纸鸢”传承人张堡程：纸鸢贺新春“威风”迎虎年	学习强国江苏平台
96	1月26日	区县新闻丨南京栖霞龙潭街道：打造特色体育品牌获“全国群众体育先进单位”	学习强国江苏平台
97	1月27日	南京栖霞：垃圾池变身环保屋 智慧治理赢民心	学习强国江苏平台
98	1月28日	区县新闻丨南京栖霞：“买卖”通全球 国际商超开进八卦洲	学习强国江苏平台
99	1月28日	现代农业丨南京栖霞八卦洲街道：芦蒿生产机械化 降本增效 促发展	学习强国江苏平台
100	1月30日	区县新闻丨南京栖霞上榜省“平安农机”示范区	学习强国江苏平台

续表46

序号	日期	标题	刊播媒体
101	1月30日	南京栖霞：为困难残疾群体送上新春就业“礼包”	学习强国江苏平台
102	1月31日	区县新闻丨南京栖霞：进出口规模首破1000亿元	学习强国江苏平台
103	2月1日	南京栖霞：千余份少先队主题作品为冬奥加油	学习强国江苏平台
104	2月7日	江苏南京：“文明栖霞 温暖新春”让文明新风吹进万家	学习强国江苏平台
105	2月9日	南京栖霞：为农民工维权架起“连心桥”	学习强国江苏平台
106	2月10日	全城通取！南京市栖霞区跨区自助打印营业执照只需1分钟	学习强国江苏平台
107	2月12日	江苏好人丨吴兴林：愿做一辈子乡村教育守望者	学习强国江苏平台
108	2月16日	江苏南京栖霞：“丹枫诗笺”之冬奥主题诗词	学习强国江苏平台
109	2月17日	南京栖霞：绘好项目“春耕图”激发高质量发展澎湃动能	学习强国江苏平台
110	2月20日	江苏南京 质量综合服务 实现精准服务零距离	学习强国江苏平台
111	2月22日	总投资1500亿！南京栖霞今年谋划实施重大项目125个	学习强国江苏平台
112	2月23日	南京栖霞：久久为功长效管护 建设美丽宜居乡村	学习强国江苏平台
113	2月24日	南京栖霞：深耕细作强改革 让更多人才展翅高飞	学习强国江苏平台
114	2月24日	南京栖霞：仙林街道城管启动“护学模式”	学习强国江苏平台
115	3月1日	南京栖霞：“美丽庭院”为乡村振兴增色添彩	学习强国江苏平台
116	3月3日	南京栖霞尧化街道：处处有绿地出门是公园 宜居宜业幸福城	学习强国江苏平台
117	3月4日	运输开门稳 经济韧性足 南京驶向“深蓝”	学习强国江苏平台
118	3月5日	青山绿水丨南京栖霞：“多彩河”变身家门口“幸福河”	学习强国江苏平台
119	3月8日	南京栖霞：直播推介、现场送岗……这场学雷锋活动实用暖心	学习强国江苏平台
120	3月9日	南京栖霞龙潭街道：党员冬训学雷锋“服务集市”映真情	学习强国江苏平台
121	3月12日	视觉江苏丨春日里南京栖霞与梅花共赴一场邀约	学习强国江苏平台
122	3月13日	振兴路上丨南京栖霞：百合花变身“致富花”	学习强国江苏平台
123	3月14日	严守南京门户 沪宁高速查验点日均查验千人	学习强国江苏平台
124	3月15日	南京栖霞：“15分钟生活圈”圈出更多“小确幸”	学习强国江苏平台
125	3月16日	南京栖霞：漫游紫色花海 八卦洲二月兰悄然绽放	学习强国江苏平台
126	3月17日	为民服务“不打烊”南京栖霞迈皋桥街道打造冬训特色课堂	学习强国江苏平台
127	3月18日	南京栖霞：探索“错时共享停车”解决家门口的停车难题	学习强国江苏平台
128	3月20日	南京栖霞：活用“边角料”把公园建到居民家门口	学习强国江苏平台
129	3月23日	视觉江苏丨南京栖霞山风景名胜区：春从山间来 最是春光无限好	学习强国江苏平台
130	3月25日	南京栖霞：中国海军首位女舰长韦慧晓“圈粉”预定新兵	学习强国江苏平台
131	3月26日	抗疫行动丨南京栖霞：科技抗疫绘就精准防控“布防图”	学习强国江苏平台
132	3月29日	南京栖霞燕子矶街道：“幕燕行知”党建联盟凝聚战疫合力	学习强国江苏平台
133	3月31日	南京栖霞迈皋桥街道：党员冬训汇聚起同心抗疫的强大力量	学习强国江苏平台
134	4月1日	南京栖霞仙林街道：“疫”线冬训践初心 暖心服务显真情	学习强国江苏平台
135	4月2日	南京栖霞：用上防滑“黑科技”让残疾人收获稳稳的幸福	学习强国江苏平台
136	4月2日	抗疫行动丨南京栖霞：红色温度筑起阻击疫情的“钢铁长城”	学习强国江苏平台

续表46

序号	日期	标题	刊播媒体
137	4月2日	南京栖霞：二十一个人的“火线”抗疫	学习强国江苏平台
138	4月3日	党员冬训	南京栖霞街道：上好“四堂课”用活冬训“加油站”	学习强国江苏平台
139	4月4日	区县新闻	南京栖霞：“钢铁骆驼”走出欧亚“新丝路”	学习强国江苏平台
140	4月5日	南京栖霞：耐心等待，大美栖霞与你“疫”后相聚	学习强国江苏平台
141	4月8日	南京栖霞仙林街道：以训促行聚合力 打造党员冬训“实境课堂”	学习强国江苏平台
142	4月9日	南京栖霞仙林街道：创新“破题”接地气 激活党员冬训新活力	学习强国江苏平台
143	4月10日	南京栖霞：公益“云”讲座 守护这颗孤独的“星”	学习强国江苏平台
144	4月11日	我家的“人世间”故事	补拍婚纱照（王国樑）	学习强国江苏平台
145	4月11日	区县新闻	南京“伯乐厂”将变身工业游宜居社区	学习强国江苏平台
146	4月12日	南京栖霞：稳岗促复工 托起稳稳的幸福	学习强国江苏平台
147	4月13日	抗疫行动	江苏南京：科技战疫 栖霞智造显担当	学习强国江苏平台
148	4月13日	区县新闻	南京栖霞：双线贯通 和燕路过江隧道预计年底通车	学习强国江苏平台
149	4月14日	我家的“人世间”故事	一张珍贵的全家福（王国樑）	学习强国江苏平台
150	4月15日	八卦洲全力保供南京“菜篮子”	学习强国江苏平台
151	4月16日	我家的“人世间”故事	书信年代邮票情（卢云）	学习强国江苏平台
152	4月19日	南京栖霞：同心抗疫，这些做法很“硬核”	学习强国江苏平台
153	4月20日	南京栖霞：“区街社”三级联动织密保障网	学习强国江苏平台
154	4月22日	南京栖霞迈皋桥街道：志愿服务绘就防疫温暖底色	学习强国江苏平台
155	4月23日	南京栖霞：“艺栖”暖人心 抗“疫”主题文艺作品图集	学习强国江苏平台
156	4月24日	亲爱的南邮，80岁生日快乐	学习强国江苏平台
157	4月27日	南京栖霞西岗街道：坚持坚守坚定“疫”路有光感谢有你	学习强国江苏平台
158	4月28日	区县新闻	南京栖霞：精准施策靠前服务 加速推进企业复工复产	学习强国江苏平台
159	5月1日	区县新闻	南京栖霞：蝶变升腾烟火气 宜居宜业新高地	学习强国江苏平台
160	5月6日	南京栖霞：以“光”赋能 为中国测风激光雷达事业“发电”	学习强国江苏平台
161	5月7日	南京栖霞：“三色卡”高效分检“宁畅运”预约快速通关	学习强国江苏平台
162	5月10日	南京栖霞：用线条和色彩描绘诗情画意 残疾人就业又添新项目	学习强国江苏平台
163	5月11日	我家的“人世间”故事	父亲的足迹（徐延彬）	学习强国江苏平台
164	5月17日	南京栖霞举办高校公益招聘会 提供人才岗位千余个	学习强国江苏平台
165	5月18日	南京栖霞：“三实施”政策为高校毕业生就业护航	学习强国江苏平台
166	5月18日	南京栖霞：这里藏着中国第一所特殊教育博物馆	学习强国江苏平台
167	5月18日	南京栖霞：历史遗存巧改造 水塔变身图书馆	学习强国江苏平台
168	5月18日	南京栖霞区机关党员干部挺起疫情防控“红色脊梁”	学习强国江苏平台
169	5月20日	南京栖霞：在这座博物馆，聆听“千年文明的声音”	学习强国江苏平台
170	5月20日	视觉江苏	南京大学百廿校庆灯光秀	学习强国江苏平台
171	5月21日	南京栖霞：区街联动“一业一证”改革再助营商环境优化	学习强国江苏平台
172	5月28日	江苏省中医药博物馆落户南京中医药大学	学习强国江苏平台

续表46

序号	日期	标题	刊播媒体
173	5月28日	南京栖霞：乡村振兴领头雁 廉洁齐家促和谐	学习强国江苏平台
174	5月29日	南京栖霞：擦亮“栖事宁人”调解品牌 化解矛盾促和谐	学习强国江苏平台
175	6月1日	南京栖霞：纵深推进精细服务 助力企业“轻装上阵”	学习强国江苏平台
176	6月2日	南京栖霞：业内首款存算一体大算力AI芯片成功点亮	学习强国江苏平台
177	6月3日	视觉江苏丨南京：绿意栖霞 处处逢佳境	学习强国江苏平台
178	6月5日	南京栖霞：乡村振兴领头雁 廉洁齐家促和谐	学习强国江苏平台
179	6月7日	南京栖霞燕子矶街道：党建赋能聚力 抓好复工复产	学习强国江苏平台
180	6月7日	情景剧《丰收的喜悦》登上旗袍春晚舞台	学习强国江苏平台
181	6月8日	南京栖霞印记——五马渡的前世今生	学习强国江苏平台
182	6月10日	微视频丨南京：仙林烟火气 生活在这里	学习强国江苏平台
183	6月11日	南京栖霞：深植绿色基因 树牢生态理念	学习强国江苏平台
184	6月15日	南京栖霞：百水保障房首批交付 幸福生活从这里开始	学习强国江苏平台
185	6月16日	青山绿水丨南京栖霞：铁腕治污修复生态 碧水奔流展新貌	学习强国江苏平台
186	6月20日	视觉江苏丨南京栖霞山的浅夏 淡妆浓抹总相宜	学习强国江苏平台
187	6月21日	美丽江苏·每日一景丨只此青绿看南京栖霞	学习强国江苏平台
188	6月22日	南京栖霞：村企共建发展村级经济 偏远乡村喜变全国文明村	学习强国江苏平台
189	6月23日	南京栖霞：水岸共治一河一策“幸福河湖”绘就美好生活	学习强国江苏平台
190	6月24日	制造强省丨铁路道岔硬核利器南京造远销30多个国家和地区	学习强国江苏平台
191	6月25日	青山绿水丨南京栖霞：衡阳湖装“净水器”一河清流入长江	学习强国江苏平台
192	6月26日	南京栖霞迈皋桥街道：主题活动轮番登场 涵养城市文明新风	学习强国江苏平台
193	6月26日	南京栖霞：田畴染新绿 插秧正当时	学习强国江苏平台
194	6月27日	南京栖霞：为了舌尖上的安全 他跟致病菌“杠”上	学习强国江苏平台
195	6月27日	微视频丨江苏南京：在城市更新和治理中彰显为民情怀	学习强国江苏平台
196	6月28日	南京栖霞：移风易俗 马渡村道德评议会“评”出新风尚	学习强国江苏平台
197	6月28日	南京栖霞：“智慧安居”上新 为居民安全生活“加码”	学习强国江苏平台
198	6月29日	南京栖霞迈皋桥街道：春风化雨润新苗合力守护“少年的你”	学习强国江苏平台
199	6月29日	“行走新时代鱼米之乡”融媒体新闻行动在南京启动	学习强国江苏平台
200	6月29日	南京栖霞：构建“引留用育”智慧人才生态圈	学习强国江苏平台
201	6月30日	南京栖霞：有凤来“栖”打造宜居宜业新高地	学习强国江苏平台
202	7月1日	南京栖霞迈皋桥街道：“及时雨”精准滴灌 多措并举助企纾困	学习强国江苏平台
203	7月5日	南京栖霞：三地齐聚，让长江文化遗产“活”起来	学习强国江苏平台
204	7月5日	南京栖霞燕子矶街道：薪火相传 寻访在党五十年的老党员	学习强国江苏平台
205	7月6日	视觉江苏丨南京栖霞：“荷”你在一起，夏日“醉”美丽	学习强国江苏平台
206	7月7日	南京栖霞：抢抓全时 书写夏粮满仓“丰收卷”	学习强国江苏平台
207	7月8日	南京栖霞：推进农村污水治理 再现清水绕人家	学习强国江苏平台
208	7月10日	视觉江苏丨南京栖霞：南京东大门 美丽新马群	学习强国江苏平台

续表46

序号	日期	标题	刊播媒体
209	7月10日	南京栖霞龙潭街道：以荷为媒开辟乡村振兴新路径	学习强国江苏平台
210	7月12日	视觉江苏丨南京栖霞：毓秀龙潭乘风去 长江浩浩变通途	学习强国江苏平台
211	7月14日	南京栖霞：相遇“微笑天使”共享和谐自然	学习强国江苏平台
212	7月15日	南京栖霞：展长江之美 让历史“说话”	学习强国江苏平台
213	7月17日	南京栖霞：“内外兼修”打造休闲农业新模式	学习强国江苏平台
214	7月18日	南京栖霞：明外郭旧貌焕新 又添亲水纳凉好去处	学习强国江苏平台
215	7月18日	南京栖霞：关注困难群体生活保障 精准服务送到家	学习强国江苏平台
216	7月21日	南京栖霞迈皋桥街道：多措并举促宣传 让文明新风吹进家家户户	学习强国江苏平台
217	7月22日	南京栖霞：闲置地块“细调理”“其他草地”变耕地	学习强国江苏平台
218	7月23日	南京栖霞印记——万里长江第一矶燕子矶	学习强国江苏平台
219	7月25日	南京栖霞尧化街道：存入奉献“时间”掀起邻里互助风	学习强国江苏平台
220	7月26日	南京栖霞：港产城融合发展 建设三产叠加美丽乡村	学习强国江苏平台
221	7月27日	南京栖霞：“梦想小屋”+暑托班 青少年喜提欢乐假期	学习强国江苏平台
222	7月27日	南京栖霞：巧用工业遗存30载 办公楼变身成居民“幸福大本营”	学习强国江苏平台
223	7月27日	“喜迎二十大 开启新征程”全媒体访谈丨南京市栖霞区委书记、南京经济技术开发区党工委书记、仙林大学城党工委书记戴华杰：东部崛起，城市面貌翻天覆地	学习强国江苏平台
224	7月28日	南京栖霞：“学习强国”进家庭 赋能学习“家”力量	学习强国江苏平台
225	7月29日	南京栖霞：巧用工业遗存30载办公楼变身成居民“幸福大本营”	学习强国江苏平台
226	7月30日	视觉江苏丨南京栖霞版“加减乘除”带你度过美好夏天	学习强国江苏平台
227	8月1日	南京栖霞：架起村企共建“连心桥”助力乡村振兴	学习强国江苏平台
228	8月4日	浪漫仲夏夜 南京栖霞龙潭水一方“荷”你有约	学习强国江苏平台
229	8月4日	南京栖霞西岗街道：280盏新路灯“上岗” 心系居民办实事	学习强国江苏平台
230	8月5日	南京栖霞：交通十年蝶变 搭筋造骨建通途	学习强国江苏平台
231	8月6日	南京栖霞：有风来栖霞满天下 非遗集市精彩来袭	学习强国江苏平台
232	8月8日	南京栖霞：西提东拓 融江发展 向现代都市新城区快速转变	学习强国江苏平台
233	8月10日	南京栖霞：“公路医生”夏日“趁热”补路治病害	学习强国江苏平台
234	8月11日	南京栖霞：恒温仓做“体检” 一把鸡毛菜的“锁鲜之旅”	学习强国江苏平台
235	8月12日	弘扬榜样力量，雷锋班班长宣讲雷锋精神+时间银行志愿服务	学习强国江苏平台
236	8月12日	弘扬榜样力量，雷锋班班长宣讲雷锋精神+时间银行志愿服务	学习强国江苏平台
237	8月13日	护一江碧水向东流 南京栖霞奏响新时代“长江之歌”	学习强国江苏平台
238	8月14日	南京栖霞：“春风化雨”助力小微企业发展	学习强国江苏平台
239	8月15日	南京栖霞：培育知识产权强企 创新驱动高质量发展	学习强国江苏平台
240	8月16日	南京栖霞：打造“艺栖夜课”增强区域文化软实力	学习强国江苏平台
241	8月17日	南京栖霞区科技局：常态化走访企业 纾困解难稳增长	学习强国江苏平台
242	8月20日	区县新闻丨南京栖霞：以产业韧性拼发展“稳进”	学习强国江苏平台

续表46

序号	日期	标题	刊播媒体
243	8月22日	南京栖霞八卦洲街道：当好“店小二”助推企业高质量发展	学习强国江苏平台
244	8月23日	南京栖霞：招商引资“稳中蓄势”创新服务“助推发展”	学习强国江苏平台
245	8月23日	区县新闻丨南京栖霞：以“文”凝心 推进文化产业繁荣向前	学习强国江苏平台
246	8月23日	南京尧化街道：用心暖“新”“新”心向党	学习强国江苏平台
247	8月24日	动土必保土 南京市栖霞区多措并举开展水土保持宣传工作	学习强国江苏平台
248	8月30日	南京栖霞：科技研学营活动为保障房片区儿童插上梦想之翼	学习强国江苏平台
249	8月31日	南京栖霞：提速水务工程建设 为稳经济注入强劲动力	学习强国江苏平台
250	8月31日	一键升级 南京老旧小区加装电梯的“栖霞路径”为什么行？	学习强国江苏平台
251	9月1日	南京栖霞尧化街道：文明出行在路上 温馨服务不打烊	学习强国江苏平台
252	9月2日	南京栖霞：以商引商“链”出生物医药产业生态圈	学习强国江苏平台
253	9月3日	南京市栖霞区喜获两个“五星工程奖”	学习强国江苏平台
254	9月8日	区县新闻丨南京栖霞区举办“数智赋能 共赢未来”金秋经贸洽谈会	学习强国江苏平台
255	9月9日	视觉江苏丨南京栖霞：刷屏朋友圈！邂逅那一抹“栖霞蓝”	学习强国江苏平台
256	9月9日	南京市栖霞街道栖霞社区：10年相助托起300名学子青春梦想	学习强国江苏平台
257	9月11日	南京栖霞：图灵EIR基地 创客们的“圆梦厂”	学习强国江苏平台
258	9月12日	南京栖霞迈皋桥街道：多措并举让全民阅读理念走深、走实	学习强国江苏平台
259	9月13日	南京栖霞仙林街道：用足“巧”心思 创新垃圾分类宣传形式	学习强国江苏平台
260	9月14日	南京栖霞：这朵“小红花”在栖霞结新果	学习强国江苏平台
261	9月14日	改善农村人居环境 南京栖霞持续提升水环境治理成效	学习强国江苏平台
262	9月15日	南京栖霞：向社区报到 在“组团式”服务中显身手	学习强国江苏平台
263	9月16日	南京栖霞马群街道：同心聚力 党建赋能奏响发展“协奏曲”	学习强国江苏平台
264	9月16日	南京市栖霞街道：国企退休党员融入社区唱响幸福歌	学习强国江苏平台
265	9月19日	南京栖霞尧化街道：“居民+自治”探索垃圾分类新路径	学习强国江苏平台
266	9月20日	南京栖霞：栖新聚力 锻造新业态新就业群体“红色引擎”	学习强国江苏平台
267	9月21日	南京栖霞：乡村振兴 青春e行	学习强国江苏平台
268	9月21日	搬迁“不打烊”南京市栖霞区档案馆查档服务“不打折”	学习强国江苏平台
269	9月24日	视觉江苏丨南京栖霞：“和燕”通隧途 栖凰翘首来	学习强国江苏平台
270	9月25日	南京市栖霞区开展水稻新技术培训 助推粮食单产提升增效	学习强国江苏平台
271	9月26日	南京栖霞：党建“微项目”实现居民“微幸福”	学习强国江苏平台
272	9月27日	今天我出镜丨陈瑜：生命因绽放而精彩	学习强国江苏平台
273	9月28日	南京栖霞：点亮微心愿 西岗街道开展“三送活动进社区”	学习强国江苏平台
274	10月3日	为石头城书“石头史”南京栖霞碑刻集成《贞石》再获省级殊荣	学习强国江苏平台
275	10月4日	区县新闻丨南京栖霞马群街道：探索“掌上云社区+积分制”推进基层治理	学习强国江苏平台
276	10月10日	微视频丨《栖霞印记》：风雨如磐忆江南——江南水泥厂	学习强国江苏平台
277	10月11日	南京栖霞：党建引领基层微治理 共绘民生幸福新画卷	学习强国江苏平台
278	10月12日	南京栖霞：南京“东大门”美丽新马群	学习强国江苏平台

续表46

序号	日期	标题	刊播媒体
279	10月13日	江苏南京：倚江蝶变看栖霞 文艺讴歌新时代	学习强国江苏平台
280	10月14日	南京栖霞："四个一"深化军人退役"一件事"信息化改革	学习强国江苏平台
281	10月18日	南京栖霞：红叶早惊秋 此处"枫景"正盎然	学习强国江苏平台
282	10月19日	南京栖霞龙潭街道：唱响"港产城融合发展"之歌	学习强国江苏平台
283	10月20日	南京栖霞：昔日造船洲变身"城市中心花园"	学习强国江苏平台
284	10月22日	首创《呼啸山庄》译名 翻译家杨苡与青年学子畅谈"翻译人生"	学习强国江苏平台
285	10月24日	南京栖霞：昔日城乡接合部变身"城北副中心"	学习强国江苏平台
286	10月28日	建立企业行政合规指导清单 南京栖霞为企业合法经营护航	学习强国江苏平台
287	10月31日	南京栖霞："栖事宁人"成效显 人民调解为人民	学习强国江苏平台
288	11月01日	打造城市温暖港湾 南京燕子矶街道"宁小蜂"驿站在行动	学习强国江苏平台
289	11月03日	江苏南京：创新驱动广泛赋能 激发栖霞发展新动力	学习强国江苏平台
290	11月05日	南京栖霞：不忘奋斗路"魅力栖霞"非凡巨变	学习强国江苏平台
291	11月08日	南京栖霞：执笔乡村振兴"画卷"擘画富美宜居乡村	学习强国江苏平台
292	11月09日	南京栖霞：城乡面貌华丽蝶变 东部崛起"现代都市新城区"	学习强国江苏平台
293	11月10日	南京栖霞：立足民生抓教育 建设高品质现代化教育强区	学习强国江苏平台
294	11月11日	南京栖霞：卫生事业跨越式发展"医疗洼地"崛起成强区	学习强国江苏平台
295	11月13日	一老一小丨南京栖霞：多层次养老全覆盖"幸福养老"成现实图景	学习强国江苏平台
296	11月14日	南京栖霞：经济总量稳步攀升GDP连跨8个百亿台阶	学习强国江苏平台
297	11月15日	南京栖霞：青山绿水着"锦色""大美栖霞"入画来	学习强国江苏平台
298	11月15日	南京栖霞：无言的战友 消防员与搜救犬并肩作战的故事	学习强国江苏平台
299	11月16日	南京栖霞迈皋桥街道：厚植文明基因 以文明实践护航快乐成长	学习强国江苏平台
300	11月17日	南京栖霞：消费帮扶四结合 助力"栖商协作"谱新篇	学习强国江苏平台
301	11月20日	"江苏最美科技工作者"曹林：和时间赛跑 智造"生物芯片"	学习强国江苏平台
302	11月21日	南京栖霞：无言的战友 消防员与搜救犬并肩作战的故事	学习强国江苏平台
303	11月22日	搭乘进博会"顺风车"南京栖霞全球购好物	学习强国江苏平台
304	11月23日	南京栖霞建设生态宜居美丽乡村 绘就新时代乡村振兴画卷	学习强国江苏平台
305	11月24日	南京栖霞：田间收割直接运往米厂"芳草渡"大米喜迎丰收	学习强国江苏平台
306	11月26日	南京栖霞：打通助残法律服务"最后一公里"	学习强国江苏平台
307	11月27日	南京栖霞：同心护童心 马群街道织密织牢少年儿童关爱服务网	学习强国江苏平台
308	11月30日	南京栖霞：倚江蝶变 奋力书写新时代长江故事	学习强国江苏平台
309	12月1日	南京栖霞：残健共融 大学生社会责任意识素质工程项目启动	学习强国江苏平台
310	12月2日	农民丰收丨南京栖霞：秋收"丰"景美如画 颗粒归仓收获忙	学习强国江苏平台
311	12月5日	江苏南京：星空里多了一颗"南大天文学子星"	学习强国江苏平台
312	12月6日	视觉江苏丨漫山红叶 栖霞山赏风正当时	学习强国江苏平台
313	12月7日	科技感、"沉浸+"、文化范……这里藏着栖霞元宇宙	学习强国江苏平台
314	12月8日	江苏南京：南邮团队研究突破瓶颈 光伏电池转换效率创世界纪录	学习强国江苏平台

续表46

序号	日期	标题	刊播媒体
315	12月9日	南京栖霞:"府前路张氏住宅"修葺一新	学习强国江苏平台
316	12月10日	南京栖霞:从诉求变化看"幸福河"的三次跨越	学习强国江苏平台
317	12月16日	南京栖霞:从原粮到"米砖"稻农增收多方共赢	学习强国江苏平台
318	12月24日	南京栖霞迈皋桥街道:拓展文明"同心圆"助力基层治理	学习强国江苏平台
319	12月29日	守护一方绿水青山 南京栖霞推行"林长制"实现林长治	学习强国江苏平台
320	12月31日	南京栖霞:基层党建聚合"共治生态圈"探索保障房社区治理新路径	学习强国江苏平台
321	1月7日	农村与城市,医疗保障一个样	新华日报
322	1月8日	栖霞以投资热度呵护民生温度(头版)	新华日报
323	1月10日	解读"全线飘红"的栖霞密码	新华日报
324	1月13日	落实跟进监督为民办实事	新华日报
325	1月14日	我省学习推广仙林街道经验做法	新华日报
326	1月17日	苦一点没关系,"良心债"不能欠	新华日报
327	1月17日	南京经开区发布"三个倍增"行动计划	新华日报
328	1月17日	话剧《燕矶曦照》公演	新华日报
329	1月18日	"侨城的礼物"来了!	新华日报
330	2月9日	服务贸易大省,如何借力升级	新华日报
331	2月11日	金陵石化:春节不打烊 保供不断档	新华日报
332	2月14日	中欧班列"荷兰蒂尔堡—南京"实现双向对开	新华日报
333	2月14日	抢接红利,南京经开区拿下"第一单"	新华日报
334	2月21日	人勤春来早,春耕备耕忙	新华日报
335	2月21日	栖霞:勇立潮头再进击	新华日报
336	2月23日	金陵石化:环保监管再添巡查"利器"	新华日报
337	2月24日	物管精细化,小区展新貌	新华日报
338	2月28日	运输开门稳,经济韧性足	新华日报
339	2月28日	南京,驶向"深蓝"	新华日报
340	2月28日	栖霞街道力拼项目"开门红"	新华日报
341	3月7日	栖霞开展志愿服务系列活动	新华日报
342	3月14日	栖霞冲刺一季度"开门红"	新华日报
343	3月14日	七彩志愿服务让冬训更暖心	新华日报
344	3月18日	储备充足,南京市场保供有条不紊	新华日报
345	3月21日	栖霞"疫"线闪耀党旗红	新华日报
346	3月21日	党员突击队"疫"线集结	新华日报
347	3月23日	用心出招暖一点,领先病毒快一拍	新华日报
348	3月24日	落实多轮消杀,守牢最后防线	新华日报
349	3月26日	文康苑五栋,二十一个人的火线抗疫	新华日报
350	3月28日	八卦洲守好防疫责任田	新华日报

续表 46

序号	日期	标题	刊播媒体
351	3月28日	南京市栖霞区交通运输局执法人员对来宁车辆查验驾乘人员四十八小时内核酸检测阴性证明（头版）	新华日报
352	3月29日	南京经济技术开发区的中铁宝桥南京公司做好各项疫情防控措施的同时，全力保障昌景黄高铁、南京地铁一号线北延等项目产品按期交付（头版）	新华日报
353	3月29日	沪宁高速南京收费站，南京市栖霞区交通运输局执法人员对来宁车辆查验驾乘人员四十八小时内核酸检测阴性证明（头版）	新华日报
354	4月7日	科技战疫，栖霞智造显担当（头版）	新华日报
355	4月11日	三座过江通道建设突破新节点（头版）	新华日报
356	4月11日	隔离酒店建起临时党支部	新华日报
357	4月12日	一院多区，名医送到“家门口”	新华日报
358	4月15日	做百姓身边的便捷银行	新华日报
359	4月18日	大美栖霞：其势如虹且从容（专版）	新华日报
360	4月19日	疫情偷不走青春 风雨中见证成长	新华日报
361	4月22日	“我是快递小哥，肩上也有一份责任”	新华日报
362	4月25日	南京经开区稳中求进见韧性	新华日报
363	5月9日	栖霞区启动长江文化系列活动	新华日报
364	5月10日	开足马力，交通重点工程加速推进	新华日报
365	5月12日	南京十大“金陵树王”出炉	新华日报
366	5月16日	栖霞探索数字化助残就业模式	新华日报
367	5月20日	南京市栖霞区召开劳模（职工）创新工作研讨会	新华日报
368	5月20日	工银南大校友联名信用卡首发式在宁举行	新华日报
369	5月20日	冉冉新星 熠熠生辉	新华日报
370	5月24日	让价值引领与专业学习良性互动	新华日报
371	5月25日	南京栖霞名企“朋友圈”扩容	新华日报
372	5月25日	推动新一代太阳能电池走向生产线	新华日报
373	5月26日	流动党课进社区	新华日报
374	5月27日	仙新路过江通道南北主塔封顶	新华日报
375	5月30日	“挑战与磨练，是无悔青春的注脚”	新华日报
376	5月30日	全域“无废”，这样畅通“绿循环”	新华日报
377	5月30日	鲜花经济，催生产业“新花样”	新华日报
378	5月30日	华中科大校友双创赛“论剑”栖霞	新华日报
379	5月30日	“红娘”牵线，精准对接促就业	新华日报
380	6月6日	红色引擎，激活栖霞发展动能	新华日报
381	6月6日	栖霞向“宁”传递文明好声音	新华日报
382	6月11日	职校生可以戴上学士帽了（头版）	新华日报
383	6月13日	八卦洲年轻干部赛“金点子”	新华日报
384	6月20日	栖霞发布校地合作七大项目	新华日报

续表46

序号	日期	标题	刊播媒体
385	6月22日	将使命担当融入引领性创新研究	新华日报
386	6月22日	让人才与产业"双向奔赴"(头版)	新华日报
387	6月27日	南京:在街角巷陌遇见文学	新华日报
388	7月4日	南京经开区成立高端装备产业链党建联盟	新华日报
389	7月5日	扛起医学生和军人的双重担当	新华日报
390	7月8日	南京"小题大做"打造街头方寸之地	新华日报
391	7月10日	千方百计,助毕业生敲开就业大门	新华日报
392	7月11日	滚滚热浪蒸腾发展后劲	新华日报
393	7月15日	南京:绿染大江岸 人在画中游(头版头条)	新华日报
394	7月18日	全球偏光片"领头羊"在这里起跳	新华日报
395	7月19日	江中小岛,"花样"风景身边绕	新华日报
396	7月20日	十年磨一剑,一跃惊世人	新华日报
397	7月22日	南京:以全新首位度迈向典范之城(头版)	新华日报
398	8月1日	激活"红色细胞",跑出"货运先锋"	新华日报
399	8月8日	南京栖霞龙潭水一方景区的万亩荷塘	新华日报
400	8月10日	南京:智慧水务 润泽民生	新华日报
401	8月15日	栖霞:以产业韧性拼发展"稳进"	新华日报
402	8月20日	让"鱼米之乡"天更蓝水更清(头版)	新华日报
403	8月21日	二〇二二龙潭荷花季暨新消费促进月落下帷幕(头版)	新华日报
404	8月22日	治理革新,"保障房"变"暖心房"	新华日报
405	8月26日	党建联盟添活力 走出特色育人路	新华日报
406	8月29日	"栖居护苗"公益项目启动	新华日报
407	8月30日	江畔栖霞,青绿山水着"锦色"(头版)	新华日报
408	9月2日	放大典型示范作用,特色党建激活发展"红色动能"	新华日报
409	9月2日	党建引领 强院担当 推动高质量发展	新华日报
410	9月13日	良辰美景,乐享文化小长假(头版)	新华日报
411	9月19日	栖霞区签约944亿元重大项目	新华日报
412	9月24日	南京师范大学与省社会主义学院签署战略合作协议	新华日报
413	9月26日	"8+X",以"新"暖"新"真暖心	新华日报
414	9月27日	党建引领高质量发展 产学融合内涵式增效	新华日报
415	9月27日	厚植家国情怀 践行信息强国初心	新华日报
416	9月27日	陈子涛:铁骨铮铮的"新闻战士"	新华日报
417	9月27日	白丁香:和乐绽放,余香永存	新华日报
418	9月27日	坚定不移走生态优先、绿色发展之路——"坚持生态优先绿色发展"理论研讨会综述	新华日报

续表46

序号	日期	标题	刊播媒体
419	9月27日	沿江城市发展的江苏探索和建议	新华日报
420	9月27日	“文明实践+基层治理创新”的南京路径	新华日报
421	9月28日	江苏27万名研究生同上“开学第一课”	新华日报
422	9月28日	栖霞区龙潭街道长江村开展“喜迎二十大——民族团结红石榴情”主题活动	新华日报
423	10月14日	为办好人民满意的特殊教育勇毅前行（专版）	新华日报
424	10月14日	南京卫生高等职业技术学校：一盏灯，照见百年梦想（专版）	新华日报
425	10月8日	栖霞街道商会退役军人庆“建军95周年”	新华日报
426	10月12日	打造“最强增长极”，建设“最美新栖霞”（专版）	新华日报
427	10月13日	加速融合，过江通道建设蹄疾步稳	新华日报
428	10月13日	校地联动，共建活力新马群	新华日报
429	10月14日	紫金农商银行仙鹤支行做好适老化服务 提升老年人群幸福感	新华日报
430	10月16日	全域嘉年华，活力八卦洲（专版）	新华日报
431	10月17日	南京首个电竞主题商业街区开业	新华日报
432	10月22日	坚持大抓基层的鲜明导向	新华日报
433	10月22日	垃圾分类是一场“持久战”	新华日报
434	10月24日	省社科院首家地方研究基地落户南京	新华日报
435	10月24日	栖霞欧美同学会聚智引才	新华日报
436	10月24日	远能栖霞警钟长鸣护万家	新华日报
437	10月28日	消费帮扶四结合助力“栖商协作”谱新篇	新华日报
438	11月10日	用心守一方平安幸福	新华日报
439	11月14日	《无言的战友》作品分享会走进校园	新华日报
440	11月15日	奋力推进中国式现代化南京实践（头版）	新华日报
441	11月16日	光伏电池转换效率创世界纪录	新华日报
442	11月18日	传承中华优秀文化，让古籍走出“深闺”	新华日报
443	11月21日	栖霞区实验小学打造“红石榴家园”	新华日报
444	11月21日	弦歌不辍育桃李 七秩奋进耀芳华（专版）	新华日报
445	11月25日	《师之魂——陶行知在南京栖霞》南京首发	新华日报
446	11月28日	栖霞枫红正当时	新华日报
447	11月28日	瑞丰园里“百草”飘香	新华日报
448	12月5日	燕子矶新城商业地标明年开业	新华日报
449	12月12日	栖霞打造宜居宜业典范区	新华日报
450	12月14日	“政府+社会”，共建“爸妈食堂”	新华日报
451	12月14日	多举措营造辖区团结氛围	新华日报
452	12月19日	南京经开区新添一只“独角兽”	新华日报
453	12月19日	栖霞文化产业“焕活力”	新华日报
454	12月22日	党建引领聚合力 助残扶弱谱新曲	新华日报

续表46

序号	日期	标题	刊播媒体
455	12月26日	接续奋斗，书写南邮"新答卷"	新华日报
456	12月26日	交通跨越，栖霞绽放"新颜值"	新华日报
457	12月28日	以高质量党建引领学校高质量发展	新华日报
458	12月29日	南京"井"字形快速内环完整闭合	新华日报
459	12月29日	党建引领"五维"铸魂 推动学院事业高质量发展	新华日报
460	12月30日	为"中国式现代化"的江苏新实践贡献智库力量	新华日报
461	1月4日	凝心聚力助发展 砥砺前行谱新篇	南京日报
462	1月5日	栖霞：创新构筑南京东部地区"新引擎"	南京日报
463	1月6日	栖霞："内外兼修"，擘画美丽宜居新未来	南京日报
464	1月7日	栖霞人大在新时代新征程中奋发新作为	南京日报
465	1月10日	我照顾的就是自己的父母（头版）	南京日报
466	1月11日	栖霞区、六合区分列城郊区组首位	南京日报
467	1月12日	加快构建到底到边协同高效的基层治理体系（头版）	南京日报
468	1月13日	我市扎实做好居民小区村庄常态化疫情防控——防控不松 劲 守好"安全关"（头版）	南京日报
469	1月14日	栖霞居民家门口有"医"靠	南京日报
470	1月17日	今年南京经开区将实施"三个倍增"行动计划	南京日报
471	1月18日	栖霞区做好"双节"期间疫情防控监督工作	南京日报
472	1月19日	不出八卦洲"买卖"通全球	南京日报
473	1月20日	一"栖"学习第九届党史知识大赛举行	南京日报
474	1月21日	主动上门服务 登记准确高效（头版）	南京日报
475	1月25日	两天一夜游乡村，过个满满"农"味年	南京日报
476	1月27日	12345解民忧，菜场里有了"小书房"	南京日报
477	1月27日	念好"民生经"走好共富路（头版）	南京日报
478	1月28日	慰问一线建设者	南京日报
479	1月30日	南京好人王红梅：带着婆婆在敬老院过年	南京日报
480	2月1日	重点企业冲刺"开门红"	南京日报
481	2月4日	春节假期，既要"通得快"也要"管得住"（头版）	南京日报
482	2月8日	栖霞学生千余创意作品迎冬奥	南京日报
483	2月8日	开足马力忙生产争创新春"开门红"	南京日报
484	2月10日	栖霞力争全年外贸总额再超千亿元	南京日报
485	2月10日	八卦洲新市镇保障房项目雏形初现（头版）	南京日报
486	2月11日	南医大二附院迈皋桥新院区基本建成	南京日报
487	2月12日	浓浓邻里情 欢乐闹元宵	南京日报
488	2月14日	金马路换乘中心及商业综合体施工进入收尾阶段	南京日报
489	2月16日	栖霞市级共享阅读空间开年书香氤氲	南京日报
490	2月17日	栖霞争创营商环境最佳区	南京日报

续表46

序号	日期	标题	刊播媒体
491	2月18日	红山路—和燕路快速化改造项目有序推进（头版）	南京日报
492	2月22日	栖霞板块推出25幅近1450亩优质地块	南京日报
493	2月23日	抢抓RCEP机遇打造经济高质量发展"增长极"	南京日报
494	2月23日	省中医院紫东院区昨全面启用	南京日报
495	2月24日	治理"城市牛皮癣"灯柱将穿"不粘衣"	南京日报
496	2月25日	传统企业数字化转型推动高质量发展	南京日报
497	3月1日	栖霞街道发布十大重点发展项目	南京日报
498	3月2日	仙新路过江通道北主塔建设稳步推进	南京日报
499	3月3日	八年"奋战"换来家门口"幸福河"	南京日报
500	3月4日	营商环境更优化 百姓生活更美好	南京日报
501	3月8日	老旧小区怎么改，居民说了算	南京日报
502	3月9日	红山往来迈皋桥多了一条便民路	南京日报
503	3月10日	128个老旧小区，南京怎么"改"?	南京日报
504	3月11日	种下一棵树 增添一抹绿	南京日报
505	3月15日	活用"边角料"，"口袋公园"小而美	南京日报
506	3月18日	风雨中志愿者在行动	南京日报
507	3月22日	持之以恒强作风助发展谱写基层治理新篇章	南京日报
508	3月25日	奏响"春耕曲"绘好"春耕图"	南京日报
509	3月27日	解封不解防 管理不松懈	南京日报
510	3月27日	抓生产抓招商，重大项目追进度（头版）	南京日报
511	3月28日	外防输入，交通部门严守城市门户（头版）	南京日报
512	3月29日	逢车必查逢人必检，确保不漏一车一人	南京日报
513	4月2日	防疫措施有力度，为民服务有温度	南京日报
514	4月3日	轻松扫码无障碍 一"码"平川通关快	南京日报
515	4月4日	"小信息"履职为民"大作为"（头版）	南京日报
516	4月6日	栖霞：狠抓项目，厚植发展新优势	南京日报
517	4月7日	栖霞：幸福就业惠民生	南京日报
518	4月9日	锚定"宁需求"赢得"宁满意"	南京日报
519	4月11日	栖霞：公共服务提质，幸福感"加码"	南京日报
520	4月12日	栖霞：扮靓人居环境，助力乡村振兴	南京日报
521	4月16日	龙潭港防疫生产"两手抓"（头版）	南京日报
522	4月17日	疫情一天不结束，防控一天不放松（头版）	南京日报
523	4月18日	发挥基层治理制度优势构筑疫情防控坚强堡垒（头版）	南京日报
524	4月19日	南京经开区：经济发展展现韧性后劲（头版）	南京日报
525	4月19日	仙林新村为老"种苗"基本全覆盖	南京日报
526	4月21日	幸福河湖，"幸福"看得见	南京日报

续表46

序号	日期	标题	刊播媒体
527	4月28日	栖霞高新区一企业登陆纳斯达克	南京日报
528	4月28日	栖霞公安打造智慧引领联防联控社会治安防控新体系	南京日报
529	4月29日	锚定新目标 聚焦新发展栖霞区总工会（专版）	南京日报
530	5月4日	我市全力推进过江通道建设	南京日报
531	5月5日	5天24.4亿元“五一”消费旺起来	南京日报
532	5月6日	八卦洲亲子采摘人气高	南京日报
533	5月6日	走生态农业之路 让绿色成为农业发展鲜明底色（头版）	南京日报
534	5月7日	高端制造 高速增长——一季度南京经济运行亮点扫描（4）（头版）	南京日报
535	5月8日	保护利用好丰厚长江文化家底，在产业融合中提升长江文化价值 南京：为长江经济带发展注入文化力量（头版）	南京日报
536	5月8日	“读”览长江“阅”知千古 栖霞区全民阅读活动启动	南京日报
537	5月9日	蔚来在宁“心脏”工厂产量大幅提升	南京日报
538	5月10日	栖霞区、六合区分列城郊区组第一	南京日报
539	5月12日	数字赋能农村电商，南京企业蹚新路	南京日报
540	5月15日	栖霞启动残疾人数字化就业创业基地	南京日报
541	5月16日	栖霞区 为新任“一把手”定制个性化“廉韵套餐”	南京日报
542	5月17日	燕子矶新城体育公园加速建设	南京日报
543	5月18日	太龙路整治完工，居民通行更安全	南京日报
544	5月23日	栖霞老街片区完成环境整治	南京日报
545	5月24日	仙新路过江通道北主塔即将封顶（头版）	南京日报
546	5月25日	栖霞长江禁渔智慧岸线一期项目投用	南京日报
547	5月27日	栖霞“栖”心协力织密“防疫网”，踔厉奋发夺取“双胜利”（专版）	南京日报
548	5月29日	开足马力赶出口订单（头版）	南京日报
549	5月30日	8个创新创业项目落地栖霞高新区	南京日报
550	6月1日	主动服务解难题 坚定信心促发展（头版）	南京日报
551	6月2日	栖霞 深植绿色基因 树牢生态理念	南京日报
552	6月6日	城东文旅新地标人气旺欢乐多	南京日报
553	6月7日	努力建设一支适应新形势新要求的高水平产业工人队伍（头版）	南京日报
554	6月8日	栖霞市民行为规范宣讲宣传启动	南京日报
555	6月14日	把牢“东大门”筑牢防疫关	南京日报
556	6月15日	栖霞举办残疾人大学生创新创业大赛	南京日报
557	6月15日	南京最大多肉种植基地升级为“垂直农场”	南京日报
558	6月16日	栖霞马渡村：偏远乡村喜变全国文明村（头版）	南京日报
559	6月17日	南京港龙潭集装箱作业量实现新突破（头版）	南京日报
560	6月19日	南京青年志愿者服务站栖霞站揭牌	南京日报
561	6月20日	仙新路过江通道北锚碇主体完工	南京日报
562	6月20日	“宁青驿站”·栖霞青年人才驿站开站	南京日报

续表46

序号	日期	标题	刊播媒体
563	6月21日	丁家庄保障房片区升级版“智慧门禁系统”上岗	南京日报
564	6月22日	绕城公路万家楼互通改造工程基本完工	南京日报
565	6月22日	新时代“枫桥经验”城市版解码（头版）	南京日报
566	6月23日	村规民约入人心 文明新风扑面来	南京日报
567	6月24日	千方百计实现达产满产 推动经济平稳健康发展（头版）	南京日报
568	6月25日	栖霞扎实推进普惠托育服务高质量发展	南京日报
569	6月26日	南医大二附院迈皋桥院区将投用（头版）	南京日报
570	6月27日	团队作战，两个月完成产品立项到量产	南京日报
571	6月28日	栖霞成立“民营经济人士之家”	南京日报
572	6月28日	服务企业面对面 助企纾困零距离（头版）	南京日报
573	7月1日	凝心聚力办好民生实事，共建共享美好宜居家园	南京日报
574	7月5日	市妇幼保健院丁家庄院区加紧建设	南京日报
575	7月7日	感受幸福，在“水一方”	南京日报
576	7月10日	致敬高温下的“大白”：这个夏天“暑”你最美！	南京日报
577	7月10日	挥汗如雨战高温（头版）	南京日报
578	7月11日	和燕路隧道预计8月主体结构完工	南京日报
579	7月13日	迈皋桥建成“景观廊桥”	南京日报
580	7月13日	工业发展增速显 筑牢经济“压舱石”（头版）	南京日报
581	7月14日	夏日戏水享清凉（头版）	南京日报
582	7月15日	盛夏“热情”高 文旅送“清凉”	南京日报
583	7月15日	栖霞开展青年大学生创新创业大赛	南京日报
584	7月16日	戏水玩冰 放肆一“夏”	南京日报
585	7月17日	天佑路通车，栖霞山仙林湖“牵手”	南京日报
586	7月17日	放“轻”脚步 追“高”逐“新”（头版）	南京日报
587	7月17日	晓庄广场桥梁互通加紧建设（头版）	南京日报
588	7月19日	金马路换乘中心基本完工（头版）	南京日报
589	7月21日	稳字当头、稳中求进 房产系统顺利实现“双过半”	南京日报
590	7月22日	错时避高温 坚守保进度	南京日报
591	7月25日	龙潭长江大桥建设有序推进	南京日报
592	7月25日	栖霞：东部崛起，城市面貌翻天覆地（头版头条）	南京日报
593	7月28日	立志美丽—中海外马群智荟 高新科技园项目签约栖霞	南京日报
594	8月2日	我市及九区被命名为省双拥模范城（区）（头版）	南京日报
595	8月3日	稻鸭共生，走出新“稻”路	南京日报
596	8月4日	离地50米，“烫手活儿”熟练干	南京日报
597	8月6日	焕新品质生活，消费引擎升级提速（头版）	南京日报
598	8月8日	八卦洲国际啤酒节将持续至8月14日	南京日报

续表46

序号	日期	标题	刊播媒体
599	8月9日	栖霞:招商引资“稳中蓄势”,创新服务“助推发展”(专版)	南京日报
600	8月9日	栖霞湟中两地青少年“牵手”夏令营	南京日报
601	8月10日	南京港龙潭码头单月作业量实现新突破	南京日报
602	8月11日	栖霞区知识产权维权援助分中心工作站揭牌	南京日报
603	8月13日	地铁1号线北延线割接工程启动	南京日报
604	8月16日	暖“新”实践,激活“红色动能”	南京日报
605	8月17日	身穿20斤战术背心 热浪中“汗”卫平安	南京日报
606	8月18日	夜晚不虚度,家门口上公益艺术课	南京日报
607	8月19日	聚焦“典范城市”,上半年忙了这些事	南京日报
608	8月22日	小小“口袋公园”装满百姓幸福感	南京日报
609	8月23日	织密“小网格”服务“大民生”(头版)	南京日报
610	8月24日	“栖居护苗”关爱保障房片区儿童	南京日报
611	8月25日	栖霞“银发顾问”将线上线下全覆盖	南京日报
612	8月26日	栖霞7名城管执法队员变身公职律师	南京日报
613	8月28日	2022南京体育嘉年华启动	南京日报
614	8月30日	企业开足马力促生产	南京日报
615	8月30日	体育嘉年华精彩上演(头版)	南京日报
616	8月31日	向社区报到,在“组团式”服务中显身手	南京日报
617	9月3日	栖霞高新区产业知识产权联盟成立	南京日报
618	9月4日	“倚江蝶变看栖霞”摄影作品征集启动	南京日报
619	9月7日	数智栖霞向实而生 栖霞区按下数字经济发展“快进键”	南京日报
620	9月8日	金洽会期间签约项目82个,总投资额944.7亿元“数字栖霞”按下快进键	南京日报
621	9月8日	栖霞区重大项目签约仪式暨数智化转型发展大会举行 龙翔出席(头版)	南京日报
622	9月9日	习近平总书记致2022全国专精特新中小企业发展大会的重要贺信在我市引发热烈反响——聚焦主业谋创新 精耕细作促发展(头版)	南京日报
623	9月9日	栖霞 由“教育大区”迈向“教育强区”	南京日报
624	9月11日	凝聚“三区”合力,栖霞再引进一批重大引领性项目 打造“强磁场”,激活经济发展新动能(头版)	南京日报
625	9月13日	北十里长沟西支“幸福河湖”主题公园进场施工 居民家门口将添社区公园	南京日报
626	9月14日	8月垃圾分类工作综合排名亮相——栖霞区、六合区蝉联城郊区组首位	南京日报
627	9月14日	严阵以待 防御“梅花”(头版)	南京日报
628	9月19日	跨江交通加速 城市发展提速(头版)	南京日报
629	9月19日	新兵奔赴军营	南京日报
630	9月20日	首座同城通换重卡换电站在宁投运	南京日报
631	9月20日	整治背街小巷 让居民生活“靓”起来	南京日报
632	9月23日	全市300多家农贸市场完成升级改造 百姓“菜篮子”拎出幸福感(头版)	南京日报

续表46

序号	日期	标题	刊播媒体
633	9月27日	以“仙林经验”，同心共筑幸福家园（半版）	南京日报
634	9月28日	南京“东大门”，美丽“新马群”（半版）	南京日报
635	9月29日	燕子矶街道：唱响绿色涅槃之歌（半版）	南京日报
636	9月30日	栖霞街道：探索高质量发展产城融合之路（半版）	南京日报
637	10月4日	喜迎丰收 欢庆盛会（专版）	南京日报
638	10月7日	交通人张赟连续7个月坚守南京“东大门”：为交通强国示范市建设贡献力量（头版）	南京日报
639	10月8日	活力西岗，打造城乡融合“新样板”（半版）	南京日报
640	10月9日	迈皋桥街道：城乡接合部变身“城北新街口”（半版）	南京日报
641	10月9日	以实干显担当，做群众的贴心人（头版）	南京日报
642	10月10日	尧化街道：创宜居品质街区 建宜业尧化新城（半版）	南京日报
643	10月11日	昔日造船洲变身“城市中心花园”（半版）	南京日报
644	10月11日	省委第三巡视组巡视南京市栖霞区工作动员会召开（头版）	南京日报
645	10月12日	龙潭街道：唱响“港产城融合发展”之歌（半版）	南京日报
646	10月15日	非凡十年，“魅力栖霞”非凡巨变——不忘奋斗路，未来定可“栖”（专版）	南京日报
647	10月14日	红叶早惊秋，此处“枫景”正盎然（专版）	南京日报
648	10月15日	GDP连跨8个百亿台阶，经济大区地位愈发稳固（专版）	南京日报
649	10月15日	创新驱动广泛赋能，激发栖霞发展“新动力”（专版）	南京日报
650	10月15日	城乡面貌华丽蝶变，东部崛起“现代都市新城区”（专版）	南京日报
651	10月15日	青山绿水着“锦色”“大美栖霞”入画来（专版）	南京日报
652	10月15日	执笔乡村振兴“画卷”擘画富美宜居乡村（专版）	南京日报
653	10月15日	立足民生抓教育，建设高品质现代化教育强区（专版）	南京日报
654	10月15日	卫生事业跨越式发展，“医疗洼地”崛起成强区（专版）	南京日报
655	10月15日	多层次养老全覆盖“幸福养老”成现实图景（专版）	南京日报
656	10月15日	党旗高扬谱新篇 党建引领新征程（专版）	南京日报
657	10月15日	厚植精神沃土 绽放“文明之花”（专版）	南京日报
658	11月13日	牢记“三个务必”，走好新时代赶考路	南京日报
659	11月15日	栖霞“芳草渡”大米喜迎丰收	南京日报
660	11月16日	西岗片区首批6条道路通过验收	南京日报
661	11月17日	仙林地区重点项目建设有序推进	南京日报
662	11月17日	奋力打好全年目标任务收官战 扎实推动党的二十大精神落地见效（头版）	南京日报
663	11月21日	栖霞区集中捐赠文学作品	南京日报
664	11月21日	深学笃行，打造“党旗红、治理优、生活美”的仙林样板（头版）	南京日报
665	11月22日	学深悟透新思想 踔厉奋发再起航（头版）	南京日报
666	11月23日	栖霞高新区新添生物医药研发中心	南京日报

续表46

序号	日期	标题	刊播媒体
667	11月24日	传承生活教育，铸创生命迈幼	南京日报
668	11月25日	赛农事 庆丰收	南京日报
669	11月28日	“一面旗”，引领“丹心向党”（头版）	南京日报
670	11月29日	“一张网”，托稳“基层善治”（头版）	南京日报
671	12月1日	仙林污水管网改建加紧施工	南京日报
672	12月2日	“一线法”，指挥“干部下沉”	南京日报
673	12月3日	“一家亲”，凝聚“资源合力”	南京日报
674	12月4日	“府前路张氏住宅”修葺一新	南京日报
675	12月8日	启动“预警联席”机制，栖霞主动出击协调化解预付卡纠纷	南京日报
676	12月13日	积极应对人口老龄化栖霞高峰论坛举行	南京日报
677	12月16日	家门口“百草”阵阵飘香	南京日报
678	12月16日	全市重点交通基础设施项目攻坚推进暨宁滁高速公路开工动员会举行（头版）	南京日报
679	12月16日	中国（南京）智谷：抢抓机遇加速奔跑，打造人工智能产业高地（半版）	南京日报
680	12月16日	“文旅新城”展大美“枫”景（半版）	南京日报
681	12月16日	陌上花渡 美不胜收（半版）	南京日报
682	12月20日	迈皋桥社区医院获批我市首个“慢性病培训基地”	南京日报
683	12月22日	栖霞区档案馆获省示范档案馆称号	南京日报
684	12月29日	我市四大交通工程集中通车（头版）	南京日报
685	12月30日	为谱写“强富美高”新栖霞现代化建设崭新篇章贡献政协智慧力量（专版）	南京日报
686	12月31日	汇聚磅礴精神力量，坚定书写新时代答卷（头版）	南京日报
687	1月6日	南京新年发布重磅文件引发热烈反响：勇当创新开路先锋 奋力建设人才高地	南京电视台南京新闻
688	1月6日	我为群众办实事“瞌睡送枕头”南京“质量小站”暖心服 务获企业点赞	南京电视台南京新闻
689	1月8日	勇毅前行 书写新荣光 栖霞区：打造“最强增长极，最美新 栖霞”	南京电视台南京新闻
690	1月13日	聚焦各区“两会” ｜高标准定位 解民之所需 助力建设社 会主义现代化典范城市	南京电视台南京新闻
691	2月2日	春节我在岗 他们放弃团圆 与隔离人员一起	南京电视台南京新闻
692	2月5日	智慧社区让这个春节更舒心	南京电视台南京新闻
693	2月16日	市检察院向党外人士通报工作情况	南京电视台南京新闻
694	2月19日	春耕备耕工作有序开展 着力提高重要农作物亩均效益	南京电视台南京新闻
695	2月20日	持续优化营商环境“无感审批”更好服务企业发展	南京电视台南京新闻
696	2月23日	疫情防控不松懈 栖霞区：规上企业实现100%复工	南京电视台南京新闻
697	3月1日	惩戒、宣传有力度 让长江大保护深入人心	南京电视台南京新闻
698	3月4日	栖霞开展志愿服务活动	南京电视台南京新闻

续表46

序号	日期	标题	刊播媒体
699	3月5日	从惊蛰到立夏 发现“极美春天·宁最美”打卡地	南京电视台南京新闻
700	3月6日	踔厉奋发向未来！政府工作报告在南京各界引发热烈反响	南京电视台南京新闻
701	3月13日	15分钟内可获得结果 南京产新冠抗原自测试剂上市	南京电视台南京新闻
702	3月14日	严守南京门户 沪宁高速查验点日均查验千人	南京电视台南京新闻
703	3月21日	基层党员积极行动显担当	南京电视台南京新闻
704	3月27日	硬核防疫 暖心服务 科技赋能 提升疫情防控“战斗力”	南京电视台南京新闻
705	3月30日	防疫一线 交通卡口不间断值守 做好城市“守门人”	南京电视台南京新闻
706	3月31日	防疫一线 与病毒赛跑 南京织牢核酸样本冷链转运	南京电视台南京新闻
707	4月4日	属地企业扛起疫情防控责任担当	南京电视台南京新闻
708	4月8日	疫情防控一线 为了社区的平安 他们推迟了婚期	南京电视台南京新闻
709	4月13日	当好社区“守门人”他们挺身而出	南京电视台南京新闻
710	4月18日	外防输入一线的“年轻身影”	南京电视台南京新闻
711	4月20日	畅链保供 南京地产蔬菜水果供应充足	南京电视台南京新闻
712	5月12日	奋战二季度 推进重大项目建设 稳住经济增长“压舱石”	南京电视台南京新闻
713	5月24日	畅链保供 助企纾困“你提我办”为外贸企业排忧解难	南京电视台南京新闻
714	5月29日	到龙潭去看丰收麦浪	南京电视台南京新闻
715	6月22日	开展移风易俗 破除陈规陋习 栖霞区上坝村：红白理事会“理”出文明新乡风	南京电视台南京新闻
716	7月5日	喜迎二十大 书香润文都 亲子同行 促进全民阅读走深走实	南京电视台南京新闻
717	7月18日	改革进行时 | 栖霞区：深化“双链”融合机制创新 打造人工智能产业高地	南京电视台南京新闻
718	8月23日	持续优化营商环境 为企业质量升级“加油”南京“质量小站”助企获肯定	南京电视台南京新闻
719	8月28日	家门口的“口袋公园”装满居民“小确幸”	南京电视台南京新闻
720	9月7日	栖霞区重大项目签约仪式暨数智化转型发展大会举行 龙翔出席	南京电视台南京新闻
721	9月7日	南京市“百姓名嘴”风采展示活动决赛举行	南京电视台南京新闻
722	10月5日	二十大代表风采 孙金娣：敢挑重担、敢滚钉板、敢打硬仗的“贴心书记”	南京电视台南京新闻
723	10月16日	党代表心声 | 孙金娣：把总书记的指示真正落实到位，服务好千家万户，做群众的贴心人（没有链接）	南京电视台南京新闻
724	10月18日	党代表心声 孙金娣：服务好千家万户 做群众的贴心人	南京电视台南京新闻
725	11月10日	办好十大民生实事 | 建设舒心便利家园 提升市民居住品质	南京电视台南京新闻
726	11月16日	韩立明在栖霞区调研时强调 奋力打好全年目标任务收官战 扎实推动党的二十大精神落地见效	南京电视台南京新闻
727	11月16日	社区书记学报告 栖霞区青田雅居社区党总支书记朱珠：当好社区“领头雁”谱写“红十月”新篇章	南京电视台南京新闻
728	12月4日	新时代新征程新伟业·百名记者基层行 | 十月公社科技创业园：“小园区”因何蕴含“大能量”	南京电视台南京新闻
729	12月19日	百名记者基层行 春晓园社区：聚合“红色”力量 共同打造居民美好生活	南京电视台南京新闻
730	12月27日	市委宣讲团走进栖霞区宣讲党的二十大精神 踔厉奋发踏征程 勇毅前行启新篇	南京电视台南京新闻

统计资料

表47　2022年栖霞区基本情况统计表

指　标	数　值	计量单位
街道办事处	9	个
居民委员会	98	个
村民委员会	29	个
年末常住人口	100.58	万人
出生率	4.89	‰
死亡率	3.19	‰
人口自然增长率	1.70	‰
地区生产总值（在地口径）	1746.43	亿元
全社会固定资产投资比上年增长	5.20	%
社会消费品零售总额	513.04	亿元
实际使用外资	6.96	亿美元
进出口总额	1014.20	亿元
出口总额	487.90	亿元
财政总收入	243.36	亿元
地方财政公共预算收入	140.79	亿元
财政总支出	174.9	亿元
地方财政公共预算支出	93.11	亿元
城镇居民人均可支配收入	75106.6	元

表48　2022年栖霞区国民经济主要结构指标统计表

指标名称	数值（%）
国民经济产业结构：第一产业	0.5
第二产业	58.8
第三产业	40.8
农业总产值结构：农业	71.94
林业	1.52
牧业	9.31
渔业	11.67
农林牧渔服务业	5.56

续表48

指标名称	数值（%）
工业总产值经济类型结构：国有工业	0.67
集体工业	0.01
其他经济类型	99.32

表49　2022年栖霞区主要经济指标统计表

指标名称	增加值（现价）（亿元）	比上年增长（%）（可比价）
国内生产总值	1746.43	1.5
农、林、牧、渔业	8.36	3.5
农、林、牧、渔专业及辅助性活动	0.34	8.4
工业	847.19	3.3
建筑业	179.28	4.4
批发和零售业	107.30	2.7
批发业	37.40	0.0
零售业	69.90	4.2
交通运输、仓储和邮政业	85.66	0.0
住宿和餐饮业	22.69	1.3
住宿业	3.87	5.9
餐饮业	18.82	0.4
金融业	33.81	7.3
房地产业	139.67	-16.8
K门类房地产业	124.74	-18.6
自有房地产经营活动	14.93	4.5
营利性服务业	115.78	-2.2
信息传输、软件和信息技术服务业	13.36	-4.4
租赁和商务服务业	34.41	-4.2
科学研究和技术服务业	49.70	1.2
居民服务、修理和其他服务业	10.22	-1.8
文化、体育和娱乐业	8.09	-10.3
非营利性服务业	206.69	10.1
第一产业	8.02	3.3
第二产业	1026.15	3.5
第三产业	712.26	-1.2

表50 2022年栖霞区财政收入情况统计表

指标名称	数值（万元）	比上年增长（%）
财政收入合计	2433630	-11.15
一、上解中央收入	1025725	-16.03
二、地方财政公共预算收入	1407905	-7.23
税收收入	1270542	-8.45
非税收入	137363	5.86

注：本表数据由区财政局提供。

表51 2022年栖霞区财政支出情况统计表

指标名称	财政支出（万元）	比上年增减（%）
总　计	1748803	-30.48
一般公共预算支出	931085	-9.19
1.一般公共服务支出	102766	8.93
2.国防支出	289	114.56
3.公共安全支出	23720	5.59
4.教育支出	174650	-4.99
5.科学技术支出	55515	-35.10
6.文化旅游体育与传媒支出	8054	-14.31
7.社会保障和就业支出	96322	23.36
8.卫生健康支出	61815	7.89
9.节能环保支出	13286	-20.91
10.城乡社区支出	170261	-31.91
11.农林水支出	34373	-9.78
12.交通运输支出	7628	0.08
13.资源勘探信息等支出	52890	5.35
14.商业服务业等支出	5315	-54.77
15.金融支出	650	-35.30
16.援助其他地区等支出	3507	-63.54
17.自然资源海洋气象等支出	3548	31.31
18.住房保障支出	100000	1.15
19.粮油物资储备事务	0	—
20.灾害防治及应急管理支出	4165	30.20

续表51

指标名称	财政支出（万元）	比上年增减（%）
21.其他支出	7664	297415.53
22.债务付息支出	4637	6.23
23.债务发行费用支出	30	188.62
政府性基金预算支出	817538	-45.14
1.科学技术支出	—	—
2.文化旅游体育与传媒支出	120	-58.04
3.社会保障和就业支出	—	—
4.城乡社区支出	797884	-44.99
5.农林水支出	—	—
6.交通运输支出	—	—
7.资源勘探信息等支出	—	—
8.其他支出	1625	-92.57
9.债务付息支出	17880	1.07
10.债务发行费用支出	29	-57.07
11.抗疫特别国债安排的支出	—	—
国有资本经营预算	180	125.00
国有资本经营预算支出	180	125.00

注：本表数据由区财政局提供

表52　2022年栖霞区城镇居民家庭抽样调查现金收支情况统计表

指标名称	数值（元）	比上年增长（%）
一、可支配收入	75107	4.2
工资性收入	44689	5.3
经营性收入	7863	3.1
财产性收入	7923	5.6
转移性收入	14632	1.1
二、消费支出	42755	3.4
食品烟酒	11031	3.4
衣着	2848	2.4
居住	9961	5.9
生活用品及服务	2682	5.3
交通通信	5739	6.5
教育文化娱乐	6542	-3.5

续表 52

指标名称	数值（元）	比上年增长（%）
医疗保健	2629	3.6
其他用品和服务	1324	6.6

表 53　2022 年栖霞区人口情况统计表

指标名称	单位	2022数值	2021数值	比上年增长（%）
年末户籍总户数	户	211007	204484	0.03
年末户籍总人口数	万人	576844	564484	0.02
男	人	284758	279000	0.02
女	人	292086	285484	0.02
性别比	女性为100	97.49：100	97.73：100	
乡村人口	人	75489	75830	0.00
全年出生人口	人	4321	4431	–0.02
出生率	‰	0.0075	0.0078	–0.05
全年死亡人口	人	3278	3127	0.05
死亡率	‰	0.0057	0.0055	0.03
全年自然增长人口	人	1043	1304	–0.20
自然增长率	‰	0.0018	0.0023	–0.22
年末常住人口	万人	689042		

表 54　2022 年栖霞区规模以上工业主要指标统计表

指标名称	数值（亿元）	比上年增长（%）
企业单位数（个）	383	—
亏损企业数（个）	100	31.58
亏损企业净亏损额	68.06	28.86
工业总产值	3716.96	10.28
资产总计	2843.44	3.67
负债合计	1560.89	3.86
营业收入	3976.37	6.77
营业成本	3404.36	9.59
利税总额	352.19	–17.27
利润总额	148.71	–24.89

表55 2022年栖霞区农业总产值、增加值情况统计表

单位：万元

指标名称	总产值		增加值
	现行价	可比价	
农林牧渔业总值	116466	116643	83586
一、农业	83790	82198	65493
（一）谷物及其他作物	7089	6950	—
谷物（原粮）	5827	—	—
油料作物	334	—	—
（二）蔬菜、园艺作物	63171	61975	—
蔬菜	60346	—	—
花卉及其他园艺	2803	—	—
（三）水果、坚果、饮料和香料	13530	13273	—
二、林业	1766	2553	935
三、畜牧业	10840	11467	5373
（一）大牲畜饲养	143	151	—
奶牛	—	—	—
（二）生猪饲养	9397	9941	—
（三）家禽饲养	1300	1375	—
肉禽	621	—	—
蛋类	679	—	—
（四）其他畜牧业	—	—	—
四、渔业	13590	13814	8375
五、农、林、牧、渔服务业	6480	6611	3410

表56 2022年栖霞区种植业生产情况统计表

指标名称	播种面积（亩）	每亩产量（公斤/亩）	总产量（吨）
农作物种植合计	149462	894	133752
一、粮食作物合计	64338	398	25644
（一）夏收粮食	25350	337	8544
小麦	15150	338	8506
蚕豆	200	190	38
（二）秋收粮食	38988	438	17100
稻谷	21680	521	12434
玉米	8313	385	3200

续表56

指标名称	播种面积（亩）	每亩产量（公斤/亩）	总产量（吨）
大豆	8980	162	1459
薯类（五折）	15	466	7
二、油料合计	2277	172	393
其中：油菜籽	2244	173	388
三、蔬菜（含菜用瓜）	80698	1289	104027
四、瓜果类	2149	1716	3688
其中：西瓜	853	2013	1717
甜瓜	200	1040	208
五、其他农作物	—	—	—
其中：青饲料	—	—	—

表57　2022年栖霞区林业生产情况统计表

指标名称	单位	数　值	比上年增长（%）
年末实有林地面积	公顷	10525.67	0.1
当年造林面积	公顷	21.5	11.4
木材采伐	立方米	1050.7	398.0
年末实有果园面积	公顷	190.47	0.0

注：本表数据由区农业农村局提供。

表58　2022年栖霞区畜牧业生产情况统计表

指标名称	当年出栏数	年末存栏数	产量（吨）
一、大牲畜（头）	—	—	—
牛（头）	—	—	—
1.乳牛（头）	—	—	—
2.水牛（头）	—	—	—
二、猪（头）	40516	21918	3094
三、羊（只）	767	1086	11.66
山羊（只）	767	1086	11.66
四、家禽（万只）	14.731	9.8507	245.05
附：奶类产量	—	—	—
牛奶产量	—	—	—
禽蛋产量	—	—	748

注：本表数据由区农业农村局提供。

表59　2022年栖霞区渔业生产情况统计表

指标名称	数　值	比上年增长（%）
一、街道办渔场（个）	3	0.00
二、村办渔场院（个）	16	0.00
三、淡水养殖面积（亩）	4335	2.48
四、淡水产品产量（吨）	3735	2.47
养殖产量（吨）	3735	2.47
鱼类（吨）	3053	2.31
虾、蟹类（吨）	682	3.17
捕捞产量（吨）	0	0.00
五、渔船拥有量（艘）	0	0.00
机动渔船（艘）	0	0.00
非机动渔船（艘）	0	0.00

注：本表数据由区农业农村局提供。

责任编辑　王旭东

栖霞区部分机构全称、简称对照表

简　称	全　称
区委	中国共产党南京市栖霞区委员会
区人大常委会	南京市栖霞区人民代表大会常务委员会
区政府	南京市栖霞区人民政府
区政协	中国人民政治协商会议南京市栖霞区委员会
区纪委	中国共产党南京市栖霞区纪律检查委员会
区法院	南京市栖霞区人民法院
区检察院	南京市栖霞区人民检察院
区委办	中国共产党南京市栖霞区委员会办公室
区人大办	南京市栖霞区人大常委会办公室
区政府办	南京市栖霞区人民政府办公室
区政协办	政协南京市栖霞区委员会办公室
区人武部	南京市栖霞区人民武装部
区委保密办	中共南京市栖霞区委保密委员会办公室
区委组织部	中共南京市栖霞区委组织部
区委宣传部	中共南京市栖霞区委宣传部
区委党史办	中共南京市栖霞区委党史办公室
区委统战部	中共南京市栖霞区委统一战线工作部
区委政法委	中共南京市栖霞区委政法委员会
区委区级机关工委	中共南京市栖霞区委区级机关工作委员会
区委老干部局	中共南京市栖霞区委老干部局
区委党校	中共南京市栖霞区委党校
区民宗局	南京市栖霞区民族宗教事务局
区台办	南京市栖霞区政府台湾工作办公室
区工商联	南京市栖霞区工商业联合会
区侨办	南京市栖霞区人民政府侨务工作办公室
区台联	南京市栖霞区台湾同胞联谊会
区侨联	南京市栖霞区归国华侨联合会
区综治委	南京市栖霞区社会管理综合治理委员会
区综治办	南京市栖霞区社会管理综合治理委员会办公室
区外事办	南京市栖霞区人民政府外事办公室
区发改委	南京市栖霞区发展和改革委员会
区工信局	南京市栖霞区工业和信息化局

续表

简　称	全　称
区住建局	南京市栖霞区住房和建设局
区科技局	南京市栖霞区科学技术局
栖霞高新区	栖霞高新技术产业开发区
区科协	南京市栖霞区科学技术协会
区残联	南京市栖霞区残疾人联合会
区国资办	南京市栖霞区人民政府国有资产监督管理办公室
区人社局	南京市栖霞区人力资源和社会保障局
区生态环境局	南京市栖霞生态环境局
区城管局	南京市栖霞区城市管理局
区交通局	南京市栖霞区交通运输局
区卫健委	南京市栖霞区卫生健康委员会
区人防办	南京市栖霞区人民防空办公室
区志办	南京市栖霞区地方志编纂委员会办公室
区征收办	南京市栖霞区房屋征收管理办公室
区人才办	南京市栖霞区人才工作办公室
区文明办	南京市栖霞区精神文明建设指导委员会办公室
区委编办	中共南京市栖霞区委机构编制委员会办公室
区委农委	中共南京市栖霞区委农村工作委员会
区农资办	南京市栖霞区政府农村集体资产管理办公室
区防汛办	南京市栖霞区防汛防旱指挥部办公室
团区委	中国共产主义青年团南京市栖霞区委员会
区妇联	南京市栖霞区妇女联合会
区文联	南京市栖霞区文学艺术界联合会
区税务局	国家税务总局南京市栖霞区税务局
区公安分局	南京市公安局栖霞分局
区税务局	国家税务总局南京市栖霞区税务局
区规划和自然资源分局	南京市栖霞规划和自然资源分局
仙林大学城	南京仙林大学城
南京经开区	南京经济技术开发区
新尧新城	新尧新城开发建设指挥部
迈整指挥部	迈皋桥地区环境综合整治指挥部
栖霞建设	南京栖霞建设集团公司
高科置业	南京高科置业有限公司
工行紫东支行	中国工商银行南京紫东支行
农行栖霞支行	中国农业银行南京栖霞支行
南京银行和燕路支行	南京银行股份有限公司和燕路支行

续表

简　称	全　称
南京工程公司	中国石油化工股份有限公司南京工程有限公司
南京电气集团	南京电气集团有限责任公司
南京东站	中国铁路上海局集团有限公司南京东站
南大	南京大学
南师大	南京师范大学
南财	南京财经大学
南中医	南京中医药大学
南邮大	南京邮电大学
紫金学院	南京理工大学紫金学院
南信院	南京信息职业技术学院
南工职大	南京工业职业技术大学
金审学院	南京审计大学金审学院
钟山学院	钟山职业技术学院
技师学院	南京交通技师学院
南京特师学院	南京特殊教育师范学院
南师大附校	南京师范大学附属实验学校
南外仙林分校	南京外国语学校仙林分校

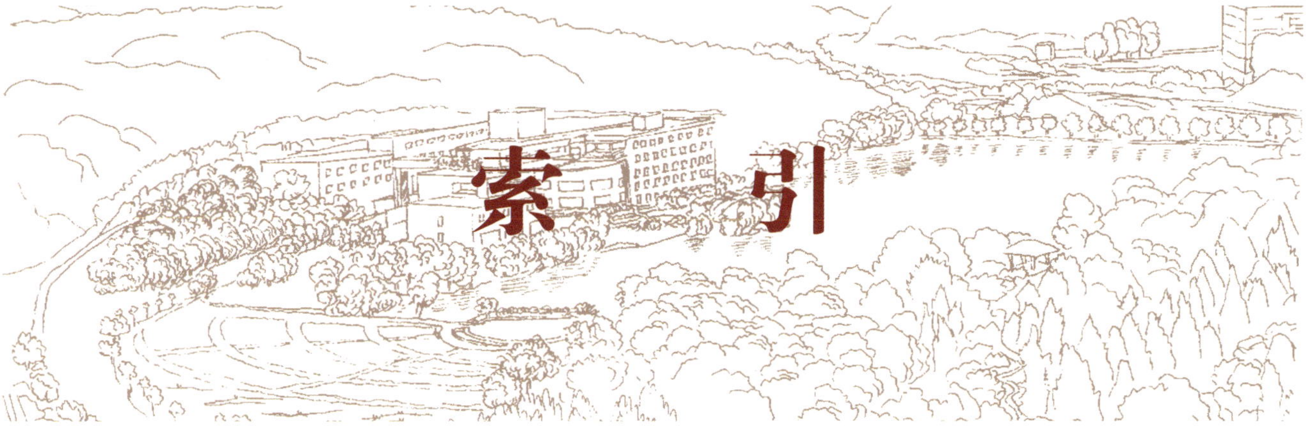

索 引

说 明

1. 本索引采用分析索引方法，按索引词首字汉语拼音排序。首字母音序相同，按第二字音序排列，以此类推。

2. 凡以类目、分目、副分目标题和人名作索引词的，均采用加粗黑体字表明。

3. 索引词后标的阿拉伯数字表示内容所在页码；数字后的英文字母a、b、c表示页面的左、中、右栏。索引词后括注的“图”“表”字样，为图或表

4. 索引词后第二个及其后的页码表示“参见”内容所在的位置，缩后两格编排的索引词为与之相关的主索引词的“附见”内容。

5. “附录”等类目的部分内容未做索引。

A

B

C

D

G

H

J

K

L

M

N

O

P

Q

T

W

Y

Z